本书获中国社会科学院老年科研基金资助

杜荣坤民族研究论集

DURONGKUN MINZU YANJIU LUNJI

杜荣坤◎著

中国社会科学出版社

图书在版编目（CIP）数据

杜荣坤民族研究论集／杜荣坤著 . —北京：中国社会科学出版社，
2014. 10

ISBN 978 - 7 - 5161 - 4809 - 9

Ⅰ . ①杜… Ⅱ . ①杜… Ⅲ . ①民族学—文集 Ⅳ . ①C95 - 53

中国版本图书馆 CIP 数据核字（2014）第 215922 号

出 版 人	赵剑英
责任编辑	张　林
责任校对	徐　楠
责任印制	戴　宽

出　　版	中国社会科学出版社
社　　址	北京鼓楼西大街甲 158 号（邮编 100720）
网　　址	http://www. csspw. cn
	中文域名:中国社科网　　010 - 64070619
发 行 部	010 - 84083685
门 市 部	010 - 84029450
经　　销	新华书店及其他书店

印　　刷	北京市大兴区新魏印刷厂
装　　订	廊坊市广阳区广增装订厂
版　　次	2014 年 10 月第 1 版
印　　次	2014 年 10 月第 1 次印刷

开　　本	710 × 1000　1/16
印　　张	45
字　　数	738 千字
定　　价	128.00 元

凡购买中国社会科学出版社图书，如有质量问题请与本社联系调换
电话：010 - 64009791

2006 年秋，被推选为中国社科院首届荣誉学部委员后，在书房摄影留念

在母亲怀抱中

1986年，率中国民族史代表团，去日本进行学术交流

1986年，在日本做学术报告

1992 年，在德国进行学术交流，与德国学者合影留念（前排左三）

1992 年，在德国进行学术交流，签订合作意向书（左二）

1993 年，主持海峡两岸中国民族史学术讨论会合影（前排右五）

1993 年，同夫人白翠琴研究员与台湾学者王吉林教授在雍和宫合影留念

1995 年，在台北图书馆礼堂学术会议上做学术报告

1995 年，在台湾民族博物馆前摄影留念

1995年，作北京召开中国首届影视人类学国际会议摄影留念（前排左五）

　　作者部分代表作品，其中《西蒙古史研究》1987 年曾获北方十五省市
自治区社会科学优秀图书一等奖，《中国民族史》、《柯尔克孜族简史》、《柯
尔克孜族社会历史调查》等也多次获国家省部级优秀成果奖

1999 年，《中国民族史》获首届国家社会科学基金项目优秀成果一等奖后摄影留念

研討會主禮嘉賓

　　2001 年，参加在澳门召开的"澳门文化、汉文化、中华文化与二十一世纪"学术研讨会（左一）

2002 年，参加宝鸡"炎帝与汉民族国际学术研讨会"（右三）

2002 年，参加国家"211 工程"验收专家组，在中央民族大学验收会上听取汇报

在中央民族大学民族学系，主持博士生学位论文答辩会

2008 年夏，与白翠琴研究员应邀在河南大学给研究生讲学

2012 年 10 月，参加在河南中牟县召开的"校氏族源鉴定会"（右三）

2012年，参加在天津南开大学召开的"元代国家与社会国际学术研讨会"合影（前排右六）

2012年，参加 "中国民族学学会汉民族分会年会暨荆楚文化学术研讨会" 合影（前排左七）

中学时代义务兼任民校教师（第三排左五）

1957 年夏，复旦大学经济系毕业摄影留念（第二排右四）

1958 年，中国科学院民族研究所成立大会合影（第三排左十四）

1958 年，新疆社会历史调查组在乌鲁木齐十月拖拉机厂前合影留念（前排左五）

1959 年，新疆帕米尔高原调查中骑马摄影留念

1959 年，在柯尔克孜牧区调查时摄影留念

1959 年，与柯尔克孜族调查组组员们在慕士塔格峰下沙丘上行走（第二人）

1959 年，于新疆克孜勒苏柯尔克孜自治州首府阿图什，与州党委及政府领导人合影（前排左三）

1960 年，新疆乌鲁木齐昆仑宾馆前丛书审搞会合影留念（第二排右一）

1966 年，与白翠琴女士新婚合影

1984年，任《藏族简史》审稿会上，与班禅·额尔德尼、杨静仁、阿沛·阿旺晋美等领导合影留念（前排右三）

1988年，作者率中国社会科学院民族研究所代表团，参加在南斯拉夫召开的
第十二届民族学与人类学国际会议（共6幅）

途经莫斯科，在克里姆林宫前（左二）

中国代表团与世界各国学者留影（右三）

中国代表团与 IUAES 负责人在会上合影（左一）

筹委会主席在家里宴请中国代表团（右三）

作者在大会会场前留影

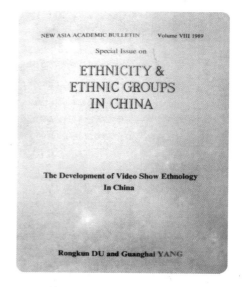

《新亚学术集刊——中国的民族与
族群研究专号》（1989 年第 8 期），上为
该刊收入笔者论文之抽印本

与人大常委会副委员长赛福鼎等合影留念（前排左二）

与人大常委会副委员长铁木耳·达合买提等合影留念（中坐者）

中央领导同志接见全国哲学社会科学"八五"规划工作会议和中国社会科学院工作会议代表留念 1991年12月

1991年，中央领导同志接见全国社科界工作会议代表合影留念（第三排右五）

1994 年，参加在沈阳召开的中国民族史学会第五次学术讨论会（第二排坐者左五）

1995 年，在民族所接见台湾专家学者及民族工作者合影（前排右四）

要论著有：《中国民族史》（副主编，1996 年获北京市社科优秀成果特等奖，1997 年获吴玉章人文哲学社会科学优秀成果一等奖，1999 年获国家社科基金项目优秀成果一等奖等）、《准噶尔史略》（编写组负责人）、《西蒙古史研究》（1987 年获北方十五省市自治区哲学社会科学优秀图书一等奖）、《柯尔克孜族简史》（1991 年获新疆维吾尔自治区哲学社会科学优秀成果二等奖）、《柯尔克孜族》（知识丛书）、《柯尔克孜族社会历史调查》（1991 年获新疆哲学社会科学优秀成果奖）、《中国少数民族调研丛书·哈萨克卷》、《中国历史地图集·西北图幅》（曾获上海哲学社会科学优秀成果特等奖、中国社会科学院优秀成果荣誉奖等）、《中国大百科全书·民族卷》（民族史分支学科副主编），《新疆三区革命史鉴》（编写组负责人），负责编辑《中国民族史学术讨论会论文集》、《哈萨克族社会历史调查》和主编《影视人类学国际会议论文集》等等，并参加多种《辞典》条目编写工作，发表了一批学术性、理论性和开拓性较强之学术论文。

前　言

　　1957 年我从复旦大学经济系毕业后，即分配至中国科学院民族研究所（后改为中国社会科学院民族学与人类学研究所）工作。至 2012 年，在民族研究领域已度过 55 个春秋。在这数十年里，我和民族工作建立了深厚感情，并取得一些成就和科研成果，在我的民族学研究生涯中，曾发表了一些论著。这些论著多有创意，具有现实意义和学术价值，它们对维护祖国统一和民族团结，对民族地区和国家的社会稳定，对少数民族地区的现代化事业和建设具有中国特色社会主义和谐社会，以及民族学科的建设与发展，曾起到积极作用。但由于这些论著出版时数量有限，且时日久远，已不多见，有的甚至已不见于书市和文教单位图书馆。为弥补此不足，笔者个人及与他人合作之著作，诸如《中国民族史》、《西蒙古史研究》、《准噶尔史略》、《柯尔克孜族简史》、《柯尔克孜族》知识丛书以及相关之社会历史调查报告等，已由出版社再版外，今特编辑此《论集》，一方面为本人数十年民族研究工作之总结，另一方面，亦为了使《论集》在社会主义文化建设新时期，能继续发挥其积极作用，抛砖引玉，以飨广大读者和专业工作者。

　　此《论集》选收之内容包括四部分：一、已发表学术论文；二、考察报告、未发表文章、学术会议上之讲话、致辞等；三、影视人类学脚本；四、学术活动和生活照片。

　　《论集》中有些文稿为本人与白翠琴等有关同志合作，在此谨表衷心谢意。

　　《论集》所持学术思想、观点和结论，为一己愚见，谨供参考。由于水平有限，不当和错误之处，实恐难免，敬请读者和专业工作者不吝赐教。

杜荣坤

2014 年于北京

目　录

与时俱进　锐意创新是民族研究工作的生命线（代序言）⋯⋯⋯⋯（1）

第一编　学术论文

略论中华民族的形成和发展 ⋯⋯⋯⋯⋯⋯⋯⋯⋯⋯⋯⋯⋯（3）

试论古代少数民族政权与祖国的关系 ⋯⋯⋯⋯⋯⋯⋯⋯⋯（15）

论我国历史上统一与分裂、战争与民族英雄 ⋯⋯⋯⋯⋯（28）

对"炎黄子孙"提法之我见 ⋯⋯⋯⋯⋯⋯⋯⋯⋯⋯⋯⋯⋯（37）

从文化互动看唐代中原地区民族融合 ⋯⋯⋯⋯⋯⋯⋯⋯（46）

元朝狱政及特点刍议 ⋯⋯⋯⋯⋯⋯⋯⋯⋯⋯⋯⋯⋯⋯⋯（62）

河洛名儒许衡与《授时历》 ⋯⋯⋯⋯⋯⋯⋯⋯⋯⋯⋯⋯（82）

追思古人　激励来者
　　——略论加强研究许衡学术思想的现代价值 ⋯⋯⋯（90）

厄鲁特族源初探 ⋯⋯⋯⋯⋯⋯⋯⋯⋯⋯⋯⋯⋯⋯⋯⋯⋯（94）

论斡亦剌十三四世纪政治经济的变化 ⋯⋯⋯⋯⋯⋯⋯（105）

明初猛可帖木儿及太平史事钩沉
　　——土尔扈特早期史探微 ⋯⋯⋯⋯⋯⋯⋯⋯⋯⋯⋯（116）

论准噶尔分布地域的变迁 ⋯⋯⋯⋯⋯⋯⋯⋯⋯⋯⋯⋯（129）

简论阿睦尔撒纳 ⋯⋯⋯⋯⋯⋯⋯⋯⋯⋯⋯⋯⋯⋯⋯⋯（144）

关于准噶尔历史人物评价问题 ⋯⋯⋯⋯⋯⋯⋯⋯⋯⋯（154）

关于准噶尔史研究中的几个问题 ⋯⋯⋯⋯⋯⋯⋯⋯⋯（169）

柯尔克孜族的故乡及其西迁 ⋯⋯⋯⋯⋯⋯⋯⋯⋯⋯⋯（182）

不畏强暴，勇于反抗
　　——论近现代柯尔克孜人民抗击外侵、反对暴政之斗争 ⋯⋯⋯（194）

沙俄的侵略与柯尔克孜人民的抗俄斗争 ……………………………（203）

乌恰县柯尔克孜族调查报告 …………………………………………（214）

阿合奇县柯尔克孜族历史调查报告 …………………………………（261）

柯尔克孜族生活习俗和宗教信仰专题调查报告 ……………………（271）

共产党人在柯尔克孜族地区 …………………………………………（282）

论哈萨克族游牧宗法封建制 …………………………………………（286）

新疆富蕴地区哈萨克族历史概述 ……………………………………（300）

新疆三区革命是我国人民民主革命的一部分 ………………………（310）

《中国大百科全书·民族卷》民族史部分工作简介 …………………（323）

加强学术探讨　促进民族研究 ………………………………………（327）

影视人类学在中国的发展 ……………………………………………（331）

中国民族史学的现状和展望 …………………………………………（338）

从四十年巨大变化看西藏人权问题 …………………………………（354）

中国历史学·中国民族史学概述 ……………………………………（359）

略论中国影视人类学的发展
　　——在我国首届影视人类学国际学术讨论会开幕式上的讲话 …（376）

开拓汉民族研究的新局面 ……………………………………………（379）

略论澳门之传统文化与经济发展 ……………………………………（383）

为促进汉民族研究的繁荣和发展作出新贡献
　　——在汉民族国际研讨会和第五届汉民族学术年会上的发言 …（394）

成绩卓著　再创辉煌
　　——纪念《民族研究》复刊20周年笔谈 …………………………（398）

加强汉文化研究　充分发挥其当代价值作用 ………………………（400）

加强儒家思想研究,建设和谐小康社会
　　——齐鲁文化暨汉民族形成与发展国际学术研讨会
　　　开幕式致辞 ……………………………………………………（404）

新疆调查纪行 …………………………………………………………（407）

"以人为本"与构建和谐社会 …………………………………………（423）

我与民族研究结下"不解之缘"
　　——欢庆中华人民共和国成立60周年 …………………………（430）

第二编　部分学术考察报告和未发表之论文、开幕词、讲话、致辞等

揭露"四人帮"鼓吹"以儒法斗争为纲"实质
　　肃清其在史学界流毒 …………………………………（447）
缅怀周总理对我国民族工作及民族学科建设的贡献 …………（456）
中华文明从何时起算
　　——兼论河洛文化与殷商文化、红山文化 …………（465）
从"北魏律"至"唐律疏议"看汉夷间法律文化互动 …………（477）
一代天骄成吉思汗
　　——兼对某些官私方文章中有关提法之辨正 …………（485）
史学（民族史学）的性质和社会功能
　　——兼论史学要不要为现实政治服务？ …………（491）
"民族"一词来历及民族问题实质 …………………………（506）
略谈民族意识 ………………………………………………（532）
土生葡人，一个特殊的族群 ………………………………（542）
民族学如何面向 21 世纪
　　——要把建设社会主义优秀和当代先进文化作为研究重点 …………（547）
访日总结报告 ………………………………………………（555）
访台观感 ……………………………………………………（560）
参加"第十二届国际人类学与民族学科学联合会大会"
　　归来之报告 …………………………………………（574）
关于南斯拉夫民族研究状况的考察报告 …………………（579）
开拓创新，为繁荣民族研究工作做出新贡献
　　——庆祝原中国科学院少数民族语言研究所与民族研究所
　　　　合所三十周年 …………………………………（589）
总结过去，面向未来，开创民族史学研究新局面
　　——中国民族史学会第五次学术讨论会开幕词 …………（602）
拓宽民族学研究领域　更好地为社会主义建设服务
　　——中国第五届民族学学术讨论会开幕式致辞 …………（605）

云南宁蒗等县山区民族社会经济情况考察报告 ……………………（609）

加强区域协作,发挥各自优势,使民族史学研究更上一层楼

    ——中国民族史学会第四届代表大会暨第六次学术讨论会

      开幕词 ………………………………………………（615）

探溯中华文明渊源　促进两岸学术交流

    ——海峡两岸中国民族史学术研讨会开幕词 ……………（618）

继承与创新,进一步发扬光大中华文化

    ——在澳门召开的"全国中华文化学术研讨会"上致辞 ………（620）

增进国际合作,开拓影视人类学新领域

    ——在"兰州·2002影视人类学国际学术研讨会"之开幕词 ……（622）

追根溯源,深化汉民族研究

    ——在2002年炎帝与汉民族国际学术研讨会上的致辞 ………（626）

加强都市人类学研究　为繁荣民族经济服务 …………………（629）

再接再厉　开创都市人类学研究工作新局面 …………………（632）

继往开来　再创辉煌

    ——衷心祝贺民族研究所成立50周年 …………………（634）

加强客家方言研究,促进汉文化发展

    ——在汉民族研究会第五次专题学术讨论会(第九届客家

      方言研讨会)开幕式上致辞 ………………………（637）

融合共荣　内聚统一

    ——《云南通史》出版发布会发言稿 …………………………（640）

第三编　影视人类学脚本

《哈萨克族游牧社会》(纪录片拍摄脚本) ……………………（645）

教学片《中国的柯尔克孜族》脚本 ………………………………（691）

与时俱进　锐意创新
是民族研究工作的生命线

（代序言）

　　江泽民同志继 2001 年夏北戴河会议、2002 年"五四"前夕在中国人民大学发表重要讲话之后，7 月中旬又来到中国社会科学院考察。并对加强哲学社会科学建设方面提出五点要求，即要坚持以马克思主义为指导；坚持解放思想实事求是；坚持"二为"方向和"双百"方针；坚持优良的学风；坚持改善党对社会科学的领导等，以期充分发挥哲学社会科学在建设社会主义事业，全面提高人民的思想道德及科学文化素质过程中的作用。作为在哲学社会科学重要分支——民族研究战线上奋斗了数十年的科研工作者，学习对照江泽民同志的讲话后，感触颇深。讲话既客观地总结了五十多年来哲学社会科学研究所取得的成就，又指明今后努力方向。现就与时俱进、锐意创新，是民族研究工作的生命线问题，略陈管见。

　　江泽民同志在"七一六"讲话中指出："只有坚持解放思想，实事求是，与时俱进，我国哲学社会科学才能蓬勃发展，充满活力。"同时，又提出"要坚持严谨而不保守，活跃而不轻浮，锐意创新而不哗众取宠，追求真理而不追逐名利"的优良学风。

　　"与时俱进"，是唯物辩证法的生动体现。在我国古代，关于这个理念的表述，较早见之于传说周人所撰的《周易》。例如，其中提到："天行健，君子以自强不息"，君子"终日乾乾，与时偕行"，"夫大人者，与天地合其德，与日月合其明，与四时合其序。"① 又说："日中则昃，月盈则食；天地盈虚，与时消息。"② 西汉司马谈在《论六家之要指》中则概述为"与时迁移，应物变化，立俗施事，无所不宜"③。后人逐渐将其演变为"与时俱进"成语加以引用。近年来，江泽民同志在讲话中，屡次提到"与时俱进"，并认为"马克思主义有与时俱进的理论品质"，从而赋予"与时俱进"最新的时代精神。此外，值得注意的是，"与时俱进"和"锐意创新"，又是紧密相连的，被视为中华民族至关重要的德行。在古籍中屡见不鲜。例如："圣人不朽，时变是守。"④ "汤之盘铭曰：'苟日新，日日新，又日新。'唐诰曰：'作新民。'诗曰：'周虽旧邦，其命惟新，是故君子无所不用其极。'"⑤ 再者，又有"君子之学必自新"，"循序而进，与日俱新"等等之说。

由上可见，与时俱进，锐意创新，既是中华民族传统之美德，又符合马克思主义基本精神。面临全球化、信息化及高科技发展的新时代，复杂多变的国际形势和日新月异的国内改革开放局面，要求我们需正确地对待马克思主义，既继往传承，又进取发展。强调理论联系实际，依据时间、地点和条件变化，灵活地运用马克思主义的基本原理和原则，反对脱离实际、食古不化的经验主义和教条主义。而要坚持我们党的解放思想、实事求是的路线，其目的就是为了使党和国家的事业不断适应国情和时代、形势与任务的要求，持续向前发展。为此，必须要充分发扬与时俱进，开拓创新的精神，争取更大的胜利。

与时俱进，不断创新，是时代对我们的呼唤，也是历史赋予我们之使命。在学术研究上只有开拓创新，孜孜以求，才能使学科生机勃勃，传世之作脱颖而出。否则，抱残守缺，故步自封，停滞僵化，必遭时代无情淘汰。回顾我国民族研究工作数十年来所走过的历程，也充分说明此点。解

---

① 《周易》卷1，《上经·乾》。乾者，健也、阳也。象征刚健、阳性。

② 《周易》卷2，《下经·丰》。昃，太阳西斜；食，蚀，亏缺之意；消，消减；息，增长；消息，此处即生灭、盛衰之意。

③ 《史记》卷130，《太史公自序》。

④ 《史记》卷130，《太史公自序》引《鬼谷子》。唐代张守节《正义》曰："言圣人教迹不朽灭者，顺时变化。"

⑤ 《礼记·大学》二章。盘铭，即书于沐浴盘上以自警之辞。郑玄注："盘铭，刻戒于盘也。"孔颖达疏："汤沐浴之盘，刻铭为戒；必于沐浴之盘者，戒之甚也。"

放初期，百业待兴。其中，如何在自然环境和社会发展程度各不相同的民族地区，因地因族制宜，开展民主改革和社会主义建设事业，加强民族团结，制定正确的民族政策，做好民族工作，就是迫在眉睫之大事。因而，必须要对我国各民族的历史和现状有充分了解。于是，从1956年起，在国家有关部门的组织和领导下，以理论联系实际和为现实服务的方针为宗旨，调动大批民族学、语言学、历史学、经济学、文化艺术界专家学者和在校文科学生及当地民族干部的积极性，分16个社会历史调查组和若干语言调查队，奔赴全国民族地区，开展三大少数民族调查工作，即民族识别①、少数民族语言调查和少数民族社会历史调查。历时数年，人数最多时达2000人左右。搜集和抢救了大量珍贵的资料，其中包括少数民族历史、政治、经济、社会结构、语言文字、家庭婚姻、生活习俗、科学技术、宗教信仰、文化艺术等等方面数以亿计之第一手资料。然后将田野考察与历史文献记载有机地结合起来，运用民族学、历史学、语言学、考古学、社会学、经济学等多学科知识，进行综合分析研究，得出符合实际的科学结论。这不仅为党和政府确定我国少数民族名称、制订各种民族政策和具体措施、实现民族地区的民主改革及民族区域自治，提供了翔实资料和科学依据，促进民族地区社会主义建设和文化教育事业的发展，而且为我国民族问题理论、民族历史、民族语言、民族学、民族经济、世界民族等学科积累了丰富生动的资料。从而，为民族研究工作的全面开展提供了条件。同时，尤为可贵的是，开创了民族研究方面马克思主义理论与中国实际相结合，与时俱进、学以致用的新风尚。而其中参加三大调查的人员，很多成为以后民族研究队伍的骨干和学科带头人。并一直保持经常深入边疆，与少数民族群众打成一片，开展调查研究，从中汲取丰富营养的良好学风。此后，在民族大调查的基础上，国家组织撰写大型民族问题"三种丛书"。文革后改为"五种丛书"，即《中国少数民族》、《中国少数民族简史丛书》、《自治地方概况丛书》、《社会历史调查丛书》、《中国少数民族语言简志丛书》，共出版了403本。使各民族都有自己的史、志。与此同时，还搜集了大量民族文物。并拍摄了少数民族科学纪录片

---

① 新中国成立初期，我国自称之民族名称达400多个，经深入调查研究，1956年确定了我国51个少数民族。后增至55个。

21 部 121 本。运用生动形象的声像手段，系统地记录和复原了中国部分少数民族在改革前的历史和不同类型的社会及其传统文化、原有生产、生活方式，保存了大批民族学、人类学资料，为以后影视人类学的发展创造了良好条件。

改革开放后，民族地区发生了巨大变化。为了及时具体地掌握民族地区的政治、经济、文化等方面现状，更好地为民族地区的物质文明和精神文明建设服务，有关单位又多次组织较大规模的民族调查。其中有国家民委民族问题研究中心、云南社会科学院和西南诸省民族研究机构，组织科研人员分赴民族地区，进行边疆稳定发展调查、西南"六江"调查、云南山区经济调查等。中国社会科学院民族研究所，组织大批科研人员分赴民族地区进行中国少数民族语言使用情况和文字问题调查研究、中国少数民族现状与发展调查。对后者，现已完成 13 个民族的实地调查，其成果《中国少数民族现状与发展调查研究丛书》已陆续出版。并且将继续选点跟踪调查，以掌握最新信息，系统地了解新时期民族地区现状与发展情况及存在问题，提出对策性建议。这不仅是为民族地区社会主义事业和民族工作服务的具体体现，也有利于民族研究诸学科建设，为撰写当代民族史志奠定基础。

此外，本着与时俱进、不断创新的精神，根据学科基本建设和国内外形势发展的需要，民族研究还对西部大开发与民族地区经济发展问题、坚持和完善民族区域自治制度问题、民族语言为民族地区的社会现实服务及更好地贯彻"实事求是、分类指导"原则问题、南昆铁路的建设与沿线少数民族社会文化变迁问题、少数民族流动人口的城市适应问题、中国少数民族社会组织问题、历代民族关系及民族政策问题、市场竞争规律对社会主义民族关系的影响问题、中华民族凝聚力形成与发展问题、汉民族区域文化差异问题、中国少数民族革命史问题、中国少数民族法制问题、苏联危机与俄罗斯民族问题、南斯拉夫民族冲突与波黑内战问题、当代民族主义浪潮以及民族因素与国际政治关系问题等等，进行研究和探讨，发表了不少论著，提出许多真知灼见。

在加强上述这些全面性、前瞻性、战略性重大理论问题和实践问题研究的过程中，既立足于中国民族实际，又放眼世界大势，以马克思主义为指导，发扬理论联系实际、与时俱进、锐意创新的精神，努力创造学术精品，锤炼科研队伍，推动民族研究学科的发展。这也是民族研究工作数十年来，能始终不渝地坚持为各族人民服务，为民族工作及社会主义建设服务的方向，取得丰硕成果的根本原因所在。

数十年来，民族研究工作虽然取得举世瞩目的成就，产生良好的社会效益，促进了学科基本建设和研究体系的健全，但是面对新世纪、新情况，仍存在不少问题。主要表现在理论研究落后于实践，许多问题还研究得不够深透；一些原来具有优势的学科，因人员大量减少，呈下降趋势；一些新兴学科尚处于初创阶段，需积极扶持；不少新兴学科有待开辟，由于科研资金不足或人手缺乏，有些重要项目仍无法深入开展；田野考察和持续跟踪调查也做得不够等等方面。

为了迎接新的挑战，使民族研究工作更好地适应21世纪发展的需要，我想今后有几个问题是需进一步加以重视的。第一，要坚持以马克思主义、毛泽东思想和邓小平理论为指导，全面贯彻"三个代表"的思想，科学灵活地加以运用，尽量避免生搬硬套或削足适履。第二，在对待我国传统文化、吸取国外社会科学成果方面，要采取唯物辩证之观念，取精华，舍糟粕，既不能割断历史或颂古非今，也不能盲目排斥或"全盘西化"，在批判地继承的同时，要强调发展创新。第三，需加强造就和培养与时代要求相符合的高素质科研人才。这一方面，需要党和国家的领导加以重视、支持和管理，正确贯彻"双百"方针，增加投入，创造良好的学术理论研究环境和提供物质保证。并充分发掘潜力，搞好人才资源的开发和利用，除了培养、引进、使用好在职人才外，还需重视发挥离退休科研人员的作用和影响。同时，要从长远发展眼光来衡量和使用干部，充分调动广大民族研究工作者的积极性和创造性。另一方面，对科研人员来说，要努力学习，不断进取，使自己具有渊博的专业知识、严谨的治学态度、科学的研究方法、勤奋的敬业精神。第四，要坚持理论联系实际的原则，与时俱进，开拓创新。在加强学科基本理论和传统项目研究的同时，要勇于探索。根据形势发展需要，研究新问题，解决新课题，不断开阔视野，拓展研究领域，攀登科学高峰。努力为民族研究工作在21世纪的腾飞作出新贡献。

（《民族研究》2002年第5期）

第 一 编

学术论文

略论中华民族的形成和发展

（一）"华夏"、"中国"、"中华"等内涵的变化
（二）民族大融合促进中华民族的形成和发展
（三）在反帝反封建斗争中，中华民族整体思想的深化

近几年来，在报纸杂志和专著中，以不同题目发表了不少关于中华民族形成和发展的论述。论著发表后，在读者中，评价不一，贬褒各异，迄今为止，尚未达成共识。正确地阐述中华民族形成和发展的历史，探索其内在规律，对于中国少数民族史学理论的进一步建立与发展，对于维护祖国统一、加强民族团结，无疑会起到促进和推动作用。

中华民族的形成和发展，有其深远的历史渊源、适宜的地理环境、雄厚的物质基础、先进的政治力量、调整各族关系的政策、优秀的文化传统、各族之间的融合、汉族的主导作用、民族认同意识及共同抵御外侮等等因素。中华民族的振兴，也有赖于上述因素的发挥和增强。本文仅就"中国"、"中华"等内涵的变化及民族大融合对中华民族形成和发展的影响等问题，谈谈自己的一些看法，以期达到抛砖引玉之目的。

一 "华夏"、"中国"、"中华"
等内涵的变化

探索中华民族的形成与发展，首先对其主题词"中华民族"的含义，

必须要有一个清晰的认识。当前国内外学术界对"中华民族"概念的理解，一般有三种看法：第一种看法认为，中华民族是指历史上华夏及其后的汉族而言，并不包括少数民族，故对用"中华民族"来代表我国所有民族的提法持异议；另一种意见认为，中华民族是一个实体，一个人们共同体，既多元又一体；还有一种意见认为，"中华民族"是中华各民族总称，包括我国古代民族、当代56个民族和其他未识别的人们共同体及居住海外的各族同胞。笔者赞同第三种意见。

"中华民族"作为专称，虽始见于清末，但其形成和发展经历了漫长的历史进程。要研究此进程，首先需了解"华夏"、"中国"、"中华"等词的源流和来龙去脉。我认为，它们的最初含义，应是同一内涵，即都是指华夏族（其后发展为汉族）及其京都和所属文化。

华夏族一说形成于原始社会末期和阶级社会初期，因建立夏国或夏朝而命名。据《说文》解释，"华"意为"荣"，"夏"意为"中国之人"（中原之人）。古人常以"诸夏"、"华夏"与"四夷"、"四裔"对称。孔子曾曰："裔不谋夏，夷不乱华。"孔颖达疏解道："中国有礼仪之大，故称夏，有服章之美，故谓之华"，又赋予"华夏"以文化的内涵。

在先秦时期，原本无多数民族和少数民族之分，当时族系众多，除华夏族外，有蛮、夷、戎、狄等族，华夏族只是众多民族中之一。以后，通过各部落、部族之间和各民族之间互相征伐兼并，华夏族不断取胜，融合了周围许多部落、部族和民族，不断扩大、兴旺发达起来，成为人数众多，势力强大的民族。当时各民族的分布格局，大致是夷、蛮、戎、狄分布于华夏之东南西北，而华夏居于诸周边民族之中，分布于黄河流域中游一带，即今之河南北部、山西南部，后发展至黄河下游一带。史称："内其国而外诸夏，内诸侯而外夷狄。"① 由于华夏族地处居中，由华夏族所建立之国家，位于我国境域的中部，即中原地区②，故称之为中国。《汉书·五行志》注云："中国者，中夏之国也。"华夏

---

① 《春秋·公羊传·成公十六年》。

② 中原，即中土、中州，狭义指今河南省一带，后扩大为指黄河中下游乃至整个黄河流域，如诸葛亮《出师表》提到："当奖率三军，北定中原。"

族最初于中原地区建立国家，为有别于四方蛮、夷、戎、狄，自称"中国"，也就是韩非《初见秦·第一》中所称"中央之国"的含义，此即"中国"名称之初衷。又因帝王师都为中，故也指京师为中国①。当时在周边和黄河流域存在着一个政权为一国的现象，称"万邦"、"万国"。但是"中国"指华夏族及其所建立国家的含义，与当时其他民族及其所建立政权的含义，是分得很清楚的。即将在中原地区由华夏族建立的国家，如夏、商、周、秦、汉等称为"中国"。同时又指出，还存在着夷、蛮、戎、狄。史载在"天下"和"四海"内（当时我国之境域内），有中国、夷、蛮、戎、狄"五方之民"②。这里史籍以"中国"来表示华夏，以中国与夷、蛮、戎、狄并立，同称为"五方之民"，并与之相区别，足证"中国"一词初系指华夏族及其所建立的诸夏政权。我国史籍上曾有万邦千侯之记载，如夏"禹会诸侯地涂山，执玉帛者万国"③；商"成汤受命，其存者三千余国"；"周盖千八百国"；春秋时"尚存千二百国，至于战国，存者十余"④，所剩大多为华夏族所建立的国家。华夏族由于兼并融合了周围诸族，人口大幅度增长。战国末期，只剩下秦、魏、韩、赵、楚、燕、齐七雄，最后秦并六国，在我国历史上建立了第一个中央集权的、统一的多民族国家。因此说，春秋战国时期，是我国历史上第一个民族大迁徙、大混合、大融合的时期，也是华夏族大膨胀、大发展时期。总之，其名始于夏国，而发展于春秋战国时期，至秦统一，赋予"华夏"更丰富的内涵。在相当长时期内，"华夏"、"中国"等概念，一般泛指华夏族或后来汉族及由其所建立的中原王朝。此种传统观念影响很大，故至今尚有人未能摆脱窠臼，往往误认为"中国"、"中原"皆纯指华夏及以后之汉族，或其所建立的国家。这是不符合历史发展客观实际的，但就其源流和最初的含义而论，也不是毫无所据。

"中华"一词，在魏晋时已出现，普遍使用于南北朝。如《晋书·

---

① 《诗·大雅·民劳》："惠此中国，以绥四方。"毛传："中国，京师也。"
② 《礼记·王制》曰："五方之民，言语不通，嗜欲不同。"孔颖达疏："五方之民者，谓中国与四夷也。"
③ 《十三经注疏》下册。
④ 《后汉书》志第19，《郡国一》。

刘乔传》记载刘弘上表给晋惠帝时提到："今边陲无备豫之储，中华有抒轴之困。"① 此以"中华"对边陲，是指郡县地区与全国而言。又如《三国志·蜀书·诸葛亮传》裴松之注云："若使（亮）游步中华，骋其龙文"，这里是以中华称中原地区。《魏书·韩显宗传》则提到显宗上书魏孝文帝说："自南伪相承，窃有淮北，欲擅中华之称。"说明拓跋鲜卑的北魏以"中华"正统自居，而斥责江南朝廷为"南伪"。总之，"中华"一词是由中国和华夏复合而成，在古代其含义与"中国"相当②。以地域而言，初主要是指中原，继而扩大为王朝直接管辖之郡县地区；论民族，一般指汉人，如《北齐书·高昂传》提到："于时鲜卑共轻中华朝士"。"中华"也和"中国"一样，又是文化概念，一般是指古人所称"礼乐冠第"的中原文化。以孔子为首的儒家，基于华夏、戎狄不断同化、融合的现实，往往以文化（礼仪）来区分华夷标准。如公羊家主张华夷之间可依能否按礼仪行事而互换位置，凡是接受华夏文化的，则为华夏者；反之，若华夏之人无礼仪，则为戎狄③。中国近代著名学者章太炎认为："中国云者，以中外别地域之远近也；中华云者，以华夷别文化之高下也。"④ 这种解释强调中华乃区别文化高下之族的含义，仍未脱离古代传统观念的范畴。而随着"民族"一词的逐渐普遍使用，代替汉语中原指民族的"人"、"族"、"种族"、"种落"、"部落"等词汇，遂由"中华"和"民族"后合成为"中华民族"⑤。"中华民族"这一称谓出现之后，人们对其含义的认识，又经历了逐步深入和明确的过程。

---

① 《晋书》卷 71，《陈頵传》也提到頵予王道书曰："中华所以倾弊，四海所以土崩者，正以取才失所……"

② 《唐律疏议》曰："中华者，中国也。亲被王教，自属中国，衣冠威俤，居身礼义，故谓之中华。"

③ 《春秋·公羊传》，划春秋为三世。其中太平世，则"夷狄进至于爵，天下远近小大若一"。

④ 《章太炎文录初编·别录》卷 1，《中华民国解》。

⑤ 如梁启超在 1906 年《历史上中国民族之观察》及后来发表的《中国各民族之研究》均提到"中华民族"，不过含义各自不同。

二　民族大融合促进中华
民族的形成和发展

　　中华民族的形成和发展，不是简单的军事或行政的联合，而是基于长期的经济、文化交流和多次的民族大融合、国家大统一，在抵御外侮的斗争中凝聚力及民族认同意识不断增强的必然结果，具有密切的内在联系。随着中国历史上所经历的四次民族大迁徙、大融合和五次大统一，中华各民族在无数次裂变和凝聚中孕育成长，逐渐形成不可分割的整体。而"中国"、"中华"等含义及人们对之观念上的认识，也不断发生演变和深化。

　　1. 经过春秋战国时期我国历史上第一次民族大融合，至秦汉统一，"中国"，由指单一民族成为多民族的概念，由华夏族分布的中原地区，扩大为指中原王朝直接管辖的地区，初步形成多民族统一国家的概念。

　　夏、商、周和春秋战国时期的民族大迁徙、大融合，使原来夷、蛮、戎、狄和华夏族的分布格局逐步打破，很多古代民族融合于华夏族，或因战争等因素迁入黄河流域中下游，在山西、河北、陕西、陇东等中原地区，已杂居着许多民族。一部分原来分布于黄河中下游地区的华夏族，向南迁入长江流域中下游，原生活在长江中下游一带的古代民族则向西南、中南的山区迁移。远在西周时代，其境内就有羌、蜀、髳、微、彭、濮、庸等族。春秋时夷、蛮、戎、狄，犹错处内地①。秦兼并六国，统一中国，不仅统一了黄河中下游原华夏族地区，且兼并统一了许多古代民族地区。秦在原六国辖地和拓地的基础上，设置三十六郡（后发展为四十郡）。其统治范围"东至海暨朝鲜，西至临洮、羌中，南至北向户，北据河为塞，并阴山至辽东"②。包括了古代东夷、南蛮、北狄和西戎的许多地区，逐步形成了各民族之间，互相交流，互相穿插，互相融合与同化，

---

　　①　《晋书·江统传》曰："当春秋时，义渠、大荔居秦晋之域，陆浑、阴戎处伊洛之间，郏鄏之属害及济东，侵入齐宋，陵虐邢卫，南夷与北狄交侵，中国不绝若线。"

　　②　《史记》卷6，《秦始皇本纪》。

错处杂居的分布格局。故自秦始,"中国"和"中原"的概念,其实际内涵已随上述分布格局的变化而有所变化。从狭义概念而转变为广义的概念:由指单一民族的概念,形成多民族的概念;由华夏族分布的中原地区,扩大为由多民族分布的地区和指由中原王朝所直接管辖的地区;由民族的概念形成地域和国家的概念。其范围虽然为祖国境内整个领域的一部分,当时在祖国领域内与秦并存的尚有东北地区的东胡、夫余、肃慎,北部的匈奴,西北的乌孙及天山南路城郭诸国,西部的氐羌等等,但已初步形成为多民族统一国家地域的概念。自此(或春秋战国以来),当时的西方国家和中亚地区的人,称中国为秦,呼中国人为"秦人"。"中国"作为地域的概念,不仅专指汉族及其在中原地区所建立的政权,而是已指生活在秦土地上的一切人,包括生活在秦土地上的各个民族。秦、秦人,一说即今之"China"或"支那"一词之由来①。今天 China 一词,已泛指多民族的中国。此概念绝不仅是近现代才产生,在古代就具有多民族"中国"的含义了。

汉代,我国疆域有了很大发展,仅以西、北边疆而言,汉宣帝时,天山以北的乌孙,天山以南的西域三十六国,大漠南北的匈奴等相继归属汉朝,这就使北方、西北等族及其地区,进一步与中原地区结成一体,在经济上互相依存,文化上互相交流。

2. 自魏晋南北朝至隋唐,我国经历了第二次民族大融合和大统一时期,"中国"、"中华"成为在中原建国的各族自称,其内涵已初步具有包括中国各民族的含义。

三国、西晋后,我国进入五胡十六国、东晋和南北朝时期,过去旧史学家称这个时期为"五胡乱华",实际上是匈奴、鲜卑、氐、羌、羯等一些古代民族进入中原地区,建立了许多政权。十六国时期的一个主要特点,就是北方民族迁徙非常频繁,迁徙的规模也很大,形成了我国历史上第二次民族大迁徙时期。如公元 312 年(永嘉六年),匈奴汉国时刘曜放弃长安,将关中士女八万口驱掠回平阳。后又迁司徒傅祗之孙

---

① China,又作"瓷器"解。有的学者认为中国瓷器通过丝绸之路传至中亚和欧洲,故以此作为中国的代名词。

傅纯、傅粹并其二万余户于平阳①。又如，前赵时刘曜令车骑将军游子远击败关中上郡氐、羌的反抗，生擒巴氐酋大虚除权渠之子伊余后，分徙其部落二十余万口于长安。后又征氐羌，复迁仇池杨韬等及陇右万余户于长安。②再如，后赵石勒、石虎除拓境辟土外，还大规模掠夺民户，以补充兵源的不足和劳动人手的缺乏。据史书记载累计有四十余万户。如每户五口计，约二百余万人。其他诸如大夏、南凉、西秦、西燕、北凉等少数民族统治者强令迁徙的记载也很多。这一时期，少数民族与汉族之间、少数民族彼此之间形成比过去规模更大的杂居共处，犬牙交错。同一个地区往往居住着好几个不同的民族，同一个民族往往又分居在许多不同地区。他们在经济、文化和习俗等方面，互相交流、取长补短、共同发展，汉化和夷化也同时交叉进行，但汉族是这个时期融合的核心。

魏晋南北朝时期，无论是汉族或少数民族统治者都深受儒家大一统思想的影响，皆以中华正统自居。前秦苻坚、北魏拓跋焘都自诩为"中国皇帝"，而称东晋为"司马家儿"，南朝为"东南岛夷"。东晋、南朝更以正朔自居，斥北方王朝为"戎狄"和"索虏"。一旦政治、军事力量许可就南征北战，欲统一全国。"中国"和"中华"成为在中原建国的各民族自称。于是"汉人"从"中国"原作为族称的含义中分离出来，并由"中国"与"四夷"相对称变为"蕃汉"对举。"中国"、"中华"的内涵，已初步有了包括中国各民族的含义。

大融合，迎来了隋唐时期的大一统局面，统一的规模较前更大。唐贞观时，其地"东极海，西至焉耆，南尽林州南境，北接薛延陀界"③。包括了除吐蕃（含西藏地区）以外的所有民族地区。隋时在西域东部还设立了与内地相同的郡县制度，唐时在民族地区普遍实行羁縻都督府州制度，中原王朝与边疆地区关系更为密切。与隋唐王朝并存的，尚有古代藏族所建立的吐蕃王朝等。

---

① 《晋书》卷102，《刘聪载记》。
② 《晋书》卷103，《刘曜载记》。
③ 《旧唐书》卷38，《地理志》。

3. 第三次民族大融合与元的统一，使东北与内地更紧密地联结成一体，边疆和内地的地方行政制度渐趋定型。

唐后，我国又处于五代十国和宋、辽、金、西夏几个政权对峙的分裂时期。这个时期的特点是，以北部边疆少数民族为主先后建立了好几个政权，这些政权把其统治范围，一直扩展到包括今北京在内的整个华北地区和河南的部分地区。如宋、辽、金对峙时期，由于契丹人、女真人和辽、金王朝的作用，把长城以北各少数民族聚居地区同华北连成一片，把我国黑龙江流域广大地区同内地淮河以北联成一体。当时的契丹族和女真族，对开发祖国的北方疆域，都作出了不可磨灭的贡献。如雄伟瑰丽的文化古都北京城，就是历史上少数民族和汉族共同建筑和不断完善的，曾是辽、金、元、清四朝的陪都、中都、大都、京师及明之京都。北京的城市建设能发展到今天这样的分布格局，如此气魄宏伟，是和千百年来，辽、金、元、明、清之经营分不开的，为我国现代化城市建设打下了良好的基础，充分反映了汉族与契丹、女真、蒙古、满族等共同开发所作的巨大贡献。

由少数民族在边疆和中原地区所建立的局部政权和统一政权，都为祖国新的大一统创造了条件，为多民族祖国大家庭的形成打下了基础。即使在南北分立、东西割据的情况下，各族之间仍保持着密切的政治、经济、文化联系。因此，历史上外国人往往把我国少数民族在北部所建立的政权，看作代表多民族概念的中国，如建立辽王朝的契丹被当时中亚和欧洲人看作是中国的代名词。一说契丹即今 китай 来历，它绝非仅指汉族，但也并非专指契丹族，这里所指的应是包含着多民族的中国之意。

元朝的统一规模，超过任何王朝，其版图东至于海，西至今中亚广大地区。西藏和台、澎地区都正式归于元朝的管辖。元在全国建立行省制度，是为我国建立省制之始。在民族地区也普遍设立行省，建立更为直接的行政设置。而在甘肃和南方之民族地区还建立了土官、土司制度。宋、辽、金、西夏、元这个时期，边疆民族地区和中原地区，各民族之间迁移更频繁，规模较前更大，民族之间穿插的面也更广。如契丹族、女真族首领在北方建立政权过程中，其部众和属民大量南下中原地区，后很多人融于汉族，元朝称他们为新汉人。又如蒙古在统一全国的过程中，曾把蒙古、色目人等，大量迁移到南方各地，河南、湖南、云南、四川等都遍布北方诸族的足迹。这一时期是我国历史上第三次民族大迁移、大混杂、大融合时期。

4. 第四次民族大融合与明清的统一，奠定了我国疆域与当代民族的基础，中华诸族之间各种联系更为密切，"中国"是多民族共同祖国的观念日益深入人心，渐成为主权国家的专称。

元末，由于蒙古族统治阶级的压迫和剥削加剧，阶级矛盾和民族矛盾激化，全国农民起义，风起云涌。朱元璋等农民首领揭竿而起，他们顺应历史发展要求，推翻元朝统治，建立明朝。明代，虽然当时在中国出现了长城内外两个并存政权（即汉族建立的明王朝和北方蒙古族所建的北元及后之鞑靼与瓦剌），但是民族之间的交往、迁徙仍十分频繁，并时断时续地保持一定朝贡服属关系。明王朝曾数度派兵深入北方蒙古族地区，与北元及后之鞑靼或瓦剌作战，蒙古军队也曾数度打入中原地区，围攻明朝京师，其中以土木堡之役尤为闻名。此役瓦剌也先俘虏了明英宗，进而围攻北京，后蒙明议和，恢复了良好的关系。此时期，各族间的经济文化交流从未间断，而且越来越密切。经济交流的形式，主要是通贡和"互市"两种形式。蒙古等封建主把通贡作为特权把持着，经常派遣大批使臣带着牛、羊、马、驼、皮货等物，名义上去明廷朝贡，实际上在长城沿途汉区即进行互市。明廷也用赏赐的名义予以钞币、绦绢、衣帽、靴袜，乃至金银首饰、乐器珍玩、书籍、纸张、贵重药物、僧衣佛像、念珠法器等等。且随着瓦剌等的强大，贡使人数越来越多，贸易额越来越大，每次入贡随行人数多达数千人，并在沿途地带进行互市贸易。因而明廷后来又在中原沿边地区，如大同、宣府、延绥、宁夏等地开设马市。成交马匹往往高达数万匹，在一定程度上各自满足了生产和生活的需要，促进蒙汉等地区的经济联系和发展。

明末，源出和崛起于我国东北地区的满族统治者，统一东北和蒙古地区。1644 年，满族统治者率八旗军进入关内，击败已推翻腐朽没落的明王朝之农民起义军，消灭了企图复辟的南明王朝的残余势力，取得了清朝对全国的统治。清统治前期，平定三藩，收复台湾，统一西北，八旗向南进军，并分驻全国各地。同时进行政治改革，发展经济，采取了一系列缓和阶级矛盾和民族矛盾的措施。对外，则采取强硬而坚定的政策，维护了国家统一，在我国出现了"康雍乾盛世"。

从明至清是我国历史上第四次民族大迁徙、大混杂、大融合时期，也是我国古代史上最后一次大一统时期，其特点概述如下：（1）以满族统治者为首的清王朝进行政治革新，在全国建立统一的中央集权。于北方蒙古族地区建立盟旗制度；在西藏设驻藏大臣；在台湾设将军府；于南方少数民族地区推行改土归流政策。建立了包括各少数民族地区在内的直属中央政权机构，彻底改变了过去历代王朝所采取的羁縻政策和割据状况，使我国历史上逐步形成的统一多民族国家得到了进一步巩固和发展，奠定了我国疆域与当代民族的基础。（2）清王朝统治期间，各族人民的迁徙和交往更加频繁，移民活动屡见不鲜。大批汉族由中原迁至关外民族地区，许多少数民族由于随军、经商等各种原因，南下或迁至汉族地区，基本上形成了今天少数民族大分散、小聚居和汉族与少数民族纵横交错的分布格局。使各族人民之间的各种联系，更为密切，历史上形成的汉族离不开少数民族，少数民族离不开汉族的乳水交融的民族关系更加发展。（3）清王朝统治初期，经济上采取恢复和发展政策，实行轻徭薄赋。对少数民族地区采取休养生息和开发边疆政策。少数民族地区，特别是北方游牧民族地区，不仅畜牧业生产得到不小发展，而且由于涌入了很多汉族农民、手工业者和商贩，引进了技术和资本，促进当地农业、手工业、工商业都有较大发展，改变过去牧区较为单一的畜牧业经济状况，出现了多种经济的格局。在有些民族地区还出现和发展了具有资本主义萌芽性质的商业，出现许多新兴城镇，有力地冲击了民族地区的自然经济。随着各民族频繁地迁移和密切的交往，各族在发展本民族文化、传播和吸取他族文化方面，也作出了重要贡献。无论在语言文字、文学创作、史学研究、音乐舞蹈、医学卫生、教育、科技、天文历法、宗教等方面，都继承弘扬了本民族的文化，并大力吸收、传播了其他民族的优秀文化，丰富发展了祖国的文化艺术宝库。

三　在反帝反封建斗争中，中华民族整体思想的深化

这里所说的"整体"，是指由历史上演变下来的各民族共同组成的，

他们保持着各自民族的特性和区别，尚未融而为一个实体。但经过历次民族演变和共同斗争命运所联结，至近代，各民族的整体思想不断加强和深化，已形成为不可分割的统一体。

"康雍乾盛世"后，由于清王朝各级官吏与诸族封建统治者进一步勾结，日益骄奢淫逸，腐败堕落，鱼肉人民，欺压百姓，社会矛盾和民族矛盾日益加剧，清王朝迅速走向衰竭没落之途。16世纪末，沙俄帝国主义对我国北方民族地区急剧入侵，使我国有些民族地区较早于全国进入了近代史时期。特别是1840年（清道光二十年）鸦片战争后，西方列强大举入侵，占领了我国包括民族地区和沿海地区的大片领土，奴役、掠夺、压迫和残杀各族人民。促使我国各族人民的觉醒，意识到各族人民唇齿相依，患难与共，只有联合起来，团结战斗，坚决开展反帝反封建的斗争，才能求生存、争自由，才能使我们这个统一的多民族的伟大国家免遭生灵涂炭和毁灭之灾，而走向繁荣富强之路。

自近代帝国主义势力入侵中国后，帝国主义和中华民族的矛盾，成为中国社会的主要矛盾，作为帝国主义的对立物，中华民族真正成为政治上不可分割的整体。在反帝反封建的共同斗争中，中华民族源远流长的各种政治、经济、文化的纽带更紧密地联结在一起，发挥更大的积极作用。中华民族同仇敌忾，前仆后继，出现了许多可歌可泣的英勇事迹，谱写了我国历史上共同抵御外侮的新篇章。中华民族在共同缔造祖国光辉历史及灿烂文化、捍卫和建设祖国中皆作出了杰出的贡献。在这过程中，中华民族整体性的思想日益深化，凝聚力进一步增强。

1911年，在我国革命先行者孙中山先生的领导下，推翻了清王朝的统治。次年，孙中山就任中华民国大总统，则明确提出汉、满、蒙、回、藏"五族共和"的主张。其后，革命党人在实践中，对我国多民族国家的历史和中国各民族的情况日益了解，对我国民族问题的重要性予以更充分的重视，制定了正确的民族政策，动员各族人民共同抗敌和建设，加强民族团结。同时，各少数民族的民族认同意识也日益增强。

综上所述，"中国"、"中华"等的内容和含义是不断丰富发展的：第一，由专指黄河流域地区，发展为包括中原王朝统辖的所有郡县，进而发展为包括所有边疆；第二，由对京师、中土大地的通称，发展成为主权国家的专称；第三，由专指华夏、汉族及所属传统文化，发展为包括中国各民族，"中国人"等于中国各民族，以与"外国人"相对称。"中国"与"中华"的含义已表现为生活在中华国土上所有民族及侨居海外各族同胞的整体概念，亦即指中国或中华各民族。无论是从历史发展的纵向，或是经济、文化的横向来考察，中华民族都已成为具有丰富内涵、不可分割的整体。因此，我们从历史上几次民族大融合、大统一以及由此引起的"中国"、"中华"等内涵的演变，大致可探寻到中华民族形成和发展的历史轨迹和内在规律。

（台湾"蒙藏委员会"编：《两岸蒙古藏学学术研讨会论文集》，1995 年）

试论古代少数民族政权与祖国的关系

在我国悠久的历史发展过程中，曾经出现过许多少数民族建立的政权。其中，蒙古族建立的元朝，满族建立的清朝，都统一了全国。此外，还有许多少数民族建立的政权并没有统一全国，他们统治的范围或大或小，存在的时间或长或短，所占的地区或在内地或在边疆。这些政权在历史上也都是属于中国境内的政权，是我国历史不可分割的一部分。

本文试以我国北方某些民族为主要例子，就古代少数民族政权与祖国关系中的几个问题，谈谈极为粗浅的看法，不当与错误之处，希望同志们批评指正。

一　我国历史上的"国"与少数民族政权

民族和国家是两个不同的概念，国家是不能以民族来划分的。恩格斯明确地指出："欧洲没有一个国家不是一个政府管辖好几个不同的民族。""没有一条国家分界线是与民族的自然分界线，即语言的分界线相吻合的。"① 一个国家往往包含几个、几十个民族，一个民族又往往分布在几个不同的国家里。当前的世界，绝大多数是多民族的国家，而单一民族的国家只占少数。

中国早在两千多年前就逐渐形成一个统一的多民族的封建国家。不管

———————————

① 《工人阶级同波兰有什么关系?》，载《马克思恩格斯全集》第 16 卷，人民出版社 1974年版。

封建王朝如何更迭，也不管哪个民族是统治民族，中国始终作为一个多民族的国家存在于世界。正如毛主席所指出的那样："中国是一个由多数民族结合而成的拥有广大人口的国家"，"从很早的古代起，我们中华民族的祖先就劳动、生息、繁殖在这块广大的土地之上。"① "各个少数民族对中国的历史都做过贡献。"② 这是毛主席对我国多民族国家历史的科学总结，完全符合我国历史发展的客观规律。我国古代各民族长期生活在中国"这块广大的土地上"，作为多民族国家的成员，他们都是中国人。因此，他们在我国古代境内所建立的即历史上称之为"国"的民族政权，无论是全国性的政权，还是区域性的政权，应该说都是中国境内的政权。

在我国历史上，对于"国"这一词汇的传统用法和今天的理解不尽相同。在古代，无论是全国性的政权或是地方割据政权，无论这个政权是哪个民族建立的，是在中原或在边陲，也不管这个政权所管辖的范围大小或人口多寡，都可以称之为国。周代，天子统治的整个国家称"天下"，诸侯统治的封地称"国"。所谓"天下之本在国，国之本在家"③，"家齐而后国治，国治而后天下平"④，说的就是大夫之"家"、诸侯之"国"和天子之"天下"。据史籍记载，周代"诸国"前后多至一千余个⑤。在两汉时期，"诸侯王国"、"郡国"、"侯国"也有好几百个。汉平帝时，全国范围内共有郡和王国一百零三个。这主要是汉族及其先祖聚居地区的情况。再看少数民族地区，我国《汉书》上记载的西域三十六国，实际上就是指西域地区当时存在的大大小小的三十六个政权（西汉末，分至五十余国），也是西汉时对西域内属诸城国和游牧部落的总称。其中以天山南的龟兹（今新疆库车一带）为最大，有八万一千多人，其余大多数只有一千至几千人。最小的"单桓国"，只有二十七户，一百九十四人，也称之为国。公元前59年，汉朝设立西域都护府进行管辖，其统治者当

---

① 《中国革命与中国共产党》，载《毛泽东选集》第2卷，人民出版社1977年版，第584—585页。

② 《论十大关系》，载《毛泽东选集》第5卷，人民出版社1977年版，第278页。

③ 《孟子·离娄上》："人有恒言，皆曰天下国家。天下之本在国，国之本在家。"赵岐注："国，谓诸侯之国。家，谓卿大夫家。"后用"国家"为国的通称。

④ 《礼记·大学》，《四部备要·礼记注疏》本。

⑤ 《史记·陈杞世家》："周武王时，侯伯尚千余人。"《汉书·贾山传》："昔者，周盖千八百。"本文所引廿四史材料均据中华书局点校本。

时曾受汉朝的册封、印绶，但对它们仍称之为国。西域这种以一个城郭或地区政权为一个国的现象，一直到明代还存在着。《明史·西域四》记载："地大者称国，小者止称地面。"显然，这些大大小小称为国的政权，不是我们今天所理解的"国家"概念。

在历史发展的长河中，很多少数民族在我国古代境内建立了政权。有的在北方地区，如匈奴、鲜卑、柔然、突厥、回鹘、契丹、党项、女真等族建立的政权。有的在南方地区，如四川、云贵高原的南诏与大理等。有的在中原地区建立了政权，如十六国中有匈奴系统建立的汉国（前赵）、夏和北凉；羯族的后赵；鲜卑族的前燕、后燕、南燕、南凉、西秦；氐族的前秦等。南北朝时又有鲜卑族建立的北魏、北周。五代时有西突厥别部沙陀部所建立的后唐、后晋等。这些民族政权都建号称尊、自比王者，不自外于中国，互斥对方为"潜伪"，并往往以统一中国为己任。它们都是中国境内的政权，其历史——列载于我国二十四史之中。总之，伴随着中原王朝的衰落往往兴起少数民族政权，而当中原地区出现强大的王朝时，它们又渐趋消失或统一、从属于中央王朝。

在我国古代分裂时期，不仅在中国境内出现了许多少数民族政权，而且也出现了两个以上并存的汉族政权，如东汉之后，魏、蜀、吴三国鼎立，五代时南方的吴、南唐等十国。这些汉族统治者所建立的"国"，经过激烈的争夺后，又逐渐地统一于某个较为强大的中央王朝之下。

由上可见，我国古代的"国"的概念，并不代表当时整个中国，他们只不过是当时中国境内的一个政权，在历史上称其为国中之"国"。

"中国"一词，也是一个历史概念，随着历史的推移，它的含义也不断地发展变化。最早见于《诗经》和《尚书》。① 起初，"中国"一词含有"都城"、"国中"、"王畿"等意。② 到西周、春秋战国初期，主要是

---

① 如《诗经·大雅·民劳篇》："惠此中国，以绥四方。"《四部备要·毛诗注疏》本；《尚书·梓材篇》："皇天既付中国民，越厥疆土于先王。"《四部备要·尚书今古文注疏》本。

② 《史记·五帝本纪》舜曰："'天也'，夫而后之中国践天子位焉。"《史记集解》引刘熙的解释说："帝王所都为中，故曰中国。"这是"中国"一词为"都城"、"京师"之意的例子。又《孟子·公孙丑下》："我欲中国而授孟子室。"赵岐注："王欲于国中央，为孟子筑室。"这是中国一词为"国中"之意的例子。再者，史称"内诸夏，外夷狄"，古代华夏族建都于黄河南北，为了别于四方之蛮夷戎狄，自称为"中国"，含有地区居中之意。

指宗周及以"诗书礼乐法度为政"的"山东诸侯齐、魏之大国"①。汉、唐时期，中国虽出现了大一统局面，中央号令已行之于各边疆少数民族地区，但当时"中国"一词，一般仍用来称呼中原地区或中央王朝，一直到明朝和清代前期还是如此，我们从朝廷给边疆各少数民族政权的敕谕中可得到佐证。因而，是否可以这样认为，中国历史上所说的"中国"一词，在某个时期主要是一种文化类型和政治地位的区分②，或是一个地域的名称，而不是整个历史疆域和政治管辖范围的概念。

通观中国历史，从夏、商、周、秦、汉到后来的唐、宋、元、明、清，历代王朝都有自己的国号，但没有一个王朝把"中国"作为自己的国号。"中国"一词正式成为一个国家政权的名称，恐是近代的事。辛亥革命后，孙中山创建了中华民国（通称中国）③，这里的"中华"，包括了我国境内的兄弟民族，但那时只提汉、满、蒙、回、藏"五族共和"。到了蒋介石反动统治时期，少数民族就被看作汉族的"宗族"了。④ 只有在中国共产党和毛主席领导中国革命之后，"中华民族"才真正成为我国古代民族和今天五十多个民族的总称，"中国"一词才真正摆脱了民族主义和正统观念的束缚，成为中华人民共和国的简称，成为反映中国历史实际的一个科学概念。

综上所述，我国历史上的"国"及"中国"的含义是不断发展变化的。我国古代少数民族所建立的"国"，实际上就是我国境内大大小小的地区性政权，而在传统习惯上被称为国。因此，我们既不能用今天的国家概念来理解过去各少数民族所建立的政权，也不能用往往是反映我国历史上某个地域名称或某种文化类型、政治地位的"中国"一词，来解释和

---

①　详见《史记·秦本纪》、《史记·张仪列传》。吴、楚、秦等国，虽曾称霸于诸侯各国，但在一定时期内，仍未能称"中国"。详见《史记·楚世家》、《吴太伯世家》、《齐太公世家》。

②　《孟子·梁惠王篇》："莅中国而抚四夷也。"《礼记·中庸篇》：政教之流行，"洋溢乎中国，施及蛮貊。"均可说明"中国"之称反映着一种文化类型和政治地位的区别。此外，有人认为"中国"一词的沿用，也反映了历史上封建统治阶级闭关自大和对世界的无知，自以为统治天下，居其中，故曰"中国"，这也是一说。

③　参见章太炎《中华民国解》，载《太炎文录初编·别录》卷1。

④　毛主席在《论联合政府》一文中指出："国民党反人民集团否认中国有多民族存在，而把汉族以外的各少数民族称之为'宗族'。他们对于各少数民族，完全继承清朝政府和北洋军阀政府的反动政策，压迫剥削，无所不至。"

代替历史上实际存在的由多民族结合而成的中国。

我们探讨了"国"与"中国"一词的历史概念后，对于史籍上出现的"国"，也就易于正确处理了。我们既要反对封建文人把中国少数民族政权称为"异族"、"外国"、"外寇"等充满大汉族主义的民族观，又要尊重历史上我国境内曾经出现过大大小小的民族政权的事实，承认它们是祖国历史发展的组成部分，无须采取回避态度。

二　我国古代少数民族政权与祖国多民族大家庭的关系

自古以来，我国各民族就在中国领域内，建立了密切的政治、经济和文化联系，形成统一的国家共同体。我国多民族国家的形成和发展，中华民族的形成与发展，是中国历史长期发展的必然结果。

我国古代各民族所建立的政权，无论就其历史渊源、地域分布、民族构成，还是与中原王朝的关系等方面来看，都是与中华民族大家庭的形成与发展密不可分的。

我国各民族之间的历史渊源，可以追溯到很远的古代。以秦汉时期的匈奴为例，据《史记·五帝本纪》所载，黄帝曾北逐荤粥，这反映了匈奴的先祖在遥远的古代与中原华夏诸族有所接触。① 至西汉，匈奴就臣属于汉王朝。东汉时，分为南北两部，南匈奴归汉朝直接管辖，北匈奴也大批附汉。在匈奴地区发生变乱的时候，南匈奴有大批人迁入内地，和汉族及其他各族互相杂处，也有不少邻近于匈奴的汉族地区人民，或因被迁、被俘，或因躲避中原地区的战乱到匈奴地区生活，而成为各自族源的一部分。北匈奴为汉将窦宪所破后，一部分在西迁过程中，与西域诸族融合了，另一部分约十余万落（户）留居鄂尔浑河流域，合并到我国另一古代民族鲜卑中去了。

---

① 《史记·匈奴传》记载："其先祖夏后氏之苗裔也。"夏后氏是禹的部落，就是说匈奴是出于大禹之后，与汉族是同源，《史记》此说的起源是出于传说，传说的真实性有待研究，但传说的存在，足以证明，匈奴即使不完全是夏后氏的苗裔，与中原地区各民族的关系也是相当密切的。

　　再以新疆维吾尔族的祖先回鹘为例，他们的绝大多数，原先游牧在蒙古草原的色楞格河和鄂尔浑河流域一带，与中原地区建立了密切的政治关系。唐王室曾多次以公主与回鹘联姻，以舅甥相称。[①] 唐贞观二十年（公元 647 年），铁勒、回鹘等十一部向唐朝要求："今各有分地，愿归命天子，请置唐官"[②]。唐朝即于翌年正月，在铁勒诸部中设立六个都督府、七个州，隶燕然都护府，派李素立为都护。其中回鹘部为瀚海都督府，任吐迷度为都督，成为唐王朝的一级地方政权。公元 840 年，回鹘因内乱西迁，大部分迁至今新疆地区，和当地民族融合为今天的维吾尔族。一部分西迁至今甘肃、河西走廊一带，和当地的蒙、汉等族互相杂处，成为今天我国的裕固族。

　　汉族之所以成为今天中国的主体民族，世界上人口最多的民族，也是由古代华夏族和其他民族长期混血而逐渐发展形成的。约从公元前 21 世纪至公元前 770 年，黄河中、下游的夏人、商人、周人经夏、商、周三个王朝和其他部落长期相处，华夏族逐渐形成和发展。春秋战国时，齐、秦、晋、燕、楚等大国成为东西南北各族密切联系的中心，华夏族和其他各族接触更广泛、更频繁，与四周的所谓戎狄蛮夷诸族逐渐融合。至秦、汉时期形成了以华夏族为主体的、统一多民族的中央集权国家。汉代以后，渐称汉族。

　　魏、晋南北朝，是我国民族大融合时期。北方民族大举南下，在黄河流域先后建立了许多政权。大批中原地区的汉族南迁，与南方的少数民族融合在一起，这就为唐代统一后汉族的发展创造了条件，李唐皇室就有不少北方民族的血统。元朝统一后，把契丹、女真等族都视为"汉人"。故从族源上来看，汉族是由我国古代境内华夏族和其他民族逐渐发展而成的。

　　我国古代少数民族政权的地域分布及管辖的对象，也是与中原地区不可分割的。以辽、夏为例，辽的地域东自大海，西至流沙，南越长城，北绝大漠，包括东北三省、内蒙古东半部、山西北部和包括今天北京在内的河北一带。其境内，除了契丹族以外，还有奚、渤海、回鹘、女真、蒙古

---

① 《宋史》卷 490。

② 《新唐书》卷 217，《回鹘传》。

和汉族等。西夏的辖区包括今宁夏、陕北、甘肃西北部、青海东北部和内蒙古一部分地区。境内的居民除党项族和汉族以外，还有吐蕃、回鹘、契丹、女真、塔坦诸族。而当时中原地区也杂居着很多少数民族。① 因此，从辽、夏等少数民族政权统治范围和对象而言，根本无法把它们与中原截然分割开。

从辽、夏统治阶层与中原王朝的关系看，其先祖曾受过中原王朝的册封。如契丹族在南北朝时，就向北魏岁贡名马，"朝贡至齐受禅常不绝。"② 隋时，"悉其众款塞，高祖纳之。"③ 唐时，契丹首领"窟哥举部内属"，被任命为"松漠都督，封无极男，赐氏李。"④ 当时，唐王朝在契丹分布地区设立松漠都督府和十个州。又如西夏的王室，"本姓拓跋氏。唐贞观初，有拓拔赤辞者归唐，太宗赐姓李。"唐末，其后代"思恭卒，弟思谏代为定难军节度使。"⑤ 五代时，其后裔，历受梁、唐、晋、汉、周王朝的封爵和任命，到后周"显德中，累加至守太傅、兼中书令，封西平王。"⑥ 宋时，曾封其首领为"太尉"、"夏州刺史"、"定难军节度使"，夏国立，直至北宋末，册封未断。

此外，民族政权统治集团的组成也不单纯是一个民族，除了以这个民族的统治阶级为主外，还有其他民族的统治阶级代表人物参加。例如，辽太祖阿保机建立辽朝，他的主要谋士是汉人韩延徽。"以延徽为相，号'政事令'，契丹谓之'崇文令公'。"⑦ 在辽太宗耶律德光时，辽"官分南、北"，即所谓"以国制治契丹，以汉制待汉人"。南面官，包括太傅、太保、太尉、大丞相和左、右丞相等在内，大多由汉人担任。⑧ 西夏政权

---

① 据《史记·周本纪》记载，周武王伐纣时，其军队除了周人外，还有庸、蜀、羌、髳、微、垆、彭、濮人参加。秦统一中国后，其境内就包括了古代所谓东夷、南蛮、北狄和西戎的很大部分。

② 《魏书》卷100，《契丹传》。

③ 《隋书》卷84，《契丹传》。

④ 《新唐书》卷219，《契丹传》。

⑤ 《宋史》卷485，《夏国上》。

⑥ 《旧五代史》卷132，《世袭列传一》。

⑦ 《新五代史》卷72，《四夷附录第一》。

⑧ 《辽史》卷45，《百官志一》。

"自中书令、宰相、枢使、大夫、侍中、太尉已下，皆分命蕃汉人为之"。① 绍兴三十年（公元1160年），西夏封其宰相汉人任得敬为楚王，任在西夏为相二十多年，"专国政"②。中原王朝的一套官制和政治制度也都被吸收，加以施行和推广。其他民族政权的类似情况，在我国历史上也不胜枚举。

由上可见，我国少数民族建立的许多政权，无论从其分布的地域、管辖的民族、政权的组织和中原王朝关系以及历史渊源等方面来看，都是和祖国多民族大家庭历史分不开的。

三　少数民族政权管辖的地区 与我国历史疆域的关系

我们伟大的祖国幅员辽阔，这是我国各族人民长期共同开拓的结果，也是我国边疆少数民族政权与中原地区长期保持密切联系的产物。

中国的历史，在长期发展中，经历了统一和分裂及再统一的过程，上述少数民族政权和中原王朝，就形成了各种各样极为复杂的关系。在统一的时候，有的少数民族政权就置于汉族或其他统治民族所建立的王朝管辖范围内，或成为中原王朝的郡县和行省；有的只是册封授印，政治上处于从属关系；有的甚至只有朝贡互市关系。而中央王朝对少数民族地区也采取因俗设政的管辖形式。如行于西北地区的"属国都尉"，行于西南地区的土司制度等。在分裂时期，边陲少数民族政权也往往与中原地区较为强大的政权保持一定的从属关系（如南北朝时，突厥与西魏的关系；高昌回鹘政权与北宋的关系等）。有的还与邻近较为强大的少数民族政权发生从属关系，如十世纪时，辖戛斯（今柯尔克孜之先祖）是辽的属国，辽在其地设"辖戛斯国王府"。③ 因此，不管统一还是分裂时期，少数民族政权与中原地区始终存在着内在的政治、经济、文化联系。其统辖的地区

---

① 《宋史》卷485，《夏国上》。

② 《金史》卷134，《西夏传》。

③ 《辽史》卷46，《百官志二》。

始终是我国历代疆域不可分割的一部分。

众所周知，我们今天的国家疆域是在帝国主义，特别是沙俄大片割占中国领土之后的疆域。而我们伟大祖国的历史，不仅是现在中国境内各民族共同缔造的，而且也是在历史上曾积极活动过，并对形成中国历史疆域起过重大作用的民族共同缔造的，而这些古民族活动的范围又往往不局限于今天中华人民共和国的疆域。为了全面反映中国这个自古以来就是由多民族结合而成国家的历史，为了客观反映中国历史的发展过程，分清历史是非，以便更好地揭露帝国主义尤其是沙俄侵略扩张的罪行，就必须进一步明确我国古代少数民族政权有效管辖地区与祖国历史疆域的关系。

我国古代少数民族政权往往是在边陲，其统辖区又往往与我国疆域范围密不可分。虽然我国西部和北部的边疆，大多居住着游牧民族，流动性很大，但是，中国边疆少数民族及其所建立的政权，都有自己传统的分布地区和游牧地。这些游牧地一般以高山、大河为标志，有一定范围，在我国史籍上也有明确的记载。如《汉书》就记载着两汉时期，西域地区由汉王朝的西域都护府所管辖的几十个大大小小政权的分布范围。根据这些记载，我国西北疆域早就在巴尔喀什湖以东以南的广大地区是明白无误的。《隋书》、《新唐书》、《旧唐书》明确地记载了隋、唐时期，我国突厥族的分布范围，东起辽海（今辽河上游）、西达西海（今里海）、南到阿姆河、北过贝加尔湖。唐王朝统一东、西突厥后，还在原突厥地区设置都护府及其管辖下的各都督府、州。仅西突厥地区，就在巴尔喀什湖以东以南和今新疆北部设立了昆陵都护府和濛池都护府，下辖二十三个都督府，并委任当地的少数民族首领为都护、都督，进行有效的管辖。据中外史籍记载，有的少数民族政权还有自己游牧区的分布图。① 显然，这些记载都是确定我国历史疆域的可贵资料。

当然，我们说中国古代少数民族政权统辖的地区是祖国历代疆域不可分割的一部分，是指我国古代少数民族政权传统和稳定的管辖地区，或中原王朝设官治守的地区；而不是把我国古代游牧部落到过的地区都作为我

---

① 例如，东汉时，南匈奴日逐王比，派人奉献给东汉王朝的匈奴地图。清代时，准噶尔部首领噶尔丹策凌及其助手绘制的准噶尔游牧图，其中有 238 个托忒文的地名（西方学者又称为勒纳特 1 号地图）。

国的疆域范围。如十三世纪时，游牧在我国北方的蒙古族大举西征，占领今中亚、西亚及欧洲东部，建立了钦察、伊儿、窝阔台、察哈台四个宗王封地（国外史学家又称为四大汗国）。其中，察哈台所属的巴尔喀什湖以东以南至两河流域，以及窝阔台所属的鄂毕河上游至额尔齐斯河流域，是我国古代民族传统的管辖地区，元朝曾在那里设立了行省等，为我国元朝历史疆域的一部分。而钦察和伊儿汗国，虽然蒙古族在那里的统治时间很长，但我们并没有把它们看作元朝的疆域。再如，十七世纪三十年代，我国厄鲁特蒙古土尔扈特部曾远徙到伏尔加河下游地区，在那里生活了一百四十年之久，最后由于不堪沙俄殖民主义者的剥削和压迫，历尽艰险，万里返归祖国。伏尔加河下游地区虽曾是土尔扈特部长期游牧地所在，我们也从未把它算作中国的历史疆域。

诚然，我们指出古代少数民族传统的分布地区及其政权统辖范围与我国历代疆域的关系，主要是为了弄清历史事实，说明中国历史上所达到的疆域范围，这与今天的领土主权问题是性质不同的两个问题，不能混为一谈。但是，对于沙俄等侵占我国领土的历史真相，必须彻底予以揭露，还其历史本来面貌。

四　正确评价少数民族政权在历史上的作用是关系到民族团结的重大问题

在我国统一多民族国家的历史发展过程中，由于存在着阶级矛盾和民族矛盾，各族之间不可避免地发生各种各样的战争。如各族剥削阶级掠夺、压迫别的民族和争夺封建王朝统治权、统一全国的战争，以及被压迫被剥削民族反对掠夺压迫的战争。这些战争属于国内问题[①]，也是我国历史发展的支流。而各族之间友好往来、和平相处才是我国历史发展的主流，其突出地表现在各民族之间的经济、文化交流，建立互相依存、互相

----

① 为什么过去一般能把东周列国及魏、蜀、吴三国之间的战争，看成中国内部分立政权之间的斗争，而一涉及民族间的战争，就被视为是异族番邦之战，甚至被看作中国与外国之战呢？主要原因恐怕是正统观念和大汉族主义的影响在作祟，另外，也是由于对中华民族共同体形成与发展的历史缺乏认识所致。

促进密切不可分割的关系上。

我国古代的游牧民族如匈奴、乌孙、突厥、回鹘、蒙古等，地处北方寒冷的游牧区域，需要依靠中原农业地区供应"絮、缯、酒、米、食物"等生活必需品，而中原地区也需要他们支援大量的骏马和皮毛，满足军事、生产和生活上的需要。我国古代少数民族与中原地区或周围诸族的经济交流，常常以朝贡和互市的方式来实现。中原王朝对少数民族政权统治者的朝贡以回赐的方式，把大量的锦罗绸缎、金银首饰、乐器珍玩、书籍纸张及贵重药品等送给他们。而一般劳动人民通过互市，也得到生产与生活必需品，如布帛、米麦、锅釜、茶叶等。即使在这些少数民族政权与中原王朝发生战争和冲突时，经济联系也没有中断。匈奴与汉武帝"绝和亲"的阶段，匈奴也"尚乐关市，嗜汉财物，汉亦通关市不绝以中之"，即是一例。[①] 历史上，少数民族以朝贡和互市的形式进行贸易的规模是很大的。唐代，回鹘与内地的物资交流，回纥"以马一匹易绢四十匹，动至数万马。""大和元年（公元 827 年），命中使以绢二十万匹付鸿胪寺宣赐回鹘充马价。三年（公元 830 年）正月，中使以绢二十三万匹赐回纥充马价。"[②] 宋代，辽和西夏也从内地大量取得丝绸等。明代，瓦剌的贡使一次竟多达三千余人，贡马以万计，史称贡使"络绎乎道，驼马迭贡于廷。"[③] 而鞑靼俺答汗时期，明为蒙古族开设马市有十余处。在互市上，蒙古族用马、骡、驴、牛、羊、骆驼、毛皮、马尾、木材等，与汉族交换锅釜、缎、绢、䌷、布、鍼（针）、线及食品等物。清代，各族间经济交流更为发展。

在生产技术和文化交流方面，中原汉族地区的建筑、水利工程和手工业等先进生产技术，不断地传入兄弟民族地区。辽太祖时，河北北部一带有许多汉族人民迁往东北契丹地区从事粮食和手工业生产，因而汉族的农业生产技术和纺织、冶炼等手工业技术大量传入契丹地区。元代忽必烈时，曾经把畏兀儿和汉族工匠迁到今叶尼塞河上游流域的我国乞儿吉思（今柯尔克孜族先人）和斡亦剌蒙古地区，从事屯垦和手工业生产，促进

---

① 《汉书》卷 94 上，《匈奴传》。

② 《旧唐书》卷 195，《回纥传》。

③ 胡濙：《论虏情疏》，见《明经世文编》卷 19，或《明英宗实录》卷 204，江苏国学图书馆传抄本。

了当地经济的发展。明朝时，俺答汗曾利用汉人在土默特地区建筑了板升城，城内建有宫殿、宅第、佛寺，即今呼和浩特的旧城（"呼和浩特"蒙语为"青色之城"的意思）。同时，少数民族地区的植棉、棉织技术①以及草药、乐器、歌舞等也都不断地流传到中原地区，大大丰富了祖国的医药宝库和艺术宝库，使祖国的文化开出更加绚丽多彩的花朵。

总之，密切的经济文化交流，在我国各族人民之间起着极其重要的纽带作用，推动了我国统一多民族国家的形成和发展。各民族在长期的友好交往中，共同缔造了祖国的光辉历史和中华民族的灿烂文化。

统观中国历史，自秦建立统一的多民族中央集权制国家以来，中国封建社会的历史，基本上是在汉代所奠定的多民族的中国版图范围内时分时合，以合为主流地向前发展着。中国的历史之所以与世界历史上经常出现的那种强行用军事行政办法联合成的军事帝国不同，在每次分裂后，仍能一次、再次地形成新的大一统局面，就是因为中国的大一统是建立在深厚的经济、文化联系的基础上，特别是建立在中原地区与边疆少数民族地区之间源远流长的经济、文化和政治联系的基础上。历史实践证明，各少数民族政权与中原王朝所建立的密切的政治关系，是各族之间长期经济、文化交流的结果，反过来，又促进了各族之间的经济、文化交流和发展。而这种强有力的纽带，把祖国各民族紧紧地联结在一起。

历史辩证法告诉我们，全中国的统一，与各民族内部的统一是分不开的，没有各民族内部的统一，全中国的统一也就不可能实现。虽然在某一时期，少数民族政权在某一地区形成局部的割据，但正是这种局部的割据（也是局部的统一），为新的大一统酝酿着必要的条件。如成吉思汗把分散的蒙古部落统一起来，建立统一的蒙古贵族政权，后来才出现了元朝的大一统局面。努尔哈赤把满族统一起来，建立后金政权，为清朝大一统奠定了基础。而清初，我国西北地区的厄鲁特蒙古族，在其首领巴图尔、僧格、策旺阿拉布坦等的领导下，一方面采取了有效措施，促进了本民族的统一与发展；另一方面英勇地抵抗沙俄的南侵，为清朝统一新疆创造了条件。

---

① 例如，元代黄道婆把黎族人民先进的棉织技术带到上海附近乌泥泾，促进了松江一带棉织业的发展。

在宋、辽、金对峙时期，辽政权把长城以北各少数民族聚居的广大疆域更紧密地同华北和中原联成一体，金政权把我国黑龙江流域的广大疆域与祖国内地更紧密地联成一体。可见，契丹人和女真人，对开发祖国的北方疆域都做出了不可磨灭的贡献。这些少数民族政权，都为祖国新的更大范围的统一创造了条件。

因此，我们对历史上的少数民族政权或其首领人物的评价，一定要立足于中华民族，放眼整个历史发展过程，坚持民族平等的原则，既要铲除大汉族主义和正统观念的影响，又要冲破狭隘地方民族主义的束缚，要历史地、辩证地看。其标准，我们认为有如下几点：看其是否有利于本民族的进步和发展；是否有利于祖国的统一、民族的团结；从明末清初以后，还要看其是否有利于反抗帝国主义、殖民主义的侵略与压迫等。这里还有两个问题的界限是必须分清楚的，一是要把少数民族政权与外国（特别是与邻近的国家）的正常来往，与那些卖国投敌，出卖国家和民族利益、引狼入室的叛国行为严格区分开来，不能一与外国有所接触，就视其为勾结；二是要把少数民族政权及其人民反抗中原王朝的民族压迫和苛政暴敛的斗争，与分裂割据、叛乱严格区分开来，不能把反对中原王朝（尤其大一统时期）不加分析地斥之为"分裂"、"叛乱"。否则，容易伤害民族感情，不利于民族团结，也不利于判断历史是非。

总之，我们只有努力掌握马列主义历史观和唯物辩证法，对具体史实作具体分析，切忌形而上学，才能对我国历史上少数民族政权给予应有的地位，对少数民族历史人物作出公正的评价，而有利于巩固与促进各民族的团结与祖国的统一，为早日实现四个现代化的宏伟目标贡献力量。

（《民族研究》1979 年第 1 期）

论我国历史上统一与分裂、战争与民族英雄

多年以来，在民族关系史的讨论中，有的同志认为，中国自古以来就是统一的多民族国家，也有同志持相反的看法，只承认中国历史上是多民族但不同意是统一的。以笔者之管见，这两种绝对否定或绝对肯定的看法恐都带有片面性。因而，由此对统一与分裂、战争与民族英雄等一系列问题所得出的结论，也是值得商榷的。笔者认为，欲正确认识我国统一多民族国家的形成和发展，首先要弄清楚古代和现代对"国"、"中国"两词理解的区别，弄清楚中国在历史发展过程中，统一和分裂的辩证关系。

—

根据马列主义原理，国家就其实质来说是阶级社会的产物，阶级统治的工具，但随着历史时代的变迁，国家的具体性质和范围是发展变化的。我国古代"国"，是指某一个奴隶制或封建制国家而言，并不代表当时祖国境内各民族分布和管辖的地区。封建社会的特点，就是政治上实行封建割据，经济上自给自足，一个政权就是一个壁垒森严的独立王国。因此，古代的封建国家，是指一个封建统一政权或区域性政权而言。不论这个政权是哪个民族建立的，是在中原或在边陲，不管这个政权的大小，即不论其管辖地域大小和人口多寡，都统称之为"国"。在我国历史上就出现过很多大大小小包括各民族建立起来的国家，也出现过几个汉族政权并存的局面。类似"王国"、"侯国"、"汗国"等等。

这些前资本主义性质的"国",显然和今天理解的国家概念不同。国家发展为今天的含义,即建立一个包括边疆地区各个民族在内的统一的中央政权,是清代之后,它是资本主义经济发展上升时期的产物。伴随着封建主义的没落、资本主义经济发展的要求,只有打破封建割据,铲除民族壁垒,形成各民族共同的经济市场,才能真正建立一个包括各民族地区在内统一的中央政权国家。不仅我国如此,世界各国的历史也证明了这一点。

历史上,"中国"一词和今天对"中国"的理解也不尽相同,其内涵有一个变化发展过程。先秦时期,"中国"一词不是一个国家的概念,初尝指"京师"、"国中"、"王畿"等等①。随着历史的发展,"中国"一词包含的范围逐渐扩大,成为地域的名称,初指河南及其附近地区,后扩大到黄河中下游,甚至把不属黄河流域的其他中原地区也称中国。秦统一六国,华夏族与四周所谓戎狄蛮夷诸族逐渐融合,形成以华夏族(汉代以后渐称汉族)为主体的统一多民族集权国家,"中国"一词泛指中原王朝所直接管辖的地区,其范围当时为祖国境内整个领域的一部分②。自此,历史上外国常用"秦人"二字称呼中国人,或谓即今"China"或"支那"一词之由来。"中国"作为地域的概念,也不仅专指汉族政权统治时期,其他民族的统治者在中原地区立国,也沿称之。

通观中国历史,从夏、商、周、秦、汉到后来的唐、宋、元、明、清,历代王朝都有自己的国号,但没有一个王朝把"中国"作为自己的国号,历史上"中国"一词,不是整个历史疆域和政治管辖范围的概念、国家政权的正式名称。"中国"作为我国统一国家政权的名称,作为代表我国包括边疆地区少数民族在内的名称,乃近代的事,是孙中山先生领导具有资产阶级民主革命性质的辛亥革命,推翻封建王朝,建立"中华民国"之后。这里的"中华"包括了我国境内的少数民族,但那时只提汉、满、蒙、回、藏"五族共和"。而在蒋介石反动统治下,否认中国多民族的存在,把汉族以外的少数民族称之为宗族。只有在中国共产党领导下的新民主主义革命取得胜利以后,"中华民族"一词才发展为包括我国古代

---

① 《诗经·大雅·民劳篇》;《史记·五帝本纪》;《孟子·公孙丑》;《周礼·大司寇》。
② 《史记·天官书》:"其后,秦遂以兵灭六国并中国。"

民族和现代境内五十六个兄弟民族及尚未被识别的"人们共同体"的总称,"中国"一词才成为真正体现十亿人民意志的中华人民共和国的简称,成为反映中国历史实际的一个科学概念。

有的同志认为,我国历代疆域,应以各该王朝设官治守或管辖到的地方为界,而把少数民族所建立的政权及其管辖范围,排除在祖国大家庭之外,把他们看作是外国、外敌,将他们对中原王朝的进犯,说成是外国对中国的侵略等等。这种看法显然是值得商榷的。

必须指出,我国统一多民族国家的形成,是历史中国的一个发展。我国历史发展的规律,是一个有统一、有分裂、以统一为主流的不断发展过程。这就是说,我国统一多民族国家的形成,绝不是哪一天或哪一个时期突然就形成的,而是历史长期发展和不断统一的结果,即由局部地区的统一发展到全国的统一,由若干个民族的统一,发展到几十个民族的统一,其间虽然也经历过分裂时期,但总的趋向是朝着越来越大的地域,越来越多的民族统一的方向发展,最后形成清代的大一统,奠定了今天祖国大家庭的基础。没有历史上局部的统一,不断的统一,也不可能出现清代的大一统。统一和分裂是辩证的,相辅相成的。历史上,祖国的统一时期,往往酝酿着割据和分裂;而分裂割据时期,是统一时期各集团之间政治斗争的继续。分裂割据形势的发展,又为新的大一统时期创造了条件,促成新的、更多民族统一之局面,其结果促进了我国历史疆域的发展。事实上,我国历史疆域从来没有以民族来划分过。远在西周时代,其境内就有羌、蜀、髳、微、卢、彭、濮、庸等族①。春秋时,"夷蛮戎狄,犹错处内地"②。秦始皇统一六国,在原六国辖地和拓地的基础上,设置三十六郡(后发展为四十二郡),其版图就包括了古代所谓东夷、南蛮、北狄和西戎的很大部分。而且在山西、河北、陕西、陇东等中原地区,也杂居着许多少数民族。到汉代,我国疆域有了很大发展,仅以西、北边疆而言,汉宣帝时,天山以北的乌孙,天山以南的西域三十六国,大漠南北的匈奴等相继归属汉朝,这就使西北等古代各少数民族及其地区,进一步与中原地

---

① 《史记·周本纪》;《国语·郑语》。
② 顾栋高:《春秋大事表》。胡渭:《禹贡锥指》曰:"禹贡九州之内,自有中国蛮夷之别。"

区结成一体，在经济上相互依存，文化上互相交流。边疆民族的大量内迁，中原各族人民遍布边疆各地，都为我国历史疆域范围的确定奠定了基础。

在分裂时期，我国局部地区的统一也从未间断，边疆少数民族建立的政权，对开发边疆，创造祖国新的大一统也作出了贡献。如宋、辽、金对峙时期，由于契丹人和辽王朝的作用，把长城以北各少数民族聚居地区同华北联成一体；由于女真人及其所建立的金王朝的作用，把我国东北黑龙江流域广大地区同内地淮河以北联成一体。这些少数民族建立起来的局部统一政权，都加强了祖国各族人民的联系。

强调我国历史上是不断统一的多民族国家，决不意味着否认少数民族所建立的封建国家的存在。如上所述，我国统一的多民族国家的历史，是在经历着不断统一和分裂的过程中发展的。在分裂时期，不仅出现过中原王朝和边疆政权并存的局面，也出现过边疆地区几个少数民族政权并存或汉族地区几个政权并存的局面，这些大大小小的政权，就是我国史籍中称之为"国"的国中之国，它们的历史，是多民族祖国大家庭历史不可分割的组成部分。

历史上，我们伟大的祖国，是一个幅员辽阔的国家，并不限于今天中国的国界，今天中国的疆界要比它小得多，这是近代帝国主义，特别是沙俄帝国主义入侵我北部地区以后，才逐渐造成的局面。历史上祖国的疆域，是由古代各民族共同开拓和缔造的，它大体上有一个传统和稳定的范围。这不仅因为我国历史上秦、汉、唐、元、清等大一统时期，中原王朝曾先后统一这些地区，建立了行政机构和进行有效的管辖，还由于在这些边疆地区，世代居住着我国古代民族，在祖国分裂时期，建立了许多地区性政权，都有自己传统的、固定的游牧地和管辖区，它们有的以大河、高山为标志，不少民族政权的分布活动范围及其管辖地区，在我国史籍上都有明确记载，有的还绘有分布图，它们都是确定祖国历史疆域的珍贵资料。

总之，我们在探讨历史上我国是否统一的问题时，一方面，要尊重历史事实，随着时代的变化，把现代"国"、"中国"的含义与古代的"国"、"中国"相区别；另一方面，又要正确地认识我国历史发展中统一和分裂的辩证关系，否则就会产生要么不敢承认我国历史上曾经出现过许多奴隶制或封建制国家；要么就把少数民族所建立的国家都看作是独立于中国境外的外国，而产生"中国即汉族"或"少数民族非中国"的错误结论。

二

既然我国历史上分裂时期出现过很多国，那么就应该承认，这些国之间往往会产生矛盾，发生冲突和战争，侵犯和抗击的事是会经常发生的，也是不可避免的。既有汉族侵犯过其他民族，也有少数民族入侵过中原地区。民族间之互相侵犯，是阶级社会的产物，是各民族统治阶级所造成的。不论是哪一种情况，也不管中国统治者如何更迭或属于哪个民族，这些都是发生在历史上祖国境内之事，是我国兄弟民族争夺统治权的斗争，属于内部纠纷。

历史上兄弟民族之争是我国内部问题，并不是说民族之间发生战争，就没有是非标准和不分青红皂白。具体战争要具体分析，不能一概肯定或者一概否定。即不能认为，凡是中原王朝征伐少数民族的战争都是统一、平叛，凡是少数民族反对中原王朝的战争都是叛乱，或者说都是反抗民族压迫的斗争。毛泽东同志在《论持久战》中指出："历史上的战争分为两类，一类是正义的，一类是非正义的。一切进步的战争，都是正义的，一切阻碍进步的战争都是非正义的。"不能因为各民族同属一祖国，就认为他们之间没有侵犯和反抗的问题，没有正义与非正义、进步与反动之分。那么决定战争性质的标准是什么呢？有人仅从战争的残酷性、掠夺性和破坏性来判断，认为在战争中掠夺人民，破坏经济、文化，或采取民族压迫歧视政策，就是非正义的、反动的。这种仅着眼于战争手段来决定战争性质的说法，也值得商榷。

历史上一切侵犯性战争，都是各民族统治阶级发动的。统治阶级出于其阶级利益，为了统治更多地区，掠夺更多的财富和人畜，来满足自己的私欲，必然采取极其残酷的手段来镇压各族人民，从而给他们带来灾难和痛苦。历史上没有一个统治阶级所发动的战争，不是通过屠杀和镇压来取得胜利，但战争的结局，往往和统治者的愿望相反，有的在客观上起了促进祖国统一和推动历史前进的作用。列宁在《社会主义与战争》中指出："历史上常常有这样的战争，他们虽然像一切战争一样不可避免地带来种种惨祸、暴行、灾难和痛苦，但是它们仍然是进步的战争，也就是说，它们有利于人类的发展，有助于破坏特别有害的和反动的制度（如专制制度或农奴制），破坏欧洲最野蛮的专制政体（土耳其的和俄国的）。"① 我国历史上发生过无数次民族之间的战争，有的也是属于这类性质的战争，它加速了民族之间的融合统一，破坏了反动落后制度，促进了社会的进步，推动着我国统一多民族国家的形成和发展。如宋、辽、金、元时期，先是契丹和女真贵族，他们不但把各自民族统一起来，并把当时四分五裂的北方统一起来，建立了辽、金政权。金进而发动对宋的战争，欲推翻已趋向腐朽没落和阻碍社会发展的宋统治集团。

后来，蒙古贵族崛起，推翻了金和南宋王朝，实现了全国的大一统。虽然他们在战争中使用的手段往往是相当野蛮、残酷的，带有民族报复性，给社会生产和各族人民生命财产造成很大的损失和破坏，但他们把本民族和中原地区较为先进的民族密切地联系起来，使本民族社会经济得以发展，并采取一系列措施，使中原地区在遭到战争破坏以后，很快得到恢复，且较前朝有所发展，因而，客观上具有一定的进步性。我们应从历史的复杂性和事物的多样性来理解这一问题。

肯定其历史进步性，是否就可以对统治阶级在战争中的掠夺性、残酷性和破坏性漠然置之呢？是否对英勇抗击入侵者，保卫本民族领域和人民生命财产的英雄人物予以否定呢？不然。我认为，这是两个不同性质的问题。确定战争的性质是一回事，肯定英雄人物又是另一回事。即我们一方面要承认上述战争的客观历史作用；另一方面也要承认历史上有民族英雄。封建时代的民族英雄，也和封建时代国家的概念一样，是有阶级和历史局限性的，不同于近现代民族英雄的含义和性质。封建时代的民族英雄只能忠于一个封建国家、一个民族，即为保卫这个封建国家的领土和人民的生命财产而英勇抗击其他民族的入侵，不惜牺牲自己的生命，这在历史上曾出现过许多可歌可泣的动人事迹。从这一点出

---

① 《列宁选集》第2卷，人民出版社1972年版，第668页。

发，我认为南宋抗金的岳飞，抗元的文天祥，明代抗清的史可法，都是当之无愧的民族英雄，不能加以否定。正如翦伯赞同志所指出，封建时代的民族英雄，不可能要求他既代表本民族广大人民的利益，又不损害其他各族人民的利益。亦即在封建割据或分立政权背景下，为各民族共同承认的民族英雄是没有的。只有消除了封建割据和民族壁垒，建立了多民族统一的中央政权国家，民族英雄的性质才逐渐发生变化，才能使对抗外来侵略成为多民族或全民族共同的行动，从而出现代表全国各民族利益并为之所承认的民族英雄。只有社会主义，才赋予民族英雄以更全面、更深刻、更广泛的含义。

但是，这绝不是说，对历史上封建时代的民族英雄或历史人物的评价，就可以没有是非之分，似乎站在不同民族的立场，就会得出不同的结论来，无真理可言。我认为，历史上民族英雄和历史人物是否为当时各民族承认是一回事，而今天我们对他的评价又是另一回事。作为马列主义的各民族史学工作者，在评价民族英雄或历史人物时，应该摒弃民族偏见，按照一个标准，即马列主义原则，历史唯物主义态度和阶级分析的方法，来评价他们在历史上的行为和功过，从而得出符合史实的结论来。

我们之所以说，南宋岳飞抗金是民族英雄，因为进攻宋朝，发动掠夺战争和实行民族压迫的是女真统治阶级，而不是劳动人民。这种战争带有掠夺性、破坏性，江淮千里，横罹兵祸，使南宋人民遭到了很大苦难。岳飞作为宋朝官员，奋起抗击金兵，主观上虽为了保卫宋室江山，但客观上保卫了南宋各族人民的生命和财产，使南宋地区社会经济免遭破坏，应该承认他是南宋各族人民的民族英雄。他的行动，实际上不仅符合南宋人民的利益，也符合当时女真劳动人民的利益。对金的阻遏，也使女真族免遭战祸，解除他们战争中繁重的赋税和劳役，并得以安定生活，发展生产，和中原地区进行和平贸易。因此说，岳飞抗击女真统治阶级，是和各族人民的利益相一致的。

在由统治阶级发动的掠夺和压迫战争中，常常出现劳动人民厌战和反对战争的情况，甚至因而导致战争的失败。例如宋时，由于西夏统治集团和宋朝发生战争，使和平贸易中断，违背了各族人民愿望，因而遭到西夏人民的反对。当时在西夏人民中，流行着"十不如"的歌谣①，来反对战争带来的后果。又如明正统十四年（1449年），雄踞北方的瓦剌首领也先发动了对中原地区的掠夺战争，在著名的土木堡之役中，把明军打得大败，俘虏了明英宗②。并一直打到北京城，使明朝危在旦夕，但围攻了五昼夜，结果只得引兵而退，其原因即为遭到中原地区各族人民和瓦剌人民的反对。当时，京师人民坚决支持以于谦为首的抗战派，他们对也先的进攻英勇抗击，使瓦剌军队连战皆败，伤亡惨重，士气低落③。瓦剌部众也在战争中深深认识到，这场战争只对封建贵族有利，而把他们拖入苦难的深渊，因此普遍存在厌战情绪。正如也先重臣阿剌知院的一个部属所说的"凡我下人，皆欲讲和"④，以致统治阶级内部也矛盾重重，不得不退兵北撤，送还英宗，恢复和明朝的正常关系。这些都说明，各族人民之间本质上是反对战争的。

因此，对于岳飞之抗金，只要不存在民族偏见，我们就应得出共同肯定岳飞是民族英雄的结论来。如同我们肯定成吉思汗、忽必烈、努尔哈赤、康熙、策旺阿拉布坦、侬智高、张秀眉、李文学等等其他民族的历史人物和民族英雄一样。当然，我们肯定他们，并不是肯定他们的一切，而是肯定他们在反抗民族压迫、实现民族统一、发展社会经济、抗击外来侵略等方面所起的作用。对于他们之中一些人统治、压迫各族人民的立场及岳飞等人的"忠君"思想（实际上是"愚忠"），必须予以否定。

我们说各族人民是反对战争的，并不是说各族人民之间没有隔阂或民族偏见。由于各民族统治阶级的思想影响，历史上长期形成的民族之间的偏见和隔阂很深，在侵犯和反侵犯的殊死斗争中，侵犯民族的统治阶级固然很残酷，抗击的民族在战场上也是充满仇恨，要"壮志饥餐胡虏肉，笑谈渴饮匈奴血"，在这样互相敌视和对抗的民族情绪下，侵犯的民族不会也不可能去承认岳飞是民族英雄，也不应该要求他们这样做，否则就不是历史唯物主义态度了。

总之，我们在研究和探讨历史上的民族关系时，一定要立足于客观历

① 《宋史·西夏传》。

② 《明史·瓦剌传》。

③ 《明史·于谦传》。

④ 《明英宗实录》卷192，景泰元年五月辛未。

史事实，坚持历史唯物主义和民族平等的原则，运用阶级分析的方法，对具体问题作具体分析，既要铲除历史上正统的封建王朝体系和大汉族主义的影响，又要防止历史上长期造成的民族偏见。只有这样，才有可能对我国历史上的民族关系作出恰当的评价和共同的认识。

（《历史教学》1981 年第 1 期）

对"炎黄子孙"提法之我见

我国丰富的典籍及考古资料证明，中华民族与中华文化起源于中华大地；中华文化既是多元区域性发展，又呈现往中原内向汇聚及中原文化向四周辐射的不平衡发展状态。作为中华文化主源流的炎黄文化，长期以来被视为中华民族始兴与统一的象征和代表，并且作为联系中华民族共同感情的纽带，备受重视。它在中华民族形成发展过程中，在团结海内外诸族同胞、增强中华民族凝聚力等方面，皆起到了不可估量的作用。

但是，"炎黄文化"并不等于"中华民族文化"或"中华文化"，反之亦然。同时，"炎黄子孙"的提法也毕竟不能涵盖整个中华民族。从中华民族大家庭多元整体的格局而言，"炎黄子孙"及"炎黄文化"的提法恐有其局限性，不能与"中华民族"及"中华文化"等而视之。本文拟从三个方面略抒己见。

一 以往对"炎黄子孙"提法之不同认识

对"炎黄子孙"的内涵外延的认识，仁者见仁，智者见智，学界始终众说纷纭，莫衷一是，概括起来大致有以下几种。

一是将"炎黄子孙"视为汉族之苗裔，此是我国历史上的传统看法。

二是认为炎、黄二帝是汉族之先祖，少数民族则各有自己的先祖，故"炎黄子孙"专指汉族而不能代表少数民族。

三是认为"炎黄子孙"不仅指汉族，也包含和代表少数民族在内。

四是认为"炎黄子孙"并不是生物学、遗传学意义上的子孙，而主要是历史学、社会人文学意义上的子孙。在这里祖先和子孙的概念是对中国传统文化代代传承的概念。中国人之所以自认为是炎黄子孙，是出于对炎黄二帝以及他们所缔造的中国传统文化的感恩戴德。[①]有的学者则提出"炎黄"只是一个时代的象征，文化意义上的偶像，一种文明形式的代表，炎黄是中华民族的人文始祖，炎黄子孙也不是血缘关系的承袭。

二　我们对"炎黄子孙"提法的认识

我们认为"炎黄子孙"主要是指汉族，而不能涵盖所有少数民族。为什么这样说呢？下面拟从民族学、考古学、历史学等角度进行剖析。

第一，之所以说主要是指汉族，这应从社会人类学和民族学的角度，对华夏族——汉族起源、形成、发展加以探索。据研究，炎帝、黄帝皆源于泾渭流域，宝鸡为炎帝故里，天水为黄帝发祥地。[②]炎、黄部族首领先后统率部落联盟不断征战，融合许多族群，形成以炎黄部落为中心的族团，经尧舜禹，至夏商周，加速了中原地区族群的融合，逐渐形成了华夏族，成为中华原始共同体形成过程中凝聚的核心和主体。春秋战国纷争后，秦建立我国历史上第一个多民族统一中央集权国家，为汉族之最终形成创造条件。汉朝建立后，华夏族不断与周边诸族融合，渐称"汉人"，即汉族。因而，从历史渊源及民族学视角进行考察，炎黄子孙主要是指汉族。但从汉族的源流来看又是多源的，不仅仅来自炎黄子孙，而且包括周边不少农业及游牧族群。汉族远古先民实际包括来自羌戎、东夷、三苗、九黎等氏族部落集团的人。

第二，考古资料证明，在炎黄部族之前，我国东西南北已经居住着古人类不同族群，不都是炎黄后裔迁徙才形成夷蛮的。

---

①　谷苞：《关于〈五千年还是一万年〉的一些疑问》，原载《吐鲁番学研究》2000年第2期，转载于《西域研究》2001年第2期。

②　《国语·晋语四》载："昔少典娶于有蟜氏，生黄帝、炎帝。黄帝以姬水成，炎帝以姜水成。成而异德，故黄帝为姬，炎帝为姜，二帝用师以相济。"姜水，据《水经注·渭水》所载："岐水又东，迳姜氏城南，为姜水。"即在宝鸡地区。姬水，据有的学者考证，在天水轩辕谷一带。从古籍记载分析，炎帝、黄帝都与少典、有蟜氏部族有关。炎、黄为兄弟部族。

有的学者认为：一部分炎帝支族，"向四方迁移，迁东的成为日后的东夷，迁西的成为日后羌戎，迁南的成为日后的苗蛮，迁北的成为日后的狄貊，也就是所谓东夷、西戎、南蛮、北狄。"① 对这种说法我们恐难以苟同。因为有一点需要注意的是，当时的东西南北不是真空地带，大量考古材料证明，这些地区早就居住着各种族群，是古代不少民族和现代一些少数民族的先祖。例如，我国考古发现证明，在旧石器时代，中原地区及周边已遍布古人类的足迹。东北地区包括黑龙江、吉林、辽宁三省，发现有旧石器早期的金牛山遗址（辽宁营口市）、庙后山遗址（本溪市东南），中期鸽子洞遗址（辽东哈喇沁左翼蒙古族自治县），晚期有西八间房遗址（辽宁凌源县）、周家油坊遗址、安图人化石（吉林安图县）、顾乡屯遗址及呼玛十八站旧石器遗址（黑龙江哈尔滨市）。这说明东北地区从旧石器早期起就有人类活动。

东南地区包括江苏、安徽、浙江、福建、台湾、广东六省，都有旧石器时代早中晚期遗址发现。早期以安徽和县人化石为代表，中期以广东省曲江县的马坝人化石为代表，晚期有台湾台东县的长滨文化、台南县左镇人化石、江苏省下草湾人化石。此外，浙江建德县乌龟洞、广东省封开县垌中岩和广西灵山县马鞍山等都发现古人类化石。

西南地区包括云南、贵州、四川、广西。早期有云南的元谋人化石和贵州观音洞文化遗址，中期有贵州桐梓县岩灰洞的人类化石和石器，晚期有四川富林遗址、资阳人化石，广西桂林宝积岩遗址及柳江人化石等。中国西南地区发现有丰富的腊玛猿化石，并发现了较早的元谋人化石，距今大概有 170 万年。可以认为这一地区是人类起源与发展的重要地带，很可能是人类文化的发祥地之一。

过去认为青藏高原地区不适宜远古人居住。新的发现说明，从旧石器时代起，这里便有人类活动。在青海霍霍西里、西藏自治区定日县、申扎县都发现了打制石器。与华北地区旧石器时代遗物相似，表明青藏高原和华北平原在很早以前就有一定文化联系。

华中地区指江西、湖北、湖南三省。其人类化石和旧石器文化的遗存，早期有湖北省郧县人、郧西人、石龙头遗址，中期有湖北长阳人，晚

---

① 员力：《也谈"炎黄子孙"》，《光明日报》1989 年 9 月 6 日。

期在湖南桂阳县山洞中发现一件有刻纹的骨锥。

华北地区指秦岭、淮河以北的黄土高原、华北平原以及蒙古高原的一部分。最早的旧石器时代遗存西侯度文化（距今 180 万年），亚洲北部最古老的直立人化石——蓝田人化石，著名的北京人化石及遗址，都发现于这一地区。

新疆地区虽尚未发现旧石器文化遗址，但由东北、内蒙古到新疆一带广阔地区，陆续发现一些以细石器为特征、伴存有篦纹或其他类型陶片的地点，当时被称为细石器文化（细石器开始于旧石器文化晚期），新疆哈密七角井等地曾发现细石器遗址。[①]

旧石器时代是中国历史最早的阶段，大约终止于距今 1 万年前。人类以打制石器为主要生产工具，过着采集和狩猎的原始生活。

新石器文化始自公元前 6000 多年，一般认为延续至前 2000 年左右。新石器时代随着生产发展，原始社会内部产生了私有制和阶级。以农业和畜牧业的出现为划时代标志，磨制石器和制陶、纺织出现是基本特征，经历了氏族制的繁荣和瓦解阶段，人类的足迹更是遍及全国各地。由新石器时代向青铜器时代过渡，从原始社会转变为奴隶制国家。炎黄部落是以渭水河谷为中心，逐步向四周相邻地区迁徙的。在距今 6000—5000 年，从渭水流域向东发展，进入黄河中游与下游的河济之间，与以海岱为中心的两昊集团相继接触、斗争融合，形成夏商周三代文明的原始共同体。我国远古传说年代（约公元前 4000—2100 年），在炎黄部落活动的秦陇高原，新石器时代的氏族部落文化是以仰韶文化为主体的粟作农业文化，处于原始社会父系氏族制部落联盟后期。经尧舜禹三代，公元前 2070 年，禹子启建立夏朝，中国历史翻开了新的一页。

上面回顾了中国旧石器时代遗址和古人类化石发现的简况，主要是为了说明早在旧石器时代，古人类的足迹已遍布中国大地。从而使传统看法，即认为中华民族与文化起源于黄河中下游，然后向四周扩散的单源中心说得到修正。因此，在探讨我国的民族形成和发展时，必须要将此因素考虑在内，否则往往容易夸大某一集团的作用，而忽视原有土著居民的存在和其他族群的历史作用。

---

① 参见《中国大百科全书·考古卷》，中国大百科全书出版社 1986 年版，第 682—689 页。

第三，炎黄族裔与其他族群融合，成为有的少数民族族源之一。

炎黄族裔在征伐和迁徙过程中，往往凭借强大的军事、政治力量，吸收、融化一部分其他族群，加强自身力量。或者在迁徙、杂居中与其他族群融合而产生新的民族体，成为其他民族的族源之一。例如，相传炎帝的妻族，是活动于四川雅砻江、岷江一带的独龙族。有人认为陕南川北的氐羌就是炎帝从渭水流域迁到陕南与当地土著居民融合而成；而炎帝一支向西北沿千陇古道，通过陇山到河湟地区，与羌人会合成羌族；并认为西北和西南的羌裔族群包括藏人在内，皆其后人（实际上可能是炎帝后裔与土著族群融合而产生的新民族）。有的学者认为炎帝一支族裔沿黄河东进，移入中原地区，然后北到华北平原，东至九黎族裔地区与东夷部落相遇，碰撞融合，成为苗瑶的先祖之一，并认为满族的先人与炎黄后裔也有渊源关系。如此等等，不一一列举。无数事实证明，很多少数民族的族源也是多元的。虽然传说并不等于历史，但也说明炎、黄族裔在征战、迁徙过程中，不断与他族融合及传播自己的文化，成为他族的族源之一，并且，对炎黄代表的文化意蕴也逐渐认同。黄帝、炎帝成为我国许多民族崇奉的人文始祖也绝非偶然。由上可见，"炎黄子孙"的提法也包含一部分古代民族和当今的少数民族。

但在这里有两个问题是需要特别注意的。

一是炎黄二帝的史实由简至繁，并逐渐被神化和位移，这是与春秋战国至秦汉时期的政治斗争及学术争鸣之需要紧密相连的。例如，战国诸子百家利用神农氏、黄帝等来提高自己学派的地位。为了在墨、道、儒之争中处于有利地位，连道家也将黄帝作为自己最早的创始人，故称"黄老道家"、"黄老之学"。有的还利用阴阳五行学说，使炎帝文化南迁①，炎帝崇拜也在南方得以传播，并有崇拜物化表现形式，如炎帝陵和炎帝庙的建立等。刘邦建立汉朝后，为证明和加固自己的正统地位，自称赤帝子。"炎帝"，通过五德终始说和汉代政治结合，成为肯定汉王朝正统地位的依据之一。关于炎帝的传说在汉代也发生流变，实现了"黄炎同尊"。

二是入居中原的少数民族统治者为了表明自己正统地位的合法性，也

---

① 《左传·昭公十七年》载，郯子曰："炎帝氏以火纪，故为火师而火名。"《淮南子·时则训》中，高诱注："赤帝，炎帝，少典之子，号为神农，南方火德之帝也。"

往往标榜自己是炎黄之后裔。例如：匈奴赫连勃勃标榜自己出自淳维，是夏禹之后，故建国以大夏命名，都城为"统万"①。北周宇文氏则说自己是炎帝之后。《周书·文帝纪上》提到："太祖文皇帝宇文氏，讳泰，字黑獭，代武川人。其先出自炎帝神农氏，为黄帝所灭，子孙遁居朔野。"②拓跋鲜卑也说自己祖先为黄帝后裔。《魏书·序纪》开篇即说："昔黄帝有子二十五人，或内列诸华，或外分荒服，昌意少子受封北土，国有大鲜卑山，因以为号……黄帝以土德王，北俗谓土为托，谓后为跋，故以为氏。"《晋书》、《周书》、《魏书》等所记是否属实，难以一一考证。因而，研究炎黄历史及文化，也有去伪存真、去粗存精的问题，只有这样，才能更好地恢复历史的真实面貌。

第四，"炎黄子孙"的提法，不能包含所有少数民族。

历史证明，汉族的形成和发展，是以华夏族为主体，不断融合他族，整个族群像滚雪球似地越滚越大。在汉族形成发展的同时，中国东南西北，还存在诸多未被融合到汉族内的其他族群。他们既是沿循自己原有轨道独立发展，又与其他民族保持密切联系，在经济文化上相互交流，互相渗透，形成古代和当代的一些少数民族。而且，我国境内的一些跨国民族诸如俄罗斯、乌孜别克、塔塔尔、塔吉克族等等，都有自己的渊源和发展轨迹，恐不能以"炎黄子孙"统而概之。因而，我们认为"炎黄子孙"主要是指汉族，也包含一些少数民族，但难以囊括我国境内所有民族。

三　"炎黄子孙"与"中华民族"

我们认为"中华民族"的提法，应包含了"炎黄子孙"的内涵，但两者又不能等而同之。在一般情况下，"中华民族"之提法较为科学，也更符合我国统一多民族国家历史发展的实际。但在特殊场合，则当作别论。

---

①　《晋书·赫连勃勃载记》。

②　《周书·文帝纪上》。《北史·周本纪》也说："周太祖文皇帝姓宇文氏……其先出自炎帝。"

第一，对"中华民族"内涵的不同看法。

探索中华民族的发展以及"中华民族"概念的科学性，首先对其主题词"中华民族"的含义必须要有一个清晰的认识。当前学术界对"中华民族"的概念一般有三种看法：第一种看法认为，中华民族是指历史上华夏及其后的汉族而言，并不包括少数民族，故对用"中华民族"来代表我国所有民族有异议；第二种意见认为，中华民族是一个实体，一个人们共同体，既多元又一体；第三种意见认为"中华民族"是中华各民族的总称，包括我国古代民族、当代56个民族和其他尚未识别的人们共同体及居住海外的各族同胞。我们赞同第三种看法。

第二，"中华"含义之历史演变。

"中华民族"四字相连，作为专称，虽始于清末，但其形成和发展经历了漫长的历史进程。要研究此过程，首先需了解"华夏"、"中国"、"中华"等词的源流和来龙去脉。笔者认为他们最初的含义，应是同一内涵，即都是指华夏族（其后发展为汉族）及其京都和所属文化。

华夏族，一说形成于原始社会末期和阶级社会初期，因建立夏国或夏朝而命名。据《说文》解释，"华"意为"荣"，"夏"意为"中国之人"（中原之人）。古人常以"诸夏"、"华夏"与"四夷"、"四裔"对称。孔子曾曰："裔不谋夏，夷不乱华。"孔颖达疏解道："中国有礼仪之大，故称夏，有服章之美，故谓之华。"又赋予"华夏"以文化的内涵。

在先秦时期，族系众多，除华夏族外，还有蛮、夷、戎、狄等，华夏族只是众多民族之一。以后通过各部落、部族之间和各民族之间互相征伐兼并，华夏族不断壮大，成为人数众多势力强大的民族。由于华夏族地处居中，由华夏族建立之国家，称为"中国"。[①] 又因帝王所都为中，故也指京师为"中国"。[②] 史载当时在"天下"、"四海"内，有中国、夷、蛮、戎、狄"五方之民"。因此，在相当长一段时间内，华夏、中国等概念，一般泛指华夏族或后来之汉族，及由其建立的中原王朝。

[①] 《汉书·五行志》注云："中国者，中夏之国也。"韩非子：《初见秦·第一》则称之为"中央之国。"

[②] 《诗·大雅·民劳》："惠此中国，以绥四方。"毛传："中国，京师也。"

"中华"一词，在魏晋时已出现，普遍使用于南北朝。① "中华"一词由"中国"和"华夏"复合而成，在古代其含义与"中国"相当。②以地域而言，初始主要指中原，继而扩大为王朝直接管辖之郡县地区；论民族，一般是指汉人。"中华"与"中国"一样，又是文化概念，一般是指古人所称"礼乐冠第"的中原文化。而孔子为首的儒家，基于华夏、戎狄不断同化、融合的现实，往往以文化（礼仪）作为区分华夷的标准。而随着"民族"一词的翻译传入（有的学者认为"民族"一词早就在我国古籍出现），并普遍使用代替汉语中原指民族的"人"、"族"、"种族"、"种落"、"部落"等词汇，遂由"中华"和"民族"复合成为"中华民族"。"中华民族"这一称谓出现之后，人们对其含义的认识，又经历了逐步深入和明确的过程。

中华民族的形成和发展，不是简单的军事或行政的联合，而是基于长期的经济、文化交流和多次的民族大融合、国家大统一，在抵御外侮斗争中的凝聚力及民族认同意识不断增强的必然结果，具有密切内在的联系。随着中国历史上所经历的四次民族大迁徙、大融合和五次大统一，中华各民族在无数次裂变和凝聚中孕育成长，逐渐形成不可分割的整体。而"中国"、"中华"等含义及人们对之观念上的认识，也不断发生演变和深化。

1. 春秋战国时期，我国历史上第一次民族大融合，至秦汉统一，"中国"，由单一民族成为多民族的概念，由华夏族分布的中原地区，扩大为指中原王朝直接管辖的地区，初步形成多民族统一国家的概念。

2. 自魏晋南北朝至隋唐，我国经历了第二次民族大融合和大统一时期，"中国"、"中华"成为在中原建国的各族自称，其内涵已初步具有包括中国各民族的含义。

3. 第三次民族大融合与元朝的统一，使东北与内地更紧密地联结成一体，边疆和内地的地方行政制度渐趋定型。

---

① 《晋书·刘乔传》记载刘弘上表给晋惠帝时提到："今边陲无备豫之储，中华有杼轴之困。"《三国志·蜀书·诸葛亮传》、《晋书·陈敏传》、《魏书·韩显宗传》等都曾运用"中华"之词。

② 《唐律疏议》曰："中华者，中国也。亲被王教，自属中国，衣冠威俤，居身礼义，故谓之中华。"

4. 第四次民族大融合与明清的统一，奠定了我国疆域与当代民族的基础，中华诸族之间各种联系更为密切，"中国"是多民族共同祖国的观念日益深入人心，渐成为主权国家的专称。

5. 在反帝反封建斗争中，中华民族整体思想日益深化。这里所说的"整体"，是指由历史上演变下来的各民族共同组成的，彼此既有千丝万缕的联系，又保持着各自民族的特性和区别，尚未融合为一个实体。但经过历次民族演变和为共同斗争所联结，至近代，各民族的整体思想不断加强和深化，已形成为不可分割的统一体。

自近代帝国主义势力入侵中国后，帝国主义和中华民族的矛盾，成为中国社会的主要矛盾，作为帝国主义的对立物，中华民族真正成为政治上不可分割的整体。在反帝反封建的共同斗争中，生死与共，休戚相关，中华民族源远流长的各种政治、经济、文化的纽带更紧密地联结在一起，发挥更大的积极作用。中华民族同仇敌忾，前赴后继，谱写了我国历史上共同抵御外侮的新篇章。中华民族在共同缔造祖国光辉历史和灿烂文化、捍卫和建设祖国中皆作出了杰出贡献。在这过程中，中华民族整体性的思想日益深化，凝聚力进一步加强。新中国成立后，各民族更加团结，中华民族凝聚力越发增强，中华民族代表全国各族的概念更加深入人心。

因此，根据历史发展的事实，我们认为"中华民族"、"中华文化"之提法，更符合我国统一多民族国家历史发展的实际情况及现状。当然在特定环境下，尤其是在团结海外华侨及华人工作方面，约定俗成，以"炎黄子孙"、"炎黄文化"为号召，也在情理之中。

总之，"炎黄子孙"及"炎黄文化"提法之出现，有其历史背景和积极意义。但随着时代的发展，我们感到"中华民族"、"中华文化"的提法，更有利于国家统一、民族团结及"振兴中华"之大业，从学术研究上说更符合我国统一多民族国家历史发展的实际，其概念的科学性也更强。

（《中国民族报》等 2003 年刊载；收入《炎帝与汉民族论集》，三秦出版社 2003 年版）

从文化互动看唐代中原地区民族融合

Abstract: Because the early days of Tang Dynasty was strong, and the ruler was benign, they communicated with other nations equally in politics, traded with them in business, exchanged culture with each other, were board and all inclusive in religion, meanwhile. In the same time, Hannation and other minorities accelerated fusion through living together, marriage and immigration and so on.

唐朝前期，国力鼎盛，中国封建社会的经济文化达到了罕有高度，呈现一派繁荣昌盛景象。唐太宗等统治者以其"华夷同重"，"内外一家"之广阔胸怀，涵容百川。政治上，华戎兼采，汉夷同朝；经济上，农牧互补，贸迁有无；文化上，融通互渗，彼此吸纳；宗教上，兼容并包，三教共弘。通过迁徙、杂居、通婚等促进了民族融合和同化，增强了中华民族的凝聚力，长安、洛阳为各族文化荟萃之大都市，民族融合的实质，从某种意义上讲，就是各种不同民族文化之间，在冲突或碰撞中，经过磨合、渗透，相互吸纳，实现文化融通，其结果是文化更新，增强亲和力，促进民族融合。

本文仅通过对唐代中原地区汉夷文化相互吸纳、中原文化对周边诸族影响及中原诸族加速融合等的论述，揭示民族关系的一个重要方面，以诠释各民族共创中华辉煌这一亘古不变之主题。

一　中原地区汉夷文化的相互吸纳

经过魏晋南北朝的民族大融合，中原文化已不是单纯汉文化的代名词，而是在传统的汉族文化中吸纳了大量胡戎夷蛮文化的成分。至隋唐，更是华戎兼容，其内容更为丰富多彩，绚丽灿烂。隋唐，尤其是唐代，是诗歌、书法、绘画、雕塑、史学、法学、医学及科技的发展和鼎盛时期，也是汉夷文化交融的黄金时代。唐代，由于大批少数民族入居长安及中原其他各地，再加上李氏家族及皇室与北方民族存在着密切的渊源关系和千丝万缕的联系，从情感上更易接受非汉族文化，因而胡化盛极一时。

1. 胡服、胡食盛行于中原，长安尤为突出。

史称："开元来……太常乐常胡曲，贵人御馔尽供胡食，士女皆竞衣胡服。"① 天宝初"贵族及士民好为胡服胡帽，妇人则簪步摇钗，衿袖窄小"②。宋人沈括在《梦溪笔谈》中对服饰变化，有更详细的叙述，其云："中国衣冠，自北齐以来，乃全用胡服。窄袖绯绿短衣，长靿靴，有蹀躞带，皆胡服也。窄袖便于驰射，短衣，长靿靴皆便于涉草。"③ 胡服具有衣长及膝、衿袖窄小的特点，风格豪放，与盛唐热烈气氛相吻合，深受中原士女喜爱，竞相穿着。男子服饰从"上衣下裳"之制，逐渐变为"上衣下裤"之制。故出土的唐代壁画、陶俑中出现大量着胡服的形象。其中既有"就中偏称小腰身"的回鹘装，又有乌羊毛织成、顶部略尖、四周织有花纹的蕃帽，四周垂丝网的吐谷浑长裙帽等等。《旧唐书·舆服志》称："开元初，从驾宫人骑马者，皆著胡帽，靓妆露面，无复障蔽，士庶之家，又相仿效，帷帽之制，绝不行。俄又露髻驰骋，或有著丈夫衣服靴衫，而尊卑内外，斯一贯矣。"唐代女子着装英姿飒爽，大受胡俗影响。因此，南宋朱熹说："后世衣服，固未能猝复先世之旧，且得华夷稍有区别。今世之服，大抵皆为胡服，如上领衫、靴鞋之属，先王冠服，扫

---

① 《旧唐书》卷45，《舆服志》。
② 《新唐书》卷34，《五行志一》。
③ 沈括：《梦溪笔谈》卷1，《故事一》。

地尽矣。自晋五胡之乱，后来遂相承袭，唐接隋，隋接周，周接北魏。"①
同时，女子化妆亦习胡俗，《新唐书·五行志》称："元和末，妇人为圆
鬟椎髻，不设鬓饰，不施朱粉，惟以乌膏注唇，状如悲啼状。"白居易在
《时世妆》诗中也提到："元和妆梳君记取，髻椎面赭非华风。"椎髻，在
敦煌壁画及西域亦常见之，可能是经由西域以至于长安。面赭，即在面部
涂上赭红的色泽，乃吐蕃习俗②，有防寒护肤、美容之功能，由西北传入
中原后称为"元和妆"。出身于拓跋鲜卑之诗人元稹，对"胡风"在中原
的盛行曾有生动的描绘："自从胡骑起烟尘，毛毳腥膻满咸洛。女为胡妇
学胡妆，伎进胡音务胡乐。火凤声沈多咽绝，春莺啭罢长萧索。胡音胡骑
与胡妆，五十年来竞纷泊。"③ 唐人服饰的胡化，从唐墓壁画中可清楚见
到圆领小袖袍的流行服式，由"胡服"变为汉服之一。但是服饰方面的
影响也是相互渗透的。很多少数民族进入中原后，受"华风"之濡染，
也逐渐改变穿着习惯。例如，在唐朝都城的吐蕃人则是"或执戟丹墀，
策名戎秩，或曳裾庠序，高步黄门。服改毡裘，语兼中夏，明习汉法，目
睹朝章。知经国之要，窥成败于国史，察安危于古今。"④ 唐代胡食对中
原地区的影响也颇大。玄宗开元后"贵人御馔，尽供胡食"，成为一种时
尚。慧琳《一切经音义》提到的胡食就有：䴵䭔、馎饦、烧饼、胡饼、搭
纳等⑤。唐代长安之东市及长兴里均有专卖馎饦的店肆⑥，其中更以樱桃
馎饦名扬海内外。石蜜（冰糖）的制作方法也从西域传入中原。《唐会
要》称："西蕃胡国出石蜜，中国贵之。太宗遣使于摩伽佗国取其法，令
扬州煎蔗之汁，于中厨自造焉，色味愈于西域所出者。"⑦ 西域葡萄酒及
制作方法也在唐代传入中原。唐太宗破高昌国，得到马乳葡萄及用葡萄酿
酒的方法，便在宫中酿造。这种酒，凡有八色，"芳辛酷烈，味兼醍盎。

---

① 朱熹：《朱子语类》卷 91。
② 《新唐书》卷 216 上《吐蕃上》载：吐蕃"表率毡韦。以赭涂面为好"。
③ 元稹：《元氏长庆集》卷 42，《法曲》。春莺啭，龟兹乐人白明达所作软舞曲。火凤，系
疏勒乐人裴神符所作之曲。
④ 薛登：《请止四夷入侍疏》，《全唐文》卷 281。
⑤ 慧琳：《一切经音义》卷 37，《陀罗尼集》第十二。
⑥ 段成式：《酉阳杂俎》卷 1，《支诺皋》。
⑦ 《唐会要》卷 100。

既颁赐群臣，京师始识其味"①。同时，"酒家胡"的现象空前兴盛。唐代胡人经营酒肆的现象很普遍，时人将这些经营酒肆的胡人称为"酒家胡"。酒家胡大多以貌美之女子当垆，故诗人笔中的胡姬几乎成为酒家胡的同义语。长安东西两市为酒家胡集中之地。李白诗中对此曾有生动描写："五陵年少金市东，银鞍白马度春风。落花踏尽游何处，笑入胡姬酒肆中。"② "何处可为别，长安青绮门。胡姬招素手，延客醉金樽。"③ 长安以外的城市也有酒家胡，例如元稹诗中就提到："殷勤夏口阮元瑜，二十年前旧饮徒。最爱轻欺杏园客，也曾辜负酒家胡。"④

并且，胡床等自北而南传入中原，促使高足家具的出现，同时，建筑技术的进步，尤其是斗拱的大量应用，增加和扩展了室内空间，也对家具提出了新的需求，这就改变了过去席地而坐分食的习惯，逐渐向合食制过渡。1987 年，考古工作者在陕西长安县南里王村发掘了一座唐代韦氏家族墓，墓室东壁绘有一幅宴饮图，图正中置一长方形大案桌，案桌上杯盘罗列，食物丰盛。案桌上置一荷叶形汤碗和勺子供众使用，周围有 3 条长凳，每条凳上坐 3 人。这幅图表明分食制已向合食制过渡，同时也说明合食制的形成是与胡床等南渐及高足家具普及分不开的。

2. 南北文风的融合，使唐代诗歌文学进入了黄金时代。

《隋书·文学传叙》称："江左宫商发越，贵于清绮；河朔辞义贞刚，重乎气质。""若能掇彼清音，简兹累句，各去所短，合其两长，则文质彬彬，尽善尽美矣。"《乐府诗集》也谓"艳曲兴于南朝，胡音生于北俗"。而唐诗正是汇集了南北文风的特点，加以发展。李白瑰玮绚烂的诗品不仅吸收北方文风粗犷、豪爽、质朴、刚健雄奇及现实主义的特点，而且广取南方文风清新、绮丽含蓄、想象丰富、善于抒情的浪漫主义色彩。以达到"落笔惊风雨，诗成泣鬼神"，"清水出芙蓉，天然去雕饰"的境界，是南北文风结合的典范，民族融合的结晶。而且唐代很多有名的诗人，如元稹、刘禹锡、白居易及元结等皆与鲜卑、匈奴及西胡有渊源关系。元稹，其先为拓跋鲜卑元氏。曾为工部侍郎、同中书门下平章事等。

---

① 《册府元龟》卷 970，《朝贡三》。
② 李白：《少年行二首》，《全唐诗》卷 165。
③ 李白：《送裴十八图南归嵩山》，《全唐诗》卷 176。
④ 元稹：《赠崔元儒》，《全唐诗》卷 414。

擅长于诗，与白居易名相埒，号"元和体"。和白居易友善谊深，世称"元白"，同为新乐府运动倡导者。其著述甚多，有《元氏长庆集》等行世。白居易，一说其先世为西域龟兹胡人，北齐五兵尚书白建后裔。文辞富艳，尤精于诗笔。其诗语言通俗易懂，明白晓畅，先与元稹齐名，号称"元白"，后与匈奴独孤氏（一说即屠各氏）后裔刘禹锡齐名，号称"刘白"。一生著述颇丰，有文集75卷，经史事类30卷。在创作上主张"文章合为时而著，歌诗合为事而作"。其"讽喻诗"多同情人民疾苦，揭露统治者的腐朽与残暴，如《杜陵叟》、《卖炭翁》、《新丰折臂翁》等即是此类代表作。而《长恨歌》、《琵琶行》，更是长期以来广为传诵之名篇。有《白氏长庆集》等行世。刘禹锡，唐代文学家、哲学家。一说其先世为匈奴独孤氏。北魏东雍州刺史刘亮七世孙。精于古文，善五言诗。和柳宗元交谊甚笃，人称"刘柳"。其诗语言生动，风格清新，《竹枝词》、《柳枝词》、《插田歌》等组诗，富有民歌特色。其中如"沉舟侧畔千帆过，病树前头万木春"等诗句更是脍炙人口。所著《天论》三篇，反映了朴素唯物主义和辩证法思想，有《刘梦得文集》行世。这些出身于北方民族的文坛巨星，既有胡戎的刚健雄豪气概，又汲取南方汉族绮丽抒情的浪漫色彩，使唐代的文学诗歌达到新的高峰。

在语言方面，南北汉语皆杂有蛮夷之音。隋末，鲜卑人陆法言著《切韵》，以当时洛阳音为主，酌收古音及其他方音（其中也杂有胡虏和吴越之音），建立了汉语的韵母系统，为唐宋韵书的始祖。唐僧人宁温在《切韵》的基础上，运用梵语字母的拼音原理剖析汉语，制定三十声母，为宋《广韵》之三十六声母体系奠定基础。因而，《通志·七音略》指出："七音之韵，起自西域，流入诸夏。"

3. 胡曲、胡舞对汉族为主体的中原文化影响也颇为深远。

史称唐代"歌舞杂有四方之乐"①。隋朝统一后，文帝设置国伎、清商伎、高丽伎、天竺伎、安国伎、龟兹伎、文康伎七部乐，并杂有疏勒、扶南、康国、百济、突厥、新罗、倭国等伎。隋炀帝又改为九部乐。唐朝设十部乐，即燕乐、清商乐、西凉乐、龟兹乐、高丽乐、天竺乐、安国乐、康国乐、疏勒乐、高昌乐。其中燕乐和西凉乐，大多源于北朝的胡汉

① 《新唐书》卷22，《礼乐志》。

混和乐。而唐代著名大乐《秦王破阵》，正是在汉族传统的"清商乐"基础上，汲取了龟兹乐许多成分，抑扬蹈厉，极富阳刚之气。隋唐时，龟兹乐和西凉乐盛行各地，这在唐人诗词中也有生动的反映。如元稹《法曲》诗云："女为胡妇学胡妆，伎进胡音务胡乐。"王建的《凉州行》也提到："城头山鸡鸣角角，洛阳家家学胡乐。"此外，胡舞、胡戏等对中原文化的影响也是明显的。例如，北齐的《兰陵王入阵曲》①，舞者戴假面具，紫衣金带，手执金桴，虽属软舞范围，但威武雄壮。北周的《城舞》，行列方正，像城郭，舞者八十人，刻木为面。这种舞蹈既是北方民族融合的艺术结晶，又对后世戏剧等发生一定影响。又如以著名《霓裳羽衣曲》为乐的盛唐舞蹈《霓裳羽衣舞》，既运用了传统的小垂手，又借鉴了胡旋舞旋转迅疾的动态，使传统舞姿的柔媚、典雅与西域舞蹈的俏丽、明快水乳相融，可谓是汉舞与胡舞融合的佳作。而《霓裳羽衣曲》，属唐代燕乐胡部新声之名曲。此曲本名《婆罗门曲》，原为凉州流行的一套大曲（一说由西域传入）。西凉节度使杨敬述于开元十九年（731年）进献唐玄宗，传说此曲曾经玄宗润色并制歌词。天宝十三年（754年），唐廷实行"蕃汉杂奏"之策，"诏道调、法曲与胡部新声合奏"，"婆罗门"遂改为"霓裳羽衣"。白居易《霓裳羽衣舞歌及自注》描述了这套大曲的曲体与音乐之妙。全曲有散序6段，中序18段，曲破12段，共36段12遍。同其他大曲的区别是"凡曲终必遽，唯霓裳羽衣曲将毕，引声益缓"②。

乐器除用磬、箫、筝、笛外，还有箜篌、筚篥、笙等③。唐文宗时所用乐队则更近于清乐系统，反映了胡乐俗化的过程。出自西域的胡腾舞、胡旋舞、柘枝舞，在开元、天宝后，盛行于长安，遍及中原。

除胡歌胡舞外，高句丽和南诏等的乐舞对中原的文化生活也有所影响。南朝时就传入高丽、百济伎乐。隋朝时高丽伎成为九部国伎之一。至唐，不少达官贵人擅长高丽乐舞。南诏的乐舞也非常有特色。唐德宗贞元十九年（803年），南诏王异牟寻为增进与中原王朝的关系，派大歌舞队

---

① 《北齐书》卷11，《文襄六王传》曰：芒山之败，兰陵王高长恭为中军，率五百骑再入周军，遂至金墉之下，被围甚急，城上人弗识，长恭免胄示之面，乃下弩手救之，于是大捷。武士共歌谣之，为兰陵王入阵曲。

② 白居易：《霓裳羽衣舞歌和微之》。

③ 《新唐书》卷22，《礼乐志》。

赴长安，定名为《南诏奉圣乐》。该乐"用黄钟之钧，舞六成，工六十四人，赞引二人，序曲二十八叠，执羽而舞"①。其内容丰富，意境深邃，乐奏、歌唱、舞蹈浑然一体，极具艺术感染力，演出轰动长安。唐德宗亲临麟德殿观看，并"以授太常工人，自是殿庭宴则立奏，宫中则坐奏"②。此乐还被列为唐朝音乐十四部之一。

4. 击鞠、千秋、狮子舞、泼寒胡戏等娱乐活动的传入，丰富了中原社会生活。

击鞠，即打马球，发源于波斯，称波罗毬，最初是从吐蕃传入，唐代颇为流行。唐太宗时始令人习击鞠，之后诸帝率善此戏，史称：唐中宗"好击毬，由是风俗相尚"③。当时上自宫廷显贵、文人学士，下至武夫走卒、宫女市民，大都喜爱这种竞争激烈，富有挑战性的运动。出土文物中就有许多表现唐代击鞠的壁画、铜镜、陶俑等。诗人笔中更是对击鞠进行生动形象的描述。例如，张建封作诗曰："俯身仰击复旁击，难于古人左右射。齐观百步透短门，谁羡养由遥破的？"④

秋千游戏也源自少数民族。《荆楚岁时记》云："秋千本北方山戎之戏以习轻者。后中国女子习之，乃以彩绳悬木立架，士女炫服，坐立其上，推引之，名曰秋千。"唐代秋千游戏，先是在宫女中流行，后来"都中士民相与仿之"⑤，逐渐推广于民间。

狮子舞在唐以前即从波斯传到龟兹，唐时又由龟兹传入内地。段安节在《乐府杂录》中谈到："戏有五方狮子，高丈余，各衣五色，每一狮子有二人，戴红抹额，衣画衣，执红指子，谓之狮子。"狮子舞很快在中原流传开来，深受各族喜爱。

"泼寒胡戏"，又称乞寒、泼胡乞寒，源自西域。《旧唐书·康国传》云："至十一月鼓舞乞寒，以水相泼，盛为戏乐。"戏时歌舞之辞名"苏摩遮"。北周宣帝时始传入中原，唐前期曾盛于洛阳、长安。据《新唐书·张说传》载："自则天末年季为泼寒胡戏，中宗尝御楼以观之。至是

---

① 《新唐书》卷22，《礼乐志》。
② 《新唐书》卷22，《礼乐志》。
③ 《资治通鉴》卷209，唐中宗景龙二年。
④ 张建封：《酬韩校书愈打球歌》，《全唐诗》卷275。
⑤ 《开元天宝遗事》。

因蕃夷入朝，又作此戏。"开元元年（713年）十二月曾下敕禁断。这种类似泼水游戏的歌舞在冬季举行。届时，舞者出场时，穿饰服，骑骏马，竖旗帜，鼓声响起时，下马戴上面具，裸身跳足，相向泼水，随鼓点边歌边舞。歌舞者大多为胡人。《文献通考》记此戏乐器云："乞寒本西国外蕃康国之乐。其乐器有大鼓、小鼓、琵琶、五弦、箜篌、笛。其乐大抵以十一月，裸露形体，浇灌衢路，鼓舞跳跃而索寒也。"[1] 苏摩遮后又传入日本。

5. 唐代绘画也异彩纷呈，深受西域等地区画风的影响。

来自于阗的尉迟跋质那、尉迟乙僧父子对于西域绘画艺术的东渐和丰富中原绘画艺术作出了突出贡献。他们长期担任隋、唐王朝的宫廷画师，创造了许多艺术精品。张彦远《历代名画记》云："尉迟乙僧于阗国人，父跋质那。乙僧，国初授宿卫者，袭封郡公。善画外国及佛像，时人以跋质那为大尉迟，乙僧为小尉迟。"两人俱系于阗质子，同封郡公，乙僧并授宿卫，世称大小尉迟。"小则用和紧劲，如屈铁盘丝；大则洒落有气概。"[2] 他们既继承了西域本族固有画法，又融会中原传统绘画技法与风格，在艺术上达到"气正迹高"的境界。唐初流寓长安之西域画家还有来自康国的康萨，善画异兽奇禽，千形万状。西域绘画艺术不仅对曹不兴、张僧繇等唐代名画家产生重大影响，而且对被誉为"一代大师"的吴道玄也有所感染和渗透。其在绘画表现手法上吸收了西域的晕染技艺、凹凸派画风，显示高低深浅、怪石崩滩之立体感。

6. 从儒释道兼容至三教共弘，民族心理上进一步沟通。

在民族融合过程中，共同宗教信仰在沟通民族心理上起着不可忽视的作用。佛教自汉代传入内地。魏晋南北朝时期，无论是南朝还是北朝都盛行佛教，从而寺院经济也得到相当发展。佛教之所以如此盛行，主要是由于各族人民受阶级及民族的双重压迫，加之战争带来的痛苦甚深，容易接受佛教所散播的幻想。各族统治集团也经历着胜败骤变、生死无常的境地，内心往往是怯弱的，因而需要从佛教的教义中寻找精神上的慰藉，并借以统治人民。再加上入主中原的北方诸族统治者对外来之佛教有认同

---

① 《文献通考》，《乐考》二十一《西戎》。

② 张彦远：《历代名画记》卷9。

感，认为"佛是戎神，所应兼奉"①，而加以大力弘扬，僧徒众多，寺院林立。而道教肇始于汉代，南北朝时期势力颇盛，与佛教争锋竞胜。儒家学说更成为各族统治者治国之策的核心理论。当时，有人借《周易·系辞》中"天下同归而殊途，一致而百虑"的说法，为儒、释、道"三教调和"寻找理论根据，认为"三教虽殊，劝善义一。涂迹诚异，理会则同。"② 于是三教兼修者越来越多。例如，北魏道武帝拓跋珪既尊重儒学，又好黄老之学，颇览佛经，史称："太祖之业，亦好黄老，又崇佛法。"③南朝梁武帝萧衍以"菩萨皇帝"身份，创"三教同源"说，作《会三教诗》，将儒、道、释三教始祖孔子、老子、释迦牟尼并称"三圣"，力促三教合流，相互辉映。

唐代时，历朝君主虽对儒、释、道时有偏重，但"三教共弘"是大势所趋。后有人提出了"以佛治心，以道治身，以儒治世"之三教并用的原则④。唐统治者尊道、礼佛、崇儒，兼容广蓄，三教并重。柳宗元提出了"三教合一"，认为儒、释、道有相通之处，"浮图诚有不可斥者，往往与《易》、《论语》合……不与孔子异道。"⑤ 李翱在《复性书》中则将佛教的心性论与儒家的纲常名教结合起来，提倡"去情复性"，以佛理解释儒家经典。

总之，隋唐时期，"三教合一"思想的发展，演变为"三教同归"。中国传统文化对佛教理论进行改造并逐渐使之本土化，形成了有别于印度佛教的气象和特质，出现天台宗、华严宗、禅宗等中国化的佛教宗派。追根溯源，是佛教学者摄取儒、道两家思想，融会贯通，自成流派的结果。三教并举，客观上促进民族融合，并对周边诸族产生了一定影响。

---

① 《晋书》卷95，《佛图澄传》。
② 道安：《二教论》。北周时已有三教之说，将儒学视为一教。
③ 《魏书》卷114，《释老志》。
④ 刘谧：《三教平心论》卷上。
⑤ 柳宗元：《送僧浩初序》。

二　中原文化对周边诸族之影响

以汉族为主体的中原文化对周边诸族产生强烈影响，不管统一或是分裂时期，都绵延不断地持续着。大一统的唐朝，通过朝贡、互市、封赏、和亲、设置羁縻府州等途径，客观上加强了对周边诸族的控制及辐射力度，促进了各族间经济文化的交流。而汉族商人、农民、工匠进入民族地区，周边民族内迁等，又进一步加强了中原地区与周边诸族的经济文化联系和民族融合。

北边的突厥，强盛时"东自契丹、室韦，西尽吐谷浑、高昌诸国，皆臣属焉，控弦百余万"[1]。隋末，大批汉人为避战乱流入突厥，其中不乏文人学士，对在突厥中传播汉文化起了很大作用，出现"中国之礼，并在诸夷"[2] 的现象。突厥十二生肖纪年法与汉族纪年法，甚为相似，明显受到中原干支纪年法的影响。突厥儒尼文的产生也与汉文化传播有关。由于大批突厥子弟就学于长安，掌握了由点、线、钩、弧组成的方块汉字，从而受到启发，参稽汉字字形，以固有马印为基础加以改造，简化其形态，成为记录语言的符号，即儒尼文（又译鲁尼文）。继突厥之后称雄大漠南北的回鹘，通过和亲和绢马贸易，对中原文化的吸收更为明显，有不少精通汉文化之人。出土的《铁尔痕碑》、《牟羽可汗碑》、《保义可汗碑》等石刻碑文除突厥、粟特文外，皆有汉文。一说《保义可汗碑》（即《九姓回鹘可汗碑》）之汉文是出自回鹘内宰相颉于伽思之手。而唐开元历法直至 9 世纪中叶回鹘人西迁后仍继续在使用。

在西域各地，汉文化影响也很显著。吐鲁番出土的唐代文书中，有大量汉文儒家经典残本，如《毛诗》、《尚书》、《礼记》、《孝经》等，还有《千字文》、《开蒙要训》等儿童启蒙读物。中原的饮食文化也远播西域。例如，1972 年在新疆吐鲁番唐墓中出土了三种花式点心及饺子，这说明

---

[1] 《旧唐书》卷 194，《突厥传》。

[2] 温大雅：《大唐创业起居注》卷上。

汉族饮食已传播至西域。

在吐蕃，通过文成公主、金城公主之和亲，大批中原书籍传入西藏地区。文成公主带进吐蕃的佛经有 360 部，工艺著作 60 部，医书 60 部，占筮历算书 80 部，还有食物制作法书籍、耕作法书籍以及字典、词典等书。① 金城公主时又有《毛诗》、《礼记》、《左传》、《文选》等书籍带入吐蕃。有的汉文经典还被翻译成藏文。吐蕃又从中原获得笛子、唢呐、布桂、多达曼等乐器，金城公主入藏时，"杂伎诸工悉从，还给龟兹乐"。中原的乐工、乐器对吐蕃影响颇大。长庆二年（822 年），唐大理寺卿刘元鼎出使吐蕃，赞普"大享于牙石，饭举酒行，与华制略等，乐奏《秦王破阵曲》，又奏《凉州》、《胡渭》、《录要》、杂曲，百伎皆中国人。"② 因此，唐代岭南诗人陈陶在《陇西行》中云："黠虏生擒未有涯，黑山营中识龙蛇。自从贵主和亲后，一半胡风似汉家。"可见，汉文化对吐蕃影响之深。

云南地区的南诏政权与唐朝在文化上保持着密切联系。一方面是汉族移民通过各种途径进入南诏境内，另一方面南诏也派遣贵族子弟至成都"为质"学习，不少学成而返。这样一进一出，使汉文化在南诏得以进一步传播。西川节度使仲牛丛在《报南诏坦绰假道书》中提到，唐对南诏"赐孔子之诗书，颁周公之礼乐，数年之后，蔼有华风。"③ 南诏的碑文大都用汉文篆刻而成。尤其是《南诏德化碑》，采用唐代骈散并行的文体，辞藻典丽，颇具唐风。此外，建筑、衣服、殡葬之法有不少也与汉族略同。

中南及东南蛮、僚、俚诸族，自魏晋南北朝以来，至隋唐也受中原文化熏陶，渐染华风。以荆、雍州蛮而言，"其与夏人杂居者，则与诸华不别"④。益、梁二州的僚人，"初因李势后，自蜀汉山谷出，侵扰郡县。至梁时，州郡每岁伐獠以自利，及后周平梁益，自尔遂同华人矣。"⑤ 汉中

---

① 安庆民：《吐蕃史》，宁夏人民出版社 1989 年版，第 113、114 页。
② 《新唐书》卷 216 下，《吐蕃下》。
③ 《大理府志》卷 29，《艺文》。
④ 《隋书》卷 31，《地理志》下。
⑤ 《通典》卷 187，《南蛮》上。

地区"杂有獠户，富室者颇参夏人为婚，衣服居处言语，殆与华不别。"①
俚人也"渐袭华风，休明之化，沦洽于兹。椎跣变为冠裳，侏偁化为弦
诵，才贤辈出，科甲蝉联，彬彬然埒于中土。"② 东北之"海东盛国"渤
海，受中原文化浸濡陶冶更是明显。其开国者大祚荣于唐圣历元年（698
年），自号为"震国王"，则是取《周易》"帝出乎震"之意，震为东方，
即东方之王。可见，"震国王"之号是与汉族文化观念密切相关的。大祚
荣及其嗣位者皆遣人至长安太学攻读儒家经典，并在渤海京城上京"设
文籍院，以储图书，设胄子监，以教诸子弟"③。渤海的才智之士都通晓
汉语汉字，其作品也符合汉族文学格式。因而唐代诗人温庭筠在《送渤
海王子归国》的诗中云："疆理虽重海，诗书本一家。盛勋归旧国，佳句
在中华。"④ 也就是说，王子虽然还归"旧国"，其诗稿依然在长安传诵。
渤海的壁画艺术及丧葬习俗等都受到中原文化的强烈影响⑤，常习华风，
如同一家。此外，各少数民族之间，在经济文化方面也相互吸收，互相促
进。例如，突厥文化对正在兴起的吐蕃文明曾产生显著影响。在吐蕃医学
中，"突厥医疗法"，"葛逻禄医疗法"等占有一席之地。藏族文化在南诏
也留下不少痕迹。剑川的许多密教佛像，深受吐蕃密教艺术的影响。大理
三塔寺出土的手执金刚杵夜叉明王铜像与观音菩萨立像，也与西藏佛教造
像风格相似。其他诸如东北诸族、西北诸族、南方诸族彼此之间都有各种
交流，在经济文化上相互吸纳，互相渗透。

三　文化互动、杂居通婚，中原诸族加速融合

　　中原地区以汉族为核心，分散地居住着少数民族。关于北方民族南下
的具体数字虽大多不见于文献记载，但每次移民人数或多或少都留有蛛丝

---

①　《隋书》卷29，《地理志》上。
②　《古今图书集成·职方典》，《高州府部汇考》三。
③　金毓黻：《渤海国志长编》卷16，《族俗考》。
④　温庭筠：《送渤海王子归国》，《全唐诗》卷563。
⑤　参见吉林考古研究室文物工作队《统一的多民族国家的历史见证》，载《文物考古工作
三十年》，文物出版社1979年版。

马迹，有遗存可寻。据吴松弟的《中国移民史》第三卷所说，唐太宗贞观年间东突厥、铁勒诸部、粟特、薛延陀、高昌、高丽、契丹等移民的数量大致有六、七十万人。仅贞观初年，平定东突厥时内迁的就有四、五十万人。如将不见于记载的移民也计算在内，贞观年间，非汉族的南下移民可达 100 余万人。若依贞观十三年（639 年），全国有统计的人数约 1235 万人，内迁民族移民约占人口总数的 6%—7%。而其中关内、河南、河东、河北、陇右北方五道约有人口 570 万，移民约占这五道人口的七、八分之一①。高宗和武周时期，西突厥、铁勒诸部、薛延陀、吐谷浑、高丽、百济等五次移民，其数达七、八十万，若算上未计在内的零星迁移，总数可达 100 万人左右。开元、天宝年间，仅铁勒诸部内迁人数就有二、三十万。这样，三个时段的移民加在一起就达 230 万人②。"安史之乱"前，非汉族移民及其后裔可能占北方人口五、六分或六、七分之一③。

非汉族移民的大量内迁，使得中原地区少数民族骤然增加。除了继魏晋南北朝时期匈奴、鲜卑、羯、氐、羌等大举入居中原并逐渐与汉族融合外，隋唐以来，突厥、薛延陀、回纥、西域诸胡、东北各族也大量入居中原，再加上原有六夷遗众，使得中原地区民族成分更为纷杂，少数民族所占比例日渐增加。

唐前期，民族分布格局，大致是以周边为非汉民族分布的主要区域，中原腹地以城市为核心穿插非汉民族居住为特点。中原地区除了以汉族为主外，其他民族呈大分散小聚居的状态。主要分布在关内道、河东道及河北道南部。尤其是长安和洛阳及其周围，早在唐朝前就是非汉族重要汇聚之地。

唐朝后期，随着中央集权的逐渐衰弱，地方民族势力崛起，中原地区民族分布格局也有所变化。尤其是河北道更是出现"胡化"的现象，一

---

① 吴松弟：《中国移民史》第 3 卷，福建人民出版社 1997 年版，第 138、139 页。赵文林、谢淑君著《中国人口史》第 158 页认为贞观十四年的人口数为 20642663 人，其中在籍人数为 14499202 人。

② 此据吴松弟《中国移民史》第 3 卷所载统计。但据傅乐成在《唐型文化与宋型文化》（《汉唐史论集》第 357—358 页）提到："估计从太宗贞观初至玄宗初一百二十年间，外族被唐俘虏或归降唐室因而入居中国的。至少在一百七十万人以上。"

③ 吴松弟：《中国移民史》第 3 卷，第 140 页。

方面此地区居住着大量胡人，另一方面不少汉人也日渐胡化。此外，沙陀自西向东，契丹从北往南发展，党项拓跋部则乘机占据夏、绥、银、宥等州，蓄势待发。中原王朝汉族统治者对周边民族的控制力日趋减弱。但中原地区民族融合进程，却仍然持续不断地向前发展。

隋唐时期内迁之突厥、回纥、吐谷浑、高句丽及西域诸胡等族，通过与汉族等杂居共处、同朝为官、经济文化交流、一起经商、互相通婚等途径，日益汉化，逐渐与汉族等融合。

突厥迁居内地主要有三批，一是东突厥亡后，降唐之十余万人，被安置于幽州至灵州之间，建顺、祐、化、长四州都督府领之。时投唐的突厥首领，被授予将军、中郎将的多达五百人，五品以上奉朝请的官员达百名，随之迁居长安的突厥人有数千户或"近万家"①。二是后突厥默啜可汗时，史载开元三年（715年），突厥十姓部落相继降唐，"前后总万余帐，制令居河南之旧地"②。此谓之旧地，即唐咸亨年间（670—674年）安置突厥附者的丰、胜、灵、夏、朔、代等六州之地，也就是河套一带。三是西突厥一些部众迁居内地。天授元年（690年），西突厥首领濛池都护、继往绝可汗斛瑟罗鉴于以往被后突厥扰掠，"散亡略尽"之教训，乃"收其余众六七万人入居内地"③。迁居长安、河套及所谓"内地"等的突厥人，经唐、五代、宋等长期与汉人等杂居共处，逐渐汉化，不少成为汉族成员。

高句丽人被迁居中原的主要有两批。一是在贞观十九年（645年）唐军攻拔玄菟等10城后，唐太宗徙辽、盖、岩三州民共7万人入"内地"。二是在高句丽国亡后的第二年（669年），唐高宗"移三万八千三百户于江淮之南及山南、京西诸州空旷之地。"④这两批人中有不少后被迁于河南（此指青海、甘肃二省境内黄河以南地）、陇右（今甘肃陇山、六盘山以西及黄河以东一带）。其中许多人逐渐融入汉族。唐时，其他内迁诸族融入汉族的也不少。

---

① 《资治通鉴》卷193，唐太宗贞观四年五月作"入居长安者近万家"。

② 《新唐书》卷215上，《突厥传》上。

③ 《资治通鉴》卷204，则天后天授元年。

④ 《新唐书》卷220，《高丽传》。山南道辖境包括陕西终南山及河南嵩山以南，长江以北湖北省等地。京西路，治今洛阳市。

会昌二年（842 年），南迁的回鹘乌介可汗所统诸部"犹称十万众"。乌介牙帐驻于大同军（治今山西朔州市东北马邑）北闾门山。是年冬至次年春，先后有庞俱遮等 7 部 3 万人，"相次降于幽州，诏配诸道"①，即被安置中原各地，但大部分散居今山西省北部和中原其他地区，以后大多融入汉族。

唐代流寓长安之回鹘等西域人，为数甚多。主要有魏周以来入居长安，华化虽久，其族姓犹可寻者；西域商胡逐利东来者；僧侣传教东来者；为质于唐，久居长安者。② 见于史载的有于阗尉迟氏、疏勒裴氏、龟兹白氏、鄯善鄯氏、昭武九姓胡人（九姓，《新唐书》为康、安、曹、石、米、何、火寻、戊地、史）及波斯等国胡人。天宝之乱后，回鹘留长安者常有千人，昭武九姓商胡冒充回鹘名杂居者又倍之。他们"殖赀产，开第舍、市肆，美利皆归之"③。"杂居京师，殖货纵暴"④，其中有些人以放高利贷牟取暴利。贾胡大多聚于西市。西域之家宅及寺祠也大多建在长安城西部。例如，长安布政坊有胡祆祠；醴泉坊有安令节宅，波斯胡寺，祆祠；义宁坊有大秦寺，尉迟乐宅；长寿坊有唐代尉迟敬德宅；嘉会坊有隋尉迟刚宅；永平坊有周尉迟安故宅；修德坊有李抱玉宅；群贤坊有石崇俊宅；崇化坊有米萨宝宅及祆祠；普宁坊有祆祠等。他们久居长安，遂多娶妻生子，数代之后，逐渐汉化。仅从《唐代墓志汇编》中所见统计，昭武九姓、鲜卑、突厥、羌、吐谷浑、匈奴等与汉人通婚者就有68 人，同时，由于西域胡人及其他诸族之入居长安、洛阳等地，使两都成为各民族经济文化荟萃之大都市，并使中原地区胡化之风日趋兴盛。而汉化与夷化交叉进行，加速民族融合的步伐及向深层次发展。

我们从史书记载可看到，西晋太康时户数为 245 万，北魏正光前户500 万，刘宋大明时户 90 万，到隋大业五年，户达 890 万，唐天宝年间，户 961 万，人口 5288 万。这除了管辖范围扩大，检括户口及自然增长等因素外，也是与大批少数民族编户齐民融合于汉族密切相关。中原地区大批内迁的突厥、回鹘、高句丽、吐谷浑等族，通过与汉族等杂居、通婚及

---

① 《新唐书》卷 217 下，《回鹘传》下。
② 参见向达《唐代长安与西域文明》，三联书店 1957 年版，第 6 页。
③ 《资治通鉴》卷 225，唐代宗大历十四年七月。
④ 《新唐书》卷 7，《德宗纪》。

经济文化交流，逐渐融合，这不仅给汉族注入了大量新鲜血液，使之生机勃勃，更富有创造力。同时，一些原来社会发展水平较低于汉族的少数民族纳入汉族共同体，实际上也加速了其自身社会的发展。汉族与其他民族共同创造了绚丽夺目的盛唐文化。

（收入《河洛文化与殷商文明》，河南人民出版社 2007 年版）

元朝狱政及特点刍议

　　监狱为监禁犯人的场所，是人类社会发展到一定历史阶段之产物，国家机器的重要组成部分，阶级统治的工具之一，与国家同产生，共发展与消亡。监狱的概念，有狭义、广义之分。狭义的监狱是指关押已决犯的场所（已决监），即依照国家法律而设置的刑罚执行机构；广义而言，监狱则是泛指凭借国家强制力为后盾，拘束、限制人身自由的关押或劳动场所。此外，还包括各类私设牢房。中国古代自汉至宋、元，监狱名称，一直用"狱"，《大明律》中首次出现以"监"为狱名，取其监察之意①。清以后才用"监狱"合称。

　　地下文物发掘和有关史料证明，中国监狱起源于夏。《风俗通义》云："三王始有狱"②，也就是说中国至夏、商、周时代才有监狱。《今本竹书纪年》谓："夏帝芬三十六年作圜土"。《周礼·地官·比长》："若无授无节，则唯圜土内（纳）之"。按《尔雅·释名·释宫室》之解释，"狱又谓之圜土，筑其表墙，其形圜（圆）也"。《周礼·大司寇》郑玄注也说："圜土，狱城也。""圜土"后又称"圜墙"，《汉书·司马迁传》曰："今交手足，受木索，暴肌肤，受榜棰，幽于圜墙之中。"颜师古注："圜墙，狱也。《周礼》谓之圜土。"③　由此可见，夏朝的监狱大体上是用土筑成圆形的围墙，用以拘押囚犯，一般不作为执行刑罚的场所，只是将

---

　　①　《大明律·刑律·捕亡门》"狱囚脱监及反狱在逃"笺释："从门出者谓之脱监，逾垣出者谓之越狱。"此处"监"与"狱"同义。

　　②　（东汉）应劭：《风俗通义》。夏有夏台，商有羑里，周称圜土，秦称囹圄，汉时始称之为狱。

　　③　《汉书》卷63，《司马迁传》。

其作为待讯、待质、待决之场所，属于极为原始的形式。

自我国监狱产生以来，就一直为历代统治阶级所重视，并随着朝代的更迭而不断扩充和强化。其演变是与社会经济、政治关系的发展变化相适应的。例如，夏、商、周三代监狱充满原始的暴虐和神权色彩，就与当时生产力低下分不开。而唐朝狱制完备，正是唐朝封建经济、政治、文化全面发展达于鼎盛时期的反映。历史上各代狱政的宽缓严酷，监狱的良窳，又无不与当时的社会矛盾和斗争形势及由此而产生的政治开明程度息息相关。

那么，起始于游牧社会，建立大蒙古国和元朝并进而统一中国的蒙古统治者，在狱政建置方面采取哪些措施、有何特点呢？本文拟从元朝的监狱立法、监狱设置和司法审判制度之变化、狱居及有关规定、狱政特点和弊端诸方面进行简单论述，以对元朝狱政及其特点略作探讨。

一　元朝的监狱立法

在中国"诸法合体"的封建立法体系中①，延续二千余年的封建诸王朝都未曾制定一部独立的监狱法典。关于监狱的法律规定，主要混立于各朝大法如唐律、宋刑统、大元通制、大明律、大清律等的有关篇目之中，而另立一些则例、诏令等作为补充，民事、刑事案犯处监规范也混杂不清。但随着统治阶级狱政经验的积累和现实统治的需要，具体在系囚、悯囚、录囚、狱官责任等监狱立法方面还是有所发展。

成吉思汗在建立大蒙古国前后，颁布了一系列法令，蒙古语称为"札撒"。1206 年被推举为大汗后，成吉思汗选任义弟失吉忽秃忽为"札鲁忽赤"（断事官），并使之科断"盗贼诈伪"和"百姓每分家财的事"。他下令"凡断了的事，写在青册上，已后不许诸人更改。"也就是《元典章·刑部·强窃盗》所记："成吉思汗皇帝时分，立札鲁花赤呵，诸王、

---

① 关于中国古代法律，有的学者认为是"诸法合体，民刑不分"。有的则认为实际上中国古代法律体系是由刑法、民事、诉讼、行政等各部门法所构成，是"诸法并存，民刑有分"。但长期以来，没有形成独立的民法典，这也是不争的事实。

驸马、各怯薛歹、各爱马，蒙古、色目人每，奸盗、诈伪、婚姻、驱良等事，交管来。"① 诸王、贵戚、功臣在自己的分地中，也设置断事官。并曾令郭宝玉制定法律，下颁《条画五章》②。在司法实践中也准许援用金律断案。窝阔台继位后，颁行"条令"，规定诸公事非当言而言者，处笞、杖刑，直至死刑。与此同时，建立最初的监狱制度。凡蒙古贵族、领主犯罪，要"带上板枷"，由成吉思汗的宿卫囚禁于后帐。平民"违令者，可即地斩之。"罪轻者，由札鲁忽赤"执而箠之"，并囚禁于地牢③，有的罚以财产刑或籍以为奴。但由于游牧经济的流动性，当时的监狱制度仍处于草创阶段，占统治地位的仍是"没身为奴"、鞭挞、财产刑等部落习惯法。

忽必烈继位后，在统一中原的过程中，加速了法律制度的封建化。在断理狱讼及监狱管理上，采取了"循用金律"的原则，主要沿用"泰和律"（实质上是稍加修改之唐律）。《元史·刑法志》说："元兴，其初未有法守。"④ 忽必烈一方面以"金律颇伤严刻"为由，于至元八年禁行金泰和律；另一方面令右丞相何荣祖总其事制定《至元新格》，"以公规、治民、御盗、理财等十事辑为一书"⑤。其十事分别为：公规、选格、治民、理财、赋役、课程、仓库、造作、防盗、察狱。据元人徐元瑞的解释，"防盗，谓禁弭奸宄也"，"察狱，谓推鞫囚徒"⑥。就其主要内容而言，应视为一部行政法规。于至元二十八年（1291 年）颁行。元仁宗、英宗时期又制定《风宪宏纲》、《大元通制》等。顺帝至正六年（1346年），颁布《至正条格》，其内容包括元朝开国至顺帝初年的各种诏诰、条格、断例。还有搜集自元世祖至英宗年间诏令、判例等的《元典章》。

《大元通制》颁行于英宗至治三年（1323 年），共 2539 条，是元朝有关监狱法律条文最为集中的一部法典。其既"附会议法"，"参照唐宋之

① 《元典章》卷49，《刑部十一·强窃盗》，"剜豁土居人物依常盗论"条。

② 《元史》卷 149，《郭宝玉传》。

③ 《元朝秘史》卷 8，《四部丛刊》本；道润梯步：《新译简注蒙古秘史》，内蒙古人民出版社 1978 年版，等等。

④ 《元史》卷 102，《刑法志一》。

⑤ 《元史》卷 16，《世祖纪十三》。

⑥ 徐元瑞：《吏学指南》，浙江古籍出版社 1988 年版。

制"制定了元朝监狱制度，又不完全因袭汉族的法律传统。正如大德四年（1300 年）元成宗所说："古今异宜，不必相沿，但取宜于今者。"①并保留了一些游牧民族的习惯法，还汲取了回回法及藏法的某些成分。《大元通制》的监狱法规，不如唐《永徽律》、宋《宋刑统》相对集中于断狱及捕亡等篇，而是散见于《职制》上、下，《恤刑》、《平反》、《捕亡》各部分。职制部有关于防范狱囚"反禁而亡"的规定，防止狱官非法讯囚的限制性条文。恤刑部详细地规定了狱中囚徒的生活待遇及具体管理；平反部集中规定了狱官录囚及平反冤狱等方面内容。捕亡部规定了掌囚之官在追捕逃犯时所承担的责任。此外，元朝皇帝临时发布的诏敕中也有不少关于监狱方面的内容，以上两者构成了监狱法的主要内容。

　　综观有元一代，监狱立法较之辽、金，有明显进步，但与唐、宋相比，却失之于庞杂粗糙。就刑罚体系来说，元朝大体上遵循前代"同类自相犯者，各从本俗"的原则，既保留了以中原传统的"五刑"为主，又有蒙古特色的"一赔九"、以女孩为赔偿品、笞杖尾数为七、屠宰牲畜时禁抹喉放血等习俗。大蒙古国时之刑罚主要有死刑、充军、鞭打及没收财产等。充军，即是凡犯死罪得到宽恕者，"罚充八都鲁军（犹汉之死士），或三次、四次然后免"②。"八都鲁军皆死囚，使之攻城自赎。"③ 忽必烈即位后，逐渐推行传统的"五刑"，即"盖古者以墨、劓、剕、宫、大辟为五刑，后世除肉刑，乃以笞、杖、徒、流、死备五刑之数。元因之，更用轻典，盖亦仁矣。"④

　　有关刑狱诉讼的案件基本上分为两大类。一类是民事案件，诸如婚姻、田产、钱债、驱良（良贱身份之区别）等项，以判断曲直为主，有的也要加上经济处罚和判刑。另一类是刑事案件，主要有斗殴、杀伤、偷盗、诈骗、奸情等项，以判刑为主，有时也要加以经济上的处罚。刑有五种，每种刑中又有若干等级。笞刑，自七下至五十七下分为六等。杖刑，自六十七下至一百七下分五等。元代的笞、杖刑都不取整数而取七，这是其他朝代所没有的。据说忽必烈"定天下之刑"时说："天饶他一下，地

---

① 《元史》卷 20，《成宗纪二》。
② 彭大雅、徐霆：《黑鞑事略》。
③ 刘克庄：《杜公神道碑》，《后村先生大全集》卷 141。
④ 《元史》卷 102，《刑法志一》。另见吴师道：《乡校堂试策问》，《吴正传文集》卷 19。

饶他一下，我饶他一下"①，于是便成为一代特有的制度。徒刑，"徒者，奴也，盖奴辱之"②。是自由刑与奴役刑相结合，即在官府监督下强迫劳动。徒刑自一年至三年分五等，并加杖刑。罪犯受杖后，发配到盐场、金矿等处，"昼则带镣居役，夜则入囚牢房"③。流刑，"谓不忍刑杀，宥而窜于边裔，使其离别本乡，若水流远而去也。"④ 与前代相比，元代流刑有两个特点：一是，不按地里远近分等，而是按不同民族分遣南北边远地区，一般是汉儿、蛮子申解辽阳，蒙古、色目、高丽申解至湖广。即《元史·刑法志》所说的："其流远囚徒，惟女真、高丽二族流湖广，余并流奴儿干及取海青之地。"⑤ 湖广为炎热之地，多传染病，原生活在北方之人很难生存；而奴儿干、取海青之地皆在黑龙江流域，酷寒而人烟稀少，南方之人流放至此，很难生还。二是，流刑与"出军"合而为一，可能是沿袭蒙古国时期罚充"八都鲁军"之法。死刑有斩、凌迟、杖死等。⑥ 此外，还有刺字、充"警迹人"⑦、籍没财产、罚没妻子及经济惩罚（如烧埋钱、养赡钞、偷盗牲畜一赔九）等。判五刑之人，在执行前都要先被关押于监狱中。

包括元朝在内的封建狱法，就其本质而言，一方面是特权立法，公开确认封建等级的不平等和贵族地主官僚的特权原则，如贵贱异狱，官民分监，官僚贵族（在元代，尤其是蒙古贵族）犯罪可减免刑罚，在监享有狱内优待等，深深地打上封建主义烙印。但另一方面，自西周以来的"明德慎罚"思想，经过儒家的改造和衍伸，至西汉武帝时，发展为崇尚"德主刑辅"、"礼法并用"的儒家主张，并逐渐上升为封建国家法制、狱

---

① 叶子奇：《草木子》卷3下，《杂制篇》。

② 《唐律疏议》，《名例》。徒的原意是供役使。《周礼·地官·司救》指出："凡民有邪恶者，三让而罚，三罚而士加明刑，耻诸嘉石，役诸司空。"

③ 《元史》卷103，《刑法志》。

④ 徐元瑞：《吏学指南》，《五刑》。

⑤ 《元史》卷103，《刑法志二》。

⑥ 蒙古时期还有一些特殊的处死办法，如对于犯罪的贵族往往采取不流血而死的办法；对妇女采取全身用毡子包裹起来投入水中淹死；对于用恶言攻击大汗的人采取用土或石填嘴，然后杀死的办法。

⑦ 一般指在服刑之后，发回原籍登记，受政府监督之人，要承担告发、追捕盗贼之责，五年不犯，才能除名。

政的指导原则，从而使狱政儒化，以礼刑结合治理监狱。这种明刑弼教、颂系悯恤、经义教诲、省刑薄罚的提法，累累出现于封建王朝的律书中，往往起着掩盖封建监狱本质之作用。悯囚、慎刑、说教宣扬，与司法治狱的专横暴虐，形成鲜明对照，则是封建各代监狱管理的通病。

二　监狱设置及司法审判制度之变化

元朝统治者在监狱的设置上，既沿袭了前代之制，又作了重要改变。元初承袭宋制，御史台继续设狱，作为中央监狱的一个组成部分。"至元五年（1264 年），始立台建官"①，其中"检法二员，狱丞一员"，专司台狱之责。至治二年（1332 年），英宗进一步健全了台狱官制，规定"承发管勾兼狱丞一员，正八品"。御史台还设有收藏案牍兼收发文件的架阁库兼承发一员，正九品。吏员则有"椽史一十五人，译史四人，知印二人，通事二人，宣使十人，台医二人，蒙古书写二人，典吏六人，库子二人。"由御史台殿中司之殿中侍御史分别掌管。② 御史台监狱主要关押皇帝交办的重大案犯。

除御史台外，元朝中央监狱还设于刑部与大宗正府。中央不设大理寺，把刑部改为主管审断、刑狱的最高机关。"掌天下刑名法律之政令。凡大辟之按覆，系囚之详谳，拏收产没之籍，捕获功赏之式，冤讼疑罪之辨，狱具之制度，律令之拟议，悉以任之"。刑部不但主要掌管全国狱政，而且设有监狱，管辖范围比御史台狱要大得多。专设司狱司，"司狱一员，正八品，狱丞一员，正九品，狱典一人"，并设有"部医一人，掌调视病囚"③。元朝开始的刑部掌狱与刑部设狱是中国古代监狱史上一次大改革，它不仅加强了刑部狱政职能，改变了唐宋大理寺设狱的古制，并且对明、清监狱建制也有重要影响。元代大宗正府设狱，体现了民族不平等与封建特权的原则。大宗正府既是管理皇族事务的机构，又是具有独立

---

① 《元史》卷 86，《百官志二》。
② 同上。
③ 《元史》卷 85，《百官志一》。

管辖范围的中央司法机关。大宗正府"以诸王为府长",设蒙古断事官受理蒙古王公贵族案件的审判。其属下狱拘押对象是"诸王驸马投下蒙古、色目人等,应犯一切公事(者),及汉人奸盗、诈伪、蛊毒、厌魅、诱掠(在)逃驱(口)、轻重罪囚,及远边出征(有罪)官吏"。致和元年(1328 年)又规定:"以上都、大都所属蒙古人并怯薛军站色目与汉人相犯者,归宗正府处断,其余路府州县汉人、蒙古、色目词讼,悉归有司刑部掌管。"据此,则北方除上都、大都地区蒙古色目与汉人之间纠纷的案件归宗正府外,其余地区汉人、蒙古、色目词讼均归地方政府和中书刑部处理。江南地区的刑狱也归刑部审理。元律又明文规定:"诸蒙古人居官犯法,论罪既定,必择蒙古官断之,行杖亦如之。"① 大宗正府札鲁花赤中有专司监狱之责者,其下属吏"椽史十人,蒙古必阇赤十三人,通事、知印各三人,宣使十人,蒙古书写一人,典吏三人,库子一人,医人一人,司狱二员。"② 大宗正府长从一品银印,较刑部尚书为高,又由蒙古诸王充任,蒙古贵族掌握了狱政大权。由这些人控制的大宗正府给蒙古、怯薛军、色目人等带来了特权及方便,不仅一般案犯享受"有罪不判",或者"轻判"的特权,即使狱中重囚也往往享有特殊优待。

元大都路(后改为大兴府)兵马指挥使司之下,设置司狱司,附有三狱,一属大都路,一属大都北城兵马司,一属南城兵马司。上都设狱与大都同,都具有中央与地方监狱的双重性质。

元朝的地方监狱,与唐、宋相承又有变化。腹里、行省、都元帅府的行政军事机构,是元中央政府的直属机关,其属下不设监狱。但行省设置提刑按察司,"随路(府)、州、县,访察(刑狱)得实,申台呈省"③。行省以下,路、府、州、县,分别设置监狱。按元法规定:各级官府设司狱司司狱一员,狱丞一员,狱典一人④,执掌地方狱政。各个监狱设有狱长及狱卒若干。开创了路、府、州、县四级地方监狱体制。与唐代相比,

① 《元史》卷 102,《刑法志一》。

② 《元史》卷 87,《百官志三》。至元十六年(1279),札鲁忽赤改称大宗正府,主要审理蒙古人等狱政。

③ 《元典章》卷 6,《台纲二·察司体察等例》、《海王村古籍丛刊》本。另见《台湾影印元本》。

④ 《元史》卷 85,《百官志一》。

元时增加了路、府二级监狱，对明、清狱制产生很大影响。各级司法（行政）长官对所属监狱均有干涉、监督、检查之权，从某种意义上讲，他们是监狱系统的直接领导者。除皇帝直接录囚外，各级官吏也有定期录囚的责任，即定期检查纠正冤狱及狱官对监狱的管理。此外，在元朝，豪强地主、僧、道、族祠等私设牢狱的现象相当普遍。各王府也往往自建监狱，例如安西王府王相赵炳就被王妃命人因于六盘崆峒山狱中，加以暗杀。① 同时，还保留了落后的监禁处所——地牢。

元朝的普通监狱所囚禁的对象是待讯质的人犯和已经判决而待执行的罪犯。死刑犯在秋后行刑之前，流刑犯在遣送配所以前，徒刑犯在发送居作场所（服劳役场所）以前，杖刑犯在立决以前，都由各级普通监狱关押。当然配所和居作场所往往另有关押之处。对于未审判的嫌疑犯，不管有罪无罪，根据案情需要，也加以囚禁。"诸疑狱，在禁五年之上不能明者，遇赦释免。"② 死刑判决权则收归皇帝。

监押的犯人往往要带有狱具，这不仅是安全的需要，而且也是对罪犯加重惩罚以增其困苦的手段。元朝对狱具长短广狭都有定制，量囚轻重而用之。据《元史·刑法志》载："诸狱具，枷长五尺以上，六尺以下，阔一尺四寸以上，一尺六寸以下，死罪重二十五斤，徒流二十斤，杖罪一十五斤，皆以乾木为之，长阔轻重各刻志其上。杻长一尺六寸以上，二尺以下，横三寸，厚一寸。锁长八尺以上，一丈二尺以下，镣连环重三斤。笞大头径二分七厘，小头径一分七厘，罪五十七以下用之。杖大头径三分二厘，小头径二分二厘，罪六十七以上用之。讯杖大头径四分五厘，小头径三分五厘，长三尺五寸，并刊削节目，无令筋胶诸物装钉。应决者，并用小头，其决笞及杖者，臀受；拷讯者，臀若股分受，务令均停。"③ 白天劳动时带镣，晚上在牢房，有的要带上枷（束颈之狱具）或杻（木制手械）。死刑犯则往往枷、杻并用。这从关于病重狱囚可脱去枷锁杻的规定也可窥见一斑："诸狱囚有病，主司验实，给医药，病重者去枷锁杻，听家人入侍。职事散官五品以上，听二人入侍。犯恶逆以上，及强盗至死，

---

① 《元史》卷163，《赵炳传》。

② 《元史》卷105，《刑法志四》。

③ 《元史》卷103，《刑法志二》。另见《大元通制》（节文），《狱具》，《元代法律资料辑存》第64页。

奴婢杀主者，给医药而已。"①

　　与狱政紧密相连的元代司法审判机构和程序，经过一个由简至繁的过程。大蒙古国时法制比较混乱。在蒙古本土，起作用的是约孙（yosun，习惯法）和札撒（Jasaq，成吉思汗敕令），体现了游牧社会的特点。在原金朝统治的农业地区即"汉地"，军阀割据，"生杀予夺，皆自己出"②，无法制可言。不少来到汉地的蒙古将领和官员，仍是强制推行"约孙"和"札撒"，当然也不能适应统治中原地区的需要。忽必烈即位后，取消了"汉地"军阀世袭特权，实行军民分治和地方官员迁转制度，颁布一系列法令，逐步建立起了比较周密的诉讼和审判制度。灭南宋后，全国司法制度基本趋于统一。

　　有元一代，审判机构和审判程序，既是宋、金等相关制度的延续，又有其自身不少特点。元朝的路、府、州、县（包括录事司）的行政官员③，同时，又是主管司法的官员。由于路、府、州、县各设有蒙古管事官达鲁花赤一人，其权力凌驾于地方长官之上，也可以直接鞫勘罪囚，从而表明不少地方的司法权实际操纵在蒙古官之手。一般而言，州、县的正官直接处理刑狱词讼，但在做出决定时，必须经过同一衙门官员的集体讨论，并在有关文书上共同签字，以示负责，即所谓"圆署"制度。④ 而在路、府则于长、次正官之下设推官，"各路推官专掌推鞫刑狱，平反冤滞，董理州县刑名之事"⑤。路、府、州、县，都设有"掌管刑名司吏"，协助正官和推官进行工作。"凡有罪囚，推官先行穷问实情，须待狱成，通市会署。事须加刑，与同职官员问。"⑥ 为使审讯免受干扰，还设有专门的审讯场所，"国朝各路置总管府，其官属自达鲁花赤、总管以至推官，皆联衔署书，而刑狱之政则推官专任之。故府治之旁，推官别有厅

---

　　① 《元史》卷105，《刑法志四》。
　　② 胡祗遹：《论并州县》，《紫山大全集》卷23。
　　③ 录事司与县是同级平行的机构，设在路、府所治的城中，负责该城的行政事务，同时与县一样，又是地方审判机构。
　　④ 参见《元典章》卷13，《吏部七·公规》，"圆坐署事"条："京、府、州、县官员每日早聚，圆坐参议词讼，理会公事。"
　　⑤ 《元史》卷103，《刑法志二》。
　　⑥ 《元典章》卷40，《刑部二·鞫狱》，"推官专管刑狱"条。

事，以为详谳之所，谨其职严其体也。"①

一般案件，路及路以下衙门便可判决；重大案件，则须上报行省及中央。凡是路、府上报的案件，行省专委文资省官并首领官、吏，"用心参照，须要驳问，一切完备，别无可疑情节，拟罪咨省"②。即行省要指派官员、首领官、吏对上报的案件文卷进行审核，然后报告行省负责官员讨论通过，再上送中央。元廷统一全国后，行省由原临时派出机构，逐渐形成一级地方行政机构，行省原设的断事官也就改名"理问"，"断事之署为理问所"③。凡是行省审核认为情节可疑之某些案件，以及行省以下地方行政机构经久不决的疑难案件，便交给理问所审理。不仅刑事案件，有些疑难的民事案件，也由理问所审问，提出处理办法。

元朝中央政府中负责审理刑狱的机构是中书省刑部和大宗正府。各省（腹里的各路）重大案件上报中央，犯人是蒙古人的，送大宗正府审核；犯人是南人的，送中书省刑部审核；至于"汉人"案件，则在不同时期有不同处理，有时送大宗正府，有时送中书刑部。色目人大多按所在地区或送呈大宗正府，或送呈中书刑部。对于重大案件（经过地方政府审理认为应判死刑和流刑的案件），忽必烈即位宣布收归中央："凡有犯刑至死者，如州、府审问狱成，便行处断，则死不可复生，断者不可复续。案牍繁冗，须臾决断，万一差误，人命至重，悔将何及，朕实哀矜。今后凡有死刑，仰所在官司推问得实，具事情始末及断定报款，申宣抚司，再行审复无疑，呈省闻奏，待报处决。"④ 从而正式将死刑的终审和判决的权力收归中央，特别是皇帝手里。判决流刑也需上报中央，其中发配到边境充军的，要经过皇帝批准。大德八年（1304年）以后，出军犯人只要经大宗正府和中书省审核通过，即可执行。⑤ 元廷实行死刑一概由中央决审以后，明、清继之，这一措施在中国法制史上具有重要意义。逐级审理、中央终审、皇帝批准的程序，虽然体现了对重大案件慎重处理的态度，但

---

①　吴澄：《婺州路、总管府推官厅记》，《吴文正公集》卷8。
②　《元典章》卷40，《刑部二·断狱》，"重刑结案"条。
③　虞集：《揑古台公墓志铭》，《道园类稿》卷42。
④　《元典章》卷2，《圣政二·理冤滞》，"中统元年五月诏"。
⑤　《元典章》卷49，《刑部十一·强窃盗》，"流远出军地面"条。

也造成案件的积压。为了弥补这个缺陷，元廷常派遣中央各机构的官员，分赴各地，与地方官员会审。后逐渐发展成为"五府"制。即中书省、刑部、枢密院、大宗正府、御史台中央五个机构的官员定期至各地，对重大疑难案件进行审理。但"三年一次遣官审理，本为罪囚在禁淹滞"，结果是"人命重事直待三年五府官处决"，反而使"狱囚系伙愈见淹延"。①再加上这种联合审理的制度，表面上似乎可集思广益，实际上"群坐堂上，谳言可否，动多牵制"②，效率不高，因而约在顺帝至正二年（1324年）前即停止运行。

在审讯方面，元律又有关于禁止严刑拷打的规定，诸如："诸有司非法用刑者，重罪之。""诸鞫狱不能正其心，和其气，感之以诚，动之以情，推之以理，辄施以大披挂及王侍郎绳索，并法外惨酷之刑者，悉禁止之。""诸鞫问罪囚，除朝省委问大狱外，不得寅夜问事，廉访司察之。""诸鞫狱辄以私怨暴怒，去衣鞭背者，禁之。""诸鞫问囚徒，重罪须加拷讯者，长贰僚佐会议立案，然后行之，违者重加其罪。""诸有司受财故纵正贼，诬执非罪，非法拷讯，连逮妻子，衔冤赴狱事未晓白，身已就死，正官杖一百七除名……"③凡此种种，不一一列举。但在实际执行中，却大相径庭。对犯人经常是随地置狱，肆意拷掠以逼取口供，不论律例，不问虚实，株连蔓引，备极惨酷。

与此同时，元律对能平反冤狱的官吏进行奖赏。如规定："诸官吏平反冤狱，应赏者，从有司保勘，廉访司体覆，而后议之。""诸路府军民长官，因收捕反叛，辄罗织平民，强奸室女，杀虏人口财产，并覆人之家，其同僚能理平民之冤，正犯人之罪，归其俘虏，活其死命者，于本官上优陞一等迁用。""凡职官能平反重刑一起以上，陞等同。""诸职官能平反冤狱一起之上，与减一资。""诸路府曹吏，能平反冤狱者，于各道宣慰司部令史补用。"④反之，造成冤狱者，则要受罚。

---

① 苏天爵：《建言刑狱五事》，《滋溪文稿》卷27。
② 吴师道：《苏御史治狱记》，《吴正传文集》卷18。
③ 《元史》卷103，《刑法志二》。
④ 《元史》卷105，《刑法志四》。

三　狱居及有关规定

元代的狱居基本上沿袭了唐宋，但也保留一些比较落后的关押方式和管理制度。例如元世祖立国后，仍在大都设置地牢，用以摧残反抗元朝统治的重要"罪犯"。至元十六年（1279 年），南宋丞相文天祥反元兵败被俘，押送元大都，囚禁于地牢（又称土室）。文天祥在其《正气歌》的序文中对元代地牢的恶劣环境和黑暗制度作了揭露："余囚北庭，坐一土室，室宽八尺，深可四寻，单扉低木，白间短窄，污下而幽暗。……或圊溷积臭暴尸，或腐鼠恶气杂出；当之者鲜不为厉，而予以孱弱，仰抑其间，于兹二年矣。"① 文天祥在地牢中受尽折磨，后从容就义。

元朝对判处徒刑的一般犯人，使其"昼则带镣居役，夜则入囚牢房"。② "镣"是加在脚上的刑具，"形像锲（即镰刀）而无柄，连链于足，以限役囚步也。"③ 元朝徒刑是既禁其人，又役其身，即拘禁与劳役结合的刑罚制度。就是在官府监督下强迫劳动，劳动场所为附近官有的窑场或盐场及其他工程。"应配役，逐有金银铜铁洞冶、屯田、堤岸、桥道一切工役去处，听就工作，令人监视。"④ 元末，监察御史王思诚有更确切的说明："采金铁冶提举司，设司狱，掌囚之应徒配者，钛趾（即带镣）以舂金矿。"⑤ 这些徒囚往往被繁重的劳役折磨而死，或缺乏口粮而饿死。⑥ 判处徒罪的罪犯常要兼受一定数量的杖刑。某些年老残疾之罪犯的徒刑则可以用钱来赎免。例如，仁宗延祐二年（1314 年），江西新淦州萧真"挑钞（即审改钞面数额），以真作伪，乱坏钞法，例杖一百七下。徒一年"。但因本人"年七十一岁，又系侏儒残疾，不任杖责，依例议罚

① 文天祥：《正气歌》，《文山先生全集》。
② 《元史》卷 103，《刑法志二》。
③ 徐元瑞：《吏学指南》，《狱具》。
④ 《元典章》卷 49，《刑部十一·强窃盗》，"强窃盗贼通例"条。
⑤ 《元史》卷 183，《王思诚传》。
⑥ 据《元典章》卷 49，《刑部十一·流配》，"囚徒配徒给粮"条；《元史》卷 183，《王思诚传》所载，广海盐场、檀州采金铁矿等地发生"不曾支给口粮"，囚徒饥饿身死之现象。

罪中统钞一百七两没官。"而"徒一年例该六十七下，拟合罚赎中统钞六十七两相应。"① 也就是合罚 174 两以抵杖、徒。

为适应教化需要，元廷制定一系列保证囚徒最低限度生存条件的制度。对于囚犯衣粮、病医、提牢等方面，都有具体规定。如元成宗大德七年（1303 年）规定专置"部医一人，掌调视病囚"②。元律规定提牢官或司狱官要定期巡视牢狱安全、查点狱囚人数，修葺囹圄，稽察狱务，清理冤滞等。明确指出："南北兵马司，每月分番提牢，仍令提控案牍，兼掌囚禁"，"诸郡县佐贰及幕官每月分番提牢，三日一亲临点视。其有枉禁及淹延者，即举问，月终则具囚数牒次官。""诸盐运司监收盐徒，每月佐贰官分番董视，与有司同。"而中央御史台则负有推纠冤狱、归结改正之责。③ 官府需按规定支给囚衣囚粮。大德二年（1298 年），中书省在给广海盐课提举司报告的批示中说："罪囚徒年验元犯轻重，已有定例。日用口粮委无养赡，官为支给。"④ 元廷规定："诸在禁囚徒，无亲属供给，或有亲属而贫不能给者，日给仓米一升，三升之中，给粟一升，以食有疾者。凡油炭席荐之属，各以时具。其饥寒而衣粮不继，疾患而医疗不时，致非理死损者，坐有司罪。"又规定："诸在禁无家属囚徒，岁十二月至于正月，给羊皮为披盖，袴袜及薪草为暖匣熏炕之用。""诸流囚在路，有司日给米一升，有疾命良医治之，疾愈随时发遣。"⑤

元廷承袭唐宋，规定狱囚轻重异处、男女异室的制度："诸狱囚，必轻重异处，男女异室，毋或参杂，司狱致其慎，狱卒去其虐，提牢官尽其诚。"⑥ 刑分五等，一年杖六十七；一年半，杖七十七；二年，杖八十七；两年半，杖九十七；三年，杖一百七。⑦ 因而规定狱囚以罪行轻重而分别关押，即"诸大小刑狱应监系之人，并送司狱司，分轻重监收"。并视情

　　① 《元典章》卷 20，《户部六·挑钞》，"侏儒挑钞断例"条。另见《元史》卷 102，《刑法志一》，《赎刑》。

　　② 《元史》卷 85，《百官志一》；卷 105，《刑法志四》又提到："诸狱医，囚之司命，必试而后用之，若有弗称，坐掌医及提调官之罪。"

　　③ 《元史》卷 103，《刑法志二》。

　　④ 《元典章》卷 49，《刑部十一·流配》，《囚徒配徒给粮》条。

　　⑤ 《元史》卷 105，《刑法志四》。

　　⑥ 同上。

　　⑦ 参见《元典章》卷 47，《刑部九·侵盗》，"侵盗钱粮罪例"条。

况，加上板枷或脚镣、手械等狱具。除规定男女囚犯异室而居外，还规定："诸孕妇有罪，产后百日决遣，临产之月，听令召保，产后二十日，复追入禁。无保及犯死罪者产时令妇人入侍。"①

元廷还规定在监狱中不准饮酒赌博及带刀刃、纸笔、阴阳文字，并严惩逃狱等。例如《元史·刑法志》规定："诸掌刑狱，辄纵囚徒在禁饮博，及带刀刃纸笔阴阳文字入禁者，罪之。"② 元廷对逃狱之凶犯严惩不贷，并将看守等也进行处分。元律规定："诸已断流囚，在禁未发，反狱殴伤禁子，已逃复获者，处死；未出禁者杖一百七，发已拟流所。诸解发囚徒，经过州县止宿，不寄收牢房，辄于逆旅监系，以致脱监在逃者，长押官笞二十七，还役；防送官四十七，记过；诸囚徒反狱而逃，主守减犯人罪二等，提牢官又减主守四等。随时捉获及半以上者，罚俸一月。"③ "诸禁囚因械梏不严，致反狱者，直日押狱杖九十七，狱卒各七十七，司狱及提牢官皆坐罪，百日内全获者不坐。"《元史·刑法志》另有数处也提及囚犯"反狱"，囚犯及主守狱官受罚之记载。严惩越狱及劫狱行为，其目的是为了保障监狱安全，防止各种意外事故的发生。

四　元朝狱政特点和弊端

关于元朝的司法监狱制度，《元史·刑法志》总结说："其弊也，南北异制，事类繁琐，挟情之吏，舞弄文法，出入比附，用诡行私，而凶顽不法之徒，又数以赦宥获免；至于西僧岁作佛事，或恣意纵囚，以售其奸宄，俾善良者暗哑而饮恨，识者病之。然则元之刑法，其得在仁厚，其失在乎缓弛而不知检也。"具体表现在以下几点。

首先，元朝监狱管理上实行民族歧视的"南北异制"。

蒙古统治者将臣民分成四等，即蒙古、色目、汉人、南人，并规定了四等人不同的政治地位和待遇。在法律上，蒙古人和色目人受到保护，汉

---

① 《元史》卷105，《刑法志四》。

② 《元史》卷103，《刑法志二》。另一处又提到："诸司狱受财，纵犯奸囚人，在禁疏枷饮酒者，以枉法科罪，除名。"

③ 《元史》卷105，《刑法志四》。

人、南人则在刑罚方面远严于蒙古、色目人。并建立由蒙古贵族所垄断的监狱体系，从组织机构上保障了蒙古人犯羁禁期间的特权，各民族间同罪异罚。蒙古人犯罪与拘役，刑讯与监禁，或得以免除，或享有最优厚待遇。蒙古贵族犯罪（除谋反等罪外），更可享受特权，免受缧绁之苦。穷苦的汉人、南人，一旦锒铛入狱，便丧失任何法律保障，甚至被凌虐致死。蒙古人除犯死罪，才"监禁依常法"，"一般犯，或散禁，或不禁"，"有司勿执拘之"。对在押之蒙古犯人，狱官"毋得拷掠，仍日给饮食"①。而汉人、南人罪囚，"昼则带镣居役，夜则入囚牢房"，处于严酷拘系中。

其次，佛教首领干预元朝狱政，形成宗教与世俗权力并行的监狱管理制度。

元代佛教、道教、伊斯兰教、基督教等盛行，尤重汉地佛教和藏传佛教（吐蕃佛教，俗称喇嘛教）。在中央设置宣政院，"掌释教僧徒及吐蕃之境而隶治之"②。宣政院品秩从一品，仅次于中书省，而与枢密院、御史台地位相似。至元十七年（1280 年）又设立都功德使司，专门管理醮祠佛事，品秩从二品，常由丞相兼领。地方上设有行宣政院③、总统所、总摄所、僧录司、僧正司、都纲司等机构，分别管理一定地区的佛教事宜。这些机构统称为僧司衙门。其长官一般由上层僧侣充任，称为僧官。各级僧司衙门在僧官之下都设有书吏、贴书、祗候、曳剌等吏役。僧官"视事如监司守令，马前后呵殿有驺从，案牍有胥吏，笞挞有卒徒"，与一般政权机构无多大区别。④ 元代中期以后，僧司衙门被撤，管理僧、尼的权力委付给"各寺院住持的和尚头目"。⑤ 高级僧侣中有不少人和元朝政府中官僚一样，得到太尉、司空、司徒等荣誉头衔。喇嘛教僧侣受封者更多，领袖人物享有帝师、国师的称号，"其弟子之号司空、司徒、国公

①　《元史》卷 103，《刑法志二》。

②　《元史》卷 87，《百官志三》。

③　行宣政院仅杭州一处，院使一般由江浙行省丞相兼任，其所辖范围也只限于江浙行省的佛教事务。

④　方回：《建德府南山旃檀林记》，《桐江续集》卷 36。

⑤　《元典章》卷 33，《礼部六·释教》。

佩金玉印章者，前后相望"①。西番僧不仅享有狱制上的特权，还受到特殊保护，如规定："凡民殴西僧者，截其手；詈之者，断其舌。"② 僧官、僧侣犯罪一般也不受世俗司法管辖。同时佛教领袖八思巴的法旨在西部边疆取得与皇帝命令相似的法律地位。史称："元起朔方，固已崇尚释教。及得西域，世祖以其地广而险远，民犷而好斗，思有以因其俗而柔其人，乃郡县土番之处，设官分职，而领之于帝师。乃立宣政院，其为使位居第二者，必以僧为之，出帝师所辟举，而总其政于内外者，帅臣以下，亦必僧俗并用，而军民通摄。于是帝师之命，与诏敕并行于西土。"③ 因而，在狱政管理上，也取得与元朝皇帝相似的权力，使宗教领袖干预狱政披上了合法外衣。

佛教首领干预狱政，主要表现在往往以修佛事为名，随意释放在押重囚。也即《元史·释老传》所说："每岁必因好事奏释轻重囚徒，以为福利，虽大臣如阿里，阃帅如别沙儿等，莫不假是以逭其诛。宣政院参议李良弼，受赇鬻官，直以帝师之言纵之。其余杀人之盗，作奸之徒，贪缘幸免者多。至或取空名宣敕以为布施，而任其人，可谓滥矣。"据统计，从成宗元贞元年（1295 年）到文宗至顺二年（1331 年）的 36 年间，元朝国师上奏请释在押犯中，死囚有 181 名，死刑以下各类狱囚有 386 名，总共为 567 名。例如，元贞元年九月乙亥："用帝师奏，释大辟三人，杖以下四十七人。"④ "至治二年十月己酉，为皇子古纳答剌作佛事，释在京囚，死罪者二人，杖罪四十七人。"⑤ 西僧假作佛事之名，以释重囚，造成元朝狱政管理的极大混乱，当时有些官员上奏，指出其弊。元贞七年（1301 年），中书左丞相答剌罕在奏章中就指出："僧人修佛事毕，必释重囚。有杀人及妻妾杀夫者，皆指名释之。生者苟免，死者负冤，于福何有？"⑥ 有的则是以疾求祈而释囚，至治二年二月乙卯，"西僧亦思剌蛮展

---

　① 《元史》卷 202，《释老传》。

　② 《元史》卷 202，《释老传》。《元史》卷 23，《武宗纪》也有记载，其云："殴西蕃僧者截其手，詈之者断其舌。"

　③ 《元史》卷 202，《释老传》。

　④ 《元史》卷 18，《成宗纪一》。

　⑤ 《元史》卷 35，《文宗纪四》。

　⑥ 《元史》卷 21，《成宗纪四》。

普疾，诏为释大辟囚一人，笞罪二十人。"① 元英宗面对西番僧屡请释囚祈福的要求，曾驳之曰："释囚祈福，岂为师惜。朕思恶人屡赦，反害善良，何福之有？"② 但通观有元一代，国师借佛事或遇疾祈福，随意释囚，干预狱政已成制度，直至元末未曾改变。

同时，宣政院有权决定僧囚的刑期及收监与否，并不受御史台监督。宣政院与行宣政院各设监狱，归各僧司管辖。凡各教派间发生刑事纠纷，需拘系、监禁及定刑，世俗司法机构无权过问。按元律规定："诸僧、道、儒人有争，有司勿问，止令三家所掌会问。"伊斯兰教之哈的大师也曾兼管回回的刑名、词讼等。直到至大四年（1311 年）才规定："诸哈的大师止令掌教念经，回回人应有刑名、户婚、钱粮、词讼并从有司归问。"③ 僧道等人犯重罪则由地方司法官审理，即"诸僧人但犯奸盗诈伪，致伤人命及诸重罪，有司归问"④。但判徒刑以上须羁押监督的，必须上报宣政院认可。一个教派内的刑事案件，由寺院主持僧审问和专门监狱羁押，地方官无法擅断，即所谓"自相争告者，从各寺院住持本管头目归问"⑤，也就是"和尚每其间不拣什么相告的勾当有呵，各寺院里住持的和尚头目结绝了者"⑥。寺院住持对和尚有一定的司法审判权，僧人犯有过失，轻则罚钱、罚香、罚油，重则"集众棰摈"，烧毁衣钵道具，"遣逐偏门而出"⑦，甚至关押私牢。这样，就从狱制上保证了僧侣（特别是高级僧侣）不受普通法律和司法机关管辖的特权，形成世俗及宗教权力并行的特殊监狱管理制度，打破延续数千年的治狱传统。但是必须看到，元朝统治者将以宗教形式组织的反抗斗争，特别是把劳动人民用白莲教等形式举行的武装起义，则视为妖邪，抛开法定程序和宗教特权的规定，对其进行血腥的军事镇压。从而彻底暴露了元廷宗教上层参与狱政的实质，即维护僧俗统治者的根本利益和封建社会秩序。

① 《元史》卷 28，《英宗纪二》。
② 《元史》卷 28，《英宗纪二》。
③ 据《通制条格》卷 29《僧道》所载，此项旨令颁于至大四年。可见，在此之前，回回的刑名、户婚、钱粮、词讼等，哈的大师往往兼管之。
④ 《元史》卷 102，《刑法志一》。
⑤ 《元史》卷 102，《刑法志一》。
⑥ 《元典章》卷 33，《礼部六·释教》。
⑦ 怀海编，德辉、大䜣等重新修订：《百丈清规》卷 2。

第三，元朝狱政实行"军民有分"之制。

凡地方狱政，由各地方官府管理；军人、军户事涉狱讼，则主要由管军官鞠治。蒙古国时期，军官犯法，由上一级主管军官处理。至元代，规定军官犯法由枢密院与行省主军官员按治，论情节轻重进行处断。万户以上需申报皇帝。对犯罪军官的处罚，分为降阶、夺符罢职、笞打、杖责、流徙（包括罢职发至军前效力）和处死等。对军人犯罪则区分情况作不同处理。凡蒙古军人犯罪关联地方者，可由所在地的官府与管军官约会审问处断，不关地方者军队自行处置。其他军人、军户，"但犯强窃盗贼、伪造宝钞、略卖人口、发冢放火、犯奸及诸死罪，并从有司归问"，即由地方官府处理。"其斗讼、婚田、良贱、钱债、财产、宗从继绝及科差不公，自相告言者，从本管理问。"① 即由管军官或奥鲁官处置。

元朝最高军事机关，沿袭宋制继续设置枢密院掌管军事，照例由皇太子兼领枢密使。下设枢密副使、同知院事等官，掌管国家军事和军队调遣，其长官由蒙古贵族担任。随着各地军事长官权限的扩大，凡各处宣慰使司元帅、管军万户、都元帅，均从正二品，使之总揽辖区军、政、刑、狱等各项大权，造成边远地区狱政由军事管理，而中央狱政机关鞭长莫及的现象。

第四，元朝监狱制度保留了一些相对落后的监禁方式和管理方法。

除上面所说的保留地牢，土豪、寺院遍设私狱，蒙古人、色目人与汉、南人在狱政上不平等外，良人与奴婢、主户与佃户在立法及司法实践中也不平等。佃户甚至被迫代主入狱受刑。例如"武冈富民有殴死出征军人者，阴以家财之半诱其佃者，代己款伏。"② 地主殴死佃客无须偿命，只"杖一百七，征烧埋银"。③ 奴婢驱口的地位更为卑下，元初"法制未定，奴有罪者，主得专杀"。④ 而奴婢杀死主人，则要具五刑或凌迟处死，即使对主人不逊，也要杖一百七，居役二年，役满自归其主。良人因戏谑杀死他人奴隶只罚杖七十七，殴杀他人奴婢也只杖一百七，反之，贱人杀死良人，一律处死。奴隶与良人在牢狱中的待遇也截然不同。良人因罪入

---

① 《元史》卷 102，《刑法志一》。

② 《元史》卷 191，《许楫传》。

③ 《元史》卷 105，《刑法志四》。

④ 《元史》卷 125，《布里海牙传》。

狱，"有病，主司验实，给医药，病重者去枷锁杻，听家人入侍"。相反，奴婢杀主者，"给医药而已"，病再重，也不允许去枷锁，更不准许家属"入侍"。①

第五，立法不健全，吏治腐败，案件拖延不决，冤狱丛生。

元朝在相当长时间内未制定出系统完整的法典，审判时作为依据的主要是"断例"，凡是经过中书省、大宗正府和皇帝批准的案例，便具有法律的效力，可以作为断狱量刑及判决的依据，陷入"有例可援，无法可守"的局面。②而只以断例为凭，官吏可各取所需，上下其手，必然出现许多罪同罚异、轻重不论；"无辜者牵连受刑，有罪者侥幸获免"；"设计害民，无所不至"的司法混乱现象。③明初，朱元璋就指出："唐宋皆有成律断狱，惟元不循古制，取一时所行之事为条格，胥吏易为奸弊。"④

元廷对涉及狱政制度的审讯、判决、平反冤狱和囚犯的衣食住医等所谓"恤狱"，虽有种种规定，但是由于元代统治者对司法实践中的各种积弊"缓弛而不知检"，加上吏治腐败，官员素质低下，往往不能依法执行。时人称"郡县官吏，贪污苟且，通知法律者少"。⑤"司、县官员，公明廉敏者固亦有之，然推问之术，少得其要。况杂进之人，十常八九，不能洞察事情，专尚捶楚，期于狱成而已。"⑥监狱立法与实际严重脱节，元代监狱更为黑暗。"官吏奸蔽，出入挑搅，狱讼万端，繁文伪案，动若牛腰，一语抵官，十年不绝"。而各级官吏"惟利是视，以曲为真，以非为是"。⑦因此，草菅人命，屈打成招，备受折磨的事例，比比皆是。元代大戏剧家关汉卿曾写杂剧《窦娥冤》，通过窦娥之口对元代狱治进行揭露："捱千般拷打，万种凌逼，一杖下，一道血，一层皮"，"打得我血肉都飞，血淋漓，腹中冤枉有谁知！"陶宗仪在《南村辍耕录·鞫狱》中也提到："今之鞫狱者，不欲研穷磨究，务在广陈刑具，以张施厥威。或有

---

① 《元史》卷105，《刑法志四》。
② 关于元朝法律文化特点，详见白翠琴《略论元朝法律文化特色》，《民族研究》1998年第1期。
③ 苏天爵：《禁治死损罪囚》，《滋溪文稿》卷27。
④ 《明太祖实录》卷26，"吴元年十月甲寅"条。
⑤ 苏天爵：《乞详定斗殴杀人罪》，《滋溪文稿》卷27。
⑥ 《元典章》卷40，《刑部二·鞫狱》，"推官专管刑狱"条。
⑦ 胡祗遹：《折狱杂条》，《紫山大全集》卷23。

以衷曲告诉者，辄便呵喝震怒，略不之恤。从而吏隶辈奉承上意，拷掠锻炼，靡所不至，其不置人于冤枉者鲜矣。"① 真所谓"官吏无心正法，百姓有口难言"，每每造成冤狱，"天下之冤胡可胜数"。② 而且案件拖延不决，"牵连岁月，干犯人等，大半禁死"。③ 这些都是元朝狱政弊端及掌狱官吏腐败无能与无视民众疾苦所造成的恶果。

（收入《蒙元史暨民族史论集》，中国社会科学出版社 2006 年版）

---

① 陶宗仪：《鞫狱》，《南村辍耕录》卷 23。
② 吴师道：《朱敏平反冤狱事记》，《吴正传文集》卷 13。
③ 参见《历代名臣奏议》卷 67，郑介夫奏，《治道》。

河洛名儒许衡与《授时历》

许衡（1209—1281），字仲平，号鲁斋，怀州河内人。① 为元朝前期著名的思想家、教育家、政治家和科学家，其一生成就是多方面的。本文仅从他在《授时历》制定中之作用，来探讨其对天文历法领域的贡献。

一

元初历法沿用金代的《大明历》，该历是在宋《纪元历》基础上稍加损益而成的。金廷曾于大定二十年（1480 年）命人加以重修，但因"岁久浸疏"②，"日月交食颇差"③，历法与天象不符的弊病日益明显，给社会生产、生活，乃至军事行动带来诸多不便。早在元太祖成吉思汗西征时，就出现"五月望，月蚀不效；二月、五月朔，微月见于西南"等现象，于是"中书令耶律楚材以《大明历》后天，乃损节气之分，减周天之秒，去交终之率，治月转之余，课两曜之后先，调五行之出没，以正《大明历》之失"。并制定《西征庚午万年历》，但未颁行④。至元四年（1267 年），西域人札马鲁丁撰进《万年历》，"世祖稍颁行之"⑤，在局部

---

① 据多方考证，许衡故里在今河南焦作市中站区李封村，或说在今沁阳鲁村，生于新郑许岗村。为广义之河洛人士。
② 《元史》卷 164，《王恂传》。
③ 《元史》卷 157，《刘秉忠传》。
④ 《元史》卷 52，《历志一》
⑤ 同上书。有的学者认为元世祖稍许颁行的《万年历》是回回历法。

地区加以推行。当时参领中书省事刘秉忠屡次意欲修正历法，终因战事未定，机缘不到，没有实现而于至元十一年（1274 年）抱憾病故。

至元十三年（1276 年）六月，元军攻下临安（治今杭州市）后，元世祖以《万年历》"年久浸差"①，而今"海宇混一，宜协时正日"②，遂下诏编新历。命因精于算术著称的太子赞善王恂，集熟悉天文历法之都水少监郭守敬及南北日官置太史局（后改为太史院），共同从事修订新历工作。王恂等奏言："今之历家，徒知历术，罕明历理，宜得耆儒如许衡者商订。"③ 于是，世祖下旨诏许衡从怀州（1257 年改为怀孟路，治河内，大部分在今沁阳）至大都，以集贤大学士兼国子祭酒教领太史局（院）事。许衡、王恂及郭守敬等一致主张应实测天体运行变化以为制历之本，遂新制仪表，分遣日官赴各地测候，并稽考累代历法，参别同异，酌取中数，用作历本。经过四年努力，于至元十七年（1280 年）完成④，其年六月，许衡因病获准还乡。⑤ 新历（《辛巳历》）进呈后，世祖因《尚书·尧典》中有"历象日月星辰，敬授人时"之语，特赐新历名曰《授时历》。于十一月甲子诏颁《授时历》⑥，许衡也于十八年新历开始使用后病卒，享年 73 岁（虚岁，1209—1281 年）。

二

《授时历》的编制是一件规模较大的集体项目，既有专人分工负责，也有重大问题的集体讨论，是集众人智慧和测算之产物。那么，当时年事已高的许衡在其中究竟起到什么作用呢？欲说明这个问题，首先对太史局

---

① 《元史》卷 157，《张文谦传》。

② 《元史》卷 158，《许衡传》。

③ 《元史》卷 9，《世祖纪六》。

④ 《元史》卷 164，《杨恭懿传》提到："十七年二月，进奏曰：'臣等……参以古制创立新法，推算成《辛巳历》。'"从中可见至元十七年二月新历已基本完成。《元文类》卷 13 收有李谦于至元十七年六月已拟好之"颁授时历诏"。许衡是在新历修完后才因病告老还乡。

⑤ 耶律有尚之《考岁略》云："六月。疾益进。八月得请还家。就授师可怀孟路总管，以便供养。"许师可为许衡之长子。

⑥ 《元史》卷 11，《世祖纪八》，至元十一年十一甲子提到"诏颁《授时历》"。

（后称太史院）的组织机构及人员组成需有基本了解。

　　至元十三年成立太史局，初以"枢密副使张易董其事"①。次年，以张文谦为昭文馆大学士，领太史局主管修历，"以总其事"②，共同"为之主领裁奏而上"③，两者负有上通下达之责。王恂负责历法推算及行政事务，即"官属悉听恂辟置"④。郭守敬从工部调入太史局，与王恂一起"率南北日官，分掌测验推步于天下"⑤。此外，另有集贤学士杨恭懿（至元十六年参与改历，十七年授集贤学士，兼太史院事）、工部尚书段贞、巧匠阿尔哥等人也先后应诏参与和改历有关的工作。至元十五年（1278年）二月，太史局改太史院，给印章，立官府，掌天文历数之事。设官院使（初称令）、同知、同金、院判等大小官吏70多员，星历生40余人，下设推算、测验、漏刻、印历等局，各司其职⑥。王恂为太史令，郭守敬任同知太史院，"许衡领焉"⑦。

　　至于许衡在其中担任何职，负有什么责任，史籍所载不甚相同。《元史·世祖纪》十三年六月甲戌，只提到"诏衡赴京师"，未涉及衡负有何责任。十五年二月则明确提到："置太史院，命太子赞善王恂掌院事，工部郎中郭守敬副之，集贤大学士兼国子祭酒许衡领焉。"《元史·历志一》提到："十三年，平宋，遂诏前中书左丞许衡、太子赞善王恂、都水少监郭守敬改治新历。"即将许衡列在首位。《元史·王恂传》则云："恂荐许衡能明历之理，诏驿召赴阙，命领改历事，官属悉听恂辟置。"也就是说许衡在改历总旨上进行主持，王恂除负责新历推算外，还管官属设置及其他行政事务。《元史·郭守敬传》提到："初（刘）秉忠以《大明历》自

---

　　① 《元史》卷9，《世祖纪六》。卷11，《世祖纪八》又记：至元十八年十月壬子"以平章政事、枢密副使张易兼领秘书监、太史院、司天台事。"

　　② 《元史》卷157，《张文谦传》。

　　③ 《元史》卷164，《郭守敬传》。

　　④ 同上书，《王恂传》。

　　⑤ 同上书，《郭守敬传》。

　　⑥ 《元史》卷88，《百官志四》提到："太史院，秩正二品。掌天文历数之事。至元十五年始立院，置太史令等官七员。"

　　⑦ 《元史》卷10，《世祖纪七》将此事系在至元十五年二月，但《元史》卷164《王恂传》曰："十六年授嘉议大夫、太史令。"而《郭守敬传》则说："十六年，改局为太史院，以恂为太史令，守敬为同知太史院事，给印章，立官府。"

辽、金承用二百余年，浸以后天，议欲修正而卒。十三年，江左即平，帝思其言。遂以守敬与王恂，率南北日官，分掌测验推步于下，而命（张）文谦与枢密张易为之主领裁奏于上，左丞许衡参预其事。"《元史·张文谦传》曰："会世祖以《大明历》岁久浸差，命许衡等造新历，乃授文谦昭文馆大学士，领太史院，以总其事。"而《元史·许衡传》则明确指出："十三年，诏王恂定新历。恂以为历家知历数而不知历理，宜得衡领之，乃以集贤大学士兼国子祭酒，教领太史院事，召至京。"

对修新历分工之事谈得最清楚的，当举杨桓（曾为太史院校书郎，后迁秘书监丞，拜监察御史）的《太史院铭》，其云：

> "至元十三年，上以循用大明历，久而失当，欲创其制。以太子赞善臣王恂，业精算术，凡同月盈缩迟疾，五星进退，见伏昏晓，中星以应四时者，悉付其推演，寻迁太史令。以都水少监臣郭守敬，颖悟天运，妙于制度，凡仪象表漏，考日时、步星躔者，悉付规矩之，寻授同知太史事，历成，迁太史令。以前中书左丞臣许衡，为命世之贤，凡研究天道，斟酌损益者，悉付教领之。辅以集贤学士臣杨恭懿。其提挈纲维，始终弼成者，实前中书左丞转大司农臣张文谦，寻以昭文馆大学士领太史院事。凡工役土木金石，悉付行工部尚书兼少府监臣段贞，以经度之。凡仪象表漏、文饰匠制之美者，悉付大司徒臣阿尔哥。"①

由上可知，新历的编制工作主要分为两个方面。一是对自古以来的各种历法进行研究，总结前人制定历法、测量天体运行周期、测验季节气候的各种经验，通过相互比较，找出各自的优缺点，以便用最先进的修历理论指导新历的修订工作，这就是所谓"推明历理"。二是要对天体运行进行精确的观测和推算，通过实践来检验对天体运行规律的认识，根据当世的实际情况来制定新的历法。正如《元史·王恂传》所说："恂与衡及杨恭懿、郭守敬等，遍考历书四十余家，昼夜测验，创立新法，参以古制，推算极为精密。"而许衡主要是负责推明历理的工作及进行总体主持。

---

①　杨桓：《太史院铭》，苏天爵《元文类》卷 17。

三

论述了《授时历》制定的历史背景及许衡在太史局（院）中的地位、职责之后，下面拟具体探讨一下许衡在《授时历》制订过程中的贡献，归纳起来主要有以下三点：

第一，"凡研究天道，斟酌损益者，悉付教领之"①。许衡为元前期倡导传播程朱理学于北方的大儒，尤精于易学，著有《读易私言》、《小学大义》、《大学直解》等，平素以程朱理学作为进修和教导学生的主要课程。而程朱理学认定"理"先天地而存在，把抽象的"理"（实指封建伦理准则）提到永恒的、至高无上的地位，为学主"即物而穷理"。许衡兼采宋代朱（熹）、陆（九渊）两派之长，如朱学的笃实"下学"工夫，陆学"简易"本心论等，避免朱学之支离琐碎及陆学之泛泛空谈。认为"心与天地一般"②，此处的"天地"，是指宇宙本位，也即天理，换言之，人心就是天理。他还提出"治生最为先务"思想，重视民生日用。认为理学的理、道，含有"日用常行"之则，道不是"高远难行"，应当接近"众人"，将"民生日用"的"盐米细事"，视为道和义。③ 进而提出"治生论"，他说："为学者治生最为先务。苟生理不足，则于为学之道有所妨。彼旁求妄进及作官嗜利者，殆亦窘于生理之所致也。"④ 即以满足人之"生理"（指物质生活）前提来谈"治生"，而不同于程朱"行天道，遏人欲"的思想，并将治生论在实践中加以运用。

因此，在修历方面，许衡深谙阴阳对立交互作用之道，尽量以理学及治生论为主导，比较累代历法之优劣得失，用实测之数据加以损益，力求使新历准确、简便，利于民众使用。正如《元史·许衡传》所说：

---

① 杨桓：《太史院铭》，苏天爵《元文类》卷 17。

② 许衡：《语录》下，《许文正公遗书》卷 3。

③ 许衡《语录》上（《许文正公遗书》卷 1）中提到："人而君臣、父子，小而盐米细事，总谓之文；以其合宜之义，又谓之义；以其可以日用常行，又谓之道。文也道也，只是一般。"

④ 郑士范：《许鲁斋先生年谱》。

与太史令郭守敬等新制仪象圭表，自丙子之冬日测晷，得丁丑、戊寅、已卯三年冬至加时，减《大明历》十九刻二十分，又增损古岁余岁差法，上考春秋以来冬至，无不尽合。以月食冲及金木二星距验冬至日躔，校旧历退七十六分。以日转迟疾中平行度验月离宿度，加旧历三十刻。以线代管窥测赤道宿度。以四正定气立损益限，以定日之盈缩。分二十八限为三百三十六，以定月之迟疾。以赤道变九道定月行。以迟疾转定度分定朔，而不用平行度。以日月实合时刻定晦，而不用虚进法。以躔离朓朒定交食。其法视古皆密，而又悉去诸历积年月日法之傅会者，一本天道自然之数，可以施永久而无弊。

也就是利用新仪表进行实际观测，考证了冬至、岁余、日躔、月离、入交、二十八宿距度、日出入昼夜时刻等七项天文数据。同时运用近世截元法，废除上元积年法等，得出太阳盈缩（每日太阳在黄赤道上运行速度）、月行迟疾（每日月球绕地球运行的速度）、黄赤道差（从太阳的黄道经度推算赤道经度）、黄赤道内外（从太阳的黄道经度推算赤道纬度）、白道交周（月道和赤道之交点）等日月运行资料。

第二，鼎力支持郭守敬等改进仪象圭表，进行实地勘测。许衡在当时儒士中声望颇高，且胸怀治国平天下大志。至元八年（1271 年），任集贤大学士兼国子祭酒后，设立国子学，教授蒙古贵族子弟及汉人门生等。他在教学中引证设譬，重在理解，欲其践行而不贵徒说。为使蒙古生学习算术，取唐尧至宋代世次年数编为《编年歌括》，命诸生加减之。因此，他不仅是精通理学易经之名儒，而且在教学行事中注重实践，并掌握运算之法。在修历之初，就认为"冬至者历之本，而求历本者在验气。今所用宋旧仪，自汴至京师已自乖舛，加之岁久，规环不叶。"[1] 故当郭守敬提出"历之本在于测验，而测验之器莫先仪表"时[2]，就大力加以支持。郭守敬在前朝天文仪表的基础上，吸收回回天文仪表的优点，创制和改进了简仪、仰仪、高表、候极仪、浑天象、玲珑仪等近二十种新天文仪器。乃由其主持并亲自参加全国规模的天文观测工作，还挑选 14 名监候官，分

---

① 《元史》卷 158，《许衡传》。

② 《元史》卷 164，《郭守敬传》。

道相继而出，"东到高丽，西极滇池，南逾朱崖，北尽铁勒"①，进行四海测验。共在全国建立 27 个观测台、站，而北方先后设有上都天文台、大都天文台。郭守敬等运用许多改进或创制的天文仪器，进行大量精密天文观测，为历法的推算取得宝贵数据。史称："公所为历，测验既精，设法详备，行几十年，未尝一有先后天之差，去积年日法之拘，无写分换母之陋。"②

这里还要提及一点的是，许衡为人谦和，"其言煦煦"，以名儒长者之身份，参与修新历的工作，其与上司同事之关系甚为融洽。许衡与"总其事"的张文谦交谊甚笃，张文谦在朝廷上始终支持许衡进其言，行其道。许衡与王恂早有交往，王恂随真金（裕宗）抚军称海时，就以自己所教诸生师从许衡继续学习。许衡在太史局（院）期间，只是在推明历理方面尽己所能，从总的方面进行把握，而不干涉王恂所掌管的行政事务。他对郭守敬的才华和成就也是赞赏有加。每谈及郭守敬，辄以手加额说："天佑我元，似此人世岂易得？"③ 良好的人际关系，也是他在修制新历工作中能发挥主导作用之不可或缺的因素。

第三，许衡与王恂、郭守敬共著《授时历经》，分步气朔、步发敛、步日躔、步月离、步中星、步交会、步五星七部分加以叙述。④ 从而，使《授时历》修订过程中所取得之天文学、数学等方面成就，得以彰显后世。

《授时历》应用弧矢割圆术来处理黄经、黄纬与赤经、赤纬之间换算，并用招差法推算太阳、月球和行星的运行度数。以 365.2425 日为一年，29.53593 日为一月。一年的 1/24 为一气，没有中气的月份为闰月。正式废除"上元积年"，而截取近代任意一年为"历元"。许衡等改用至元十八年天正冬至（实于十七年内）为主要起算点，其他各种天文周期的"历元"，均算出与该冬至时刻的差距，称为相关的"应"，《授时历》提出气、转、闰、交、周、合、历等七应，由此形成一个天文常数系统。

---

① 《元史》卷 48，《天文志一》。
② 苏天爵编：《元朝名臣事略》卷 9，《太史郭公》。
③ 同上。
④ 详见《元史》卷 54、55，《历志》三、四，《授时历经》上下。另参见《元史》卷 52、53，《历志》一、二，李谦：《授时历议》。

其所定数据全凭实测，使《授时历》的编制有了可靠的依据，对后世产生很大影响。

《授时历》的编订，开创了中国天文历法的新纪元。清人阮元在《畴人传·郭守敬》中说："施行于世垂四百年，可谓集古法之大成，为将来之典要者矣。自三统以来。为术者七十余家，莫之伦比也。"[①] 它不仅是中国流行时间最长的一部历法（若将明《大统历》与《授时历》视为一种，历时 364 年，即 1281—1644 年），而且为朝鲜、日本等国所采用，影响范围相当广泛。这其中凝聚着许衡晚年之心血，其功不可没。往昔一谈及《授时历》成就常归于郭守敬，而忽视许衡、王恂等人在修历中之作用。今撰此小文，权当补阙。

Abstract

The famous Confucian scholar Xu Heng was in charge of constituting new calendar named Shou Shi Calendar during 1276 – 1280. Within the constituting work, he made great contributions to exploring the most advanced theory to guide the project of constituting new calendar, to doing his level best to support GUO Shoujing for ameliorating the instruments and for doing field test, and to coauthoring Shou Shi Calendar together with Wang Xun and Guo Shoujing.

（收入《中原文化与汉民族研究》，黑龙江人民出版社 2007 年版；《河洛文化与汉民族散论》，河南人民出版社 2006 年版）

---

① 阮元：《畴人传》卷 25，《元·郭守敬》，商务印书馆 1955 年版。

追思古人　激励来者

——略论加强研究许衡学术思想的现代价值

这次有机会到我国汉民族发源地之一的河南省，参加在焦作市许衡故里召开的"中国首届许衡学术研讨会"，和来自各地的专家学者，共同切磋元代著名思想家、教育家、政治家、科学家许衡的学术思想及其现代价值，感到十分荣幸。我借此机会向盛情邀请和热情接待我们的会议组织者及焦作市中站区领导部门致以诚挚的谢意。

我对元代许衡没有专门研究，只是临来前看了些史籍和有关论著，受到很大启发。兹就研究许衡政治、学术思想的现代价值及意义，略谈以下几点体会。

一、许衡的学术思想理论涉及范围广泛，内容丰富，论述深刻，是值得很好挖掘和探讨的。许衡身为元初汉人名儒，在当时民族等级森严的情况下，曾多次被元廷所委任，并官至左丞高位，说明他的智慧和才干得到元世祖忽必烈的赏识。许衡欲辅佐忽必烈在中原地区乃至全国推行汉法，实现修身、齐家、治国、平天下的政治抱负。有的学者认为许衡未受元世祖重用，不得志，境遇不好，未遂其愿，多次为官引退，政治上无多大作为，因此，他不能称之为政治家。对此，本人不能苟同。许衡未能实现其政治抱负，不能光从其本人角度来进行观察，其原因是多方面的，主要取决于当时整个社会新旧势力的斗争。社会发展规律告诉我们，每当推行新法时，总要受到旧势力的阻挠和顽强抵抗。一方面，民族政权的封建统治阶级为稳固其统治和社会发展的需要，不能不顺应形势，录用汉吏，接受和推行较为先进之汉法。另一方面，封建统治阶级旧势力，又恐失去其特权和既得利益，并不甘全盘接受新法，而进行百般阻挠。在新法推行过程中，尤其会受到北方牧区守旧势力的顽固抵制。因此，不仅许衡未能尽酬其志，而且其他为官的汉人儒士，在推行汉法过程中，也都不同程度地遭到挫折，甚至抱憾终身。姑且不论许衡之政治抱负在当时实现了多少，但他几度任官，参与政事，并提出了一整套治国安邦之道和政治主张，仍堪称为元代之政治家。

　　许衡的立国、治国之道和政治主张，集中体现在至元三年（1266）所上的《时务五事》疏中。所谓五事即立国规模、中书大要、为君难、农桑学校、慎微。内容涉及政治、经济、文化、教育等诸多方面。政治方面，包括了当政者"用人"、"立法"及为君六事："践言"、"防欺"、"任贤"、"去邪"、"得民心"、"顺天道"等一系列治国关键问题的看法。他指出，贤明者只要"以公为心，以爱为心，不为利回，不为势屈，置之周行，则庶事得其正，天下被其泽，其于人国，重固如此也"①。亦就是说，只要能长期坚持这些原则，就能有益于天下，这对人民、对国家都很重要，否则其后果将不堪设想。他总结说，"此六者，皆难之目也。举其要，则修德、用贤、爱民三者而已。此谓治本。本立，则纪纲可布，法度可行，治功可必。否则爱恶相攻，善恶交病，生民不免于水火，以是为治，万不能也"②。经济方面，主张要重视发展农村经济，劝课农桑，优抚和改善农民生活，使国库丰盈，仓廪充实。他列举汉代文、景两帝，"克承天心，一以养民为务，今每劝农桑，明年减田租，恳爱如此，宜其民心得而和气应也"。③ 文化教育方面，主张从京师到州县要普遍建立学校，传播知识，培养人才，进行伦理道德教育。在下者要各安本分，崇尚退让，在上者要慎喜怒、守信用。拿今天的话来讲，从中央到地方各级当政者行事要做到公正合理，任人唯贤，关心民众疾苦，取信于民，博得民心，不搞歪门邪道和违法乱纪。只有这样，才能政治清明，国强民富。这篇奏疏，引古证今，针砭时弊，提出对策，辨析透彻。若能实现，不仅有利于在当时促进元代社会的发展，而且对现今社会各级当政者，特别是领

---

① 《元史》卷158，《许衡传》。
② 同上。
③ 同上。

导层，都有重要的借鉴和警戒作用。故其学术思想和理论不仅有深远的学术价值，更具有积极的现实意义，确是难能可贵。

二、许衡在元代意识形态和发展教育及科技方面作出了重要贡献，至今仍有很大影响。他在改变元代旧的意识形态，传播程朱理学，推行汉法，大兴学校，改革教学方法，发展文化教育，研究天体运行和修订新历法（《授时历》）等科技方面都作出了自己的贡献。特别是在教育方面，他建立了一套治学教学的理论方法。重视德育，大力倡导实事求是的学术风气，重践行而不贵徒说，重视教学质量和效果，不单纯求数量；因材施教，总结了一套适合各类学生的教学内容和方法。这些对我们今天的教育改革，亦都有启迪及借鉴作用。

三、许衡师承程朱理学，但又不拘泥于一家之说，能冲破门户之见，博采众家之长，独辟蹊径，加以创新，这也是非常可贵的。例如，许衡在朱熹与陆九渊之争中，主张兼采两家之优点，吸收了朱学的笃实"下学"工夫，陆学的简易"本心论"，使其互相补充，取长补短。并提出了"治生最为先务"思想，重视民生日用及柴米油盐，将其视为"道"和"义"。[1] 使空谈性命的理学与民众穿衣吃饭的实际问题联系起来，在满足人的"生理"（物质生活）需要基础上来谈"治生"[2]，而不同于程朱"行天道，遏人欲"的思想。其"治生论"，为明清进步思想家所继承和发展。这种创新开拓精神，正是我们今天所要提倡的。

四、许衡在民族团结和培养少数民族人才、发展民族文化、促进元代蒙汉等学术交流和交融方面，起了很大作用，这应予以充分肯定。许衡曾被忽必烈委以集贤大学士兼国子祭酒，开设国子学，培养了很多蒙古、契丹、色目及汉人学生。这些蒙古等族弟子学习汉族地区先进文化，学习经典、礼仪和武功以及治国方略后，其中不少人成为元代重要官吏。总之，许衡在发展民族文化，改变蒙古学生旧俗，培养有用人才等方面均作出了贡献。他的这些举措也正是我们今天在发展西部民族经济，改变民族地区落后面貌，大力发展民族文化教育时，所应汲取和借鉴的。当代，我国要建设社会主义现代化和全面建设小康社会，离开少数民族是不行的。目

①　许衡：《语录》上，《许文正公遗书》卷 1。
②　郑士范：《许鲁斋先生年谱》。

前，我国少数民族已有 1 亿多人，少数民族聚居地区占到整个国土面积的64%，在全国 2.1 万多公里长的陆地边境地区基本上都居住着少数民族，大部分自然资源都在民族地区。离开了民族地区现代化，中国也就不可能实现现代化。而要实现少数民族之现代化，必须实现各民族之间的共同发展、共同繁荣。这其中少数民族地区面貌的变化，大力发展教育和科学，培养高素质人才，又是关键。故研究许衡学术思想，对我们今天解决民族问题，做好民族工作，会有很大的启示和激励。

五、通过这次研讨会，希望能对进一步研究许衡学术思想及其现实意义起推动作用，并有助于促进本地区经济、文化、教育事业的发展。历史是一面镜子，以史为鉴，通古知今。因此应倡导各级干部多学一些历史知识，中央领导目前也是这样做的。今年 10 月 22 日在中共中央政治局进行的第十六次集体学习会上，就曾请专家学者讲我国民族关系史的几个问题。据我所知，国务院各部部长们也经常听讲座，其中包括学习历史知识。而对许衡故乡而言，要运用各种形式大力宣传许衡等历史人物的事迹，以增强民族自豪感和凝聚力。并建立各种教育基地，创建以宣传、学习许衡等历史人物为中心的良好人文景观，加强开发和利用文化资源，更好地吸引各地旅游者，加速发展旅游事业。以上是我个人建议，谨供参考。

（收入《许衡与许衡文化》下册，中州古籍出版社 2007 年版）

厄鲁特族源初探

厄鲁特原是清朝居住在我国西北边疆的蒙古族。今天生活在新疆和青海的蒙古族，绝大部分是他们的后裔。甘肃和内蒙古境内，也有一部分。长期以来，厄鲁特先祖斡亦剌惕的族源问题一直悬而未决，中外研究厄鲁特史的学者，虽然也进行过一些探讨，但众说纷纭，莫衷一是，至今未能取得一致认识。

中外学者对厄鲁特族源的意见，归纳起来，大致可分为四种，即：突厥说，主张厄鲁特的祖先为突厥系族；蒙古说，认为厄鲁特的祖先是纯蒙古系族；突厥、蒙古融合说，把厄鲁特的祖先视作由突厥和蒙古两系族融合而成；兀鲁黑塔格说，即认为后来之厄鲁特，和通常所说叶尼塞河上游斡亦剌没有关系，厄鲁特一名来自位于阿尔泰山之北原乃蛮部地区的兀鲁黑塔格（塔格，作山解），系指居住在乃蛮地区的各个部落，统称为厄鲁特。① 在这四种意见

---

① 傅恒等纂辑《钦定皇舆西域图志》卷12："按汉乌孙居天山北，与匈奴接壤，南临城郭诸国，即今准噶尔部也。""后分东西突厥，割据乌孙故地，是今之准噶尔。"

《元朝秘史》（四部丛刊三编本）一书中，李文田作注说：厄鲁特或额鲁特来自兀鲁黑塔格之名。

丁谦《外国传考证》云：瓦剌"其先出于汉之坚昆，唐之黠戛斯，元为乞儿吉思。斡亦剌特乃吉儿吉思分族"。（浙江图书馆版）

吴其玉：《卫拉特是谁?》（《Who were the oirats》）一文中认为，斡亦剌惕的祖先是突厥系族的骨利干。（《燕京社会科学学报》1941年第3卷第二期）

王金绂：《土尔扈特与杜尔伯特民族之由来及其生活状况》一文认为，额鲁特之名来源于兀鲁黑塔格，为乃蛮八部之一，以后与异族杂居，区域渐广，遂名为额鲁特族。（《真知学报》1943年第3卷第二期）

须佐嘉桔：《西蒙古部族考》（1934年版）认为，额鲁特和斡亦剌惕部都是突厥种，但斡亦剌惕不是额鲁特种。额鲁特是由阿尔泰西兀鲁黑塔格山转化而来，是乃蛮八部之一。

中，以第一种意见占多数，但经过对中外史料的分析和研究，我认为第二种蒙古说较为可靠，其他三种说法值得商榷。

一

持突厥说的学者，他们第一个论点是从分布地域来看，认为厄鲁特祖先斡亦剌惕生活在叶尼塞河上游地区，而这个地区在两汉时就是突厥系族丁零、坚昆等所分布的地区，后来又是铁勒和突厥等族所分布和管辖的地区，他们有的说斡亦剌惕的祖先是坚昆，有的说是铁勒、突厥，有的说是骨利干等等。第二个论点，认为斡亦剌惕的语言和周围蒙古族的语言不同。有些学者认为斡亦剌惕（Oirat 或 Oyirad）同维吾尔（Uighur）之间在语源学上是接近的，系由后者转化而来。[①]也有人认为，斡亦剌惕的君长称为"别乞"，"别乞"这个词就是突厥语等等。

首先，我认为持突厥说的第一个论点是站不住脚的。据史籍记载，当时生活在叶尼塞河上游一带的部落很多，他们一般都属"林木中百姓"。有不少是土著的，如吉利吉思、昂可剌、秃马惕等，也有的是从外地迁来的。"林木中百姓"和游牧民一样，其特点就是流动性大，活动范围广，经常要在林木中迁徙。当时，东起黑龙江，西至额尔齐斯河，南从色楞格河，北至叶尼塞河上游，森林连成一片，里面住着一些从事狩猎的部落。根据《元朝秘史》和《史集》提供的材料，蒙古诸部包括林木中百姓，为了争夺统治权和林木、狩猎场所而互相发生之战争十分频繁，几经辗转迁移。[②] 故经常逾越民族之间的界线。叶尼塞河上游一带，从汉至唐初，本是突厥系族所分布的地区，随着蒙古系族的西迁，逐渐发生了变化。蒙古部原生活在东北额尔古纳河南岸的密林里，称为"蒙兀室韦"，它是唐

---

① 下中邦彦：《亚细亚历史字典》卷2，斡亦剌惕条。
　　伯希和：《卡尔梅克人历史纪略译注》之一《卡尔梅克命名考》。
② 参见《元朝秘史》卷4至卷10。

王朝所属室韦诸部之一。[①] 七世纪，离开额尔古纳河密林，渡过今呼伦湖西迁至兀儿罕山（今肯特山）游牧，后逐渐迁徙漠北，受突厥和唐皇朝管辖。此外，在呼伦湖一带的塔塔儿等部，也不断向北方草原扩展。八世纪中叶，今维吾尔祖先铁勒的一支——回纥（后称回鹘），推翻突厥的统治，建立回纥汗国，统辖达怛等部落。[②] 九世纪中叶（840 年），今柯尔克孜族祖先黠戛斯，又推翻回鹘统治，建立黠戛斯汗国，并迫使回鹘分三支西迁至今新疆、河西走廊和中亚地区[③]，但黠戛斯势力未能控制多久，很快衰落。在这期间，原生活在东部地区的蒙古系族各部落乘机大举向西迁移，填补回鹘在漠北漠南的故地，这样，就使他们和叶尼塞河上游及其周围的突厥语族越来越近。至辽金时期，蒙古系族已基本上分布在大漠南北，一些蒙古系部落的"林木中百姓"也进入叶尼塞河上游一带，和原来在那里的突厥族互相杂处。[④] 准噶尔先祖斡亦刺惕，也就是在这期间，

① 《旧唐书》列传卷 149 下，《室韦》："室韦，契丹之别类也，其北大山之北有大室韦，傍望建河（额尔古纳河），源出突厥东北界，俱轮泊（呼伦湖）屈曲东流，经西室韦界，又东经大室韦界，又东经蒙古室韦之北、落俎室韦之南，又东流与那河、忽汗河合。"

《元史译文证补》卷 27 下，《蒙古》："朦古国，即唐书所纪之蒙儿部……地理志回鹘有延姪伽水，一曰特延勒泊，泊东北千余里有俱轮泊，泊之四面皆室韦。所谓北大山必是大兴安岭，俱轮泊即呼伦淖尔，为黑龙江南源。……据此以考元之先世，在黑龙江南，即所谓望建河，唐后西南徙克鲁伦河、斡难河。"

② 《新唐书》卷 217 上记载回纥在漠南、漠北推翻突厥，树牙独乐水，建立回鹘政权情况，其领域"斥地愈广，东极室韦，南控大漠，尽得故匈奴地"。

李德裕《会昌一品集》卷 5、卷 8 云："纥纥斯（即黠戛斯）居回鹘旧地，后得达怛等部落"。

③ 《新唐书》卷 217 下："俄而渠长句录莫贺与黠戛斯合骑十万，攻回鹘城，杀可汗，诛掘罗句，焚其牙，诸部溃。"

《旧唐书》卷 195："有回鹘相馺职者，拥外甥特庞勒及男鹿并遏粉等兄弟五人一十五部，西奔葛逻禄（今吹河流域），一支投吐蕃（即甘州回鹘），一支投安西（高昌回鹘），又有近可汗牙十三部，以特勒乌介为可汗，南来附汗。"

④ 赵珙著《蒙鞑备录》："鞑靼始起地，处契丹之西北。"作者把鞑靼分为白黑生三种：白鞑靼指汪古惕，黑鞑靼指蒙古，生鞑靼指蒙古以北"林木中百姓"诸部落。

《辽史》卷 46《百官志》记载辽官制分北面官和南面官。北面官属国官中设有西阻卜国大王府、北阻卜国大王府、西北阻卜国大王府，系指分布在漠北和漠西一带的达怛。

《辽史》《肃韩家奴传》，记载达怛部落的分布"北至胪驹河（今克鲁伦河），南至边境，人多散居"。

《金史》卷 93《宗浩传》，讲到迪列土（即塔塔尔部）在移米河一带。移米河在今克鲁伦河附近。

《元朝秘史》记载备噜兀惕的游牧地在鄂尔浑河。备噜兀惕即《金史》之迪列土，两者记载完全吻合。

由原先较远的东部迁到色楞格河流域，后向北经由今锡什锡德河流域，再折西进入叶尼塞河上游地区的小叶尼塞河、大叶尼塞河、上叶尼塞河及其支流沿岸的。他们迁移的原因、路线在《元朝秘史》和《史集》中，记载得很清楚。一方面，据《史集》部族篇记载：斡亦剌惕原住在"薛灵哥河的彼岸"，"被称为巴儿忽真脱窟木（按：此处指贝加尔湖西之巴儿谷真地区）的地方和土地的极边"。① 另一方面，《史集》又指出，他们后来在叶尼塞河上游的住地，并不是他们的故乡，而是原来"秃马惕"的故地。② 在《元朝秘史》中也记载着，1201 年，斡亦剌惕和塔塔尔、扎只剌歹族组成联盟去反对成吉思汗和王罕联军遭到失败后，斡亦剌惕部首领忽都合别乞"为争夺林木到失思吉思"（按：另一处称"失黑失惕"）。③ 失思吉思（或失黑失惕）就是今色楞格河以北的锡什锡德河。1953 年，在外蒙古锡什锡德河南、色楞格河支流德勒格尔河（今木伦河）北岸，发现一块石碑——《释迦院碑》，碑文用汉、蒙两种文字刻成，是1257 年（宪宗七年）斡亦剌惕部驸马八立托为元宪宗蒙哥汗祝寿祷文。这里是斡亦剌惕部所分布的南境，它和我国史籍记载，完全互相印证。④上面所引的三条材料，可以说明斡亦剌惕人整个迁移情况，这就是：他们原住在色楞格河的巴儿忽真地区，1201 年，为了争夺林木地区，又从那里向北迁到锡什锡德河一带，最后又向西北迁到叶尼塞河上游原秃马惕的地区。《史集》说，秃马惕的故地是叶尼塞河上游的八河口。这八条河的名称是：阔克沐涟（Кок-Мурэн。沐涟，蒙古语，河之意）、兀克里沐涟（Укри-Мурэн）、翁沐涟（Он-Мурэн）、合剌兀孙（Кара-Усун。兀孙，蒙古语，水之意，合剌兀孙可意译为黑水）、桑比秃（Санбн-Тун）、阿合尔沐涟（Акар-Мурэн）、朱尔涅沐涟（Джурнэ-Мурэн）、察罕沐涟（Цаган-Мурэн）。⑤ 这八条河的今地名虽不能一一考证，但根据他们在叶尼塞河上游地区的方位、含义和对音来看，有几条河的名称还是能找到。

---

① 拉施德哀丁（又译为"拉施特"）：《史集》卷 1，第一册，第 121 页（据 1952 年哈塔古洛夫俄译本）。

② 同上书，第 118 页。

③ 《元朝秘史》卷 4；《蒙古秘史》卷 4（据策·达木丁苏隆编译、谢再善译本）。

④ 培尔勒：《蒙古古城史略述》，《苏联考古学》1957 年第 3 期。

⑤ 拉施德哀丁：《史集》卷 1，第一册，第 118 页。

如今叶尼塞河上游的乌鲁克木河，很可能就是《史集》中的翁沐涟（Он-Мурзн）。乌鲁可读作"翁"音，《元史译文证补》曾提到它是否即《元史》所载玉须水，并说玉须和它的上游库苏泊有关，我觉得这是有道理的，以其方位和《元史·地理志》所载由"东北"流和来自"西南"的阿浦水汇于谦河相符合。① 之所以称为乌鲁克木河，我想盖因此河源出于其东的库苏泊，"库苏"亦可读作"乌鲁"音，或即玉须之称。又今乌鲁克木河南支流厄格列斯河应即兀克里沐涟（Укри-Мурэн）。由西南流来与乌鲁克木河相汇的克姆池克河，很可能就是《史集》中的察罕沐涟。克姆池克河左岸的阿克河即阿合尔沐涟（Акар-Мурэн）。贝克木河北支流士毕河即桑比秃（Санбн-Тун）。乌鲁克木河南源之哈克木河即阔克沐涟（Кок-Мурэн）。萨彦岭北克姆池克河和乌鲁克木河合流处附近的乌斯河也可能就是合剌兀孙（Кара-Усун）。后几条河名称古今基本相同。《史集》指出，由这些河流汇合成一条谦河，注入昂格拉河（今安加拉河），这和叶尼塞河上游的地理形势完全吻合。② 《史集》记载，当时斡亦剌惕人已分布在这八条河的周围，亦就是说，斡亦剌惕人那时已分布在今叶尼塞河上游南北源，经乌鲁克木河至克姆池克河的广阔地区。

迁到叶尼塞河上游前述地区的具体时间未见直接记载。但可以肯定地说，1207 年当成吉思汗派长子拙赤率右翼军去征伐"林木中百姓"时，斡亦剌尚未迁入叶尼塞河上游秃马惕地区，《元朝秘史》在记载这段史实时写道："忽都合别乞来给拙赤带路，从万斡亦剌惕部的牧地前进，到达失黑失惕地方。拙赤招降了斡亦剌惕部、不里牙惕部、巴儿浑部、兀儿速惕部、合卜合纳思部、康合思部、秃巴思部，到达万乞儿吉思部的牧地。"③ 这说明，当时斡亦剌惕人还只限于分布在色楞格河的支流德勒格尔河至锡什锡德河流域及其附近一带。斡亦剌惕部迁入叶尼塞河上游八河口的秃马惕地区，根据史料记载，我认为应在 1217 年或其后。当时一部分已降服的林木中百姓，包括秃马惕在内，又举兵反抗成吉思汗。成吉思

---

① 《元史》卷 63《地理志》："西南有水曰阿浦，东北有水曰玉须，皆巨浸也，会于谦，而注于昂可剌河。"

② 《史集》卷 1，第一册，第 118 页。

③ 《元朝秘史》卷 10；《蒙古秘史》卷 10。据《史集》、《元史·太祖纪》等记载，忽都合别乞迎降是在 1208 年，拙赤征伐"林木中百姓"是在 1218 年左右。

汗派去的那颜豁儿赤被捉去，继派熟悉林木中百姓情况的忽都合别乞前往，也被秃马惕人捉获。成吉思汗就遣拙赤再次率兵征讨，攻占了秃马惕地区，当时秃马惕的那颜歹都忽勒已死，由其妻孛脱灰塔儿浑管辖秃马惕，成吉思汗取胜后，就把孛脱灰塔儿浑赐给了忽都合别乞。① 很显然，这时在秃马惕地区，受到成吉思汗垂青的忽都合别乞就成为事实上的主人，斡亦剌惕部随之进入秃马惕地区亦就成为势所必然。这段史实发生于1217 年（太祖十二年），在《元朝秘史》和《史集》等书中都有记载，就是没有明确指出斡亦剌惕迁入秃马惕地区。但是，通过对史料本身的分析，就不难理解，推断斡亦剌惕在 1217 年或其后迁入叶尼塞河上游八河一带是有理由的。以上所引材料都证明，斡亦剌惕人并非叶尼塞河上游的土著民族，而是由东部色楞格河流域迁来的。

　　持突厥说的第二个论点，认为斡亦剌惕有些语汇与突厥语相似，作为推断其族源的理由恐也是不能成立的。如斡亦剌惕部的长老（或君长）"别克"（或"别乞"）一语，在蒙古语中早就使用，《蒙古秘史》和《史集》经常提到"别乞"，成吉思汗统一蒙古各部大封功臣时，对巴阿邻部的兀孙老翁说道："蒙古的官制，从来是以别乞那颜为尊。由于长支的人应当为别乞的惯例，可以封巴阿邻人的长支兀孙老翁为别乞。被封为别乞的，可以穿白袍，骑白马，坐于上座。"② 可见"别克"在当时蒙古族中已广泛使用，不论其来源于突厥语，还是为蒙古语所固有，决不能因此就说他们是突厥语族。生活在谦河（按：此处指今叶尼塞河上游）斡亦剌惕人的语言，的确和其他蒙古人的语言有所不同，主要原因是，他们和周围很多突厥部落长期互相杂处。按《元史·地理志》记载：谦河北至今安加拉河与叶尼塞河汇流处，南到乌鲁克木河及其上源处。③ 斡亦剌惕人

---

　　① 《元朝秘史》卷 10；《蒙古秘史》卷 10；《史集》卷 1，第一册，第 151 页。

　　② 《元朝秘史》卷 9；《蒙古秘史》卷 9。

　　③ 《元史》卷 1《太祖本纪》；

　《元史》卷 63《地理志》：吉利吉思"其境长一千四百里，广半之，谦河经其中，西北流。"吉利吉思在今叶尼塞河上游萨彦岭和安加拉河之间，"谦河经其中"应包括叶尼塞河流经吉利吉思境内南北流水道。

　"又西南有水曰阿浦，东北有水曰玉须，皆巨浸也，会于谦，而注于昂可剌河，北入于海。"可见，元时把今叶尼塞河和安加拉河会合点以北一段，亦称为安加拉河，故谦河应北至与安加拉河会合处。

生活在谦河流域的八河地区，它的周围有许多是突厥语族的民族，北面是吉利吉思（今柯尔克孜族先祖）、昂可剌部（即唐之骨利干部），南靠乃蛮，东是秃马惕、豁里、巴儿忽惕等等，不能不受到他们的影响，在语言中掺杂一些突厥语成分，故和纯蒙古语有差异，但这是方言的差别。因此，拉施特哀丁在《史集》中，一方面指出斡亦剌惕的语言和一般蒙古语的差异性，又明确地指出他们的语言是蒙古语。① 直到现在，生活在新疆维吾尔自治区西部的蒙古族，语言上的差别和东部还很大，但我们不能因此说今天新疆卫拉特蒙古族所说的就不是蒙古语，或者说他们和东部蒙古族不是同一个民族。

二

如上所述，由于斡亦剌惕和周围的各突厥部落长期杂处，这就引起另一种看法，即认为斡亦剌惕是突厥族和蒙古族融合的结果。这种说法，除了从语言上解释外，没有其他更多的史料根据。我认为，生活在叶尼塞河上游一带的斡亦剌惕人，根据目前掌握的史料可以确定为蒙古语族，似无疑问，这里可以引用几条材料加以佐证：如在前面所引《史集》部族篇所载关于斡亦剌惕等部族原住在巴尔忽真脱窟木时，明确指出是"在蒙古人所居的巴尔忽真脱窟木"②。又如，元时期陶宗仪所著《南村辍耕录》中，在记载蒙古氏族七十二种时，把"外剌"、"外剌歹"明确地列为蒙古本系族。《南村辍耕录》是研究元时期部族的重要著作，对氏族部落，分得很清楚。如当时的乃蛮、汪古惕等部，就其氏族部族来讲，并非蒙古系族，而属突厥语族。汪古惕在史料中又被称为白达达，源出沙陀突厥，《辍耕录》中将汪古惕作雍古歹，乃蛮作乃蛮歹等都列为色目三十一种之一，与哈剌鲁、畏吾尔等突厥语族并列，而将"外剌"、"外剌歹"则归入蒙古语族，足见《辍耕录》在当时的分

---

① 《史集》卷1，第一册，第118页。
② 同上书，第121页。

类是较精确和可靠的。①

　　再如，据《元史》所记载的撼合纳、谦州、益兰州等所在地，就是分布在叶尼塞河上游的八河地区。《元史·地理志》称："撼合纳犹言布囊也，盖口小腹巨，地形类比，因以为名，在乌斯东，谦河之源所从出也"。② 从所记载的地理方位形势来看，中外学者一般都认为是今叶尼塞河上游的贝克木河流域，"其境上惟有二山口可出入，山水林樾险阻为甚"，形同布囊，为谦河上源。③《元史·地理志》又载："谦州亦以河为名，去大都几千里，在吉利吉思东南，谦河西北，唐麓岭之北"。④ 据《元史译文证补》二十六下考证：叶尼塞河上游东流之乌鲁克姆河和西来之克姆池克河合流处之南，是为克姆克姆池克，合音为肯肯助，即谦州之由来。谦州又叫欠欠州，"盖合东西河名为地名也"。考古工作者认为，今叶尼塞河上游乌鲁克木河南鄂依玛克处的元代古城，就是谦州城。⑤《元史·地理志》还记载元朝政府曾派刘好礼为吉利吉思等五部断事官，治益兰州。⑥ 据考古发掘证明，益兰州在今乌鲁克木河南支流的厄列格斯河（兀克里沐涟）下游处，治所为顿帖列克城。⑦ 因此，《史集》说斡亦剌惕分布在八河口，亦就是分布在包括谦州、益兰州和撼合纳在内的叶尼塞河上游地区，地当今萨彦岭和唐努山之间。

　　《元史·地理志》中明确指出："谦州……唐麓岭之北。居民数千家，悉蒙古、回纥人"，⑧ 这里所载蒙古，结合八河地区斡亦剌惕的分布情况，显然，主要系指居住在唐努山以北上述地区的斡亦剌惕人。

---

① 陶宗仪：《南村辍耕录》，第 12—14 页。

② 《元史》卷 63，《地理志》。

③ 同上书；冈田英弘：《四卫拉特的起源》；
陈得芝：《元岭北行省诸驿道考》，载《元史及北方民族史研究集刊》1977 年第 1 期。

④ 《元史》卷 63，《地理志》。

⑤ 洪钧：《元史译文证补》卷 26 下；
吉谢列夫：《古蒙古城市》，莫斯科 1965 年版，第 60 页。

⑥ 《元史》卷 167，《刘好礼传》。

⑦ A. 克兹拉索夫：《图瓦之中世纪城市》，《苏联考古学》1959 年第 3 期。

⑧ 《元史》卷 63，《地理志》。

三

本文引用史籍记载说明斡亦剌惕的祖先是蒙古语族，是指他最早的族源而言，而不是指其以后的发展。世界上很少有纯粹血统的民族，一个民族在它发生、发展和变化过程中，必然融合了许多其他民族的血统，或被其他民族的血统所融合，这在中外历史上不胜枚举。由斡亦剌惕最后形成十六世纪的卫拉特四部，经历了漫长发展过程。在这期间，他曾融合很多东蒙古和突厥系的部落。因此，在后来卫拉特部落中，广泛流传着"都尔本·卫拉特"的民间传说和故事，即流传卫拉特是四部分（或四集团）组成的，而且传说由原先几个系统发展而来：传说中的第一个系统为旧卫拉特系，成员有辉特、巴图特。① 据有的史料记载，其祖先为成吉思汗时代以来卫拉特王族的直系。《萨拉图吉》（黄册）说：辉特的首领们是依纳勒赤和脱劣勒赤（按：指斡亦剌惕部君长忽都合别乞的两个儿子）的后裔，② 传说巴图特和辉特同祖。第二系统为巴尔古特、巴鲁克、布里亚特。第三个系统有杜尔伯特和准噶尔。据清代《西域同文志》等书认为，杜尔伯特和准噶尔部同姓绰罗斯，皆元臣孛罕和脱欢之子孙，由孛罕六传至额森（即也先），有子二，长博罗纳哈勒，即为杜尔伯特之祖，次额斯墨特达尔汉诺颜，为准噶尔之祖。第四个系统为三卫系（按：指明洪武二十二年所设朵颜卫、泰宁卫、福余卫）的和硕特。据记载，是元太祖弟哈布图哈萨尔的子孙，始祖为阿克萨噶勒泰诺颜，是十五世纪中叶，从大兴安岭东"三卫"来归瓦剌（即清之厄鲁特）脱欢、也先的乌济叶特人，遂称和硕特。③ 由于是成吉思汗的直系血统，当准噶尔部未强盛时，四卫拉特中，和硕特一直被公认为地位最高，处于"丘尔干"（盟会）之首。第五个系统为克烈系，有土尔扈特。据说，土尔扈特是元臣翁罕后裔，翁罕有即王罕之说。自翁罕九传至和鄂尔勒克，是为土尔扈特之祖。

---

① 《蒙古源流》卷 3；冈田英弘：《四卫拉特的起源》。

② Н. П. 莎斯契娜：《萨拉图吉，十七世纪蒙古编年史》，莫斯科—列宁格勒 1957 年版，第 160 页。

③ 傅恒等：《西域同文志》卷 7、卷 10；萨囊彻辰：《蒙古源流》卷 5。

据传说，辉特、巴图特、巴尔古特是原来较早的旧卫拉特系部落，由于内讧、战乱和内部力量消长，至明末清初，便只剩下和硕特、土尔扈特、准噶尔、杜尔伯特及附牧于它的辉特部。有的传说在四卫拉特组成中，还包括特列古特、布里亚特、柯尔克孜等多种民族成分。《西域图志》卷二十九论及厄鲁特鄂拓克组成时，其中有特楞古特四宰桑，人四千户，奇尔吉斯（即柯尔克孜）四宰桑，人四千户，为一鄂拓克。有的史学家认为，十四世纪末至十五世纪初，曾经统治过蒙古的鬼力赤，就是柯尔克孜首领乌盖赤·汗沙加。① 这些民间传说和史料记载，不一定可靠，但它充分说明斡亦刺惕在其发展过程中，形成后来卫拉特四部，经历着复杂变化，融合了许多东蒙古和突厥系的部落血统，但它和卫拉特先祖的族源问题，完全是两回事，不能混为一谈。

在阐明斡亦刺惕族源以后，对第四种论点，即认为厄鲁特来自兀鲁黑塔格一说，与叶尼塞河上游斡亦刺惕无关的说法，就不必多费笔墨了。这种论点，除兀鲁黑塔格的对音相近于厄鲁特外，同样是没有充分史实根据。类似的对音还能找到，可以作各种解释，无助于族源问题的解决。必须指出，厄鲁特的族名，与其族源问题紧密相连，和当时斡亦刺惕在叶尼塞河上游的经济生活有密切关系。早在元时期，我国史籍上就有关于厄鲁特历史的记载，当时称"斡亦刺"、"斡亦刺惕"、"外刺"、"外刺歹"，明时期称瓦刺，清时期称"卫拉特"、"厄鲁特"、"额鲁特"。这些名称，都是不同历史时期"斡亦刺惕"一词的音转或异译。② 当然，这里并不排除其内部结构的变化及成员之流动。十七世纪四十年代，准噶尔部，在其首领巴图尔珲台吉的领导下，空前强大起来，使准噶尔由一个厄鲁特游牧部落的名称，演变为在准噶尔贵族统治下，包括当地厄鲁特各部和一些蒙古、突厥部落在内的民族政权和地区的统一名称了，故清代把厄鲁特各部也统称为准噶尔。

---

① 别特罗夫：《15—18 世纪柯尔克孜封建关系概要》，伏龙芝 1961 年俄文版，第 27 页，注四；

霍渥斯：《蒙古史》第 1 卷，第 357 页；和田清《兀良哈三卫的研究》（东亚史研究蒙古篇，第 21 页）认为，鬼力赤即《蒙古源流》卷 5 中提到的乌格齐哈什哈。

② 《元史》卷 1，《太祖本纪》；《元朝秘史》卷 4、卷 10；《明史·瓦刺传》；《西域图志·伊犁》；张穆：《蒙古游牧记》卷 11 至卷 14；何秋涛《朔方备乘》卷 38。

　　"斡亦剌惕"（Oyirad 或 Oirat）是蒙古语，它的最早含义有好几种解释，比较普遍的有两种：一为含有蒙古语"卫拉"（Oyira）——"近亲"、"邻近"的意思，即"近亲者"、"邻近者"、"同盟者"的含义；另一为"林木中百姓"之意。后一种说法比较可信，这不仅能从语义上来解释，语原 Oi 作"森林"解，Arad 作"民"，合成语为"林木中百姓"，[①] 更主要的是，根据他们当时的生活方式和经济类型，十三世纪初，他们是生活在蒙古草原北部叶尼塞河上游的森林部落，过着以狩猎为主、辅以渔牧的生活，草原上牧民称他们为"槐因亦儿坚"，也就是"林木中百姓"的意思，[②] 这和"斡亦剌惕"的自称，含义完全一致。至于后来国外学者往往称之为"卡尔梅克"，那是另一种含义，兹不赘述。

　　总之，我们在研究斡亦剌惕族源问题时，决不能孤立地根据一种现象来考察，而要联系其历史、语言、社会经济生活、地理分布和与周围各部落的关系等等各方面情况，加以分析研究，才能得出比较符合历史实际的结论。

（《新疆大学学报》1981 年第 2 期）

---

　　① 《元史译文证补》四；《元朝秘史》卷 10；《亚细亚历史字典》卷 2，斡亦剌惕条。
　　② 《元朝秘史》卷 10；《元史译文证补》四。

论斡亦剌十三四世纪
政治经济的变化

我国新疆、青海、甘肃和内蒙古一带，至今尚生活着许多清代厄鲁特蒙古族的后裔，他们的先祖即是斡亦剌惕。[①] 在我国史籍上，早就有关于他们活动的记载。元蒙时期，称之为"斡亦剌"（复数为"斡亦剌惕"）、"外剌"、"外剌歹"，明代称"瓦剌"，清代称为"卫拉特"、"厄鲁特"、"额鲁特"。这些名称，都是不同历史时期"斡亦剌惕"一语的音转或异译（当然，随着时代变迁及民族融合，其内部成员结构也不断发生变化）。国外学者又往往称之为"卡尔梅克"。

13 世纪，斡亦剌惕分布在色楞格河支流德勒格尔河（今木伦河）至叶尼塞河上游的原始森林中，住地是八河流域。这八条河位于今叶尼塞河上游南北源和萨彦岭与唐努山之间的唐努乌梁海地区（今苏联土瓦自治州），[②] 亦即《元史》所载谦州、撼合纳、益兰州等所在地。境内山脉纵横，河湖交错，森林茂密，资源丰富，有可供狩猎的广阔场所。当时，他们和撼合纳思、秃巴思等森林民互相杂处，"人数众多，并分成许多分

---

① 斡亦剌惕，蒙古语，对其比较普遍的解释有两种。一种认为有"邻近的人"、"同盟者"的含义，另一种认为，含有"林木中百姓"之意。笔者认为，第二种解释较为可信。这不仅是从语义上解释，同时也符合他们当时的生活方式和经济特点。

② 拉施德哀丁：《史集》，俄译本，1952 年莫斯科—列宁格勒版，卷1，第一册，第118页。这八条河的名称为：阔克沐涟、兀克里沐涟、翁沐涟、哈喇兀孙、桑比秃、阿哈尔沐涟、朱尔涅沐涟、察罕沐涟。今地范围，国内外学者看法不一：有认为在今叶尼塞河上游南源锡什锡德河流域者，也有认为在今安格拉河上游各支流者。笔者认为，在今叶尼塞河上游南北源，经乌鲁克木河至克木契克河的广阔地区。详见拙文《厄鲁特族源初探》。

支，各自有某种名称"，总称为秃绵（万）斡亦剌，过着以狩猎为主、辅以渔牧的生活。草原上牧民称他们为"槐因亦儿坚"，意即"林木中百姓"。①

13 世纪，整个蒙古高原处于向封建社会转化时期。在成吉思汗及其继任者统一蒙古和中原以前，蒙古族各个部落，经济发展很不平衡，各自处在社会发展不同水平上。当时还停留在氏族制后期的斡亦剌惕，由于其领袖和成吉思汗家族及元皇室有世袭姻亲关系，并受分封制的影响，上层建筑发生演变，促进了早期封建关系的形成，导致斡亦剌惕政治、经济的变化。

一

1207 年（一说 1208 年），成吉思汗派长子拙赤率右翼军征伐"林木中百姓"，以不合为前导，在途中，斡亦剌部的首领忽都合别乞不战而降。他给拙赤带路，从万斡亦剌驻地前进，到达"失黑失惕"地方（应为失思失惕，今色楞格河北源锡什锡德河），招降了不里牙惕部、巴儿浑部、兀儿速惕部、合卜合纳思部、乐合思部、秃巴思部、万乞儿吉思部，后又招降了自失必儿部、客思的部等以南林木中百姓。② 由于斡亦剌部忽都合别乞首先迎降，并在征服林木百姓中立下功绩，成吉思汗对他特别恩赐，没有像对待有些被征服部落那样，把斡亦剌惕分配给自己的族人或属部，而是仍由忽都合别乞自行管辖，政治上给予一定的自主权利。成吉思汗还把自己的女儿嫁给他的儿子。③ 1217 年，再次征服豁里秃马惕后，又把该部已故诺颜的妃子赐给了忽都合别乞。④

此后，斡亦剌贵族和成吉思汗家族，建立了世袭姻亲关系。《元史》诸公主表记载，"阔阔干公主，适脱栾赤驸马"，"火雷公主，适哈答驸

---

① 《元朝秘史》（四部丛刊三编本）卷10；《史集》卷1，第一册，第121页。

② 《元朝秘史》卷10。

③ 《元朝秘史》卷10；《蒙古秘史》（策·达木丁苏隆编译，谢再善译本），第234—235页。

④ 同上。

马"。阔阔干公主，就是成吉思汗的女儿扯扯干，脱栾赤即忽都合别乞的儿子脱劣勒赤；火雷公主就是成吉思汗长子拙赤的女儿豁雷，哈答驸马亦即忽都合别乞的另一个儿子亦纳勒赤。忽都合别乞也把女儿斡兀立海迷失嫁给成吉思汗的孙子贵由。① 1246 年（定宗元年），贵由接位，称为定宗，斡兀立海迷失作了皇后，地位显赫。1248 年，定宗死，她"抱子失列门垂帘听政者六月"，暂摄国事。②

　　斡亦剌贵族和元皇室的子孙，以及和拙赤系、察合台系、拖雷系各宗王都有姻亲关系。斡亦剌贵族的子孙，很多是元朝历代的驸马。元世祖忽必烈曾将自己的孙女嫁给斡亦剌部贵族。忽都合别乞的孙女亦勒赤黑迷失可敦也作了忽必烈的兄弟阿里不哥的元妃，很受宠爱。他的另外几个孙女，有的嫁给了忽必烈的兄弟，有的嫁给了宗王家族。在《元史·诸公主表》"延安公主"栏里，列有别里迷失和沙兰驸马。别里迷失或别乞里迷失就是别克列迷失，沙兰即失兰卜或失剌卜，他们是忽都合别乞的重孙，皆为皇室驸马。③

　　斡亦剌贵族和元皇室世联婚姻，"亲视诸王"，享有很高的政治地位，成为元统治集团的重要成员。元制"凡诸王及后妃公主，皆有食采分地，并岁赐银币有差"。《元史·食货志》"火雷公主"条下，有岁赐"火雷公主"的记录："五户丝，丙申年（1236 年），分拨延安府（今陕西延安地区）九千七百九十六户。延祐六年（1319 年），实有代支户一千八百九户，计丝七百二十二斤。"这些数字说明，元太宗、仁宗，将中原诸州民户分赐诸王、贵戚和斡鲁朵时，斡亦剌惕贵族也享有在中原地区得到份地和剥削收入的同等政治、经济地位。在《元史·诸公主表》中，还有斡亦剌上层贵族也不干曾被封为延安王，所娶公主封为延安公主的记载。1286 年（至元二十三年），元世祖曾"赐皇子奥合赤、脱欢，诸王术伯、也不干等羊马钞一十五万一千九百二十三锭，马七千二百九十匹，羊三万

————————

　　①　斡兀立海迷失嫁给成吉思汗的孙子有两说：一为《元史》说，记载她嫁给窝阔台长子贵由，另一为《史集》说，说她嫁给拖雷的长子蒙哥。本文采用《元史》说。

　　②　《元史》卷 2，《定宗本纪》；《元史》卷 114，《列传一》。

　　③　《元史》卷 109《公主表》、卷 106《后妃表》；《史集》卷 1，第一分册，第 118—121页；冈田英弘：《四卫拉特的起源》，载《史学杂志》第八十三编第六号（1974）。

六千二百六十九口（只），币帛、毳段、木绵三千二百八十八匹，貂裘十四"。① 由上可知，斡亦剌贵族享有和元室皇亲同等优厚的特殊待遇。

斡亦剌惕在元代的政治地位，还表现在斡亦剌部的贵族被元皇室封官授职，委以重任。脱劣勒赤长子不花帖木儿，曾随旭烈兀远征波斯，率斡亦剌军出战，在旭烈兀、阿八哈两汗时很有治绩。其次子不儿脱阿的两个儿子古鲁黑和辛，第三子巴儿思不花的两个儿子失剌卜和别克列迷失（又译为别乞里迷失）都臣事于元世祖忽必烈。别克列迷失一直跟随伯颜进行征战而立下了功绩。1275 年（至元十二年），他随伯颜参加淮安之役。② 同年，元帝"赏淮安招讨使别乞里迷失及有功将士锦衣银钞有差"。③ 1276 年（至元十三年），以"金书枢密院事、淮东行枢密院别乞里迷失为中书右丞"。④ 1279 年（至元十六年），"以中书右丞别乞里迷失同知枢密院事"。⑤ 同年，他又奉命讨伐昔里吉。《元史·孔元列传》记载："国兵讨叛王失里木等，从行院别乞里迷失追其众至兀速洋而还，分军之半，扼其要害地，余众遂溃，获辎重牛马。帝大悦，赏赉甚厚。"《元史》杭忽思、阿答赤和王昔剌等传，也记载了别克列迷失部属征讨叛王立功受赏的事迹。由此可见，斡亦剌贵族深受元朝器重，他们在征伐当时西北诸王叛乱中，屡建奇功，多次受到元朝的嘉奖和赏赉。

由于斡亦剌贵族和各宗王有姻亲关系，特别是其地处叶尼塞河上游，与各宗王封地互相毗连，据有重要的战略地位。因而，也受到各宗王的拉拢。1260 年—1264 年（中统元年至至元元年），宗王阿里不哥发动反对忽必烈的叛乱时，就组织了"瓦剌之军"。⑥ 1269 年（至元六年），海都反叛忽必烈时，也有很多是瓦剌军。⑦ 这说明，斡亦剌惕当时也受到封建割据势力各宗王的重视。

从上述的历史事实说明，斡亦剌部在周围比较先进的蒙古诸部和中原

---

① 《元史》卷 14，《世祖本纪》。
② 《元史》卷 127，《伯颜列传》。
③ 《元史》卷 8，《世祖本纪》。
④ 《元史》卷 9，《世祖本纪》。
⑤ 《元史》卷 10，《世祖本纪》。
⑥ 《元史》卷 120，《术赤台传》。
⑦ 《元史》卷 166，《王昔剌列传》。

地区封建生产关系的影响和推动下，上层建筑首先发生了变化，一部分斡亦剌惕贵族成为蒙古和皇室统治集团中的重要成员，氏族首领逐步形成为封建统治阶级，构成一套较为完整的封建制度和机构，因而不断改变着斡亦剌惕原有社会生产方式的内容和性质。

二

在叶尼塞河上游斡亦剌惕本土，氏族制逐渐为分封制所代替。

1207 年，成吉思汗征服斡亦剌惕地区前，斡亦剌惕还处于氏族社会末期。社会的基本组织是氏族——斡孛黑。17 世纪的蒙古编年史《沙拉图吉》中说：14 世纪末，"额勒伯克合汗吩咐出身于卫拉特绰罗斯氏族的浩海达裕杀死自己的弟弟……""浩海达裕出自绰罗斯斡孛黑……"[1] 这说明，斡孛黑在斡亦剌惕中由来已久。斡孛黑是以父系血缘关系为纽带，每个氏族成员都是一个共同祖先的后代。氏族又可分出许多分支，分支又由若干阿寅勒所组成。

在斡亦剌地区，氏族长老称为别克（别乞）。成吉思汗曾经说过："被封为别乞的，可以穿白袍，骑白马，坐于上座"。[2] 在《史集》中也记载着：别乞"在斡尔朵中坐在众人之上，与诸王同样坐在右手，他的马和成吉思汗的马并立着"。[3] 别乞一般是氏族贵族的长子。氏族长老往往也是萨满教的"大祭司"。[4] 因此，"别乞"的地位颇高，在部众中有很大的权威和影响。斡亦剌惕中比较著名的长老有该部首领忽都合别乞。

13 世纪初，斡亦剌惕等蒙古地区的氏族制度和古代原始公社之氏族制度是不同的，已趋于瓦解阶段。氏族内部出现贫富和阶级分化，生产资料的私有制越来越占主要地位。牲畜和生产工具为氏族成员个体所有。每个氏族成员和阿寅勒都有自己的私有财产，并把它传给后一代。大概产生

---

① 莎斯季娜译：《沙拉图吉，十七世纪蒙古编年史》，莫斯科—列宁格勒 1957 年版，第 96、100 页。"浩海达裕"又译为"浩海太尉"。

② 《元朝秘史》卷 9。

③ 《史集》卷 1，第一分册，第 188 页。

④ 《巴托尔德文集》，莫斯科 1963 年版，卷 1，第 458 页。

于 14 世纪末的法典（旧察钦·毕赤克）曾规定：年青人成长到自己能作工时，已经不在父亲的保护下，可以分得家畜的一部分，完全离开父亲，成为王侯正当的臣民。① 当时，蒙古诸部包括斡亦剌惕在内，财产上实行幼子继承制。

蒙元时期，斡亦剌惕人由于战争的影响，曾经离散成好几部分：一部分跟随旭兀烈西征波斯；一部分属于元朝政府军；一部分属于阿里不哥和海都的军队；而在叶尼塞河上游斡亦剌惕本土，又属于拖雷系的领地，后成为岭北行省一部分，直辖于元廷。他们都分属元帝和诸王管辖，打破了原来以血缘关系为基础的氏族制度。许多不同祖先和宗族的氏族，逐渐生活在同一地域，在同一个地方猎牧。而从同一氏族中，又往往分离出新的氏族，或者因为受到战争的影响流落到异部，受异部氏族的支配，沦为他们的属部、属民和奴隶，或者因氏族内部发生贫富分化，贫者缺少或失去了生产和生活资料，而成为隶属于氏族领主——那颜的平民，少数沦为普通奴隶和仆从。因此，13 世纪斡孛黑的内容已经变得非常复杂了，除了同族人组成外，还包括不同宗族或异族人，由血缘关系逐渐向地缘关系转化。氏族内部出现了富者和贫者、贵族和平民、剥削与被剥削的关系，以及为领主、那颜服务的那可儿制度②，阶级和地域关系代替了纯粹的血缘关系，氏族组织逐渐起了质的变化，演变为汗、那颜、太师、把阿秃儿等的斡孛黑和兀鲁思（蒙古语，原意为"百姓"，此处可译作"份地""领地"）。关于斡亦剌惕氏族的变化的具体过程，虽然我们至今尚未找到这方面的直接记载，但从一些史籍中，也可寻见蛛丝马迹。如上述提到的浩海达裕，就是 14 世纪在蒙古汗廷中任要职的贵族。据《西域同文志》记载，浩海达裕的祖父为孛罕。《西域图志》卷四十七指出，孛罕为第一世，系元臣脱欢之后，脱欢至孛罕世次不可考。显然，上溯到我们讨论的这个时期，斡孛黑已不是一般氏族的概念，而是成为被某些贵族家庭所操纵，包含许多属民和奴仆的复杂结合体了。

斡孛黑的变化，是和分封制的确立相联系。如前所述，成吉思汗派其长子拙赤西征"林木中百姓"后，就在被征服的斡亦剌惕地区，实行千

---

① 帕拉斯：《蒙古民族历史资料集》，彼得堡 1776 年版，第 194 页。

② 那可儿，蒙古语，"亲兵"和"朋友"的意思，为那颜服务的武装卫队。

百户长制度。据《史集》记载："由斡亦剌惕部落组成的千户，他们是四个千户，但其详情不清楚。他们的异密和主君是忽都合别乞，当他归附时，所有斡亦剌惕的军队按照习惯确认归他统率，而千户长也是他所要的人，后来他的子孙们都担任了指挥，他们曾是义兄弟——亲家"。① 千百户长制度是成吉思汗统一蒙古后，实行的统治氏族诸王和各级领主的分封制度。他将全蒙古的氏族及其分支，编为十户、百户、千户、万户制度，即分为能够提供十名、百名、千名和万名战士的帐篷群，并分封万户长、千户长等进行统辖。② 其职衔是世袭的，他们都被尊称为那颜（长官、领主、军事领袖的意思）。它既是一种军事组织，也是一种行政组织。当时成吉思汗按照斡亦剌惕的传统习惯，确认忽都合别乞氏族长老的领导地位，在原来氏族部落组织基础上，使之改变为千百户长制度，任命氏族贵族领袖为千百户长，并将氏族部落作为份地逐级分封给他们，使封建化的氏族贵族成为猎牧场的唯一所有者，从而改变了斡亦剌惕原有以血缘关系为基础的氏族部落性质。因此，斡亦剌惕地区的社会性质，从被成吉思汗征服、建立千百户制度后，就起着质的变化，迅速向早期封建关系转化。

三

　　蒙古族向早期封建关系转化时，氏族部落制度并不很快消灭，而是保留着氏族部落组织的形式、传统习惯和原始宗教。在这个时期，斡亦剌惕等林木中百姓还没有完全脱离氏族公社制度，而是处于氏族公社逐渐解体和初期封建关系开始取得支配地位的阶段。在氏族制度下，主要生产资料归氏族部落所有，生活资料属于个人。氏族、部落的长老威信甚高。萨满教起着很大作用。在这些方面，斡亦剌惕等森林民，较之草原游牧民，有更多的保留和残存。他们那时在林木中过着游猎生活，原始生产力的发展水平低下。据《元史》对生活在今唐努乌梁海地区乌斯、撼合纳、益兰

---

① 《史集》卷1，第二分册，第269页。
② 彭大雅撰，徐霆疏：《黑鞑事略》。

州和谦州等"数部民俗"（其中也应包括当地斡亦剌惕蒙古在内）的记载,① 那时，他们不会制作杯皿，不会铸作农具，不会制造舟楫和渔具，而是"以杞柳为杯皿，刳木为槽以济水"，人们"皆以桦皮作庐帐"。② 在后来卫拉特人流传的叙事诗和英雄史诗中，记载他们当时所住的小屋，支架不是用木料，而是用兽骨作的，上面用兽皮覆盖着，这和游牧民用木料和毛毡搭成的帐篷有很大的区别。他们经常依靠狩猎为生，在林木中捕捉青鼠和黑貂鼠等各种动物，用来交换或作贡赋，并驯养野生动物如鹿类等。以乳肉和采松实、山丹、芍药等根块为主要食物。用兽皮制作衣服和鞋。游猎和转移时，利用鹿来驮运东西，"冬月亦乘木马（雪橇）出猎"③，或作为主要的交通工具。

随着上层建筑和生产关系的变化，斡亦剌惕由于受到周围较为先进的乃蛮、克烈、塔塔尔等部落的影响，特别是受迁到叶尼塞河上游的汉、畏兀儿等族劳动人民先进技术和中原地区生产方式的影响，生产力得到不断发展。1270 年（至元七年），元朝派保定路刘好礼到叶尼塞河上游为吉利吉思等五部断事官。五部包括吉利吉思、撼合纳、谦州、益兰州和乌斯，治益兰州。④ 谦州位于今叶尼塞河上游乌鲁克木河和克姆池克河会流处之南鄂依玛克处之古城；益兰州即今乌鲁克姆河支流阿列格斯河的顿铁列克古城。它们都在唐努山和萨彦岭之间，为斡亦剌惕所分布的八河地区。由于谦河是元朝防御叛王的根据地，特别是益兰州，不仅是五部的政治中心，也是一个军事战略要地。元朝针对斡亦剌等部所在地区政治和军事上的重要性，在经济上也采取了各种措施，来改变这一地区的落后面貌。由于当地大部分是"林木中百姓"，为了解决叶尼塞河上游对粮食和日常生活用品的需要，元朝从中原地区，把大量的农民和手工业工人迁到欠欠州（即谦州）等地区，进行陶冶、冶炼、制造舟楫和渔具，并设立工匠局来管理组织生产，提高技术，解决当地生活和生产上的需要。《元史·地理志》记载："谦州有工匠数局，盖国初所徙汉人也。"据《长春真人西游

---

① 《元史》卷 63 记载："谦州……居民数千家，悉蒙古、回纥人"。这里的蒙古应包括分布在八河的斡亦剌惕人。

② 《元史》卷 63，《地理志》。

③ 同上。

④ 《元史》卷 63，《地理志》；《元史》卷 167，《刘好礼传》。

记》第 100 页记述：成吉思汗西征时，俭俭州（谦州）已有"汉匠千百人居之，织绫罗锦绮"。1269 年（至元六年），元朝"赈欠州人匠贫乏者米五千五百九十九石"。1286 年（至元二十三年），"赐……及欠州诸局工匠钞五万六千一百三十九锭一十二两"。① 这说明当时在叶尼塞河上游手工业工人的数量是很大的。刘好礼还在叶尼塞河上游建"库廪"，置"粮仓"，开盐矿，辟驿道，② 派南人前来协助发展水利灌溉事业等等，③ 对促进各族之间的经济文化交流，起着极其重要的作用。据《元史》记载：其"民俗不知陶冶，水无舟航，好礼请工匠于朝，以教其民，迄今称便"，"教为陶冶舟楫，土人便之"。④ 生产力的提高，进一步加速了私有制的发展和阶级分化。

　　13、14 世纪，"森林"地区不断缩小，让位于草原民，一部分斡亦剌惕人已逐渐由林木中迁徙到草原地带居住，在阿尔泰山一带从事游牧，封建关系已开始逐步取得支配地位。马克思曾指出："如狩猎、捕鱼、牧畜、靠采集林木果实生活等等，也总是以占有土地为前提，或者作为固定的居留地，或者为了从一地迁徙另一地，或者作为动物的牧场等等"。"在畜牧民族中，牧人占有了土地的自然产物，例如羊，同时他们也占有了随着放牧的草地"。⑤ 当时，整个蒙古地区包括斡亦剌惕在内，氏族公社的土地、牧场已越来越为新兴的封建贵族、那颜和千百户长以"封地"和"领地"的形式占为己有。原来以古列延⑥为单位的游牧方式，随着氏族公社的解体和阶级分化，而渐被以个体活动为主的阿寅勒生产所代替。阿寅勒逐渐成为社会生产的基本单位，这标志着氏族制的瓦解和私有制的进一步发展。新兴的封建贵族领主，对附着于领地或封地上的牧民有支配权和指挥权。他们可以随意指挥牧民生产，分配牧地，指定嫩秃黑⑦的地域。从事畜牧业生产的阿拉特被固着于牧地上，依附于贵族阶级，成为封

---

　　① 《元史》卷 6、卷 14，《世祖本纪》。

　　② 《元史》卷 16，《世祖本纪》；《经世大典·站赤》（《永乐大典》卷 19419）。

　　③ 《元史》卷 7，《世祖本纪》。

　　④ 《元史》卷 167，《刘好礼传》；《元史》卷 63，《地理志》。

　　⑤ 《资本主义生产以前各形态》，柏林 1952 年版，第 27、28 页。

　　⑥ 古列延，初为原始公社的一种放牧形式，后战时也采用。一个古列延有数百至一千帐，部落首领居中，结成环形。

　　⑦ 嫩秃黑，蒙古语，指某一个社会经济单位的游牧地区。

建主剥削和奴役的对象。他们只有少量的私有牲畜。各级封建贵族，往往把土地、牲畜分给阿拉特牧放，要他们负担沉重的劳动，如剪羊毛、做奶制品、牧放牲畜、接羔等，以及进行强制性的劳役和各种超经济的剥削。此外，他们还要向封建主缴纳各种贡赋，包括打猎得来的各种珍贵野生动物等等。当时，处于社会最底层的是没有任何财产的奴隶，他们一般只从事家内劳动，没有任何人身自由，在社会生产中不占主要的地位。

关于这个时期斡亦剌惕地区畜牧业经济的发展和封建化过程的具体数字和情况，在我国史籍上没有直接记载。但是从 15 世纪初瓦剌称雄北疆、建立以畜牧业为物质基础强大的政权来看，阶级分化和生产资料的占有情况是很明显的。牲畜已经成为瓦剌的主要财富，《西域图志》卷三十九中记载："问富强者，数牲畜多寡以对"。富者拥有许多驼马和数以万计的牛羊，贫苦牧民只有少量牛羊。从瓦剌每次朝贡马驼动辄万计，判处财产刑时，往往课以驼百只、马千匹等情况，均可说明瓦剌畜牧业经济封建化的程度已相当高，而这和 13 至 14 世纪斡亦剌惕由氏族狩猎经济向封建畜牧经济急剧发展紧密相连的。斡亦剌惕的这种变化，又和当时蒙古草原已经封建化的游牧部落影响分不开。

斡亦剌贵族除了对本族进行封建剥削外，对其他民族也极尽搜刮银粮财帛之能事。如元太宗把中原地区及附着于土地上的汉族农民作为份地赐给皇亲和诸王时，斡亦剌贵族也分得了延安地区民户近万户，参与了整个蒙古封建主对异族人民的剥削和榨取。

此外，斡亦剌惕的封建贵族还参与了对各色工匠的压榨和奴役。蒙古和元廷在征服战争中，掳掠各色工匠，把他们分配给诸王和各级领主，强迫他们迁移和为领主们进行手工劳动，以便无限制地增加收入，使自己过着骄奢淫逸的生活。当时，在叶尼塞河上游一带有大量的汉族和畏兀儿等族工匠。这些工匠，除了大部分是移民或自由民外，一部分尚是奴隶。不过，由于他们有手工劳动技术，有利于封建主生产和生活的需要。因而，他们的处境，较之当时一贫如洗的本族奴隶和奴仆要好些。

社会经济的发展规律告诉我们，封建社会的生产关系，是以封建主占有生产资料和不完全占有劳动者为特征的。主要的生产资料——土地、牧场和牲畜，大多为封建统治阶级所有。牧民对封建阶级有着一定程度的人身依附关系，他们要服从封建主的支配，在受到他们各种剥削的同时，有着以个体劳动为基础的自己的经济。因此，综观 13 至 14 世纪斡亦剌惕地区的社会形态，并存着几种生产方式，它既保留有氏族制度的残余，也出现了奴隶，但奴隶劳动在斡亦剌惕社会中并不占主要地位，而是早期封建社会的生产关系，起着主导的作用。社会对立的阶级和基本矛盾表现为：一方面是上层贵族、千百户长等各级封建领主。他们掌握和支配着广阔的林牧场和自然经济的主要生产资料，并支配着附着于土地上的大量牲畜和牧民，对他们进行残酷的剥削和压迫。另一方面，则是处于被支配、被剥削和奴役地位的、有一定财产和人身自由的广大牧民，以及没有私有财产和人身自由的奴隶和奴仆。这就是当时斡亦剌惕地区的整个阶级结构和社会面貌，它构成了斡亦剌惕地区早期封建关系的基础。

按社会发展的一般规律，新兴的封建生产方式，原是在奴隶社会的内部产生和发展起来的。但是，在特定条件下，由于受到周围诸族和中原地区封建生产方式的影响，能够越过奴隶制的发展阶段，直接向着早期封建关系转化。斡亦剌惕历史的发展，就是一个例证。

（《民族研究》1980 年第 2 期）

明初猛可帖木儿及太平史事钩沉

——土尔扈特早期史探微

关于土尔扈特早期史事，由于文献记载极为匮乏，而汉文、蒙文、波斯文有关资料抵牾处甚多，这就给后世治史者留下了诸种疑难，也提供了进一步探讨的余地。本文拟在往昔研究的基础上，就汉文史籍中所载瓦剌首领猛可帖木儿、太平与蒙文史籍中的乌格齐哈什哈、额色库等之关系问题，略陈管见，以蠡测早期土尔扈特蒙古的一段历史。

一 猛可帖木儿与乌格齐哈什哈

瓦剌王猛可帖木儿及贤义王太平都是汉文史籍中所记载的明初瓦剌首领。《明史·瓦剌传》云："瓦剌，蒙古部落也，在鞑靼西。元亡。其强臣猛可帖木儿据之，死，众分为三，其渠曰马哈木，曰太平，曰把秃孛罗。"①《明史》关于这段历史的记载，所依何据，不得而详，大概是由《明实录》有关记载得出的结论。《明实录》直接提到猛可帖木儿的仅有一条，即建文二年（1400 年）二月癸丑条所记："谍报胡寇将侵边，上遣书谕鞑靼可汗坤帖木儿，并谕瓦剌王猛可帖木儿等，晓以祸福。"②永乐元年（1403 年）四月壬子条则记载："遣镇抚答哈帖木儿等赍敕往瓦剌，

① 《明史》卷 328，《瓦剌传》。
② 《明太宗实录》卷 5，建文二年二月癸丑。此"上"是指燕王朱棣。

谕虏酋马哈木、太平、把秃孛罗。"① 这时，以瓦剌执政者名义与明廷联系的已是马哈木、太平、把秃孛罗等。永乐七年（1409 年）五月乙未条又提到："封瓦剌马哈木为特进金紫光禄大夫、顺宁王，太平为特进金光禄大夫、贤义王，把秃孛罗为特进金紫大夫、安乐王，仍命所司给赐印诰。"② 《明史》作者主要是依据上述资料而得出"死，众分为三"的结论。故其中尚有亟待解决的问题：一是猛可帖木儿与马哈木等到底是什么关系？二是猛可帖木儿是死了，抑或被篡位，乃至另有他任？三是与蒙文史籍所提到同时期的卫拉特首领乌格齐哈什哈、巴图拉、额色库等有何联系？

学者在以往的论文中③，曾力图证明汉文史籍中的瓦剌王猛可帖木儿，与《蒙古源流》等史籍中的克哷古特（kergüd 或 kerenügüd、keregüd）乌格齐哈什哈（Ügeči khašgha 或 Ügeči qašq-a）可能为同一人。其主要理由现归纳与补充如下。

第一，乌格齐哈什哈是 14 世纪末、15 世纪初统辖卫拉特的首领，这与猛可帖木儿活动时间和职衔相似。据《蒙古源流》等记载，北元额勒伯克汗继位后（1393—1399 年），贪恋酒色。建文元年（1399 年）的一天，在雪地行猎，射死一兔，见其血滴雪上，乃降旨说："安得有面色洁白似雪，颧额红艳似此血之妇人？"卫拉特札哈明安浩海太尉进言道：汗弟哈尔古楚克都古楞洪台吉之妻鄂勒哲依图洪郭斡拜济（姓吉，王妃）的容貌较此尤为艳丽。于是，汗命太尉去劝说王妃，并答应事后封他为丞相，俾领四卫拉特。遭到王妃拒绝后，汗恼羞成怒，杀弟哈尔古楚克，而纳怀孕三个月之弟妇。王妃为报杀夫之仇，设谋诬告太尉对己施以非礼，使计让额勒伯克汗误杀之。待汗觉察冤情后，为弥补过失，把大福晋（夫人，也即哈屯）之女萨穆尔公主下嫁给浩海太尉之子巴图拉，④ 授以

---

① 《明太宗实录》卷 18，永乐元年四月壬子。马哈木、太平、把秃孛罗分属不同家族。并不是像有的论著所说的猛可帖木儿死后，其三子分居领地。

② 《明太宗实录》卷 63，永乐七年五月乙未。

③ 详见《瓦剌王猛可帖木儿杂考》，《民族研究》1985 年第 6 期；《瓦剌王猛可帖木儿续考》，载《卫拉特史论文集》，《内蒙古大学学报》（哲学社会科学版）1990 年第 3 期专号。

④ 以往学者一般认为巴图拉即汉文史籍中的马哈木。浩·巴岱、金峰等《论四卫拉特联盟》一文认为萨穆尔公主先是嫁马哈木，马哈木卒后，巴图拉（把秃孛罗）才续娶萨穆尔公主。

丞相职，令管四卫拉特。这就引起当时已在统辖四卫拉特的克呼古特乌格齐哈什哈的不满，他愤恨地说："汗政治不端，杀弟哈尔古楚克洪台吉，以弟妇洪拜济为福晋，淫虐乱法，复被洪拜济所欺，杀臣浩海，以有此耻。乃有我在，而令我属下巴图拉管辖四卫拉特耶！"额勒伯克汗闻后，就与其婿巴图拉商量，准备谋杀乌格齐哈什哈。而额勒伯克汗的大福晋库伯衮岱将消息透露给乌格齐哈什哈，于是他举兵弑额勒伯克，并娶鄂勒哲依图为妻，"蒙古人众大半降之"。① 但据《蒙古黄金史纲》所载，哈尔古楚克为额勒伯克之子，汗下令巴图拉与乌格齐哈什哈二人掌管四万卫拉特，1401 年二人共同举兵杀汗。② 罗卜藏丹津《蒙古黄金史》等所记略同。③ 尽管回鹘式蒙文资料有关乌格齐哈什哈的记载互有歧异④，但有一点是相同的，即乌格齐哈什哈曾在北元汗廷供职，为管辖卫拉特的首领，1399 年前后率兵袭杀额勒伯克汗，掌握了蒙古部分实权。

而蒙文史籍称其卫拉特绰罗斯家族的札哈明安（Jaq-a mingran，一说意为"边军千户"）的浩海太尉（Quuqai tayin），为准噶尔部先祖。据《西域图志》所载，其世系为：孛罕—乌林台巴达—达耀（太尉）—鄂尔鲁克诺颜—巴图拉青森—额森。⑤ 而据《蒙古源流》等蒙文史籍所载，其世系是：孛罕—乌林台巴达台什（巴鞑太师）—浩海达裕（？—1399 年，即浩海太尉，在北元汗廷供职）—巴图拉（Batula，？—1416 或 1415 年，一作马哈木）—脱欢（Toron，？—1439 年）—额森（Esen，也先，1407—1455 年）。其后裔形成准噶尔及杜尔伯特部。

根据汉蒙文资料综合分析，乌格齐哈什哈杀了额勒伯克汗后，鉴于当时东西蒙古局势，并没有立即取而代之，而是继续积蓄力量，伺机行事，遂扶持阿里不哥后裔坤帖木儿继承汗位。故建文二年（1399 年），明燕王朱棣同时致书鞑靼可汗坤帖木儿和瓦剌王猛可帖木儿，也即乌格齐哈什

---

① 萨囊彻辰：《蒙古源流》卷 5，文津阁四库全书汉译本。

② 无名氏：《蒙古黄金史纲》，朱风、贾敬颜汉译本，内蒙古人民出版社 1985 年版，第 52 页。

③ 罗卜藏丹津：《蒙古黄金史》，色道尔吉汉译本，蒙古学出版社 1993 年版，第 321 页。《恒河之流》也说二者共杀额勒伯克汗。

④ 详见白翠琴：《瓦剌史》，吉林教育出版社 1991 年版，第 43 页附表。

⑤ 傅恒等：《皇舆西域图志》卷首一、卷 47。一说达耀与鄂尔鲁克（Orlüg）诺颜，实为一人，浩海为讳名，鄂尔鲁克为美称。

哈。至于《明史·瓦剌传》说猛可帖木儿"死，众分为三"，盖为该书作者根据《明实录》在永乐元年后提到的瓦剌首领已是马哈木等而得出的结论。但不见于《明实录》的记载，并不能直接证明猛可帖木儿已死。只是乌格齐哈什哈的职权逐渐转移给其子额色库（一说即太平）手中，而马哈木（一说即巴图拉）的实力又日益强大，势头超过乌格齐哈什哈父子而已。

第二，乌格齐哈什哈为猛可帖木儿的异名，猛可帖木儿是正名。蒙古人中名为猛可帖木儿者屡有所见。乌格齐哈什哈（Ügeči khašgha 或 Ügeči qašq-a）又译作兀格赤·哈什哈。乌格齐，蒙古语，为乞讨、讨吃之意。而有的学者认为乌格齐在当时应读作"忽格赤"（hügeči），即"牧牛人"之意。哈什哈（qašq-a），有的学者将其比作满语"戈什哈"，亲兵之意。① 但有的学者认为是怯薛之意，这里是指管理三部的怯薛长。② 乌格齐哈什哈为诨号，这也可从蒙文史籍中得到证实。如据《蒙古黄金史纲》所载，脱欢从东蒙古归来后说道："蒙古的阿鲁台太师上了年纪，各项事务似乎都存在差误。"最后说："如果不信这话，就当成乌格齐哈什哈吧！"③ 这里的"乌格齐哈什哈"，显然是诨号。正名与绰号交替使用，这在蒙文史籍中是经常出现的。

第三，据蒙文史籍所载，乌格齐哈什哈出身于地位显赫的克呼古特（Kerenügüd 或 Kergüd，又译作奇喇古特、克烈努特），一说即克烈，后称土尔扈特，为翁罕（亦译作旺罕、王汗）后裔。有的学者则认为他出身于古儿烈兀惕部，是元朝丞相脱儿塔台之后裔。④ 不管哪种说法，都说明他不属于原来林木中百姓诸斡亦剌惕部落。克烈部（即克烈特，Kereit 或 Kerēd），其蒙语古老表现形式为客烈亦惕（Kerlyed），含有"包围，警卫"之意。原分布于土拉河、鄂尔浑河和杭爱山、肯特山一带，是辽金时期蒙古高原上最强大的一部。以游牧业为主，兼营狩猎，并有农业萌芽。有的学者认为克烈人很可能是最早西迁的室韦—鞑靼部落的后裔，由

---

① 和田清：《明代蒙古史论集》，潘世宪汉译本，第 184 页。

② 赛熙亚乐：《重析十六世纪以来蒙古卫拉特文献中几个名词》。

③ 《蒙古黄金史纲》，第 57 页。

④ 浩·巴岱、金峰等：《论四卫拉特联盟》，载《卫拉特史论文集》，《新疆师范大学学报》1987 年专号。

于与突厥语族部落长期杂居，在语言、风俗等方面受到突厥的强烈影响。其首领王罕曾与成吉思汗结成联盟，后产生矛盾，被成吉思汗所败。其部众成为蒙古族重要组成部分。从蒙古国至北元时期，曾有不少著名将领和大臣出自该部。其中有些首领和部众逐渐成为卫拉特联盟的成员。

中外学者一般认为克烈亦惕翁罕是土尔扈特之始祖。噶班沙拉布之《四卫拉特史》在谈到土尔扈特诺颜的源流时指出，土尔扈特系出自王罕。① 《黄册》也指出："土尔扈特源于克烈亦惕部王罕之后裔苏古逊"，土尔扈特的"吉墨尔根墨纳乃克烈亦惕氏"。② 清代汉文史籍《钦定外藩蒙古回部王公表传》则记载了从翁罕至和鄂尔勒克及其后裔的世系。其世系为翁罕—阿尔萨兰—阿穆瑚朗—克依那（奇旺）—素赛—巴雅尔—玛哈齐蒙克……③托忒文献《虔诚的旧土尔扈特部王公札萨克台吉源流名册》也有相似的记载。

至于对克烈亦惕遗众何时加入卫拉特联盟，称为土尔扈特，基本上有两种看法。有的学者认为土尔扈特是在 15 世纪前期脱欢太师（1418—1439 年任太师职）时加入卫拉特，并由克烈亦惕更名为土尔扈特。噶班沙拉布撰于 1737 年的《四卫拉特史》明确记载："最早投靠卫拉特的土尔扈特人奇旺（贤能之意）"。据说克烈亦惕余众在阿尔泰山北科布多河支流布昆河流域游牧。至第四代奇旺时，派六名使臣去卫拉特脱欢太师处。卫拉特看到六名使臣长得高大英俊，就叫他们为"土尔扈特"（庞大、强盛、强大之意）。脱欢赞赏地说："离开窝巢的鸟儿，像美丽的孔雀一样典雅俊俏；离开森林的马鹿，像奔腾的大海一样渊博浩渺；离开故乡的诺颜，像伟岸的大山一样忠诚崇高。"④ 故以"土尔扈特"命名之。使臣见到卫拉特地方好，回去禀报奇旺，奇旺就率领部众投奔四卫拉特。脱欢很高兴，将自己的女儿嫁与奇旺，并赐其 250 户属民。由此可见，土尔扈部是由克烈亦惕余众及一些蒙古其他部落成员组成。

---

① 噶班沙拉布：《四卫拉特史》，《托忒文文献》，乌兰巴托 1976 年版。

② 图巴：《黄册》，乌力吉图校勘本，汉译文；莎斯季娜：《黄史—17 世纪蒙古编年史》，莫斯科—列宁格勒 1957 年版，俄译注本。

③ 祁韵士：《钦定外藩蒙古回部王公表传》卷 101，《土尔扈特部总传》，乾隆六十年殿刻满汉合璧本之汉文刻本。

④ 《执掌圣祖成吉思汗政权，扶持汗廷史》，《汗腾格里》1983 年第 3 期。

另一种看法，认为土尔扈特（Torgud）是护卫军的名称。当时克烈贵族为了保卫自己及家产安全，组织了一种叫做"Torgon"或"Torgud"的护卫军。后来，成吉思汗家族统治欧亚广大地区，于是很多部落都自称是成吉思汗的护卫军，并引以为荣。克烈余众也以土尔扈特自称，随后逐渐变成部落名称固定下来。由此可见，土尔扈特的名称，不是15世纪脱欢时才出现。王罕弟、拖雷妻唆鲁和帖尼父札阿绀孛（札合·敢不）的后裔及其属民，构成了土尔扈特的主要成分①。其领地与辉特等部连接，逐渐成为四卫拉特的成员乃至首领。这与瞿九思在《万历武功录》中说猛可帖木儿（乌格齐哈什哈）为"鞑靼部酋，非其种"说法②似也吻合。尽管上述两种意见有所区别，但都说明土尔扈特的首领是克烈贵族之后裔，15世纪初或更早已成为卫拉特联盟之成员。

既然乌格齐哈什哈是土尔扈特首领，为什么不见于世系表呢？前面已经说过，翁罕三传至奇旺。如果翁罕果真是王罕，那么卒于1203年，而奇旺则是生活在脱欢时期，为15世纪前半期之人，中隔二百多年，年均每代六七十年，这未免太长了。或者翁罕并不是王罕，抑或其中有遗漏，很明显王罕的两个儿子鲜昆和畏忽，就不见于世系表，更不用说王罕之弟侄支系。我们知道，克烈本身就是一个联盟，由克烈亦惕、只儿斤、董合亦惕、撒合亦惕、土别兀惕、阿勒巴惕六个部落组成。③ 而土尔扈特经数百年繁衍生息，支系众多，分布各异，自新疆、青海、内蒙古，远至伏尔加河流域，都有他们的踪迹。其系谱辗转流传，头绪纷杂。目前见于史载的主要是渥巴锡之先世贝果鄂尔勒克一支的系谱。自翁罕至玛哈齐蒙克这一段，因时代久远，史焉不详，并且都是单传，代际相隔又很长，这恐怕不符合事实。因此，不能由于世系表无乌格齐哈什哈，就认定他不是土尔

---

①　参见诺尔博《试论土尔扈特的起源》，载《中国蒙古史学会论文集》，内蒙古人民出版社1981年版；帕拉斯：《蒙古民族历史资料集》第1卷，第17页。据拉施特《史集》第1卷第1分册第214—215页所载，札阿绀孛，原名客列亦台，幼时曾被唐兀惕（此指西夏）人所掳，见他机灵，便称为"札阿绀孛"，意为"国家大异密"、"尊敬王公"。或说唐兀语"赞普"之异译。

②　瞿九思：《万历武功录》卷7，《俺答汗传》提到："顷胡中立帖木儿，始去帝号，称可汗。而猛可帖木儿最倔强，亦立为瓦剌王，然为鞑靼部酋，非其种也。而瓦剌地在甘凉边外北山。"

③　拉施特：《史集》（汉译本）第1卷第1分册，商务印书馆1983年版，第209—211页。

扈特的首领。

二　太平与额色库

综上所述，猛可帖木儿和乌格齐哈什哈同为一人的可能性是比较大的。在对汉蒙文史籍的比较研究中，另一组人物太平与额色库又不能不引起注意。当贤义王太平在洪熙元年（1425 年）去世时，蒙文史籍之中，也有一位瓦剌首领卒于同年。据《蒙古源流》等所载，乌格齐哈什哈卒后，其子额色库丁卯年（洪武二十年，1387 年）生，岁次乙未（永乐十三年，1415 年），年二十九岁即位，娶巴图拉丞相之妻萨穆尔公主，称为额色库汗，乃令鄂勒哲依图鸿拜济、阿寨台吉及阿萨特之阿鲁克太师三人于额色库汗家中使役，额色库在位十一年，岁次乙巳（洪熙元年，1425 年），年三十九岁殁。由是萨穆尔福晋怀记乌格齐哈什哈作恶之仇，将鄂勒哲依图鸿拜济、阿寨台吉、阿鲁台太师三人匿而出之，遣往母家蒙古地方。①《蒙古黄金史纲》则说："羊年卫雅喇台可汗即了大位，历十一年，蛇年殁。"《蒙古黄金史》也说："其后羊年斡亦剌台可汗即位，在位十一年，蛇年去世。"所谓卫雅剌台可汗及斡亦剌台可汗都是瓦剌可汗、卫拉特可汗之意。《蒙古世系谱》、《黄册》、《恒河之流》等都有类似记载，兹不赘述。

那么蒙文史籍的额色库和汉文史籍的太平到底是什么关系，有哪些共同点呢？拟从下面几点进行分析。

第一，两者都是生活于明洪武、永乐至洪熙年间之人。额色库生于明洪武二十年（1387 年），永乐十三年（1415 年）称汗，洪熙元年（1425 年）卒。而太平在永乐元年（1403 年），已是瓦剌三位首领之一，永乐七年（1409 年）被明廷封为贤义王，1415 年之后，曾一度成为瓦剌诸部的盟主，死于 1425 年左右。

第二，两人都是在巴图拉（马哈木）卒后称汗或作为盟主的。据《蒙古源流》等所载，绰罗斯家族（准噶尔、杜尔伯特之先祖）的巴图拉

---

① 《蒙古源流》卷 5。

于永乐十三年（1415年）被乌格齐哈什哈杀害。接着，乌格齐哈什哈子额色库于同年称汗。而汉文史籍则说，马哈木于永乐十二年（1414年）为明成祖所败，十四年春又被阿鲁台大败，不久死去。根据《明太宗实录》分析，应卒于永乐十四年（1416年）。自马哈木死后，瓦剌诸部向明廷遣使以太平为首，明廷向瓦剌下敕谕或遣使也是将太平放在首位。①　即使在脱欢从东蒙古返回瓦剌，并于永乐十六年（1418年）袭父爵顺宁王后②，太平仍处于盟主地位。如瓦剌侵哈密及与亦力八里歪思汗交战等等，也是以太平为首。如《明太宗实录》永乐十九年（1421年）六月庚戌条载："哈密忠义王兔力帖木儿言，瓦剌比遣人侵掠其境。遣使赍敕，责贤义王太平等，令还所侵掠。"同年八月壬辰条又记："太监海童、指挥白忠等还自瓦剌，言亦力八里歪思与贤义王太平构兵，战互有胜负。"直至永乐二十二年（1424年）太平被脱欢击败，次年卒，其子捏烈忽袭王爵，③　贤义王势力才逐渐衰落。额色库，在有些蒙文史籍中被直接称为卫拉特汗，这也证明两者都是管辖瓦剌诸部的首领。

　　第三，两者名字含义相似。额色库，在一些《蒙古源流》蒙文抄本中，其写法为 Esekü。济美日必多吉著的《胜教宝灯》（《蒙古喇嘛教史》）将"额色库"写作"Esenhuc"或"Esenkü"。④　其词根 Esen（额先、额森、也先）常作为蒙古人的名字，含有平安、太平、安定、安存等之意。⑤　故汉文史籍中的贤义王太平，可能就是额色库之意译。⑥

　　总之，如果上述观点成立的话，乌格齐哈什哈之子额色库（太平）继答里巴（1411—1415年）之后，曾于1415—1425年间，被瓦剌诸部拥立为汗。与此前后，东蒙古也推举阿岱（阿台）为汗（1410或1425—1438年），而当时汉文史籍中与额色库相对应的只有贤义王太平。有的学

---

　　①　详见《明太宗实录》卷105，永乐十五年三月丁未条、四月乙丑条；卷109，永乐十六年三月甲戌条；卷113，永乐十七年正月丙寅条；卷119，永乐十九年二月戊甲等。

　　②　据《蒙古源流》卷5记载，巴图拉（马哈木）败亡时，脱欢被阿鲁台太师所擒，后其母萨穆尔亲求太师释放脱欢，根据脱欢与也先生卒年代分析，萨穆尔不可能是其亲生母。

　　③　《明宣宗实录》卷13，宣德元年正月丙午。

　　④　桥本光宝译：《蒙古喇嘛史》，东京生活社1940年刊行，第57页。

　　⑤　详见《蒙古秘史》105节、214节；策维尔：《蒙古语简略解释词典》，乌兰巴托1966年版，第891页。

　　⑥　参见杨绍猷《太平卒年考》，载《民族史论丛》第1辑，中华书局1986年版。

者进而论证太平即是《新旧土尔扈特汗诺颜世谱》、巴尔图乌巴什图们《四卫拉特史》、噶班沙拉布《四卫拉特史》的阿木古朗凯王、卡义王、赫义王（奇旺）。"卡义王"、"赫义王"，均属汉语"贤义王"的音译。"阿木古朗"汉意为"太平"。故三者同为一人，即汉文史籍中的贤义王太平。① 太平为土尔扈特的首领这一点，也可从1771年土尔扈特渥巴锡东归后，曾向清廷"献其先世受明永乐八年（应为永乐七年）汉篆玉印一颗"之事得到佐证。② 可惜我们在检索、翻译满文土尔扈特档案及满文月折档时尚未发现相应的资料及有关的汉篆玉印。③

因此，是否可作这样的推想，猛可帖木儿即乌格齐哈什哈，是额色库或太平之父。猛可帖木儿（乌格齐哈什哈）杀了额勒伯克汗后，由于与巴图拉的矛盾，退居幕后，由其子太平与马哈木、把秃孛罗一起统辖卫拉特。1415年或1416年猛可帖木儿父子乘机杀了马哈木（巴图拉），额色库（太平）称汗，或成为瓦剌诸部之盟主。但有的学者认为1415年称汗的是安乐王把秃孛罗（即巴图拉），也就是卫拉台（斡亦剌岱）汗。④ 有的学者则认为《蒙古源流》的额色库（Esekü）、《蒙古黄金史纲》的卫雅剌岱（Oyaradai）、《蒙古黄金史》的斡亦剌岱（Oyiradai）、《传记之友》之乌尔岱（Ürday）同为一人，不是乌格齐哈什哈之子，而是阿里不哥后裔，可能是答里巴之子⑤。不过，根据蒙古氏族外婚制的风俗习惯，额色库若是阿里不哥后裔，娶同是黄金氏族的萨穆尔公主为妻，是有悖祖训和传统的，于情理不合。总之，关于这段历史众说纷纭，迷雾重重，目前只能存疑，有待于新资料的发掘和进一步探索。

三　土尔扈特早期史事钩沉

中外史籍大多认为土尔扈特首领是克烈亦惕的王罕家族之后。12—13

① 浩·巴岱、金峰等：《论四卫拉特联盟》。
② 何秋涛：《朔方备乘》卷38，《土尔扈特归附始末》。
③ 可参见《满文土尔扈特档案译编》，民族出版社1988年版。
④ 浩·巴岱、金峰等：《论四卫拉特联盟》。
⑤ 薄音湖：《关于北元世系》，《内蒙古大学学报》1987年第3期。

世纪，克烈已发展为一个人数众多的强大部族。12 世纪后期，王罕（名脱斡邻勒）嗣位后，杀弟（一说父弟）台帖木儿与不花帖木儿，[①] 为叔古儿罕兴兵所逐，后得蒙古部铁木真父也速该援助，统一本部，建庭于土兀剌河（今土拉河）流域。1192 年，曾联合铁木真，配合金军大败塔塔儿部，受金封为王，故称王罕。王罕与铁木真结成联盟，互相支持。但随着铁木真势力的强大，联盟破裂，1203 年败走，被乃蛮边将捕杀，克烈部遂被铁木真直接管辖。其贵族不少人在蒙古汗廷及后来的元朝和北元中任文武官职。随着成吉思汗家族的四出征战，克烈余众的足迹也遍布大江南北，乃至欧洲和中亚。其中王罕弟札阿绀孛（札阿·敢不）这一支，凭借皇亲国戚的身份，[②] 被比较完整地保留下来。其后裔及属民逐渐发展为土尔扈特主要成员，并不断吸收原克烈其他支系（也包括王罕直系后裔）及周围部落加入，势力日益壮大。

从土尔扈特世系表来看，自王罕之后至奇旺之间这段历史几乎是空白，汉蒙文史籍极少涉及，然从前面的论述中可知，汉文史籍中的猛可帖木儿和太平，很有可能就是蒙文史籍中的土尔扈特首领乌格齐哈什哈和额色库，这就有助于开阔研究土尔扈特早期史的视野，填补了某些空白。

王罕卒后，克烈余众一部分以土尔扈特的名义活动在蒙古高原上，由于驻牧地与斡亦剌惕相邻，逐渐相互融合，并参与了卫拉特的一些事务。在 13 世纪末至 14 世纪初，其首领乌格齐哈什哈（猛可帖木儿），一方面接受和林北元汗廷之封爵，称王（汉文资料中称其为"瓦剌王"）。另一方面，由于土尔扈特势力逐渐增强，遂成为统辖卫拉特（瓦剌）诸部的首领，并卷入了北元汗廷及瓦剌内部的权力之争。

元末明初，瓦剌诸部在猛可帖木儿（乌格齐哈什哈）的管辖下，一方面由于自身部落繁衍，另一方面也由于不断吸收和联合周围蒙古与突厥语族其他部落，势力渐强，人数发展到 4 万户以上，形成一股强大的政治力量，在蒙古汗位的争夺中扮演了重要角色。由于地理位置和联姻

---

① 屠寄：《蒙兀儿史记》卷 20，《王罕传》。

② 札阿绀孛在 1203 年克烈部被击败后，归服成吉思汗，将长女亦巴合嫁成吉思汗（后被赐赐术赤台），次女唆鲁和帖尼嫁拖雷，是蒙哥、忽必烈、旭必兀、阿里不哥之母。另有一女必克秃忒迷失嫁术赤。札阿绀孛后复版，被蒙古大将术赤台诱执。

关系，① 他们基本上是倾向拥立阿里不哥后裔称汗。但在复杂的政治斗争中，出于战略上的需要，也尽力搜寻与拉拢被大多数蒙古人视为正统的忽必烈后裔。洪武二十一年（1388 年），瓦剌支持阿里不哥后裔也速迭儿杀脱古思帖木儿，② 也速迭儿及子恩克相继承袭蒙古可汗，汗位从原来忽必烈系转到阿里不哥系手中。从此，可汗权势衰微，东西蒙古封建主自相雄长，掀起了激烈内讧。当时，蒙古政治局势的特点，是赛特专政③。可汗只是他们争权夺利的工具和牺牲品。如前所述，建文元年（1399 年），卫拉特克呼古特之乌格齐哈什哈（或称与巴图拉一起）举兵弑忽必烈后裔额勒伯克汗，"蒙古人众大半降之"。从表面看，额勒伯克汗被弑，仅是可汗政治不端，生活淫乱。但探其根源，还是由于可汗权势削弱，赛特专政，瓦剌兴起，这就势必与东蒙古封建主分庭抗礼，乃至争夺汗位。同时，这个事件的背后，也许还隐藏着额勒伯克兄弟或父子之间以及卫拉特内部权利之争。身居北元汗廷要职的札哈千户绰罗斯家族的浩海太尉，可能觊觎卫拉特的统辖权，这就必然与克呼古特（土尔扈特）的乌格齐哈什哈发生冲突。因此，《蒙古黄金史》的作者认为，额勒伯克汗被杀，是"蒙古之正统，乃为卫拉特所篡夺。"④

根据汉蒙文资料综合分析，乌格齐哈什哈杀了额勒伯克汗之后，鉴于当时情势，并没有立即取而代之，而是继续奉阿里不哥后裔坤帖木儿（一说为额勒伯克子）即位（1400—1402 年）。故建文二年（1400 年），明燕王朱棣同时致书鞑靼可汗坤帖木儿和瓦剌王猛可帖木儿。后由于局势变化，反而由巴图拉（马哈木）掌握了瓦剌诸部的控制权。代表土尔扈特与马哈木等共同行动的是其子太平。直至 1415 年前后，乌格齐哈什哈父子乘其新败于阿鲁台的机会杀之。额色库（太平）才开始成为卫拉特联盟之盟主或西蒙古拥戴的汗（时东蒙古拥戴阿岱为汗）。其活动范围北

---

① 忽都合别乞孙女赤勒赤黑迷失（脱劣勒赤与扯扯公主之女）嫁阿里不哥。阿里不哥女那木罕嫁脱劣勒赤孙珠年；其子明理帖木儿娶脱劣勒赤孙女额木干。阿里不哥孙女额木干又嫁脱劣勒赤后裔脱黑帖木儿。

② 火源洁：《华夷译语》之《捏怯来书》，涵芬楼秘籍本。

③ 赛特（Sayid）。蒙古语赛音（Sayin）的复数。善人、贵人、大官之意。明代蒙古对非成吉思汗家族的贵族首领的通称。原属隶臣，即从前万户、千户的后裔，一般具有太师、丞相等头衔。

④ 《蒙古黄金史纲》，第 52 页。

至鄂尔浑河、土拉河，西达亦力把里，东抵克鲁伦河上游之南，南邻甘凉边外。

自从额勒伯克汗被杀后，蒙古高原上分成两大势力，一部分是以阿鲁台、也孙台、马儿哈咱等为代表的东蒙古封建主；另一部分是以马哈木、太平、把秃孛罗等为代表的瓦剌封建主。而可汗成为双方争斗的牺牲品。永乐元年（1403 年），阿速部封建主阿鲁台太师乘机废坤帖木儿，拥立鬼力赤（1403—1408 年，一说即是窝阔台系后裔乌鲁克特穆尔）为汗。鬼力赤保有甘肃河西边外自己的领地，为了争夺和林，屡与瓦剌作战。永乐六年（1408 年）鬼力赤为部下所废，其众迎立本雅失里（1408—1410年，完者秃王，额勒伯克子额勒锥特穆尔）为汗。本雅失里、阿鲁台往东征服兀良哈三卫，向西控制哈密和河西，这引起瓦剌封建主的不满。当时双方封建主为了扩充自己的实力，都力图加强与明廷的联系。而明廷也采取扶此抑彼，使其自相争斗的策略。初，明廷看到东蒙古阿鲁台太师的势力日益强盛，就大力支持瓦剌，对其首领封王赐爵，馈赠礼物。而当瓦剌强盛时，又转而支持阿鲁台，甚至出兵攻打瓦剌。

永乐八年（1410 年），本雅失里为马哈木所杀。次年，立答里巴为汗（1411—1415 年）。阿鲁台在这前后也立哈撒儿后裔阿岱（阿台）台吉为汗，与答里巴并称为东西两汗。永乐十一年（1413 年）冬，马哈木、太平、把秃孛罗挟持答里巴汗拥兵 3 万，东渡饮马河（今克鲁伦河），并派其将奥鲁渡河至漠南哈剌莽来（即广武镇，今内蒙古二连浩特北）。扬言进攻阿鲁台，有南窥趋势。翌年初，又遣乞塔歹率骑至兴和（今河北张北县）侦探明廷动静。三月，明成祖率军 50 万至饮马河亲征。六月，瓦剌伏奇兵佯败，诱明军深入。[①] 双方激战于忽兰忽失温（红山嘴，乌兰巴托东）。瓦剌 3 万余兵每人带三四匹从马，列于高山要地，与明军相峙，后明军借火铳之力击败瓦剌军，斩首数千级，马哈木等沿土拉河西退。[②] 当时漠北土拉河以西为瓦剌控制，克鲁伦河一带为鞑靼占领。永乐十三年（1415 年），东蒙古阿岱汗和阿鲁台乘瓦剌新败之机，遣人向兀良哈地区蒙古诸部征兵。而瓦剌人马移至阿忽马吉之地。马哈木等忧虑阿鲁台与明

---

① 《李朝实录》卷 28，太宗十四年九月己丑。

② 金幼孜：《后北征录》；谷应泰：《明史纪事本末》卷 21。

廷和好，对己不利，拟于七月率众至斡难河（今鄂嫩河）北，俟冬袭阿鲁台。此后，瓦剌封建主发生内讧，答里巴、马哈木、乌格齐哈什哈相继死去。

马哈木死后，明廷转而扶持瓦剌，以遏制阿鲁台势力。蒙古高原乃至瓦剌内部的政治局势发生变化。由上可见，瓦剌是由大小不同的部（兀鲁思）所组成。辉特、绰罗斯、土尔扈特等，分别由大封建主管辖。这些大封建主就是兀鲁思之主，他们各有份地，分领其众，下又设鄂拓克、爱马克等社会组织之各种官员进行管理。各部之间通常举行不定期的封建领主会盟（蒙古语称为"楚固拉干"，Čuγulγan）作为调解各部关系，处理共同事务的临时机构，盟主由最有势力的封建主担任。[①]各部封建主之间不是固定的君臣关系，而只是流动的、暂时的从属关系。马哈木死后，瓦剌大权不是直接由其子脱欢继承，而由太平、把秃孛罗共同执政即是明证。

汉文资料证明，马哈木死后，瓦剌诸部曾一度主要由土尔扈特部贤义王太平和辉特部安乐王把秃孛罗统辖。二人一心，在对内对外方面采取一致行动。向明廷进贡时，脱欢的名字排列在他们之后。当时，土尔扈特成为瓦剌诸部的支柱、靠山、后盾。[②]因而有的蒙文史籍认为土尔扈特部在太平（奇旺）的时候才加入卫拉特联盟，并更名为土尔扈特。1425年，脱欢杀害太平后，土尔扈特贵族的权势渐衰，绰罗斯家族的势力越来越强大，成为四卫拉特的盟主。也先时进而统一东西蒙古，瓦剌进入了鼎盛时期。本文通过对土尔扈特乌格齐哈什哈、额色库或猛可帖木儿、太平之对比研究，为明代初期土尔扈特政治人物作一勾勒，希望有助于理清土尔扈特早期史脉络。但由于史料匮乏与歧异，有些看法不一定准确。不妥之处，请方家斧正。

（收入《东归历史文化论文集》，新疆大学出版社2005年版）

---

① 参见杜荣坤、白翠琴《西蒙古史研究》，新疆人民出版社1986年版，第203页。
② 巴图尔乌巴什图们之《四卫拉特史》提到："土尔扈特虽然作为四卫拉特的靠山，但没有说服早已名扬的卫拉特。"参见《托忒文文献》，乌兰巴托1976年版。

论准噶尔分布地域的变迁

    准噶尔是分布在我国西北的厄鲁特蒙古族的一部。除准噶尔部外，厄鲁特蒙古族还有杜尔伯特部、和硕特部、土尔扈特部和辉特部。他们的后裔至今尚生活在我国新疆、青海、甘肃、宁夏和内蒙古一带。

    准噶尔的历史可以追溯得很远。早在元代，我国史籍上就有关于厄鲁特的记载，当时称为"斡亦剌"、"斡亦剌惕"、"外剌"、"猥剌"等；明代称"瓦剌"；清代称"卫拉特"、"厄鲁特"、"额鲁特"等。这些名称，都是不同历史时期"斡亦剌"一语的音转。而国外学者又往往称之为"卡尔梅克"。明末清初，准噶尔部在其首领哈喇忽剌和巴图尔珲台吉的率领下，逐渐强大起来，使准噶尔由一个厄鲁特游牧部落的名称，演变为在准噶尔贵族的统治下，包括厄鲁特各部和一些蒙古、突厥部落在内的政权和地区的统一名称，故清代把厄鲁特也统称为准噶尔。

    准噶尔及其先人很早以来就活动于我国的北部边陲，在历史发展进程中，他们不断地向我国西北传统的游牧地和管辖地区迁徙，因此，研究准噶尔的分布及其变迁，对于进一步开展我国疆域史的研究具有重要意义。

一

    13 世纪前，准噶尔的先祖斡亦剌是一个半猎半牧、分成许多支系的大部落，他们生活在蒙古草原北部的森林中，也即贝加尔湖之西南、色楞格河彼岸的巴儿谷真·脱哥木（指贝加尔湖之东及色楞格河、西至安格拉河广阔地区）的西部，与乞儿吉思相邻①。草原上的牧民称他们为"槐因亦儿坚"，意谓"林木中百姓"。1201 年，为了争夺这一地区，斡亦剌人向北迁到了色楞格河支流德勒格尔河至锡什锡德河一带②。据《蒙古秘史》所载，1207 年，成吉思汗派长子术赤去统一北部的"林木中百姓"，忽都合别乞率斡亦剌首先迎降，并帮助术赤收服了万斡亦剌、秃马惕、不里牙惕、巴儿浑、秃巴思等十余个部落，受到成吉思汗的赏识和嘉奖，斡亦剌部被封为四个千户，领地也大有扩充。1218 年成吉思汗再次派术赤去征讨秃马惕等部后，斡亦剌部向西北迁入了秃马惕故地谦河（今叶尼塞河上游）的八河口，于是八河流域就成为其主要活动地区。据《史集》记载，这八条河的名称是：阔克沐涟、兀克里沐涟、翁沐涟、哈喇兀孙、桑比秃、阿哈尔沐涟、察罕沐涟、朱尔涅沐涟③。前七条河的今地名，笔者初步考证，应为今哈克木河、厄格列斯河、乌鲁克木河、乌斯河、士毕河、阿克河、克姆池克河，④ 都分布在叶尼塞河上游一带，地当萨彦岭和唐努山之间。在这里，叶尼塞河由东向西，再折而由南向北汇成一条大河奔流而去。综合上述，可以认为，13 世纪初，斡亦剌人的分布地区，应从色楞格河支流木伦河及其以北的锡什锡德河，沿叶尼塞河上源和大小叶尼塞河至克姆池克河，包括谦州、益兰州和撼合纳在内的叶尼塞河上游的广大地区⑤。

成吉思汗统一斡亦剌等部后，除了让斡亦剌领主管辖自己的属民和领地外，还在谦河一带直接屯兵驻守。由于叶尼塞河上游地区和术赤、察合台、窝阔台、拖雷四个宗王兀鲁思接壤，又是西北路叛王阿里不哥和海都

---

① 拉施德哀丁：《史集》（1952 年哈塔古洛夫俄译本）第 1 卷，第一册，第 121 页。

② 参阅《元朝秘史》（四部丛刊三编本）卷 4，第 30 页；《蒙古秘史》卷 4，第 98 页（策·达木丁苏隆编译，谢再善译本）；1953 年，在今蒙古锡什锡德河以南，德勒格尔汗山阳，发现《释迦院碑》，这是 1257 年（宪宗七年），斡亦剌部驸马八立托为蒙哥汗祝寿的祷文。碑文是用蒙古、汉两种文字刻成，它证实了这一带确是斡亦剌的夏营地（详见培尔勒《蒙古古城及居住地略述》，《苏联考古学》1957 年第 3 期）。

③ 拉施德哀丁：《史集》第 1 卷，第一册，第 118 页。

④ 朱尔涅沐涟的今地名待考。

⑤ 据《元史·地理志》有关谦州、益兰州、撼合纳条记载的方位和地形，以及发掘的考古材料证明，谦州在乌鲁克木河和克姆池克河交汇口之南，益兰州在厄格列斯河下游，治所为顿帖列克城（参见 A. 克兹拉索夫：《图瓦之中世纪城市》，《苏联考古学》1959 年第 3 期），撼合纳在贝克木河、士毕河一带。

的根据地。元世祖为了巩固其在西北的统治，在谦河设置了万户府，派遣蒙古万户率军进行屯守。1270 年（至元七年），又派保定路刘好礼到叶尼塞河上游为吉利吉思等五部断事官。五部包括吉利吉思、乌斯和斡亦剌惕所分布的谦州、益兰州、撼合纳地区。断事官管辖民政、司法和征收赋税。由于这里是元朝防御叛王的根据地，元廷曾采取各种政治军事措施来巩固和加强此处西北重地。1307 年（大德十一年），设立岭北行省后，这里成为岭北行省管辖的一部分。13 世纪中期至 14 世纪初，发生了阿里不哥和海都的叛乱，一部分斡亦剌人站在阿里不哥和海都一边，随军西迁，另一部分，因贝加尔湖以南长期内战的严重破坏，原游牧在锡什锡德河以南的斡亦剌人迁往叶尼塞河上游地区，也有一部分生活在叶尼塞河上游的"林木中百姓"，从森林里走出来从事牧业，分布到阿尔泰山西麓草原地带。

1368 年，元末农民大起义摧毁了元朝的腐朽统治，朱元璋建立了明朝。以元顺帝妥懽帖木儿为首的蒙古贵族逃往塞外，继续统治着塞北的蒙古高原。随着蒙古封建贵族集团的不断内讧，可汗势力衰微，瓦剌乘机崛起，摆脱蒙古可汗的羁绊，征服邻近诸部落。元末明初，瓦剌在猛哥帖木儿统率下，部众繁衍，势力渐强，人数增至四万户以上，领地也大有扩充。1400—1403 年，猛哥帖木儿死后，瓦剌领地分属三个封建主马哈木、太平和把秃孛罗。1408 年（永乐六年）十月，马哈木等派暖答失等到明廷贡马，并请"印信封爵"[①]。1409 年（永乐七年）五月，明朝册封马哈木为特进金紫光禄大夫顺宁王，封太平为特进金紫光禄大夫贤义王，封把秃孛罗为特进金紫光禄大夫安乐王，并"赐印诰"[②]。六月，马哈木击败蒙古可汗本雅失里、太师阿鲁台，占领和林。马哈木死后，其子脱欢于1418 年请袭父爵，明廷即命脱欢为顺宁王。1426 年（宣德元年）正月，太平之子捏烈忽请袭父爵，明廷批准之，赍敕云："遣使往来，有如一家"[③]，并不时加以"赐慰"。脱欢时期，据统计，明廷授予瓦剌部属一百多名以官职，乃至宗教职称，如百户、千户、所镇抚、指挥使、都督同知

---

① 《明太宗实录》卷 59，第 5 页（江苏国学图书馆传抄本，下同）。
② 《明太宗实录》卷 63，第 16 页。
③ 《明宣宗实录》卷 13，第 3 页。

以及慈善弘化国师等等。脱欢是个雄心勃勃的统治者，为完成其父未竟之志，于宣德年间，吞并了太平和把秃孛罗的部众，统一了瓦剌。1434 年（宣德九年），他袭杀阿鲁台于母纳山察罕脑剌（白湖之意，今内蒙古五原县以东），立脱脱不花为可汗，使其管辖原阿鲁台部众，居住在今克鲁伦河下游、呼伦贝尔草原一带。而他自为太师，居住在漠北，掌握了蒙古的政治、经济大权。瓦剌成为雄踞北边的强大政权。1439 年（正统四年）脱欢死，其子也先嗣太师位。1443 年（正统八年）十月明朝敕书中，明确地称也先为"朝廷臣属"。1446 年（正统十一年）也先由于丢失了明朝赐给他祖父的驼钮金印，请求明朝补发，明廷"仍给之"①。同时，其部属也不断地受到朝廷的封爵②。

也先时期，瓦剌势力达到全盛。他踌躇满志，四出征伐，东攻兀良哈三卫，席卷女直（即女真），西南攻破哈密，折服沙州、赤斤、罕东等卫，屡犯中原地区，西征中亚细亚原属亦力把里之地。当时，瓦剌的统治范围，北连安格拉河以南、叶尼塞河上游的乞儿吉思地区③，东至克鲁伦河下游及呼伦贝尔草原一带。瓦剌并进一步向西发展，据成书于 1541—1545 年的《拉什德史》记述亦力把里本部的四至范围时指出："其东界与瓦剌（Kalmak）连接，瓦剌即巴儿思渴（Bayiskul，今巴里坤）、叶密立（Imal，今额敏）和也儿的石（Irtish，今额尔齐斯）"④。这说明，额尔齐斯河、额敏河及巴里坤是瓦剌与亦力把里的分界处，证明瓦剌的统治范围已西至额尔齐斯河。又《明史·西域传》记载："别失八里，西域大国也，南接于阗，北连瓦剌。"明永乐年间，陈诚在《使西域记》中也称："询其国云，故疆东连哈密，西至撒马儿罕，后为帖木儿附（驸）马侵夺。今西至脱忽麻，北与瓦剌相近。"这些史籍记载，均可互相印证。

瓦剌强盛时，其势力实际曾到达巴尔喀什湖以西一带。早在 14 世纪

---

　　① 《明英宗实录》卷 147，第 8 页。

　　② 据《明实录》所载统计，也先时期，其部属受明廷封爵的共有三百五十八人次。

　　③ 据《明宣宗实录》卷 66，第 7 页，宣德五年（1430 年）五月乙卯条记载："瓦剌乞儿吉思之地万户别别儿的，差副千户巴巴力等奏事至京，赐绫币表里。"可见，脱欢时期乞儿吉思已服属于瓦剌。有的学者还认为，著名史诗《玛纳斯》中的"伟大进军"就是描写乞儿吉思人被也先从阿尔泰山区赶到楚河、塔拉斯河流域的情景（详见 K. Ⅱ 别特罗夫《15—18 世纪柯尔克孜封建关系概要》俄文版，第 29 页，1961 年伏龙芝）。

　　④ 米尔咱·穆罕默德·海答儿：《拉什德史》（英译本），第 365 页。

末，就发生瓦剌进攻别失八里事件。别失八里（后称亦力把里），如上所述，其北界和东界都与瓦剌相接，它的中心地区包括我国喀尔巴什湖以东以南的广大地区在内。1408 年，瓦剌曾一度占领别失八里，但战争持续进行，互有胜负。到歪思汗（1418—1428）时期，瓦剌人进入别失八里境内，歪思汗率领部落西迁到伊犁河流域，别失八里遂改称为亦力把里。瓦剌同歪思汗经过六十一次战争，屡战胜之[①]。歪思汗曾两次为瓦剌所俘，并被迫将自己的妹妹嫁给也先[②]。歪思汗之子也先不花的一个名叫密尔·哈克·巴尔第的异密，为了避开瓦剌人的袭击，迁到伊塞克湖地区，把家属安置在岛上，筑堡自卫。而位于佳拉斯部和巴林部的蒙兀异密，则投靠了瓦剌[③]。这说明，此时瓦剌的势力曾到达过天山西部。有的史籍还提到瓦剌首领乌兹帖木儿台吉曾于 1452 至 1454 年，统率军队进入谢米列契（七河流域），在锡尔河打败了原术赤领地白帐统治者阿布都海尔汗，势力到达毛危达兰纳赫尔边境（即汉文史料所指的位于阿姆河与锡尔河之间的河中地区），并攻占了塔什干和另一些绿洲[④]。

　　1454 年（景泰五年），瓦剌发生争夺权位的内讧，也先被杀。随着也先之死，东西蒙古暂归统一的局面结束，瓦剌部众向西北迁移，但仍然通过各种途径与明廷保持联系。15 世纪 70 年代，东蒙古达延汗继位后，统一了长期内战不休的东蒙古。并乘瓦剌内部混乱之机，大举攻袭，迫使瓦剌的大部分退至漠北西部。后来，他们经常遭到东蒙古达延汗后裔的袭击，奔波于扎布汗河和额尔齐斯河之间，不得不把自己的游牧地进一步向我国蒙古族传统辖地额尔齐斯河、鄂毕河中上游和叶尼塞河上游迁移。

　　据《蒙古源流》记载，也先死后，萨睦尔福晋曾携其幼子，"贮于皮柜以马负之"，"持刀带领骑马乘牛及步兵出师，由库奎、札巴哈（即今坤桂河和扎布汗河）往伐四卫喇特。"[⑤] 达延汗在成化、弘治年间也曾两次往征瓦剌。该书又记述："阿勒坦汗（俺答汗）年四十七岁，岁次壬子（1552 年），行兵四卫喇特于控奎扎卜罕地方，杀奈曼明安辉特之诺延玛

---

① 米尔咱·穆罕默德·海答儿：《拉什德史》（英译本，1972 年重印本），第 65—67 页。
② 参阅《巴托尔德文集》第 5 卷，第 538—540 页（1964 年莫斯科版）。
③ 米尔咱·穆罕默德·海答儿：《拉什德史》（英译本，1972 年重印本），第 78—79 页。
④ 《巴托尔德文集》，莫斯科 1963 年版，第 2 卷第一分册，第 87 页。
⑤ 萨囊彻辰：《蒙古源流》卷 5，文津阁四库全书本。

尼明阿图，将其表兄并甥妇以及二子并所属人众，全行收服，占据四卫喇特"①。这说明，当时瓦剌的东南界在今外蒙古的坤桂河、扎布汗河流域，与东蒙古接壤。

又据《蒙古源流》所载，俺答汗的曾孙库图克图彻辰鸿台吉，壬戌年（嘉靖四十一年，1562 年）"行兵四卫喇特于额尔齐斯河，征土尔扈特"。甲戌年（万历二年，1574 年）俺答汗的同族布延巴图尔洪台吉兄弟，又进攻四卫拉特于哈尔该（今杭爱山）之南，尽降额色勒贝侍卫等八千辉特。随后库图克图率军于济拉玛汗山阴击败以喀木苏都哩图为首的巴图特。而其子鄂勒哲伊勒都齐经过三个月的追赶，于图巴罕汗山阳（据和田清在《俺答汗的霸业》中考证，可能为唐努土播地区的土播汗山），掳掠了绰罗斯的四鄂拓克而回②。由此可见，16 世纪后半期，瓦剌已经常活动在额尔齐斯河和叶尼塞河上游一带。有一部分还出现在伊犁河流域③。

总之，也先之后，瓦剌部众活动和游牧中心逐渐转向西北。其范围大致是：东从杭爱山南麓，和东蒙古相连；西达额尔齐斯河、鄂毕河一带；东南至坤桂河、扎布汗河流域；北过唐努山至叶尼塞河上游地区。

二

明末清初，瓦剌已分为准噶尔、和硕特、杜尔伯特、土尔扈特四部。据史籍记载，他们的游牧地发展到天山以北地区，大致是：准噶尔分布在伊犁河流域；和硕特在乌鲁木齐地区；土尔扈特在塔尔巴哈台及其以北（土尔扈特西徙后，原附牧于杜尔伯特部的辉特据之）；杜尔伯特游牧于额尔齐斯河两岸。④ 由于和东蒙古战事频繁，原来游牧在塔尔巴哈台及其

---

① 施密特的德译本《鄂尔多斯萨囊彻辰鸿台吉的东蒙古及其王家史》结尾为："遂占据四卫喇特，并将其众迁离首府和宁（Choning）。"和宁即哈喇和林。

② 萨囊彻辰：《蒙古源流》卷 6。

③ 根据《乌巴什洪台吉的故事》所载：1587 年，和硕特拜巴噶斯之牧区是在塔尔巴哈台山脉西部额敏河和伊犁河沿岸一带。

④ 魏源：《圣武记》卷 3。

以北的土尔扈特和分布在额尔齐斯河两岸的杜尔伯特，也发展到伊施姆河、托波尔河中上游流域，邻接原西比利亚汗国的塔拉附近。1621 年前后，和鄂尔勒克还把一个女儿嫁给西比利亚汗国最后一个汗库楚姆的儿子伊希姆王子，结成姻亲关系。1616 年（明万历四十四年），准噶尔首领哈剌忽剌的儿子巴图尔已驻牧在额尔齐斯河，当时卫拉特的许多首领都归他管辖①，具体的驻牧地点是额尔齐斯河东岸库隆达草原西部的亚梅什地区②。1634 年（明崇祯七年），瓦剌在亚梅什湖地区就驻有两千军队保卫自己的领域和资源③。

　　鄂毕河中游，这时期也是瓦剌活动的中心。据俄国文献记载，1620 年至 1621 年间，由于厄鲁特各台吉与和托辉特部硕垒乌巴什（又称阿勒坦汗）作战失利④，沿鄂毕河下溯，游牧在鄂毕河和托木河之间，即托木斯克和库兹涅茨克之间。这两个地方，原属我国元代岭北行省和明代瓦剌管辖，虽然这时刚刚被沙俄侵占，但厄鲁特在那里的力量还很大，使殖民军不敢觊觎。他们在鄂毕河筑垒，准备和阿勒坦汗硕垒乌巴什决战⑤。据 1623 年 9 月 28 日从厄鲁特回去的喀山鞑靼商人通报，卡尔梅克（按：指厄鲁特）台吉们在伊施姆河游牧，正向额尔齐斯河和伊施姆河之间的亚梅什地区集结，把家属、牲畜和财产留在这里，准备和敌人作战。⑥ 这证明，额尔齐斯河中上游广大地区，曾一度成为厄鲁特各部的游牧中心。据

---

　　① 帕拉斯：《蒙古民族历史资料集》第 1 卷，彼得堡，1776 年版，第 36 页。关于俄国档案材料所载 1616 年托米尔科·彼得罗夫等出使喀尔木克所遇到的巴阿德尔·达赖台吉到底是何人，国内外学者看法不尽一致，有的认为是哈剌忽喇之子巴图尔，有的认为是杜尔伯特之达赖台吉（详见巴德利《俄国·蒙古·中国》第 2 卷，《托米尔科·彼得罗夫 1616 年出使喀尔木克》之注文）。

　　② 参见霍渥斯《蒙古史》第 1 卷，1876 年伦敦版，第 614 页。

　　③ 兹拉特金、乌斯郭夫主编《1607—1636 年俄蒙关系资料集》第 238 页，文献第 107 号（1959 年莫斯科版）。霍渥斯《蒙古史》第 1 卷第 616 页也有所记载。

　　④ 和托辉特（俄文资料又称阿勒坦部）原属扎萨克图汗部。1609 年喀尔喀始祖格埒森札赍尔之曾孙硕垒乌巴什（外文史籍又称其为阿勒坦汗），西占厄鲁特的牧地，而据有奇尔斯湖、乌布萨斯湖、贝克木河及萨彦岭南北，包括唐努乌梁海，建立该部。《钦定外藩蒙古回部王公表传》卷 63、传四十七称："盖和托辉特为喀尔喀极边，西近厄鲁特，北近俄罗斯……虽隶扎萨克图汗，实自为一部。"

　　⑤ 《俄蒙关系资料集》第 112—113 页，文献第 56 号。帕拉斯《蒙古民族历史资料集》第 1 卷第 37 页也有简要记述。

　　⑥ 兹拉特金、乌斯郭夫主编：《1607—1636 年俄蒙关系史资料集》第 123 页，文献第 63 号。

后来的准噶尔首领多次声明，当时曾通过谈判确定了厄鲁特与沙俄的领土，以鄂木河和鄂毕河上的黑角沿线为界，此线以北属沙俄，以南属厄鲁特①。

在叶尼塞河上游，1665 年（清康熙四年）准噶尔首领僧格，派大批军队来到原属瓦剌的吉尔吉思地区，打败了和托辉特之罗德桑赛英珲台吉（罗卜藏额林沁），并留驻准噶尔军队数千人守卫其地。他还遣使到不久以前被沙俄侵占的原属吉尔吉思地区的克拉斯诺亚尔斯克的殖民当局抗议，要他放回吉尔吉思人，指出"克拉斯诺亚尔斯克生活着我祖父和父亲的属民"②，"从前克拉斯诺亚尔斯克城的卡青人和阿里人的税，是交给他父亲巴图尔珲台吉的"③。

由于准噶尔部在哈剌忽喇及其子巴图尔珲台吉的领导下，与和托辉特及哈萨克的斗争中渐占优势而崛起于西北，对厄鲁特其他三部采取排挤态度。再加沙俄势力的节节南侵构成了对厄鲁特各部的严重威胁，17 世纪 30 年代，土尔扈特沿伊施姆河和托波尔河，越过哈萨克地区，西徙到里海沿岸的额济勒河（今伏尔加河）下游④。不久，和硕特部顾实汗等也率众从乌鲁木齐地区向东南迁移到青海，后又举兵进入西藏。⑤ 在我国西北逐渐形成了以准噶尔部为中心，联合厄鲁特其他各部以及一些突厥语族部落的民族政权，统治着巴尔喀什湖以东以南的广大地区，并和清王朝保持着密切的政治经济联系。

巴图尔珲台吉时，曾于 1634 年、1635 年、1643 年多次出兵巴尔喀什湖以南以西，原属我国明代亦力把里管辖的哈萨克、乞儿吉思地区，致使

---

① 俄国对外政策档案馆 Φ 准噶尔卷 1595—1736Д. 1. 第 22—24 页，记载了策旺阿拉布坦向沙俄使者切列多夫所说的一段话："一百年前，使者们曾对领土划过管辖范围，沿鄂木河、鄂毕河黑岬为界"（转引自《准噶尔汗国史》第 348 页）。

② ［苏］中央国家古代文书档案库，Φ，《西伯利亚衙门》卷 623 第 187 页（转引自《准噶尔汗国史》第 219 页）。

③ ［苏］中央国家古代文书档案库，Φ，《西伯利亚衙门》卷 802 第 81 页（转引自《准噶尔汗国史》第 218 页）。

④ 张穆：《蒙古游牧记》卷 14："初，卫拉特诸酋以伊犁为会宗地，各统所部不相属，准噶尔部酋巴图尔珲台吉者，游牧阿尔泰，持其强，侮诸卫拉特，和鄂尔勒克恶之，……屯牧额济勒河。"

⑤ 《圣武记》卷 3："和硕特固始汗，于明末袭据青海，又以兵入藏灭藏巴汗，而有其喀木之地。"

哈萨克等部首领"在所有事情上都仰望着巴图尔浑台吉,并服从他"①,势力到达楚河和塔拉斯河一带②。噶尔丹称汗后,巴尔喀什湖东南的伊犁河流域就成为准噶尔的政治中心和"四部会宗之地"。并控制着楚河、塔拉斯河流域,统治天山南北,势力曾远及塔什干、费尔干纳、撒马儿罕等地。策旺阿拉布坦和噶尔丹策凌时期也是如此③。

清代所出版的皇家或私人著作,都详尽地记载了准噶尔在这一带的分布情况和舆图。证明巴尔喀什湖是准噶尔最大的内湖④、斋桑湖、伊塞克湖、楚河、塔拉斯河等都是准噶尔的湖泊和河流⑤。清代史籍中还具体地记载着这些河流附近所分布的准噶尔部落和首领的名称。如伊塞克湖东南岸从阿尔沙图至空郭尔额隆一带,原是和硕特沙克都尔曼济牧地。伊犁西的塔拉斯(江布尔),原是杜尔伯特部的游牧处,伯什阿哈什之昂吉。又如,伊犁西北、吹河(楚河)南岸的萨勒齐图、沙木什、格格图布拉纳、阿什图、达布苏图、阿尔察克图、伊兰巴什、库努克萨尔、索郭鲁克、古尔班哈纳图、阿什布里、和尔衮等地,东西五百里,南北三百里,就是准噶尔部纳默库济尔噶尔、巴图尔乌巴什、和通墨额根之昂吉⑥。这些河湖

----

① 巴德利:《俄国·蒙古·中国》第 2 卷第 38 页(1919 年伦敦版);魏源:《圣武记》卷 4:"旋值厄鲁特强盛,……回部及哈萨克皆为其属。"

② 格鲁姆·格尔济麦洛《西蒙古与乌梁海地区》第 637 页中记载:巴图尔珲台吉在 1643 年"把领土向西扩展到楚河。"阿里斯托夫《突厥部落和民族的人种学简讯》第 45 页中也写道:卡尔梅克在 1652 至 1658 年就已经在塔拉斯城进行了统治(转引自《西蒙古与乌梁海地区》第 651 页注①)。

③ 《清高宗实录》卷 497,乾隆二十年九月壬申条曾提到准噶尔在塔什干派了官员,记载道:"塔什干城内,向日驻扎回人阿奇木一员,厄鲁特哈尔罕一员。此系策旺阿拉布坦时相沿旧制。"另可参阅《平定准噶尔方略》正编卷 58,乾隆二十三年七月壬辰条;《西蒙古与乌梁海地区》第 650—651 页,第 674—675 页。

④ 1756—1762 年(乾隆二十一年至二十七年)纂成的《钦定皇舆西域图志》卷 26,云:"巴勒喀什淖尔,周回八百余里,伊犁全河,流经千里,屈折至此,百川万派,于焉归宿,盖准噶尔西北境最大泽也。左右支河,水浅可渡处有五,曰额苏斯德……统名多浑。多浑者,蒙古语,渡口之谓。"

⑤ 《西域图志》卷 2 叙述西域山脉时说:"又一支(指帖尔斯克依山脉和吉尔吉斯山脉),经图斯库勒南,西北行,至吹郭勒南。又一支(指塔拉斯山脉)亦西北行,经塔拉斯郭勒南,皆属准部旧疆。"图斯库勒即伊塞克湖,吹郭勒即楚河,塔拉斯郭勒即塔拉斯河。又据清中期徐松纂修的《西域水道记》、《新疆识略》所载,当时斋桑泊、巴尔喀什湖、伊塞克湖、阿拉湖等均仍是我国内湖。

⑥ 《西域图志》卷 13,《疆域》六。

所经地域一直到乾嘉时期还在清政府有效管辖之下。

综上所述，明末清初，准噶尔北部和西部的疆域是明确的。他们活动的范围，北至额尔齐斯河、鄂毕河中上游和叶尼塞河上游我国传统的游牧地和管辖地区，当时除了被沙俄非法侵占的地方外，其西北界大致从克拉斯诺亚尔斯克，沿托木斯克、鄂木河口（包括塔拉附近）一带，然后由额尔齐斯河往南经巴尔喀什湖之西，至楚河、塔拉斯河流域。这些地区当时均为我国古代西北疆域不可分割的一部分。但是，这种疆界状况，由于沙俄的急剧入侵，后来又发生了很大的变化。

三

16—18 世纪中叶，俄国农奴制度，已发展到对内为"各族人民的监狱"，"对外靠征服别的民族，吞并左右邻邦的领土"，使自己成为横跨欧亚大陆、推行世界霸权主义的军事封建帝国。

1581 年，原来位于欧洲的沙俄，越过了乌拉尔山，向东侵入西伯利亚后，就用"火和剑"消灭了西比利亚汗国，并在其境内建立城堡。1586 年建立了秋明城。1587 年建立了托波尔斯克城。1594 年建塔拉城。接着就把它的侵略魔爪直接伸到与西比利亚汗国毗邻的我国厄鲁特地区。随着沙俄的步步南侵，准噶尔的西北边界也逐渐向东南推移。准噶尔人民在领土归属问题上，对沙俄展开了针锋相对的斗争。

1604 年，沙俄侵略军侵占了鄂毕河中游厄鲁特的领地，建立了托木斯克。1607 年 1 月及 1609 年 3 月，沙俄塔拉将军加加林根据莫斯科的命令，两次派了代表团到离塔拉城不远处游牧的土尔扈特和杜尔伯特王公那里，用威胁利诱的办法，要他们加入俄国国籍，命令他们缴纳马匹、骆驼和其他东西的实物税，强迫厄鲁特首领发誓忠于沙皇，签订相应条约，并要他们去塔拉城等等，但都遭到了厄鲁特人民的坚决反对。他们团结一致，用自己的行动，给沙俄殖民主义者有力的回击。在厄鲁特首领阿拜和戈舍夫奇领导下，当着俄国使者的面召开了领主代表大会，会上一致严正拒绝了俄国的无理要求。并且拒绝去塔拉城，拒绝缴实物税，用明确的语言回答说："他们从来不向任何人缴纳实物税，而且往后也不想给任何人缴纳实物税。"厄鲁特人民这种团结一致，共同对敌的英勇气概，当时曾吓得俄国使者目瞪口呆，惊叹不已。

　　但是，沙皇俄国并没有就此罢休，而是恣意孤行，加紧了对厄鲁特地区的侵略活动。1618 年，它武装建立了库兹涅茨克，1628 年建立了克拉斯诺亚尔斯克。1715 年（康熙五十四年），清朝派图理琛等前往伏尔加河下游探望土尔扈特时，途经托穆斯科（今托木斯克），他在《异域录》中记载道："此处所居塔塔拉并巴尔巴忒人与鄂罗斯、策旺拉布坦两国皆纳税。"这说明，直到策旺阿拉布坦时期，准噶尔人民对被沙俄侵占的地区，一直为行使自己传统的主权，进行针锋相对的斗争。沙俄除武装侵占外，还采取卑劣的所谓"和平手段"，将早就是准噶尔管辖并一贯向他们缴纳赋税的居民，强迫转向俄国殖民当局缴纳实物税，其目的，正如某些学者所承认："俄国当局极力企图通过和平手段，把卫拉特王公和执政者变为俄国臣民，把从属于这些王公和执政者的居民变成替俄国提供实物税的属民，并把他们居住地区变成俄国的领土"[1]，因而，曾遭到准噶尔等部的强烈抗议。早在 1606 年，准噶尔人就"要求巴拉宾斯克草原和塔拉附近的突厥人输诚。他们说，这些人从远古以来，就是他们的属民，他们有权要这些人纳贡。"随即，他们就进入这个地区以维护自己的权利。第二年又与被杀害的西比利亚汗库楚姆的儿子们联合起来，越过塔拉，攻打了托木斯克和秋明等地区[2]。僧格时期，沙俄当局进一步强迫原属于准噶尔管辖的游牧地巴拉宾、库兹涅茨克、克拉斯诺亚尔斯克、托木斯克等一带的属民缴纳实物税。而准噶尔坚决不予承认，继续行使自己收税的权利，因此，在南西伯利亚出现了所谓"双重纳税人"。就是说这些地区的居民既按照历史上世代隶属关系和惯例，向准噶尔缴纳赋税，又在武力威胁下被迫向沙俄交纳实物税。僧格曾一再向沙俄当局严正指出，这些地区的居民早就属于准噶尔管辖，"我只照他们过去给我祖父和父亲交税那样，收了他们的实物税"[3]。表示一定要承袭祖辈的主权，保护自己的疆

---

　　① 兹拉特金：《准噶尔汗国史》，第 168 页（1964 年莫斯科版）。
　　② 霍渥斯：《蒙古史》第 1 卷，第 614 页，转引自费歇《西伯利亚史》第 354 页及穆勒《俄国历史资料集》第 8 卷第 66—69 页之记载。
　　③ （苏）中央国家古代文书档案库，Ф，《西伯利亚衙门》，第 623 卷，第 187 页，转引自《准噶尔汗国史》，第 219 页。

域，甚至不惜一战。并以攻打已被沙俄侵占的托木斯克、库兹涅茨克和克拉斯诺亚尔斯克等城市相警告，弄得沙俄殖民当局惊恐万状，日夜不安，不断增派侵略军镇守侵占的地方①。1667 年 5 月，僧格还率领四千余人组成的军队，包围了克拉斯诺亚尔斯克。据俄国文献材料记载，1713 年策旺阿拉布坦就沙俄在他的领地上建立了比斯克和比卡图斯克两个要塞提出抗议。翌年，策旺阿拉布坦公开声明克拉斯诺亚尔斯克、库茨涅茨克和托木斯克都是俄国人在他的土地上建立的城市，必须拆除。1719 年他又指出：近百年前即 17 世纪 20 年代，由于多次谈判，确定准噶尔和沙俄的领土以鄂木河和鄂毕河上的黑岬沿线为边界线，规定此线以北属俄国，以南归准噶尔。其子噶尔丹策凌接汗位后，更明确地指出，当时在边界线上还植造禁林、按接鹿砦为界椿。此后边界和属民问题一直成为准噶尔和沙俄代表谈判的中心内容之一。1729 年，噶尔丹策凌愤怒地对沙俄代表埃蒂格诺夫说："看！你们的城市造在额尔齐斯河和鄂毕河上是为什么呢？这可是我的土地啊！"1737 年，他还就沙俄把很多原属准噶尔的地方改为俄国地名，提出强烈抗议。1742 年，噶尔丹策凌的使者又向沙俄指出："曾议定双方不准越过此线，那些土地上住着他的属民。但俄国方面越过上述国界而修建了托木斯克、库兹涅茨克、克拉斯诺亚尔斯克等城和额尔齐斯河沿岸的要塞，还在库兹涅茨克县建了杰米多夫铜矿，要求将这些撤除。"② 面对这些义正词严的指责，沙俄当局被驳得哑口无言，不敢加以否认，只好采取极其蛮横无耻的手法进行蚕食和霸占。这点连伊·费·巴布科夫于《我在西西伯利亚服务的回忆》一书中也不得不承认。其书中写道："准噶尔当时向我国提出的实质要求在于：按照他们的意见，往昔时代，俄国与准噶尔之间的国界，曾经定为沿额尔齐斯河至鄂木河河口，然后沿鄂木河向上至鄂毕河。在这个地方似乎曾经设有鹿砦。从鄂毕河起在库兹涅茨克县附近，国界沿鄂毕河右面支流乌叶皮河（英尼亚河）或黑鄂木河向东进行。同时已经明定，双方不得逾越此地前进，似乎在这些地方都住有他们的人（准噶尔人）。但是从俄国方面越过了这些国界，然

---

① 详见巴德利《俄国·蒙古·中国》第 2 卷，第 178—179 页；兹拉特金：《准噶尔汗国史》，第 220—222 页。

② 俄国对外政策档案馆：《准噶尔卷》，1729—1730Д. 1. 第 33 页；1737Д. 2. 第 5—6 页，1742Д. 2. 第 178—182 页（均转引自兹拉特金《准噶尔汗国史》第 382—383 页）。

后建立了城市：托木斯克、库兹涅茨克和克拉斯诺亚尔斯克，以及额尔齐斯河上的堡垒和工厂"①。

　　沙俄在侵占了原属准噶尔的鄂毕河和叶尼塞河一带地方后，又变本加厉地侵略额尔齐斯河中上游两岸的准噶尔地区。早在 17 世纪初，沙俄就不断派侵略军以采盐矿为名，深入到准噶尔的驻地亚梅什湖一带。亚梅什湖，我国史籍中称为达布逊淖尔，蒙古语意谓盐池②。霍渥斯说亚梅什湖距额尔齐斯河仅六俄里半路③。它不仅以产盐著名，而且是准噶尔的一个重要集市和贸易中心。沙俄对这块地方久已垂涎欲滴，不断派人进行掠夺，遭到了厄鲁特人民的坚决抵制。1634 年巴图尔珲台吉就派两千人驻守亚梅什湖，并多次打击入侵的沙俄军队，围困塔拉，进攻秋明，一度制止了沙俄对盐矿的掠夺④。1715 年，沙皇彼得以到我国叶尔羌地区找金矿为名，又派遣了以布赫列茨中校为首的军事武装集团三、四千人，乘船上溯额尔齐斯河，企图修筑一条到叶尔羌的堡垒线，加紧对准噶尔盆地及南疆地区掠夺。他们侵入亚梅什湖，武装修筑堡垒，遭到了准噶尔人民的英勇抵抗。1716 年，驻在斋桑湖的准噶尔首领率领一万人，包围了侵略军的要塞，给顽固的敌人以沉重打击。他们封锁、包抄，进行围攻，断绝交通，截获前来支援的俄国的物资辎重，歼敌近三千人，迫使沙俄侵略军从亚梅什湖撤退。但侵略军在撤退中，又在额尔齐斯河、鄂木河口建造了鄂木斯克堡垒。1717 年，沙俄再次侵入亚梅什湖修筑堡垒，建立了热列金斯克。1718 年，在额尔齐斯河上游登陆，再次遭到准噶尔的强烈抗议和武装抗击。准噶尔的首领统率两万人围攻侵略者，迫使沙俄侵略者坐下来谈判。入侵活动虽被暂时制止，但侵略者在回归途中，于额尔齐斯河中游右岸铿格尔图喇，又修筑了乌斯季卡缅诺戈尔斯克堡。这样，沙俄就沿额尔齐斯及鄂木河口，由北向南形成了一条堡垒线，侵占了我准噶尔地区长

---

　　①　伊·费·巴布科夫：《我在西西伯利亚服务的回忆》，商务印书馆 1973 年版，第 153 页。

　　②　徐松：《西域水道记》卷 5；何秋涛：《朔方备乘》卷 26，《额尔齐斯河源流考》。

　　③　霍渥斯：《蒙古史》第 1 卷，第 647 页，而该书第 616 页注中引穆勒《俄国历史资料集》第 8 卷第 88 页说此湖距斜米巴拉丁斯克约半天的路程。

　　④　兹拉特金、乌斯郭夫主编：《1607—1636 年俄蒙关系资料集》，文献第 107 号，第 238 页；霍渥斯：《蒙古史》第 1 卷第 616 页。

达一千多公里的土地，这就是所谓额尔齐斯河堡垒线。

沙俄帝国主义的血腥征伐，并没有吓倒厄鲁特人民。他们长期以来与沙俄侵略者进行了坚决斗争，不管首领如何更迭，厄鲁特多次派出使者向沙俄据理力争，义正词严地指出：这些地方历来就是准噶尔的领土，要求沙俄当局拆除在额尔齐斯河防线上的一切碉堡与堡垒，并表示为了收回失地，甚至不惜牺牲生命。但是，沙俄政府一方面蛮不讲理，拒不撤走，一方面增调部队，加强分布在西伯利亚侵略军的力量。1745 年，任命金杰尔曼少将为西伯利亚所有防线的长官，将俄国正规军的两个兵团和三个骑兵团开进西伯利亚进行威慑，并在我国边疆地区策划叛乱，进行颠覆活动。18 世纪中叶，清朝平定了阿睦尔撒纳的叛乱，再次统一了西北边疆，把准噶尔的领地重归于清政府的统一管辖之下，而沙俄仍拒绝交还上述占领的土地，完全侵占了准噶尔领地的北境，并于 1759 年，建立了一条西起斜米巴拉丁斯克，南到乌斯季卡缅诺戈尔斯克，连接比斯克到库兹涅茨克的"克雷完——库兹涅茨克防线"，侵占了准噶尔的大片领土。在这条防线之北是侵占我准噶尔大片辖地的沙俄殖民势力，防线之南包括唐努乌梁海地区和巴尔喀什湖以东以南的地方仍属我国所有。这就是 1757 年清政府重新统一天山南北广大地区时中俄所形成的最后疆界状况。这条疆界线是沙俄帝国主义长期侵略我国的结果。

清朝统一我国西北地区后，特别是 1840 年鸦片战争以后，沙俄一方面参加到世界帝国主义侵略阵营中，加紧对我国进行全面的侵略活动，同时，仍继续向我西北地区进行蚕食扩张。1858 年（清咸丰八年）以来，沙俄帝国主义用武力和各种卑鄙手段，又先后割去我国西北的大片领土。其中通过《中俄北京条约》和《中俄伊犁条约》以及几个勘界议定书，特别是 1864 年签订的《中俄勘分西北界约记》，甚或越过不平等条约的规定，强行侵占我国巴尔喀什湖以东以南地区和帕米尔广大地区，总共侵占我国西北疆域数十万平方公里的领土，充分暴露了沙俄贪婪残暴、阴险狠毒的豺狼面目。

必须指出，我国准噶尔所分布的游牧地和领地，是后来清代西北疆域形成的基础，这并不是说，凡是准噶尔所到过的地区都是我国的疆域，而是指自古以来我国游牧民族和历代王朝传统的管辖领地，如巴尔喀什湖以东以南一带，早在汉、唐时期就是我国古代民族乌孙和突厥等的游牧地，汉唐在这里设立了西域都护府和安西、北庭两大都护府等行政建置，进行了有效管辖。元时又设立了行省和宗王封地。后来这些地区成为准噶尔传统的游牧地和领地，属于我国历史疆域的一部分是无可辩驳的事实。

今天，我们研究准噶尔分布地域的变迁，主要是为了弄清历史真相，分清是非。这与当前国家领土主权问题，纯属两个问题。但是，对于国外某些人，歪曲、捏造我国西北疆域的历史，为老沙皇涂脂抹粉、歌功颂德的行径，必须彻底揭露，以恢复历史本来面目。

（收入《新疆历史论文集续集》，新疆人民出版社 1982 年版）

简论阿睦尔撒纳

阿睦尔撒纳原是我国厄鲁特蒙古辉特部的台吉，他在 18 世纪中叶清政府平定准噶尔一些分裂势力之乱、维护国家民族统一的斗争中曾经扮演了一个引人注目的不光彩角色。揭露阿睦尔撒纳的分裂叛乱活动，还其历史的本来面目，对于推进我国边疆史的研究，澄清某些国外史学家在这个问题上制造的种种混乱，是很有意义的。

18 世纪中叶，在我们这个统一的多民族国家内部，出现大搞分裂叛乱活动的阿睦尔撒纳一类人物不是偶然的，而是有其特定的历史环境。该时期，在我国西北地区反对民族分裂、维护国家统一的斗争十分尖锐，特别是加上沙俄的插手，就使这种斗争越发复杂。而阿睦尔撒纳正是这种斗争的产物。

我们知道，从 17 世纪初，沙俄帝国主义占有西伯利亚古楚汗国后，就把其侵略魔爪直接伸进与南西伯利亚相毗邻的我国西北厄鲁特蒙古地区。当时，厄鲁特的分布范围和属地很广，东从阿尔泰山，西至楚河、塔拉斯河流域，北至额尔齐斯河和叶尼塞河中上游，而巴尔喀什湖以东以南的伊犁河流域，则是厄鲁特准噶尔部的政治活动中心。① 从 17 世纪至 18 世纪前半期，沙俄采用武装移民、军事侵略和所谓"和平贸易"、"加入

---

① 厄鲁特蒙古是我国蒙古族的一支，元称"斡亦剌"，明称"瓦剌"，清又称"额鲁特"或"卫拉特"，西方学者一般称之为"卡尔梅克"。明后期，分为四大部：准噶尔，游牧于天山以北，伊犁河流域；杜尔伯特，游牧于额尔齐斯河两岸；土尔扈特，游牧于塔尔巴哈台地区（土尔扈特西徙额济勒河即伏尔加河流域游牧后，辉特部占之）；和硕特，游牧于乌鲁木齐地区（后顾实汗迁往青海）。《朔方备乘》卷 38 称："四部虽各有牧地，而皆以伊犁为会宗处。"自 17 世纪巴图尔珲台吉之后，准噶尔部渐强，成为我国西北地区一大地方势力。因而中外史籍又往往以准噶尔作为四部的代称。

俄国国籍"等各种卑劣手段，侵占了我国厄鲁特的大片领地，并沿着叶尼塞河和额尔齐斯河水系逐步向南推进，建立了好几条军事堡垒线。俄国侵略者在厄鲁特辖区霸占牧场，劫掠牲畜，野蛮屠杀，激起了厄鲁特人民的无比愤慨和强烈反抗。厄鲁特人民及其首领曾多次严正拒绝了侵略者的无理要求，并一次又一次地粉碎了沙俄殖民者的军事侵犯，英勇地保卫了祖国的西北边疆。

在赤裸裸的武力征服和欺骗手段屡遭挫败后，野心勃勃的彼得一世及其继承者，又变换手法，妄图用在厄鲁特上层内部寻找代理人，建立傀儡政权的办法，来达到其侵吞我厄鲁特地区的罪恶目的。

另一方面，自1644年清军入关后，中国政治形势发生了很大变化。清政府平定三藩，统一台湾；北方的漠南蒙古和喀尔喀蒙古以及西南的西藏也先后置于清朝的统一管辖。只有西北一隅，还处于准噶尔贵族统治之下。各族人民都希望几经变乱的中国能够出现一个统一的局面；铲除割据势力，实现国家的统一就成为当时历史发展的必然趋势。

在厄鲁特内部，由于长期的分裂割据和战乱，社会经济受到严重破坏①，人民生计困难。② 尤其是从1745年噶尔丹策凌死后，准噶尔贵族为争夺汗位，"互相残杀，群遭涂炭，不获安生。"③ 各部的许多首领和大批部众，为逃避战祸，或"接踵内附"，或自谋生计，与分裂割据势力进行了坚决斗争。如1753年，杜尔伯特部台吉车凌、车凌乌巴什、车凌蒙克毅然率领部众三千余户一万多人④，冒着严寒，艰苦跋涉，归附清朝。翌年，各部又"挈数万众屯内汛"⑤，此后来归者络绎不绝。一些原准噶尔的主要将领都被清政府封为王公、将军、大臣，纷纷向清廷报告准部虚实，并请求清政府迅速出兵，统一西北边境。清政府也清楚地看到"准噶尔一日不定，则其部曲一日不安"⑥，祖国统一也无从实现，更不能集

---

① 兹拉特金：《蒙古近现代史纲》，第三章。

② 祁韵士：《皇朝藩部要略》卷13。

③ 同上书，卷12。

④ 此据《清高宗实录》卷451所载当时定边左副将军成衮扎布的奏报。《蒙古游牧记》和《皇朝藩部要略》所载户数为五千余。《御制平定准噶尔告成太学碑》提到"癸酉冬，杜尔伯特台吉车凌等率数万人来归"。

⑤ 祁韵士：《皇朝藩部要略》卷12。

⑥ 《平定准噶尔方略》正编，卷12。

中力量抵御外侮。因而，下决心铲除这一割据势力，完成统一大业。

在这样的历史情势下，阿睦尔撒纳又是如何表演的呢？阿睦尔撒纳
（1722—1757）是在 18 世纪 50 年代准噶尔上层内部争夺汗位的斗争中显
露头角的。他原是我国厄鲁特蒙古辉特部的台吉，准噶尔汗策旺阿拉布坦
的外孙，和硕特部拉藏汗的孙子，① 游牧于我国西北边疆塔尔巴哈台一带
地方。他为人"狠戾险阻"，野心勃勃，早就觊觎准噶尔的汗位。但他知
道自己并非噶尔丹策凌的直系血统，公开篡位困难很大，于是就以阴险狡
猾的手段，伺机图之。起初他为了便于操纵，曾想扶植噶尔丹策凌的幼子
策妄达什上台，但策妄达什被当时已经取得汗位的噶尔丹策凌庶长子喇嘛
达尔扎所杀，阴谋未逞。② 接着他又转向支持另一贵族达瓦齐。达瓦齐是
巴图尔珲台吉之玄孙，名将大策凌敦多布之孙，噶尔丹策凌之堂侄，虽
"族贵而无能"③。狡诈多端的阿睦尔撒纳企图通过对达瓦齐的支持，而逐
步实现其篡夺汗位的野心。正如后来乾隆皇帝所说："准噶尔台吉乃绰罗
斯世传，伊系辉特，势不能遽行窃踞，遂以达瓦齐为奇货，诱助攻杀，伊
得从中取事。"④ 1751 年秋，达瓦齐在谋立策妄达什之事败露后，为喇嘛
达尔扎所逼，本欲带领五千人归附清朝。⑤ 但在阿睦尔撒纳怂恿下与阿一
道逃往哈萨克地区。1752 年冬，经过一番密谋策划后，他们又潜回旧游
牧地。阿睦尔撒纳为了发动政变，扩充力量，"遂杀其兄沙克都尔，据其
众"⑥，随后便率领精锐一千五百人，由闼勒奇山路"裹粮昼伏夜行，突
入伊犁，诱其腹心为内应，遂杀喇嘛达尔扎"⑦，于 1753 年初，推立达瓦

---

① 据魏源《圣武记》卷 4 所载："阿睦尔撒纳故拉藏汗之孙，丹衷之子，而策旺阿拉布坦
之外孙也，丹衷妻策妄女，先生班珠尔，而丹衷被戮，复有遗腹，改适辉特部首，生阿睦尔撒
纳……"故阿应为和硕特部丹衷之遗腹子，班珠尔之弟，而下文中提到之沙克都尔为辉特伟征和
硕齐之子，与阿既非同父也不同母。阿与达瓦齐为远房表兄弟，游牧地相邻。

② 1745 年噶尔丹策凌死时，其庶长子喇嘛达尔扎十九岁，次子策妄多尔济那木扎勒十三
岁，幼子策妄达什七岁。初由次子策妄多尔济那木扎勒继位，1750 年为庶长子喇嘛达尔扎所杀。
阿睦尔撒纳，班珠尔伙同小策凌敦多布之子达什达瓦，谋立其幼子策妄达什，事露，喇嘛达尔扎
杀死策妄达什和达什达瓦。

③ 《圣武记》卷 4。

④ 《平定准噶尔方略》正编，卷 23。

⑤ 详见《皇朝藩部要略》卷 12。

⑥ 《西域图志》卷首一《天章》一，《准噶尔全部记略》。

⑦ 《圣武记》卷 4。

齐为汗。接着，阿睦尔撒纳又用计诱杀与达瓦齐争夺统治权的小策凌敦多布之孙纳默库济尔噶尔。于是，他"恃功益骄横"①，和达瓦齐的矛盾也日趋尖锐。

扶立达瓦齐为汗，对于"垂涎汗位"②的阿睦尔撒纳来说，只不过是权宜之计，伺机取而代之，才是其真正目的。为了扩张自己的势力，他又袭杀其岳父杜尔伯特部达什台吉，"胁降其子纳默库"，吞并了他的牧场和部众，遂从塔尔巴哈台移帐于额尔齐斯河一带，③与其兄和硕特部班珠尔（游牧于库尔乌苏地区）密切配合，经常"侵掠伊犁边境"，同据守伊犁的达瓦齐势力发生火并，几经厮杀，为达瓦齐击败。④

为了借助于清军的力量消灭政敌达瓦齐，实现其窃踞厄鲁特四部汗位的政治野心，阿睦尔撒纳偕同班珠尔及纳默库率领两万余人，于1754年秋，当清军准备出兵征伐达瓦齐时暂时归附清朝政府。十一月，乾隆在承德避暑山庄召见了阿睦尔撒纳等人，封他为亲王。

翌年春，清廷以班第为定北将军、阿睦尔撒纳为定边左副将军，由乌里雅苏台出北路；以永常为定西将军、萨拉尔为定边右副将军，由巴里坤出西路，约期会于博罗塔拉河，两路夹攻伊犁。途中，准噶尔"各部大者数千户，小者数百户，无不携酒牵羊"⑤，迎接清军。在准噶尔人民的支持下，清军仅百余日就到达伊犁，达瓦齐率兵六千扼守格登山，清军仅以二十五人夜袭达瓦齐大营，准噶尔兵丁溃败，达瓦齐南逃，为乌什维吾尔族伯克霍集斯擒献清军。

平定达瓦齐割据势力之后，阿睦尔撒纳随军驻扎伊犁，其分裂割据的野心日益显露。

早在出兵伊犁之前，清政府为了削弱准噶尔贵族中的割据势力，就准备取消四部的总汗位，而采用"众建以分其力"⑥的方针，"封为四汗，

---

① 《皇朝藩部要略》卷12。
② 《西域图志》卷首一《天章》一，《准噶尔全部记略》。
③ 《圣武记》卷4。
④ 《清高宗实录》卷468；《圣武记》卷4。
⑤ 昭梿：《西域用兵始末》，《啸亭杂录》卷3。
⑥ 《圣武记》卷4。

俾各管其属。"① 这对"本欲假手大兵，灭准噶尔，以己为浑台吉"② 的阿睦尔撒纳来说可谓当头一棒。但他并未因此有所收敛，而是继续施展阴谋诡计，企图迫使清廷发出诏命，承认他为厄鲁特四部的总汗，以实现其"专制西域"的野心。③ 在进军伊犁的路上，他就为攫取汗位大造舆论，说什么厄鲁特四部"若无总统之人，恐人心不一，不能外御诸敌，又生变乱"④。提出在平定伊犁后，要"于伊（指噶尔丹策凌）亲戚中，不论何姓，择其众心诚服能御哈萨克、布鲁特者，奏请皇上，俾领其众"⑤。并"妄自夸张，谓归来之众，俱系向伊投诚。"同时所到之处，大肆"寻获被抢人口，攫取牲只"⑥，处心积虑地扩大自己的权势。

清政府平定达瓦齐后，决定两路大军后撤，仅留班弟、鄂容安在伊犁会同阿睦尔撒纳、萨拉尔筹办善后。于是阿睦尔撒纳"益无忌惮"⑦，图谋分裂割据的野心更加暴露无遗。他在科尔沁亲王色布腾巴尔珠尔与将军班第之间制造矛盾⑧，"视萨喇勒（萨拉尔）如仇，潜行猜忌"⑨，同时，又"隐以总汗自处，擅诛杀掳掠，擅调兵"，并"纵属下人肆行劫夺，……所收牲只财物，多另隐匿，驼马各千余，羊至二万余。""凡有仇隙者，任意杀害。"⑩ 他不著所赐衣顶，不用副将军印，"自用浑台吉菊形篆印"。行文各部，讳言投清，自称统满、汉、蒙兵来平此地，公然以总汗自居。此外，还与其同党秘密策划，并遣人潜行招服，散布流言，说什么如非阿睦尔撒纳总摄四部，则边地不得安宁，积极为攫取汗位进行舆论准备。⑪

阿睦尔撒纳的这些活动，当时和他一起参加进讨的各族官员早有觉

---

① 《圣武记》卷4。
② 《皇朝藩部要略》卷12。
③ 《圣武记》卷4。
④ 《平定准噶尔方略》正编，卷13。
⑤ 同上。
⑥ 《清高宗实录》卷491。
⑦ 同上。
⑧ 《皇朝藩部要略》卷12。
⑨ 《清高宗实录》卷491。
⑩ 同上。
⑪ 详见《圣武记》卷4，《清高宗实录》卷491。

察，纷纷密奏清廷，清政府也觉得"阿睦尔撒纳逆迹已著，不可姑容，以致贻患将来"，遂决定以"行饮至礼"为名，调虎离山，命他于1755年九月到承德避暑山庄入觐。[①] 但是，他自知阴谋已经泄露，故意一再拖延。经班第等多次催促，才于八月中旬起程。而当行至乌隆古河时，却以"暂归治装"为借口，经额尔齐斯河，间道逃至其原游牧地塔尔巴哈台。[②]他唆使其逆党，抢掠清军台站，袭击伊犁清军驻地，公开发动了叛乱，迫使班第兵败自尽。由于阿睦尔撒纳的叛乱违背了国家民族的根本利益和各族人民的共同愿望，加之叛乱分子的凶残暴虐，因而遭到包括准噶尔部众在内的各族人民的强烈反对，同时也引起准部许多上层分子的不满和反抗。阿睦尔撒纳的倒行逆施，使他陷入极端孤立的境地。所以清朝政府在各族人民的支持下，很快就平定了阿睦尔撒纳的叛乱。1757年夏，当清政府再次两路出师，长驱直入，会攻伊犁，叛军望风溃逃，阿睦尔撒纳只好离开准噶尔，逃往哈萨克地区。在那里也同样遭到当地人民的反对。哈萨克人民对阿睦尔撒纳及其从属进行了严密的监视，并要把他们缚送清军。最后，阿睦尔撒纳仓皇逃往俄国，走上了背叛祖国和民族的可耻道路。至今，仍保存在承德避暑山庄东北普宁寺的《平定准噶尔勒铭伊犁之碑》和《平定准噶尔后勒铭伊犁之碑》，就是历史的见证。[③]

众所周知，早在17世纪末，沙俄就曾支持准噶尔部噶尔丹进行分裂和叛乱；其后又曾多次到准噶尔地区进行颠覆、策叛及搜集情报等活动。迄18世纪上半叶，沙俄政府骎骎南侵，又以奥伦堡和托博尔斯克为基地，不断派出特务，加紧拉拢准噶尔封建上层中的反动势力，培植"噶尔丹第二"，进行分裂破坏活动，阿睦尔撒纳就是在这种情况下，被沙俄选中的。

1751—1753年间，当阿睦尔撒纳和达瓦齐相互勾结，争夺准噶尔汗位时，沙俄政府就密切关注局势的发展，收集有关情报，对阿睦尔撒纳表示很感兴趣。这是因为沙俄对当时准噶尔汗喇嘛达尔扎极为不满，在沙俄

---

① 《清高宗实录》卷491、492。

② 《皇朝藩部要略》卷12；《清高宗实录》卷496。

③ 承德避暑山庄东北的普宁寺保存着用满、汉、蒙、藏四种文字书写的《平定准噶尔勒铭伊犁之碑》和《平定准噶尔后勒铭伊犁之碑》。前者记述了平定达瓦齐之役的经过，后者则是在平定阿睦尔撒纳叛乱后所立。两碑所述皆与阿睦尔撒纳有关。

的心目中达尔扎是他继续南侵的障碍。喇嘛达尔扎，在他任汗期间（1750—1753 年），与清廷保持密切联系，并对沙俄势力的南侵，采取坚决抵制的态度。他强烈要求沙俄政府归还被他们侵占的原属于准噶尔的一些地区，一再声明这些地区的居民在沙俄入侵前一直是属于准噶尔管辖，并向准部缴纳贡赋。1751 年，喇嘛达尔扎派代表赴彼得堡向俄国政府提出抗议，要求沙俄侵略军撤除额尔齐斯河和鄂毕河上游的全部要塞，把西伯利亚和阿尔泰的一些地方和部族交回准噶尔管辖。当时沙俄政府在东方的军事力量不足，而又做贼心虚，不得不承认这些地方和部族原属于我国准噶尔管辖的事实，因而只好暂时采取所谓"缓和政策"。在这种情况下，随着沙俄势力的南侵，在南西伯利亚出现了所谓"双重纳税人"。就是说这些地区的居民既按照历史上世代隶属关系和惯例，向准噶尔交纳赋税，又在武力威胁下被迫向沙俄交纳实物税。沙俄强迫原属于准噶尔管辖地区的居民交纳实物税，其目的是要把"卫拉特王公和执政者变为俄国的臣民"，"把他们居住的地方变成俄国的领土"。[①] 沙俄是不甘心长期保持这种"双重纳税人"局面的，因为这妨碍他们进一步扩张。于是，他们就企图寻找新的代理人，以取代喇嘛达尔扎。

根据俄国档案材料记载，1751 年秋，当阿睦尔撒纳和达瓦齐反对喇嘛达尔扎之事败露，逃往哈萨克时，沙俄当局就企图收买他们。1752 年 8 月 31 日，沙俄外事委员会给奥伦堡省督涅普留耶夫和少将捷夫凯列夫下指令，要他们竭力"争取"达瓦齐和阿睦尔撒纳，"务须采取切实可行的办法，对准噶尔权势人物杰巴恰（达瓦齐）和阿睦尔撒纳加以安抚，请到奥伦堡来。……前者可能是真正有希望统治准噶尔全族的人，后者或许是当时准噶尔统治者的叔伯兄弟。所以，为了防范将来的事态，尤其是为了妥善处理准噶尔领主对西伯利亚领土纠缠不已的要求，务必这样办理。"[②]

1752 年九月，涅普留耶夫和捷夫凯列夫遵照俄国外事委员会的指令，派遣大尉雅科夫列夫前往哈萨克地区，目的是请达瓦齐和阿睦尔撒纳去奥伦堡面授机宜。由于他们已离开哈萨克，窜回准噶尔地区争夺汗位，沙俄

---

①　转引自兹拉特金《关于阿睦尔撒纳的俄国档案资料》一文和《准噶尔汗国史》第六章。

②　同上。

的阴谋暂未得逞。

1756 年春至 1757 年夏，当阿睦尔撒纳叛乱失败，走投无路时，沙俄政府又千方百计地拉拢支持他，怂恿他叛国投俄。

阿睦尔撒纳是 1756 年夏初，在清军追击下，再次逃窜哈萨克地区的。六月，涅普留耶夫等得悉后，随即派亲信阿布杜尔·卡斯金诺夫去见阿睦尔撒纳，并再次邀请他到奥伦堡去。他们在给卡斯金诺夫的口头训令中说："要多方设法竭尽全力劝导他（指阿睦尔撒纳），随同他赴奥伦堡。要他深信，来到这里会诸事满意，今后，无论是准噶尔统治者，或其他什么人索要他，对这种要求，任何时候都不会加以考虑，因此，他将不会被出卖。如果要对此作出担保，那可向他发誓。"他们还指令卡斯金诺夫在"适当时机，可巧妙地单独向阿睦尔撒纳示意，如果他愿意到这里避难，那今后对他，会作为嫡系继承人和统治者看待……"如果阿表示同意，他们要卡斯金诺夫护送他到他想去的地方，途中提供一切必要物资，所需费用由国库开支。① 这些训令，赤裸裸地暴露了沙俄的险恶用心，他们对阿睦尔撒纳之所以如此"垂爱"，其用意是扶植分裂叛乱势力，妄图使之东山再起，统治准噶尔人民，建立由沙皇控制的傀儡政权，从而达到侵吞我国西北地区的目的。

1756 年 10 月初，在卡斯金诺夫到哈萨克一个半月后，会见了阿睦尔撒纳的亲信，并交给他一封沙俄殖民当局的秘密信。信中向阿提出保证："我们可以实际上保障您的安全和安定生活，在您自己认为适当的时候，到我们奥伦堡来。"② 阿睦尔撒纳也通过随员向卡斯金诺夫表示："吉尔吉斯人（指哈萨克人）对他属下二百三十个卡尔梅克人形同俘虏"，他请求下达命令，要伊什姆河或乌伊斯克防线要塞接待他，护送到奥伦堡。③ 在沙俄殖民当局的策动下，1756 年秋末，阿睦尔撒纳又伺机窜回准噶尔塔尔巴哈台山区和博罗塔拉河一带，打算"自立为汗"，纠集叛军做垂死挣扎。

为了进一步求得沙俄的支持，阿睦尔撒纳于 1756 年 12 月 26 日，派

---

① 转引自兹拉特金《关于阿睦尔撒纳的俄国档案资料》一文及《准噶尔汗国史》第六章。
② 同上。
③ 同上。

遣了达瓦一行去彼得堡，还带了一封阿睦尔撒纳给沙俄女皇的亲笔信。1756 年 6 月 6 日，达瓦等人与沙俄政府外事委员会办公厅的高级官员巴库宁谈判。阿睦尔撒纳竟无耻地要求，俄国政府在中国额尔齐斯河和斋桑湖之间的地区修建要塞保护他，对抗清政府的平叛部队；请求沙皇出面交涉，要清政府引渡他的妻子和儿女；同时，请求俄国政府帮助他把所有卫拉特人和卫拉特宰桑兀鲁思收集到他的管辖之下，承认他为准噶尔汗并服从他的旨意。他表示要永远臣服俄国，并以此为条件来换取沙俄的支持。这样，阿睦尔撒纳又公然投入沙俄侵略者的怀抱，成为可耻的民族败类。

在斋桑湖附近建立军事堡垒，这是沙俄多年来所要达到的目标。但是，由于沙俄当时正在欧洲与普鲁士进行争夺霸权的战争，在额尔齐斯河一线的兵力比较薄弱，又鉴于清政府这时已经收复了伊犁，并在乘胜追击，力量强大，而阿睦尔撒纳已面临绝境，狡猾的沙皇政府既不愿冒与中国开战的风险，又不愿放弃它的侵略阴谋。因而，虽不敢明目张胆地答应阿睦尔撒纳的全部要求，却暗中加以支持。1757 年 6、7 月间，俄国女皇亲自给达瓦授意，并于 9 月 23 日又交了沙皇政府的书面答复。声称"如果阿睦尔撒纳本人愿意，可带一批数量不大的随从人员在俄国得到一个安全避难地"，"而且可以在吃、穿和其他救济方面做到称心如意"；如果阿睦尔撒纳及其管辖部众打算加入俄国国籍，即应迁到伏尔加河，并保证仍由他管理他的全部兀鲁思人众；如果阿睦尔撒纳决意留在准噶尔夺取汗位，那么俄国方面决不会阻挠他。[①] 总之，不惜用尽一切办法扶植他，企图使之为沙俄的侵略扩张政策效劳。同年 6 月，清军在追击狼狈溃逃的阿睦尔撒纳时，从截获的辎重车中，曾发现四封沙俄边防官从 1756 年夏末至 1757 年初春写的劝诱阿睦尔撒纳叛国投俄的信件。这些罪证至今尚保存在我国有关档案材料之中。

1757 年 7 月 28 日，阿睦尔撒纳被清军彻底击溃，逃到谢米巴拉丁斯克，叛国投俄。8 月 20 日又被送到托博尔斯克，"他在那里过得非常满意"，并无耻地要求沙俄西伯利亚副总督格拉勃连洛夫帮助他，把被沙俄引诱和被叛乱分子裹胁到俄国境内的四千准噶尔部众交给他统治。[②] 妄想

---

① 转引自兹拉特金《关于阿睦尔撒纳的俄国档案资料》一文及《准噶尔汗国史》第六章。

② 兹拉特金：《准噶尔汗国史》第六章。

在沙俄卵翼下，积蓄力量，卷土重来。然而事与愿违，就在此后不久，阿睦尔撒纳于 1757 年 9 月 21 日患天花病死，落了个身死异域的下场，从而结束其可耻的一生。后来在清政府的强烈抗议下，沙俄才把阿的尸体送至恰克图验视。

　　显而易见，阿睦尔撒纳并不是什么起义者或英雄，而是一个野心勃勃的民族败类。阿睦尔撒纳的叛清是在沙俄支持下而掀起的一场民族分裂叛乱活动。清朝政府平定叛乱，客观上则是一场维护国家统一、反对外来侵略的斗争。它有利于我国多民族国家的进一步巩固与发展，也符合各族人民要求统一、反对分裂的共同愿望。然而，国外某些史学家却别有用心地颠倒黑白，歪曲历史，在他们的笔下，清朝政府反对分裂、维护国家统一的行动被说成是"侵略"，而侵略成性的沙俄却被说成是什么准噶尔人民的"救世主"、"民族解放运动的领导者"。他们之所以肆意颠倒侵略与被侵略的地位，抹杀正义与非正义的区别，一方面是替历史上老沙皇的侵略行径开脱罪责，同时也是为推行霸权主义的政策效劳。但是，历史是客观形成的，是任何人也歪曲篡改不了的。

（《文史哲》1979 年第 4 期）

关于准噶尔历史人物评价问题

准噶尔原是我国清代厄鲁特蒙古族的一部,① 为元代斡亦剌、明代瓦剌之后。明末清初,准噶尔部崛起西北,统辖了北及额尔齐斯河、鄂毕河中上游,西至巴尔喀什湖以东以南的广大地区,逐渐形成了以准噶尔部封建领主为核心,联合厄鲁特其他各部的民族政权,故清代往往把厄鲁特也统称为准噶尔。其后裔至今尚生活在我国新疆、青海、甘肃、内蒙古一带。长期以来,准噶尔部众跃马挥戈,驰骋疆场,外御强敌,内勤耕牧,为开拓和保卫我国西北边疆作出了贡献。②

从 16 世纪末至 18 世纪中叶,准噶尔出现不少有名的台吉和汗,诸如哈剌忽喇、巴图尔、僧格、噶尔丹、策旺阿拉布坦、噶尔丹策凌、策妄多尔济那木扎勒、喇嘛达尔扎、达瓦齐、阿睦尔撒纳等等。③ 过去,中外学者对他们的评价众说纷纭,褒贬各异。而其中有些论著,除了对哈剌忽喇、巴图尔、僧格等未置可否外,于其他诸人则采取一概否定或全部肯定的态度,这是值得深入探讨的问题。

---

① 明末清初,厄鲁特蒙古包括准噶尔、杜尔伯特、和硕特、土尔扈特、辉特等部。辉特原附牧于杜尔伯特,土尔扈特西徙额济勒河后,其牧地为辉特居之,通常称为四大部。

② 至于土尔扈特渥巴锡等首领率众万里东归祖邦故土的伟大壮举,当另文加以详说。

③ 哈剌忽喇卒于 1634 年,其子巴图尔 1635 年继珲台吉位,殁于 1653 年。巴图尔第五子僧格继位,1671 年为异母兄所杀。后僧格弟噶尔丹夺位,1697 年兵败而死,僧格子策旺阿拉布坦掌握了准噶尔统治权,殁于 1727 年。其子噶尔丹策凌继位,卒于 1745 年。接着策凌次子策妄多尔济那木扎勒继位,1750 年为其庶兄喇嘛达尔扎所废。1752 年冬,达瓦齐与阿睦尔撒纳袭杀喇嘛达尔扎,达瓦齐称汗,直至 1755 年。

一

究竟应该如何正确地评价准噶尔历史人物？恩格斯曾经指出："判断一个人当然不是看他的声明，而是看他的行为；不是看他自称如何如何，而是看他做些什么和实际是怎样一个人。"① 也就是说要看历史人物的实际活动和所起的作用。结合当时中国历史条件，评价准噶尔历史人物的活动和作用时，应有三条标准：一、客观上是否有利于民族团结、祖国统一；二、是否有利于本民族社会经济的发展；三、是否有利于对外来侵略势力的反抗和斗争。之所以说在客观上，是由于这些历史人物所从事的活动，在当时，主观上并不一定具有多民族祖国大家庭的概念，而往往是从狭隘的民族利益出发，但他行动的后果，则常常起到有利于民族团结和祖国统一的作用，促进了社会经济发展。民族主义在特殊的历史条件下，是具有一定进步意义的。

"在分析任何一个社会问题时，马克思主义理论的绝对要求，就是要把问题提到一定的历史范围之内。"② 我们对准噶尔历史人物的评价，也必须根据当时国内外形势进行分析。

国际方面，俄国的农奴制度已发展到对内加强民族压迫，对外进行侵略扩张的阶段。16 世纪末，沙俄的哥萨克军队越过乌拉尔山，用火和剑侵占了失必尔汗国后，逐步南侵，对我国厄鲁特传统的游牧地和管辖区采取蚕食政策，侵占了额尔齐斯河、鄂毕河和叶尼塞河中上游的大片领地，并对我整个西北地区，虎视眈眈，磨牙欲噬。面临沙俄骎骎南下的侵略威胁，要么实现祖国统一，共同抵御外侮，要么使准噶尔和西北地区沦为沙俄的殖民地，二者必居其一，没有第三条道路可供选择。这对地处祖国西北边陲的准噶尔首领是个严峻的考验。对外来侵略势力，采取什么态度，是出卖民族利益、国家主权，和外敌勾结，引狼入室，还是和它们进行各种形式的斗争，从而维护民族利益和领土完整，是衡量准噶尔首领历史功

---

① 《马克思恩格斯选集》第 1 卷，第 579 页。
② 《列宁选集》第 2 卷，第 512 页。

过的一个重要标准。

1644 年清军入关后，中国的政治形势发生很大变化。清朝平定南方三藩，统一台湾，北方又先后统一漠南蒙古和喀尔喀，我国多民族国家又逐步走向统一与发展的过程，只有西北一隅，还处于准噶尔贵族控制之下。由于沙俄的不断南侵和积极支持准噶尔一小撮反动贵族的叛乱，以及准噶尔封建贵族的内讧，使各族人民尤其是准噶尔、喀尔喀等各部蒙古族人民，遭到空前浩劫。各族人民都希望几经变乱的中国，能够出现一个统一安定的局面。再者，处在西北前哨的准噶尔，面对张牙舞爪的沙俄侵略者，无论是军事的、还是经济的力量，都不足以单独、持久地抵御外来侵略。一旦沙俄结束了争夺欧洲出海口的战争，腾出手来，准噶尔的割据状态必然无法维持，其后果亦不堪设想。准噶尔领地不仅会丢失殆尽，而且将构成对我国整个西北地区乃至全中国的威胁。因此，当时，清朝重新统一西北，消除割据，平定叛乱，打击沙俄侵略势力，已是人心所向，大势所趋。而在这场统一和分裂的斗争中，是顺应历史发展，促进统一，还是逆历史潮流而动，坚持分裂，也必然成为衡量准噶尔领袖人物的重要标志。

根据上述标准，经过对历史事实的分析研究，我们认为，在准噶尔历史上，除了噶尔丹和阿睦尔撒纳外，对其他大多数领袖人物，不应轻易加以否定。破坏民族团结和祖国统一的民族败类毕竟是少数。特别是对策旺阿拉布坦和噶尔丹策凌在准噶尔社会发展过程中所起的积极作用，要充分肯定，给予应有的历史地位。

二

长期以来，史学界对噶尔丹和阿睦尔撒纳的看法一直是有争议的，或褒之为草原英雄、反清起义领袖，或贬之为民族败类、叛乱头目，各执一说，难趋一致。

有人认为，康熙时期，准噶尔、喀尔喀和清王朝是三个平行的政权，说不上谁从属于谁的问题，也不存在谁应该统一谁的问题，质言之，即不存在清廷应该统一准噶尔的问题。如果准噶尔当时打败清军，占领北京，那么也就成为中国合法的统治者了。由此得出结论，1688 年噶尔丹所发动的战争不属于叛乱和非正义性质，不能据此对他加以否定。我们觉得，这种似是而非的说法，值得商榷。

不可否认，当时噶尔丹统治的准噶尔应该被认为是国内的一个独立政权，而喀尔喀在 1691 年多伦诺尔会盟以前，没有明确归属清政府时，也应看作一个独立政权。噶尔丹政权虽然和清王朝有通贡敕封关系，但还没有在清朝政府的直接统治之下，只能说两者之间存在着松散表面的隶属关系。因此，噶尔丹所发动的与喀尔喀之战，本来是东西蒙古两个政权之间的战争，清政府起初也是以居间调停者的身份从中斡旋。1677 年（康熙十六年），康熙谕大学士等曰："闻厄鲁特、喀尔喀交恶兴戎，虽虚实未确，朕统御寰区，一切生民，皆朕赤子，中外并无异视。厄鲁特、喀尔喀倘因细故交恶，至于散亡，朕必大为不忍。伊等向相和好，贡献本朝，往来不绝，若交恶果实，当遣使评其曲直，以免生民于涂炭。如仰副朕一视同仁之意，仍前和好，相与优游太平，朕大嘉悦焉。"[①] 1689 年（康熙二十八年），康熙给达赖喇嘛的敕文也说明，清廷是"欲使厄鲁特、喀尔喀释前怨，仍前协和，各守地方，休兵罢战"。[②] 但是，事实证明，噶尔丹所发动的战争，其目标决不仅止于侵占喀尔喀，也不是像他自己说的和土谢图汗、哲布尊丹巴有个人积怨，而是要与已基本上统一全国的清王朝争夺对北方乃至中原地区的统治权。这从他 1671 年（康熙十年）自立为汗后的行动中，得到充分证明。1677 年噶尔丹袭杀和硕特鄂齐尔图车臣汗，而占有其地。1678 年（康熙十七年），遣军欲进犯青海，并派宰桑向甘肃提督张勇提出："西北一带地方皆得之矣，惟西海（今青海）向系我祖与伊祖同夺取者，今伊等独据之，欲往索取。"由于清朝官员严加防范，只好中途率军折回。[③] 但他接着就进兵天山南路，1679 年（康熙十八年），又领兵三万侵占了哈密与吐鲁番。遂以"西域既定，诸国咸赖奉为汗……乃请命达赖喇嘛始行博硕克图汗事，额鲁特雄长于西"。[④]

噶尔丹经过十余年东征西伐，"兼并四部，蚕食邻封，其势日张，其

---

① 《清圣祖实录》卷 69。

② 祁韵士：《皇朝藩部要略》卷 9，《厄鲁特要略一》；《清圣祖实录》卷 139。

③ 《清圣祖实录》卷 83。

④ 梁玢：《西陲今略》卷 7，《嘎尔旦传》。

志益侈"①。欲为蒙古霸主的野心必然驱使他进而把打击矛头指向喀尔喀蒙古。1688 年（康熙二十七年），他在率军侵入喀尔喀地区，大肆烧杀掳掠之后，又以追逐喀尔喀部众为名，入犯当时已统一于清政府的内蒙古乌朱穆秦地。1690 年（康熙二十九年），进而侵入乌尔会河以东乌兰地区，向驻守在当地的清军发起攻袭，又乘胜长驱而南，深入乌兰布通，距北京只有七百里，构成了对清廷和中原地区的巨大威胁。他俘掠人口，劫夺牲畜，不可一世，提出"圣上君南方，我长北方"②，要与康熙平分疆土。可以想象，如果当时康熙不采取坚决措施，噶尔丹的军队就要进入中原，直取北京，那么，腐朽的明王朝被推翻以后，全国已经形成的统一局势必将遭受破坏，中国又将陷于南北对峙的纷争局面，各族人民又将横罹兵祸之难。康熙清醒地看到噶尔丹发动这场战争的后果，指出"此人力强志大，必将窥伺中原，至殒命不止，岂可泛视，审诸度外"。③"积寇一日不除，则疆圉一日不靖"。④故下决心尽速进兵，消除隐患。并于 1690 年、1696 年和 1697 年三次亲征，出兵漠北，坚决平定了噶尔丹的骚乱。

判定噶尔丹发动的战争性质，另一个很重要的方面，就是他和沙俄扩张侵略势力互相勾结、紧密配合，企图出卖国家民族利益问题。事实证明，他进袭喀尔喀，完全是在沙俄怂恿和支持下进行的。当时沙俄扩张势力正加紧对南西伯利亚准噶尔辖区和喀尔喀地区的侵略，我国蒙古族纷纷投入抗俄力量。土谢图汗部军民因不堪以戈洛文为首的殖民军搜捕、抢劫，也奋起反击，围攻被他们侵占的楚库柏兴（色楞格斯克），戈洛文一伙被打得抱头鼠窜，龟缩孤城。就在这时，噶尔丹采取突然袭击手段，进攻喀尔喀，使喀尔喀处于腹背受敌地位，不得不解除对侵略军的围攻，转过身来对付噶尔丹。在噶尔丹与侵略军夹击下，终于遭到惨败。这不仅削弱了蒙古地区的抗俄力量，而且影响到当时我国整个对俄斗争的形势。

显然，这一切是事前预谋策划的。侵略军头子戈洛文在日记中供认："蒙古领主们得到的消息说，卡尔梅克博硕克图汗是根据陛下的谕旨发动战争的，有大批俄国军队，并有大量火器、大炮协同他作战。战场上相遇

---

① 《亲征平定朔漠方略》卷首，《御制亲征平定朔漠方略序》。
② 《亲征平定朔漠方略》卷 70。
③ 《亲征平定朔漠方略》卷首，《御制亲征朔漠纪略》。
④ 同上。

时，卡尔梅克人就以皇家部队的名义来恫吓他们"。[1] 1688 年夏，喀尔喀哲布尊丹巴呼图克图的代表商卓特巴向戈洛文代表提出抗议时也明确指出："卡尔梅克博硕克图汗进攻蒙古地区是同沙皇陛下联合行动的。"[2] 噶尔丹与沙俄勾结由来已久。为了实现称雄西北，恢复故元统治，从他一登上准噶尔的历史舞台，就"试图采取吸引俄国人的政策"，认为只有"和俄国结盟才有可能征服蒙古"[3]，进而与清廷相抗衡。而沙俄方面，出于它对华侵略的需要，也想利用噶尔丹作为入侵我国西北地区的工具。自 1671 年到喀尔喀大战前夕，双方遣使致书，往来不绝。1688 年秋天以后，噶尔丹不断遣使要求和俄国缔结军事同盟。[4] 1689 年底，又派达尔罕宰桑去俄国，请求沙俄出兵，共同攻打喀尔喀蒙古。噶尔丹在给戈洛文的信中，要求沙俄"即率所部驰赴约定之地会合，以便并肩作战"[5]。为了换取沙俄的支持，噶尔丹竟不惜牺牲民族利益和出卖祖国神圣领土，在给达尔罕训令中说："阿尔巴津（今雅克萨）建寨地区，原本是蒙古的，不是博格达汗（指清朝皇帝）的，统辖蒙古人和这个地区的是他——博硕克图汗，倘若沙皇陛下有意在这里重建城堡，博硕克图汗愿将这片土地让给陛下"。[6] 并表示沙俄如要取得这片土地，他可以配合进攻。戈洛文一方面给予共同配合作战的保证，另一方面派基比列夫携带他拟定的同噶尔丹夹攻喀尔喀的作战计划，随同达尔罕去会见噶尔丹，"就共同对土谢图汗及其支持者可能采取的行动继续进行谈判"。[7] 而噶尔丹"准备向俄国作出任何让步，甚至领土的让步"。[8] 他还对俄国人表示：只要他们给他两千或三千哥萨克精兵和一些大炮，他就能够破坏中国在长城外的全部边

---

① 苏联科学院远东研究所等编：《十七世纪俄中关系》第 2 卷，第 360 页。

② 同上书，第 327 页。

③ 古朗：《十七—十八世纪的中亚—卡尔梅克帝国还是满洲帝国》，巴黎—里昂 1912 年版，第 53 页。

④ 加恩：《早期中俄关系史》，江载华译，第 73 页。

⑤ 《十七世纪俄中关系》，第 623 页。

⑥ 同上书，第 30 页。

⑦ 兹拉特金：《准噶尔汗国史》，1964 年莫斯科版，第 281 页。

⑧ 同上书，第 282 页。

境。① 这些记载都足以证明，噶尔丹是个野心勃勃、不顾民族利益和国家主权的民族败类，而绝不是什么民族英雄。

有人说，噶尔丹最后失败时，并没有逃到俄国，说明他还是有骨气的，不能说他"叛国"。必须指出，噶尔丹并不是不想叛逃俄国，史称他"欲北投鄂罗斯，而鄂罗斯拒不受"。② 这是由于清廷对沙俄进行一系列坚决斗争的结果。那时，沙俄还致力于欧洲争夺出海口的战争，在西伯利亚兵力尚弱。虽然，他们暗中支持噶尔丹，但鉴于当时清廷的严正立场和强大的军事实力，不愿冒与中国启战的风险，而去贸然接纳兵败流窜、濒于绝境的噶尔丹，从而使他孤立无援，走死荒漠。

至于阿睦尔撒纳，他所处的情况和噶尔丹又不完全相同。清朝平定达瓦齐割据势力时，阿睦尔撒纳已归附清朝，被封为亲王，并作为清朝将领定边左副将军，驻守在伊犁地区，代表清政府行使职权。这时，准噶尔已不是作为一个独立政权存在，而是成为清王朝统辖的一部分。因此，他于1755 年在沙俄支持下所发动的分裂战争无疑是属于叛乱性质。

阿睦尔撒纳（1722—1757 年）原是辉特部台吉，准噶尔汗策旺阿拉布坦的外孙，和硕特部丹衷之遗腹子，③ 游牧于我国西北边疆塔尔巴哈台一带。他为人"狠戾险阻"，野心勃勃，早就觊觎准噶尔的汗位。但他知道自己并非噶尔丹策凌的直系血统，公开篡位阻力很大，必须徐谋图之。起初，他为了便于操纵，曾想扶植噶尔丹策凌的幼子策妄达什上台，但策妄达什为当时已取得汗位的噶尔丹策凌庶子喇嘛达尔扎所杀，阴谋未逞。紧接着他又转向支持噶尔丹策凌的堂侄达瓦齐争夺汗位，袭杀喇嘛达尔扎，扶立达瓦齐为汗。对于"垂涎汗位"的阿睦尔撒纳来说，④ 只不过是权宜之计，伺机取而代之，才是其真正的目的。随着他实力的扩充，与达瓦齐发生冲突，但几经厮杀，被达瓦齐击败。为借助清军之力，剪除政敌，篡夺汗位，阿睦尔撒纳与其兄班珠尔乃率众归附清朝。因而，尽管在平定达瓦齐后，乾隆晋封他为双亲王，权势倍增，但他欲壑难填，分裂割

① 穆勒：《俄国历史资料集》第 1 卷，第 425—426 页，转引自霍渥斯之《蒙古史》，伦敦 1876 年版第 1 卷，第 628 页。

② 魏源：《圣武记》卷 3；俞正燮《癸巳类稿》卷 9 也有类似记载。

③ 详见魏源：《圣武记》卷 4。

④ 《钦定皇舆西域图志》卷首一，《天章一》、《准噶尔全部纪略》。

据的野心更加暴露无遗。1755 年夏，他唆使同党，袭击清军台站哨所，围攻驻军将领，占据伊犁，公开扯起叛旗，破坏西北已经统一的局势。

与噶尔丹一样，阿睦尔撒纳为了取得沙俄支持，以实现自己政治野心，竟然表示"愿意服从俄国女皇的旨意"，并要求沙俄在中国额尔齐斯河和斋桑湖之间地区修建要塞，出兵保护他，以对抗清政府的平叛部队。还要求为他网罗残余势力，承认他为准噶尔总汗。[①] 而沙皇和殖民当局也为他出谋献策，要他加入俄国国籍，或留在准噶尔继续争夺汗位，进行分裂割据活动，建立由沙俄控制的傀儡政权，从而达到侵吞我国西北地区的目的。1757 年夏，清军在追击狼狈溃逃的阿睦尔撒纳时，从其辎重车中，缴获沙俄边防官 1756 年夏末至 1757 年初春写的劝诱他叛国投俄的四封信。这些罪证至今尚保存在我国有关档案材料中。

由于阿睦尔撒纳发动的叛乱，违背历史发展趋势和各族人民的共同愿望，使准噶尔地区重新陷入"内乱频仍"、"群遭涂炭"的状况，[②] 因而受到包括准噶尔部众在内各族人民的强烈反对，同时也引起准部许多上层分子的不满和抵制，使他陷入众叛亲离、极端孤立的境地。最后当他被清军击溃，怆惶由哈萨克逃往俄国时，跟随他的只有七、八个人，落得了身死异国的下场。

综上所述，噶尔丹和阿睦尔撒纳，为了实现自己的政治野心，不惜与沙俄侵略势力相勾结，充当了沙俄侵华工具。他们所发动的战争，"肆行劫掠"，"拆人妻子"，"离人骨肉"，"人畜屡毙"，"死亡相继"，"人人含怨"，[③] 给各族人民，特别是蒙古族人民带来深重灾难，破坏了社会经济的发展，因此不能不遭到各族人民的反对。而清政府统一西北之战，在客观上，不仅安定了社会秩序，而且避免厄鲁特、喀尔喀、内蒙古、青海等地从祖国大家庭中分裂出去，打击了沙俄侵略势力，捍卫祖国边疆，促进多民族大家庭的巩固和发展，因此，必然得到各族人民的支持。这突出地表现在康熙三次平定噶尔丹之战、1755—1757 年乾隆统一西北与平定阿睦尔撒纳的过程中，清军之所以能取得神速进展，是和全国各族人民的支

---

① 兹拉特金：《关于阿睦尔撒纳的俄国档案资料》，载《蒙古民族的语文与历史》，莫斯科 1958 年版，第 315 页。

② 《皇朝藩部要略》卷 13、12，《厄鲁特要略五》、《厄鲁特要略四》。

③ 详见《清圣祖实录》卷 147、卷 150、卷 146、卷 143；《清高宗实录》卷 504。

持，特别是准噶尔人民的支援分不开。当时参加平叛斗争，有来自全国各地蒙、汉、满、锡伯、达斡尔、维吾尔等族人民，他们跋山涉水，横渡沙漠，战胜严寒酷暑，历尽艰难困苦，英勇战斗，为统一祖国西北疆域贡献自己的力量。准噶尔人民在积极支持清政府统一战争的同时，为反对封建贵族的割据或叛乱，不断归附清朝政府。仅从 1750—1757 年，厄鲁特各部台吉、宰桑率众归附或举部内迁的就有数十次。规模较大的有 1753 年杜尔伯特台吉车凌、车凌乌巴什、车凌蒙克率众一万五千人内附；1754年和硕特、辉特部台吉"挈数万众屯内汛"①；1755 年，准噶尔部台吉达什达瓦之寡妻率部众八千余内迁。他们中很多人参加平叛部队，在保卫祖国西北边陲中立下战功。这充分说明，清政府统一西北是众望所归、人心所向，而噶尔丹和阿睦尔撒纳逆潮流而动，被人民所唾弃，也是历史的必然。

三

　　根据前述三条标准，我们认为，对 17 世纪末至 18 世纪上半叶的准噶尔首领策旺阿拉布坦、噶尔丹策凌，应恢复其本来面目，作出符合历史实际的评价。过去一些论著，对这两人一般都采取否定态度，说他们对外勾结沙俄，对内发动叛乱，是叛乱头子，这种见解恐也值得商榷。

　　首先，策旺阿拉布坦在清改府平定噶尔丹分裂祖国的骚乱中，是起很大作用的。策旺阿拉布坦是僧格长子，其父死时，他和弟索诺木阿拉布坦尚年幼，大权为噶尔丹所独揽。1688 年冬，噶尔丹为巩固自己在准噶尔的统治，毒杀准噶尔汗位合法继承人索诺木阿拉布坦，迫使策旺阿拉布坦率领僧格"旧臣"七人、部众五千逃往额琳哈必尔噶。噶尔丹闻讯，率兵两千追赶，被打得大败，"下人散亡略尽，又极饥窘，至以人肉为食"②。策旺阿拉布坦遂移营博罗塔拉，并招纳散亡之众，以扩充实力，与噶尔丹相对抗。康熙亲征时，策旺阿拉布坦又乘机占领厄鲁特的"会

---

① 《皇朝藩部要略》卷 12，《厄鲁特要略四》。
② 《清圣祖实录》卷 143。

宗地"伊犁河流域以及阿尔泰地区，并配合清军派兵出击噶尔丹，使他处于腹背受敌，进退维谷的绝境，结果欲归不能，走投无路，只得服毒自尽。① 事实证明，清朝政府之所以能迅速平定噶尔丹扰乱，除了其他各种因素外，也是与策旺阿拉布坦在西北占据噶尔丹大后方，堵绝其归路分不开。

其次，有人说策旺阿拉布坦派遣大策凌敦多布率兵攻打西藏是搞叛乱，对此，我们认为也要根据当时历史环境进行实事求是的分析。过去不少著作，包括近年来发表的文章，把1671年噶尔丹上台之后至1757年平定阿睦尔撒纳之间所发生的战争，包括策旺阿拉布坦攻打西藏在内，都说成叛乱，是欠妥当的。诚然，策旺阿拉布坦进兵西藏，袭杀拉藏汗，肆意杀掠，破坏寺庙，给蒙藏两族人民，特别是藏族人民带来很大苦难，使藏区社会经济受到严重破坏，是应否定的，但不能说战争具有叛乱和反叛乱性质。当时西藏在政治和宗教上虽与清廷联系甚密，但尚未处于清朝直接统治之下，直到1720年（康熙五十九年），清军把策旺阿拉布坦的军队逐出昆仑山，才进驻西藏，遂于1727年（雍正五年）正式设立驻藏大臣，完成重新统一西藏的事业。因此，策旺阿拉布坦攻打西藏，就其性质而言，与噶尔丹之进犯喀尔喀和内蒙古地区是不相同的。后者是配合沙俄的武装侵略而进行的叛卖性行为。前者乃是准噶尔统治者向占据西藏的和硕特部拉藏汗，争夺对西藏统辖权之战，纯属国内兄弟民族统治者之间的矛盾，不能说具有叛乱和反叛乱性质，也不能把它作为否定策旺阿拉布坦的重要依据。

再者，有些著作认为他勾结沙俄，这一点尚有进一步探讨的必要。过去评价少数民族领袖人物，往往存在一种倾向，只要和外国一发生关系，就动辄斥之为"分裂"和"背叛祖国"，并且把它作为否定历史人物的主要标准之一。在准噶尔史的研究中也是如此。

我们认为，准噶尔位于祖国西北边陲，和外国接壤，不可能不和外界发生往来关系。在评价历史人物和外国关系性质时，必须根据上述第三条标准，看他是否有损害民族和祖国利益、出卖领土主权的行为。我们在对历史事实的分析研究中，尚未找到策旺阿拉布坦和噶尔丹策凌与沙俄侵略

① 关于噶尔丹之死，有两种说法，一为自尽，一为病故，今取一说。

者进行勾结，发动叛乱的材料，倒是有不少证明他们和沙俄进行针锋相对斗争的记录。这突出地表现在亚梅什湖保卫战上。1715 年，沙皇派遣以布赫尔慈为首的一支三千人侵略军，侵入准噶尔亚梅什湖地区，建立军事要塞。策旺阿拉布坦闻讯，即派遣大策凌敦多布，率领一万人队伍，将侵略军团团围困，进行猛烈攻击，打得敌人弹尽粮绝，丢盔弃甲，伤亡十分惨重。最后三千侵略军只剩下残兵败将七百人狼狈逃窜，准噶尔人民取得辉煌胜利。1720 年，策旺阿拉布坦之子噶尔丹策凌又率领准噶尔两万军民，击退入犯斋桑湖一带的利哈列夫沙俄侵略军。此外，策旺阿拉布坦还不断派人到原属准噶尔、后被沙俄侵占的地区和属部征收实物税，和沙俄殖民当局进行坚决斗争。

在这个时期，策旺阿拉布坦还曾多次针对沙俄的侵略活动，提出强烈抗议，甚至表示不惜诉诸武力。1713 年，策旺阿拉布坦就俄国人在准噶尔领土上修建比斯克和比卡图斯克要塞问题提出抗议。① 翌年，他又遣使致书西伯利亚总督加加林，指出："托木斯克、克拉斯诺亚尔斯克、库兹涅茨克等城市建造在他们的土地上，应该搬开，否则，他将占领这些城市，因为这造在他的土地上。"② 1718 年，他在写给西伯利亚总督的信中再次提出，要俄国停止向他的属民征收实物税，迁走建造在准噶尔土地上的城市。③ 1719 年（一说是 1720 年），他又郑重声明：一百年前，通过谈判，确定以鄂木河和鄂毕河上的黑岬沿线为界，此线以北属沙俄，以南属准噶尔，并强烈谴责沙俄破坏了这个界约。④

诚然，策旺阿拉布坦作为封建上层贵族的代表，由于其本身的阶级局限性，以及当时国内外错综复杂的环境，使他在对俄斗争中表现出了一定的软弱性和妥协性。例如，在他继位初期，对于沙俄侵略准噶尔属部吉利吉思地区，采取容忍和退让态度。1703 年，他为避免与沙俄直接冲突，

---

① 加恩：《早期中俄关系史》，江载华译，第 76 页；兹拉特金：《准噶尔汗国史》，第 382 页。

② 俄国对外政策档案馆，Ф. 准噶尔卷，1595—1736，Д1 第 14—15 页（转引自《准噶尔汗国史》第 342 页）。

③ 霍渥斯：《蒙古史》第 1 卷第 647 页；兹拉特金：《准噶尔汗国史》第 346 页。

④ 《准噶尔汗国史》第 348 页。另据该书第 383 页所载，1742 年，噶尔丹策凌更具体地指出，这时在边界上还植造禁林，按接鹿砦为界桩。

派军队把叶尼塞河上游的东支吉利吉思人迁往西部天山。① 1721 年，策旺阿拉布坦在骚扰西藏兵败、清军压境情况下，曾一度想以允许俄国 "探矿者自由过境" 和要求沙俄出兵额尔齐斯河，共同防御清军，以解救危机。② 但是，这与噶尔丹、阿睦尔撒纳勾结沙俄，则具有完全不同性质。噶尔丹不但在行动上配合沙俄的侵略，攻打喀尔喀，并企图出卖领土阿尔巴津来换取沙俄哥萨克骑兵和大炮，以对东蒙古和中原地区大举进犯。曾为清朝要员的阿睦尔撒纳也明确地要把当时已为清政府所统一的额尔齐斯河和斋桑湖之间地区让给沙俄修建要塞，并拜倒在沙皇脚下，乞求承认他为准噶尔总汗。而策旺阿拉布坦对沙俄的侵略是备有戒心的，当他欲请沙俄出兵额尔齐斯河防御清军时，已担心沙俄军队会赖着不走，为此，1721 年，特遣博罗库尔干赴彼得堡，试就沙俄出兵及双方在额尔齐斯河流域的界域问题进行谈判。由于沙俄想借此迫使策旺阿拉布坦 "承认自己是俄国臣民"，以达到吞并准噶尔领土目的，而遭到博罗库尔干拒绝，他反复重申准噶尔对额尔齐斯河流域的主权，使谈判毫无结果。③

1722 年，沙俄派以翁科夫斯基为首的使团到策旺阿拉布坦处，又欲乘机诱使他臣服沙俄，"让与领土"。并以条约签订后，俄国就会对清廷采取强硬态度，甚至举行一次军事示威来保护他作为诱饵，④ 迫使他就范。在这样保持或丧失民族独立和领土主权的关键问题上，策旺阿拉布坦不仅拒绝了沙俄要他臣服及在准噶尔领地上筑造要塞和派遣驻防军的要求，而且再次反复重申额尔齐斯中上游一带是准噶尔的土地，并继续向其属民征收实物税。⑤ 这些事实表明，策旺阿拉布坦并未在沙俄侵略者威胁利诱面前屈服。那种认为策旺阿拉布坦勾结沙俄、出卖祖国的看法，实未敢苟同。

---

① 详见苏联吉尔吉斯加盟共和国科学院历史研究所编：《吉尔吉斯史》，1956 年伏龙芝版，第 174 页；阿德里安诺夫《米努辛斯克边区概况》，1904 年托木斯克版第 7 页；兹拉特金：《蒙古近现代史纲》，1957 年莫斯科版第 68 页。

② 加恩：《早期中俄关系史》第 80—81 页；兹拉特金：《准噶尔汗国史》第 348—349 页，《蒙古近现代史纲》第 72 页；陈复光《有清一代之中俄关系》第 41 页。

③ 参见《蒙古近现代史纲》第 72 页；兹拉特金：《准噶尔汗国史》第 349 页。

④ 参见加恩《早期中俄关系史》第 80 页；兹拉特金：《准噶尔汗国史》第 354、355 页。

⑤ 巴托尔德：《欧洲和俄国的东方研究史》，列宁格勒 1925 年版，第 210—211 页；加恩：《早期中俄关系史》第 81 页。

　　噶尔丹策凌继承汗位后,与其父一样,坚持维护民族利益的立场,对沙俄采取强硬态度。1737 年 7 月,噶尔丹策凌遣人向沙俄政府宣称:额尔齐斯河和鄂毕河,"从河口到源头,自古以来是我们的领地,现在俄国大臣却改成了他们的地名,以前鄂木河河口上面从未有人来过……现在所有那些地方也全取了俄国的地名"。① 1742 年,噶尔丹策凌遣喇嘛达什使团赴俄,在致女皇安娜·伊凡诺芙娜的信中提出警告:"现在你们在我国土地上依旧这样呆下去,那就是把我的土地攫为己有,而我是不能交出我的土地的。虽然,我原可驱逐你们那些人……为此,请下令撤出你们的上述人员,否则,我决不允许他们在我国土地上生活"。② 他严正表示:托木斯克、库兹涅茨克、克拉斯诺亚尔斯克及额尔齐斯河沿岸各要塞是建在准噶尔土地上,必须立即撤除。这些铿锵有力的抗议声,充分表达了准噶尔人民及其首领,为维护民族尊严、领土主权而不惜牺牲一切的英雄气概。

　　由上可见,策旺阿拉布坦和噶尔丹策凌对沙俄侵略势力的态度基本上是明朗的。他们所领导的抗俄斗争,沉重地打击沙俄扩张主义者的嚣张气焰,阻遏沙俄的南侵,为捍卫祖国的西北边疆作出了贡献。

　　其四,策旺阿拉布坦和噶尔丹策凌在促进本民族社会经济发展方面,也起了积极作用。

　　列宁说:"判断历史的功绩,不是根据历史活动家没有提供现代所要求的东西,而是根据他们比他们的前辈提供了新的东西。"③ 在准噶尔社会发展史上,策旺父子统治时期是个重要阶段,准噶尔的畜牧业、农业和手工业都得到较为迅速发展。

　　由于这个时期准噶尔的局势比较稳定,牧地不断扩大,伊犁、乌鲁木齐、雅尔、额敏、玛纳斯、珠勒都斯、巴彦代一带,出现了不少水草甘美、宜于蓄息的广阔牧场,牲畜头数不断增加。据归附清廷的厄鲁特部众反映,在准噶尔,有二、三百大畜、四、五百羊者为富人,有四、五十四

---

　　① 俄国对外政策档案馆:《Ф. 准噶尔卷》,1737,Д2 第 5—6 页,转引自《准噶尔汗国史》第 383 页。

　　② 俄国对外政策档案馆:《Ф. 准噶尔卷》,1742,Д2 第 160—161 页,转引自《准噶尔汗国史》第 384 页。

　　③ 《列宁全集》第 2 卷,第 150 页。

大畜、二、三百只羊者为富裕户。① 可见，富户及中上等牧民的牲口占有量是很可观的。所谓"控弦近百万人，马驼牛羊遍满山谷"②，就是这种繁荣景象的生动写照。

准噶尔社会经济虽然以畜牧业为主，但由于策旺父子的大力提倡，农业生产也有所发展。大批南疆的维吾尔族农民被迁到伊犁等地区，从事农业和园艺业。准噶尔部众中也有不少人逐渐从事耕种或牧耕兼营。伊犁地区"习耕佃者，延袤相望"③。此外，如乌鲁木齐、额尔齐斯河流域、赛音塔拉等地，农业也较为发展，"耕屯日辟，种艺日饶"④。很多准噶尔部众依此为生，据称大约有三分之一人家，缺少牲畜或"皆无马匹只靠种田度日"⑤。他们不仅种植大麦、小麦、黍、糜子、青稞、稻米等粮食作物，而且还种植各种瓜果蔬菜，所以"百穀园蔬之属，几乎无物不有"⑥。

手工业方面，除了发展传统的家庭手工业外，策旺父子还从战俘和其他民族中，挑选有工艺技术之人，建立布匹、呢绒、皮革、造纸、印刷、冶炼、造炮等手工业作坊，开辟了许多新门类。其中尤以采矿、冶炼和兵器制造业发展最显著。准噶尔的官制中有专门管理铁匠、器械铸造的"乌鲁特"，有专管炮的"包沁"，这说明冶炼铸造业已具有相当规模，分工也逐渐变细。⑦

策旺父子统治时期，一方面加强了与中原地区的互市贸易，促进了蒙汉之间的经济、文化交流；另一方面还发行货币，活跃商业经济，出现一些新兴城镇，伊犁成为"西陲一大都会"⑧。准噶尔的社会经济达到了空前的繁荣，耕牧结合，内治外御，"疆圉远辟，牧养蕃滋"⑨，称雄西北。

综观策旺阿拉布坦和噶尔丹策凌的生平，对外维护民族利益，抗击沙

---

　　① 中国第一历史档案馆：《满文月折档》，雍正十二年三月十九日富鹏奏折。

　　② 椿园：《西域总志》卷 2。

　　③ 《清高宗实录》卷 612。

　　④ 《钦定皇舆西域图志》卷 43，《土产》。

　　⑤ 中国第一历史档案馆藏：《满文月折档》，雍正十一年九月十九日扎朗阿奏折。

　　⑥ 《钦定皇舆西域图志》卷 43，《土产》。

　　⑦ 详见《钦定皇舆西域图志》卷 29，《官制一》。准噶尔二十四鄂拓克中，乌鲁特鄂拓克有五千多户，包沁鄂拓克有一千多户。

　　⑧ 《钦定皇舆西域图志》卷 12，《疆域五》。

　　⑨ 昭梿：《啸亭杂录》卷 3，《记辛亥败兵事》。

俄侵略，对内致力于社会经济的发展。虽然也有不少过失，但仍不愧为准噶尔历史上有作为的统治者。

在评价准噶尔历史人物时，还要提到一个 18 世纪中叶的首领喇嘛达尔扎。他是噶尔丹策凌的庶长子，父死，其弟策妄多尔济那木扎勒因"母贵"继位，但那木扎勒荒淫无道，暴虐人民，被部众废禁，1750 年部众拥戴喇嘛达尔扎为首领。他在位期间，对内和清王朝继续保持密切的政治联系，对外，面临步步紧逼的沙俄侵略势力，采取坚决抵制态度。他曾多次强烈要求沙俄归还原属于准噶尔而被其侵占的一些地区。1751 年，还派代表赴彼得堡向俄国政府提出强烈抗议，要沙俄侵略军撤除额尔齐斯河和鄂毕河上游的全部要塞。并不顾殖民当局的威胁，仍循历史惯例向这些地区的属民征收赋税，和沙俄相对抗。因而，他就成为沙俄继续南侵的障碍，这也是沙俄于 1752 年派人欲收买阿睦尔撒纳和达瓦齐来推翻喇嘛达尔扎的原因，妄图使他们取而代之，建立傀儡政权。1752 年底，阿睦尔撒纳唆使达瓦齐"铤而走险"，暗选精兵一千五百名，昼伏夜行，由达勒奇岭山路简道赴伊犁，采取买通内奸和突然袭击的手段，杀死喇嘛达尔扎，篡夺了汗位。喇嘛达尔扎在位时间虽然很短，但他对沙俄的态度，却体现了中华民族不畏强暴，勇于斗争的精神。

我们认为，在评价准噶尔历史人物时，必须立足于中华民族，放眼整个历史发展过程，坚持民族平等的原则，既要铲除历史上正统的封建王朝体系和大民族主义的影响，又要冲破历史上遗留下来的民族偏见之束缚。只有站在全中国和全民族立场，我们才不致因为准噶尔首领曾反对过清廷，而统称之为叛乱，否定他们在历史上的功绩；才能避免对清廷统一西北边疆只歌功颂德，而忽略他们的阶级局限性和民族压迫、歧视政策。同样，只有站在全中国和全民族立场，我们才能消除民族偏见，对一些领袖人物勾结外国侵略势力，进行民族分裂活动，给各族人民所造成的祸害有足够的认识，而不致偏爱；才能对清朝统一西北边疆的历史意义作出恰当评价。

（收入《蒙古族历史人物论集》，中国社会科学出版社 1981 年版）

关于准噶尔史研究中的几个问题

在准噶尔史的研究中，有些重大问题，国内外学者长期以来众说纷纭，莫衷一是。我们认为有必要提出来加以讨论，澄清一些看法，得出比较符合历史实际的科学结论，这对于研究我国西北边疆史和民族史，无疑是有所裨益的。康熙、雍正、乾隆三朝，是清代的鼎盛时期，而准噶尔问题又是这个时期清政府着力解决的举世瞩目的主要问题之一，历时三朝，动员了大量的人力物力，经过复杂曲折的斗争，终于取得了边疆的安宁，实现了祖国的统一，对以后中国历史的发展产生了深远影响。因此，研究这个时期清政府统一准噶尔的历史作用及其对准噶尔的政策，并对准噶尔领袖人物作出正确的评价，对于评定清代前期的历史地位、统治政策和对外关系等问题，有着重要的意义。现在，我们结合准噶尔史的研究，抛砖引玉，提出自己粗浅的看法。

一　对准噶尔历史人物的评价问题

从 16 世纪末至 18 世纪中叶，准噶尔出现过很多有名领袖人物，哈剌忽喇、巴图尔、僧格、噶尔丹、策旺阿拉布坦、噶尔丹策凌、策妄多尔济那木札勒、喇嘛达尔扎、达瓦齐、阿睦尔撒纳等等。过去，中外学者对他们褒贬各异。而其中有些论著，除了对哈剌忽喇、巴图尔、僧格等未置可否外，对其他诸人则采取一概否定或全部肯定的态度。究竟应该如何正确地评价准噶尔历史人物，这是准噶尔史研究中的一个重要课题。它关系到怎样正确认识准噶尔及其领袖人物在历史上对祖国的贡献，涉及如何看待清朝统一西北的性质和意义，以及什么是准噶尔与中原地区关系的主流诸问题。因此，必须予以足够的重视，进行认真探讨，以得出比较符合历史实际的结论。本书对此已有专文论述，兹不再重复。

二 清朝统一西北的历史功绩
及其对准噶尔的政策

有人说清朝政府统一准噶尔是非法的，没有客观必然性。国外扩张主义的某些御用文人也别有用心地诬其为"侵略"、"镇压"。我们认为，康熙、雍正、乾隆三朝平定准噶尔割据政权和少数反动上层贵族的叛乱，客观上是顺应历史发展、符合各族人民的要求和愿望的，也是适合当时中国国情的。康熙、乾隆对实现祖国的统一，推动多民族国家的发展，是作出贡献的。要了解这种意义，必须对当时国内外形势，特别是我国西北地区的形势有一个清晰的认识。

国际方面，如前所述，沙俄已把它的血腥魔爪，伸向我准噶尔传统的游牧地和辖地叶尼塞河上游和额尔齐斯河流域中游两岸。这些地方，自古以来就是祖国疆域不可分割的组成部分。两汉时，那里是我国古代兄弟民族政权传统管辖的地区。唐时，在此设立燕然都护府，后改为安北都护府，并在叶尼塞河上游一带，设立了坚昆都督府。随后，这里是我国契丹、女真族建立的辽和金两个王朝所统辖的地区。元时期，又是我国岭北行省的所在地。明时期，这里是准噶尔的先人强大的瓦剌政权所统辖的地区。这些在我国史籍上都有明确的记载。但是，沙皇俄国却对这些历史视而不见，置若罔闻。从16世纪末至18世纪中叶，它采用武装移民、军事侵略、"和平贸易"和劝诱加入俄国国籍等卑劣手段，侵占了准噶尔大片领地，建立了好几条军事堡垒线，并继续大举南侵，妄图吞噬我整个准噶尔和西北地区。虽然，我准噶尔等各族人民，对沙俄的侵略行径，义愤填膺，同仇敌忾，与之作过坚决的斗争。但是，面对张牙舞爪的沙俄侵略者，处在西北前哨的准噶尔，无论是军事的还是经济的力量，都不足以单独持久地抵御外来的侵略。一旦沙俄结束了争夺欧洲出海口的战争，腾出手来，地处沙俄和清政府之间的准噶尔割据状态就无法存在，其后果的严重性和危险性将不堪设想，不仅准噶尔的领地会丢失殆尽，而且将构成对我整个西北地区乃至全中国的严重威胁。要么实现祖国的统一，要么使我西北沦为沙俄的殖民地，二者必居其一，没有第三条路可供选择。因此，统一西北，保卫边疆，就经济、军事实力和国内外形势的发展来说，都必然历史地落到清王朝身上。

国内形势方面，1644 年清军入关后，中国的政治形势发生了很大变化。清朝平定了南方三藩，统一了台湾，在北方也先后统一了内蒙古和喀尔喀。由于沙俄不断南侵，积极支持和策动准噶尔反动贵族的叛乱，使准噶尔和喀尔喀各部蒙古族人民遭到空前的浩劫，准噶尔人民迫切要求重新统一于中国，各族人民都希望几经变乱的中国能够出现一个全国统一安定的局面。因此，当时清朝重新统一西北，消除割据，平定叛乱，已是人心所向，大势所趋。这突出地表现在 1690 年、1696 年和 1697 年康熙三次亲征平定噶尔丹叛乱，1755—1757 年乾隆统一西北和平定阿睦尔撒纳的过程中。清政府之所以能取得神速的进展，是和全国各族人民的支援，特别是准噶尔人民的支持分不开的。当时参加平叛斗争的，有全国各地区调来的包括蒙古、汉、满、锡伯、达斡尔、维吾尔等各民族人民。他们在平定过程中，长途跋涉，翻山越岭，横渡沙漠，跨越沼泽洼地，战胜严寒酷暑，历尽艰难困苦，勇于战斗，为统一祖国的西北疆域贡献力量。

准噶尔人民也同样以自己的实际行动，来支持清政府统一西北的进军。他们纷纷要求归附清政府，或者投奔到准噶尔内部反对叛乱势力的一边，来反对少数上层贵族的割据或叛乱。噶尔丹之乱时，大批厄鲁特部众离开了准噶尔地区，仅 1696 年（康熙二十五年），就有准噶尔属部一千五百人陆续内投，后来包括噶尔丹的亲信阿喇卜滩、格垒兰古英等都归附了清朝，使噶尔丹众叛亲离，处境十分孤立，加速了灭亡的命运。最后，噶尔丹身边将佐只有阿拉尔拜、纳颜格隆二人，余下不及百人，走投无路，只得服毒自杀（一说病死）。从乾隆十五年准噶尔部宰桑萨拉尔反对内乱率部众千余内附后，至乾隆二十二年平定阿睦尔撒纳叛乱为止，厄鲁特各部台吉、宰桑率部众要求归附平叛大军或举部内迁的就有数十起。其中规模较大的有 1753 年杜尔伯特台吉车凌、车凌乌巴什、车凌蒙克率领部众三千一百多户、一万五千多人内附，接着辉特等部也在其台吉、宰桑领导下，"挈数万众屯内汛"①。1755 年平定阿睦尔撒纳叛乱时，准噶尔达什达瓦部奋起反对叛乱，举部内迁，达什达瓦及其弟伯格里部众共八千余，在达什达瓦的寡妻率领下，冲破叛乱分子的威胁利诱和阻挠，击退叛军的追击，历尽艰险，来到清军的驻地巴里坤，清廷封她为"车臣默尔根哈屯名号"②。后来达什达瓦部有很多人参加了八旗，编入驻防军，英勇地捍卫着祖国的西北边疆。

大量准噶尔部众纷纷内附，说明了什么呢？准噶尔与沙俄接壤，而沙俄此时，正煞费心机千方百计地拉拢准噶尔贵族，引诱他们加入俄国国籍。沙皇在致阿睦尔撒纳信中赤裸裸地表示，对准噶尔台吉率领部众去俄，他们统予接受③。在这种情况下，准噶尔人民纷纷要求归附清朝，而不为沙俄所动，这充分表现了准噶尔人民要求统一于祖国的愿望和决心。所以说，清政府之统一西北边疆，是众望所归，人心所向，顺应了历史发展，是谁也抗拒不了的。

清政府在平定过程中，之所以取得迅速胜利，另一个重要的原因是康熙、乾隆制订了较为稳妥的安抚政策，并能在进军中严格贯彻执行，因而深得人心。过去有些著作，把清朝平定叛乱和对准噶尔的战争描写得很残酷，说是把准噶尔人杀光了，消灭了，这种论调不仅国外有，国内也有，我们不能同意这种看法。清王朝作为封建统治阶级的代表，出于其阶级本性，必然在人民中推行民族压迫歧视政策，因此，在战争中发生杀害一些受裹胁或无辜的群众之事是存在的，如平定阿尔睦撒纳的叛乱前后，清朝又命兆惠等对零星的反抗继续进行清剿，其驻守巴里坤的副都统雅尔哈善也枉杀了来归的和硕特之沙克都尔曼济汗等，虽然被清王朝发现为冤案，但已造成了不可挽回的损失和影响，这正是清统治者反动阶级本性的表现。不过，那种认为清政府把厄鲁特各部人民杀尽斩绝的说法，也是不符合事实的。

康熙、乾隆时期，清廷为了巩固和加强自己的统治，希望尽速出现一个稳定的边疆和全国大一统的局面。为此，就要在准噶尔笼络人心，进行怀柔，制定一条行之有效的政策。因而，无论是准噶尔贵族，还是一般牧

---

① 《皇朝藩部要略》卷 12，《厄鲁特要略四》。

② 《清高宗实录》卷 499。

③ 《满文月折档》，乾隆二十八年七、八月，139 函，1757 年 1 月 6 日俄罗斯边界长官处致阿睦尔撒纳之信（故宫博物院明清档案部藏）。

民，只要他维护祖国的统一，反对外来侵略势力，举部内迁或个别归附，清朝政府都坚决予以支持，封官锡爵，招抚安置，对他们表示欢迎。1750年，萨拉尔率众归附，清政府授以散秩大臣，后封为定边右副将军。1753年三车凌来归，康熙非常重视，次年夏在热河（今承德）万树园亲自接见他们，并多次欢宴，册封车凌为和硕亲王，车凌蒙克为多罗贝勒，车凌乌巴什为多罗郡王。接着阿睦尔撒纳、讷默库来归后，清政府封阿为亲王，后授以定边左副将军，封讷默库为郡王，对随后亦来归的玛木特，授为内大臣，对他们下属各级大小头目都进行分封，赐以厚礼。一直到平叛后，仍取这样的政策。如1771年，土尔扈特渥巴锡因不堪沙俄的压迫、剥削和侵略，率部众克服重重艰难险阻、作出重大的民族牺牲、返归祖国的英勇行动，受到乾隆的高度赞赏。乾隆多次赐宴万树园，修建庙宇，举行盛大仪式欢迎他们，并树碑铭文，表彰他们热爱祖国、不畏强暴、可歌可泣的悲壮义举。清政府封渥巴锡为卓哩克图汗，策伯克多尔济为布延图亲王，舍楞为弼里克图郡王，巴木巴尔为毕锡勒尔图郡王，其下按序封为贝勒、贝子、辅国公、扎萨克、闲散王公等，共计受封爵者四十一人。即使过去反对过清朝的人，也既往不咎，一视同仁。如对舍楞的来归，在清政府中曾引起争论。舍楞原是土尔扈特部翁罕十四世孙，该部西徙后附牧于伊犁，后来也参加了叛乱，逃往俄境，当时清政府曾一再向俄国交涉，要求引渡，受到拒绝，以后他往依伏尔加河下游的土尔扈特部。他亲眼目睹了沙俄扩张主义和殖民统治的狰狞面目，为挽救民族危机，竭力劝渥巴锡还归故土，并在牧民中作了很多宣传鼓动工作，故在这次返归祖国中，起了很大作用。但清政府中的一些大臣，对舍楞来归采取不信任态度，认为他是叛逃之人，不可深信，要对其进行戒备。而乾隆却不听他们这一套，认为舍楞乃自己投诚，是诚心归附，不但没有追究前罪，还表示慰问和欢迎，与渥巴锡等同样隆重接待，进行欢宴、敕封，使来归的厄鲁特人很受感动。即使像噶尔丹这样的人物，康熙也一再争取，当他已穷途末路，狼狈不堪时，仍多次招抚，表示只要能悔过自新，"朕当厚加恩赐，如决计入降，益从优抚养"①，"待以显荣"②。噶尔丹死后，对其子女都

---

① 《朔漠方略》卷9。

② 《清圣祖实录》卷176。

未追究，并给予优厚的政治生活待遇。又如乾隆在对待达瓦齐问题上，也继承了康熙的政策，他针对准噶尔的内讧和混乱局面，认识到"准噶尔一日不定，则部曲一日不安"①，国家的统一和外侮也就无法解决，因此，他决心要完成康熙、雍正两朝"筹办未竟之绪"②，实现祖国的统一。他在出兵前宣谕中外，一方面指出，统一达瓦齐的割据政权是"事会所主，揆之理势，实有不得不从长经理者"③，一方面，又对达瓦齐进行争取，云"即使达瓦齐，能痛改前非，输诚投顺，朕亦一体封爵，不令失所"④。后来擒获达瓦齐后，乾隆又决定特赦，授以亲王之职，嫁以宗室女，给予优裕的生活待遇。总之，康熙、乾隆这种怀柔政策，团结了大多数准噶尔上层贵族，使少数坚持民族分裂的人遭到彻底孤立。

对于一般牧民，凡来归附者，无论是零星来投，还是集体来归，清政府都采取了安抚政策，加以妥善处置。给他们安排定居，划定游牧场所，发放牛羊、衣物、银钱、农具、籽种。如三车凌来归后，就将他们带来的一万五千人安排在科布多附近牧场定居下来，两次发给该部有大牲口五百头，羊两万一千只，粮食四千余石⑤。对其他各次来归的部落和零星的贫穷户都进行了安插和物资救济。后来渥巴锡率部从伏尔加河下游回来时剩下七万余人，牲畜几净，清政府发给各部马牛羊二十多万头，米麦四万一千余石，茶二万余封，羊裘五万多件，棉布六万一千多匹，棉花近六万斤，毡庐四百余具等等，并安排他们到天山以北和阿尔泰山附近的草原游牧定居下来。他们的宗教信仰和生活习惯也受到了保护。由于清政府执行的安抚政策，使准噶尔人民免除了少数上层贵族内讧、叛乱和外侮所造成的家破人亡、流离失所、"牲畜已尽"、"极其穷困"⑥ 的悲惨境况，去向有了归宿，生活有了出路，生产逐渐得到恢复和发展，社会秩序很快安定下来。

另一方面，清政府对于坚持分裂、破坏民族团结，特别是勾结外国侵

---

① 《平定准噶尔方略》卷 12。
② 《清高宗实录》卷 489。
③ 《清高宗实录》卷 475。
④ 《清高宗实录》卷 477。
⑤ 《清高宗实录》卷 458、463。
⑥ 《清圣祖实录》卷 150。

略势力进行叛乱的一小撮民族败类，则采取坚决打击，彻底清剿的立场。如对待阿睦尔撒纳就是一例。阿睦尔撒纳是一个阴险狡黠、反复无常的个人野心家，惯于搞阴谋，要诡计。他原先要求归附清政府，并非真心，只是迫于达瓦齐的追击，想借助清政府的力量，消灭政敌，以图实现夺取厄鲁特四部总台吉或汗位之野心。因此，当清政府授以亲王和定边左副将军，负责北路平定工作后，他的野心家、阴谋家的真面目暴露无遗。1755年夏，他竖起了反对清政府的叛旗，纠集同党，袭击清军台站哨所，围攻驻军将领，占领伊犁，破坏了当时西北已经统一的大好形势。他甚至不惜出卖国家领土主权，要求沙俄出兵保护他并进攻清军。沙皇和俄国殖民当局也为他出谋献策，要他加入俄国国籍，保证支持他搞分裂，当准噶尔总汗。清政府对他的政治野心，早有所察觉和防范，并对他的后台沙俄采取坚决斗争的态度。在军事围剿和外交斗争的双重配合下，终于取得了平定阿睦尔撒纳叛乱的胜利，再次完成统一西北的大业。

由于康、雍、乾时期，制订和贯彻了对准噶尔比较稳妥的政策，处事谨慎，界线清楚，赏罚分明，不仅团结了准噶尔上层贵族，也得到一般牧民的支持，收到了较好的效果。1755年（乾隆二十年），当清军往征达瓦齐途中，准噶尔"大者数千户，小者数百户，携酮酪、献羊马，络绎道左。行师数千里，无一人抗颜行者"①，而内附的准噶尔将领也从军效力，个个争先恐后，协同作战，出现了不少可歌可泣的动人事迹。如1755年，夜袭格登山，以二十五人打得达瓦齐一万人抱头鼠窜，一片混乱，俘虏了七千人凯旋而归的，就是厄鲁特勇士阿玉锡等所率领，博得了清政府的嘉奖。1755年，清军将领原准噶尔宰桑玛木特，因寡不敌众被俘后，严正拒绝了阿睦尔撒纳要他参加叛乱的威胁利诱，并严词痛斥而遭到杀害，表现了维护祖国统一的坚定立场和大无畏精神。

清政府对准噶尔一系列政策的贯彻执行，并不是一帆风顺的，不时遇到很大阻力。在执行过程中，统一和分裂的斗争，一直在激烈地进行着。不仅准噶尔内部是如此，而且在清廷内部也是如此。一些皇亲贵族和权臣，认为西北地区贫穷落后，人心叵测，不足进取。康熙亲征噶尔丹召群臣集议时，他们慑于叛乱势力，力主以不出师远征为好，从中阻挠，但康

---

① 　魏源：《圣武记》卷4，《乾隆荡平准部记》。

熙并没有听他们的，而是"不避寒暑艰辛，亲莅穷边，三勒薄伐"。1696
年（康熙三十五年），康熙第二次亲征时，一方面，"敌尽焚草地，进军
遇道，秣马粮运阻雨，士马馁困"，行军很艰苦；另一方面，噶尔丹一再
扬言"借俄罗斯鸟枪兵六万，将大举内犯"。① 这又一次引起了某些宫廷
权贵们的恐慌，他们力劝康熙不要再继续前进，及早班师回朝。当时伴随
康熙出征的扈从大臣佟国维、索额图、伊桑阿等人奏言："传闻噶尔丹去
之已远，皇上当徐还，使西路兵前进"②。企图撤退康熙亲率的中路军，
遭到康熙的痛斥。他指出："我师现到此地，噶尔丹可擒可灭，而肯怯懦
退缩乎？"③ 并认为若中路军撤回，噶尔丹就会"尽锐注西路，西路军不
其殆乎？"④ 他严厉警告他们，如果不奋勇追剿，就要诛杀不论。由于康
熙坚持平叛的方针，取得了昭莫多战役决定性胜利，彻底摧毁了噶尔丹的
有生力量，使之从此一蹶不振，走向覆灭。

　　在统一和安抚西北的过程中，康熙、乾隆对外来侵略势力干涉中国内
政，进行了针锋相对的斗争。1690 年（康熙二十九年），当康熙得知沙俄
勾结噶尔丹密议订立军事同盟及噶尔丹请兵于俄罗斯的消息时，立即遣内
大臣索额图召见在京的俄国使节吉里古里和伊法尼齐，严正指出："噶尔
丹迫于内乱，食尽无归，内向行劫，今仍扬言会汝兵，同侵喀尔喀。喀尔
喀已归顺本朝，倘误信其言，是负信誓而开兵端也"⑤。有力地揭露了沙
俄暗助噶尔丹为乱的阴谋。1757 年，清军在追击阿睦尔撒纳时，从其辎
重车中，缴获沙俄殖民当局劝诱阿睦尔撒纳叛国投俄、严重干涉中国内政
的四封信，乾隆立即派人向沙俄提出严重抗议。阿睦尔撒纳叛逃俄国后，
清政府又多次与沙俄交涉，强烈要求俄官方遵约将阿睦尔撒纳送还。在清
廷的不断斗争下，沙俄当局才不得不把阿得痘身死的消息告诉清廷，并被
迫将尸体运至恰克图验看。清廷对沙俄外交上的斗争，同国内平定斗争互
相配合，相辅相成，从而遏止了外来侵略势力对叛乱分子的支持，打击了
他们的嚣张气焰，加速了叛乱势力的覆灭。1771 年，渥巴锡率领土尔扈

---

① 何秋涛：《朔方备乘》卷 4。
② 《清圣祖实录》卷 172。
③ 同上。
④ 魏源：《圣武记》卷 3。
⑤ 《朔漠方略》卷 6，第 19 页，康熙二十九年五月癸丑条。

特人民从伏尔加河下游返归祖国后，沙俄曾蛮横地要清政府归还这些"属民"，并以兵戈相威胁，遭到了清政府的严正拒绝和驳斥。清政府在复照中指出，土尔扈特不是俄国的属人，而是中国西北蒙古族的一部。并表示："或以兵戈，或守和好，我天朝唯视尔之自取而已"[①]。由于清廷态度坚决，据理驳斥，迫使沙俄自讨没趣，不了了之。

综上所述，清代康、雍、乾时期，对准噶尔所制定的政策，基本上是稳妥的，贯彻也颇为得力。它虽是基于统治阶级利益考虑而制订和为他们服务的，但客观上保证了平定斗争的胜利进行，粉碎了叛乱势力，消除了割据状态，打击了沙俄侵略势力，挽救了民族分裂的危机，统一了西北边疆，为其后新疆建省和社会经济发展，创造了有利的条件，这是符合全国各族人民要求统一安定的共同愿望，符合历史发展趋势的。因此，对清代前期统一西北的战争，基本上是应予以肯定的，康、雍、乾三朝对巩固和发展我国统一多民族国家作出了贡献，他们在历史上的作用，不容忽视。但对于其在统一西北过程中的过失及对民众造成的伤害也毋庸回避。

三　关于准噶尔和中原地区的关系问题

长期以来，国内一些研究准噶尔历史的著作，在阐述准噶尔和祖国的历史关系时，通常着眼于有清一代，而又往往只突出了矛盾和战争的一面、分裂和割据的一面，实际上把准噶尔的历史看成了一部战争史、平叛史，我们认为这是值得商榷的。综观准噶尔和中原地区的关系，友好往来、团结互助是主流，分裂和战争是支流，准噶尔和各族人民共同缔造了祖国的历史和文化。这是我们研究准噶尔和中原地区的关系史时，应该具备的指导思想。

翻开准噶尔的历史，可以看到，早在准噶尔的先祖斡亦剌和瓦剌时期，就和中原地区发生了密切的政治、经济和文化联系。元时期，斡亦剌生活在叶尼塞河上游的八河地区，当时属于元岭北行省管辖。元朝派刘好礼到那里担任五部断事官，后来该地又成为元平定诸王叛乱的重要战略据

---

① 《清高宗实录》卷914。

点。为了增强防御能力，满足当地的需要，针对原来的落后状况，元朝采取了一系列发展当地经济和文化的措施。如：把中原地区从事农业、手工业和有水利灌溉经验的汉族和西域的维吾尔族，大量迁移到叶尼塞河上游地区，在那里开垦、屯田和从事各种当地需要的手工业生产，推广先进技术；建立工匠局，置仓库，修驿道，开盐矿，有力地促进了各族之间的经济、文化交流和发展。汉族和维吾尔族也从当时"游牧民"和"森林民"那里，学会了狩猎、游牧和饲养牲畜的方法，解决了生产用畜，丰富了生活内容。据《长春真人西游记》记载：成吉思汗西征时，俭俭州（今叶尼塞河上游）已有"汉匠千百人居之，织绫罗锦绮"。[①]《元史·地理志》记载："谦州有工匠数局，盖国初所徙汉人也。"[②] 这些说明，当时手工业工人的数量是可观的，对提高当地生产技术水平起了很大作用。

明时期，瓦剌与中原地区及明王朝的关系进一步发展。瓦剌当时雄踞我国西北边疆，并曾一度统一了东蒙古，畜牧业和狩猎经济有很大发展。每次向明王朝贡马，动辄万计，和中原地区的联系很密切。据史载，瓦剌"锅釜针线之具，缯絮米蘖之用，咸仰给汉"[③]。而汉族地区也引入蒙古良种马、牛、羊、骡等，促进了内地农业和育畜业的发展，毡裘等物的交换，丰富了中原地区各族人民的生活。当时，主要采取通贡和互市的形式来进行经济交流。大同、北京、甘州、凉州是其与中原地区进行贸易的主要场所。一次贡马往往达万匹，各种皮货多达十几万张，常常出现贡使"络绎乎道，驼马迭贡于廷"[④] 的盛况。一直到清时期，这种传统的经济交流和互相依存的状况并没有改变，而且还有了进一步发展。

清代，厄鲁特各部仍以通贡和互市的形式，每年都要把大量的牲畜送入内地，换取粮食、锦缎文绮以及各种日用手工业品。主要贸易中心设在张家口、归化（今呼和浩特）和北京等地，此外西宁和多巴也是准噶尔人民与内地交易的重要场所。一直到噶尔丹发动叛乱前，这种通贡和贸易关系甚为频繁，而且规模越来越大，"每一次常至数百人"[⑤]，甚至达到数

---

① 李志常：《长春真人西游记》，第100页。

② 《元史》卷63《地理志》。

③ 瞿九思：《万历武功录》卷8《俺答列传》下。

④ 《明英宗实录》卷204第9页；胡滢：《论虏情疏》（《明经世文编》卷19）。

⑤ 《清圣祖实录》卷110。

千人，以致清朝政府采取了限制政策。1683 年（康熙二十二年），康熙敕谕噶尔丹，指出："朕嘉尔尽心敬顺，往来不绝，故向来尔处所遣之使，不限人数，一槩俱准放入边关……比年尔处使来，或千余人，或数千人，连绵不绝。……嗣后尔处所遣贡使，有印验者，限二百名以内准入边关，其余俱令在张家口、归化城等处贸易。其向来不用尔处印验，另行纳贡之厄鲁特噶尔马戴青和硕齐、和硕特之博齐库济台吉、杜尔伯特之阿达尔台吉、图尔古特（即土尔扈特）之阿玉奇台吉等所遣贡使，放入边关者，亦不许过二百人"①。由此可见，当时厄鲁特各部和中原地区的贸易往来是很频繁的。1684 年（康熙二十二年），噶尔丹又"遣使古尔班拜等，携伙伴三千人入贡"②，清政府再次重申入关人数不得超过二百人。对此，噶尔丹很不满，1685 年（康熙二十四年），他遣使对康熙说："自古以来，回厄鲁特贸易向有旧制，我等未便废也，若仍遵旧制，则凡事皆宜矣"③。1686 年（康熙二十五年），厄鲁特巴图尔额尔克济农，携其属七百八十人将至，遣官往迎，亦限二百人入关，余留归化城④。同年九月，康熙又规定："厄鲁特部落，如噶尔丹等四大台吉应令来京互市。其余小台吉，俱于张家口互市，著为定例。"⑤ 其后，清政府与噶尔丹发生战争，贸易曾一度中断，但很快又恢复了。策旺阿拉布坦和噶尔丹策凌时期，也因战争贸易受阻滞，后来双方议和，划分了游牧界，重归于好，恢复互市关系。当噶尔丹策凌在伊犁欢宴各大小台吉，宣布此事时，各部台吉宰桑同声庆贺，无不欢欣鼓舞。⑥ 这充分反映了和平往来、经济交流是蒙古、汉等族人民的共同愿望和要求，是任何力量也阻挡不了的。乾隆期间，准噶尔部与中原地区的民市贸易也有所发展，清政府曾在肃州、哈密等地开辟"民市"。例如，1744 年（乾隆九年），准部商人到肃州一次所带马驼及羊两万三千余只，"计值银四万两有奇"⑦。1751 年（乾隆十六年），至肃

① 《清圣祖实录》卷 112。
② 《清圣祖实录》卷 116。
③ 《清圣祖实录》卷 121。
④ 《清圣祖实录》卷 124。
⑤ 《清圣祖实录》卷 127。
⑥ 详见明清档案馆准噶尔档：《录副奏折》、《防务》10—11 号。
⑦ 《清高宗实录》卷 213。

州交易的马、牛、羊皮张价银达"十八万六千二百余两"①。成千上万的牲畜被赶到肃州进行交易，以换回蒙古族人民生产生活必需品。

以上都说明，在准噶尔和各族人民关系史上，友好合作、团结互助是主流，他们共同开拓和建设着祖国西北边疆，促进了我国统一的多民族国家的巩固和发展。在我国有文字明确记载以来的两千多年历史发展的长河中，各族和平友好相处，大一统的时间要占三分之二，战争和分裂时间只占三分之一，在准噶尔和中原地区的关系史上也是如此。清朝统治中国的两百多年中，准噶尔和中原地区和平相处的时间占绝大部分。即使在战争年代，准噶尔上层和清政府之间联系并没有停止，而人民之间的接触往来更是不断。在长期的友好相处中，各族人民建立了深厚的情谊。

必须指出，历史上，每一朝代略有武功的统治者，为了显示自己的雄才大略和功绩超过前人，总是要借封建史学家之笔，宣扬武功，强调征伐，为自己歌功颂德，树碑立传，而忽视人民之间的联系和交流，抹杀人民群众的历史。但今天，我们作为用马列主义、毛泽东思想武装起来的史学工作者，就得尊重历史事实和进行全面分析，不能把准噶尔的历史看作是战争史、平叛史，而应当视之为准噶尔社会形成与发展的历史，人民群众反抗压迫剥削和外来侵略的历史，看成是各族人民友好往来共同缔造祖国文明的历史。否则，就会背离我国是统一多民族国家的历史实际，违反中国历史发展的客观规律。从历史上看，我国与世界上某些多民族的大国具有不同的发展特点。世界史上出现过的多民族大国，如罗马帝国虽有一时的统一，终究还是分裂成很多独立的国家；而我国多民族历史的发展，虽然也出现过分裂时期，但总的发展趋势是一次又一次地走向统一，由小的统一到大的统一，由局部割据政权的统一，到全国的统一，至清朝前期最后奠定了我国今天多民族大家庭的基础。之所以出现这种区别，是因为世界上这些国家的统一是暂时的，缺乏内在的政治、经济和文化联系的共同基础，只维系于一时的军事威慑力量，一旦军事实力衰落，其成员即分崩离析，貌似强大的帝国也就烟消云散。而中国多民族国家的形成与发展，是建筑在源远流长的政治、经济、文化内在联系的基础上。犹如千河

---

① 《清高宗实录》卷380，381。

万流，汹涌澎湃，奔腾向前，最后汇入浩瀚大海。各族人民用自己的无穷智慧和辛勤劳动，共同缔造了祖国光辉灿烂的历史，绚丽多彩的文化。准噶尔历史发展的进程，生动地证实了这一特点。

（《新疆历史论文集续集》，新疆人民出版社 1982 年版。此文第一部分"对准噶尔历史人物的评价问题"与前面的"关于准噶尔历史人物评价问题"内容有重复之处，故删去）

柯尔克孜族的故乡及其西迁

　　柯尔克孜族是我们多民族祖国大家庭成员之一。据 1980 年统计，总人数为十万九千人，百分之八十分布在新疆南部克孜勒苏自治州阿图什、乌恰、阿合奇、阿克陶四县；其余分散在天山南北的阿克苏、温宿、拜城、乌什、莎车、英吉沙、塔什库尔干、特克斯、昭苏、额敏等县；黑龙江富裕县五家子屯也有少部分。但是，上述地方，都不是他们原来的故乡，柯尔克孜祖先的故乡，是历史上原属我国北方地区叶尼塞河上游一带，包括唐努乌梁海地区（今苏联土瓦自治州）。

　　柯尔克孜族是我国的古老民族，历史悠久。早在两千多年前，他们的活动，就和汉族历史一起，同时记载在我国史籍上，从未间断。据《史记》和《汉书》记载，两汉时，他们称为"鬲昆"、"坚昆"①，其地理方位在：丁令（民族名，分布于今贝加尔湖一带）之西，乌孙（民族名，分布于今巴尔喀什湖以东以南）之东，乌揭（民族名，分布于今阿尔泰地区）以北，大约相当于今叶尼塞河上游地区。当时，他们属于匈奴管辖。史载在汉朝征服匈奴时，丁令、乌孙、乌揭等联合起来，配合汉朝，从北方、西方向匈奴进攻，最后终于迫使匈奴向中亚西迁，各部羁属匈奴者皆瓦解，鬲昆也摆脱了他们的统治。匈奴的西迁，开始影响到古柯尔克孜人的分布，使部分柯尔克孜也迁移到中亚天山一带。《三国志·魏志》记载，在匈奴之北有"隔昆"，而在康居（国名，今巴尔喀什湖和咸海之间）西北又有"坚昆"，他们应是古柯尔克孜人的不同部落。

　　北魏至隋时期，柯尔克孜称为"纥骨氏"、"契骨"。据《北周书》

---

①　《史记》卷 110，《匈奴传》；《汉书》卷 94，《匈奴传》。

及《北史》所载，契骨住在阿辅水与剑水一带①。阿辅水即今叶尼塞河支流阿巴坎河，剑水即今叶尼塞河上游。史籍也记载，在此期间，今我国新疆天山北部已有柯尔克孜先人，《隋书·铁勒传》曰：“伊吾（今哈密地区）以西、焉耆（今焉耆地区）以北，傍白山（今天山）赋有契弊……乌谨、纥骨（即柯尔克孜先人）……”6世纪中叶，突厥兴起后，他们受突厥统治，由于突厥统治很残酷，“契骨之徒，切齿磨牙”②，常常联合周围受役属部落抗击突厥，削弱了突厥的力量，有助于唐朝对北部的统一。

唐代，柯尔克孜称为黠戛斯，《新唐书》记载：其境内“有水曰剑河，偶艇以度，水悉东北流”③。剑河即今叶尼塞河。后人在叶尼塞河流域曾发现一些古叶尼塞碑文，经研究确定，是6至10世纪古柯尔克孜人所使用的突厥文字，说明这里是古柯尔克孜人的活动场所，它和汉文史籍记载，完全吻合。黠戛斯当时的疆域范围“东至骨利干（今安加拉河一带），南吐蕃（即唐代藏族，强大时曾到达天山一带），西南葛逻禄（今中亚楚河、塔拉斯河至新疆阿克苏一带）”④，拥众数十万，胜兵八万⑤。这说明7至9世纪，叶尼塞河上游的柯尔克孜人力量非常强盛。当时，他们在政治上甚活跃，和唐朝建立了密切的关系，黠戛斯和唐朝互相遣使，往来不绝。公元648年（唐太宗贞观二十二年），黠戛斯首领俟利发失钵屈阿栈亲自到唐朝，唐太宗很高兴，隆重设宴招待，“俟利发酒酣，奏愿得持笏，帝以其地为坚昆府，拜俟利发左屯卫大将军，即为都督，隶燕然都护”⑥。

史籍记载，黠戛斯“人皆长大”，可分为两种类型：一部分为赤发、晰面、绿瞳；一部分为黑瞳，相传黑瞳者是汉朝降将李陵的后裔⑦。因此，708年（唐中宗景龙二年），在招待黠戛斯的宴会上，中宗以黠戛斯有一部分为李陵后代的传说，对使者说：“尔国与我同宗，非它蕃比”⑧。

---

① 《北周书》卷50，《突厥传》；《北史》卷99，《突厥传》。
② 《北史》卷99，《突厥传》。
③ 《新唐书》卷217下，《黠戛斯传》。
④ 同上。
⑤ 同上。
⑥ 同上。
⑦ 同上。
⑧ 同上。

由此可见，唐朝和黠戛斯的亲密关系。

在唐朝征服突厥诸部的过程中，黠戛斯常出兵帮助唐朝。在上述招待俟利发的宴会上，唐太宗谓群臣曰：往"渭桥斩三突厥，自谓功多，今俟利发在席，更觉过之"[1]。718 年（开元六年），唐朝派军队征伐东突厥时，坚昆都督府武卫大将军骨笃禄毗伽可汗亲率部众参加了这一战斗。唐玄宗在诏书中嘉奖黠戛斯等部作战勇敢说："弧矢之利，所向无前"[2]。

744 年（天宝三年），回纥部（今维吾尔族祖先）建立了回纥汗国（后改称"回鹘汗国"），占领了黠戛斯地区，使叶尼塞河上游地区，暂时中断了和中原的联系。840 年（唐文宗开成五年），黠戛斯联合回鹘汗国内一部分势力，摧毁了回鹘汗国，建立了黠戛斯汗国。在焚毁回鹘牙帐和悉收其宝时，曾遣使送回唐朝嫁给回鹘可汗的太和公主，但在途中被回鹘残部乌介可汗劫走。他们在破灭回鹘汗国以后，曾占领安西（今新疆库车地区）、北庭（今新疆吉木萨尔北破城子）、达坦（蒙古时称塔塔尔），并恢复了与唐朝的联系和友好往来。

唐朝对黠戛斯恢复关系很重视，特命大臣将黠戛斯朝贡之事绘图和撰文，"以示后世"[3]，称为"王会图"，由宰相李德裕亲自作序[4]。"至大中元年（847 年），阿热卒，唐廷诏鸿胪卿李业持节册黠戛斯君长为英武诚明可汗"[5]。890 年（唐昭宗大顺元年），黠戛斯又出兵帮助唐朝镇压李克用之乱[6]。总之，无数史实证明，黠戛斯和唐朝一直保持着密切的政治和军事联系，这种联系又促进了黠戛斯和中原各族频繁的经济和文化交流。

唐代叶尼塞河上游黠戛斯人的社会经济情况，在我国史籍上，有着较为详细的记载。当时，黠戛斯的经济以游牧的畜牧业为主，兼营狩猎和农业，手工业和商业也有了发展。牲畜有马、牛、羊、骆驼等，农产品有粟、小麦、青稞等[7]。野生动物有野马、黄羊、羱羝、鹿、貂、青鼠、黑

---

① 《新唐书》卷 217 下，《黠戛斯传》。

② 《册府元龟》卷 986。

③ 《新唐书》卷 217 下，《黠戛斯传》。

④ 李德裕：《会昌一品集》。

⑤ 《新唐书》卷 217 下，《黠戛斯传》。

⑥ 《新唐书》卷 218，《沙陀传》。

⑦ 《新唐书》卷 217 下，《黠戛斯传》。

尾（形似獐）、雁、鹜、鹊、鹰、隼①。"鱼，有蔑者长七八尺，莫痕者无骨，口出颐下"②。牧民多善马，行猎时俗乘木马（雪橇）驰冰上，滑行如飞③。其地产金、铁、锡，称铁为"迦沙"，用以制造兵器，一般制作刀、弓箭、盾牌等④。在家庭手工业方面已有相当发展，能进行农、畜产品的加工，如：用皮毛制作衣帽等物；把小麦、青稞等物碾成面；用粟酿酒等等⑤。黠戛斯常和唐朝及其辖地吐蕃、葛逻禄、大食等进行贸易⑥。他们用马和珍贵野生动物的皮毛向唐朝纳贡和换取丝绸，唐朝内地出的丝绸织品也常被贩至黠戛斯地区。

　　政治制度方面，据《新唐书》记载，黠戛斯当时已进入封建制度阶级社会，有健全的统治机构和严格的法律。黠戛斯最大的头领称作"阿热"，"阿热"下设宰相、都督、职使、长史、将军、达干六等。有宰相七，都督三，职使十，皆典兵；长史十五，将军、达干无员⑦。这些职官的设置，有的显然是从唐朝传入的。在薛延陀打败突厥和统治黠戛斯时，曾委派颉利发为他们的最高统治者，其下有讫悉辈（按：辈即伯克）、居沙波辈、阿米辈，共理国政。后回鹘汗国统治时，回鹘可汗曾授阿热为"毗伽顿颉斤"。阿热有权向所属各部落征调军队及贡赋⑧；制订严格的法律，凡临阵脱逃，出使没有完成任务，随意议论国事及盗窃等，都要处死刑；还设有"波衣拉"及"衣阿尔干"法官职务⑨。这些都说明，为维护统治阶级利益，保护私有财产，黠戛斯已有了强有力的国家机器。

　　黠戛斯的阶级分化和贫富差别，此时也很明显。富者有无数牲畜，多至数千头⑩，并出现以牛马为聘礼的买卖婚姻，牲畜数或百千计⑪。在古

---

① 《新唐书》卷 217 下，《黠戛斯传》。
② 同上。
③ 同上。
④ 同上。
⑤ 同上。
⑥ 同上。
⑦ 同上。
⑧ 同上。
⑨ 同上。
⑩ 同上。
⑪ 同上。

叶尼塞碑文中，已有"财产"（衣阿伯）、"占有者"（奇格升）、"财主"（扎依）等能够说明财产所有关系的词汇。富贵之家占有奴隶叫作"库尔"，女奴隶叫"昆"①。奴隶的来源主要是战俘，有一种女奴隶名"柯尔肯"，其含义即战俘之意。

黠戛斯人的服饰、饮食、居住等生活风俗在我国史籍上也有记载，并反映了贫富、贵贱的差别。黠戛斯人一般居住在毡房里，冬天住一种用木皮盖的小房子②。阿热"驻牙青山，周栅代垣，联毡为帐，号'密的支'，它首领居小帐"③。肉和马酪是主要食品，只有阿热才能吃上"饼饵"④。衣着方面，阿热和富有者，"服贵貂豽，冬帽貂，夏帽金扣，锐顶而卷末，诸下皆帽白氈，喜佩刀砺"，"女衣毾㲪、锦、罽、绫，盖安西、北庭、大食所贸售也"，"贱者衣皮不帽"⑤。史载黠戛斯"男少女多，以环贯耳，俗趫伉，男子有勇黥其手，女已嫁黥项"⑥。"丧不剺面，三环尸哭，乃火之，收其骨，岁而乃墓，然后哭泣有节"⑦。黠戛斯的文化方面，文字词汇丰富，雕刻艺术据发掘出来的碑铭证明，已有一定水平。乐器有鼓、笛、笙、觱篥、盘铃等⑧。遇有大的节庆活动，有弄骆驼、玩狮子及马伎、绳技等表演⑨。天文历法，黠戛斯人采用中原地区的干支纪年历法，以十二动物的名称纪年，如称寅年为虎年，戌年为狗年等；称月为"哀"，岁首为"茂师哀"，三"哀"为一"时"⑩，亦即以三个月作为一季。当时黠戛斯人已知农作物三月播种，九月收获⑪，说明他们这时已能将历法直接使用于生产了。意识形态，黠戛斯人崇拜自然神，主要是水神和草神，祭祀不定时，称巫为"甘"⑫。

---

① 伯特曼诺夫：《古突厥文叶尼塞碑文的语言》。
② 《新唐书》卷 217 下，《黠戛斯传》。
③ 同上。
④ 同上。
⑤ 同上。
⑥ 同上。
⑦ 同上。
⑧ 同上。
⑨ 同上。
⑩ 同上。
⑪ 同上。
⑫ 同上。

　　唐代黠戛斯虽然进入阶级社会，但还保留有过去原始社会的残余，如婚姻有的不用财聘，也有"一姓或千口、五百口，共一屋、一床、一被"①等氏族生活的残余。

　　10 至 12 世纪辽、宋时期，柯尔克孜称为辖戛斯，《辽史》记载，辽朝在叶尼塞河上游地区设立"辖戛斯国王府"，隶属于上京道。《宋史》记载，当时西州回鹘政权的辖部内有"黠戛司"②，他们的分布地，是与天山北伊塞克湖相毗连的乌什、阿克苏一带，这与 9 世纪黠戛斯人曾占领安西、北庭的活动有渊源关系。据 10 世纪波斯文地理著作《世界疆域志》，在葛逻禄地区有名叫"宾除勒"之地（在我国今新疆乌什县境内），当时为柯尔克孜人统治，另一处又说，喀什噶尔的北部是柯尔克孜，这证明当时在乌什和喀什噶尔的北方有柯尔克孜。

　　《世界疆域志》报导，在柯尔克孜地区，生长着各种树木，野生动物有黑貂、松鼠、羚羊、灰松鼠，出产麝香、皮毛、海象牙，财富为马、骆驼、皮毛、帐幕等。又据 10 世纪上半叶阿拉伯旅行家米撒尔报导，合尔合孜（即柯尔克孜）人"吃小米、大米和驼肉，其他大畜肉、母羊肉、山羊肉……他们国家里野兽很多，他们有夜里可以照明的头石（火石）……除了这里而外别处没有这种石头"③。由上可知，柯尔克孜在当时的经济生活仍以畜牧业为主。米撒尔还说，柯尔克孜族有特殊的习俗、法规、意识、文字和庙宇。他们不扑灭灯火，让其自己熄灭。他们有韵文。把有香味的东西放在前面祷告。他们信奉天，朝南方祷告，尊敬天山的祖哈勒、金星和土星，而认为火星不吉利"④。

　　公元 1124 年（保大四年）辽灭亡，其宗室耶律大石西逃至叶尼塞河上游柯尔克孜地区，大肆抢劫，遭到了柯尔克孜人的反抗，被赶出境外。1128 年，耶律大石在中亚两河流域建立西辽后，派兵攻打柯尔克孜，以报仇雪耻，在这个时期又有一批柯尔克孜人被迁至天山地区。

　　元代，柯尔克孜人在我国史籍上称为"乞儿吉思"或"吉利吉思"。据《元史》记载："吉利吉思者，初以汉地女四十人，与乌斯之男结婚，

---

① 《通典·结骨》；《太平寰宇记·黠戛斯》。
② 《宋史》卷 490，《高昌传》。
③ 马赫穆德·喀什噶尔：《突厥语辞典》，塔什干 1960 年，乌孜别克文版。
④ 同上。

取此义以名其地。南去大都万有余里。……及元朝析其民为九千户。其境长一千四百里，广半之，谦河经其中，西北流。又西南有水曰阿浦，东北有水玉须，皆巨浸也，会于谦，而注于（昂）可剌河，北入于海"①。此段记载中，关于柯尔克孜起源于"四十姑娘"的传说，迄今在民间流传甚广②。是否来自汉地的姑娘和乌斯男之结合，记载不一定可靠，但从记载中可以看出，柯尔克孜在其发展过程中，融合有其他民族的血统，也可证明，当时吉利吉思的活动中心仍在谦河，即今叶尼塞河流域，具体方位是阿浦水与玉须水之间③。阿浦水即今阿巴坎河，玉须水即今乌鲁克木河，分布范围北至叶尼塞河与安格拉河的交汇处，南至唐努乌梁海地区。元朝在叶尼塞河曾设有万户府④，1270年（元世祖至元七年），又设吉利吉思等五部断事官⑤，治所为益兰州，即今唐努乌梁海地区厄格列斯河下游处的顿帖列克古城，五部的经济中心谦州亦在该地区，即今乌鲁克木河南鄂依玛克处的元代古城。《元史》还记载，1293年（至元三十年），元朝曾将一部分吉利吉思人迁至今东北松花江建肇州城（今东北肇源地区)⑥。1295年（元贞元年），元朝又将缙山（今北京延庆县）所居乞儿乞思等迁至山东，并给以田地和耕牛，使之从事农业生产⑦。

蒙元时期，叶尼塞河柯尔克孜的经济情况，在我国史籍上也略有记载。当时，他们"庐帐而居，随水草畜牧，颇知田作，遇雪则跨木马（雪橇）逐猎，土产名马、白黑海东青"⑧。由上可知，元代吉尔吉思地区仍以游牧的畜牧业经济为主。由于叶尼塞河上游包括谦州、益兰州在内的吉尔吉思和斡亦剌等部地区，地处交通要冲，在军事、政治上十分重要，是元朝防御西北叛王的根据地，因而元朝十分重视对这一地区的发展，在

---

① 《元史》卷63，《地理志》。

② "柯尔克孜"，突厥语，"柯尔克"作"四十"解，"克孜"作"姑娘"解，"柯尔克孜"，合成语为"四十个姑娘"之意。今柯族地区广泛流传着柯族起源于四十个姑娘的故事，故事情节大同小异，但与《元史》记载有别。

③ 《元史》卷63，《地理志》。

④ 《元史》卷93，《伯八列传》。

⑤ 《元史》卷63，《地理志》。

⑥ 《元史》卷18，《成宗本纪》；卷169，《刘哈喇八都鲁传》。

⑦ 《元史》卷18，《成宗本纪》。

⑧ 《元史》卷63，《地理志》。

经济上采取各种措施，来改变叶尼塞河上游的落后面貌。为了解决当地民族对粮食和日常生活用品的需要，元朝从中原地区和西域，把农民和手工业工人迁到谦州等地区，进行陶冶、冶炼、制造舟楫和渔具，并设有工匠局管理组织生产，发展手工业，解决当地生活和生产上的需要。早在成吉思汗西征时，就开始采取上述措施。据《长春真人西游记》说："俭俭州（即谦州），出良铁，多青鼠，亦收穈麦，汉匠千百人居之，织绫罗锦绮"①。《元史》也记载："谦州有工匠数局，盖国初所徙汉人也"②。1269年（至元六年），元朝曾救济"欠州人匠贫乏者米五千五百九十九石"③。1286年（至元二十三年），又赐欠州诸局工匠钞五万六千一百三十九锭一十二两④。这些都证明当时在叶尼塞河上游手工业者的数量是很大的。在发展农业生产方面，元朝也采取了很多措施。成吉思汗曾派畏兀儿人钦夏伊到乞儿吉思地区，帮助当地民族发展农业，修建仓库⑤。元朝利用谦州等地"地沃衍宜稼，夏种秋成，不烦耘籽"有利的自然条件，大量鼓励军屯和民屯，耕牛、工具、衣服等都由元朝发给⑥。刘好礼到任后，在叶尼塞河上游积极建"库廪"、"粮仓"、开采盐矿、派南人（按：南宋汉人）前来协助发展水利灌溉事业等等⑦，1291年（至元二十八年），元朝决定开辟由斡亦剌惕至吉尔吉思驿道，"令中书省官定拟于乞里吉思以至外剌（即斡亦剌）之地，起立六站。数内乞里吉思、帧烈因秃、憨哈纳思、外剌四处各设一站，兀儿速设二站，各置骟马三十匹，牝马一十匹，羊五十只，令该价钱与之，中书省钦遵移文通政院、兵部施行"⑧。由外剌至吉利吉思的驿道，是元朝连接蒙古和西伯利亚至北冰洋的重要通道和补给站，对发展叶尼塞河上游的工农业生产和民族之间的经济、文化交流

---

① 李志常：《长春真人西游记》，第100页。
② 《元史》卷63，《地理志》。
③ 《元史》卷6，《世祖本纪》。
④ 《元史》卷14，《世祖本纪》。
⑤ 苏联吉尔吉斯共和国科学院历史研究所：《吉尔吉斯史》，1956年伏龙芝俄文版，第150页。
⑥ 《元史》卷11，《世祖本纪》；卷12，《世祖本纪》。
⑦ 《元史》卷7，《世祖本纪》。
⑧ 《元史》卷6，《世祖本纪》；《经世大典》，《站赤》（《永乐大典》19416，1960年中华书局影印本）。

有重要意义。

元朝所采取的措施和先进的农业、手工业生产技术传入叶尼塞河上游后，有效地推动了当地农业、手工业生产的发展，受到了吉尔吉思等族人民的欢迎。据《元史》记载：原"民俗不知陶冶，水无舟航，好礼请工匠于朝，以教其民，迄今称便"；"教为陶冶舟楫，土人便之"[1]。生产力的发展促进了各民族的交往和友好合作，使吉尔吉思人和一些"林木中百姓"进一步学会了从事农业和手工业生产，丰富了物质生活内容，同时，也使迁徙的汉、畏兀儿等族人民学会了当地人民独特的生产技术，增加了狩猎和畜牧业生产知识，满足了各自生活和生产的需要。各族人民在长期对自然的斗争中，共同开拓了祖国的北部疆域。

明代，柯尔克孜沿称乞儿吉思，属于瓦剌管辖。瓦剌把一部分乞儿吉思排挤到楚河、塔拉斯河流域，并与天山北的柯尔克孜发生了多次激烈战争。据有的学者认为，柯尔克孜族民间流传的著名史诗《玛纳斯》，主要反映这个时代柯尔克孜和卡尔玛克等人（即瓦剌）的斗争史实，而其中的《伟大进军》，就是描写乞儿吉思被也先从阿尔泰赶到楚河、塔拉斯河流域的情况。16 世纪，东蒙古向瓦剌大举进攻，迫使瓦剌退居西北。一部分柯尔克孜人也向西南移动，迁至天山南北的伊塞克湖和阿克苏、喀什一带。

三

清朝时，柯尔克孜人被称为布鲁特，曾一度服属于喀尔喀蒙古的扎萨克图汗，后隶于准噶尔。这个时期，他们被赶出了世代居住和活动的故乡，根本原因是由于其北邻沙皇俄国的侵略扩张造成的。

16 世纪至 18 世纪中叶，俄国的农奴制度已发展到对内镇压各族人民，对外推行扩张的军事封建帝国主义，对我国奉行赤裸裸的侵略政策。早在 16 世纪末，俄国的第一代沙皇"伊凡四世"，就开始向我国西北厄鲁特蒙古和柯尔克孜族地区，进行大规模的蚕食扩张。1581 年，沙俄越过乌拉尔山、向东侵入了西伯利亚汗国。1594 年，沙俄殖民军杀死古楚

---

① 《元史》卷 63，《地理志》；《元史》卷 167，《刘好礼传》。

汗，侵占其全部疆域，修筑了秋明和塔拉等侵略据点，接着，就把它的魔
爪直接伸展到与西伯利亚汗国相毗连的我国厄鲁特蒙古族地区和柯尔克孜
族地区。当时，柯尔克孜族仍主要分布于叶尼塞河上游和鄂毕河一带，包
括托穆图喇（今托木斯克）、伊聂谢柏兴（今叶尼塞斯克）、红岩（今克
拉斯诺亚尔斯克）和唐努乌梁海一带地区。1619 年，沙俄向东武装侵入
叶尼塞河中游柯尔克孜族地区，建立了叶尼塞斯克。17 世纪初，上述一
带的柯尔克孜族地区属于喀尔喀蒙古扎萨克图汗的属部硕垒乌巴什洪台吉
直接管辖。此时，沙俄以叶尼塞斯克作为侵略据点继续溯叶尼塞河而上，
侵入柯尔克孜族的其他地区。他们采用军事入侵、构筑据点和武装移民等
手段，先后于 1604 年、1618 年、1628 年，在柯尔克孜等地区建立了托木
斯克、库兹涅茨克和克拉斯诺亚尔斯克，并用武力残酷镇压柯尔克孜族人
民，向他们征收实物税，遭到了柯族人民的激烈反抗。柯族人民团结当地
其他民族，围攻沙俄的侵略据点。1628 年，曾向盘踞在克拉斯诺亚尔斯
克据点的沙俄殖民军发动猛烈进攻，打败了侵略军。后来虽由于侵略军大
力增援，柯族人民暂时退却，但其后他们和沙俄侵略者的斗争一直没有
停止。

　　17 世纪末至 18 世纪初，沙俄殖民主义侵略势力，变本加厉地席卷叶
尼塞河、额尔齐斯河的上游地区。这时，叶尼塞河流域一带的柯尔克孜已
处于新兴的厄鲁特蒙古准噶尔政权统治下。沙俄的军事扩张线和俄国殖民
区迅速向额尔齐斯河和叶尼塞河上游地区节节推进，和柯尔克孜、厄鲁特
人民发生尖锐的冲突。1697 年，准噶尔汗噶尔丹被清朝打败身亡，另一
首领策旺阿拉布坦成为全体属民的统治者，在其统治的头二十年中，为了
医治噶尔丹所发动的战争创伤，致力于恢复和发展民族经济，采取避免和
清朝以及其北邻沙俄发生冲突的一切可能，因而对沙俄的侵略采取了容
忍、退让和宁人息事态度，表现出封建统治阶级抗击外来侵略的软弱性和
动摇性。他对边境上柯尔克孜人民反对俄国的侵略斗争所进行的一系列抗
击行动，没有采取积极支持态度，而是派人到柯尔克孜地区调查冲突发生
的情况和肇事人①。1702 年秋天，他为了避免柯尔克孜人民和沙俄发生冲

---

① 苏联中央国家古代文书档案库：第 196 号档，切列潘诺夫编年史，第 103 张，转引自兹
拉特金《准噶尔汗国史》第五章。

突，派出了两千五百名厄鲁特士兵，强迫属于他管辖的柯尔克孜族，从叶尼塞河上游河谷地区迁到西部伊塞克湖地区①。后来由于准噶尔统治者的压迫，一部分又从伊塞克湖逃往中亚塔什干、费尔干盆地及其附近山区，一部分到了帕米尔高原、兴都库什山和喀喇昆仑山一带及其附近地区，最后形成今天柯尔克孜族分布的情况。1755 年，清朝在统一准噶尔达瓦齐政权的过程中，曾经把准噶尔军中被裹胁的少部分柯尔克孜族迁至今东北富裕县境内。天山北伊塞克湖周围的东布鲁特部落萨雅克、萨尔巴噶什等纷纷要求归属清朝。1759 年（乾隆二十四年），清朝在平定大小和卓的叛乱中，天山南的西布鲁特额济德格纳部落头人阿济比也代表西布鲁特十五个部落要求归属清朝。他们都在统一西北的过程中，立下功勋，作出了贡献，当时得到清政府册封为二品至五品官的就有一百多位大小首领②。他们在后来清政府平定阿古柏外来侵略和张格尔内乱的过程中，起了极其重要的作用，有力地配合了清政府的平叛斗争。

在清政府统治新疆初期，实行安抚政策，柯尔克孜族地区的社会秩序比较安定，同新疆各民族和内地的联系极为密切，经济有显著发展。据史籍记载，柯尔克孜族以产大尾羊闻名，每年有数十万头羊只和其他牲畜被运到喀什噶尔、乌什、惠远等地销售，以换回由内地运来的绸缎、布匹、茶叶等生活用品。清朝驻新疆官兵需用的军马和食羊，主要由柯尔克孜和哈萨克地区的人民供应，清代著名学者洪亮吉曾作诗描写柯尔克孜在惠远城（今新疆伊犁境内）与各族人民进行贸易的盛况，颂道：

> 谁夸明驼天半回？
> 传呼布鲁特人来。
> 牛羊十万鞭驱至，
> 三日城西路不开。

总之，柯尔克孜族西迁后，就和边疆各族人民团结战斗在一起，成为

---

① 《十八世纪西伯利亚历史文献》，第一册，第 232 页，转引自兹拉特金《准噶尔汗国史》第五章。

② 《钦定新疆识略》，卷 12。

建设和保卫我国西北边疆的一支有生力量。

　　综上所述，足以证明，从两汉至清代的两千多年，柯尔克孜族的主体就一直繁衍、劳动和生活在叶尼塞河上游，并且和中原地区保持着密切的政治和经济联系，这里为他们原来的真正故乡。之所以最后离乡背井，西向迁徙，主要是沙俄侵略的结果。柯尔克孜虽然离开了叶尼塞河上游，但他们反抗侵略者的火焰并未熄灭，随着沙俄对中亚的入侵，反抗沙俄斗争的烈火紧接着又在天山南北的柯族人民中燃烧起来，并越烧越旺。

（《新疆社会科学》1982 年第 2 期，与郭平梁合署）

不畏强暴,勇于反抗

——论近现代柯尔克孜人民抗击外侵、反对暴政之斗争

勤劳勇敢的柯尔克孜族人民酷爱自由,具有顽强的反抗精神,在漫长的历史征途上,不断地与国内外反动势力展开各种斗争。

一　抗击外敌　捍卫边疆

从 17 世纪起,柯尔克孜人民就与俄、英等外来侵略势力进行了英勇不屈的斗争,谱写了一首首保卫祖国边疆的英雄诗篇。

17 至 19 世纪末,沙俄等对原属中国的乌梁海和天山南北、帕米尔地区发动武装进攻,并通过签订一系列不平等条约,占领了很多原属中国管辖的柯尔克孜、哈萨克等族居住地区,这一行径遭到各族人民的强烈反抗。天山南北的柯尔克孜族和清军驻卡官兵一起,狠狠打击了沙俄侵略者,受到清政府多次嘉奖。例如:同治二年(1863 年),纳林河流域的柯尔克孜族,在鄂斯满等的领导下,组织了 1.2 万余人在松库勒(今桑乔耳湖)参加抗击沙俄侵略军的战斗,"将俄人击败"。光绪二年(1876 年),沙俄侵略军进入与浩罕毗连的喀什噶尔西境阿赖谷地后,激起了西布鲁特人民的强烈反抗。他们在阿卜都拉伯克领导下,采取边打边撤,诱敌深入的办法,消灭了敌人的有生力量。在抗击沙俄入侵者的同时,柯尔克孜族人民还与受英帝国主义支持的阿古柏反动势力进行了可歌可泣的

斗争。

19 世纪 60 至 70 年代，清政府官吏和当地民族的封建统治阶级进一步相勾结，对各族人民的压迫与剥削变本加厉，当地维吾尔等各族人民掀起了反清起义斗争。喀什一带起义领导权后来落入了封建割据势力金相印和柯尔克孜族封建主思的克等人手中。这时，受英帝殖民主义扶持的阿古柏反动势力，利用南疆混乱的机会，和金相印、思的克等人里应外合，互相勾结，从浩罕侵入并占领南疆，成立了所谓哲德沙尔汗国，对维吾尔、柯尔克孜等族人民进行了残酷的压迫和惨重剥削。在柯尔克孜族地区民间流行着一首揭露阿古柏黑暗统治的民歌：

> 黑色的猫头鹰在头顶上惨叫，
> 罪恶的战火在草原上燃烧。
> 柯尔克孜人的家乡流着鲜血，
> 大地母亲，为她儿子的死痛哭号啕，
> 号啕——痛哭——痛哭——号啕。
> 灰色的野狼在白骨堆上噪叫，
> 阿古柏的马队像黑风在咆哮。
> 柯尔克孜人的太阳是谁抢去了，
> 大地母亲，为她的儿子在痛哭号啕，
> 号啕——痛哭——痛哭——号啕……

阿古柏统治的黑暗岁月延续了十余年，但是英勇的柯尔克孜人民并没有在敌人的淫威下屈服，而是进行了顽强的反抗斗争。很多人逃离了阿古伯统治区，避入山中，或逃至非阿古柏统治区。不少柯尔克孜族地区发动武装起义，进行推翻阿古柏统治的斗争。如 1865 年阿古柏侵占喀什噶尔，和喀什柯尔克孜封建主思的克发生内讧，要逐出思的克时，一些被强征入伍的柯尔克孜族就乘机发动兵变，在阿图什县哈拉俊和今阿合奇县的柯尔克孜族地区举行武装起义。起义首先发生在今阿合奇县的哈拉奇，后逐步发展到该县的阿合奇、克孜勒宫拜孜、卡拉布拉克以及今阿图什哈拉俊一带。阿古柏从乌什调军队到阿合奇进行镇压，与散的克等地的起义军进行了激烈的战斗。因力量悬殊，起义军寡不敌众，暂告失败后分散到各地。阿古柏官吏为防止起义烈火复燃，就强迫一些起义首领的家属迁到阿克陶县阿古柏统治区。

阿古柏的侵略活动极其残酷的统治，激起了新疆和全国各族人民的愤慨，在此压力下，清政府决定委派左宗棠率军西进，收复新疆失地。清军进入新疆后，英勇地打击了侵略者，取得节节胜利，极大地鼓舞了新疆各族人民的反阿古柏斗争。光绪三年（1877 年），当左宗棠的军队打败阿古柏收复阿克苏后，上述阿合奇县和阿图什县哈拉俊的柯尔克孜族人民又再次起义，在散的克与阿古柏军遭遇并打败了他们，一部分阿古柏军企图逃往喀什，又遭到沿途各族起义军的打击，伤亡惨重。清军收复南疆后，柯尔克孜族头人以尚胡里率众积极协助清军将领刘锦棠，击溃阿古柏的残余力量，并击毙了入侵安集延匪首阿里达什。光绪四年（1878 年），柯尔克孜人库弥什，因协助清军消灭阿古柏残部有功，曾受到清政府的嘉奖。这些在清朝文书中皆有记载。在刘锦棠的一封公文中曾说道："喀什噶尔缠回暨西布鲁特各头人随同官军搜剿窜贼……实属奋勉可嘉"[①]，并对反侵略中出过力的头人如哈拉俊之海的克等都明令晋级。

粉碎阿古柏政权后，光绪十年（1884 年），新疆正式建省。但英、俄帝国主义仍对新疆西部边缘地区进行蚕食，光绪二十一年（1895 年），英、俄两国瓜分了我国帕米尔地区，当地人民奋起反抗。翌年，色勒库尔的柯尔克孜和塔吉克族人民联合组成"绥远回队"，和俄、英入侵者进行了长期的斗争，为保卫祖国的西北边疆作出了贡献。

二　反对暴政　平息战乱

1928 年统治新疆的杨增新被刺，另一军阀金树仁掌握了新疆政权，仍继续推行杨增新的统治政策，并比杨增新政府更加腐败。因此，引起了1931—1934 年声势浩大的反对政府的南疆民族运动。但暴动的领导权落入了各族封建统治者手中，他们盲目地反对汉人，夺取地方政权后，尽量

---

① 克孜勒苏柯尔克孜自治州档案馆旧存档案。

扩张统治范围，互相厮杀，给劳动人民带来灾难。当时在喀什一带柯尔克孜族暴动的行列中分成两派：一派以乌斯满为首，取得了暴动的领导权，走上了反动的道路，其军队曾先后占领了乌恰和喀什一带，横行霸道，掠夺人民。同时，他还与盘踞在南疆地区的马虎山、麻木提等人勾结起来，对人民进行残暴的统治。另一派在苏联革命思想的影响下，组成了以伊斯哈克伯克为首的革命力量。

柯尔克孜族地处中苏边境，伟大的十月革命的胜利，对柯尔克孜族人民影响很大。柯尔克孜族劳动人民每年有许多人为了谋生到苏联地区去做工，也有人去学习。他们既看到了苏联人民安定美好的生活，又受到了革命思想的影响，认识到只有通过自己的斗争才能求得出路。而伊斯哈克伯克就是这些进步人士中的一员。他 1902 年生于乌恰县西部圣木哈纳地方一个牧民家庭里。16 岁时被推选为伊曼达尔部落的伯克。1917—1922 年在苏联学习，受到革命思想的熏陶。1926—1934 年在喀什地区进行革命活动，1934 年在乌恰成立了武装部队柯尔克孜族骑兵团。其间，新军阀盛世才乘新疆形势混乱之机，于 1933 年发动"四一二"政变，统治了新疆。柯尔克孜族骑兵团帮助盛世才平定南疆的战乱。这个团基本上是柯尔克孜族青年战士组成，由伊斯哈克伯克担任领导。1935 年，骑兵团清除了以捷英别克哈克哈则、阿衣地买热克、库秀马奴、麻木奴阿里阿依、玉素甫江和阿依甫吐尔等为首的俄国窜匪。伊斯哈克伯克率领骑兵团与危害人民的乌斯满作战，获得了胜利，并肃清了吐尔地伯克等武装土匪，占领喀什，领导市内的革命工作。在柯尔克孜族骑兵团取得上述胜利之后，盛世才感到柯尔克孜族革命武装力量的壮大，对自己是一个威胁，宣布解散骑兵团，团长伊斯哈克伯克被调任为乌恰县长，五百名柯尔克孜族士兵被改编为喀什公安大队。

1936 年，占领和阗的马虎山，勾结盛世才军队的师长麻木提部，在外国领事唆使下，发动武装暴乱，被盛世才改编的柯尔克孜族武装部队，与之进行激烈的斗争。在战斗中有 400 多名柯尔克孜族战士牺牲。马虎山等占领了和阗、莎车、喀什和阿克苏等地。在盛世才统治南疆的危急关头，伊斯哈克伯克又挺身而出，组织一个骑兵旅（包括三个骑兵团），与当地塔吉克族和维吾尔族骑兵团一起，经过激烈的战斗，共同平息了麻木提和马虎山在南疆的暴乱。参加这一平暴斗争的有乌恰、阿合奇、阿克陶、塔什库尔干和阿图什七区等地的柯尔克孜族人民。

盛世才统治初期，国际上，正值全世界人民反法西斯斗争浪潮日益高涨，苏联成为反对帝国主义侵略、保卫世界和平的堡垒。在我国，抗日救国运动已蓬勃地开展起来，中国共产党作为抗日救国运动强有力的组织者和领导者，获得了全国人民的拥护和支持。由于多年来的反动统治和军阀混战，新疆各族人民已经疲惫不堪，普遍地要求和平与民族平等。迫于国内外的压力，盛世才不得不伪装进步，采取亲苏和接纳共产党人的政策。从1933年起，中国共产党人李先念、陈云、陈潭秋、毛泽民、林基路等在新疆开展了积极的革命活动。他们大力传播马列主义和毛泽东思想，对柯尔克孜族地区也产生了深远的影响。

1939—1940年，中共党员许亮被派到地处帕米尔的塔吉克族、柯尔克孜族聚居地蒲犁县（今塔什库尔干自治县）任县长，中共党员吴鉴任该县边卡大队长。后来，中共党员黄民孚（黄火青）曾任阿克苏行政署（今乌什县和阿合奇县柯尔克孜族地区皆属其管辖）行政长。中共党员林基路亦于1939—1942年先后任库车县和乌什县县长。他们努力工作，积极帮助盛世才在维吾尔、塔吉克和柯尔克孜族地区推行"六大政策"①，发展政治、经济和文化事业。

但盛世才是一个拥兵自重的野心家和独裁者，当他的统治地位得到巩固后，就逐步暴露出其反动的面目。由于以伊斯哈克伯克为首的进步力量的壮大，盛世才深感不安，于1940年将伊斯哈克伯克调任为"柯尔克孜族文化促进会"会长，做行政工作，并于1942年解散了柯尔克孜族武装部队。1943年，盛世才逮捕伊斯哈克伯克未遂。随着国内外形势的变化，国际反动势力甚嚣尘上，盛世才转而投靠蒋介石反动势力，赤裸裸暴露了其反苏反共的狰狞面目，制造各种假案，如"阴谋暴动案"等等，大肆逮捕和杀害中国共产党人、进步人士和民族领袖。由中国共产党人和进步人士在新疆工作期间，所努力取得的一系列成果被他糟蹋殆尽。盛世才对新疆各族人民政治上实行高压政策，经济上进行各种榨取。

盛世才的种种倒行逆施，激起了新疆各族人民的强烈反抗。而中国共产党人播下的革命种子，逐渐在新疆地区生根、发芽、开花、结果。不

---

① 指反帝、亲苏、民平、清廉、和平、建设六大政策。

久，在新疆暴发了三区革命和蒲犁革命，伊斯哈克伯克成为三区革命主要领导人之一，担任民族军总司令，为三区革命立下了不朽功勋。

三　蒲犁革命　迎接曙光

1942 年，蒋介石派吴忠信取代盛世才，直接统治新疆。为了达到其反苏反共目的，反动政府对地处中苏边境的柯尔克孜族和塔吉克族人民，极尽压迫与掠夺之能事。1944 年，国民党地方当局把曾经参加过以伊斯哈克伯克为首的三十五骑兵旅的柯尔克孜族 250 多名排长以上的干部，押送焉耆服苦役，有 70 多人被害，并以"边境安全"为借口，封闭草场，强迫牧民迁移他方。经济上，强加给牧区的苛捐杂税和差役负担，多如牛毛，如牲畜税、牧税、屠宰税、草场税等等，甚至牧草场也要比照土地交粮税，广大牧民生活日益艰难。另外国民党政府派往农牧区的地痞流氓，对老百姓侮辱拷打、抢夺财物、调戏妇女，无恶不作，引起人民的极大愤慨，因而常常发生老百姓打死国民党士兵的事。国民党政府查紧了，就只好逃入山中，弄得牧民家破人亡，流离失所。

柯尔克孜族地区国民党政府，把宗法封建组织和保甲制度结合起来，加强对人民的监视，实行警察特务统治。据档案记载，当时乌恰县伪政府、国民党县党部、伪警察局及各乡头目、阿訇组织"宣传队"和"探访民隐队"，分头下乡作反动宣传，欺骗群众。并设置守望哨和盘查哨，严密保甲组织，以监视人民的言行和盘查过路行人，还不时清查户口，普遍实行"联保联守法"，组织秘密互监组。在这些反动措施下，乌恰等牧区人民的生命财产毫无保障，动辄在"赤色分子"或"与苏联有联系"的罪名下，遭到残酷的迫害。如乌恰柯尔克孜族地区一次就有 11 人被国民党军队当众枪杀。广大牧民被逼得走投无路，忍无可忍，故常常和国民党军警发生冲突，他们和国民党当局的斗争此起彼伏，揭开了蒲犁革命的序幕。

蒲犁革命爆发前，南疆西部一些牧区发生了一系列小规模暴动。1945 年夏，乌恰县属乌鲁克恰提镇沙哈依根等地的柯尔克孜族群众进行了暴动。暴动群众砸了伪保安队和警察所门窗，并一举攻下伪保安队、警察所驻地，伪军仓皇逃窜。类似的斗争也同时发生在乌恰县圣木哈纳、于曲他什等地。为了防止发生事端，国民党只好在蒲犁等地不断增加驻军，这就更加重了当地人民的负担。因此，在蒲犁及其毗连地区的塔吉克族和柯尔克孜族中一些具有革命思想的人，经过长期酝酿，成立了革命组织"民族解放社"，积极策划和领导武装起义活动。他们派人分别潜入国民党军各边卡驻地，调查驻军的人数和武器装备情况，收集各种军事情报，侦察地形和选择进攻路线，并经过周密策划，终于在1945年8月15日发动武装起义。

当天深夜四点钟，曾任过蒲犁县长的塔吉克族坎日完下、来西日克和柯尔克孜族买买提艾沙、吾不力哈西木、他什铁末尔、艾买提、塔衣尔等组织率领了200多人的队伍向蒲犁县国民党军的四个边卡同时发起进攻。由塔衣尔等攻打布仑口；买买提等人攻打苏巴什；坎日完下等攻打塔哈尔满；来西日克等攻打蒲犁。经过一天一夜的激战，革命战士同时解放了这四个地方。国民党军队有的被歼灭，有的向叶城方面逃走。

革命军队解放蒲犁后，成立了专员公署，由塔吉克族阿克由力任专员，柯尔克孜族胡加西开力任副专员，柯尔克孜族塔衣尔为公安局长，塔吉克族西仁伯克为革命军边卡队长。革命政权建立后，发动群众参军支前，随后革命军向通向莎车、英吉沙、疏附等县的交通要道推杜布仑（今阿克陶县四区）进攻，解放了推杜布仑和莎车山区库苏热甫（今阿克陶县四区），国民党军向莎车、叶城、英吉沙逃窜。此时革命军扩大为两个团，他们分兵向疏附县塔什米里克和莎车、叶城追击残敌，并派遣一个连向英吉莎方向出击。这一路民族军在占领齐力艮拜斯后，在阿克塔什地方，与国民党军遭遇，经过激烈战斗，解放了该地。国民党军败，逃英吉莎。这次战斗极大地鼓舞了革命军士气。

鉴于英吉沙处于莎车与喀什之间，民族军领导方面为防止孤军深入，免受南北两面国民党军包围的危险，决定采取偏击合围的战略，将驻在阿克巴什马扎、英吉沙方面的主力军和叶城、莎车方面驻在库苏热甫之主力，都撤至推杜布仑，整编训练，制订作战计划，以便集中力量，向莎车、叶城方面进攻。此时革命军兵员已发展至千人。在进攻卡群（莎车地方）时革命军与国民党军第四十团经过五次激烈争夺，终于取得了胜利。紧接着革命军又解放了叶城、泽普，迫使国民党军败退莎车。

　　1946 年 1 月，革命军向莎车国民党主力部队发动总攻击。由于混入革命军的叛徒泄露了军事机密，国民党军采取坚守战略，从黎明到黄昏打了一天，未能取胜。1946 年 8 月，国民党调集大量兵力从东南北三个方面围攻革命军。革命军撤出叶城和泽普等地，退入山区库苏热甫。这时伊斯哈克伯克从三区来到南疆山区，重新组建了蒲犁起义军指挥部，领导整编队伍、军事训练，革命军扩大为三个旅。与此同时，在莎车一带成立了民族解放社，主任为沙吾提哈热（维吾尔族），伊斯哈克伯克等十人为委员。这是南疆民族革命最高领导机构，其主要任务为：解放南疆，组织群众，决定军政等方面的问题。

　　正当南疆革命根据地积极准备进行再战时，1946 年 7 月，伊斯哈克伯克将军宣布，三区革命政府已与国民党政府签订十一项停战协定，按照协定下令解散南疆武装队伍，枪支弹药一律收缴，只留连、排级以上干部集中到蒲犁地区，成立联合政府，由革命军方面出任副专员、副县长。革命军士兵干部虽有不满，但仍然服从命令。而国民党军却趁革命军解散之机，在卡木沙勒围攻革命军领导干部，打死 40 多人，其余只好退到蒲犁，后连排级干部都解散回家。至此，革命军所努力开创的革命根据地全部丧失，南疆西部山区和牧区，又重新为国民党军所占领。后来，国民党方面破坏和平条款，对赤手空拳的人民进行报复，杀死领导蒲犁革命的主要干部 15 人，南疆革命终于招致窒息。

　　蒲犁革命虽然发生在南疆偏西地区，但与北疆三区革命遥相呼应，互相配合。它是在三区革命影响下发生的，革命目标及所起作用和三区革命一样，都是为了推翻国民党政府的反动统治和民族压迫。

　　蒲犁革命涉及的地方很广，革命烽火遍布南疆整个西部地区，燃及蒲犁、喀什、乌恰、英吉沙、莎车、泽普、叶城等县城。在革命过程中，群众积极参军支前，在塔吉克、柯尔克孜族的山区和牧区，二十岁以上五十岁以下的牧、农民绝大部分都报名参军。不少牧民骑着自己的马加入革命队伍，使革命队伍日益壮大。今阿克陶县山区的柯尔克孜族整村整乡都参了军，甚至连妇女也组织起来，积极参加革命工作。广大牧、农民给予革命部队很多物资帮助，他们在生活极其困难的情况下，除了供给部队粮食、衣服外，还抽出牲畜解决部队运输问题。蒲犁革命就是在广大牧民的支持下，不断发展，并取得了对国民党军的多次胜利。

　　蒲犁革命沉重地打击了国民党在南疆的黑暗统治，牵制了国民党的军队，有力地支援了北疆三区革命和中国人民的解放事业。

　　蒲犁革命遭到失败后，1947 年 8 月，国民党反动派公然撕毁和平条款，对很多参加过革命的人士进行残酷迫害，恐怖与黑暗又笼罩着蒲犁和南疆西部。但此时在中国共产党和毛泽东主席的领导下，中国人民解放军西北野战兵团挥戈西进，国民党反动派的统治处于风雨飘摇之中。1949 年 9 月，新疆实现和平解放，同年底，三区民族军和中国人民解放军进疆部队胜利会师，并进驻南疆和蒲犁地区，成立人民政府，进行民主改革，实现了民族区域自治。1954 年 7 月成立克孜勒苏柯尔克孜自治州，柯尔克孜族和其他兄弟民族真正实现了当家做主的愿望。

（收入少数民族知识丛书《柯尔克孜族》，民族出版社 1991 年版）

沙俄的侵略与柯尔克孜人民的抗俄斗争

在帝国主义侵华史上，沙俄是侵略中国领土最多的国家。它首先是从入侵我国柯尔克孜族地区开始的。研究柯尔克孜族的抗俄斗争史，对于进一步了解西北各族人民开发和保卫祖国边疆的贡献，加强民族团结，具有重要意义。

一

17世纪初，我国柯尔克孜族主要仍分布在叶尼塞河和鄂毕河中上游一带，包括托穆图喇、伊聂谢柏兴、红岩和唐努乌梁海等地区，隶属于喀尔喀和托辉特部硕垒乌巴什洪台吉管辖。当时，沙俄出于大农奴主和新兴资产阶级利益的需要，在东侵西伯利亚汗国后，就对与其毗邻的柯尔克孜族地区，采取大规模蚕食扩张政策。它相继建立了托木斯克、库兹涅茨克、叶尼塞斯克、克拉斯诺亚尔斯克等侵略据点，并用武力残酷镇压当地居民，向其征收实物税，曾遭到柯尔克孜等族人民的强烈反抗。1614年，为使被迫向沙俄交纳实物税（或赋税）及服劳役的鞑靼人，摆脱沙俄的剥削和压迫，柯族部众攻打了托木斯克附近地区。1628—1630年，他们联合鞑靼人袭击强行建筑克拉斯诺亚尔斯克要塞的俄国殖民军。1633年，在首领贝坦率领下，又挺进至库兹涅茨克城下，抄袭周围地区和克拉斯诺亚尔斯克附近的一些村庄①。1635年再次攻下这两座城镇。后来虽然由于

———————

① 列夫申：《吉尔吉斯——哈萨克各帐及各草原的叙述》，第二部分第一章。

侵略军得到大批增援，柯尔克孜人民暂时退却，但他们和沙俄的斗争一直没有停止，使沙俄妄图迅速占领鄂毕河和叶尼塞河上游的野心一度受到阻遏。

17 世纪 20 年代后，位于额尔齐斯河和伊犁河流域的准噶尔部，在其首领哈剌忽喇及其子巴图尔珲台吉领导下强盛起来，联合厄鲁特蒙古诸部，打败了和托辉特，统辖了包括叶尼塞河上游柯尔克孜在内的地区。1653 年，巴图尔死后，其子僧格继位，对沙俄侵略者进行了针锋相对的斗争。当时，上述据点的沙俄殖民者又强迫柯尔克孜等族人民缴纳实物税，胁迫他们的王公及其属民加入俄国国籍，其目的是要把他们居住的地区变成俄国领土。这理所当然地遭到了柯尔克孜族和准噶尔的强烈抗议。僧格向沙俄当局严正指出，这些地区的柯尔克孜等族人民早就属于他祖父和父亲管辖，表示决心要承袭祖辈的主权，继续向自己的属民收税。僧格联合了当地柯尔克孜等族人民，以攻打托木斯克、库兹涅茨克和克拉斯诺亚尔斯克等城市相威胁，弄得沙俄殖民当局惊恐万分，不断增派侵略军镇守侵占的地方。僧格还在柯尔克孜族地区驻军 5 千人，由其叔岱青和叔伯兄弟巴阿哈指挥，执行收税和捍卫我国北部柯尔克孜边境的任务[①]。

与此同时，叶尼塞河上游的柯尔克孜族直接对沙俄侵略者的英勇斗争比比皆是。在准噶尔汗噶尔丹上台初期，这种斗争有增无减，以致噶尔丹为讨好沙皇，曾于 1680 年 6 月遣使去库兹涅茨克，为的是查明过去发生事端的"罪魁祸首"。使者在跟库兹涅茨克的达维陀夫交谈中声称，噶尔丹要把这一调查进行到底，要查明惩办肇事者，赔偿损失等等。调查表明，在库兹涅茨克地区领导反沙俄斗争的，是柯尔克孜王公叶列尼亚克[②]。

18 世纪 20 年代，沙俄殖民主义者侵略势力变本加厉地进犯叶尼塞河、额尔齐斯河的上游地区。1701 年时，在克拉斯诺亚尔斯克南侧的柯尔克孜族地区，连一个俄国居民点都没有[③]，但在此期间，沙俄的军事扩张线和俄国殖民区迅速向额尔齐斯河和叶尼塞河上游地区节节推进，和柯

---

① 兹拉特金：《准噶尔汗国史》，莫斯科 1964 年版，第 218—219、242 页。
② 同上书，第 248 页。
③ 同上书，第 328 页。

尔克孜等族人民发生激烈冲突。1697 年，噶尔丹败亡，策旺阿拉布坦为汗，在其继位后的头二十年，为了医治噶尔丹发动战争的创伤，恢复和发展民族经济，采取了息事宁人的策略，对沙俄的侵略持姑息、容忍和退让态度。1702 年秋，他为了避免柯尔克孜人民和沙俄发生冲突，派出 2500 名兵士，强迫属于其管辖的柯尔克孜族，从世世代代居住的故乡叶尼塞河上游迁到西部天山伊塞克湖地区①。

柯尔克孜族虽然离开了自己的故土，但他们对侵略者的斗争并没有熄灭。随着沙俄对中亚的入侵，抗俄斗争的熊熊烈火，又在天山南北的柯尔克孜族中燃烧起来。

二

叶尼塞河上游的柯尔克孜族被迁到天山西部后，和历史上就已迁到天山的柯尔克孜汇合在一起，分布于伊塞克湖西至楚河、塔拉斯河流域。后来，由于准噶尔统治阶级的压迫，一部分从伊塞克湖迁往中亚塔什干、费尔干纳及其附近山区，一部分到了帕米尔高原、兴都库什山和喀喇昆仑山一带。

17 世纪中期，沙俄的侵略魔爪已伸向我国东北边疆，占据了雅克萨、尼布楚，清政府曾多次抗议，并用武力包围雅克萨和尼布楚。后因噶尔丹在西北发生战乱，影响全国抗俄斗争的形势，清政府被迫于 1689 年与俄国签订《中俄尼布楚条约》，作了妥协。但这并未能遏止沙俄的侵略野心，而是把矛头进一步指向我国西北等地区。沙俄侵略军在占领额尔齐斯河上游的准噶尔地区的大片领地，修筑军事堡垒线后，继续采取武装蚕食政策，在我国北部和西北地区建立一系列侵略据点。1727—1728 年，清朝与俄国签订了《中俄布连斯奇条约》和《中俄恰克图条约》。条约规定，以恰克图为轴心，东自额尔古纳河，西至沙宾达巴哈，为中俄的分界线②，这样就将贝加尔湖一带东蒙古的游牧地和萨彦岭至沙宾达巴哈以北

---

① 兹拉特金：《准噶尔汗国史》，第 337 页。
② 王铁崖：《中外旧约章汇编》第 1 册，三联书店 1957 年版，第 8 页。

的柯尔克孜族地区，统统割让给了俄国。

18 世纪中叶，清朝政府统一西北地区后，继承了在额尔齐斯河上游至沙宾达巴哈以南与沙俄接壤的原准噶尔领地及其所管辖的唐努乌梁海。贪得无厌的沙俄侵略者，并不以占有我大片土地为满足，而是在边疆上不断制造事端，袭击、杀害清朝守卡官兵，派人潜入中国境内搜集情报，修筑碉堡，搭盖房舍等等。沙俄的上述侵略活动，虽经清政府据理谴责，一再斗争，并坚持在这些地区行使自己的管辖权，但沙俄的阴谋活动从未有所收敛。

沙俄在唐努乌梁海进行侵略活动的同时，也把魔爪伸向清政府伊犁将军所直接管辖的巴尔喀什湖以东以南地区。1847—1854 年，它相继建立"科帕尔"、"维尔内"（今阿拉木图）等侵略据点，并将罪恶的触角伸向伊塞克湖周围和楚河流域。1856 年，沙俄派上校军官哈明托夫率领骑兵侵入伊塞克湖柯尔克孜族布库、萨尔巴噶什部落的所在地，从事各种侵略活动，遭到萨尔巴噶什等部落的顽强反抗，被迫撤退。殖民军对柯尔克孜族部众进行残酷镇压，惨杀其首领和牧民 40 多人，并抓走不少牧民作为人质①。对于萨尔巴噶什等部落的抗击，沙俄十分惊恐。多次潜入柯尔克孜族地区进行间谍和分裂活动的扩张主义分子谢苗诺夫曾向沙皇将军加斯弗尔德献策："必须立即臣服布库人，然后再臣服跟布库人一样处在锤钻之间危机状况的萨尔巴噶什人；……这样一来，包括了整个伊塞克湖流域的俄国国界线就会一直延伸到天山雪峰。而占领了楚河平原的巩固基地以后，连接外伊犁边区可能性的钥匙也就不难找到了。"② 1860 年，沙俄派大量侵略军进犯楚河上游，并占领托克马克、皮什别克等柯族地区。

沙俄为使其侵占我国东北和西北大片领土的侵略活动，披上合法外衣，并进一步实现其侵占中国整个北部边疆的野心，就与英、法等帝国主义相勾结，采用武力进攻和政治讹诈等卑劣手段，迫使清政府于 1860 年11 月签订了《中俄北京条约》。由于这一不平等条约的签订，使沙俄侵占从沙宾达巴哈直到浩罕之间的巴尔喀什湖以东以南包括柯尔克孜和哈萨克

---

① 《巴尔托里德文集》卷 2，第 1 册，莫斯科 1963 年版，第 534 页。

② 谢苗诺夫：《1856—1857 年天山游记》，第 371 页，莫斯科 1947 年版，参阅新疆民族研究所摘译稿。

在内的广大地区，披上了合法化的外衣。

《中俄北京条约》签订后，贪婪的沙俄，一方面违反条约规定，重施故伎，以较前更大规模出兵占领清常驻卡伦不少辖地，以便造成既成事实对清政府施加压力；另一方面，又在其占领区内，镇压柯尔克孜和哈萨克等各族人民的反抗，逼迫他们承认归属俄国。沙俄侵略军推进到伊犁西北卡伦附近，修建侵略工事，阻塞清军通道和巡查之路，围攻卡伦，掠夺牲畜、财物，气焰十分嚣张。1862 年，"俄国匪苏勒官杂哈劳，于呢玛图一带，设立卡伦，阻我赴勒布什之路，复于沙拉托罗海地方，率兵拦阻，声称：哈萨克、布鲁特（按：指柯尔克孜族）为该国地方，并于鄂尔梁勒卡伦抢夺牲畜、什物"。① 沙俄还公然在伊犁界内非法设立卡伦，驮运炮械，阻塞清军查边之路。1862 年，在伊犁西北清军博罗胡吉尔卡伦附近，"俄国兵队三、四百人，执持器械炮车，以伐木挖土"②，修建侵略工事营盘。当时在卡伦附近的"布鲁特头人，被俄勒逼，携属内附"③，"誓志不肯背顺"，清政府遣常清将军等"善为抚绥，加以激励"④。1863 年，俄军又在伊犁西南集有五、六百人，施放火箭火炮，闯卡扑压清军。清军索伦总管率领官兵和柯尔克孜等族人民进行伏击，暗用抬炮，将其击退到科斯莫鎏。后来他们又纠集党羽扑营，均被当地军民用枪炮击退，"杀贼将及百名"⑤。

但是，沙俄贼心不死，复于 1864 年"带兵队五百余名，强占西北之夏博罗胡吉尔卡伦，六月间又添兵六百名，直入冬博罗胡吉尔卡伦，声言欲占图尔根地方"⑥。据《清穆宗实录》记载，当时清驻卡官兵巴哈善等，将"伪称说和"却发动突然袭击之俄兵"轰毙七人"，旋将"逸入卡伦"之"该国余众，驱逐出卡，并未尽数歼灭，以防俄人诬我劫夺"⑦。由于既进行了英勇斗争，又讲究斗争策略，因而受到清政府的赞扬。而在卡伦

---

① 《清穆宗实录》卷 33。
② 同上书，卷 41。
③ 同上书，卷 42。
④ 同上书，卷 71。
⑤ 同上书，卷 73。
⑥ 同上书，卷 111。
⑦ 同上书，卷 96。

附近的柯尔克孜等族牧民，也积极配合了驻卡官兵的行动，和沙俄侵略者进行针锋相对的斗争。清政府在致地方将领的敕谕中指出："至良善内附之哈萨克、布鲁特等，自不能任听俄人强行索去，致令回部人众解体。其出力报效，并打仗出力之官弁兵勇，并著常清汇案奏奖，以资鼓舞。"①清政府曾多次指示地方将领："所有屡次获胜出力将士，并哈萨克、布鲁特等，均著常清存记，汇案奏具"②。又据《清穆宗实录》同治二年（1863 年）所载，当时纳林河流域的柯尔克孜族，在鄂斯满等的领导下，组织 12000 余众，到松库勒参加战斗，"将俄人击败"③，有力地打击了侵略者。

正当中国各族人民的抗俄斗争如火如荼地燃烧起来，腐败无能的清朝政府却一再妥协退让，又于 1864 年 10 月和沙俄签订了丧权辱国的《中俄勘分西北界约》。此条约除篡改原《中俄北京条约》第二条有关西北中俄边界走向，攫取了中国更多的土地外，还规定"地面分在何国，其人丁即随地归为何国管辖"④。这样，沙俄不仅侵占了伊塞克湖、楚河、塔拉斯河和纳林河等流域的广大地区，而且吞并了居住在这些流域原属我国的柯尔克孜、哈萨克部落。

三

沙俄在武装占领我国巴尔喀什湖以东以南一些地区后，就进一步染指新疆西南边境重邑喀什噶尔。它一方面在邻近喀什噶尔的边境驻扎重兵，作随时入侵的准备；另一方面，派遣间谍潜入喀什噶尔搜集情报，进行分裂活动。1876 年，沙俄吞并浩罕，接着就派遣侵略军进入与之相毗连的喀什噶尔西境的阿赖谷地，并对当地的柯尔克孜部落残酷镇压、血腥屠杀，实行军事占领。之后，就积极策划南侵帕米尔的阴谋，加强对帕米尔的间谍活动。

---

① 《清穆宗实录》卷 77。
② 同上书，卷 82。
③ 同上书，卷 77。
④ 《中外旧约章汇编》第 1 册，第 217 页。

　　帕米尔地区自古以来就是我国历史疆域不可分割的一部分。早在两汉时期，它就是西域三十六国之一无雷等所在地，属两汉皇朝西域都护府管辖①。其后也一直隶属于中原皇朝或西域地区政权。唐代，在西域设立安西、北庭都护府，帕米尔地区设有安西军事戍所葱岭守捉②。1759 年，清朝在平定南疆大小和卓的叛乱过程中，曾一直进剿至阿赖和帕米尔地区，西布鲁特额德格纳头人阿济比代表西布鲁特十五部 20 万众请求重归于清朝③。布鲁特一些首领"在阿尔楚尔、伊西洱库尔击贼，直至拔达克山俱奋勉效力"④。清朝除在柯尔克孜地区苏满塔什建立乾隆记功碑外，并对有功之柯尔克孜族部落大小首领进行册封、赏赐和颁发印文。据记载，当时得到清政府册封为二品至五品官员的柯尔克孜大小首领就有 100 多名，其中包括西布鲁特的冲巴噶什、希布察克、额德格纳、奈曼、岳瓦什、提依特、萨雅克、巴斯奇斯、蒙额勒多尔、色勒库尔等各部首领，由喀什噶尔参赞大臣奏放。这些地区的常年稽查约束亦归参赞大臣专辖⑤，除委派五品至七品官吏阿奇木伯克数员管理色勒库尔及其附近山区的柯尔克孜族和塔吉克族外，并任命好几个千百户长分别管理帕米尔的各个地区。1883 年，新疆建省后，南疆柯尔克孜族归新疆巡抚管辖，帕米尔地区属其下喀什噶尔道疏勒直隶州疏附县、英吉沙尔直隶厅和莎车直隶州。为加强对帕米尔地区的管理和防止外来势力威胁，清朝又采取措施从军事上加强防守，在帕米尔地区设立许多卡伦。这些卡伦是：塔克墩巴什卡、阿克素睦尔瓦卡、雅尔特拱拜卡、图斯库尔卡、巴什拱拜孜卡、六尔阿乌卡、黑孜吉牙克卡、苏满卡、阿克塔什卡、伊斯里克卡等。其所在地，大多是柯尔克孜族地区，由清军和柯尔克孜族卡兵共同驻守。清政府的地方官员，向帕米尔地区的各族人民和来往客商，照例征收赋税，商回以牲畜皮张贸易至者，比内地商民减税三分之一；并从事修筑驿道、驿站，兴修水利和开荒造田等事业，充分行使主权职能。

　　1884 年，沙俄为使其侵占喀什噶尔西北部领土合法化，进一步侵占

----

①　《汉书·西域传》。

②　《新唐书·西域传》。

③　《钦定皇舆西域图志》卷 45。

④　《平定准噶尔方略正编》卷 83。

⑤　《新疆图志》卷 16。

帕米尔，借口《中俄伊犁条约》关于中国喀什噶尔与俄属费尔干省交界照两国现管之界勘界的规定，强迫清政府签订《中俄续勘喀什噶尔界约》，不仅使其非法占领的阿赖地区合法化，而且占去了和什库珠克帕米尔柯尔克孜地区。《条约》第三条还规定，自伊尔克什坦自然界往南，至乌仔别里山豁，俄国界线转向西南，中国界线一直往南，所有界线以西归俄国属辖，界线以东归中国属辖①。这样，界线以西的帕米尔柯尔克孜族地区都被沙俄吞噬，仅剩下界线以东的郎库里帕米尔、小帕米尔和塔克墩巴什帕米尔。但是，野心勃勃的沙俄，并不以此为满足，而是虎视眈眈，妄图侵占整个帕米尔地区。

　　1891 年，沙俄派上校军官杨诺夫率领数百名轻骑兵潜入我国帕米尔地区。"六月二十二日，俄马兵分三起越界，一赴墩巴什与阿黑素睦尔瓦，一赴雪底拉，一驻伯什拱拜孜，其步队驻苏满。又于阿克塔什、塔（克）墩巴什交界之毕依比达坂，竖杆粘贴，安抚布回（按：指柯尔克孜族），声称今已属俄国百姓"②，并与当时入侵我帕米尔的英国和阿富汗军互相火并。为此，清政府和新疆巡抚魏光焘提出强烈抗议，指出上属卡伦皆为清设，指责其违约入侵活动。沙俄做贼心虚，只好撤回侵略军，并表示道歉，保证以后不再侵入中国地界，所立木杆，听凭中国拆毁。但这只是缓兵之计，为时不久，又派遣更多的侵略军侵入帕米尔地区。1892 年，沙俄先后派遣陆军中尉勃尔热齐茨基和杨诺夫带着大炮辎重和一千多名侵略军窜入帕米尔，在穆尔加比等地建立军事要塞，并占据了苏满、六尔阿乌、郎库尔、阿克塔什等柯尔克孜地区及清所设的卡伦，胁迫柯尔克孜族服役，并不断增兵已占领的地区，"于让库尔、六尔阿乌，增兵两千多人，欲夺色勒库尔等处"，"情形叵测"③。清政府和新疆地方当局虽一再交涉，俄军不但不撤，反而大量增兵帕米尔，悍然武装占领萨雷阔勒岭一带，从而出现了中俄军队对峙的局面。

　　沙俄为使占领萨雷阔勒岭合法化，于 1892 年迫不及待地向清政府提出划界帕米尔，抛出了更加赤裸裸的侵略计划，要求从乌孜别里起，先向

---

① 《中外旧约章汇编》第 1 册，第 457 页。

② 柯宗：《帕米尔和奥瑟斯河的河源》，《英国地理学刊》第 8 卷第 2 期（1896 年 8 月）第 103 页；《新疆图志》卷 8。

③ 《清德宗实录》卷 320。

东再向南，直至萨雷阔勒岭为中俄双方边界线①，妄图再侵占由《中俄北京条约》所确定的，从乌孜别里直南线至萨雷阔勒岭西之间的中国土地，即郎库里和阿克塔什等柯尔克孜地区。

清政府迫于当时各族人民的反抗斗争，电令许景澄："自郎库里至阿克塔什一带，为边防扼要之地，务当切实辩论，俾就范围妥筹拟结"②。鉴于沙俄的险恶用心，清政府加强在色勒库尔一带的武装力量。新疆地方当局向清政府奏称；"查俄兵进据帕米尔，往来无定，自应严密防范，以免疏虞。色勒库尔即塔什库尔干，距喀什噶尔九百里，塔戛尔玛在色勒库尔北八十里，布仑口距喀什噶尔五百里，三处均布回部落，上年各驻马队一旗。冬间，臣模咨提臣董福祥加派马步，前往助防。现派署英吉沙尔参将记名总兵杨德俊率步队一营驻守色勒库尔，兼统沿边诸营旗。"③ 在这些防卡官兵中，不少是当地的柯尔克孜族，他们和各族旗军共同捍卫着祖国的西北边防。此外，清政府在外交上，始终拒绝以萨雷阔勒岭为两国分界线的要求。沙俄面对清朝的强硬态度，不敢坚持以萨雷阔勒岭为界，而采取狡猾的手段，表示可容再议，并提出在此岭双方对峙的军队，暂扎原地，互不进犯，实际上则是要维持沙俄军事占领线。之后，它既不提出复议，又拒不撤兵，占领了一百多年，使中俄西段待定地区的边界问题，迄今成为悬案。

尤为甚者，沙俄在侵占帕米尔东部地区后，又妄图把军事占领扩大到南部，以达到吞噬整个帕米尔的既定目的。帕米尔南邻印度、阿富汗等，是英帝国主义势力范围。英帝国主义为了阻止沙俄势力的南侵，保住其在印度和阿富汗的利益，眼见沙俄侵略军独占帕米尔，心有不甘，就煞费心机向俄提出瓜分帕米尔，以保持其在帕米尔的势力。1895 年，英、俄背着中国，私自达成瓜分帕米尔的协议，双方议定以萨雷库里湖东为起点，沿湖直至萨雷阔勒山脊为一线，此线以南属英，之北属俄。这样，中国帕米尔柯尔克孜地区，除塔克墩巴什和部分朗库里帕米尔外，其余皆为俄、英瓜分，而绝大部分为沙俄所占有。当时清政府在人民群众的压力下，对

---

① 《许文肃公遗稿》卷 4、7。
② 《清德宗实录》卷 335。
③ 《新疆图志》卷 103。

俄、英的丑恶行径，曾多次提出强烈抗议，宣布保留重申前说的权利。因而，这个见不得人的协议，至今还遗臭中外。

沙俄帝国主义的狰狞面目和实力政策，并没有阻止住阿赖和帕米尔地区柯尔克孜族的反侵略斗争。自沙俄侵略军踏上帕米尔那一天起，就遭到柯尔克孜族和塔吉克族人民的猛烈抗击。1876 年，当沙俄占领浩罕和南吉尔吉斯一些柯尔克孜地区时，西布鲁特十四部落的各头目，即于翌年刘锦堂平定阿古柏收复喀什噶尔城后，陆续往见，坚决表示仍愿归属中国①。1876 年，当沙俄侵略军的铁蹄蹂躏阿赖地区时，该地希布察克等部落的柯尔克孜族，在阿卜都拉伯克的领导下，进行顽强反抗。他们以猛烈的炮火伏击侵略者，还采取边打边退、诱敌深入的办法，在喀拉湖围歼了大量侵略军②。后来虽由于侵略军增援，遭到了失败，但侵略者伤亡惨重，付出了很大代价。1891 年，杨诺夫率侵略军入犯帕米尔时，当地的柯尔克孜族和塔吉克族，纷纷协同清军修筑作战工事，承担"沿边卡伦稽查、侦探、修路各差"和搜集情报的工作③。1895 年，有 44 户牧民到热斯坎木附近边卡"垦牧守边"。1898 年，柯尔克孜、塔吉克等族联合组织"色勒库尔绥远回队"，领导各族人民开展反侵略的斗争④。1898 年，又有"布民四十五户"迁至明铁盖、推古鲁满苏，守卫边境⑤。

在敌占区的柯尔克孜族，由于沙俄殖民官吏推行军事压迫政策，横行霸道，为所欲为，抗俄斗争的烈火也越烧越旺，绵延不断。不少敌占区的柯尔克孜族为反抗和摆脱沙俄的统治，成批地迁入清军境内，如希布察克等部落有不少人从阿赖和帕米尔俄占区内迁到喀什噶尔西山清军境内游牧。1883 年有 80 多户布胡尔部落迁入新疆⑥。1892 年下半年至 1895 年，又有 200 多户离开俄占区来到清军境内的塔克墩巴什和塔哈尔满⑦，使占领帕米尔的侵略军陷于给养极其缺乏的困境。至 1916 年，大批俄占区的

---

① 《新疆图志》卷 96。

② 鲍里斯·塔格耶夫：《在耸入云霄的地方》，第 46—47 页，莫斯科 1904 年版；参见《沙俄侵略中国西北边疆史》，第 310 页。

③ 克孜勒苏自治州档案馆档案。

④ 参见《塔吉克族简史》（内部铅印本）第 1 章。

⑤ 《新疆图志》卷 9。

⑥ 参见《柯尔克孜族简史》（内部铅印本）第 1 章。

⑦ 参见《沙俄侵略中国西北边疆史》，第 345 页。

柯尔克孜、哈萨克等族为反抗沙俄的黑暗统治和征兵，爆发了大规模的武装起义而来到新疆天山南北，估计总数有 30 多万人，其中进入南疆喀什、乌什一带的布鲁特等族部就有 5、6 万人，给沙俄的殖民统治以沉重打击。有不少人后留居新疆，成为我国今天柯尔克孜族的一部分①。

　　总之，从叶尼塞河上游至天山伊塞克湖，从阿赖岭至帕米尔高原，柯尔克孜族的反抗怒潮此起彼伏，从未停止。他们的爱国主义精神和英勇斗争，有力地打击沙俄帝国主义，为保卫祖国西北边疆作出了可贵的贡献，在中华民族的抗击沙俄史上写下了光辉的一页。

（《中央民族学院学报》1983 年第 2 期）

---

　　①　杨增新：《补过斋文牍》。

乌恰县柯尔克孜族调查报告

一 自然环境

　　乌恰县在我国新疆南部克孜勒苏柯尔克孜自治州境内，面积为15117平方公里，是我国柯尔克孜族主要聚居县之一。位于北纬38°54′至40°32′，东经73°53′至75°21′，处在帕米尔高原东北部和天山西部支脉交汇处的崇山峻岭中。西北与苏联吉尔吉斯加盟共和国接壤，东与阿克苏专区、南与喀什专区毗连。境内山脉连绵，河流纵横。山脉大多为东西走向，著名的有西南的玛尔堪苏山（海拔4500米），西部的库鲁木提山（海拔6515米），南部的喀卜喀山（海拔6000多米），北部接近天山的雨西塔什及托云草原以及铁烈克山（海拔3000至4200米之间）。这一带高山终年积雪，雪水融汇成无数条河流，大部分由西向东流，著名的有克孜勒河和卡克玛克河。克孜勒"红水"之意，为喀什噶尔河上源，发源于帕米尔，东流乌恰县境，南北有许多雪水来汇，再东流，又有康苏河、哈朗沟汇入，水势渐大。卡克玛克河，发源于天山西部支脉，经乌恰县东北部流入阿图什县境。沿河沟大片纵横起伏地带，都是水草茂盛的天然牧场，适宜放牧牲畜。深山中蕴藏着丰富矿藏，栖息着各种野生动物。在无数的山谷与雪水之旁，驰骋着勤劳勇敢的柯尔克孜族牧民。县境中部是克孜勒河冲蚀河谷地带，海拔一般比较低，在1500至3000米之间。乌恰东部浅山地区分布有大小不等的山谷冲积小平原和山谷坡地，这些地方为本县柯尔克族地区唯一的农业区，其中较大的山谷平原为黑孜苇平原。

　　由于境内山区地形复杂，气候变化差异很大，西部和北部高山气候寒冷，常年气温都在零度以下，靠近雪线地区为夏季牧草场的主要分布区。在浅山河谷地区，年平均气温为 7.2℃，牲畜冬季牧草场大多分布在这一带。

乌恰县的柯尔克孜族，据 1957 年统计，有 2389 户，12274 人。全县四个区，其中二区乌鲁克恰提、四区托云为纯牧区，一区克孜勒他、三区包斯塘铁勒克为以牧为主的半牧半农区。牧民都是柯尔克孜族，他们历代均长于畜牧业，具有丰富的畜牧业生产经验。牲畜的种类很多，有马、驼、驴、绵羊、山羊、黄牛、牦牛、犏牛。农作物主要有冬麦、春麦、青稞、胡麻、玉米、油菜、苜蓿。乌恰县的矿藏名闻南疆，有煤、铁矿、石油、铝、锌、锡、盐以及稀有金属。康苏镇是乌恰的矿区中心。1952 年，在这里建立了现代化的有色金属稀有金属公司，已成为南疆的工业中心。其中柯尔克孜族工人已占职工总数的 10% —15% 。

乌恰县地处祖国西陲边疆，是我国古代中西交通要道之一。一条由县城至托云，在本县西北部。由县城经过一区和四区各乡直达中苏边境，全长 140 公里。另一条由县城经康苏镇，再经老乌恰直达中苏边境，全长约150 公里。新中国成立前，乌恰的运输力主要靠骆驼、马、驴，无大车。新中国成立后，县内主要干线都修了公路，通行汽车，逐步改善了过去交通闭塞的状况。

二　族名和族源

"柯尔克孜"为本民族自称，其含义："柯尔"为四十，"克孜"为姑娘，即"四十个姑娘"之意。柯尔克孜族的起源，在民间流传着各种各样的传说，流传比较广泛的是柯族起源于"四十个姑娘"带有浓厚神话色彩的故事。相传很早以前有叫夏合满苏尔的人，有一个女孩和一个男孩，女名敏纳勒，男叫安纳勒，不久这两个孩子的父亲便死去了，兄妹俩生活在一起。后来有人诬称他俩之间有暧昧关系，阿訇听到此谣传后，认为这种行为是违犯宗教和圣规的，因此将这一情况转告了当时的专制皇帝夏满素尔，虽经用酷刑再三审问，但他俩坚决否认，最后兄妹俩同时被判处绞刑，在临死的时候还喊着"敏纳勒哈克（冤枉）！买纳木哈克（冤枉）!"死后被烧成了灰抛入河里，死者的骨灰随着水上的泡沫，流到另一个国王的水池里。恰在这个时候，国王的四十个姑娘正在池边乘凉，听见水里不断发出"敏纳勒哈克，买纳木哈克"而带有悲泣的声音，这些姑娘们都很奇怪，一齐挤到池边看，并不见有什么东西，于是每个人尝了尝池水里的水，都怀了孕。后来被国王发现，在盛怒之下，把她们都驱逐了出去，其中三十个辗转逃到了山区，其余十个逃往城镇，开始过着游牧和农业定居的生活，并繁衍了子孙，她们的后代即是今天的柯尔克孜人。故后来称山区过游牧生活的这一部分为"斯尔特克勒克"，即外部之意，亦称右部。称农业区过定居生活的为"依斯克勒克"，即里面之意，亦称左部。在乌恰民间还流传着许多类似的故事，它们在个别情节上略有不同，但总的情节是相同的，并且都和四十个姑娘喝了河水怀孕而发展成为后来的柯尔克孜族联系起来。关于柯尔克孜族起源于四十个姑娘的广泛流传，在我国史籍《元史》中早有记载，当时他们的先人还生活在叶尼塞河流域一带。可见，此民间故事早在元代就产生于叶尼塞河地区，并一直流传至今。

当地"柯尔克孜"还有另一含义，"柯尔克"含义为"山地"，"克孜"为姑娘，即"山地姑娘"之意。另外，相传过去有名为亚帕斯的统治者，有一儿子，名叫吐尔（按：疑为铁勒）。吐尔长大后，育有一百个儿子，其中的一个儿子叫柯尔克孜，后一直繁衍发展下来。亚帕斯统治下的领域非常广阔，西到里海，东到黄河。当吐尔给一百个子孙分土地时，当时给柯尔克孜分了山地，柯尔克孜都生活在山里，故名。也有说最早有一个阿吾孜国王，柯尔克孜族即其后代，当国王给儿子们分土地时，将山地分给了他们，故名。关于类似的故事还有几种说法，但总的情节都是说明他们是山地游牧民。

在乌恰关于柯尔克孜族族源的故事还有其他几种说法，但都未普遍流传。

据调查，柯尔克孜族历史上曾存在过较大的部落联盟。这一组织形式由于畜牧业经济和宗法制的影响，一直被沿袭保留在柯尔克孜族的游牧社会中。部落在早期的历史发展过程里，不仅维系着内部的生产，同时在对外关系上也起了很大的作用。但在进入初期封建社会后，在封建生产关系影响下，部落性质逐渐起了很大变化。特别是在分散的自然经济环境里，大的部落已分解成许多小部落，过着游牧或半游牧的生活。这些小的部落随着环境的改变和逐水草的迁移，形成了最小聚居点，即以阿寅勒为单位的游牧群。由于聚居点的分散，部落与部落之间或大部落内部之间的统属关系也无法维持，变得十分松散。分布在乌恰的一些部落为克普恰克和穷巴禾西，在阿图什及阿克陶等县均有分布。在大小部落或阿寅勒中都有一个被称为"阿克沙哈尔"的耆老来管理牧民之间的内部问题。"阿克沙哈尔"，柯语为白胡子的意思。一般阿克沙哈尔都是由部众当中选任的。阿克沙哈尔不仅年纪大，而且要办事公正才能胜任，他们在柯族人民中间有一定的社会地位和群众威信。

柯尔克孜族部落，按统属关系，基本上分为左部"依斯克勒克"和右部"斯尔特克勒克"两大系统：

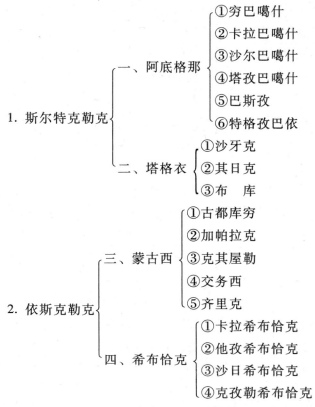

除以上部落支系外，尚有乃蛮、开赛克、库曲等，我国及苏联境内均有分布。居住在乌鲁克恰提一带的有其日克、岳瓦什、穷巴噶什、希布恰

克、提依特、蒙古西等部落的支系小部落和阿寅勒的聚居点。

柯尔克孜族在乌恰游牧的历史已很久，基本上可分为两部分：一部分原来就是土著民族；另一部分是从其他地区迁入的。如克普恰克等部落原来就是当地的土著民族。传说过去在土著的柯族中，有个名叫贾思尔木尔扎的女英雄，是保卫本部落人民和财产最得力的领袖。后来从中亚来了部分柯尔克孜族，与贾思尔木尔扎的部落发生战争，结果贾思尔木尔扎英雄被俘，被押解到中亚地区。后来她的部众都分散开来，所以在南疆尔甫努尔、沙力克博依、阿克陶等地都有她的部落人居住。

乌恰县的柯尔克孜族大部分是后来迁入的。主要是从中亚的奥什、安集延（历史上曾属我国中原王朝和西域少数民族政权管辖，均在今苏联吉尔吉斯共和国境内）等地迁来的，据当地老人说，前后已有三百年左右的历史。如乌恰二区乌鲁克恰提的柯尔克孜族，原有岳瓦什等部落四十多户，在卡吉色依领导下，从奥什迁到今乌恰县一区，然后又分到其他各地。卡吉巴依是第七代，在乌恰后又传至十三代，其世系为：卡吉巴依——禾加木加尔——下依伯克——波多巴衣——阿巴依勒达——苏云巴依——奴尔（按：调查对象），一共传了六代。如果每代按 25 年推算，则已有 150 年历史。有的说，今天乌恰三区的柯尔克孜族是从中亚安集延、卡拉苏等地来的。当时由名叫马马宾者率领四十多户，住在三区乌鲁哈特地方，后来他的亲戚又陆续迁来一些，由原来的四十多户发展至今二百五十户。迁来的路线是由中亚的安集延到阿莱，又到卡孜勒那特，途经阿克陶五区撒勒考勒（即色勒库尔），迁入乌鲁哈特（即乌鲁克恰提）。根据他们世系的推算，迁来也已有六代，从马马宾开始，其后代为天额先、玉买提、奇木干、哈尔恰买尔干、吐尔都·买买提不拉依，迁入的历史亦已有 150 年左右了。

迁来的原因，说法很多，一般有下面几种：1. 乌恰和中亚地区连成一片，过去部落之间的迁移活动很频繁。有些部落领袖因为该地气候条件好，水草丰茂，适宜放牧而迁来。也有因看到这里野羊、野鸡等野生动物多，水里的渔产很丰富，即带领着他们的亲戚迁来住下的。2. 因奥什、安集延一带发生自然灾害，天气冷，雪大有二、三尺深，牲畜受到很大损失。也有说是兽疫流行故而迁来的。3. 部落内部和部落之间发生争斗，打死了人而逃来的。4. 因卡吉巴依和蒙古人作战，追击蒙古人至乌恰二区，驱逐了当地蒙古人而迁入的。同时也有说乌恰二区原来就是柯尔克孜族住的地方，被蒙古人打败逃入中亚，后来蒙古人离开该地时，卡吉巴依又带领四十余人迁回的。

迁来的路线，除上述外，最远的也有从依斯可库勒，经纳仁、阿克沙依，穿过了阿勒卡哥山谷及阿拉库卓、安集延、那孜威克等地而到达乌恰境内。由圣木哈纳到乌鲁克恰提也正是当时迁入的一条主要路线。

以上关于土著和外来的调查材料，与史籍记载，基本上能吻合起来。据 10 世纪波斯文著作记载，当时在喀什噶尔北部即包括今乌恰地区在内已有柯尔克孜。另据档案文献记载，1702 年，准噶尔汗策旺阿拉布坦，曾用武力强迫原生活在叶尼塞河上游的柯尔克孜族迁到天山西部伊塞克湖地区，后由于准噶尔蒙古统治者的压迫，一部分又逃至中亚塔什干、安集延、奥什一带。后再从安集延、奥什一带迁入乌恰境内的，正是原居住在叶尼塞河上游向西迁移的这一部分，迄今已近 300 年历史，和民间调查基本上一致。

三　封建军阀与国民党在柯尔克 孜族地区的反动统治

1911 年，辛亥革命推翻了清朝的封建统治，清朝在新疆的统治者伊犁将军和新疆巡抚被刺，新疆的政权先后落在地方军阀杨增新、金树仁和盛世才手里。杨增新和金树仁本来就是清朝的地方官吏，他们表面上拥护辛亥革命，实际上是维护封建统治的孝子贤孙。他们利用内地军阀混战无暇顾及新疆的时机，扩充自己的势力，使新疆处于长期封建割据与独霸一方的局面。杨增新、金树仁利用部落制度残存下来的统治机构和清政府旧的官吏制度来统治和压榨各族人民。当时对乌恰柯尔克孜族地区亦采取此方针。杨增新在乌恰的统治者，对柯族的封建上层人物采取了拉拢政策，施以小恩小惠，使之能帮助巩固自己的统治。他们利用清政府沿袭下来的官制比（伯克、千户长）、玉子巴什（百户长）、安里克把什、翁巴（十户长），作为压迫和剥削柯尔克孜族人民的工具。其中"比"的地位最高，对人民有生杀予夺之权，并私设法庭，鞭打刑讯也是常事。在审理柯尔克孜族人民内部纠纷中，无成文法律作根据，而是按照习惯上以调解的形式为主。由于这些封建主都代表剥削阶级利益，所以对案件的调解处理，总是替有钱有势的人开脱。尤其对于人命案件采取用钱和解的办法，因此，伯克等封建阶层也就乘机大量敲诈勒索，人民的生命财产根本没有保障。在这时期，以前清朝官吏加在牧民头上那些五花八门的负担，不但没有减轻，而且变本加厉。如乌恰二区乌鲁克恰提的牧民，在杨增新、金树仁统治时期，除交纳牲畜及草头税外，还要交纳田赋，这些税收均由贫苦牧民负担。牲畜税抽百分之一，按绵羊标准计算，其折合率为一匹马折合六只羊，一峰骆驼折合五只到六只羊，一头牛折合四只到五只羊。有时也折合收钱，一只两岁羊折合二两至二两五天罚（新疆银圆）。另外，牧民还要承担宗教上的"扎卡特"税和"吾受尔"粮。

由于封建军阀杨增新和金树仁的腐败统治，引起了1933—1934年声势浩大的南疆民族暴动，加剧了新疆地方军阀统治集团内的矛盾，1933年，发生了"四一二"政变，新疆另一军阀盛世才窃取了政权。

盛世才统治初期，由于共产党人在新疆工作的结果，对封建上层人物采取团结政策，在迪化（今乌鲁木齐）曾召开蒙、哈、柯代表大会，有柯族上层人物七人参加，讨论发展牧区生产和改善牧民生活问题。乌恰的经济也有了一定的发展。乌恰地区原以游牧为主，自1938年乌恰由设治局改县以后，政府号召牧民发展农业生产，并拨给荒地，连年发动民众扩大春耕，仅伊斯哈克伯克在乌恰任职期间，就有二百多户人家迁到县城南部，兼营农业生产，每家发给两头耕牛，一张犁，二十称子（每称子20斤）籽种，十称子粮食，七只羊，还发给安家费。离县较近的不少牧民渐渐由游牧生活过渡到农牧结合的半定居生活。1942年12月，乌恰县长托合大买买提、副县长宋学礼在给喀什区行政长的呈文中，曾要求将农业较为发展，牧业、商业与该县很密切的原疏附县明约路、木什两村划归乌恰管理，以便使乌恰县民众"亦可藉资学习对于农工商业发展前途，获益甚多"。与此有关，水利事业也有了一定的发展。不少地方开了新渠道。为了加强对苏贸易，1938年还拨款二百万两和集中民工165人，在乌恰修通从喀什经乌恰到苏联的公路，使柯尔克孜族地区的物资交流有所活跃。牲畜和畜牧业产品有了销路，牧民们也得到日用工业品。乌恰地区仅有的商店在马虎山等作乱时期，曾遭到了破坏，但盛世才平乱之后逐步得到恢复。

在文化教育方面，乌恰这时期的发展也很显著。过去在乌恰柯尔克孜族地区没有小学，由于共产党人在新疆的倡导，在新疆各地成立"哈柯文化促进协会"，以推动牧区民族文化事业的发展。1936 年在乌恰、喀什等地区都设有柯文会分支机构，工作人员大多来自乌恰的柯尔克孜族。柯文会等的经费，主要来自群众。柯文会在创办学校、开展文化娱乐活动和宣传鼓动工作方面起了很大作用，在群众中影响较大，以致政府机关的一些工作，有时也通过它来进行。据 1949 年 11 月档案材料，喀什区柯文会职员简明履历表的统计表明，在三十位工作人员中，柯尔克孜族有二十人，而其中乌恰县的柯尔克孜族就占 13 人。据调查，1936 年在乌恰县，有政府办的小学二所，由柯文会办的小学七所，会立学校的经费和学生的书籍都由柯文会提供，入学儿童人数很多。柯文会除办学校外，还搞扫盲、文化娱乐活动和宣传鼓动工作，并都设有专门职务和专人负责。如上述喀什区柯文会职员中，乌恰的柯尔克孜族工作人员分别担任柯文会会长、文化科长、宣传科长、组织科长、财政科长、剧团团长、俱乐部主任、演员等职务。从这些职务及其活动中，可以看出柯文会的机构性质及其所起重要作用。当时，在喀什地区还设有柯尔克孜族学校，并于师专内设柯尔克孜族班，乌恰县一些子弟到喀什、乌鲁木齐等地入学的也日渐增多。这个时期，是新中国成立前乌恰县入学人数和教育事业最为发展的时期，之后就一蹶不振了。

盛世才在新疆共产党人和进步人士帮助下，站稳脚跟后，就逐渐暴露其军阀本性，对中国共产党人和进步人士进行政治迫害，对各族人民实行高压政策和法西斯统治，制造各种"阴谋暴动案"，镇压人民，在乌恰县亦是如此。由于乌恰地处中苏边疆，自 1938 年起，盛世才调遣大批军队驻扎在边境上，称为边防队。在柯尔克孜族地区建立保甲制度。盛世才以边防队和便衣警察充作耳目和爪牙，实行特务统治，凡对他的反动措施表示不满的人就被查拿逮捕。无论反对他或不反对他的人，只要有一点嫌疑就抓走。当地柯族头目或有声望的人也是其迫害对象。捉人的时候均在夜间进行，而犯的什么罪谁也不知道，抓去后便音讯杳无，不知死活。在这种情况下，乌恰被盛世才杀害的人很多。如乌恰县当时曾有阿匹西等三十余人被送进喀什监狱，都用石油点火烧死。被害人财产也作为逆产，为盛世才及其爪牙所没收。边防队更是今日要柴草，明日要羊只，奸淫掳掠，无所不为，广大牧民忍气吞声，过着惶惶不可终日的生活。1939年，盛世才乘在新疆召开哈柯代表大会之机，做出决定，要在牧区进行清枪运动。当时在乌恰牧区也没收了柯族牧民打猎用的土枪，如不交就要处死。后来牧民打猎没有枪，只能用狗来捕捉野羊。经济上，中国共产党人和进步人士在新疆牧区所取得的成果，亦丧失殆尽。乌恰柯族人民的负担不断增加。在杨增新、金树仁时期，乌恰牧区原无土地税，这时增加了田赋税，还要交牲畜税、柴税、草料等。牲畜税的税率，金树仁时为4％，这时增加到6％。收取牲畜税的官吏常把许多地方的牲畜，集中在指定地点点数收税，集中一次，有的地方往返要五六天，病弱牲畜因而死亡，使牧民的损失很大。在文化方面，1942年，盛世才取消了哈柯文化会，政府发给教员的工资很少，教员生活困难，学生也很少，教育事业基本上处于停滞状况。

1942年，盛世才公开投靠国民党，反革命面目彻底暴露，国民党反动派直接统治了新疆，对乌恰柯族地区加强控制。它一方面调来很多军队进驻乌恰进行反共反苏活动。另一方面，加强警察特务统治，采取多种反动措施：由伪县政府和国民党党部、警察局及各乡镇头目组成宣传队、"探访民隐队"分头下乡作反动宣传，欺骗群众；设置守望哨，严密保甲组织，以监视人民的言行和盘查过路行人；清查户口；普遍实行"连保连坐法"，迫使人民向警察机关具结，"组织横的秘密互监组，由县政府、保安大队、县警察局及各地警察所、各保安分队及各乡镇保甲长，并地方忠正人士头目等会组而成"，其活动方式是秘密的，通过个别谈话以考查人民的言论和行动。此外，还有所谓巡逻中队，分区巡逻，对老百姓进行恫吓。

1946年，乌恰县军警曾制订严密的监视该县人民的计划，由保安大队长为该县统一指挥官，据乌恰档案材料所记，采取如下反动措施：

1. 国民党驻军保安大队分驻老乌恰镇托云第一、二两中队并斯姆哈那一分队，除保守与苏方连界边卡外，一旦遇有地方发生"匪警"，随时出动搜剿，并策援各地警察所完成维护地方事宜。保安大队并附有两分队的兵力，完全驻守县所在地黑孜苇，保卫整个县城和附近乡镇安宁。如发生"匪乱"，必要时，酌派分队捕剿，以完成促进地方之安宁。

2. 在县所在地的警察局、警察队专维护县所在地及附近乡村之治安，并与保安大队部取得密切联络。如夜间之巡逻，游动哨与保安大队部取一致行动，一旦发生"匪乱"时，各地警察所完全听从保安中队和分队之指挥，并与各乡镇保甲组织确实打成一片，共同完成"绥靖"地方之使命。

3. 各重要据点驻扎之保安队及各警察所，每日派探分组轮流四出侦察，如有"匪情"，随时出动搜剿，并传报各地保警机关。

4. 县警察队及各地警察所，随时出动巡逻队巡防"匪警"，一面与各地驻军取得联络，传报"匪情"，并由县政府、县党部派员分赴各乡镇宣抚安定地方，以资加强防御力量，并由县政府、县党部、警察所及各乡镇头目、阿訇等组成宣传队、采访民隐队、守望哨、盘查哨、户口清查组、情报联络站等组织至克孜镇、乌恰镇、托云乡等地进行反动宣传，探索民隐、守望民情，盘查来往行人，清查户籍，并决定于下列地区建立情报联络站：由黑孜苇起至天乎沙鲁和乌恰镇至斯母哈那止；由黑孜苇起至托云，由托云至阿图什县府止；由黑孜苇起至喀什专员公署止。规定各情报站互相联络，传递情报，失职要追究责任。并规定在无驻军、警察所之乡村，由县府及警察局利用当地"忠贞"民众秘密组织坐探，利用传递哨，随时至驻军、警察所传递情报。在民间，严密保甲组织，普施连保连坐法，并组织横的秘密互监组，对该县一切公民均采互监制，不容一人漏监。其中亦包括对机关和军警工作人员进行互监。由各伪机关及人民团体之各机关首领负责组织，用个别谈话指示考查公务员及一切人民言论行动，如有发生"危害"国家及"祸乱"地方之一切非法行为，随时向驻军、警察所报告人民活动。

1946 年，国民党军队在乌恰驻有边卡保安大队，下设六个分队，由大队长统领，一个分队驻老乌恰，一个分队驻乌乎沙鲁，两个分队驻托云，两个分队驻老乌恰及斯姆哈那。另一方面，国民党在乌恰建立国民党县党部，大量发展党员，普遍实施连保连坐法。县警察局还在乌乎苏鲁、托云等处设警察所，建立特务机构。1948 年将中苏公路大桥烧毁，并网罗一些人做特务，监视人民活动，协同国民党边卡驻军迫害和镇压柯尔克孜人民，动辄以"通苏嫌疑犯"、"赤色分子"的罪名进行迫害，人民的生命财产毫无保障。1945 年 9 月，伪边卡大队在乌恰县抓了艾山开力等

11 人，用极其残酷的手段当众杀掉。又如 1944 年，乌鲁克恰提的保长向国民党反动派的一次告密中，将二区五乡过去在三十五骑兵团参加过革命活动的 340 多人逮捕，后来被带到焉耆去做苦工，受虐待折磨而死的就有 70 多人。

在经济上，由于国民党反动派和边卡大队的残酷压榨和掠夺，乌恰地区的畜牧业遭到严重破坏，牧区变成了一片荒凉贫瘠的景象。生活在这里的柯尔克孜族终年不得温饱，受尽贫困和苦难。国民党的苛捐杂税层出不穷，1949 年乌恰县牧民负担的苛捐杂税达 37 种之多，如商税、田赋、草头税、烧柴、马草，食用羊、石头、木料、马匹、骆驼、民工、毡子、毛绳、口袋、铁锅、铜壶、皮毛、奶子等等，所出杂款折合绵羊 25000 只。该县二区四乡，1942 年还有 200 户牧民，由于受不了惨重的压迫负担而逃亡外地或因反抗国民党统治而遭屠杀，至 1947 年 7 月，只剩下 77 户，其中 32 户完全丧失牲畜。该乡斯姆哈纳原有 46 户，后只剩下 3 户人，一头牲畜也没有，完全靠打猎和采阿葜（一种药材）度日。乌恰二区一乡牧民买买提色依提 1947 年时还有十只羊一头驴，但每年要负担五只羊，一千斤柴，还要缴羊毛驮运费和捐税，全部牲畜都交出来还不够，至 1948 年，只得把一顶毡房卖了逃亡到外地，家中留下老母亲和仅有的一口锅，最后连这口锅也在"抗缴捐税"罪名下被保长拿走了。乌恰四区牧民吾拉音，新中国成立前有一次因为柴火供不上，被保长吊得连胳臂都快断了，逼得没法子，只好带着老婆孩子逃亡到喀什城去混饭。国民党还以"边境安全"为借口，逼迫克孜镇、斯姆哈纳等地的柯尔克孜牧民搬家到别处去流浪。

四　新中国成立前乌恰柯尔克孜族人民的革命斗争

如上所述，清朝的统治被推翻以后，乌恰柯族人民继续受到封建军阀杨增新、金树仁、盛世才等地方官吏的统治，封建剥削和民族压迫较清朝统治时期变本加厉。特别是国民党接管新疆后，进行更为残酷的统治，使乌恰柯族人民的经济遭到很大程度破坏，生活困苦，很多人家破人亡，流离失所，政治上毫无保障。另一方面，地处中苏边境的乌恰柯尔克孜族，受到苏联伟大十月社会主义革命的进步影响，新中国成立前每年有许多人为谋生到苏联去做工，也有人到苏联学习，受到革命思想影响，认识到只有以苏联人民为榜样，通过斗争才能争取自己的解放。

从当时国际环境来看，苏联十月革命胜利后，中亚的地主恶霸、反革命分子、大牧主和官僚曾经发动武装的反革命暴乱。乌兹别克斯坦土匪头子玉素甫仁，吉尔吉斯土匪头子捷英别克哈则、阿依地买热克、库秀马努、麻木奴沙里阿依，土库曼斯坦土匪头子阿依甫吐尔克等率领六百多匪徒扰乱苏联人民和平生活。当他们在苏联领土站不住脚时，就于1926年至1935年逃到南疆乌恰、阿合奇、塔什库尔干和阿克陶等边境地区进行骚扰活动，弄得乌恰等地的柯尔克孜族生活不能安宁，只有武装组织起来，才能保卫自己的家乡和祖国。

1931年，哈密地区和加尼亚孜领导的农民暴动热潮波及全疆各地。当时喀什一带的柯尔克柯族内部分成两派：一派以阿克陶的柯族乌斯满为首，取得暴动领导权，走上反动的道路。他的军队曾先后占领乌恰和喀什，横行霸道，掠夺人民。同时他还与马虎山、和加尼亚孜、麻木提等人相勾结，对人民进行残暴统治。另一派，在苏联影响支持下，组成了以乌恰柯族伊斯哈克伯克将军为首的革命力量。

1902年伊斯哈克伯克将军生于乌恰二区四乡斯穆哈纳地方一个牧民家庭里。十五岁以前一直在家里放羊，1917—1922年间在苏联求学，受到革命思想影响。1926—1934年在喀什地区进行地下活动。1934年初，在乌恰成立武装部队，最初称为第四大队，由伊斯哈克伯克将军等领导，后来改编为第35骑兵团，该团基本上是由柯族青年战士组成。1935年，骑兵团清除了由苏联窜入的捷英别克哈则、阿依地买劣克、库秀马努、麻木奴沙里阿依、玉素甫江、阿依甫吐尔克等为首的白匪军。伊斯哈克伯克率领骑兵团与乌斯满作战获得胜利，并肃清了吐尔地拜克等武装土匪，占领喀什市。在喀什肃清了叛变分子与反革命分子，巩固了政权，组织柯族人民协会，领导市内的革命工作。柯族骑兵团在取得一系列胜利之后，曾被盛世才暂时解散，团长伊斯哈克伯克调任乌恰县长，其下500名士兵，改编为喀什公安大队。

1936年，驻和阗的马虎山勾结驻喀什马木提（任盛世才军队的师长）

的部队，在英国领事唆使下发起武装暴乱，柯族部队与之进行了激烈的武装斗争，柯族士兵牺牲 420 名。马虎山等土匪占领了和阗、莎车、喀什、阿克苏等地方。此时，伊斯哈克伯克又组织一个骑兵旅三个骑兵团。塔吉克族和维吾尔族在则米尔其合买地的领导下也组织一个骑兵团，以后平息了马木提和马虎山在南疆的暴乱。参加这一革命斗争的有乌恰、阿合奇、阿克陶、塔什库尔干和阿图什、哈拉俊等地区的柯族劳动人民。个别牧主与部落头目与马虎山、马木提残部勾结继续进行反革命活动，结果被革命力量镇压了下去。

由于以伊斯哈克伯克为首的进步力量的壮大，使当时统治新疆的封建军阀盛世才感到不安，于 1940 年将伊斯哈克伯克调任柯族文化促进会会长，做行政工作，并于 1942 年解除了柯族武装部队的武装。1943 年，盛世才企图逮捕伊斯哈克伯克，伊在苏联领事馆帮助下路经伊犁前往苏联。柯族人民的革命活动受到盛世才进一步压制，很多参加过骑兵团和进步的柯族人民被捕，受到各种酷刑或拷打致死。伊斯哈克伯克到苏联后继续进行革命准备工作，积极学习苏联经验，并对乌恰、塔什库尔干、伊犁等地的革命工作进行多方联系和指导。

1944 年国民党接替盛世才直接统治新疆后，该年秋，在北疆爆发了伊犁、塔城、阿勒泰反对国民党反动政府的三区革命。北疆的柯族人民积极参加了这一革命，如在民族军解放绥定的战役中，由柯族青年组成的战斗队伍做出了很大贡献。伊斯哈克伯克也由苏联回国投入战斗。1944 年 12 月，国民党在新疆集结了十万军队欲反攻伊犁，依斯哈克伯克所率领的一个旅对粉碎国民党反动军队起了决定性作用。在伊斯哈克伯克领导下，解放了伊宁以东的很多城镇，直逼玛纳斯河。1945 年 4 月 8 日，三区革命政府正式授予伊斯哈克伯克以将军衔，并任命他为民族军最高司令官。

在三区革命影响下，南疆今塔什库尔干一带的柯尔克孜和塔吉克族人民亦揭竿而起，于 1945 年掀起反对国民党政府和边卡军队的起义。与之进行了激烈的战斗，消灭国民党军驻阿克陶县布仑口的两个边卡队、塔阿米尔地区的一个边卡队和塔什库尔干的一个边卡大队，解放了塔什库尔干、布仑口、苏巴什、塔尕尔曼等地区，建立革命政权"专员公署"。在"三区革命"和"蒲犁革命"影响下，乌恰县的柯尔克孜族亦开展了反对国民党反动政府的革命斗争。

1945—1946 年初，乌恰的木吉、依力克玉提、沙哈、依根、乌乎沙鲁、老乌恰、圣姆哈那等地群众举行暴动。1946 年 1 月，有二百多人武装占领了木吉。在依力克玉提亦有二百多武装队伍。各地暴动群众，包围了当地警察所和保安队，切断交通要道，武装打击敌人，使国民党反动派处于难以招架的境地，只好撤回县城。1945 年 9 月，乌恰县属乌鲁克恰提镇（即老乌恰）的沙哈、依根等地群众进行暴动，占领附近山头，并一举攻下伪保安队、警察所的驻地，伪军仓皇逃窜。据 1945 年国民党军警向其上级喀什专员报告：因众寡悬殊，兵力单薄，不能抵抗，不得已，随会同警察所撤退。暴动群众抢夺伪军的粮食及其他物资，以支援蒲犁起义军和解决自己没有粮食吃的困难。类似的斗争也同时发生于斯木哈那、于曲他什等地。据事后国民党机关统计，上述三地群众共夺得面粉约9000 斤，大米约 2000 斤，苞谷约 68000 斤，草料 20 多万斤。10 月间，国民党反动派派兵去镇压，把当地牧民及他们的牲畜掳掠一空。据统计，仅乌鲁克恰提镇一地，被掳的牧民即 52 户，牲畜 20000 多头，伪第三区专员公署还下令要群众给他们赔偿损失，但因粮食等一部分已被群众运走，其余也已被吃用尽，如再逼迫，又怕群众再起反抗，所以才作罢。1946 年 1 月，有 200 多名起义群众，武装包围了乌乎沙鲁国民党警察所，打死警兵一名，俘获三名，国民党派兵去镇压，因起义群众除使用步枪外，还配备轻重机掷弹枪 10 余挺，战斗火力异常激烈，国民党军未能获胜，败回乌恰县城。起义群众还到处破坏交通，给国民党军在人力、马匹、草料、给养等方面造成很大困难。据档案记载，乌恰国民党保安大队"第一中队防处深谷之间，倘若被阻日久，人马势必饿伤，不战自灭，如不增加兵力，彼众我寡，势力单薄。如坚守因兵力过微，亦不可能与敌对抗，可否将第一中队全部调回大队部合并坚守乌恰县，否则速派大队征剿，以免阻止喀乌交通"。乌恰县的国民党反动派，因乌恰烽火四起，交通中断，给养奇缺，兵员不足而惊惶万分，日夜不安，不断向县城和喀什呼援求救。

乌恰暴动群众，除用武装斗争对付国民党反动派外，还进行政治宣传。在占领区散发张贴传单，组织动员群众，并派人深入敌占区在群众和国民党维、哈、柯士兵中进行宣传活动。他们大批写信，通过柯族士兵在占领区的家属到敌占区探视亲友，传递信件，号召驻军士兵和起义队伍联合起来，要附近民众头目组织当地民众内应外合，一致对敌，使反动政权胆战心惊，陷于一片慌乱之中。

乌恰国民党反动派，鉴于军警力量不能把柯族的反抗斗争镇压下去，也采取了政治攻势，妄图从政治上瓦解革命力量。1946 年 1 月，乌恰三乡木吉、伊留克玉提一带已被以沙依提伯克为首的起义群众占领。国民党反动派在"无可搜掠，进退维谷之际"，拟采用招抚的政治手段，公推议长沙的克、候补议员阿不都拉伯克和阿西木阿訇，以及当地大阿訇他提力克和加、艾尾西等四人为政府及地方代表，携带赠礼、面粉四百斤、粮食一百斤、洋糖十斤、葡萄干十斤、茶叶二斤、杏干十斤等物前往说降，其结果不但未达目的，且去招抚的代表阿不都拉伯克和艾尾西等也都参加了起义队伍，并成了起义领袖，使招降一事沦于失败。

1946 年 6 月，三区革命政府与国民党政府签订"十一项和平条款"开始生效，依照和平条款规定，将南疆包括乌恰木吉等地的武装革命力量集中到蒲犁，解除了武装。喀什专区和塔什库尔干县都成立了地方联合政府，但至 1947 年，国民党反动派公开背信弃义，撕毁和平条款，重新占领了革命根据地，大肆逮捕和迫害参加过革命的人。仅 1948 年 4 月，就有所谓不良分子 17 人反省，7 月又逮捕所谓反动分子 9 人。政治上加强法西斯统治，经济上贪官污吏敲诈勒索层出不穷，乌恰人民陷于水深火热之中。但此时已是黎明前的黑暗，在中国共产党和毛主席的英明领导下，乌恰人民终于在 1949 年冬获得解放。

五　新中国成立前乌恰柯尔克孜族地区的社会性质

（一）生产力状况

新中国成立前，乌恰县的柯尔克孜族以从事畜牧业生产为主。畜牧业生产的工具很简单，只有打草用的镰刀，剪羊毛用的剪刀和搂草用的耙等。没有严格的四季草场划分，不注意培植草场，完全依靠天然牧场放牧，因此冬草的供应时常发生恐慌。大部分牲畜，特别是贫苦牧民的牲畜，没有棚圈，缺乏接羔育羔设备，幼羔的成活率很低。再加上国民党的苛捐杂税、商人的中间剥削和畜产品没有销路，牧民们常常为生活所迫宰杀出卖仅有的牲畜。因此乌恰县的牲畜不断减少，半数以上的牧民穷到一无所有或只有少量的牲畜，至新中国成立时为止，全县柯族11000余人，只有20000多只小畜，9000余只大畜，平均每人只有两只小畜和不到一只大畜。

由于畜牧业生产衰落，乌恰县部分柯族牧民兼营少量农业维生，农业生产力非常低下。乌恰大部分是山区，土壤比较差，石头多，水利无设施，水流失大，气候寒冷，并经常无法抵御冰雹、风雪等自然灾害的侵袭。广大牧民缺乏耕畜和生产工具，很少能耕种田地，只有牧主或富裕牧民才能种几秤子地。农业生产方面，只有砍土曼与木犁等简单生产工具。耕种方法粗放，使用二牛抬杠耕地，不施肥，不灌水，不锄草，撒种以后即上山游牧，等待收获，因此产量很低，平均每秤子（20斤种子）地只能收四、五秤子粮食。粮食多靠疏附等农业区供给。每到春季，一般的贫苦牧民家里只有一、二秤子粮食，甚至没有粮食。

新中国成立前乌恰地区没有什么工业。有一些家庭手工业，产品有羊毛制的毯子、马鞍子、口袋、毛盖头，驼毛织的布，羊皮制的马奶袋、皮衣、皮帽、皮带，铁制的马镫、马掌、马嚼子、斧头、铁铗，木制的犁、面箩、碗、勺以及铁制或银制的首饰等。铁器、银器的原料是外来的，其他都是就地取材。家庭手工业的产品，多供自己使用。

因为牲畜很少，农业与手工业不发达，很多贫苦牧民靠代牧农业区的牲畜为生，代牧户占全县牧户三分之一以上，直到1951年初期，在乌恰全县2909户中，仍有872户依靠代牧生活。由于代牧工资很低，有的光剪毛、喝奶子，没有工资，牧工生活贫困，生产兴趣不高，因此代牧牲畜的发展也很慢。除自然灾害所造成的损失外，牧工常为生活私自宰、卖代牧牲畜。

此外，乌恰牧民还靠打猎、伐木、挖矿和运输等副业维持生活。但新中国成立前由于牧区交通闭塞和国民党反动政权的种种限制，这些副业生产也得不到发展。

乌恰的"巴扎"（集市贸易）每七天一次。柯族的生产工具和生活用品，大多来自畜产品，种类简单，一般采用物物交换形式，满足各自需要，羊只常常作为交换等价物。附近维吾尔、乌孜别克等族行商常到柯族地区交换牧民的畜产品和手工业品，以物易物，进行不等价交换。有些牧民也到疏附、喀什等附近城市，用牲畜或畜产品换取牧业和农业生产工具及各种生活用品。一些大牲畜要用作为装饰品的金属货币来购买。

（二）生产资料的占有情况和剥削关系

新中国成立前，乌恰柯族地区和其他柯族地区一样，处于游牧封建社会。封建生产关系占统治地位，主要阶级构成为牧主、牧民和牧工。生产资料占有情况，由于畜牧业生产濒于破产，牧区极为贫困，故牧主占有的牲畜数量一般都低于北疆柯族地区，但生产资料占有向两极分化情况仍很明显。据了解，全县占总户数2%左右的牧主和富裕牧户，占有三分之一的牲畜，没有牲畜或不到30头牲畜的贫苦牧民和牧工占总牧户的70%左右。关于新中国成立前各阶层牲畜占有情况的确切资料已无底可寻，但由于解放初期这里未进行牧改，在党和人民政府的关怀和领导下，畜牧业生产虽然有了一定的恢复和发展，生产资料占有的情况和贫困落后的面貌有所改变，但尚未发生根本的变化。据1952年统计，20头牲畜以下和无畜的牧户仍占总牧户的59%，有20—100只牲畜的中间阶层占总牧户的38%，有100—600只牲畜的牧主和富裕牧户只占总牧户的3.3%，仍占有22%的牲畜数。牧主占有大片的牧场、草场和耕地。乌恰县有一个牧主把十里方圆的草沟独占，不准贫困牧民使用。牧主占有较多的生产工具，如棚圈设备、镰刀、木犁和砍土曼等。一般贫苦牧民只有少量的简单工具如镰刀等。

新中国成立前，牧主对牧工和贫苦牧民的剥削，主要通过雇工剥削、无偿劳役和代牧关系三种形式。雇工剥削，一般牧主至少雇有一二个牧工，有些牧主雇有七、八个牧工，分别担任牧羊、放马、放牛、放骆驼和打柴等工作。新中国成立前，乌恰柯族的牧工户很多，至1951年，全县牧工仍有200户。牧工们辛苦劳动一年，除吃穿（牧主供给玉米面、酸奶子、破衣服）外，每年只能拿到二、三只羊的工资。牧主们往往找各种借口故意刁难牧工。如果牧工工作不满十二个月，只能拿到一半工资。

往往是订立一年的合同却要为牧主工作十四个月。如果在牧放中偶尔不慎，丢失了一二只羊，还要从工资中扣除。因此，有的牧工劳动了几年，连一点工资也拿不到，甚至有赔本现象。代牧关系是附近农业区的地主、富农把很多牲畜交给柯族牧民代牧。一般代牧户除剪羊毛、喝奶子外，很少能拿到工资。代牧关系的建立往往要通过牧区的牧主。牧主把农业区代牧的牲畜包下来，雇工牧放，进行中间削剥。牧工往往不知道畜主是谁，无形中受到双重剥削。无偿劳役，主要是牧主利用氏族部落旧有的互助习惯，要贫苦牧民及其家属为牧主从事畜牧业生产和各种家务劳动，除喝奶子外无任何报酬。牧主还利用经济上的优势和政治上、社会上的地位，保持有一定的封建特权。如新中国成立前国民党反动统治，就是通过柯尔克孜族内部的封建统治阶级来进行的。他们往往利用担任伪县长、伪参议长、伪乡保长、部落头目和阿訇等职位对牧工和贫苦牧民进行封建剥削和人身压迫。乌恰县牧工卡西姆阿里九岁死了母亲，只有很少牲畜，生活日趋贫困。因为交不起食羊税，他父亲只好让年仅九岁的卡西姆阿里给保长无代价地干了一年活。一年满了之后，保长又说："你父亲还得出食羊税，交不出还得给我干一年。"于是卡西姆又给他白干了一年。类似这样的情况是很多的。牧工们工资低，没法维持家庭生活，只有全家老小给牧主工作才能勉强糊口。牧主让牧工的妻子无偿地替他做家务工作，如做饭、缝衣、打毡子、剪羊毛、挤奶子等事情。牧主走亲戚和搬家等事情也要由牧工来做。牧主常利用封建特权对牧工和贫苦牧民进行打骂、侮辱、敲诈勒索，甚至罚苦役、关押或施加肉刑，使牧工和牧民在政治上毫无自由，被压迫得喘不过气来。

此外，牧主还通过高利贷和不等价交换的形式剥削牧工和牧民。牧工向牧主借羊就得给牧主劳动，借一只羊往往要付出价值两只羊的劳动。冬季牧民缺乏饲料，牲畜瘦弱，只有用羊向牧主换草。在交换中牧主乘机剥削，一只羊仅换50把草（实际一只山羊价值一百把草）。有少数牧主通过招女婿的形式剥削牧工。

新中国成立前，乌恰牧区除了县城所在地的克孜镇有几家小商号外，广大牧区一般没有巴扎（集市），只有一些流动的行商，往来于牧区之间进行商业投机活动。行商任意抬高物价，几尺布即换去一只羊，一包针、四两烟叶、五个梨或四两杏干都可以换去一张羊皮，一盒火柴即可换去一

斤羊毛。由于牧区粮食缺乏，牧民的一只四岁山羊只能换到商人的 80 斤
苞谷面。猎枪是牧民防狼、打猎不可缺少的工具，商人拿一支喀什土造猎
枪换去牧民十只四岁羊。奸商们往往在牧民身上掠夺四五倍甚至十几倍的
暴利。

（三）氏族部落组织

乌恰柯尔克孜族新中国成立前保留着氏族部落组织形式。较大的部落
有穷巴噶什、希布恰克、其力克、岳瓦什、提依特、蒙古西等部落的支
系。每个大部落之下包括若干小部落。随着柯族封建关系的形成与发展，
部落组织越来越成为形式，而加进了封建的内容。在清朝，部落组织还是
柯族社会的基本单位。自从封建军阀和国民党反动派在柯族地区建立了
县、区、乡的行政区划以后，部落组织不再是社会的基本单位，而作为社
会组织的残余被保存下来。但由于传统习惯的关系，部落组织在柯族牧民
中保持有一定的影响。每个部落之下有若干因血缘关系而组成的"阿寅
勒"。阿寅勒是氏族部落的基层组织，虽然不是严密的生产单位，但在阿寅
勒内部和互相之间习惯上存在着互助关系。阿寅勒有"阿寅勒巴什"（阿寅
勒长），不经选举，为群众所公认，一般由威望高的长老或牧主充任，其职
责为安排生产、决定转移牧场和解决牧民之间的纠纷。各阿寅勒之间往往
相距几十里。各部落之间的关系也是比较松弛的。一般地说，各部落之间
也没有相互统属的关系。部落头人一般是牧主，经济条件比较好，政治上
有一定的权力，而这种政治权力，往往是和国民党反动统治紧密结合起来。
反动统治者利用牧区中残存的比较浓厚的部落观念和部落之间的关系进行
挑拨离间，使各部落互相歧视，互不团结，以达到分而治之的目的。

综上所述，新中国成立前，乌恰柯族地区基本上是游牧的封建社会。
封建统治阶级与国民党反动派紧密地结合在一起，掌握着政治上的封建特
权，对广大的柯族牧民进行剥削和压迫。广大的贫苦牧民和牧工处于社会
的最底层。国民党反动派的民族压迫和本民族内部的阶级压迫，是造成乌
恰牧区社会发展停滞的根本原因。因此，新中国成立前乌恰柯尔克孜族人
民就一直和本民族的封建统治者及国民党反动派进行长期斗争，为新疆的
民族民主革命作出了贡献。

六　乌恰县柯尔克孜族人民的
解放和区域自治的实现

（一）民主建政

1949 年冬，中国人民解放军南疆部队某部第八连，在交通困难的条件下，日夜兼程，迅速进驻乌恰地区，并于 1950 年 4 月成立乌恰县人民政府。县人民政府成立后，一方面对旧公务人员教育改造；另一方面，选派干部下乡召开各族各界人民代表会议，与柯族人民共同商讨民主建政，会议一致决议以肃清匪特、发展生产为中心工作，并在各代表中产生区乡干部，全县成立了四个区人民政府。此外，又建立县、区、乡农会、妇联、区乡水利委员会、区乡畜牧委员会等组织。至当年 10 月止，根据人民的意愿，洗刷了旧公务员 12 人，留用 38 人，选拔新干部 63 人，奠定了人民政权的基础。当时人民政权的主要任务是巩固治安，肃清匪特，培养干部，改造旧政权，发展生产。

保甲制度是国民党反动派统治人民的基层组织，乌恰县新中国成立前有 26 个保，52 个正副保长，大部分是国民党特务组织的情报员和国民党员。为了彻底摧毁反动政权，新政权建立后，立即废除保甲制度，解除了压在人民身上的枷锁。人民政权的建立，使乌恰柯族劳动人民有史以来第一次成为国家的主人翁，实现了当家做主的愿望。许多过去参加过革命斗争的人与劳动人民中的积极分子被提拔担任政府工作。在党的培养教育下，人民的思想觉悟不断提高，柯族干部不断增加，水平和工作能力日益增长。人民政府为使民主建政的基础更加广泛，多次召开各族各界人民代表会议与牧民代表会议，使柯族人民及其代表能获得参与商量国家大事的充分机会与权利。仅自解放之日至 1952 年 3 月期间，乌恰就召开了四次各族各界代表会议，讨论总结生产与各项工作，决定以后的工作任务。

随着乌恰柯族人民政治上的翻身，经济生活也获得逐步改善，县人民政府积极贯彻党的保护和发展畜牧业经济政策，采取各种措施恢复和发展畜牧业生产，改善牧民生活。乌恰柯族人民由于政治上当家做主，生产积极性空前提高。新中国成立前不断遭受破坏的柯族畜牧业，解放初期获得迅速发展。1949 年解放时，乌恰只有牲畜 29000 头，1951 年就发展到52883 头。

党和人民政府为了恢复和发展畜牧业生产，改善柯族人民生活，首先废除了国民党反动统治时期的各种苛捐杂税，实行轻税政策，使广大牧民从沉重负担的束缚下解脱出来。以乌恰县一区三乡为例，1949 年解放以前，该乡 76 户牧民仅十七种主要负担折成苞谷即十二万二千余斤。新中国成立后，只有牧税和农业税两种负担，其他负担都废除了。1952 年该乡增加到一百三十一户，但其负担折合苞谷只有一万零十八斤，比新中国成立前减少二十倍。党和人民政府大力发展畜牧业和农业生产。在各乡组织畜牧委员会、草场管理委员会，划分了四季牧场。在生产繁忙季节，采取很多措施，扶助贫苦牧民，组织群众发扬友爱精神，进行变工互助，互助调剂籽种、土地、耕畜和工具，并动员富裕牧民帮助贫苦牧民解决剪毛和喝奶子问题，解决他们的生产和生活困难，还以贷款等方式帮助贫苦牧民建立家业。贷款面很大，一般贷给 15 只羊到 20 只羊（分三年还清）。对不到八头牲畜的牧户还实行免征，再加上人民政府发放很多救济款，使广大牧民有了充分恢复生产的能力。该乡 1949 年只剩下大小牲畜七百五十四头，全乡有四十三户没有牲畜，但至 1952 年，大小畜已增加到一千九百四十四头，没有牲畜的只剩下三户。

人民政府还大力开展商业贸易，提高畜产品收购价格，以低廉价格供应牧民生产和生活用品的需要，成立供销社和贸易公司，并结合牧区地广人稀、居住分散、交通不便的特点组织流动贸易小组，深入牧区。这样，不但使牧区畜产品有了销路，收入增加，也方便了牧民的生产和生活。新中国成立前一秤子羊毛（16 市斤）只能换一秤子半到三秤子粮食，新中国成立后一秤子羊毛能换八秤子粮食。柯族牧民出卖畜产品后，买回生产工具、粮食、布匹以及茶糖等日用品，改善了自己的生活。柯族牧民反映："过去的皮毛土产不用说换细布，甚至连大布、烟叶等东西都换不到。共产党来了，过去穿不到粗布，现在穿上了花洋布线哔叽，一秤子羊毛能换八秤子粮食，一张羊皮能卖四、五元新币，这个幸福是共产党和毛主席带来的。"新中国成立前后牧民生活的对比，用牧民自己的话来说："新中国成立前青稞尝不到，填肚子的是随吃随饿的酸奶疙瘩，身上是褛裢土布，脚上是牛皮窝窝。现在，幸福代替了过去的苦难，温饱代替了过去的饥寒"，这是乌恰四区柯尔克孜牧民回忆新中国成立前后自己生活变化的赞语。广大牧民纷纷用实际行动来报答党和解放军的恩情，出现很多生动事例，如二区一乡牧民，当时曾以七十多头牲畜支援和慰问解放军。当解放军进军西藏时，一乡的群众又用四十多头毛驴为解放军驮运装备。

在新中国成立后民主建政一系列工作的基础上，1953年下半年在乌恰柯族地区进行普选工作，这是乌恰柯族历史上从来没有过的行使人民当家做主权利的一件大事。在普选前召开了各族各界人民代表会议与干部会议，总结新中国成立后的工作，学习普选政策，并建立各级普选委员会，然后向牧民进行关于普选工作的广泛宣传。由于牧区地域辽阔，牧民居住分散，多数随水草而居，也有的牧民为了互相帮助，找亲友一起居住。村与村之间，近者十里以内，一般二、三十里，个别村远者一百里左右。根据这些特点，干部深入到牧场和牧民帐篷里。通过小型座谈、个别访问，进行关于政策的宣传与解释，受到牧民们的欢迎。经过调查登记人口，审查选民资格等步骤，然后进行基层选举，选出乡、县各级人民代表大会的代表，召开了乡人民代表大会，选出乡政府委员和正副乡长，然后召开县人民代表大会，选出县政府委员和正副县长，柯族人民真正行使了自己的民主权利。在普选过程中，对牧区上层人物进行统战工作，并在牧区进行了爱国主义和民族团结教育。各乡都分别召开多次的牧主、部落头人和上层宗教人士会议，宣传党和政府的保护和发展包括牧主经济在内的畜牧业政策和宗教信仰自由政策，解除他们的顾虑，并吸收他们的代表人物参加会议。通过这些，使牧民的政治认识与阶级觉悟都有提高，增强了部落之间和民族之间的团结。

通过普选，干群关系有了显著改善。结合普选工作，干部都下到牧区和半牧半农区帮助群众进行生产。牧民们反映说："今天的干部真正是人民的干部。"在人民代表大会上，普遍发扬了民主，代表们以国家主人翁的思想和负责的态度，检查政府各项工作，大胆地批评干部在工作中的缺点和错误，提出了许多改进工作的意见。普选中，把绝大多数人民满意的人选到基层政权中来。如1953年乌恰县基层选举之后，全县有三百多优秀人物当选为人民代表，一百五十名与群众有密切联系的劳动牧民与先进人士担任党和政府的各种工作，深得群众的信任和支持。

（二）民主改革

新中国成立后，乌恰牧区积极贯彻了 1952 年 7 月新疆分局第二届党代会确定的对牧区的总方针，即："安定社会秩序，保护与发展畜牧业，在可能的条件下，改善牧工与贫苦牧民的生活。"在此方针下，实行保护牧主经济，贯彻对牧主"不斗、不分、不划阶级"和"牧工牧主互利"政策。在牧区广泛开展统一战线工作，争取团结一切可以团结争取的人，包括部落头目、宗教领袖及牧主。加以打击的只限于那些现行反革命分子。乌恰县根据上述慎重稳进的方针，采取了比较缓和的办法，逐步改善牧工牧主的关系。对于过去牧区不合理的工资制度，通过牧主牧工协商的办法加以改革。1951 年，乌恰县有 872 户牧民代牧外县羊十万只，常年由牧民代牧，没有工资，只剪羊毛和喝奶子。新中国成立前牧民为生活所迫，有的偷卖牧主羊只，不加以爱护，有病死、狼吃者，有乘机偷宰者。新中国成立以后，随着牧民生活的改善，这种现象虽然很少，但因工资没有得到合理解决，影响牧民生产积极性，阻碍了生产力的发展。后来牧主牧工进行协商，通过决议，按照牧主牧民协商、劳资两利、保本保利的原则给牧民分红，确定原放牧主的牲畜，除有病死亡者在新生畜内补上原数外，净增的小畜按一定比例给牧工分红并订立合同。对这种双方协商提高工资的办法，牧主牧工双方都很满意。如牧工艾买提增加工资以后当场向牧主表示："你把我的工资提高了，我要把你的牲畜牧放好，生病、狼吃、偷宰这些事保证没有。"使到会的牧主 49 人、牧工 43 人都受到了很大教育，双方当即在会上协商了 30 名牧工的工资，工资比较低的增加绵羊 12 只，小羊 14 只，小麦 12 秤子。

在剪羊毛喝奶子的基础上，按照不同比例签订了代牧分红合同，分红的比例最高是成活 100 只羔子代牧户分红 25%，最低的是代牧户分 5%，一般的是代牧户分 15%。因而提高了代牧户牧放牲畜、改进饲养管理的积极性，不但改变了以往偷宰、偷卖代牧牲畜的现象，而且遗失、狼吃、病死的现象也大大减少，从而提高了牲畜的繁殖率和成活率，使牧主和代牧户都得到很大利益。

在民主改革中，一些国民党反动派的残渣余孽继续进行反对共产党和反对汉族人民到柯族地区帮助建设的猖狂破坏活动。他们造谣生事，挑拨离间，破坏党政和各族人民的关系。为了打击敌人嚣张气焰，进一步稳定社会秩序，确保民主改革的顺利进行，1951 年，在乌恰地区开展镇压反革命运动。在运动中，贯彻从宽原则，只办那些现行的反革命分子，可捕可不捕的一律不捕，可杀可不杀的一律不杀。对于那些罪大恶极的反革命分子给以坚决镇压，以平民愤。如对国民党伪边卡大队大队长、大队副、中队长等于 1945 年 9 月惨杀柯族革命进步人士艾山开力等 11 人，奸淫烧杀无恶不作，民愤极大，先后逮捕归案，在乌恰召开公审大会，并根据人民要求，将他们伏法，以平民愤。对本民族统治阶级中勾结国民党反动派为虎作伥，罪恶很大的反革命分子，也根据本民族人民的意愿，进行了判决。如乌恰二区在镇反运动中，密切依靠群众，通过对反革命分子罪行的检举和控诉，提高了劳动人民的阶级觉悟和对反革命分子的憎恨，群众积极地检举了暗藏的特务和造谣破坏生产的反革命分子。他们要求把新中国成立前欺压人民、罪恶昭著和参与迫害进步人士的反革命分子逮捕劳改。在公审大会上，群情激愤，要求把其中罪大恶极者枪决，大大启发了群众的阶级觉悟。1951 年乌恰县群众参加控诉会的有 4000 余人，进行控诉的251 人，在控诉状上签名者有 17000 人。群众还组织治安小组，轮流站岗，积极配合人民解放军和公安人员保卫边境。

　　1951 年，我国进行抗美援朝、保家卫国运动，乌恰牧区亦成立抗美援朝支会，进行全面宣传动员。通过宣传和回忆对比新中国成立前后生活的变化，加强了广大牧民群众的爱国主义思想，认识到抗美援朝的重要性，纷纷以实际行动来支援抗美援朝，发扬高度爱国主义精神。他们除努力生产支前外，还开展捐献运动。连妇女也不例外，有 744 名参加捐献，很多妇女把自己的戒指、耳环拿出来捐献，有 313 名妇女报名要求参加志愿军。总之，乌恰县柯族人民对我国抗美援朝所取得的伟大胜利，作出了自己的贡献。乌恰人民共捐献银圆、纸币、牲畜、农产品等价值人民币290545650 元（旧币）。抗美援朝的教育，推动了农牧业生产与税收、交公粮等工作。有的地区，群众拿着红旗，呼着口号，轰轰烈烈地以村或乡为单位交粮，认识到这等于是增强打倒美帝国主义的力量，有的群众说："挖坎土曼（意指用坎土曼种田），等于挖美帝国主义的头，割草等于割美帝国主义的头"。

1952 年，乌恰县政府机关，开展"反贪污、反浪费、反官僚主义"运动。在运动中，共查出赃物折合旧币 190057990 元，对贪污分子根据情节轻重和悔改表现，分别予以适当处理，极个别贪污情节严重者，予以逮捕法办。通过"三反运动"，教育了广大干部和群众，树立干部廉洁奉公的优良作风，提高了工作效率。

（三）民族区域自治

经过民主建政和民主改革后，柯尔克孜族人民的政治和经济地位空前提高，人民的生活有很大改善。党和人民政府为了进一步贯彻党的民族政策，迅速发展柯尔克孜族的政治、经济和文化，在新疆柯尔克孜族主要聚居地区，推行民族区域自治工作，1954 年 2 月 25 日，新疆成立了包括乌恰柯族主要聚居区在内的克孜勒苏柯尔克孜自治州。"克孜勒苏"为红水之意，此水发源于帕米尔，流经乌恰等柯族地区，故名。自治州除乌恰外，还包括原喀什专区的阿图什县，原阿克苏专区的阿合奇县，以及由原蒲犁县的二、四区、英吉沙县的六、八区及疏附县部分地区新组成的阿克陶县。自治州除柯尔克孜族外，还包括维吾尔、塔吉克、乌孜别克、哈萨克、汉、满、回、锡伯、俄罗斯、塔塔尔等十多个民族。自治州首府设在阿图什县。

在区域自治实施过程中，乌恰县党和人民政府充分发挥基层干部、积极分子和宗教民主人士等各方面的作用，按照牧区分散居住的情况，开展群众性的宣传活动。有的同志绕过大水，穿过雪山，向难以来往通行的牧区送去党的政策，使牧民普遍受到区域自治政策的教育。他们通过新旧社会、新中国成立前后生活的对比，政治觉悟不断提高。并在此基础上进行民族团结和爱国主义教育，消除他们生活上的一些疑虑，从而更加相信党的政策，积极参加民族区域自治工作，加深了对党、毛主席和人民政府的热爱。刚开始宣传时，牧区有人怕实行区域自治后，汉族干部和维吾尔族干部都走了，只剩下柯族干部难以独立进行工作等等，但是通过宣传和随着自治州行政区域等具体问题的解决，柯族群众逐渐消除了顾虑。在区域自治过程中，也增强了乌恰县民族之间和民族干部之间的团结。新中国成立前，由于国民党的反动统治和本民族封建统治阶级的挑拨离间，使各民族之间和民族内部经常发生不同程度的纠纷，造成民族间的隔阂和歧视。新中国成立后，由于实行党的民族政策，进行民族团结友爱教育，民族间的关系有了根本改变，但历史上反动统治阶级民族压迫的影响，还没有完全消除，民族间的歧视怀疑或多或少存在。特别是由于少数汉族反动派在乌恰的胡作非为，欺压百姓，并侮辱性地称之为"黑黑子"，破坏了汉、柯民族关系，柯族也称他们为"狼"或"黑大爷"，并常用以吓唬孩子。另外，乌恰和邻近农业区县的维吾尔族，也常因草场和代牧牲畜发生争执纠纷，影响了两族人民的关系。在实施区域自治过程中，针对一些行政区域问题的解决和考虑如何有利于柯族地区经济文化事业的发展，进行了充分协商和民族团结教育，大大加强了乌恰县柯族与其他民族及本部落之间的团结。历史上，乌恰县是一个纯牧区，为有利于发展农业，新中国成立前曾多次要求将附近维吾尔族农业区的疏附县或阿图什县合并，一直未能实现。这次成立柯族自治州，决定将主要是维吾尔族农业区的阿图什县划归柯族自治州，并将自治州首府设在阿图什，这对柯族和维吾尔族是一次很好的民族团结教育。开始时在干部和群众中有一些疑虑，如有的人说"柯族自治州首府为什么要设在维吾尔族地区呢?""是柯族自治州就不会提拔维族干部了"等等。经过教育和工作，乌恰牧区群众认识到维吾尔族是新疆的多数民族，柯族群众的政治、经济和文化要得到发展，一定要主动争取和热情地欢迎汉族、维吾尔族与其他民族干部和人民的帮助，并且主动地帮助自治州境内其他民族发展畜牧业，才能促进各民族的共同发展。维吾尔族的干部和群众，也认识到帮助柯族群众提高政治、经济和文化水平是自己应尽的责任。只有热情地帮助其他少数民族，才能取得少数民族的帮助、信任和引导维族地区畜牧业和农业经济的发展。在民族内部团结方面，乌恰一区一乡哈斯木夏克和塔鲁巴克两个部落过去互相歧视，新中国成立后他们之间的关系已有改善，但通过区域自治后，两部落更加团结了，都自觉地作检讨，认识到"我们内部不团结还能搞好区域自治吗?"都坚决表示要继续搞好团结，作好区域自治工作。

　　区域自治政策的实施，使乌恰柯族人民进一步实现当家做主的权利，参与自治州、自治区和国家大事的管理。1954年7月10日，召开了克孜勒苏自治州第一次人民代表会议，正式宣布自治州成立。会议代表156人中，柯族有97人，在选举出的州人民委员会27名委员中，柯族委员占

15 名，其中好几名是乌恰县柯尔克孜族。在新疆维吾尔自治区人民代表大会的柯族代表中，也包括有乌恰的柯族代表。在各级人民代表大会上，充满着互相信任和友爱团结的气氛，代表们互相了解情况、交流思想，说出自己内心的话，对政府工作中的缺点、错误作了批评，提出许多合理化建议，如要求政府推广配种、接羔，合理管理草场和加强互助合作运动等宝贵意见，提出许多建设性提案，促进了柯族地区经济文化建设事业的发展。

区域自治实现后，为了保证自治机关能充分行使自治权利，党和人民政府对柯族干部的培养很重视，坚决贯彻"积极培养，大胆提拔，放手使用"的方针。乌恰地区一些劳动农牧民、知识分子和参加过革命斗争的干部，参加了政府各部门工作。并通过实际工作，政府组织训练班或保送他们到北京、乌鲁木齐、喀什等地学习，培养和提拔了一批新干部。很多人在县内担任县长、科长、社长等重要职务。此外，还培养了大批企业和事业单位的柯尔克孜族领导干部、技术人员、文教和医务人员。乌恰柯族干部的迅速成长，不仅大大密切了各级人民政府和本民族人民之间的联系，而且有力地推动了乌恰牧区社会主义革命和建设事业的发展。乌恰的柯族深切体会到：中国共产党和中央人民政府是各族人民的大救星，党的民族区域自治政策是解决中国民族问题的基本政策，只有在中国共产党领导下，各少数民族才能发展自己的政治、经济和文化事业，得到真正的平等自由和解放，从而提高了人们的爱国主义思想，增强了建设社会主义事业的信心。

七　社会主义革命和社会主义建设的辉煌胜利

1953 年，党提出了国家在过渡时期的总路线，这就是：在一个相当长的时期内，实现国家对农业、手工业和资本主义工商业的社会主义改造，实现国家的社会主义工业化。这条总路线像一座灯塔，照亮了乌恰县柯族人民前进的道路。

（一）畜牧业

乌恰县的柯尔克孜族以经营畜牧业为主。但新中国成立前，在国民党反动派和封建统治阶级的摧残之下，柯族地区的畜牧业生产遭到严重破坏。如前所述，乌恰县在1949年只有大小牲畜29000头，平均每人仅有两只小畜和不足一只大畜，60%的牧民缺乏牲畜，他们的生产不稳定，生活陷于极端贫困的境况。

为了迅速改变畜牧业生产落后面貌，新中国成立后，乌恰县党和人民政府在牧区积极贯彻中央和自治区的保护和发展包括牧主经济在内的畜牧业生产方针。除了在政策、贷款、物资供应、商业贸易、医疗卫生、教育、交通运输等方面，采取有利于发展畜牧业生产的一系列措施外，并十分重视对牧区生产工作的领导。除在历次召开的人民代表会议和干部会议上，对牧区的生产都认真做了总结和布置外，每到接羔、配种，割储冬草的季节，抽派大批干部深入牧区帮助牧民生产，许多干部甚至冒着生命危险抢救被风雪围困的牲畜，从而，使柯族地区的畜牧业生产得到迅速的恢复和发展。至1952年，牲畜总头数已达到65523头，基本上恢复和超过了1942年历史上牲畜生产的最高水平。从1953年开始，我国进入了国民经济第一个五年计划建设时期，乌恰柯族地区的畜牧业生产，在过渡时期总路线的指引下，出现崭新的景象。为了使畜牧业生产适应国家和柯族地区大规模建设的需要，国家在人力、物力等方面进行大力帮助。国家除了继续帮助贫苦牧民生产建家，还大力活跃牧区贸易，供应大量的生产资料和生活资料，以合理价格收购牧民土特产品，并从农业区调来粮食，支援牧区必需的口粮和牲畜的饲料。

与此同时，各地积极引导群众走互助合作道路，把个体牧业经济改造为社会主义的集体经济。从1955年开始，根据党中央的政策方针和自治区二届牧区工作会议的指示精神，在各级党和人民政府领导下，乌恰牧区开展了畜牧业互助合作运动。畜牧业的互助合作运动经历了从低级到高级的发展过程。一般是先成立临时互助组，由临时互助组转为常年互助组。在乌恰，互助组的形式有以下几种：在生产繁忙季节为解决劳动力困难临时组织起来的接羔临时互助组；有一些牲畜较少的牧民为解决牧放牲畜困难而组织起来的合群轮流牧放常年互助组；有以几个阿吾勒为单位、牲畜较少给有经验代牧者一定酬报的合群专人牧放互助组；有牧业、农业、副业相结合的互助组。牧业常年互助组，在轮流牧放的基础上建立起来，比临时互助组有所改进和提高，能根据组里人力、牲畜、耕地、草地等情况制订全年生产计划，在牲畜轮放及还工、换工方面，也能使组员互相有利。牧业互助组的建立和发展，推动了牧区的接羔、育羔、救灾、打猎、农业和副业等生产，初步显示出组织起来的优越性。乌恰二区四乡的互助组在接羔时准备大量的牧草、饲料、毡房和土房，组员昼夜分工负责接羔，产下的羔子立即送各家育养，大大提高了幼畜成活率，达到91.36%，比过去成活率提高16.36%。如遇雪灾，互助组带头领导牧民抢救牲畜，从而减少牲畜死亡。在转移草场、挖泉等生产工作方面也起了很大作用。由于互助合作的发展，使乌恰的畜牧业生产有了很大发展。1954年，乌恰县牲畜头数已增加到十万余头，较1949年增加三倍多。如畜牧业生产模范艾提库勒的牲畜发展更快，到1954年由新中国成立前的20头牲畜发展为305只，增加了15倍。新中国成立前逃亡出去的大部分牧民纷纷回到草原，重新建立了家园。

通过互助组的建立与发展，提高了牧民对互助合作组织的认识和积极性，干部也积累了开展互助合作工作的经验，为建立牧业合作社的工作打下基础。乌恰县从1955年开始，试办畜牧业生产合作社。当时新疆维吾尔自治区党委派工作组在乌恰四乡试办了克孜努尔牧业社，这个牧业社在成立当年，就显示出优越性，牲畜净增60%，超过互助组平均水平，对附近牧民产生很大吸引力。就在这年，毛主席关于农业合作化问题的决议公布了，再加上全国农业合作化新高潮的影响，进一步激发了广大牧民要求参加合作社的热情，积极要求走社会主义道路。有的自己合并互助组为联社，酝酿建社，有的写信给党委，要求批准入社，有的乡全体牧民都写了要求入社申请书。1957年，乌恰县牧业合作化形成高潮，至年底，全县组成牧业合作社43个，入社牧户占总牧户的90%以上，取得了牧业社会主义改造的决定性胜利。

牧业生产合作社是社会主义性质的集体经济，社员牲畜折股入社，一只二岁绵羊为标准羊，三只标准羊为一股。各种大小牲畜都折为标准羊入股。牧草场和耕地归社所有。大型生产工具折价入社，小型工具为社员自有，自用自修。为满足食用需要，社员还自留一部分牲畜（如乘马、奶牛、食羊等等）。自留牲畜所需饲草，或由社分给，或划给一部分草场。柯族牧民大部分代牧外地牲畜，入社后代牧牲畜归社代牧，原畜主按原定合同付给合作社工资，作为社收益。社内收益除缴税、扣除公积金、公益金外，按劳股、畜股分配，一般是劳股、畜股各占50%左右。在牧区实现牧业合作化的同时，农业区也取得了社会主义改造的伟大胜利。

党对牧主经济是采取和平改造的方针，即用赎买的办法逐步取消其剥削，并最后使之变为社会主义经济。牧主经济的社会主义改造有两种办法：牲畜较少的牧主，参加牧业社，牲畜较多的牧主参加公私合营牧场。公私合营牧场是国家资本主义性质的经济，国家派有公方代表驻场进行领导，牧主牲畜除入场的外，自己还保留一小部分，以便食用。入场牲畜折股分红。场内收益一般以60%左右为红利，分配给牧主。不少牧主及其家属入场后参加场的生产与管理工作，有的还担任了场的领导职务。他们在公方代表和职工的团结教育下，发挥了自己的积极性，在劳动中逐渐改造成为自食其力的劳动者。

乌恰县牧业社会主义改造的胜利，将分散的个体畜牧业经济，改造为社会主义性质的集体经济，将私人占有的牧主经济纳入国家资本主义经济的轨道，这就使柯族地区畜牧业经济面貌发生了深刻变化。

由于牧业社能集中使用和统一安排劳力、资金、牧场和生产工具，物质基础比较雄厚，有利于贯彻以发展畜牧业生产为主的方针。牧业生产合作社成立后，能全面贯彻水（利）、草（改进草、培植和管理草场）、繁（繁殖成活率）、改（改良牲畜品种）、防（防治疾病、保护牲畜）、基（建立饲料基地，工具改革）、管（改进经营管理）方针，建立畜牧兽医站，增强战胜风雪和防治狼害的能力，使畜牧业生产有了大幅度增长，至1956年，乌恰县牲畜已发展到近十万头。1957年，虽然遭到多年来少有的特大自然灾害，但由于牧业生产合作社的威力，牲畜头数仍有70454头，充分显示出合作社的优越性。

（二）农田水利

解放前，乌恰牧区80%的柯族人民都靠代牧、打猎、打柴、运输等维持生活，很少有人经营农业。只有畜力和生产工具较多的巴依们，能种几秤子地供自己食用，所以粮食全靠附近农业区供给。1949年，乌恰全县只有耕地15659亩，亩产一般只有30—40斤。农业不发展的原因，一方面由于国民党苛捐杂税，层出不穷，群众无力从事农业，很多地区的群众因不堪反动派的统治和压迫，纷纷逃往外地谋生，例如乌恰三区四乡四村中逃往外地的17户，二区四乡原一百多户逃往外县后只剩下60多户；另一方面，柯族大部分住在山区，土壤较差，石头多，水量不足，气候寒冷，经常受到冰雹、风雪等自然灾害袭击。有些贫农即使有少量的土地，由于没有耕畜和生产工具，不能及时耕种，只好让土地荒芜。柯族历代以畜牧业经济为主，习惯了游牧生活，普遍对农业生产不重视。

农业生产不发展，不但不能增加收入，并且造成大量宰杀和出卖牲畜来换取粮食和作为日常生活用品的开支，不但人的口粮得不到保证，而且牲畜需要的饲料也非常短缺，严重地影响畜牧业生产的发展。解放后，党在大力发展畜牧业生产的同时，一再强调和宣传实现"以牧为主、农牧结合"的方针，宣传发展农业生产对发展牲畜、增加收入、改善人民生活的重要意义，动员群众开垦荒地，并在各个农忙季节作了具体的布置和指示。从1950年至1951年，乌恰县党和人民政府为了解决群众在农业生产中的困难，发动群众进行生产互助。在自愿和有借有还的条件下，动员群众互相调剂一部分土地、籽种、农具、耕畜、树苗，组织小型变工互助，人力畜力交换，互助农具，解决春耕的困难。过去，有些牧民从来没有种过地也买了籽种种地。有些人过去专靠上山喝奶子，经过调剂籽种、土地后也种上了地。乌恰四个区选择了四个比较典型的乡重点发展农业，当时受到农业贷款的有雇农157户，贫农157户，中农58户，贫牧36户，雇牧18户。1954年，为了适应多种经营，特别是解决日益扩大的农业生产的需要，各种互助组纷纷成立，在农忙时进行互助，大部分投入到农业生产、整修渠道、搞水利、积肥等一系列工作中，解决了缺乏劳动力和生产工具的困难。过去依靠出卖牲畜或经营副业为生的群众，一面以搞牧业为主，同时也搞农业，有了畜牧业收入，也有了农业收入，生活得到了改善。1956年，乌恰一区进行了积肥修渠工作，打了54把坎土曼，安装了木犁钉齿，修了110个小水渠和一条大渠，耕地由1955年的3570秤子增加到6500秤子。1955年至1956年，合作社建立后，统一调配人力、物力，制订了发展农业生产的计划，改善经营管理，冬天开展积肥运动，整修渠道，扩大了耕地和灌溉面积。过去，当地柯族耕作技术和方法很落后，土地犁得宽，不积肥，不锄草，不按时放水，保留着二牛抬杠与用木犁耕作的现象，所以产量很低。合作化后，改进耕作方法，提高耕作技术，加强了农田管理，要放四、五次水，锄二、三次草，犁得细，籽种用药粉拌过，大量积肥、追肥，并且根据土质情况，因地制宜地种植庄稼。新中国成立前，柯族地区只种小麦、青稞，合作化后，除了种小麦、青稞外，还种了高粱、胡麻、油菜籽、马铃薯、蔬菜、瓜等多种作物。合作化后，大力使用和推广了新式农具。1957 年，乌恰一区，用新式农具耕种的土地占所有耕地面积的 57%。特别是经过社会主义思想教育后，群众的思想政治觉悟有很大提高。过去群众对使用新式农具有保守思想，反映"洋犁太重，马拉不动"，"马牛要累死"等等，许多买来的农具只好被束之高阁。乌恰三区初有十多户群众不用洋犁，后来群众看到新式农具作业效能后，就积极要求用拖拉机等新式农具耕种。使用的农具有 15 寸步犁、23 号单犁、双轮双铧犁、马拉收割机、播种机、苏联犁等等。乌恰一区各社、队、小组都有收割机、铁耙及其他农具。每个生产小组都有 1—3 部新式农具。三区在 1957 年底有各种新式农具 27 部。乌恰一区已有 70% 实现车辆运输。过去都是用牛马驴踏场，容易造成母畜流产，影响牲畜的发展，现在改为用石滚打场，比牛马踏场既快又好，时间缩短了一半。在发展农业生产中，信用合作社起了支援作用，在各个农忙季节给农业以大量贷款，解决了工具籽种和投资不足的困难。例如乌恰二区一乡，合作社于 1957 年贷给 15 部洋犁，使播种期大大提前，节省大量劳动力。由于采取上述措施，农业生产逐年发展，开荒和耕地的面积大大增加。乌恰县耕地由 1949 年的 15659 亩，至 1957 年已扩大到 30359 亩，增加将近一倍。产量也有了提高，平均亩产一般达到 250—300 斤，从外面调进的粮食大为减少，已接近于自给有余程度。

在水利方面，乌恰地区除开了很多小水渠灌溉草场、牧场、耕地外，也兴修了较大的水利工程。如乌恰二区修筑河道拦洪工程即为一例。乌恰二区的老乌恰位于山谷之中，有一条河道流经该地，附近山中下了大雪融化以后，很容易泛滥成灾，而该地为区公所所在地，机关、学校与牧民共有房子七十余间，耕地二千余亩，如果发生水灾损失很大，当地人民政府于 1954 年动员 270 个牧民，140 峰骆驼，用 22 天时间修筑两个防洪大坝，长 210 米，宽 7 米，高 3 米。当地牧民积极参加这一工程。缺少十字镐，牧民们利用野山羊角代替十字镐，在艰苦条件下，按计划完成任务。不但保护了国家和牧民的财产，而且鼓舞了牧民的生产积极性。

（三）手工业与副业

乌恰柯族牧民的手工业，在新中国成立以前带有家庭副业生产性质，这是与当时的自然经济的特点相联系的。由于新中国成立前商品经济不发展和中间商人重利盘剥，使得柯族人民的许多生活用品与生产工具都得靠自己制作，生产出的手工业品也主要为了自用。

柯族手工业的种类很多，如用羊毛制成的毯子，用染料染过后可成为很好的花毯，也可制成毡房用的带子和毯子、马鞍上的垫子、口袋与毛盖头等。用羊皮制成装马奶的袋子、皮石、帽子、马缰上的皮带。用铁制成的马镫、马掌、马嚼子、斧头、铁镲，用木头做毡房的木架、摇床、抬筐、木犁、面箩、木碗、木勺。用驼毛织布等。

柯族能自制铁器、银器，原料是外来的，其他都是就地取材，有许多手工业品，如驼毛织的布，羊毛口袋、毯子、木犁等大部分人家都会做。铁器与妇女装饰用的银圆圈子、镯子、戒指等，有时让别人替自己做。妇女在手工业生产中占很重要的地位，毛织品大部分都是妇女做的。除家庭手工业外，也有少数专门的匠人，以手工业生产为主要生活来源，如铁匠、木匠、皮靴匠等。

畜牧业生产合作化后，羊毛等畜产品统一由国家收购，同时由于商品交换关系的发展，有些日用品可以买到，已不必再进行手工制造，一些必需的手工业产品，由畜牧业生产合作社统一经营管理，建立铁器、木器等手工业生产小组进行生产。

无论在新中国成立前和成立后，手工业生产在柯族经济中都占有一定的地位，手工业制造出的工具如木犁、斧头、十字镐、坎土曼等在生产中起很大作用。各种手工业产品也便利和丰富了牧民生活，增加其收入。

乌恰县北依天山，南濒塔里木盆地，是一片有山有草原的好地方，但每年有五、六个月是雪季。新中国成立前每到雪季，牛羊断了奶，柯族牧民的生活大多十分困难，有些牧民不得不流落到数百里外的农业区去打短工或讨饭，故搞好副业生产，增加牧民的收入是帮助畜牧业发展的一个好办法。新中国成立以后，人民政府十分注意牧民的冬季生产问题，发动牧民自由结合、小群合群牧放、变工互助，用节省的人力从事副业生产。1953年冬天，乌恰县人民政府组织全县878峰骆驼，按乡编成运输队进行运输生产。各运输队从十月到十二月来往于喀什、乌恰之间，他们获得大量运输费，解决了冬季缺乏食粮的困境。如第一区第三乡的运输队除去沿途吃用开支外，还盈余旧币3800多万元，可以买到42000多斤玉米面。第二区牧民牙尔库尔巴依所赚运输费可购买全家半年所需的粮食。柯族的大部分猎手们在人民政府领导下组织起来，他们带着猎狗、小鹰，背着猎枪出没在崇山中，驱除兽害，捕捉野猪和野山羊，以克服冬季缺乏食品的困难。第二区有一个由十八顶帐篷牧民组成的打猎组，不到两个月就猎到野山羊71只。著名猎手吾肉孜别克猎得野山羊160只，他说："新中国成立前，我穷得连一只狗也没有，新中国成立后打猎生产，已换得七只羊和三峰骆驼，毛主席救活了我们柯尔克孜猎手！"

乌恰县牧业社的副业，一般有搞运输、打猎、卖柴、烧砖、烧石灰、挖扎克（矾）、挖硫磺及盐等，副业收入一般占总收入34%。如二区有两个牧业社仅某年冬，就挖硫磺6万斤、扎克3200斤，折合人民币3710元。前进一社的副业收入达1800元，占总收入89%。

（四）商业贸易

乌恰牧区新中国成立前只在城区有几家零星的小商号，在广大牧区一向没有巴扎市场，只有一些流动的行商来往于牧区进行商业投机活动。私商任意抬高价格，几尺布即换去一只羊，一包针即换去一张羊皮，一盒火柴即换去一斤羊毛，一匹白布要换四只中等绵羊。由于牧区粮食很缺乏，牧民的一只四岁山羊，只能换到八十斤包谷面。猎枪是牧民防狼打猎不可少的工具，过去一支喀什土造猎枪要换牧民十只四岁羊。私商们在牧民身上竟掠夺四五倍乃至十几倍的暴利。由于粮食、日用品价格高昂，广大牧民不得不依靠畜产品过着自给自足的困苦生活。国民党反动派和本民族统治者的压榨，加上投机商人的巧取豪夺，使柯族牧民简直透不过气来，不少牧民辛勤劳动多年，牲畜丧失精光，畜产品更一无所有。无数牧民穿不起布衣，盖不起棉被，终年穿着满是补丁的衣服，盖着兽皮，只吃到一点粮食或根本吃不到粮食，全靠喝奶子，采食"阿魏"（一种药材）和打猎度日。

新中国成立后，在党和人民政府的领导下，乌恰县牧区的商业贸易逐渐活跃。人民政府为了保护发展畜牧业和改善牧民生活，提高了畜产品价格，并以低廉价格大量供给牧民以粮食与工业品，逐步发展牧区的商业贸易。1951 年至 1952 年，在乌恰成立供销合作社，1957 年成立贸易商店，经常派出很多贸易流动小组深入到边远牧区供应牧民所需的生活用品和生产资料，并收购畜产品。乌恰县在 1953 年共推销坎土曼、狼夹子、镰刀、水桶等生产工具 2170 件，马蹄铁 2135 付，各种布匹（哔叽、贡呢、绸缎、洋布等）2859 匹，各种面粉杂粮 1532270 斤，总值为旧币 737016700元。此外，粮食部门在八个月中供应各种粮食 341109 斤，褡裢布和大布5905 个。过去，马奶子（奶制品）根本没人要，自从合作社收购以后，牧民增加了收入，换回大批粮食。牧民玉素克说："过去从来不知道马奶子能卖钱，合作社收购是为咱们办好事。"商业的发展，使牧民的生活水平逐步上升，购买力日益提高。新中国成立前牧民连大布都穿不上，只能穿土布，新中国成立后一般都穿上了洋布以及哔叽、绸缎与呢绒。

除贸易合作组织外，从 1954 年开始，乌恰人民政府在牧区试办乡巴扎。过去山区牧民要到附近农业区赶"巴扎"，至少要骑马往返走一天，到城市里去往往要走十天到半月，有时一次路费就得花一只羊的开支，途中往返花费的钱比买东西花的钱还要多，这是造成奸商投机的原因之一，同时也是造成牧民缺衣少食、生活贫困的一个主要原因。新中国成立后，人民政府商业部门以合理价格供给牧民所需的生产和生活用品，并给畜产品打开了销路。到 1954 年为止，价格比新中国成立前提高九倍至十倍，一只中等羊从换 5—8 档子洋布提高到一匹洋布，一斤羊毛从换一斤苞谷面提高到换七斤苞谷面。新中国成立后的乌恰草原，从 1954 年来看，一斤羊毛不是只能换一小盒火柴，而是可换 17 盒，牧民用四只中等绵羊换一匹白市布的时代已永远过去，只用一只羊就能换到一匹白市布了。过去只能换八十斤苞谷面的一只四岁山羊，现能换到二百四十斤白面。土特产价格都比过去提高七、八倍，工业品和粮食的价格相对地降低了很多。商业部门威信日益提高，投机商人的活动受到打击，牧民愿意将畜产品卖给贸易公司、合作社以支援国家经济建设，不再卖给投机商人。为了使牧民进一步摆脱奸商的剥削，试办了乡巴扎，并在试办以后成立定期乡巴扎。这种定期巴扎每半月或一月举行一次，供应牧民大批粮食、布匹、生产工具和日用品，也使牧民能按时在巴扎上出售畜产品，因而受到广大牧民的热烈欢迎。如乌恰县西部帕米尔高原的玉旗塔什草原，被三座终年积雪的大山包围着，这里有三百六十多户柯尔克孜族牧民放牧着大群牲畜，自从供销合作社在这个草原上定期举行巴扎后，牧民们欢喜地说："巴扎搬进山啦，人民政府又给我们办了一件好事。"男男女女都笑盈盈地去赶巴扎，有的牧民还抱着三弦琴叮叮咚咚弹起来。在宁静的草原上，出现了一个个热闹的巴扎，有的地方牧民们以摔跤、唱民歌来欢度"巴扎"日。

供销社还在各个区建立基层社，1955 年，随着农牧业合作化，每个乡都建立了分销店，并在各牧业社建立代销员。供销社受到牧民积极支援，入社与增股情况都发展得很快。如乌恰县五个供销社到 1954 年上半年为止，社员已发展到 3262 户，入股达 15184 股，资金扩大到旧币八亿二千五百余万元，比 1952 年成立时增加了二十八倍。供销社和贸易商店像一张密布的网，遍及各个牧场，它们在帮助牧民发展畜牧业生产与副业生产、改善经济生活的过程中，树立很高的威信。乌恰四区六乡牧民买买玉努斯，在历年的交易中和一个商人交了朋友，这个商人常对他说："合作社收购东西秤大，卖布时档子小"，所以他一直没和合作社来往过。后来买买玉努斯见到别的牧民都跑合作社，自己也去试了试，结果不但没有"秤大""档子小"那回事，而且发现他那个商人朋友的货物，平均要比合作社贵二成。从此以后，他把自己的土产都卖给了国家，并加入合作社成了社员。合作社和贸易商店积极支援牧民发展畜牧业生产，以合理的价格及时供应牧民各个生产季节所需要的生产工具，如剪毛剪子、打狼铗、猎枪、坎土曼以及进口的苏联掏镰与猎枪等。在牧区风雪交加时，饲料经常发生紧缺，合作社及时组织当地骆驼队给各牧场运送粮食和饲草，保证牲畜安全度过雪灾，牧民称颂道："合作社救活了我们的牲畜。"此外，合作社还给牧民打开了很多副产品的销路，过去牧区根本不值钱的马奶子、酥油、山鸡、雪鸡、野羊以及一些妇女手工业产品由合作社收购后，供应城市人民的需要，也大大增加牧民的收入。乌恰二区一乡妇女古松比在 1952 年一年中，靠编织帐篷围子、带子、口袋和制作的花毡、酥油等收入，就买回苞谷 2500 斤。畜产品的收购给牧民们带来较大的收入，购买力提高，生活水平不断上升，牧民们家家有粮吃，有被子盖，有新衣穿。

（五）工业交通

乌恰县地处崇山峻岭中，蕴藏着丰富的矿藏资源。不仅储藏着大量的煤、铁、铅、石油、铜、金、盐、水晶石等，还有着极其宝贵的重金石及稀有金属。但在旧社会封建军阀和国民党反动政权残酷的统治剥削下，哪管人民疾苦，更谈不上什么工业建设，故乌恰县虽具有极为丰富的矿藏和发展工业的有利条件，至新中国成立前为止，这里仍然处于一种自然的落后的游牧状态。矿藏资源既没有得到勘测，也没有开采和建设，只有一两处小型土法开采矿区，也被封建军阀和国民党反动军队所操纵并占为己有。为牟取暴利，驱使柯尔克孜族人民日夜为他们劳动。

在清朝统治时期，这里有一个石油矿，是由清朝地方官吏马道台所办，单纯从易于出油之处动土，油脉挖得非常紊乱。他走时，用棉花堵塞油眼，将矿区全部焚毁。在反动军阀和国民党时期，此矿由反动军队恢复开采，在矿区四周，均用石头垒成城墙，保守秘密，驱使柯族在鞭笞冻饿中劳动，且亦兴废无常，使矿床继续受到破坏。还有些小的煤窑、盐矿和红土石矿，均为当地群众自己开采，所有产品均不外销，只供生活上需用，规模极小，技术也非常落后。

新中国成立后，为支援畜牧业生产，提高各族人民生活水平，更快地建设社会主义，在乌恰县有条件发展工业的地区，进行了各种工业建设。乌恰所有矿区，由中国人民解放军后勤部队接管开采，并帮助当地群众巩固已有的小型矿区。1950 年，"中苏友好同盟互助条约"签订后，在乌恰县的康苏建立了中苏有色金属稀有金属股份有限公司。1955 年 1 月 1 日，苏联正式将该公司移交我国。该公司于 1952 年开始投入生产，这是乌恰地区第一座具有全套现代化设备的工厂，全部设备是机械化、电气化，日产量 250 吨，全厂有工人 4000 人，包括维、柯、汉、哈、俄等九个民族，其中柯族工人约占 10%—15%。此外，在康苏镇还相继建立了皮革厂、面粉厂，但规模都不大。地方工业方面，乌恰县自成立人民政府以来，在抓畜牧业、农业的同时，也发展了工业。首先进行找矿、报矿工作。由于乌恰地区辽阔，多为山区，交通不便，在这种情况下，发动和依靠群众配合新疆维吾尔自治区地质队、冶金局、工业厅的勘探工作，打开了发掘矿藏资源的路子。初步进行勘测开采的计有：乌鲁克恰提、康苏、吾合沙老、哈土哈苏等地的铁矿，敏吉尔于、沙奥衣、康苏等地的铜矿；代雅尔德、卡拉别声得等地的铅矿；康苏二区、阿雅亭四处、乌鲁克恰提等地的煤矿；黑子苇、克拉托、托平、安久安、扬叶等地的石油矿等等。这些地区矿藏量多，品位高。县里举办训练班，印发工业小手册，向干部、群众进行工业建设的宣传教育，使大家明确找矿报矿的意义以及发展工业对社会主义建设的作用。牧民熟悉地形，只要能掌握识别矿石的初步知识，即可进行找矿、报矿。在乌恰县已发现矿苗四十余种，一百多处。铜、铅、锌及有色稀有金属也很丰富。有的矿区有条件建立联合企业，可以发展到30万人进行生产，乌恰发展成工业县的前途很大。

新中国成立后，乌恰柯族地区畜牧业、农业和工业的大发展，是与交通运输事业的发展分不开的。交通运输业是发展国民经济、沟通物资交流、促进农牧业生产和改善人民生活的重要工具。

过去，乌恰柯族地区虽有几条通往中苏边卡的旧公路，但都遭到国民党反动军警摧残，道路破坏，交通断绝。由于柯族人民绝大多数经营牧业，居住在山区，交通不便，运输极端落后，弯弯曲曲的羊肠小道，异常艰险难行。牧民们到县城去一趟，骑马要走好几天。有些山区，在冰雪封山的冬季和洪水泛滥的夏季，就完全处于与外界隔绝状态。每年柯族牧民在绝崖之下丧命，或被大水淹死，人畜、物资被冲走的悲惨事情经常发生。由于交通阻塞，严重阻碍农牧区和城乡之间的物资交流，影响了柯尔克孜族和其他兄弟民族之间的联系及畜牧业经济的发展。

新中国成立后，乌恰柯族人民在发展生产的同时，也大力发展交通运输业。在国家和地方政府的物资帮助及技术指导下，各地抽调大批人力、物力，风餐露宿，凿通山崖，积极修建道路，先后修建乌恰——阿图什公路、乌恰——托云边卡公路、乌恰康苏——红山铁矿公路等等。这些公路的兴建，把距离遥远的柯族地区衔接起来，形成一个交通运输网，初步改变了柯族地区交通落后的面貌。现在汽车日夜奔驰在这些公路上，把来自祖国各地的大批生产资料和生活资料不断地运进乌恰柯族地区，以满足柯族人民日益增长的生产和生活的需要。柯族地区的畜产品、土特产品和工矿产品也源源不断地被运送出去，支援祖国各地的社会主义建设事业和促进柯族地区的进一步繁荣。

乌恰地区地形复杂，特别是牧区千山万壑，有些地区无法修筑公路，只靠几条公路和有限的一部分汽车是不能完全解决问题的，所以在发展公路运输的同时，也充分利用民间的畜力运输力量，利用马、骆驼、驴等畜力开展短途和长途运输。他们终年奔驰在公路、大车路和崎岖险道上，对城乡物资交流和支援工农牧生产建设起到积极作用。

新中国成立以来，在党的领导和支持下，乌恰地区的邮电通讯获得迅速发展。过去在偏僻的牧区，根本谈不上什么邮电事业，群众往往为一个信息，要翻山越岭跑几十里路程。新中国成立后，不但县里有了邮电局，而且在各牧区、农场和工矿区都有邮电所，架设了电话线路，开辟了各种邮路，还在边远牧区和工矿区安装小型报话机。在乌恰已达到队队通邮路、社社通电话。这不仅方便群众的生产和生活，而且成为党和人民政府指挥生产的有力工具。自治州、县经常召开电话会议，及时贯彻党和上级对各项工作的指示，促进了乌恰国民经济的发展。

由于邮路四通八达，邮件传递速度加快，使最偏僻的地区也能收到书信。特别是长途电话的开放，使乌恰牧区之间以及与州县和大城市之间都可以直接通话，密切了各民族和各地区的联系。乌恰牧区永远结束了邮电通讯的落后境况。同时，也加快了报纸杂志的传递速度，使社员能迅速看到报刊，及时了解祖国各地的社会主义建设成就，学习各地先进经验，丰富了柯族人民的文化生活。

（六）教育卫生

在旧社会，由于反动统治阶级的黑暗统治，乌恰地区文化教育及医疗卫生面貌很落后。在盛世才统治初期，曾一度有所发展。1936 年，在柯族文化会的名义下，乌恰县开办两所小学，在二区办了一所初级小学，学生有 150 名，最初学校经费由文化会补贴。当时小学内开设有五、六年级，本地也有些柯族青年去喀什师范学校学习，不少人学完后回来当教员教学生。当时，学校对一些贫苦牧民子弟还发放少许衣服，进行伙食补助，使一些贫苦牧民子弟得以有上学机会。当时学校主要是宣传和教育学生拥护盛世才的"六大政策"和向学生灌输升官发财，当巴依、伯克的思想。学生的学习课本，语文书是从苏联带来的吉尔吉斯课本，其他历史地理书等都采用维文或由教师自编。

1939 年起，盛世才的反动政治面目日益暴露，"柯文会"也由于其内部的腐化而经济拮据，取消了对学校的补助和对贫苦学生的支援。贫苦学生由于交不起学杂费和生活动荡，遭到失学，绝大部分贫苦牧民子弟没有上学机会，学校逐渐成为巴依、伯克富家子弟的学习场所。

1943 年，国民党反动政府接管新疆后，废除柯族文化会，乌恰仅有的学校名义上由国民党政府接办，实际上教育事业根本没有发展。至1945 年南疆蒲犁革命爆发，许多人都参加了革命，国民党的血腥统治更加猖狂，文教事业受到严重摧残，教职员和学生一天天减少。如二区仅有的一所小学，只有一至三年级三个班 30 多名学生，大部分是巴依、伯克的子弟。当时，学校每天上课四小时，全用维文教学，开设有语文、算术、三民主义手册、常识、音乐等课。学校设备很简陋，如二区这所小学，只有一张办公桌、一个柜、一只钟。冬天，教室没有火炉，粉笔都由学生摊派负担，学生全部没有课本，只有老师有几本残缺的教科书，学生只好用手抄或记忆。教员的工资由政府发，每月约需六百万元（旧币），用口袋领薪，但只能买到很少馕，生活很贫困。教员由于生活困难，无心任教，学校有名无实。学校对学生施行野蛮的体罚制度，有顶砖、关禁闭、打板子等，严重损害儿童的身心健康。后来，乌恰仅有的两所小学，也被伪边卡大队和警察所霸占，校舍和校具受到严重破坏，学校教育完全处于瘫痪状态。至新中国成立前夕，乌恰 90% 以上牧民是文盲，其他文化事业就更谈不到了。

新中国成立后，党极其重视柯族牧区文化教育事业的发展，从财力、物力和人力方面采取各种措施，扶持原来的学校，并拨款开设很多新学校，实行免费教育。随着党在牧区各方面建设的成就，牧民生活日益改善，文化教育事业不断发展起来，在乌恰县普遍设立固定小学，实现了"乡乡有小学"。为了适应牧区分散流动的特点，乌恰人民政府还在牧区创办了流动帐篷小学，以适应畜牧业生产的特点。每到接羔、迁移牧场、割草或收庄稼季节，正是学校放假的时候，不影响儿童们参加生产，使牧区儿童每年能多学习三个月时间，故很受牧民欢迎。过去牧区儿童每年只能在冬牧场学习六个月，一转移牧场就不能再学习了，所以他们在同一年级里往往念了四年或五年还不能升级。自从有了帐篷小学以后，儿童们不但能在冬牧场上学习，就是在夏牧场上也可以照常学习。牧民们反映，有了帐篷小学，小学生就不会老念一年级了。乌恰二区 1955 年办了三个帐篷小学，一年级学生阿帕尔当时已十六岁，新中国成立前后曾念过八年书，由于每年冬学夏忘，老念一年级，经过夏季两个月的帐篷学校学习以后，各门功课考试都及格，冬季就升入了二年级。帐篷小学教课的内容有语文、算术、政治、音乐、美术等课程，教育质量不断提高。1956 年，乌恰县参加帐篷小学学生占全县学生数的 60%。1958 年上半年，乌恰县已有小学生 1562 名，比 1949 年增加三十多倍。

在乌恰县，不但设立许多小学，而且还建立了柯族中学，每年还有不少学生到喀什师范学校或自治州的柯族中学师范班学习。国家为了培养柯族中学生，规定了中学生补助费，按照学生的家庭经济状况，可以分别得到全公费或部分补助的待遇。1958 年上半年，中学生从无到有，已发展到 230 名。

在学校教育方面，新中国成立后每年从学校中培养一批思想好和德才兼备的教员，用柯语教学，取消了体罚学生的不良现象，采用民主的方式对学生进行教育。学校对中小学生进行五爱教育，提高学生爱祖国、爱人民、爱劳动、爱科学、爱护公共财物的观念。不少人被输送到乌鲁木齐、北京等地中等专业学校和高等学校进行深造。通过学校教育，培养出一批柯族的大学生、干部和科技人员，在柯族地区和全国的各项建设中发挥着很大作用。

在发展学校教育的同时，乌恰牧区也开展了社会教育。为使广大劳动牧民迅速提高文化水平，在牧区开展扫盲运动，建立各级扫盲委员会领导工作。组织小学教员和有文化的人担任扫盲教员和开展互学、包教包学等工作。乌恰县每个牧业社都有扫盲班，每个生产队都有识字班。扫盲中，群众学文化的热情很高，各单位帮助识字班解决黑板、凳子等用具，在牧区掀起了学习文化的高潮。县里还建有文化馆，丰富了牧民的文化生活。

旧社会的乌恰，流行着许多可怕的疾病。牧民们在反动统治阶级的剥削压迫下，贫困的生活使他们不能讲究卫生，没有医疗设备。该县过去流传着梅毒、天花、麻疹、伤寒、鼠疫、肺结核等传染病，像鼠疫病在沙卡尔地区发生后，有 96 人死亡。有钱人可以骑马去喀什治疗，贫苦牧民只好忍受着疾病的痛苦和等待着死亡。国民党反动政府根本不顾柯族人民的身体健康，过去死亡率很高，人民健康日益恶化。许多儿童患天花、红疹病得不到医治而死亡。

旧社会乌恰没有医疗机构，也没医生，在牧民中单凭一些不科学的土办法和迷信方法来医治疾病，更普遍的是请阿訇、毛拉念经。牧区有一些土医生因缺乏医学知识和技术，也不能治好人民中的各种疾病。如二区有名巴依里克的妇女，得了关节炎，用土枪朝腿上打，以致残废。有的人请毛拉念一两次经或者要病人喝生水，结果使病情越来越厉害，这些都严重地影响着人民的身体健康。

新中国成立后，县里成立了卫生院医疗队，经常来牧区巡回免费医疗。从 1956 年开始，各区都成立医务所，配备了医师和护士。各区医务所有医生一人、护士一人，备有各种医疗器械，有急救药品，平常一人下乡巡回治疗，一人留所，医务工作的水平和规模都在不断提高和扩大。以前一些较严重的疾病，还只能送到康苏矿区和喀什医治，从这以后，一般的病可以就地解决。但在最初推行科学的医疗方法时，曾经遇到一定困难，人民群众由于长期迷信土法和毛拉，还不大相信西医，如二区四乡卡干巴依患肺结核，宁愿听土医生的话喝生水，而不愿吃药，以后病情越来越严重，不得不转为西医治疗，经过治疗后渐渐好转，这样才相信了医生。这些思想是带有普遍性的，在许多事实面前，牧民们逐渐改变土法和迷信的治疗习惯，并主动请求医生治疗。

旧社会乌恰牧民从来没有种过牛痘，很多小儿都因得天花死去。新中国成立后每年都给儿童种牛痘，对儿童的健康有了很好的保证。过去，妇女生育采用的是迷信和极落后的方法，孕妇在生育中往往九死一生，生育在羊粪上，或者有妇女抱着孕妇来挤她的肚子。如果生育不下，则请毛拉念经、放枪。孕妇在这种情况下，死去活来，昏迷不醒，造成很多母子双亡现象。婴儿出生以后，将脐带放在木凳上或石头上用斧或刀砍断，断脐带的器具从不消毒，不少小儿因患破伤风和脐带风而死亡，所以出生率极低。

新中国成立以后，推行科学的新法接生，各牧区保送一批人到县医院学习，培养一批新法接生员，在群众中广泛深入宣传新法接生的好处。最初群众也是不大相信，经过事实教育，妇女们都愿意新法接生。每个接生员都有接生工具和药品。如果在接生中遇难产或其他困难时，还可请区、县医生协助。乌恰县已基本上消除旧法接生，保证了孕妇和婴儿的生命安全。

八　生活习俗

（一）服饰

在乌恰柯尔克孜族的衣饰方面，男子多穿羊皮或棉布的袷袢，腰间多系皮带或布带，佩以小刀，有时也不佩带。羊皮袷袢多为羊毛翻领原羊皮面，袖口和衣襟用黑羊皮制作。棉布袷袢多呈黑色，均无领口。天冷多戴黑羊毛边方顶小帽，帽顶用红绸或绿绸制作。热天戴方顶毡帽。女子穿连衣裙，多为红色，外套背心，多为黑色，背心上带有许多银圆或银制圆扣、钥匙或其他装饰品，以示美观。未出嫁姑娘头扎许多小辫，有一岁扎一根之说。出嫁以后之妇女或老人均扎有两根小辫，辫上挂有钥匙或银链等其他装饰品。妇女戴耳环，多为银制，也有戴戒指、手镯、项链等物，一般都带红、黄头巾，老人带白纱头巾。老年妇女帽顶不高，呈圆形。男女均着黑皮靴或毡靴。这些服饰，尤以男子与维吾尔民族之服装非常相似。新中国成立以后有许多改变，有穿短大衣、列宁装以及便于生产的便服。由于牧民的生活水平提高，都穿上了条绒、丝哔叽和绸缎。尤其在许多干部和青年中，服装已有很大变化。

（二）饮食

过去以肉食、奶子为主，由于牧区农业不发达不经常吃面食。肉以羊、牛肉为主。奶及奶制品有羊奶、牛奶、马奶，还有奶酪、奶疙瘩、奶皮子等等，解放以后，由于牧区发展了农副业，食物构成也起了变化，经常能吃面食和大米，并逐渐以面食为主，肉食为辅，解决了牧区吃不上面的现象。肉食大块煮食或烤食，奶有鲜奶和酵奶之分。主食有馕、面条、面片，吃蔬菜少，食物种类上和哈萨克族相似。随着生产力的提高，生活的改善，食物种类越来越多样化。饮料喜喝用面制作的"包扎"和喜喝砖茶，或在其中放以糖块为上等饮料。柯尔克孜族吃饭时用手、刀、匙。匙、碗大多木制，也有皮、瓷和金属制的餐具。一般地区的柯族牧民做饭时，用三脚铁炉（执勒哈）和锅。比较讲究的用具有烧茶的铜壶或锡壶等。随着牧民生活水平的提高和商品的交流，柯族人民大量购买内地产的搪瓷器等用具日益频繁。

（三）居住

柯族的居住反映了从事畜牧业的生活方式。绝大部分家庭都有帐篷，逐水草而居，多用作夏季草场迁移时居住，名夏窝。冬季一般住在维吾尔式的方顶土房，建于阳面山谷间，称为冬窝。帐篷多用毡盖，也有用羊皮盖，篷顶有一孔作气窗，门多朝东南，帐篷中间置以火炉和三角形的铁锅架，用来取暖做饭，烧柴火和牛粪。门右边是主人住的地方，门左边放以杂物、食物和日常用品以及马鞍等物。门之对面放有被褥或箱子等物，下铺毡毯或地毯。年老人或长者睡中间，客人多睡左边。土房的内部陈设和毡房差不多，但没有那么严格，房中砌有土坑，高一米左右。新中国成立后，在牧区的人们逐步走向定居，新房一天比一天多，差不多家家都有土房，还装有玻璃门窗，也有很好的火炉，有的已经用桌子、木床和凳子等等。这些变化都说明牧区生活随着经济的发展，不断吸收了新的东西。

（四）婚姻

旧社会柯族婚姻多属买卖性质，操纵于父母之手。有指腹婚、幼年婚、成年婚之分。每娶一妻需牲口一打，要费很多财礼，盛行着兄终弟及之风。通婚范围不受氏族、部落之限制，只要非父母同生之子女均可结婚。

订婚形式，男女在三、四岁时即行订婚，由父母选好对象，男方带了牲畜财礼去女方家，同去的男方亲属之人数，视其家业之大小决定。同去的第一天，快到女家时，女方的妇女出来迎接，并相互之间丢送羊腿或牛腿，此谓之"抢刁羊"，同时，男女方都备面粉，相互撒面，后由女方家进行款待，主要用男方送来之肉食。过去巴依家还举行刁羊会。此后，就婚姻问题进行协商，决定男方给女方的牲口及财礼，在一年或更长的时间之内备好，则可结婚。巴依们在这种形式上铺张极大。贫苦牧民主要由男方向女方赠送大小牲畜二、三头，女方将男方送来的牲畜，作为结婚时买衣、被之费用。

结婚日子一般不选择在月底，怕夫妻不长久。巴依们在结婚中花费更大，单女方家即给男方准备被子九条、毡子九条、毯子两个。另有一顶蒙古包送到男方家，并置有全套家庭用具。贫苦牧民结婚时只备以被褥、锅、茶壶等。结婚年龄无定，早婚现象较普遍，一般十四岁至十六岁就结婚了。

结婚时，男方到女方家举行婚礼，男方陪以男女青年，女方团聚了许多亲戚。新郎快到时，女方出来十几位妇女迎接新郎，这些妇女提一洗水壶、茶壶、一块布单、一条毯子，单布中包有油饼、油果、煮熟之肉、糖等食物，摊开请男方吃，并相互对唱娱乐，通常由双方选出好歌手，并由陪伴新郎之青年向女方鞠躬致谢。这些食品，必须吃尽以后来到新娘家，让新郎当众穿上新娘所做的衣服。新郎与新娘相见，要索取财礼，并用羊肺向新郎新娘头上各打一下，以示吉利。此刻，要请阿訇念经。之后，客人围坐举行婚礼，进行唱歌、说故事、丢手巾和刁羊等娱乐活动，并杀马宰羊宴请。洞房之夜，有几位妇女到新房给新郎脱衣、脱鞋，婚礼即至此结束。新郎在女方家住上几天，再同新娘回归。过几个月后，女方父母再约请他们回娘家。

新娘到男方家之后，须躲避其公公一个时期，即不对面见，总是在面对之时躲开，或早起晚睡，也不能随便呼唤丈夫兄弟、公婆之名。过几个月后，由公公提出可以不必躲避，即算终止。通常与父母同住一毡房，在一旁挂一布帘相隔。如果丈夫死后，妇女可守寡一年，丈夫之兄弟可以娶她。事先与娘家商议，如果同意则给以一两头牲畜就可。有时外人也可娶她，与娘家及原夫家商议，给一些牲畜财礼，但该再嫁之妇女离家时什么东西也不许带走。

新中国成立后，在乌恰贯彻了新婚姻法，男女双方均在适龄时方可结婚，取消封建买卖婚姻，提倡勤俭节约，不要财礼，婚姻由男女青年自己做主，逐渐改变千百年来由父母包办的婚姻制度。结婚形式上也有某些变化，不像以前那样烦琐和严格规定了，亦有举行新式婚礼的，尤其在知识青年中，已很少见那样旧的婚姻形式。

（五）丧事

人死之后，置于毡房中，请阿訇念经，死者以七个白大布包扎，男包三层，女包四层，露出面部。要给死者洗身，老年尸体老年洗，壮年尸体壮年洗，男死男洗，女死女洗，若洗头即可拿去死者帽子，若洗身则可拿去死者之衣服。死者抬入土葬时，由男的亲友相送，事先挖一土坑，然后抬入坑内，用土块垒成方形墙一样，一般埋在有坟之处。贫富均用此法。人死后当天即埋葬，一般不停放，若死者亲属尚未赶到，可停一天。死后要在三日、四十日、一年之后进行悼念活动，一般也只是念经。新中国成立后无大变化。

（六）节日

柯族有三大节日。与崇信伊斯兰教相关的有肉孜节和库尔班节，此两大节日与维吾尔族、回族等相同。另外，柯族还有奴肉孜节，相当于汉族的春节。

肉孜节又称开斋节，是伊斯兰教的传统节日。在节日之前戒食三十天。在戒食日中，尽可能每日做五次奶玛子。戒食期满，第二天洗澡，穿新衣，杀羊宰牛，即开始庆祝，互相拜年，一般欢乐三日，过去如果有人戒食二十九天，按教规要令其补戒六十天。

库尔班节，据说是在很久以前，依不拉音圣人无牲畜宰杀，要杀自己儿子。他有一把锋利快刀，能把石头砍成两块，但当他杀儿子时，刀忽然不快了。此时，天山飞来一只羊，他就宰了此羊，故以后就有此节，并宰羊杀牛。一般在肉孜节过完三个月之后即过此节。这一天，大家起得很早，要洗澡换新衣，去礼拜寺祷告，念经时有毛拉、阿訇领着。过节时，互相拜年祝贺，并以食物招待，要把食物吃完，如剩下，在宗教习惯上是不好的。这一天还忌欠债，要打扫卫生，举行唱歌、刁羊、赛马、打秋千等娱乐。解放后，在知识分子和青年中，已基本上去掉做礼拜和戒食之习惯，但一般老人、阿訇、毛拉等宗教观念较深者仍遵行老的宗教仪式。

奴肉孜节，又称那吾尔孜节、诺鲁兹节，类似汉族与蒙古的旧历年，但过此节日不像以上两个节那样隆重。节日时，首先要烧一堆火，所有人畜均从火上跳过，意思是以火消灾克难，祝福来年人畜健康。每家用七种食物做成饭，互相拜年，这个风俗与蒙古及汉族相仿。

在节日里，柯族常举行唱歌、跳舞、说故事、摔跤、赛马、刁羊、拔河、夜游等活动，许多活动均带有体育活动性质，不但锻炼了身体，而且也锻炼了意志和智力，故这些都是柯族人民传统的体育形式，一直流传至今。随着社会生产力的发展，思想政治面貌的变化，科学文化知识的普及提高，人们对于过去许多风俗习惯均有很大改变，尤其是一些束缚思想和妨碍生产的迷信禁忌，在青年人中间已经很少存在。

（1958 年 10 月至 11 月底于乌恰县。参加调查工作的有：杜荣坤、李徽、蔡凤书、郭石夫、哈密、阿利亚尔、胡尔加，主要执笔人杜荣坤。收入《柯尔克孜族社会历史调查》，新疆人民出版社 1987 年版）

阿合奇县柯尔克孜族历史调查报告

一 位置和人口

克孜勒苏柯尔克孜自治州阿合奇县，位于新疆南部阿克苏专区之西，与该区乌什县毗连，西南通阿图什、伽师，西北邻近苏联，离国境线很近。境内前后为山脉，阿合奇河横贯其中，形成一狭长河谷，河谷两旁为丰美的牧场与农田。本县辖境原属乌什县管辖，系于1941年置设治局，1944年升格为县。全县总面积为45000余平方公里，山脉占70%，牧草场占25%。本县气候严寒多变，地广人稀。据1956年统计，居民总户数为2929户，总人口为12570人，其中柯族占98%，余为维吾尔、汉、回、哈萨克族。主要分布地区为虎狼山、乌曲、阿合奇、哈拉布拉克等地区。全县共划分三个区，18个乡，有纯牧区十个乡，人口约六千多人，皆为柯族。以牧为主、兼营农业的有两千八百多人，纯农业人口只有四百多人。据1952年统计，全县牲畜为127151头，其中为外县农业区代牧的牲畜有56583头，占牲畜总数的68%。本地牧业生产收入，一般占总收入的60%。过去由于长期受封建军阀和国民党反动政府与本民族统治阶级的剥削和压迫，生产力十分低下，牧农民生活很贫困，直到新中国成立后在中国共产党领导下才有所转机。

二 民族来源的部分传说

据传说，一百多年前本地原系蒙古族居住地区。历史上柯族为争夺地盘，和原住于此的蒙古人发生过数次战争，最后将蒙古人打跑，柯族获胜占据本地。有些地方还遗留蒙古人坟墓为证，有的冬窝子名称为蒙古语称呼。1958 年，在一区七乡等地挖掘出石膏人头和人手，是神像之残余，而柯族信奉伊斯兰教，不供拜神像。据说乌曲过去为蒙古库尔干，意思为蒙古人居住的堡子。

又据传说，柯族在 500 年前（一说为 350 年前）已来至本地。过去廓克沙尔（即今阿合奇县）有蒙、柯两族居住，两族关系很好，互相通婚，后来蒙古族中忽然发生鼠疫，这里又水淹成灾，故蒙古人就迁至今苏联中亚地区。蒙古人走后，这里只剩下少量柯族，现在还可以挖出碗、泥像等物，都是蒙古人做的。有些地方还有蒙古人修的城墙，可能这儿当时还是个城市。

另有一说，本地柯族是一百多年前从原苏联中亚地区迁入游牧的，和蒙古人发生交战，被蒙古人击败，后柯族在头人巴图库尔满拜提为首的率领下，又卷土重来与蒙古人交战，把蒙古人打败，使之迁往焉耆。库尔满拜提在焉耆的战斗中牺牲，柯族获胜后占领了阿合奇。当时这一带由其父特依提统治，后来柯族中又出现阿吉拜克头人，其后裔延续至今。

也有传说，本地一部分柯族是蒙古人走后才迁来的，最初从今中亚境内安集延、阿特巴什等地迁来的柯族有大马衣巴西和小马衣巴西两部落，在本县哈拉布拉克等地区放牧牲畜，后来他们势力渐大，抢了廓克沙尔原有阿吉别克部落的牲畜，双方连续发生七次战争，使本地的柯尔克孜族只剩下少数人，迁至乌什境内牙满苏、巴夏克满地。以后又从俄国境内迁移过来不少柯族。苏联十月革命胜利后也有一些柯尔克孜人迁入新疆阿合奇等地区。

本地柯尔克孜族部落分左右两部：右部有布库、萨牙克、萨尔巴噶什、其力克、喀喇库勒等部落；左部有阿瓦尔伯克、库秋、孟都斯巴斯斯沙仔等等。据说在本地较为古老的部落有库秋和其力克。

三　阿古柏的反动统治

清同治年间，阿古柏从中亚入侵新疆时，在今阿合奇地区有四个比，阿合奇有阿巴衣哈纳衣比，哈拉奇有苏然其比，沙帕米瓦衣有秋洛衣比，虎狼山有巴亥特比。比上有达特哈，比下有十户长。

　　阿古柏对本地的统治很残酷。其所遣官吏为非作歹，无恶不作。他们为了剥削和压迫柯尔克孜族人民，煞费心机地巧立名目，横征暴敛。如税收方面，有所谓"青税"和"白税"，青税在春天收税，说是春天草木发芽了，牲畜下羔，应该交税；白税在秋天收，说是庄稼成熟了，牲畜膘肥，应该交税。扎卡提和乌守儿两种宗教税，往往不是按四十分之一和十分之一的惯例交纳，有时要交百分之五十。牧民还要向阿古柏驻军供给食粮，迫使他们不得不远道到农业区购买粮食。在今阿合奇县托什干河北岸地区，每年去乌什买粮、运粮时，总有人淹死在托什干河。阿古柏的官吏和军队不仅向牧民要税、要粮，而且还要向牧民索取或公开抢劫各种牲畜、皮毛、奶制品、毡房、毯子、铁锅等等。军用牲畜所需的草料也全来自民间。牧民们所种的少量的青稞、大麦等庄稼，常在未成熟时就被吃掉，或被踩踏。一些至今尚在当地柯族人民中间流传着的传说，反映了阿古柏对牧民的掠夺和暴虐，如秃头要收秃头税：秃头的收四两银子，秃顶的收七两，全秃的收四十两。过胖的和过瘦的也要纳税：官员们做一个斗形的东西，让老百姓坐，瘦的坐不满，要交五两银子，胖了坐不下的要交15两银子。粮食税，种地的交，未种地的也要交，那时主要种大麦，粮食少，吃不饱，死了人也要收税。总之，名目繁多，柯族苦不堪言。牧民由于害怕纳税和抢劫，有好马不敢骑，有好衣不敢穿，有好食品不敢吃，连死了人也不敢公开举行葬礼。这些，虽然是民间传说，但反映了阿古柏对柯族人民的肆意掠夺。

　　阿古柏的官吏，还强迫柯族青年去当兵，迫使他们自带装备，离乡背井，为其作战卖命，充当牺牲品。他们还在柯族地区大量征调牧民修筑许多工事和城堡。城堡都修筑在山上，被驱赶去服劳役的牧民要把需用的石头、土块、泥浆、水往上背。繁重的劳动，再加上吃不饱，穿不暖，很多人丧失了性命。阿古柏的官吏和驻军在柯族地区横行霸道，强奸幼女，鸡奸男孩，强娶有夫之妇，民愤极大。

　　阿古柏对柯族的反动统治曾延续了十多年。但阿合奇地区的柯族人民并没有在淫威下屈服，而是用各种方式进行反抗斗争。如有些人离开原牧地，逃离阿古柏的统治区，有的到中亚地区，有的到北疆，有的到卡拉昆仑山。有些地区的柯族还联合其他地区的柯族举行武装起义，至今在民间还流传着许多可歌可泣的事迹。

在阿古柏和阿克陶的柯族头目思的克发生剧烈的军事冲突时，一些被阿古柏强征入伍的柯尔克孜族就乘机发动兵变。后来在今阿合奇县和阿图什县哈拉俊地方，爆发了武装起义。起义首先爆发在今阿合奇县的哈拉奇，逐步发展到阿合奇、克孜勒官拜孜、哈拉布拉克以至今阿图什县哈拉俊一带。阿古柏忙从乌什调来大军，进行镇压。柯族起义军在今阿合奇县散的克地方和阿古柏侵略军相遇，进行顽强抵抗，结果因众寡悬殊而失败。

1875 年（光绪元年），左宗棠被清朝政府委派，率领大军西进新疆，驱逐和消灭阿古柏侵略军，取得节节胜利，大大鼓舞了新疆各族人民的反阿古柏斗争，同样也激励着今阿合奇地区的柯族人民。当清军攻克阿克苏以后，这里的四个比去乌什联络，走到离阿合奇不远的地方被杀。后来当汉族军队（按：指左宗棠军）向阿古柏军队进行追剿时，今阿合奇县及今阿克陶县哈拉俊一带的柯尔克孜族的武装起义又重新爆发。在阿合奇地区的大乌鲁和小乌鲁一带（散的克附近），起义军打败了阿古柏军队。一部分被打败的阿古柏军队企图经哈拉俊逃往喀什噶尔，又遭到当地起义军阻击，伤亡很大。在取得这些胜利之后，起义军来到阿克苏和清军汇合，继续追击侵略军残余。

四　十月革命胜利后白俄军的入侵

据克孜勒苏自治州外办调查材料，苏联十月革命胜利后，白匪军以阿力克赛和蒙都诺夫为首的 300 多名俄罗斯人携带武器由苏联阿特巴什侵入我国苏木塔什地区。当时，苏方阿特巴什地区的区长库里穷代表苏联政府来我国乌什县向我巴卡力千户长、奴素甫阿勒、阿尔斯汗、奇得衣比、吐克巴什等人联系，请求协助共同解决这股白匪军。同年，乌什曾派 200 余名士兵前往苏木塔什地区进行围剿。当时白匪军坚决抵抗，拒不缴械，乌什领兵头目便利用诱降办法，解除他们的武装。他向白匪声明说："你们去伊犁问题可以答应，但途径阿克苏时必须把枪交出来，以保证地面安全，待你们过了阿克苏地区后，仍将武器如数交还你们"。白匪军信以为真，便交了枪。乌什当局未允许他们去伊犁，将这些白匪军扣押至木得留木苏交给了苏联。当时，木得留木苏西峰有苏军大约400名，前来接收，300名白匪的枪械全部留在乌什了。

据同一调查材料，1930年间，苏联进行农业集体化时，以库里穷和阿不都拉为首的70户地主和牧主，从苏联阿特巴什地区赶着36000余头牲畜逃入我国克孜尔巩盖、加都西那、艾牙克列克、穷乌鲁等地区，当时他们曾向我国乌什县请求接受为中国公民，遭拒绝，他们又不敢返回苏联。后来又从苏联跑来一股土匪，带有武器。头目为艾衣提马热克，盘踞在上述地区行凶作恶，为非作歹，经常抢劫苏方和我国牧民的牲畜。1931年，苏联派100名苏军来追剿，当退到我艾牙列克和色曹衣地区时，打了两仗，苏军打死和捉走了许多人。在色曹衣地区赶回了苏联牧民带来的牲畜。当时库里穷和阿不都拉（被打伤）都未被抓住。直至1935年，苏联军队来到喀什，盛世才也统一了南疆，乌什当局派出四个人，在比龙列提的图龙克地方抓住阿不都拉，并把他带回乌什扣押了四个月。后来苏联也派了10名苏军在克孜巩拜孜地方抓住库里穷，并把他们押到乌什。苏军和乌什当局协商后，便将他们两人从别代勒大坂带走了。被库里穷和阿不都拉裹胁而来的牧民大部分也被带走，或陆续自动返回苏联，有的不敢回去便成为我国柯尔克孜族的一部分。如库里穷的儿子马克希现在我县阿温库尔牧业队任会计，和他母亲住在一起。阿不都拉的儿子亦留在我国境内。

五　封建军阀的统治和中国共产党人的革命活动对柯族地区的影响

1911年中国人民推翻清朝政府的统治以后，封建军阀杨增新、金树仁统治新疆，竭力维护封建秩序，实行封建割据，推行民族压迫和剥削政策，使远在边疆的今阿合奇县柯尔克孜族地区受到辛亥革命波及的影响很小，政治经济制度一切照旧，柯族人民仍处于被剥削、被奴役的地位。在杨、金所遣官吏统治阿合奇地区时，每年要收36个元宝的税，每个重50

两，后又增加到 40 个，增加的四个元宝，是柯族内部的收税人私入腰包的。税收名目有牧税、扎卡提税，不论牲畜多少一律要交税。乡约每到一家都要收一只羊。

杨增新、金树仁在新疆的反动统治，激起了新疆各族人民反对封建军阀的暴动。但暴动的领导权为地方封建势力所篡夺，他们为了争权夺利、争夺地盘，互相攻伐，造成新疆连年战乱，民不聊生，外来侵略势力也乘虚而入，使新疆面临岌岌可危之境地。1933 年，新疆发生"四一二"政变，另一新军阀盛世才代替了金树仁的统治。盛世才上台后，曾一度得到中国共产党人的支持，使新疆形势曾有过好的发展。据调查和档案材料，1940 年左右，中国共产党人和进步人士黄民孚（即黄火青）、林基路、萧瞻泽等曾经在今原属阿合奇县地区的乌什县工作。此时期，他们在政治、经济、文化等方面采取了很多措施，在发展农牧业生产，改善柯族人民生活，发展文化教育，传播革命进步思想，宣传抗日主张，改变柯族地区落后面貌等方面起了很大作用。

政治上，这时期将乌什西境柯尔克孜族居住较为集中的地区，成为独立的行政建置，以便在政治上经济上更有利于柯族地区的发展。1941 年，当时新疆省政府批准新设阿合奇设治局，委任素里唐为第一任阿合奇设治局局长，并于 1 月 1 日正式举行设治局成立典礼。设治局成立后，曾多次研究牧民的经济生活问题。

畜牧业生产方面，当时在新疆生活和乌什县工作的中国共产党人采取了许多鼓励和发展畜牧业生产的措施。在毛泽民任新疆省财政厅厅长期间，曾规定种畜、耕畜免税，搭盖棚圈和储备冬草的牲畜也免税。当时在今阿合奇一带，不仅宣传了这一政策，而且也部分地执行了这一政策。据档案材料，1942 年 8 月 11 日，阿合奇设治局接到了新疆省《财政厅转请通令禁止宰杀马驹并准土产公司专利收买马驹皮》的通令，并加以贯彻执行。《通令》指出，商贩和牧民不顾牲畜的繁殖就用高价收买马驹皮的情况严重影响发展牧业繁殖牲畜，要求严禁宰杀胎马，以资繁殖。并规定凡有流胎马驹皮及旧存马驹皮应一律售给土产公司，如有违犯，应查明严予议处，这就使畜牧业生产的发展得到了保护。

为了发展畜牧业，当时还从苏联聘请兽医考察队到各牧区进行工作。1941 年 11 月，由考察队副队长克孜林科率队赴乌什牧区，帮助牧民防治兽疫，主要是扑灭牲畜牙裘尔传染病。1939 年乌什县长买世敏上报给当时任阿克苏行政长的中共党员黄民孚同志的《工作报告》中说："查去年夏间，商人购买羊只吆往苏联哈拉湖易货，至卡被贸易公司检查，多数有病，以故退者为数甚巨，后经钧署派来兽医专家，职县派员前往山内各处办理，虽据报有损失，为数无几。至于每年生产皮毛均运往苏联哈拉湖，其价格较与上年增加四分之三。关于肉食多以本区各县以及本市推销，其价格较与上年增加三分之二。"由此可见，当时政府一方面采取积极防治兽疫的保护畜牧业发展的方针，另一方面又大力开展对苏贸易和区内贸易，使牧民的皮畜产品能得到销路，提高了收购价格，增加牧民收入，使他们的生活得到了一定改善。新疆各地成立各民族的文化促进会时，在乌什地区也成立了维吾尔和柯尔克孜分会，他们不仅是一个文化团体机构，也是一个政治经济的团体机构，政府很多事情都通过他们出面来做。当时新疆曾召开蒙、哈、柯代表大会，阿合奇地区的柯族的代表人物也参加了。在乌什牧区也召开了牧民大会，讨论发展牧区生产和改善牧民生活问题。

在发展牧业的同时，在中国共产党人和进步人士的推动下，组织贫困牧民积极开荒，发展农业生产，使他们兼营农业，逐渐转向半定居生活。1938 年，新疆阿克苏行政公署的训令中称："查各县在去年麻（按：指麻木提）、马（按：指马虎山）二逆残部骚扰，以致农村大受其害，甚至农民、牛、籽种，完全被匪抢劫一空。对于田地无力耕种者在在皆有，我新政府为救济贫农发展农村经济起见，阿克苏一区已拨到喀票银伍百万两"。当时尚属乌什县境的虎狼山柯尔克孜族贫民三十名、色排入衣山柯族贫民三十五名都分得了救济款，每名需款两万两（"两"，为新疆旧布单位），总计为一百三十万两。

1940 年 2 月，由阿克苏行政长黄民孚等给乌什县的公文中通知，南疆视察委员长及全体委员将于 2 月 26 日赴乌什视察工作，并赴该县所属虎狼山视察柯族游牧状况。当时南疆视察委员会委员长为王宝乾，副委员长为卢毓麟、孙庆麟、黄民孚。为改善牧民生活，视察委员会对乌什柯族民众拟订下列各项办法："（1）由乌什县将雅满苏地方的荒地三百亩于本年内会同柯文会分配给予自愿从事耕种之柯族民众；（2）按照上项亩数，由该县春耕籽种贷款中拨给应用之籽种，由柯文会（柯族文化促进会之简称）经手办理之；（3）由柯文会及乌什县长于本年三月一日以前查明自愿耕种之柯族民众共有若干，拨给政府官地，并有充足之分量；（4）为修理雅满苏渠，由银行借予水利贷款五百元，限期一年归还，由柯文会担保"。当时新疆省政府同意此办法，要乌什县遵照从速办理。总之，在此期间，今阿合奇柯族地区的农业有了发展，群众生活有不少改善。

1939 年，当时的政府还重视在柯族地区兴修水利和发展交通运输事业，新开及旧辟大小渠道多处。如属哈拉布拉克山原有灌田水渠一道，于1937 年被水冲坏，以致该渠浇灌土地约计数千亩未能播种。1939 年乌什县政府组织山内柯族总乡约以及各乡约头目等，动员民众在旧渠旁重新修建大渠一道，渠口亦由托什干河而掘，因该渠为一座大山所阻，该地乡约遵照政府指示方法，将山掘去一半，不但使水流畅通无阻，且较旧渠道更为方便和更有实效，对发展牧农业生产有很大好处。为了确保畜牧产品的外销，加强对苏贸易，改善群众的经济文化生活，1940 年 8 月，南疆视察委员会议决，由税局存粮项下拨小麦五百石作为建修阿克苏、乌什至哈拉湖道路之用。

文化教育方面，盛世才掌政之前，在柯族地区无正式学校。这时期柯族地区的学校教育发展很显著，办了许多学校。据调查，在阿合奇柯族地区办的学校有哈拉布拉克学校、苏木塔什学校、乌曲学校、虎狼山学校、色帕尔排衣学校。后来，乌什成立了柯族文化促进会（简称柯文会），莎特瓦立德、阿不都莎拉姆分任正副会长，主要任务是管理上述五个学校，经费来源是吾守尔、扎卡提税以及对外贸易中所得的收入。1938 年初，加帕尔毛拉、朱马立为正副会长，工作和以前一样。同年年底，莎立克任会长，兼乌什公安队长，伊布拉因任副会长。至 1939 年，除县立学校外，本地有柯文会会立学校 21 处，共有学生 983 名；女校 11 处，共有学生344 名；民众学校 21 处，共有学生 1080 名。各会立学校及民众学校等使用的设备、教材和书籍、黑板、桌椅、教铃、篮球、杠架等，均由柯文会自筹。1940 年 3 月 2 日，南疆视察委员会决定拨小麦 100 石作为修理县立学校校舍及添置桌椅之用。

柯文会还办了孤儿学校，有 40 多名学生，一切经费由柯文会开支。其他学校无依靠的学生，柯文会供给纸张书籍，其余费用由其亲戚负担。当时，柯族地区学生约有 3000 人，教员约有 60 人。1940 年还有 15—20

名柯族学生被选送到乌鲁木齐学习。

当时，每个学校都有学生会，领导学生开展有意义的活动和文体活动。学生毕业时，由学校发给奖品。柯文会在暑期还开办教员训练班，每期约两个月左右时间。柯族以前没有上中学的，1938 年以后，才派教员和小学毕业生到阿克苏上教员训练班或中学。

柯文会有专业剧团，常演出节目，内容有：（1）反对奸商的欺骗行为；（2）反对封建婚姻制度，主要是批判老汉娶幼女的行为，批评封建头目强娶幼女，幼女在封建主家不自由等；（3）进行医疗卫生教育，批判不信西药西医，迷信土医的思想；（4）有关抗日的内容。一般多在演出后唱抗日歌曲。剧团在城市演出，也在牧区、农村演出。每到"四一二"纪念日时，各中心学校抽调学生到柯文会搞演出、体操等文体活动。

1938 年至 1940 年期间，柯文会还在群众中进行扫盲工作，纸、笔等费由柯文会负担，其余费用由学员自负。

莎立克任会长以前，会长多为伯克、乡约等充任。1938 年以后，会长由代表会议选举产生。以前，柯文会所收的吾守儿、扎卡提税，多为会长私饱，莎立克任会长后，制止了这种现象。以前，柯文会没有房子，莎立克任会长后，盖了新房子。莎立克和曾任阿克苏的教育局长林基路关系密切。当时乌什县（阿合奇地区除外）只有三所县立学校，而在阿合奇地区就发展为五所县立学校。

柯文会和维文会、哈文会等团体一样，它们在发展各族文化教育事业中的作用，除了受到当时在新疆工作的中国共产党人的支持和帮助外，特别受到在本地区工作的中国共产党人的关注。他们除了利用政权组织来支持柯文会工作外，还进行具体的组织和帮助。据调查，黄民孚、林基路（1941 年调至阿克苏为教育局长，后由库车县长调充乌什县长）等同志到乌什后，文教事业发展很快，进步力量有很大的增长。

中国共产党人到阿克苏和乌什工作后，还在整饬吏治，提倡公共卫生，严禁吸毒，考查工作人员，防止贪污受贿等方面作了很多规定。1940年，乌什县长萧瞻泽在给新疆省政府和阿克苏行政长黄民孚的呈文中，提出了执行南疆视委会决议的具体详细计划，其中包括民政、文化教育、建设和视委会拨款等四部分共四十条实施办法，有些已付诸实施，对于促进当时柯族政治、经济和文化的发展曾起一定的积极作用。

　　盛世才是个拥兵自重、野心勃勃的封建军阀，当他在中国共产党人、进步人士和苏联的帮助下，站稳脚跟，巩固自己对新疆的统治后，面临当时国际风云变幻，革命力量暂时处于劣势，他就逐步暴露伪装进步的面目，千方百计监视、迫害中国共产党人和一切进步人士，暗中和国民党反动派相勾结，并将在各地从事工作和革命活动的中国共产党人都调至乌鲁木齐加以迫害。当时在阿克苏和乌什工作的共产党人、进步人士也纷纷被调走，受到迫害。与此同时，盛世才的官吏，在今阿合奇地区也大肆逮捕了柯尔克孜族的进步人士和部落领袖，没收他们的财产。当时这一带连阿合奇四个乡约，共有400人被逮捕。捕了三次，罪名也不知道，许多抓去的人被杀了，有的带到阿克苏，有的带到喀什。有一次带到喀什170人，只四个人回来。到阿克苏去的人，隔了四、五年只回来几个人。1943年，盛世才终于撕下了假面具，公开投靠蒋介石，国民党反动政府直接统治了新疆。从此，阿合奇地区的柯族人民又处于国民党反动派的压迫和黑暗统治之下。但这只是黎明前的黑暗，1949年底在中国共产党领导下，新疆和平解放。1950年3月，中国人民解放军进驻阿合奇县，柯族人民进入了民族平等、团结和社会主义的新时代。

　　（1959年1月、1961年7月调查。参加调查和整理资料的有：杜荣坤、郭平梁、安瓦尔、何力其、肖甫，由杜荣坤执笔撰稿。收入《柯尔克孜族社会历史调查》，新疆人民出版社1987年版）

柯尔克孜族生活习俗和宗教信仰专题调查报告

一 家庭和婚姻

（一）家庭

新中国成立前，柯尔克孜的社会是以父系家长制家庭的小生产为基础，家长在家庭中具有很大的权力，支配整个家庭的财产，家庭成员都在他的监督下从事生产。家长教养自己的子女，并主持他（她）们的婚姻仪式。家长，不是由家庭成员选举产生，而是由其在家庭中的财产决定，所以家庭成员都承认他。妇女在家庭中的地位是很低的，要服从于丈夫的命令。她们不经丈夫允许，不能在经济上和外面发生关系，不能参加政治和社会活动，乃至文化学习。在家庭中，丈夫可以随意打骂妇女。

牧主、巴依（富人）、马那甫、贝等人的家庭经济，是靠他们所占有的很大数目的牲畜、牧场、草场和耕地等生产资料，剥削牧工和贫苦牧民建立起来的。他们不参加劳动，而把贫苦牧民剩余劳动所生产出来的产品作为自己家庭的收入。贫苦牧民家庭中的家庭关系，则往往体现出平等互助精神，因为，贫困牧民的妇女们，为了维持家庭生活，在一定程度上参加草原劳动，如放牧、接羔、剪毛、拾收羊毛、做绳索、织扦袋、扦毛毡、编筐等等。如果家有耕地，有时要参加农业生产劳动。此外还要参加富人家的劳动。总之，贫苦牧民家庭中的产品是由男、女一起创造出来的。而富人家中的妇女只限于家中的某些劳动（这些劳动多半是由牧民的妇女们干的），不参加草原上的其他劳动。

这两个不同阶层的家庭教育目的也是不同的，富家对子女所进行的教育是关于占有财产、继承财产、雇用人等方面内容。贫民家对子女所进行的教育是关于从事生产、热爱劳动、在长者之前遵守规矩等内容。子女在家中负有一定义务，不执行这些义务之子女被父母认为是不好的。

总之，柯族家庭是在家长主持之下、以父母弟兄姐妹等所组成的大家庭。大多数情况下，父母、子女、媳妇等都住在一个房子里。富家的儿子结婚后另住，由于被经济状况所决定，所以这种情况在柯族社会中很少有。

新中国成立后十年来，经过民主改革和各种社会改革，封建家长制逐渐瓦解，变成为社会主义的家庭，特别是由于宣传和贯彻执行婚姻法，保护了妇女的合法权益，她们在政治上掌握了自己的命运。同时在牧区胜利地完成了经济战线上的社会主义革命，废除了生产资料私有制，建立了社会主义集体所有制，家庭妇女和男人都参加各种社会劳动，按劳取酬，这样，妇女摆脱了对男人的依赖，逐渐消除了家庭中不平等的关系。妇女们能参加社会上的各方面的工作或是被选为人民代表，妇女中出现了许多劳动模范，妇女们同男人一起参加农业、牧业劳动。总之，这种新的家庭就是男女相互信任，互相帮助，夫妇、弟兄、姐妹都很和睦相处的家庭。

（二）婚姻

新中国成立前柯族社会的婚姻不是以男女的爱情为基础，而是实行买卖婚姻。婚姻是在父母包办和主持下，男女没有自由。订婚的形式有三种：一种是别拉库答（孩子没有生下来之前订婚）；一种是别什克库答（幼年订婚）；还有一种是成年订婚。过去在柯族社会中，幼年时订婚、幼年时结婚等现象相当普遍。没有订婚的或是岁数被认为大了些的姑娘，在其他人看来是"没人要的老姑娘"。柯族的风俗，在订婚或结婚时，男方要给女方很多礼物，屠宰大批牲畜，男方至少要给女方牲畜一打，每打以九个牲畜为标准计算，这包括骆驼一峰，牛马各四头，因而在新中国成立前穷人娶妻是很困难的。在婚姻上不看岁数之大小，只看财产多少的现象相当普遍。

柯族婚姻基本上是一夫一妻制，过去也有一夫多妻的，占有财产多的牧主和宗教上层人士可以娶几个妻子。而穷人勉强能娶一个妻子，往往要在全家成员的帮助下才能实现。有些人到老为止也未能娶妻。如果哥哥死了以后，按习俗可把他的妻子嫁给其弟弟。弟弟死了，也可把他的妻子嫁给哥哥，即"兄终弟及"或"弟终兄及"。

柯族通婚不限于氏族、部落范围，和外族通婚的现象很普遍。在南疆农业区或靠近其他区的柯族人和维吾尔族人通婚，也有和塔吉克人通婚的。北疆的柯族和哈族、蒙古族通婚。黑龙江富裕县的柯族和汉族及其他民族通婚。

柯族人的订婚和结婚仪式烦琐。交纳聘礼时，男方的代表前往女方家，和新娘的父母进行商量，同时宰一只羊送给女方家。女方也宰一只羊招待他们，经商量，女方同意把姑娘嫁给男方以后，再确定礼物的多少。

举行婚礼之前，新郎由一群小伙子陪同，带着礼物的一部分前往新娘家几次，这个规矩柯族人称为"库由罗甫别里什"（新郎首次和新娘见面）和"俞孜克里什"（新郎和新娘在父母面前公开见面）。然后新郎和新娘的父母互相商量举行婚礼。按照习惯，结婚的日子要选在月初，并要选在双日，不选单日，否则怕夫妻不长久。

柯族人的婚礼是在女方家中举行的。结婚时新郎由一群小伙子陪同骑着马，抱着一只宰了的羊和好吃的食品到女方家去。女方的一群男女青年也骑上马迎上前去，女方的一个女人撒扔糖块、杏仁等等，双方互相招待。第二天婚礼开始举行，把准备好的一切食品都摆在客人面前，由阿訇念经，祈祷他们永远幸福，并拿出两块包尔骚克，浸在盐水里，给他俩吃。然后新娘走进一座布置好的帐幕中，坐在两块红布帘子的里面，新郎和青年客人们便到附近的草场上去刁羊，做马上拉手、赛马、摔跤等游戏。晚上搭起大帐幕坐满男女青年唱起歌、互相对诗，帐幕里面充满歌声和音乐，男的弹"考姆孜"（三弦琴），女的表演"奥孜考姆孜"（柯族妇女在口上弹的一种琴），这种联欢，柯族人叫"加尔库柔孰"（青年情人相见）。过去由于青年们婚姻不自由，因而他们趁着这种聚会彼此倾吐内心真诚的感情。

最后让新娘坐在花毡上或毯上，把她抬上马，往新郎家送去。新娘到婆家后问候公婆和新郎的其他亲戚并揭去面纱。在这个时候也要宰羊，招待客人。总之，过去举行婚礼的仪式烦琐，铺张浪费的现象很严重，有的婚礼要举行二、三天，对生产有很大影响。新中国成立后，柯族人民得到法律的保障，男女青年恋爱自由，谁也不能干涉他们。通婚的条件不再是财产，而是劳动中的表现等等，随着各种生产的发展和习俗的变化，仪式简化而内容更为丰富。

二　衣、食、住

（一）服饰

由于柯族人民主要分布在牧区，从事牧业，他们的衣服也和他们的生活相适应，男人通常头上戴着用羊羔皮、狐狸皮或是水獭皮做的高顶卷沿帽子，叫"歪特刀"，皮帽边比较宽，帽顶呈方形或圆的，红色，有的是绿色、黑色，面子是用金丝绒或是黑条绒做的。另一种帽称"扣拉其克其"两侧有突出的两块，用以保护耳朵。夏天戴"卡尔帕克"，是用羊毛绒做的，它的两沿是往上翻的，沿子的前和后豁有两个口子，沿子上还要用金丝绒做个边条，绣花样，顶上有缨须。除此之外，柯族人在夏天戴"突帕"帽，这种帽子也是用黑丝绒或黑条绒做的，男子外面穿翻领大衣或是羊皮做的"伊奇克"大衣。富人在这些大衣的领子上按上狼皮或是狐狸皮，或水獭皮，穷人按上羊羔皮。青年男子在夏天穿上用骆驼毛织成的毛布做的翻领袷袢（长衣），领子是用黑金丝绒做的，袷袢外束皮带，富人束的皮带上用金、银装饰，穷人的很简单，皮带上佩着刀子等东西，男子在长袷袢里面穿上直领袷袢或是没有袖子的短衣。短衣里面穿直领衬衫，衬衫的领子上像塔塔尔人的衬衫一样，绣有各种花样，还要穿上用毡做的皮袍（盖曼台）。下身穿用布或是用羊皮做的宽裤，皮裤的下口边用黑色布做边子。裤子的两边用布做条条，脚上穿高筒皮靴或毡靴，穷人穿"求落克"靴。

柯族妇女很喜欢红色布，所以妇女穿红色衣服很普遍。过去贫苦牧民家的妇女因为买不起机织布，所以她们把白色土布染成红色穿。老年妇女包白头巾（埃列切克）。埃列切克有两种：一种叫"诸勿什埃列切克"，这主要包在头部的顶点，是圆形的；一种叫"吉克麻埃列切克"，这主要包在头部的前额部分。埃列切克是用白纱做的，未包之前先戴小单帽（塔黑雅），埃列切克的后面带有"汇鲁求克"（是装头发之袋），它是用各种装饰品来装饰的，不戴它的时候，就用"恰奇布"（用银做的，三角形的东西）夹住头发，以便让头发不散乱，戴有埃列切克的妇女在脖子上悬挂珊瑚、项链，没有戴埃列切克的时候，不挂项链。过去因穷人受经济上的限制，她们的埃列切克很简单，富人家的埃列切克的架子大，并用各种珊瑚、金银装饰它。柯族妇女包红头巾、蓝头巾，未出嫁的姑娘不包头，戴帽子（突帕），帽上缀有项翎，边上绣有花纹，她们在冬天戴水獭和羊羔皮帽。

妇女穿的袷袢有三种：一种是长领袷袢；一种是竖领袷袢；还有一种是宽领袷袢。袷袢里面穿短袖短上衣，里面穿衬衫。柯族妇女的衬衣较为宽长，有多种式样，有竖领，腰部有带褶的，宽襟和长的；有带三个褶的，竖领和长的；也有竖领的，简便和长的。中年妇女多半是穿腰部有褶的长衬衣。姑娘多半是穿带三个褶的、竖领的长衬衣，老年妇人多半是穿竖领，简便的长衬衣。柯族妇女在袷袢领子上，腰部和袖口上都装有珊瑚珠子、银圆等装饰品。

柯族人和其他民族杂居的结果，使他们接受了这些民族的服装。如阿图什县柯族人们穿维吾尔式的无领袷袢和前襟敞开的长衬衣，妇女穿维吾尔式的上衣（具亚兹）；靠近英吉沙地区的柯族人戴的皮帽是像英吉沙维吾尔人帽子一样的高边帽；额敏县信仰喇嘛教的柯族老人都穿蒙古式的大红袍子，戴蒙古式的帽子。

新中国成立以后，随着生活的逐步改善，过去穿不上机织布，只穿土布的贫苦牧民，穿上了机织布，穿着上也起了一些变化。如居住在城市的柯族逐渐穿上毛呢西服和裙子，牧区的很多柯族青年穿汉族式的中山服，有些老年妇女换掉了埃列切克，戴上了机织精细的头巾。

（二）饮食

牧区柯族人主要吃乳品和肉食。吃的主要是马、牛、羊、山羊、骆驼等畜的奶子。乳品有艾朗（酸奶）、马奶、酸奶疙瘩、伊利木切克、奶油等。他们用肉做"那林"吃，这是柯族最好的饭，用来招待客人。用奶做的"沙尔库黑"饭仅次于"那林"饭。分布在农业区的柯族人民主要吃面食，用各种谷物做馕、抓饭、面条、包子等主食。柯族人多半用麦子（小麦和苞谷面也可以）做饮料"包扎"吃，多吃能使人发醉。还用苞谷和青稞面做"伽尔玛"（粗面）吃。茶叶是柯族人必备饮料。过去贫苦牧民由于经济上的困难，他们捡野茶草来代替茶叶，或是晒干各种植物皮来做茶叶。

新中国成立前，饮食方面穷人和富人之间存在着很大区别。富人多半吃肉、奶油，用白麦面做饼和其他佳饭来吃，基本上不吃苞谷和青稞等粗粮。但穷人吃的饭很简单，有时他们只吃酸奶疙瘩度日。没有牲畜的人靠打猎大头羊、黄羊、山羊等野生动物吃肉。农业区的柯族人民多半吃杂粮。

新中国成立以后，随着生产力发展和人民生活水平的提高，柯族人民逐渐多吃粮食。柯族人民在过去几乎不吃蔬菜。新中国成立后，各种蔬菜已成为他们爱吃的东西，改变了过去吃不饱、穿不暖的悲惨生活。

柯族人的灶具主要是锅、鼎锅等，做饭时把锅放在三腿铁炉（托里格）上。鼎锅多用在移动的时候，牧工常常用这种锅。此外，还有铜壶，用于烧茶。碗、匙等饭具都由牧民自己用木材制作。富人家的灶具是很好的，一户有几口锅，还有专门烧茶用的壶和其他用具。新中国成立后随着商品供应的丰富，柯族人民也用上了各种轻便的金属灶具。

（三）居住

柯族人民住的主要是用毡做的帐篷。北疆和南疆柯族人的帐篷在形式上有所区别，北疆柯族人住的是圆锥形的高顶帐篷，南疆柯族人住的是半球形的矮顶帐篷。帐篷着地的周围有着用树枝编成方格状的"克热格"（圆形木栅）。用毛绳结着50—200根细的"乌克"。上接直径约一米的圆形木栅"昌格尔阿克"，它是帐篷的天窗。克热格外面围着芨芨草编的篱笆，篱笆外面包上毡子，然后用毛绳捆上。天窗上有一块毡子，白天天气好的时候或是做饭的时候把那块毡子掀开。帐篷的门是往东南开，以便不让风进来。帐篷的右边是放各种家具之处，在此处的克热格上挂着各种乳制品，上面盖上。帐篷的左边是房主的住处，在此处的克热格上挂着帽、衣、马鞭等东西。帐篷的首席一边放着装有各种珍贵东西的箱子，箱子上面放着被褥，在被褥上面盖着绣有花纹的单子。地上铺有花毡子、毯子等，摆有各种装饰品。客人坐在首席，也睡在这里。柯族人还有一种名叫"阿拉奇克"的毡房，这种毡房多是在移动季节供牧工们使用。农业区的柯族人住在土房里，这种房子是维吾尔族式的。在过去柯族的下层人民有的挖洞来住，或是用石头垒起住房。

新中国成立后，由于贯彻了"以牧为主、农牧结合"的方针，实现了定居，柯族人民修建了固定土房，毡房变成了牧工们游牧临时用的住所。

三　社会习俗

（一）丧葬

柯族有人死了以后，首先用布条把下巴托住，并把两脚的脚拇指绑在一起。如果死者是男人，将他的尸体停在帐篷的右面。如果是女人，则将尸体停在帐篷的左面。无论何人的尸体，将尸首放得面向"天房"。将停尸之处用布挡住，然后将尸体第一次净洗，洗完后通知死者之亲朋近友。亲友得到讣闻来到时，死者之家属即女人都哭泣起来。她们在大声哭中，将死者在世时所做的好事及其优点编成哀歌来诵。孩子们手拿杖，站在门口，以自己大声哭泣来迎接前来吊唁的人们。前来吊唁的人们骑着马，一面跑，一面哭。亲友们都来到之后，四个人洗尸体，男人的尸体由男人洗，女人的尸体由女人洗，老人的尸体由老人洗，青年人的尸体由青年人洗，小孩的尸体由老人洗，洗尸的人必须是死者的亲家，如果死者没有亲家，那么，亲戚的亲家也可以洗。这种做法是表明亲戚关系的密切。死者的衣服要给洗尸者，洗完后用布包缠，布匹必须是白纱，或是白土布，如没有布匹，可以给尸体穿上他自己的衣服埋葬。尸体包完后，阿訇要钱（这是一种宗教税），然后将尸体放入棺材（棺材不是连尸体一起埋葬，而是专门将尸体运到坟墓用的）。没有棺材就要用三根木头绑在一起代作棺材用，上面盖上花毡或毯，抬到众人面前来，大家念经祈祷后，送到坟地去。坟地上挖一个坑，坑的一面又挖一个洞，将尸体放入此洞里。送葬时，女人不去坟地（死者是女人也一样）。将尸体放入坟墓之后，将托住死人下巴的布条和绑脚拇指的布条都要解开。然后将坟墓洞口用土块塞住，挖洞的人首先倒入七坎头曼土，阿訇念经，大家一起祈祷后，一起动手把坟墓埋好。有钱人还修坟。埋葬完后，大家到死者家去进行安慰，三天以后举行"三乃孜尔"，七天以后举行"七乃孜尔"，此外40天后还要举行一次乃孜尔，一年后再举行一次乃孜尔，一年后举行的乃孜尔很隆重，来客也多，还要用各种游戏来缅怀死者。

（二）节日及娱乐活动

柯族依照伊斯兰教的习惯，每年过两次节，一是肉孜节（即开斋节），它是经过30天的封斋以后，到下一个月的初一举行。肉孜节那天要做礼拜，节日为三天至十五天，在肉孜节期间，男女都要穿上节日盛装，彼此祝贺，进行拜年。要用各种好吃的东西（如油锅子、食桑子、油饼、奶油等等）招待客人。另一个为库尔班节（即宰牲节），在过节时人们都要屠宰事先已准备好的绵羊（要宰羯羊）。同肉孜节一样要做礼拜。然后进行拜年。库尔班节是肉孜节过了70天以后举行。库尔班节的规模比肉孜节要大些，节日持续时间也比肉孜节长，这期间要组织各种娱乐活动，并以各种食品彼此进行招待。

除上述两个节外，还要过"那吾尔孜节"，这与汉族的春节相同。在"那吾尔孜节"时，在外面烧起火堆，人们及牧畜都要跨过火堆。其意思就是以火烧光一切灾祸，安全地跨入来年。节日期间，青年们要成群地集中在一起，弹起孜姆孜（有弦的木制乐器），唱起歌来彼此祝贺。唱歌的内容，主要是歌颂对方的一切财产，主人还要向客人赠给一定的礼品，并在这个节日以小麦、大麦作"果缺"（饭名）招待。新中国成立后，柯族还过全国统一的节日，如"十一"国庆节、"五一"劳动节等等。

除此以外，柯族还在冬季过一种叫"着若博作"娱乐活动的节日，以户为单位进行。在此节日，要制作"博作"，并宰羊进行吃喝，这个娱乐活动集体进行，参加"着若博作"的人要轮流请客。轮完后，就宣告节日结束。如果这娱乐与来年连在一起时，参加的人就越多，娱乐继续的时间也就越长。娱乐的主要参加者是青年人。在夏季产马奶和产羊羔时，要进行"夏尔那"。它的形式也与"着若博咋"相同。这些娱乐与维吾尔族的"买西热甫"基本上相同。在婚丧节日时要举行赛马、刁羊、拉绳、摔跤等娱乐项目。柯族人从小就教孩子骑马的技术。在夏秋季节迁移中青年男女还举行"托克马克"的一种娱乐。这种娱乐是把一条手巾拧成好像"托克马克"（木梆）一样，男女青年坐在一起，一个人慢慢地把那手巾轻轻扔在另一个人的后面，如果被那人发觉，就要立即拿起手巾赶上去，如果赶不上，就得按照大家的要求罚表演一个节目。

新中国成立前，上述各节日活动的时间非常长，浪费也很大，对生产很有影响。新中国成立后这些节日仍保留着，但已注意节俭。

（三）家庭遗产继承

柯族中财产是父系继承制。财产由家长去世以后进行分配。分遗产与伊斯兰教的教规有紧密的关系，甚至分配遗产也由阿訇、阿克沙朵里主持。分配遗产时，将死者的全部财产（家具也在内）堆在一起，进行估价，然后按照宗教规则将大部分分给其儿子，对女儿只能分少部分东西，对其妻也只分极为少量的东西。如果遗产用百分比来分配，十分之五由其儿子得，十分之三由其女儿得，十分之二由其妻得。假如死者有三个儿子，最多的财产由其幼子分得，其余两子所分遗产很少。有些较富裕的人生前就给儿子分家和给一部分财产，由家长按自己的意愿给儿子分配一部分财产。最后分配遗产时，过去已分给的财产不能重新分配，同时对已经分了家的儿子也不再分配遗产。柯族中，还对孩子从小就分配给一部分财产，这部分在分配遗产时也不能重新分配，但对没有正式分家的孩子要分给遗产。

（四）好客及习俗

柯尔克孜族是以自己的好客特点而闻名的一个民族，如果一个陌生人来到家里，就会拿出自己的各种食品来招待那个客人，并为客人宰羊，请其吃肉；如果一个陌生人在夜间来到他们的家里，一定要让那位客人住下来，家长不在家时，由妇女招待客人。如对前来的客人不招待或者将其赶走，那就被认为不能原谅，要把那个客人请回来重新作客。

过去柯族中的礼貌和禁忌很多，要经常注意的事项如下：饭前饭后洗手，将手洗净后，不得甩手；客人吃饭要给主人家留一部分，不能全部吃完；宰羊招待客人时，要把煮熟后的羊头先放在客人的前面，客人在吃了羊头的一半肉后，将剩下的一半回敬给家长。客人吃饭时别人不要闯过。客人要走时，家长或青年们必须陪客开门，喂马、托鞍，骑马时要给客人侍腰。迁移时不挑单日，不向河的下游迁移等等。新中国成立后，随着群众觉悟水平的提高，一些迷信或不良习俗已逐渐改变。

四　宗教信仰

柯族的宗教信仰主要是伊斯兰教，为属于该教的艾尼皮牙派，但有些地区的柯族，如额敏县的柯族信仰喇嘛教，黑龙江省富裕县的柯族信仰萨满教。

柯族信仰伊斯兰教与其他民族比较起来有其特点。由于柯族居住极为分散，伊斯兰教的各种活动的机构（寺院等）很少，做礼拜的人都在自己家里做。做礼拜时也很简单，同时在柯族中大毛拉及阿訇很少，他们虽然对群众进行做礼拜的宗教宣传，但做不做是群众的事。总之，柯族中信仰伊斯兰教主要遵循两条：其一是"衣麻尼伊斯兰刀"，它的意思就是要承认伊斯兰教，这就是说柯族限于承认伊斯兰教的范围内；另一个是"那买孜，肉扎"，其意思就是做礼拜及封斋。有些地区柯族的宗教意识还受佛教、萨满教、喇嘛教、火神教、信鬼等的影响。

新中国成立前，柯族宗教中的封建统治者与上层的反动阶级勾结起来，采用各种宗教手段，对教民进行压迫和剥削。如利用过"乃孜尔"、丧葬以及其他手段，在经济上束缚人民。柯族地区的"扎卡提"、"吾受尔"等宗教税，沉重地压在人民身上。乌恰县伪政府以征收"扎卡提"税的名义，每年向人民索取羊1000多只。同时，宗教的各种教规、教法束缚着人民的思想意识，使人民在经济、文化上陷于落后状态，并已成为巩固封建统治阶级反动统治的工具。

新中国成立后，在柯族地区贯彻执行了党的宗教信仰自由政策，对宗教人士的做礼拜、念经等活动，政府不加干涉，只限制他们的非法活动。在牧区广泛地发展文教事业，修建许多学校，吸收许多青年入校，以科学知识教育他们。还设立各种医疗机构，逐渐改变利用宗教对病人、病畜进行治疗的落后习惯。并设立各种识字班、夜校等，提高人民的觉悟水平及文化水平，使生产得到不断发展。于是在许多人的思想意识中，首先是青年的思想意识逐渐起了变化。

过去只靠宗教收入生活的宗教人士大多参加了劳动。各种丧葬仪式也已简化。如：人生病请阿訇念经、让患病的畜群跨过火堆、舍饭念经等现象已大大减少。额敏县新中国成立前靠宗教收入维持生活的喇嘛中，就有十三个喇嘛改变了生活习惯，建家立业。过去居住在喇嘛庙里的七名小喇嘛参加了地质勘查队工作。富裕县的柯尔克孜族也已改变或正在改变着崇拜蛇神、对祖先灵魂念经、崇拜各种各样魔鬼和神仙等等习惯。

另一方面，在宗教人士中有威望者，都在政府部门和群众团体担任各种工作，党关怀他们，并且组织朝罕团去朝罕。同时让他们参加各级政权工作以及人民代表大会、政协和伊斯兰协会。

（1960 年 6 月由杜荣坤、安瓦尔、肖甫、胡尔加、阿利亚尔调查，杜荣坤撰稿。收入《柯尔克孜族社会历史调查》，新疆人民出版社 1987 年版）

共产党人在柯尔克孜族地区

　　1933 年，新疆发生"四一二"政变，军阀盛世才夺取了军政大权，新疆战乱频仍，政局动荡。当时，盛世才鉴于新疆局势不稳，苏联社会主义革命影响深入人心，为巩固其统治地位，不得不争取苏联和中国共产党的帮助。在盛世才的请求下，中国共产党为巩固西北边疆，维护国际通道，团结各族人民共同抗日，从三十年代初，就陆续派遣大批党员奔赴新疆，通过盛世才政府和群众团体开展革命工作。1937 年春，李先念等同志根据党中央指示，率工农红军第四方面军西路军进入新疆。同年 4 月，陈云同志专程抵新疆，代表党中央迎接西路军，并进行深入细致的思想教育工作和组织工作。9 月，党派邓发同志在迪化（今乌鲁木齐）设立八路军办事处。1938—1939 年，党又派陈潭秋、毛泽民和林基路等同志进疆工作。中国共产党人在协助盛世才平息战乱、安定社会秩序方面，起了重要作用。特别是 1935 年帮助盛世才制定了"反帝、亲苏、民平（民族平等）、清廉、和平、建设"六大政策，对新疆政治、经济的发展产生了深远的影响。

　　当时深入到柯尔克孜族地区的中共党员，如：许亮于 1939—1940 年，曾任蒲犁县（今塔什库尔干自治县和阿克陶县五区）县长，吴鉴任该县边卡大队长；黄民孚（黄火青）曾任阿克苏行政署（今乌什县和阿合奇县皆属其管辖）行政长；林基路于 1936—1942 年先后任库车县和乌什县县长。他们通过所担任的工作，努力实现党帮助盛世才制定的六大政策，对柯族地区的农牧业生产、文化教育和商业贸易的发展，作出了贡献。

　　柯尔克孜族人民大部分居住在乌什（包括今阿合奇县）、乌恰县、蒲犁等地，以经营畜牧业为主。战乱中，牧地遭到严重破坏，牲畜大量死亡，牧民流离颠沛，生活极端贫困。共产党人为恢复该地区的牧业经济，采取了一系列有效措施。

首先，他们根据柯族聚居区的特点，成立了乌恰县和阿合奇县。过去这两个地方都属于它们附近的以维吾尔族为主体的县管辖。县制的建立，有助于柯族政治地位的提高，为柯族地区经济、文化的发展提供了有利条件。

在发展牧业经济方面，实行豁免牲畜税、兴办牧场、加强畜疫防治、救济贫苦牧民等政策。在毛泽民担任新疆财政厅长期间，为鼓励发展畜牧业，制定了牧业税章，规定：种畜免税，群众凡搭棚圈和储备冬草的，可免牲畜税一年。同时，在喀什和北疆兴办牧场，作为畜种改良和牲畜饲养管理技术的示范场所；在乌什等地设立兽医机构。1941 年，还从苏联聘请兽医考察队，到柯族地区指导兽疫防治工作，扑灭了当时流行的牲畜牙裘尔传染病；为保护马的繁殖发展，1942 年，财政厅通令柯族地区严禁随意宰杀怀胎母马和幼畜，并选送优秀牧民到喀什、阿克苏等地学习畜牧业生产技术。当时，柯族人民生活异常困苦，使恢复生产受到限制。为此，毛泽民曾一次拨款两万元和发放羊只等物资，救济群众。

他们还从地区的具体情况出发，采取各种办法，帮助贫苦牧民从事一些农业生产，以维持生计。乌什县雅满苏、乌恰县及今阿克陶县的一些贫苦柯族牧民，都领得部分荒地进行开垦，政府还拨款帮助解决一部分耕畜、农具和种籽问题。乌恰县当时就有两百余户牧民，在政府的帮助下，逐渐走向定居。

对柯族农业区，地方政府曾拨喀银 500 万两，贷给无力耕种的贫苦农民。1939 年，黄民孚决定将阿克苏地区官有土地出售或租给群众，并规定：租期不少于 5 年；不得将土地转租他人；地价与租金，根据土地现状，按市价减低 25%—40%，可 3 年付清。1940 年，阿克苏地区拨小麦 800 石，并发放无息贷款，作为农民春耕之用。同时，发动群众兴修水渠，为修筑今乌什县雅满苏渠，由银行贷款 500 元。还修建了哈克布拉克水渠、夏得盼水渠和库姆河勒克水渠。当年在柯族和维吾尔族杂居区巴什恰合玛修建的水利工程，至今在农业生产中还发挥着很大作用。

在此期间，柯族地区的商业贸易和交通事业，也有一定发展。为发展对外贸易，政府拨款修建了从喀什经乌恰到苏联的公路；阿克苏地区拨小麦 500 石，修筑从阿克苏经乌什、阿合奇到苏联哈拉湖的道路（白代尔公路）。

当时，从柯族地区到喀什、伊犁、阿克苏等地的贸易，极为频繁。乌恰等地开始在县城中心修盖铺房，建立街市贸易。柯文会和苏新贸易公司，通过当地政府，加强对苏联的贸易，出口牲畜和畜产品，输入布匹、火柴、镰刀、洋犁等生活用品和生产工具。

在帮助柯族地区发展经济的同时，共产党人在这里开展了文化教育活动，传播进步思想。在他们倡导下，新疆各民族都成立了文化促进会。柯族和哈萨克族成立了"哈柯文化促进会"，并在南疆阿克苏、喀什、乌什、乌恰、英吉沙、疏附、伽师等地区，设立许多分支机构，简称"柯文会"。"柯文会"的主要工作是办学校、扫盲、扩大读书运动，组织群众文化娱乐和进行宣传鼓动工作。工作人员多数来自本民族，三区革命军总司令伊斯哈克伯克将军，就曾任乌恰县"柯文会"会长。当时，"柯文会"在群众中影响力很大，当地行政机构中的一些工作，有时也要通过它来进行。

为发展柯族地区的教育事业，共产党人在这里兴办了许多学校。毛泽民曾为柯族地区办学拨了一笔专款，林基路曾亲自深入到库车县二区北山牧区，创办了北区柯族学校，并附设扫盲班，使居住在偏僻山区的适龄儿童和成年牧民，都有受教育的机会。据统计，乌什县在 1939 年，单是"柯文会"办的初小就有 21 处，学生 983 名；女校 11 处，学生 344 名；为成年人办民校 21 处，学生达到 1080 名。这些学校的经费和学生用的书籍，统由"柯文会"供给，贫苦学生还可得到一定的补助。后来，许多人把子女送到喀什、阿克苏、乌鲁木齐等地读中学，有的还出国去留学。

中国共产党人还通过自己主办的报纸、刊物以及讲演、讲学，宣传马列主义，开展抗日救国运动，组织乌鲁木齐、喀什、阿克苏等地的柯族进步知识分子，参加党领导的"新疆反帝联合会"活动，大大激发了柯族人民的爱国热情，他们纷纷捐献牛羊、马匹及其他物品，积极支援抗日前线。

当时，中国共产党人在新疆开展革命活动，处处受到新疆反动势力的限制和阻挠，斗争十分尖锐，工作非常艰巨。但是，他们以不屈不挠的革命精神，团结广大兄弟民族群众，战胜了一切困难。他们在工作中一扫过去新疆行政官吏的恶习，制定各种规章制度，廉洁奉公，全心全意为各族人民服务，给兄弟民族人民留下了良好印象。1942年，当德、意、日法西斯猖獗一时，国民党反动派再次掀起反共高潮之际，盛世才为投靠蒋介石，撕下假面具，大肆捕杀共产党员和进步人士，陈潭秋、毛泽民、林基路等于1943年惨遭杀害。但是，他们播下的革命思想和民族团结的种子，几经风雨，已在西北大地生根发芽，开花结果。

（《民族团结》1986年第4期）

论哈萨克族游牧宗法封建制

关于游牧民族宗法封建制问题，在 20 世纪 50 年代，国内外学者曾展开讨论，但尚未得出一致的结论。特别在我国，对此的探索还很不够，有待于进一步深入开展讨论研究，以冀对我国北方广大游牧民族长期所处的封建社会及其特点有一清晰的认识，并对游牧民族和农业民族的封建制度作纵横比较研究，从而得出符合历史发展规律的结论。本文以有关的历史文献、习惯法及调查资料为依据，对 15 世纪至新中国成立前我国哈萨克族游牧宗法封建制的基本特点进行探讨。

一 氏族公社共同使用形式掩盖下的封建土地所有制

新中国成立前，我国哈萨克族处于游牧宗法封建制社会。这种封建社会和通常所指农业民族的封建社会，既具有共同点，又有不同点。其共同点是：在封建制度下，生产关系的基础都是封建主占有生产资料和不完全占有生产者。不同点乃是哈萨克社会制度的封建基础与社会关系的宗法形式之结合。即一方面保留着以父系家长制血缘关系为纽带的部落氏族制度残余，另一方面由部落头人、宗教上层、大小牧主组成封建统治阶级。他们占有大量牲畜、牧草场和生产工具，并享有各种封建政治特权，对广大牧民进行残酷剥削，过着奢侈的生活。

在以往关于牧区宗法封建制的讨论中，问题的焦点在于封建土地所有制是不是游牧民族宗法封建制生产关系的特征。有的学者认为，在游牧经济条件下，牲畜是游牧民族唯一的生产资料，土地这种物质生产要素不起重大作用，不是生产资料，也不能建立封建土地所有制。有的学者虽强调了土地所有制，但又忽视牲畜的作用及含有生产资料的因素。而笔者认为，在游牧宗法封建社会中，土地也是重要的生产资料，实际上存在着封建土地所有制。

　　根据社会发展规律，游牧民族的阶级关系也和定居农业民族一样，是在生产资料私有制发展的基础上产生和形成的。早期游牧氏族公社组织具有两重性，即牧场公有制和牲畜私有制同时并存。但随着一部分人的畜群发展，扩大或巩固自己的牧场区就成为大畜群拥有者越来越关心的问题。历史实践证明，他们在草原上并不是倏来忽往，漂泊无定，而是在各个部落或部落联盟之间划定了界限的。早在公元前 3 至 2 世纪的匈奴，就"逐水草迁徙，毋城郭，常处耕田之业，然亦各有分地"。① 并极其重视自己的牧地，当有人向冒顿单于建议，把一部分土地让与邻邦时，他勃然大怒说："地者国之本也，奈何予之？诸言予之者皆斩之。"② 6 世纪的突厥人也是"虽移徙无常，而各有地分"。③ "分地"或"地分"，在北方游牧民族中，可以说是泛指某一游牧集团世代放牧的草场地域。正如马克思所指出："他们利用土地作为牧场等等，土地上面养着畜群，而放牧的人民则以畜群为生，他们对待土地，就像对待自己的财产一样，虽然他们从未把这种财产稳定下来。"④ 13 世纪的蒙古国兴起后，贵族们都不断扩大自己的营盘、土地。成吉思汗曾鼓励其儿子们说："天下土地广大，江河众多，你们尽可以各自去扩大营盘，占领国土。"⑤ 并建立千户制，实行领户分封，贵族们从汗那里分得领户，确立了对属民的领属关系，从而获得了领主身份。固定在土地上的蒙古牧民也因之变成了封建依附人口，不准随便迁徙。汗可任意将土地赐给宗王和功臣。那颜拥有众多畜群，占用水草丰美的牧场，以此奴役和剥削牧民，形成封建生产关系。

　　哈萨克汗国虽建立于 15 世纪中期，但其族源可追溯到西汉的塞种、

---

① 《史记》卷 110，《匈奴传》。
② 同上。
③ 《周书》卷 50，《突厥传》。
④ 马克思：《资本主义生产以前各形态》，人民出版社 1955 年版，第 26—27 页。
⑤ 《元朝秘史》，第 255 节。

月氏、乌孙、康居、匈奴及以后的突厥、葛逻禄、哈喇契丹、克烈、乃蛮、钦察等。因而，上述这些民族的社会经济制度对其可能产生不同程度的影响。16 世纪初制定的《哈斯木汗法典》第一款项就有关于解决牧场、土地诉讼的规定。后又将汗国按地域分为大、中、小三个玉兹（jüe，突厥语音译，原意为部分、方面），即清代文献的右、左、西三部或译为大、中、小帐，三部各有领地。玉兹下面又依次设兀鲁思（领地）、阿洛斯（部落）、乌鲁（氏族）、阿塔（由七辈以下数个阿吾勒组成）、阿吾勒。其社会组织大多是自古沿袭下来的，但随着社会的发展，血缘关系逐渐松弛，地域和阶级关系日益加强。每层组织都以一定地域为基础。汗、苏丹等既是汗国、玉兹、兀鲁思等最高统治者，又是最大土地拥有者，具有支配辖境内土地的权力。牧民必须向汗等缴纳各种自然地租，负担各种繁重的劳役，参加出征，这除了政治因素外，就是因为他们生活在汗的土地上。因而，哈萨克民间曾流传着"在谁的土地上游牧就得服从谁"的谚语。

哈萨克最基本的社会组织是阿吾勒（哈语"圈子"之意），一般由十来户组成。其成员大体分三种情况：由同一祖父的近亲组成；由本氏族成员组成；由外氏族、外部落、其他民族成员组成，以第二类情况居多。按照习惯法，牧场为阿吾勒共同使用，每个氏族、部落都有自己的春夏秋冬牧场，一年四季按一定路线搬迁，别的氏族、部落不得随意侵占。如 1824 年颁行的《西西伯利亚吉尔吉斯（此指哈萨克）人法规》第 168 条规定："谁带着帐篷和牲畜占有别人的土地，谁就要从该地被驱逐出去，而看管之人要受责打。"第 188 条规定："谁占用他人的土地，即使十五年后也得从其手中取走。"① 虽然从形式上看，按照习惯法，牧场是归氏族公社共同使用，但随着私有制财产的发展，使氏族公有制逐渐破坏和衰落。公有的牧场、草场和土地逐步分化、缩小，有些农业比较发达的地区，土地完全变为私有。氏族公有乃成为法律上的虚构形式。事实上，封建主掌握着支配牧场和重新分配游牧区的大权，并占有相当数量的牧场，尤其是冬营地，从而反映了土地所有制的实质。其表现在以下几个方面：

① 参见萨摩克瓦梭夫《西伯利亚土著居民习惯法资料集》，1876 年版，第 245—282 页。

第一，封建主控制迁徙游牧地和支配牧草场的权力，是实现封建土地所有制的主要形式。

汗、苏丹、比、乌鲁巴斯、阿吾勒巴斯等既是汗国、兀鲁思、部落、氏族、阿吾勒游牧事宜受理者，又是这些地段所有权的体现者，依据职位高低而掌握土地多少，大封建主有优先得到牧场的权利。在哈萨克汗国时期，头克汗、阿布贲汗、阿布哈伊尔汗等经常召开封建贵族会议，确定游牧地点，解决牧场争端，并把汗支配一定牧场附属物权的专有证交给封建主。至19世纪下半期，在锡尔河一带，有些贵族代表尚保存着这种专有证。① 按照习惯法，如果由于两个首领从相反方向同时来到同一牧场而发生争执，优势总是归封建主。其规定："如果争执的一方是苏丹，另一方是普通的吉尔吉斯（哈萨克）人，则被争之地应当让与苏丹；如果争执一方是比，而另一方是驰名全氏族的阿克萨卡力（阿塔之头目、酋长），则所作让步应当有利于后者；如果比和普通吉尔吉斯人之间发生争执，则争执之地应留给前者。"② 由于大小封建主掌握着迁徙和支配牧场的权力，因此，在分配牧场过程中，牧主总是优先占据水草丰美的牧场，掌握饮水最好的地段，然后才指定普通牧民的游牧地。在某些地区，普通的游牧民大多只有经汗或河边地段占有者的特别允许，才能使自己的牲畜去饮河里的水。正是这种独占性的支配牧场，使游牧贵族实际上成为大量土地占有者。

第二，牧主掌握较多冬营地，可以出租和馈赠。

在哈萨克牧区，夏秋牧场大多为氏族共同使用，冬营地为各家所有。通常每户游牧民都能分到一块附近带有割草地的冬宿站地段，根据游牧经济需要，夏季是阿吾勒最完整的季节，春季和秋季是阿吾勒逐渐走向聚合、离散的季节。冬季，牧民们都分散定居过冬，冬牧场也多属各户私有，③ 一般不能无代价共同使用。各级封建主往往掌握着较多的冬营地，

---

① H. N. 格罗杰科夫：《锡尔河地区的吉尔吉斯人和卡拉吉尔吉斯人》，第1卷，塔什干1884年版，第106—107页。

② 《哈萨克人习惯法资料》第1集，阿拉木图1949年版，第212页。

③ 据《哈萨克人习惯法资料》第140页记载："一个汗国人只有当他在同一冬营地上再度给自己的牲畜修建起避寒处，例如，给出生未久的骆驼修建土坑之类的时候，他对于这块冬营地才具有不可剥夺的权利。"

可以转租、赠予和遗赠。19 世纪末，一部分哈萨克地区，"在秋季牧场、冬营地和邻近的割草场如同他们的井和森林一样，就成了各个家族的私有财产。"① 所有主往往公开地出租冬营地，借此索取一匹马，一头牛或几只公羊。不仅封建主在冬季出租冬营地，以获取大笔租金，贫困的牧民也把自己的份地廉价转让给富裕游牧封建主，以换取生活必需品。

第三，有些地区草场被牧主霸占后，牧民放牧牲畜要缴纳租金。

一般情况是每 100 只羊要交纳租羊一至二只。如借冬牧场放牧，要交纳在该场上放牧牲畜头数的十分之一。② 如据调查，解放前在阿勒泰哈巴河县，由 20 余户组成的加尔克巴斯阿吾勒内，牧主加尔克巴斯一家占有绝大多数的牧草场和牲畜。牧草场名义上虽为氏族公社共有，但加尔克巴斯利用自己政治和经济的权势，肆无忌惮地进行侵吞。一些水草好的兼作草场的冬营地，完全被他霸占。其冬牧场共有三处，光是额尔齐斯河的克西克乃吐别克冬牧场，面积就有 1500 亩左右。春、秋、夏牧场，凡是水草丰美的地方也都在他控制之下。全阿吾勒内五分之二的牧民没有牧草场，五分之三的牧户也只共占有七、八百亩牧场，而且大部分是产草量低、质量差的牧场。牧民要放牧牲畜，只能以实物或劳役地租形式向加尔克巴斯租用牧场尤其是冬营地。③ 又如新中国成立前大牧主部落头目阿布里马金占据了阿勒泰布尔津县布尔津河以东的整个地区，成为加的克部落游牧地区牧草场最高所有者，并把牧场划分给牧主使用，以抽份税。贫苦牧民为牧主放羊时，如果带上自己的少数牲畜一起放牧，则每 10 只羊要交一只给牧主，表明牧草场为牧主私有。有的部落头人还把大量土地和牧场出租，进行租佃剥削。如阿勒泰地区的布哈提贝子家出租产草量为 6000 多捆的草场，年收入达 300 多元。

第四，在兼营农业的地区，牧主还拥有大量耕地。

哈萨克族以牧为主，但新中国成立前也有一部分牧民，由于遭受封建主的经济剥削和天灾人祸，丧失牲畜，兼营或从事农业。少数封建主掌握着大量耕地、水渠。如伊犁尼勒克县黑的坡区 1026 户，有 838 户没有耕

---

① 《哈萨克人习惯法资料》第 1 集，第 264 页。
② 杜荣坤编：《哈萨克族社会历史调查》，新疆人民出版社 1987 年版，第 69—71 页。
③ 《哈萨克族社会历史调查》，第 77—80 页。

地，占81.7%。伊犁专区占农村人口4.6%的地主，占有31%的土地。塔城哈尔哈巴克乡占全乡人口7.6%的地主、富农，占有60%以上的泉水、河渠和95%的生产工具。阿勒泰地区马米贝子依仗权势，霸占土地、草原、河流、森林等，共有5000余亩耕地，1000余亩草场。

第五，各级封建主享有把属于他的土地财产交给自己子孙继承的特权。

根据习惯法，父死子继承家产。家产中也包括其父占据的牧场，尤其是冬营地。

此外，哈萨克牧区的封建土地所有制还体现在封建主往往向商队征收税捐——商品过路税、普通游牧民向封建主交纳贡赋等方面。总之，由于哈萨克社会尚长期负载着原始公社制度及其所固有的氏族部落组织的残余，封建主的土地（牧场）所有制，往往在法律上、形式上表现为氏族公社或阿吾勒的集体所有制或为其公共使用。因此，我们一方面必须充分看到宗法封建制下，土地占有的特点，另一方面，又要从氏族所有制的外壳表象，揭露其封建实质。马克思曾明确地指出："土地所有权的前提是某一些私人独占着地体的一部分，把它当作他们的私人意志的专有领域，排斥一切其他的人去支配它。"[①] 从上述可知，哈萨克封建主掌握着支配牧场的大权，并占有大量的草场和冬营地，可以根据私人意志支配、转让、出租、馈赠，并将之作为剥削牧民的工具等等，这说明，哈萨克游牧社会也同样存在封建土地所有制。

二　封建主拥有大量牲畜并掌握 对牧民牲畜的支配权

哈萨克族以经营游牧畜牧业经济为主，辅以狩猎业、农业、手工业和商业。牲畜具有双重性，既是生活资料，又是游牧经济另一重要生产资料，以及封建主赖以剥削牧民的工具。主要牲畜有羊、牛、骆驼、驴等。牧主占有大量牲畜。新中国成立前，阿勒泰地区占人口10%的牧主占有

①　马克思：《资本论》第3卷，人民出版社1953年版，第803页。

牲畜总数的50%。牧主通常有几百头乃至数千上万头牲畜，而一般牧民则仅有少量牲畜，甚至无牲畜。伊犁哈萨克自治州特克斯五区，新中国成立前无畜和少畜户占总牧户70%。并且即使是这些少量的牲畜之所有权也是相对的，除了缴纳通常实物税外，还有种种额外负担。例如，牧民在阿吾勒巴斯或部落头人向君主送礼、召集会议、转移牧地、举办婚丧喜事等场合，还得提供牲畜等。此外，部落头人看中谁的好乘马、贵重物品，谁就得亲自送上，否则就派差役去抢，或横加罪名进行处罚。可见，封建主对牧民的牲畜拥有支配权。

封建主除了利用牲畜作为扩大再生产的手段及供奢侈生活所需外，还借以作为剥削牧民的工具。其方式主要有：

1. 借牲畜给贫苦牧民，一般规矩是借未成年的小牲畜，每过一年加一岁，如借一只小羊，次年须还一只大羊；借一头（匹）二岁牛或马，次年须还一头三岁牛或马。借贷关系中也出现高利贷剥削，如当年借一头大牲畜，则每过一年便要带一头小牲畜。如借一只大羊，次年须还一大羊一羊羔，第三年增至四只，类似羊羔息。

2. 将牲畜租给贫苦牧民，用畜力换人力。即哈语所说的"克里克玛依"（"租畜"之意），以剥削牧民劳动力。缺乏牲畜的牧民，如搬家、种田租牧主牲畜一天，要为其劳动一天，租畜若有损伤，要增加二、三天劳动，作为补偿。死了一头租畜，要赔偿一头半牲畜。有的牧主还出租奶牛以获利。

3. 以牲畜为工资，雇用牧工，以剥削其剩余劳动，一般每年只给二、三只羊。

4. 用少量畜乳、羊毛等为代价，换取贫苦牧民替其进行繁重的畜业生产和家务劳动。

5. 以牲畜及畜产品与其他民族进行商业贸易，换取生产和生活必需品，转手高价卖给牧民或换取牲畜，如此往复，辗转盘剥，牟取暴利。

由于牲畜是哈萨克人重要的生产资料和生活资料，因此，为了识别自己氏族部落或个人牲畜，特别是马、牛、骆驼等大牲畜，各氏族部落便创造出本氏族部落或个人特有的印记。如《头克汗法典》第33片断规定："每一部落、氏族、支族须有自己的印记，这些印记是分配下来的，在一切牲口和财产上必须盖印子，以便谁都能分辨归谁所有。"① 随着私有制发展，各家特别是富有人家，都创制了各自印记，以维护牲畜私有制。

为了保护封建主的牲畜和财产私有权，哈萨克习惯法和法典对盗窃罪的规定是极为严酷的。《头克汗法典》第 13 片断规定："有人窃盗被发现，须偿还偷物的三个九倍（即 "埃班纳"）。如果把盗窃犯在当场捉捕搏斗时杀死，不偿还命价。"《西西伯利亚吉尔吉斯（哈萨克）人法规》第 135 条规定："初次窃盗的罪犯须退还所偷之物，另外罚小偷以九头牲畜的罚金（直至一匹马）；按照所偷之数，罚大偷以包括一匹或多匹马（直至七匹）在内的二十七头牲畜（即罚三九）。"第 137 条规定："对第二次偷窃者罚半个昆，对第三次窃盗者罚全昆或处死。"② 这种习惯法一直沿袭至新中国成立前。例如，在阿勒泰地区哈萨克族中，对偷盗者罚九，若偷盗者无力交付，则抄没家产，或代以劳役，或处以酷刑，如剁手指、割耳朵、压壁石、捆吊鞭打等等。

三　氏族外壳下的封建依附和剥削

封建制国家对内统治的一个重要特点是按照土地占有多寡和权力大小划分封建等级。哈萨克汗国虽有游牧宗法封建制的种种特征，存在着氏族制的残余，但也和其他封建制国家一样，按土地（牧场）、牲畜占有多寡和权力大小形成从汗、小汗、苏丹等封建阶梯式的世袭等级制度。法律公开确认不同等级的人具有不同的法律地位。其社会基本可划分为两个阶级，即统治阶级包括可汗、苏丹、比、巴图尔、部落头目和牧主及宗教上层，被统治阶级是牧民、牧工和奴隶。

管理阿吾勒的是 "阿吾勒巴斯"，阿塔的头目为 "阿克萨卡力"，乌

---

① 《头克汗法典》目前保留下来的共 33 片断，参见列夫申：《吉尔吉斯·哈萨克诸帐和各草原志》第 3 卷，1832 年版，第 170—178 页；梁赞诺夫斯基：《西伯利亚各部的习惯》，1938 年版，第 9—13 页。

② 昆，为哈萨克民间财产量刑基本单位，一百匹马、两个奴仆、两峰骆驼、两套甲胄为一昆。也有以羊一千只或马二百匹或骆驼一百峰为一昆。九罚也是游牧民族常见的处罚单位，而在哈萨克则是作为附加的刑罚。

鲁头目为"乌鲁巴斯"，管理阿洛斯的头目通常是有权势的比。兀鲁思的统治者为苏丹，玉兹统治者为小汗，统治汗国的是可汗。苏丹、小汗，一般为可汗之子或宗亲，与可汗一样，均出自铁烈部落。他们自命为成吉思汗后裔、白骨头，是贵族阶层，享有很大特权。可汗是哈萨克汗国最高统治者，统辖全国武装力量，有权调动各玉兹、各部落的军队，一般为世袭，拥有不少官员和侍卫。可汗与苏丹、比等共同处理汗国内外重大事务。对内制定法律，处理各部落间的纠纷和重大刑事案件；对外，负责处理与其他国家的政治、经济和文化交往，并率军队反对外来侵略，保卫汗国领土，或出兵攻打周邻地区，拥有向属众课税和征役的权力，如《头克汗法典》第 32 片断规定："凡有力量携带武器的人（除苏丹外），每年应将自己财产的二十分之一作为赋税交给汗和行政人员。"同时，贵族还享有各种特权，白骨头打死黑骨头（平民），就像打死一条狗一样，黑骨头打死白骨头要一命偿七命。如《头克汗法典》第 3 片断规定："凡杀害苏丹或和卓者得交受害者的亲戚七男人的昆。"《西西伯利亚吉尔吉斯人法规》第 67 条规定："凡杀害和卓者，凶手及其地方须赔杀七个平民一样多的罚金，如不赔罚金，则凶手和他的六个近亲须受绞刑。"

"比"（Biy），是哈萨克社会封建统治阶级中的一个特殊阶层，原大多出自富裕平民家庭。如执法人员，负责处理民刑案件。其人必须能言善辩，娴于辞令，熟悉哈萨克习惯法，善于处理各种诉讼案件，是部落头目统治牧民的助手，有的直接成为部落头目，并由选举产生逐渐成为世袭。"巴图尔"（Batar），是指作战骁勇、为人们所公认的功绩卓著的英雄，负有捍卫国土、抵御外敌入侵、保护本部落人们生命财产安全等职责。有一部分巴图尔成为哈萨克汗国的军事头目。

部落头目最初由选举产生，一般是有权势的"比"或大牧主担任，后有的变成世袭，负责处理本部落大小事务及征收各种赋税。牧主（Bay，巴依），拥有大量牲畜，并雇工剥削，在社会上享有较高地位，有的担任阿吾勒巴斯、阿克萨卡力、乌鲁巴斯及部落头目等职务。

18 世纪中期后，哈萨克汗国逐渐解体。居住于阿勒泰和塔尔巴哈台两个地区的哈萨克人，主要是原中玉兹的部落，如克烈、乃蛮、曼毕特、赛布拉特、吐尔图吾力等；伊犁地区，主要是原大玉兹的部落，如黑宰、杜拉特、乌孙、阿尔班等。乌鲁木齐、哈密等地也居住着一些哈萨克部落。清廷在哈萨克地区对其部落头目封官授爵，建立了一整套王公制度，有王、公、贝子、毕（比）、台吉、乌库尔台、札兰、藏根、千户长、百户长、五十户长等官职。乌库尔台以上均世袭，以下虽非世袭，在习惯上却也多变为世袭。还规定和承认其俸禄、差役和对属民进行惩罚的办法。并规定哈萨克人需向清政府缴纳赋税，初是缴纳牲畜头数的10%，后改为定额税，伊犁地区哈萨克人每年需缴纳1000匹马，阿勒泰地区需缴400匹马（后增至600匹马）。这些负担实际上都转嫁到广大牧民身上。哈萨克各级封建主按职位高低，每年通过捐税向牧民征收数量不等的羊只。一般是郡王每年收1000只以上或800至1000只、贝子400至500只、毕300只、台吉200只、乌库尔台50只、札兰15只、藏根10只、百户长5只、五十户长2只半，但往往超过此数，甚至加倍征收。他们还利用特权，对敢于反抗的牧民加以严刑拷打和武力镇压。清朝在哈萨克地区的这套官制和剥削制度，大多被新中国成立前各个时期的统治者沿袭下来。部落头人和千百户长利用固有的封建特权，对牧民进行剥削和压迫。牧民要缴纳草头税（牲畜税）、田赋、商业税、屠宰税、统税，还有各种临时摊派，名目层出不穷，如烧烤费、狗牌费、庆祝费、杂支费、伐木税、公民证费、彩票费等等。封建主动辄以犯罪、反叛之名，横加敲诈勒索，判以财产刑、服役、坐牢，乃至处以极刑。

哈萨克人大多信仰伊斯兰教，而宗法封建制则往往和宗教特权相联系，因此，牧民还常受宗教上层的剥削和压迫。牧民需缴宗教畜牧税（札卡特），有羊40—100只交一只，100只以上交二只，不满40只的按1/40的比例交，有牛也要按比例抽税。每逢节日、婚丧、割礼等，还需向毛拉缴一定财物。

哈萨克社会被统治和被剥削的阶级是牧民和奴隶。牧民根据拥有牲畜数不同，又可分成夏瓦尔（一般牧民）、克得依（贫苦牧民）、加力奇（牧工）三个阶层。他们是哈萨克社会生产的主要担当者，是封建领主征收实物和劳役地租的主要对象，占人口的大多数。其中牧工除了拥有劳动力外，一无所有。他们经常依靠出卖自己的劳动力来维持全家生计，终年过着缺吃少穿的生活。此外，哈萨克族地区还有一些奴隶，男的称为"苦尔"，女的叫做"昆"。一般是战争中被掳或被俘的，在社会生产中不占重要地位。他们主要替部落头人或富牧从事家内劳动或放牧牲畜，地位最为低贱。主人有生杀予夺之大权，可以在集市上任意买卖，或作为科罚品、奖赏品、陪嫁品等等。① 虽然经过一定时期劳动后能获得人身自由成为依附牧民，但绝不允许离开所属部落。牧民们除了受封建王朝、部落头人、宗教上层、牧主们压迫剥削外，还常受本族和外族商人的高利贷盘剥及不等价交换榨取。

由于哈萨克封建主占有大量牧场、牲畜和生产工具，并享有各种封建政治特权，因而能控制着附于牧场上的牧民。而大多数牧民只有少量牲畜、牧场和生产工具，也要仰求于牧主，企望得到畜乳和其他生活资料，以维持简单再生产和最低限度的生活水平，因此出现了牧民对牧主的封建依附关系。不过，长期以来，因受游牧生活方式的影响和生产力比较低下的制约，哈萨克社会尚保留较为完整的氏族部落组织，这就使上述的封建人身依附关系，深深地打上了氏族制度的烙印。氏族制度和封建剥削制度的密切结合，构成了哈萨克游牧封建依附关系和剥削关系的一系列特点。

（一）封建部落头人对于牧民具有很高权威，整个部落的人口、牧场、牲畜、财产都由部落头人控制。

部落头人可随意支配牧场，差遣牧民放羊，服各种劳役，不给任何报酬，并可随时向部落内牧民征收牲畜及其他物品。还征收锅头税（户税）、人头税（口税）、人命税、宗族税（部落税）、宰杀税、烟火税、驿站税及地租等等。同时，还私立刑法，任意打骂、凌辱广大牧民，以维护其封建统治。主要刑罚有压壁石、割耳朵、剁手指、游街示众、灌铅水、牲畜踏身、压榰子、打板子、吊梁、戴手铐脚镣等等，极为残酷。

（二）氏族互助外衣下的无偿劳役。

哈萨克基本社会组织是阿吾勒。随着阶级和剥削的产生，在阿吾勒内部发生贫富分化现象，出现牧主和牧民的差别，改变了原始社会那种共同劳动、平均分配的经济关系，与此相适应的，成员间相互援助和保护的习惯及其思想情感都在变化。阿吾勒长（巴斯）一般都是由牧主担任。他有权决定本阿吾勒在各季牧场上迁移的时间，随意使用阿吾勒成员的人力畜力，决定阿吾勒成员的去留，调处内部纠纷和出面交涉阿吾勒间的争执，参与决定阿吾勒内各户牧民所出的差役等。由于阿吾勒大多是由同一

---

① 参见《头克汗法典》第 15 片断；《西西伯利亚吉尔吉斯人法规》第 79 条等。

祖父的近亲或同一氏族成员所组成，有某种血缘亲属关系，因而，氏族团结互助的观念被沿袭下来。贫苦牧民之间常在生活上互助互济。而封建牧主依靠自己的政治势力、经济地位，也往往利用亲戚关系、互助习惯，来掩盖其剥削实质。借氏族互助的名义，强使贫苦牧民替其牧养牲畜、接羔、剪毛、种地、割草、擀毡、挤奶及搬家、做家务等。这种劳动基本上是无偿劳动，报酬极少，只给贫苦牧民少量羊毛和畜乳或搬家时借用一两头牲畜，有时什么也不给。贫苦牧民一方面慑于封建牧主的淫威，只得忍气吞声；另一方面，由于氏族团结互助观念的束缚，认为都是亲戚，不好意思计较报酬。封建牧主正是在氏族互助的外壳掩盖下进行封建劳役剥削。

（三）封建主利用氏族部落的各种习惯来作为掠夺牧民的工具。

1. 煽动血族复仇，利用索取赔偿之机进行剥削。按照部落的习惯，某一氏族的成员被另一氏族的成员杀死后，死者的氏族必须为死者复仇，打死人的要偿命。但往往以罚代刑，用牲畜抵偿命价。命价由凶手及其所属氏族的成员负担，死者家属只能得到命价的一部分，大部归部落头人等所有。例如，1944 年，阿勒泰地区加的克部落的牧民托克拜被尖铁克部落的人打死，阿布里马金公向尖铁克部落的牧民摊派二百匹马，而死者家属只得十多匹马，其余都被部落头目侵吞。因而，封建统治者千方百计挑拨氏族间的纠纷，以从中取利。

2. 利用罚款进行敲诈勒索。习惯法规定，用言词侮辱苏丹、和卓及头目等都要受重罚①，偷盗者罚九。因此，部落头目等往往以违犯封建礼教、不听从头人命令、不尊敬头人等为借口，向贫苦牧民罚款，轻的罚以钱财，重的施以九罚。无牲畜钱财可罚的，则逼其服苦役顶替。更有甚者，常诬赖牧民偷窃牲畜，而处以罚九，无力赔偿的，则要受割耳朵、剁手指等刑罚。

3. 利用"巴兰托"惯例，从中渔利。巴兰托，即是为了复仇，从他人处驱走牲畜。据《头克汗法典》第 20 片断规定："如果被判人不执行法官的判决，或阿吾勒长老有意避开审议案件，因而保护犯罪的人，则原

---

① 如据《头克汗法典》第 3 片断规定："以言词侮辱苏丹或和卓者罚动物一九；殴打苏丹或和卓者罚牲畜二十七头。

告取得这样的权利，在得到长老的许可后，执行巴兰托，即带着亲属或近邻到被告的阿吾勒那里，秘密将牲口带到自己家中。可是在回家时，他必须将此事报告给自己的长老，并保证酬劳的总额与诉讼费的总额相称。"这种惯例是氏族复仇的残余和延续，最初是根据法官或长老的判决，继而，只要犯罪人坚决拒绝满足原告的要求就可实行巴兰托。发展到后来，凡是受到奇耻大辱的、被抢劫或不满现状的，都可聚集一批骑手，前往仇敌那里，攻击其住所，将其畜群赶走。而受攻击的人，也尽量设法报复，以致造成氏族部落间的械斗。无论是属于哪种情况，部落头人、阿吾勒长等均可从中获得利益。

4. 借婚丧喜事，向牧民摊派索取。按照部落习惯，头目家婚娶、丧葬、搬家、割礼乃至子女上学，都要向牧民摊派钱财和牲畜。并且牧民的婚嫁须经部落头目和宗教上层批准，要缴纳牲畜，否则不能结婚。部落头人还往往接受贿赂，强迫牧民之女与他人结婚，酿成悲剧，并常仗势霸占与奸污民间良女。

5. 以收养子为名进行剥削。在一些哈萨克人的家庭中，原有收养孤儿、孤女的习惯，养父要给养子成家，并分给遗产，不得歧视。但是封建部落头人和牧主却常利用权势，以收养子为名，进行剥削，其地位类似家内奴隶或牧奴。甚至，牧主也常强令雇用的牧工称其夫妇为父母，冠之以养子之名义，涂上一层亲属的色彩。

清中期后，随着内地资本主义经济发展的影响和外国资本之进入哈萨克族地区，使当地的商业资本和商品经济有所发展，哈萨克族畜牧业经济中资本主义因素不断增长，羊只作为货币等价物的经济作用加强。封建统治阶级为了控制贸易和积累更多的财富，采用一切手段，加强对牧民的榨取和盘剥，使大批牧民丧失生产资料，更加贫困化，纷纷破产。一部分改营农业，沦为佃农和贫雇农；一部分受雇于牧主成为牧工，出现牧主和牧工雇佣关系。牧主一般雇用牧工三四人或十来人。牧工的工资很低，每年为牧主放牧几百或成千头牲畜和从事各种家务劳动，只能得到二三只羊，有的则只能拿到实物如破衣服、羊毛和废弃的畜产品等等。有的牧主还雇工代牧农业区牲畜，从中进行盘剥。哈萨克族雇农和牧工的出现，已含有资本主义剥削性质，但牧主仍享有各种封建特权，牧工对牧主尚保持着一种人身依附关系。

综上所述，至新中国成立前夕，尽管哈萨克社会还保留着很多氏族制的残余，封建领主对牧地的占有往往以"部落公有"的形式出现，对牧民的剥削也常常披着"氏族互助"的外衣，但这并不能掩盖封建所有制的实质。其封建生产关系的基础，同样是封建牧主占有主要生产资料——牧地、牲畜，并控制着附于牧场的牧民。只有获得对牧场的支配权，封建领主才能在占有大量牲畜的情况下，剥削奴役牧民。因此，对哈萨克宗法封建制的深入探讨，必然有助于阐明游牧民族社会历史发展的普遍规律和特殊现象，并有助于与农业定居民族的比较研究。

（《中央民族学院学报》1989 年第 1 期）

新疆富蕴地区哈萨克族历史概述

一　哈萨克族游牧宗法封建社会的发展

富蕴历史悠久，位于阿勒泰山南部。阿勒泰山在我国史籍中出现较早，古称金山。在当地活动的古代民族，秦汉之际，为匈奴所统治，南北朝时期曾一度属柔然，隋、唐时期属突厥，宋、辽、金时期属契丹。

富蕴地区，自古以来，就生活着阿尔泰语系突厥语族诸部落。当时突厥语族部落分布很广，东自阿勒泰山，西至咸海、巴尔喀什湖以北以南，皆有他们的足迹。其中包括哈萨克族的先人——塞人、乌孙、奄蔡、康居等部族。有的学者据中外史籍记载认为，公元前的塞人，7世纪后回鹘部落中外九姓之一的曷萨、葛萨或阿萨者，皆为今哈萨克族一名之音转。12世纪西迁之契丹人，13世纪征服中亚的蒙古人及在蒙古统治下的康里人、奇卜恰人、钦察人，又与当地很多突厥部落互相融合为共同体。明清时期，阿勒泰、富蕴等地为西蒙古瓦剌政权和准噶尔汗国的统治中心，很多蒙古族融合到突厥语族部落中去。至15世纪，以伊犁河流域为中心，东至阿勒泰山，一部分突厥、蒙古部落最后发展融合为今之哈萨克族。哈萨克族这种与古代突厥、蒙古部落之历史渊源关系，在近现代哈萨克族的部落名称中都有反映，如乌孙部、阿兰部、阿勒班部、咄陆部、铁勒部、契丹部、钦察部、克普恰克部、克烈部、乃曼部、康里部等等。富蕴地区的哈萨克部落，主要有克烈部、乃曼部、赛布拉特部、阿勒班部等等。

在富蕴，古代哈萨克族的社会经济情况，史籍记载不多。但据调查，至少在明清之际，哈萨克地区的社会性质，已处于游牧宗法封建社会。当时，哈萨克族最大的社会组织，称为玉兹，分为大、中、小三个玉兹，清籍记载为右部、左部和西部哈萨克。每个玉兹包括若干部落。富蕴地区主要有属中玉兹的克烈、乃曼等部落。哈萨克族的社会基层单位，为氏族部落组织，它们是以血缘关系为纽带而组织起来的人们共同体。一个部落包括若干个氏族组织。每个大氏族之下，又可分若干小氏族（小部落），大小氏族都有专门名称，大多是以男性祖先之名命名。氏族内部以血缘关系为基础，男性长者拥有无比权力。阿乌尔（又译为"阿吾勒"或"阿吾尔"）是哈萨克族氏族部落制度和生产中最基本的单位。每个小氏族中，有以血缘关系为基础的若干个阿乌尔。每个阿乌尔组织，一般包括三五户、八九户、多至十来户牧民家庭。在阿勒泰和富蕴丰美的牧场上，星星点点散落着一个个阿乌尔的毡房。牧民们逐水草而居，阿乌尔是转移四季牧场和各种牧业生产的最基层单位。每个阿乌尔都有自己的名称及阿乌尔长。阿乌尔长是牧民公认的，一般由富有者或年长有地位者来担任，在阿乌尔内部有很多决定权，如转移四季牧场的时间，调配和使用劳动力、畜力及分配差役、调解成员的纠纷和对外交涉等等。阿乌尔内大部分是贫苦牧民，相互之间有氏族互助习惯，他们自觉地服从阿乌尔长的领导，但常常依附于牧主和富有牧民，成为被剥削的对象。

富蕴地区哈萨克氏族部落制度，原是古代氏族社会的产物，但随着生产力的提高和私有财产的出现与发展，已经进入阶级社会，仅仅保留着原始社会组织的外壳。在氏族部落组织形式掩盖下，整个哈萨克社会已建立宗法封建经济剥削关系。特别是 15 世纪建立哈萨克汗国后，哈萨克族社会形成封建贵族、牧主、牧民、奴隶等阶级和阶层，贫富分化明显。贵族与平民、牧主和牧民、牧主与牧工、贵族及牧主与奴隶之阶级矛盾和对立日益尖锐。

富蕴牧区，各类牧主对牧民剥削的主要方式是无偿劳役。主要生产资料牧草场名义为部落氏族公有，实际上牧主和贵族凭借其占有众多的牲畜和特权，占有所有好的牧草场，中等牧民和贫苦牧民只能听任他们进行各种剥削。在部落氏族内，贵族和牧主借哈萨克族传统的"氏族互助"为名，驱使广大少畜或无畜的牧民为其服各种劳役，进行名目繁多的经济剥削。阿乌尔内贫苦牧民，由于只有很少牲畜，生活、生产都很艰难，其家庭成员都要帮助阿乌尔长和少数牧主或富牧户的家族，从事转移牧场、搬家、牧放牲畜、接羔、剪毛、修水渠、种地、割草、擀毡、绣毡、挤奶、捣奶、做酥油等生产劳动和各种家务活与临时差役。他们只能从牧主或富有牧民那里得到少量的奶子和羊毛，或搬家时借用一二头牲畜，或耕地时借用其农具使用，而得不到应有的报酬。还有一部分依附牧民，他们除了有极少数牲畜别无所有，无法独立过游牧生活，只能随牧主或富牧户畜群迁移，生活依附于牧主和巴依（富户），男的为牧主放牧牲畜，女的为牧主从事家务劳动，连孩子都要为牧主劳动，他们吃的是牧主吃剩的残汤剩饭，穿的是牧主废弃的一两件破旧衣服。一部分中等牧民，他们虽拥有一定数量的牲畜和其他生产资料，依靠自己劳动维持生活，但由于他们政治上无地位，经济上不占优势，仍受到封建贵族、部落头人和牧主的剥削与压迫。

富蕴哈萨克族牧区，还存在着奴隶。他们一般是战争中被俘者，或本族中因陷于贫困沦落为奴隶，男称"苦尔"，女称"昆"，一般从事家内劳役，为家内奴隶。他们在哈萨克族社会中，地位很低，常被用来买卖或当作主人女儿陪嫁物，或作为礼物赠送他人。

哈萨克族进入明末清初后，随着贸易和商品经济的发展，资本主义因素不断增长。由于社会贫富分化悬殊，贫苦牧民中一部分人赤贫如洗，完全依靠出卖劳动，当牧主雇工维持生活，主要是替牧主牧放和管理牲畜。在每个阿乌尔内，一般都有一两个牧工，也有多至四五人的，有的是本阿乌尔人，有的为外阿乌尔人。他们一年四季日升外出，日落而归，不论酷暑寒冬，忍饥挨饿，劳累奔波。在生产季节，回到"阿乌尔"，还要进行接羔、剪毛、挤奶、割草、擀毡等各种生产，劳动十分繁重，而每年工资只得一只绵羊，牧童只能得一只绵羊羔。牧主还常常拖欠不付，不少牧工往往劳动几年，连一只羊都得不到。特别是属本阿乌尔人的牧工，一般是没有工资或无固定工资，牧主和富户常借口牧工是给近亲放牧，就不给工资了，只给吃一些奶子和给一两件破旧衣服。

部落头人和大小封建牧主，由于占有大量牧畜、牧草场和生产工具，政治地位很高，享有各种封建特权，并利用这些封建特权，进行各种超经济剥削。他们欺压打骂牧民，向牧民随意摊派索取，连牧主的婚丧红白喜事，都借用部落习惯之名，向他们摊派钱财和牲畜。牧民婚嫁往往要经部落和宗教上层批准，缴纳牲畜。

　　清朝在阿勒泰、富蕴哈萨克族等地区，建立一套王公制度，对部落头目封官授爵，有王、公、贝子、毕、台吉、乌库尔台、札兰、藏根、千户长、百户长、五十户长等官职。乌库尔台以上为世袭，以下名义上不是世袭，实际上按习惯也多变为世袭，并给予俸禄，承认其对牧民摊派差役和进行惩罚的特权。清朝还规定哈萨克人需向清政府缴纳赋税。规定阿勒泰、富蕴等地区每年需缴 400 匹马，后增至 600 匹。而部落头人和牧主则将这些负担，都转嫁到广大牧民身上。各级封建主还常以缴纳捐税为名，向牧民索取更多的牛羊攫为己有。此外，他们还借清政府之名，强迫牧民服劳役，任意派租派差，中饱私囊和达到为自己服务目的。

　　哈萨克族古代曾信仰过萨满教和崇拜自然神灵，后大都信仰伊斯兰教。宗教上层享有封建特权。牧民亦遭受宗教封建上层的剥削，要按规定缴纳宗教畜牧税（札卡特），每 40—100 只羊交 1 只，100 只以上交 2 只，不满 40 只的要按 1/40 比例交，牛也要按比例交税。每逢节日、婚丧、割礼等活动，还需要向毛拉贡献财物。

　　宗法封建制统治下，富蕴等地区的哈萨克族牧民，深受各级封建主的残酷剥削，对发展生产无兴趣，畜牧业长期停滞在原始落后状态。生产工具和设备十分简陋，生产力水平极为低下。古代哈萨克社会的游牧经济，基本上是单一经济，手工业只作为家庭副业存在，主要是畜产品加工，以满足牧民生活和生产的需要，故富蕴地区哈萨克族的商品经济很不发达。部落内部还保留着物物交易和以羊只作为等价物的交易形式。比较大的贸易是与附近农业区及城市的交易活动，来满足哈萨克族对茶叶、布匹、生产工具和其他生活必需品的需要。但是，这种贸易活动，常为封建统治阶级所利用。19 世纪中叶前，贸易活动主要在部落牧民、牧主与清政府及当地驻军中进行。封建主把从牧民处榨取的牲畜与财物，与清政府贸易，从中获利发财，后逐渐为部落牧民和新疆各族之间的民间交易活动所代替。

　　古代哈萨克族的宗法封建社会时间很长，一直延续到新中国成立前夕，宗法封建制度的存在，影响社会基本生产者——广大牧民的生产积极性和主观能动性，严重地阻碍着富蕴地区哈萨克族经济的发展，使哈萨克族整个社会长期处于停滞落后的状况。

二 哈萨克族人民反帝反封建斗争

明末清初，西蒙古准噶尔部强大起来，建立准噶尔汗国，统辖着阿勒泰、富蕴地区。16 世纪末起，沙俄帝国主义从军事上和经济上大肆入侵准噶尔所统治和管辖的地区，包括阿勒泰山哈萨克族在内的大片地区。清朝统一西北后，特别是 1840 年以后，外国资本主义利用清政府的腐败无能，更加明目张胆，联合起来对我国进行侵略活动。俄、英等国不断以经商、考古、游历等名义，派遣间谍和所谓考察队到蒙古、新疆活动，其中也包括到阿勒泰和富蕴等地，从事采矿和经商活动，遭到当地各族人民的反对。1864—1883 年，沙俄通过与清政府签订不平等条约，使原属我国的大片哈萨克族牧地为沙俄所占有，并披上合法的外衣。1864 年（清同治三年）签订的塔尔巴哈台条约，规定哈萨克族要 "人随地归"，也就是 "地面分在何国，其人丁即归何国管辖"，据此原则，很多哈萨克族被划入俄国。而不少哈萨克人纷纷要求迁入划界后的中国境内。原游牧于斋桑湖的哈萨克 12 个克烈部落，在库库岱之子阿吉领导下，毅然移居到阿勒泰山以南阿勒泰、富蕴等地游牧。

伴随着军事入侵，沙俄也加紧进行经济侵略。1851—1881 年，沙俄通过与清政府签订各种通商条约，取得了贸易免税特权，并建立商业据点，开展金融业务。沙俄以布匹、呢绒、绸缎、铁器及各种日用品换取牧区廉价畜产品。据清代史籍记载，"哈萨克牧放马牛羊只所收皮毛转售俄商，盘利受欺"。牧区出产皮毛历年由俄商、维吾尔族商人以贱价收买，贩运出境，使蒙、哈等族牧民受到惨重剥削，生活日益贫困。

1840 年后，哈萨克地区的商品经济和商业资本，有一定发展。汉族商人随清政府官吏到阿勒泰、富蕴等地区，从事各种商业活动。当时内地、南疆和哈萨克地区贸易有三条通道，条条都通到阿勒泰、富蕴地区。这三条商道：北路，从天津、汉口、广州各地经归化（今呼和浩特）至奇台，再转伊犁、塔城、阿勒泰、富蕴等地；中路，从汉口、兰州经哈密、乌鲁木齐再转伊犁、塔城、阿勒泰，至富蕴；南路，从南疆经库东、焉耆、乌鲁木齐（或由阿克苏越冰大坂）至伊犁、阿勒泰，直至富蕴。

从内地转往哈萨克牧区的商品，主要是百货、布匹、五金、茶、香料、土纸、花椒、姜片等各种杂货。从南疆输入哈族地区的为大布、毯子、干果、口袋、马褡子等等。商人们通过交换对牧民进行残酷剥削。外国资本入侵和新疆商业资本的发展，使哈萨克牧主加剧了对牧民的榨取，牧区贫富分化更加明显，迫使一部分牧民成为雇农和佃农，一部分沦为牧工。商业资本和农业的发展，也影响到了富蕴哈萨克族等地区产业结构的变化，一部分哈萨克族开始经营农业。

　　1911 年辛亥革命推翻清朝统治，建立中华民国。新疆处于清朝遗老杨增新统治之下，牧区社会政治、经济制度非但没有什么变化，而且封建头人的特权越来越大。他们肆意向牧民收取牲畜财物，差遣劳役，进行各种经济和超经济剥削。仅 1913 年，阿勒泰办事长官就向牧民摊派各类牲畜数千头，哈萨克族所受的剥削和压迫有增无减，加速贫困化。这期间，外国侵略者也加剧了对哈族地区的掠夺和压迫。俄国商人在沙皇政府庇护下，欺行霸市，到处敲诈勒索。沙俄甚至还派兵侵驻阿勒泰。1912 年，在沙俄等国策动下，外蒙古宣布独立，并欲吞并阿勒泰、富蕴等地（原属科布多参赞大臣管辖），受到各族人民的坚决反对。大批哈萨克族不断地向新疆境内迁徙，使阿勒泰、富蕴地区的哈萨克族，由 13000 多户降至 7000 多户。当时新疆都督杨增新，利用阿勒泰、富蕴地区哈萨克族和蒙古族愿意归入新疆之要求及"阿山兵变"，报经袁世凯政府批准，于 1919 年正式将阿勒泰、富蕴等地划入新疆，受阿山道尹管辖。此时，沙俄境内的哈萨克人亦大批迁入新疆。第一次世界大战爆发后，中亚哈萨克人由于受沙皇政府的残酷统治和压榨，掀起了反对沙俄的武装起义，受到沙俄的血腥镇压，有 30 多万的哈萨克、柯尔克孜人逃入新疆境内，其中逃入阿勒泰、富蕴及南疆各地的有 10 多万人。但他们大部分被杨增新送回去，有相当一部分仍留在新疆，成为我国富蕴等地哈萨克族的一部分。

　　1917 年，俄国取得社会主义革命的伟大胜利，对我国产生深远影响。由于杨增新在新疆继续推行清朝民族压迫政策，各族反抗斗争风起云涌，也波及阿勒泰和富蕴地区。一些进步青年纷纷投身革命，其中尤以贵族出身的哈萨克族新兴知识分子沙里福汗的影响最大。他青年时代曾在乌鲁木齐汉文学校上学，受革命思想影响，回到阿勒泰、富蕴地区后，积极参加进步活动和反对杨增新封建军阀的革命活动。

1928 年，杨增新被刺杀，新疆军阀金树仁上台。他贪得无厌、专横跋扈，比前政府更腐败。上台不久，就通过组织羔羊皮公司进行垄断，以不到市价十分之一的"官价"，强迫收购牧民羔皮，并严禁私相买卖。在其统治期间，滥发纸币，造成通货膨胀，物价飞涨。政府各种苛捐杂税层出不穷，其军政人员鱼肉人民，滥杀无辜，作恶多端。当时，沙里福汗发起的革命活动为金树仁所发现，被捕入狱，引起各族人民的极大愤懑。1931 年，哈密地区维吾尔族人民发动反金树仁斗争，其北邻阿勒泰和富蕴地区的哈萨克族也受到影响，积极参加斗争行列。乘新疆局势混乱之机，日本帝国主义为了要在新疆建立一个由其控制操纵的伊斯兰教国家，乃勾结和唆使甘肃军阀马仲英出兵新疆。马仲英派遣马赫英从北面进攻阿勒泰、富蕴地区，大肆抢劫和屠杀各族人民，迫使哈萨克族纷纷外逃。值此关键时刻，沙里福汗率领哈萨克、蒙古等族人民，英勇抗击入侵的马仲英部，保卫了阿勒泰、富蕴等各族人民的生命财产。他并联合其他地方的哈萨克族，追击马匪军，将马赫英杀死于深山，使日本帝国主义染指北疆的活动，遭到可耻失败。

1933 年，新疆一部分青年军官在乌鲁木齐发动政变，使新疆的统治落入新军阀盛世才手中。盛世才上台初期，伪装进步，接受中国共产党人帮助制订的进步措施六大政策——反帝、亲苏、民平（民族平等）、清廉、和平、建设。当时，不少来新疆工作的共产党人，在学校和盛世才各级政府工作，努力贯彻这些进步措施。发展新疆的经济、文化和教育事业，改善各族人民生活，使阿勒泰、富蕴等地的哈萨克族受益匪浅。在中共推动下，当时在哈族地区成立反帝会，由沙里福汗任阿山行政长和副会长。他领导牧区开展反对封建特权斗争，进行政府机构弊端改革和反对贪污、整饬吏治等工作，受到各族人民的支持和拥护。

这个时期，由于中国共产党人在新疆的活动和影响，牧区的经济、文化得到了发展。经济方面，为了鼓励牧民发展畜牧业生产，在牧区实现了某些免税政策，并从苏联请来兽医专家，为牲畜治病，开展防治兽疾工作，帮助培训哈萨克的兽医工作者，在有些牧区还进行人工授精，使牲畜的数量和质量都有不少提高。共产党人还通过盛世才政府，大力号召发展农业，不少地区购进新式农具，改进生产技术，部分牧民开始兼营农业或逐渐由游牧生活过渡到农耕定居。由于开展对苏贸易，牧区的牲畜和畜产品出口得到保证，价格也较为合理，牧民们需要的生活资料和日用工业品也能及时供应，物资交流颇为活跃，牧民的生产和生活都有较大改善。

此时期，哈萨克族地区也有了自己的工业，阿勒泰、富蕴等地的有色金属矿得到开采，开办了一些工矿企业，培养了一批哈萨克族产业工人。与此同时，由于中国共产党人和进步人士对文化教育的重视，并采取一些积极措施，哈萨克族牧区的文化教育和卫生面貌，也取得不少改善。在牧区普遍成立了文化促进会，开展各种文化教育和娱乐活动，传播进步思想，哈族的在校学生有很大增加，有的还被选送到苏联留学。

盛世才在中国共产党帮助下，稳固了自己统治。但他实际上对中国共产党人和进步人士所采取的进步措施与进步活动，十分厌恶和仇视，耿耿于怀。他在新疆建立特务组织、保安机关和军队，经常派特务监视牧民行动，任意逮捕部落领袖和进步人士，并多次制造"阴谋暴动案"，将许多民族上层、部落头人和进步人士诬陷迫害，财产充公。1939 年，沙里福汗被盛世才逮捕，次年秋在狱中被害。同年，盛世才在乌鲁木齐召开哈、柯代表大会，要收缴牧民枪支，逮捕到会代表，并组织"阿山视察委员会"，到阿勒泰、富蕴等地强迫牧民交枪，激起广大牧民的愤慨，引起暴动。

1940 年 2 月 2 日，富蕴哈族牧民在伊斯木汗、伊曼拜带领下，杀死可可托海设治局局长和一部分清枪人员，并缴获十多支枪。伊斯木汗、伊曼拜、依里斯江、诺盖穆萨波尔、阿克特柯、布特木什等人，用缴获来的枪支武装群众，在可可托海托霍巴举行暴动。暴动迅速扩大，蔓延及于阿勒泰地区，给予盛世才以沉重打击。盛世才派遣大批军队进行镇压，战斗持续七个月，多次被暴动队伍击败，被缴获枪支 1000 多支。盛世才见镇压不能平息，便改变策略。一方面，假惺惺地释放已被捕入狱的布哈特贝子、哈列勒台吉等人，另一方面，又用谈判的欺骗手段应付暴动者，接受释放被俘人员及保证其人身安全的要求，使暴动暂时平息下去。但是，哈萨克族人民的反抗并未完全停止。1941 年，当盛世才再度对牧民进行迫害时，可可托海等地哈萨克族牧民再次举行暴动。盛世才重施故计，一方面派遣部队进行镇压，另一方面又采取对暴动队伍内部进行分化瓦解的办法。至 11 月，时值寒冬，暴动队伍被围困在阿勒泰山上，处于饥寒交迫中。盛世才派阿勒泰副专员贾尼木汗前往招降。贾尼木汗利用伊斯兰教之名，手捧《古兰经》，保证暴动队伍招降后，既往不咎，起义军得到口头保证，终于缴械。不久，盛世才即背信弃义，将暴动领导人哈列勒、再那勒等人逮捕入狱。

1942 年，盛世才乘国际法西斯势力猖獗，国民党蒋介石再次掀起反共高潮之际，公开投靠国民党反动政府，蒋介石派军队直接统治新疆，使新疆各族人民的灾难进一步深化。国民党反动派加在牧民头上的苛捐杂税和差役，更是多如牛毛，单是与牲畜有关的税，就有牧税、牲税、屠宰税、草场税、商业税和"统税"等许多名目，牧民不堪负担。国民党政府还断绝与苏联贸易，牧民畜产品无出路，生活更加贫困。政治上，国民党反动政府在哈族牧区建立"保甲制度"，利用警察、特务对牧民进行严密监视和控制，随意将牧民抓进监狱，其生命财产毫无保障。国民党官员和军政人员在新疆贪污受贿，营私舞弊，比比皆是。国民党军队亦到处横行霸道，今天征牲畜，明天要柴草，敲诈勒索，无所不为，牧民生计维艰，怨声载道。

1943 年冬，富蕴可可托海又爆发反对盛世才和国民党反动统治的武装起义，迅速扩及福海、吉木乃等地区。起义在达列力汗、苏戈尔拜耶夫等人领导下，队伍不断扩大至 9 个分队。1944 年 3 月，国民党反动政府发布牧区要给国民党军队捐献一万匹马的命令，遭到牧民的强烈反抗。尼勒克县的哈萨克族人民高举起义旗帜，并与各地起义人民联合和配合行动，在苏联支援下，占领伊犁全境，正式成立武装部队——民族军。包括富蕴哈萨克在内的阿山人民革命力量，也有进一步发展，很多牧民参加起义队伍。1945 年 5 月 21 日，达列力汗率领哈萨克部队从富蕴出发，向阿勒泰进攻，并与伊犁革命力量相配合，击溃国民党军，占领阿山全境。至此，伊（犁）、塔（城）、阿（山）广大地区完全被起义军占领，建立三区革命根据地。1945 年冬，起义者聚集伊宁，正式宣布三区革命政府成立。1946 年 1 月，三区革命政府和新疆国民党政府，经过复杂曲折的谈判，签订"和平条款"，成立新疆省联合政府。但是，国民党政府不久就撕毁协议，暗中收买三区革命队伍中的败类，进行策反活动，煽动进攻三区。同年春，国民党政府收买和指使富蕴哈萨克族败类乌斯满进攻三区，妄图进行复辟活动。乌斯满乃富蕴克烈部落惯匪，后混入阿山地区反盛世才暴动队伍。暴动失败后，他流窜牧区，抢劫牧民牲畜、财产，杀人放火，无恶不作。1943 年以后，又混入三区革命队伍，图谋出路。1946 年，乌斯满被国民党和美国间谍马克南收买，于同年 10 月，突袭福海县革命政权，遭到三区革命军的顽强反击，并将其驱逐出阿勒泰。乌斯满败逃奇台后，受到国民党政府安抚，并委为阿山专员。1947 年夏，他在马克南和国民党政府策划及指挥下，制造进攻蒙古人民共和国的北塔山事件，并再次进攻阿勒泰，骚扰洗劫牧区，遭到广大哈族牧民坚决反击，被打得落花流水，狼狈不堪。三区革命军在各族人民支持下，终于粉碎乌斯满匪徒的进攻，确保了阿勒泰、富蕴等地在三区政府领导下之革命政权，使美帝国主义和国民党反动政府的阴谋破坏活动遭到失败。

1949 年后，中国人民解放战争取得节节胜利，形势发生急剧变化。在西北战场，人民解放军以雷霆万钧之势，解放兰州和河西走廊，兵临新疆。由于全国解放战争形势的发展，1949 年 9 月，驻新疆国民党军陶峙岳将军和国民党新疆省政府主席包尔汉，通电宣布起义。1949 年底，中国人民解放军进入新疆，和三区革命军胜利会师，新疆宣告和平解放。至1950 年底，解放军先后进驻阿勒泰、富蕴等哈萨克族地区，并建立党的组织和人民政府，进行围剿乌斯满匪乱和巩固各级人民政权工作。

（收入《中国少数民族现状与发展调查研究丛书富蕴县哈萨克族卷》，民族出版社 2001 年版）

新疆三区革命是我国人民民主革命的一部分

　　1944 年 9 月至 1949 年 9 月，在新疆伊犁、塔城、阿尔泰三区，爆发了各族人民声势浩大的反对国民党反动派统治和帝国主义侵略的起义，建立三区革命根据地，开展了英勇的武装斗争。参加起义的有维、哈、柯、蒙、汉及锡伯等十来个民族。其建立的革命根据地和开展的武装斗争，一直坚持到全国解放战争胜利，为新疆的和平解放作出重要贡献。

三区革命的社会背景

　　1933 年，新疆军阀盛世才在"四一二"政变中，推翻了封建军阀金树仁的统治，夺取了军政大权。当时，民变四起，战乱频仍，政局动荡不安，而俄国十月社会主义革命的胜利，在新疆又产生很大影响。面临这种情况，为摆脱困境和巩固统治地位，盛世才采取了联苏、联共的方针，企图取得中国共产党人、民主进步力量及各族人民的支持。并在中国共产党人的帮助下，制订了"反帝、亲苏、民平，清廉、和平、建设"六大政策。

　　随着抗日救亡运动的开展，为了巩固西北边疆，团结各族人民共同抗日，根据党中央的统一部署，一大批中国共产党人和进步人士陆续奔赴新疆。他们通过担任盛世才政府部门、文化机构和群众团体的领导工作，帮助盛世才实现"六大政策"，并取得显著成效。因此，盛世才在其统治初期所采取的措施，对于改变新疆局面起了一定作用。

　　但盛世才毕竟是个拥兵自重、权欲熏心的军阀，在采取某些进步政策时，又念念不忘独裁统治。当国际风云变幻之际，他暗中和蒋介石相勾结，不断挑起事端，陷害中国共产党人、进步人士及新疆各族人民。多次制造所谓"阴谋暴动案"，进行"大清洗"，逮捕了各族领袖和群众数千人①。1942 年，盛世才看到苏联面临法西斯威胁和中国共产党处于困难之中，就完全投入蒋介石怀抱，公开反苏反共，对共产党人和各族人民进行屠杀和镇压。就在这一年，他逮捕了在新疆工作的全部共产党员。翌年，残酷地杀害了陈潭秋、毛泽民、林基路等优秀共产党员，并取消一切进步措施，致使中国共产党人所创建的一些进步组织和文教事业被破坏无遗。

1943 年，蒋介石派军队进驻新疆。次年，他调其亲信吴忠信接替盛世才任省政府主席，进行直接统治。美帝侵略势力也随之而入，以图将新疆作为反苏基地。国民党反动派实行大民族主义和民族压迫、歧视政策，特务遍布，军警横行，对各族人民进行监视和镇压，使新疆处于白色恐怖之中。仅 1944 年 6 月，盛世才就伙同国民党反动派逮捕各族群众数百人，屠杀各族知识分子一千五百人。在盛世才和国民党统治时期，各族被捕入狱的达十多万人。共产党人和各族民主进步力量、有名望的民族领袖和知识分子几乎无一幸免。各族人民在政治上处于极端无权地位，人身自由和生命安全都毫无保障。

在经济上，盛世才统治后期，动辄以政治罪名为由，没收私人财产为"逆产"，或窃为己有，使不少人破产。国民党反动派与各族封建统治阶级相勾结，对劳动人民搜刮掠夺也甚为惨重。为了维持庞大官僚机构和军队的开支，国民党政府不断增加苛捐杂税，各级封建主也乘机巧立名目，层层加码，更是加重了人民负担。以当时的捐税为例，1937 年每人每年平均缴纳税金为新疆旧币三百十七元，1944 年就增加到二千四百十九元，净增六倍多。② 国民党政府自上至下贪赃枉法，贿赂公行，各级职位往往公开进行买卖，其费用实际上又都转嫁到劳动人民身上。买一个县长或保长，要用几百两纹银，而这些人任职后，又变本加厉地进行榨取。例如，莎车县有个人，作了十年保长，由原来只有三十多亩土地增加到一千五

---

① 周东郊：《新疆十年》及《盛世才祸新纪略之二》。

② 新疆少数民族社会历史调查组编译材料。

百亩①。

国民党政府统治新疆后，把维持军队的开支强加给劳动人民。规定牧区每百只牲畜要抽百分之十至十五的牲畜税，还有各种超经济的剥削和无偿劳役，并经常向牧民征集军马，强迫牧民压价出售，更增加了牧民负担。特别是 1942 年断绝了对外贸易后，牧民所需要的生产资料和生活用品奇缺，畜产品滞销，价格暴跌，商人则乘机从中盘剥。所有这些，使各族牧民负担越来越重，牲畜越来越少，无法抵御天灾人祸的侵袭，牧区饥荒和疾疫不断发生，使得许多牧民家破人亡，流离失所。在城市里，由于国民党反动派政府贪官污吏比比皆是，他们与各族中的资产阶级和巴衣（富人）相勾结，囤积居奇，垄断市场，投机倒把，物价飞涨，货币贬值，一般职工和居民越来越贫穷。而农村中，由于各级专制政权和地主阶级对农民的掠夺和剥削，无地或少地的贫苦农民占百分之六十五至七十。他们收获物的一半以上要交给封建统治阶级，加上各种超经济和高利贷的剥削，农民生活苦不堪言，农村经济面临崩溃的绝境。

盛世才和国民党政府除了在经济上对新疆各族人民掠夺榨取外，在文化上也采取专制手段，实行大民族主义。他们不准发展少数民族文化，取消由共产党人和进步人士组织的各族"文化促进会"，破坏少数民族生活习俗，挑唆民族之间的仇恨，制造民族纠纷，并勾结地方封建势力残酷镇压各族人民的反抗。

上述史实，说明了当时新疆各族人民在政治、经济和文化上都受到严酷摧残，民族矛盾和阶级矛盾日益尖锐化。因此，推翻国民党反动派统治，建立和平、民主、自由的新新疆，就成为新疆各族人民唯一出路和共同愿望。从而爆发了历时五年规模空前的民族民主革命。

三区革命的爆发，除上述政治、经济因素外，还有其思想基础，这就是中国共产党人的影响。早在 1933 年前后，中国共产党便陆续派遣优秀党员干部赴新疆，教育和组织各族人民开展革命活动②。1935 年成立了"新疆各族民众反帝联合会"和"文化促进会"。1937 年，陈云、李先

① 《前进报》1950 年 5 月 28 日，维文版。参见《维吾尔族简史简志合编》（铅印稿）。
② 《人民日报》社论：《新疆维吾尔自治区成立的重要意义》，1955 年 9 月 30 日。

念、邓发等同志先后到新疆，进行卓有成效的工作，播下了革命种子①。1938 年至 1942 年，以陈潭秋、毛泽民等同志为首的一批中国共产党党员和干部在新疆工作期间，为各族人民作了很多好事，促进了新疆财政、经济、文化和教育事业的发展。他们在机关、学校、文化团体中，向各族青年讲解马列主义，宣传中国共产党的主张、路线和方针，宣传抗日思想，开展抗日和各种进步活动。使各族人民受到深刻教育，提高了思想觉悟，锻炼了组织能力，新疆民主进步力量有了很大增长。同时，中国共产党人还通过盛世才政府，在各地举办各种训练班和专业学校，并选拔优秀青年去苏联深造，培养少数民族人才，涌现出像阿合买提江、阿巴索夫、伊斯哈克伯克等一批先进分子，为三区革命准备了干部条件。

在中国共产党人的影响下，一部分知识分子和各阶层人士开始酝酿发动推翻盛世才和国民党反动派统治的斗争。他们在各族人民中积极进行组织动员和宣传工作。各地出现了诸如"解放组织"等革命团体，有的地区还爆发了武装斗争，成为三区革命的前奏。

当时，国内外形势发展，也大大鼓舞了新疆各族人民奋起反抗国民党反动派的统治。从国际上看，第二次世界大战即将胜利，苏军彻底粉碎了德寇的进攻，并向西直捣希特勒的巢穴。在国内，正进入抗日战争最后胜利阶段，中共领导下的新四军、八路军经过艰苦卓绝的斗争，给予日寇以致命打击，巩固和开辟了新的革命根据地，人民军队不断发展壮大。这些，都有利于新疆人民反对国民党反动派统治斗争的开展。

三区革命的起因和经过

三区革命是盛世才和国民党反动派实行残酷的民族压迫和阶级剥削的结果，是新疆各族人民反抗黑暗统治和武力镇压的斗争。三区革命是在全国人民反帝、反封建、反官僚资本主义的革命斗争胜利配合下进行的，它得到了中国共产党人的关注和支持，也得到了苏联的声援。

---

① 《中国共产党人在新疆活动纪事》，载《新疆文史资料选辑》第一辑，新疆人民出版社1979 年版，第30—34 页。

　　三区革命的直接起因，是由于国民党省政府向牧民征集军马，敲诈勒索而引起的。国民党为了加强对新疆的统治，驻军从二万增至十万余，这就需要大批战马。1944 年 3 月，国民党省政府发布牧区要给国民党军队捐献一万匹军马的命令。规定牧民有马的交马，无马者则按政府规定的价格（即每匹马价值七百元新币，高于市价半倍）缴纳现金，若不按期缴纳者将要遭受监禁①。这种明目张胆的掠夺，激起了牧区广大牧民极大愤慨，首先在尼勒克县发动了反对献马的武装起义。

　　1944 年 8 月，伊宁解放组织根据牧区斗争形势，派人到尼勒克北部吾拉斯台山地区组织游击队。尼勒克、特克斯、巩留、察布查尔等地各族群众纷纷奔赴吾拉斯台山区参加游击队，共成立了三支游击大队。在芦草沟也组织了游击队。同时，伊宁的武装革命准备工作正积极进行②。针对国民党兵力占优势的情况，为了转移目标，把国民党的主要力量吸引到尼勒克，造成伊宁空虚，再集中革命力量乘虚而入，夺取伊宁。三区革命的领导人作了精密的部署，决定首先在尼勒克向国民党反动政府发起进攻。

　　1944 年 10 月，游击队从东、西、南三个方面向国民党军队占领的尼勒克城发起进攻，沿途很多人加入游击队的战斗行列。游击队缺少枪支弹药，许多群众就拿着木棍、木头棒、斧头、木叉，与装备齐全的国民党军进行殊死斗争。他们从敌人手里夺取武器来武装自己，向武装敌人进攻。经过激烈战斗，终于消灭了城内国民党军队，解放了尼勒克县③。尼勒克县的解放，揭开了新疆各族人民反对国民党反动派统治的革命斗争序幕。

　　解放尼勒克的消息不到一两天就传遍了伊犁地区，大大鼓舞了各族人民的斗志。国民党政府从伊宁等地派遣军队向尼勒克进攻。伊宁城内空虚，游击队就立即转移，集中力量，从西南、西北和正北三个方面向伊宁进攻。并派一支游击队占据了芦草沟和果子沟，阻截国民党向伊宁派遣援军之道。伊宁城内的革命者也积极响应，里应外合，协同作战。游击队一举歼灭了盘踞国民党司令部和警察局的军警人员，于 11 月初解放了伊宁市区。11 月中旬宣布成立临时政府。后来，游击队又攻占绥定、霍城、

---

①　《新疆日报》1944 年 8 月 28、29 日，维文版；新疆少数民族社会历史调查组编译的有关三区革命资料。

②　新疆少数民族社会历史调查组编译的有关三区革命资料。

③　同上。

察布查尔、博乐、温泉、昭苏等地。至 1945 年 1 月底，占领整个伊犁地区。同年 4 月，临时政府把各地游击队统一组织起来，宣告成立正规部队——民族军，并制定了三路进军计划。从 5 月开始，向国民党反动派展开声势浩大的军事进攻，三区革命进入了有组织、有领导、有计划的革命武装斗争阶段。

与此同时，塔城至乌苏一带山区的各族群众也纷纷组织和参加游击队，向国民党军警出击。配合民族军于 6 月攻占额敏，7 月占据塔城，10 月控制了整个塔城地区。

在阿尔泰地区，当地的游击队早在起义军攻占伊犁前，就不断袭击国民党军。国民党曾从北疆各地抽调了二万五千人的军队到阿尔泰。1945 年 9 月，游击队与民族军相配合，击溃阿尔泰和哈巴河的国民党军警，占领阿山地区。在一年时间内，北上劲旅以锐不可当之势，将伊犁、塔城、阿尔泰三区全部解放。

中路及南线的民族军也取得节节胜利。当时，东疆的哈密、巴里坤、玛纳斯、呼图壁、米泉、昌吉北部和南疆的喀什、莎车山区一带的各族人民，也纷纷组织游击队，在临时政府领导下，不断攻袭国民党军队据点。并沿甘新公路伏击敌人，打乱国民党军队补给线。南下的民族军还曾翻越天山达坂，两度包围阿克苏，占领拜城和温宿。与此同时，远在帕米尔高原的塔什库尔干地区也爆发了蒲犁革命。起义烽火燃遍天山南北，使国民党省当局惊恐万状，坐卧不安。

随着民族军在军事上的胜利，1945 年冬，各地起义群众代表在伊犁召开代表会议，正式宣布三区革命政府成立。

1945 年是国内外形势发生根本转折的一年，德、日法西斯在苏联和中国人民及其同盟者英勇抗击下，宣布无条件投降，抗日战争取得了伟大胜利，历史进入了新的时期。中国共产党提出："全民族面前的重大任务是，巩固国内团结，保证国内和平，实现民主，改善民生，以便在和平民主团结的基础上，实现全国的统一，建设独立自由与富强的新中国。"[①]这表达了全国各族人民的意愿。1945 年 8 月，毛泽东同志亲自到重庆，和蒋介石谈判，签订"双十协定"。三区革命政府在国内外形势影响下，

---

① 《对于目前时局的宣言》，《解放日报》1945 年 8 月 25 日。

也接受了中国共产党的政治主张，于 10 月派出以阿合买提江为首的三区代表到乌鲁木齐，与国民党政府代表进行谈判。经过反复斗争，历时八个月，终于在 1946 年 1 月至 6 月先后正式签订了十一项"和平条款"和两个附文①。6 月 18 日改组了新疆省政府，成立了民族联合政府，三区革命领导人阿合买提江任副主席、阿巴索夫任副秘书长、伊斯哈克伯克为政府委员兼全省保安副司令、赛福鼎为教育厅长等。

但是，"和平谈判"只是蒋介石和国民党反动派用来欺骗人民，拖延时间，以便聚集军事力量，组织反革命势力，消灭中国共产党和民主进步力量的一种手段。当国民党反动派准备好后，就立即撕毁"条款"、"协定"，向中国共产党和新疆各族人民反扑。蒋介石一方面破坏"双十协定"，向解放区和中国人民解放军大举进攻，另一方面，在新疆也背信弃义，撕毁"条款"，对新疆省联合政府内三区革命代表百般刁难，进行威胁恫吓，破坏其正常的工作与活动。并在各地组织一系列的"示威游行"，反对和平条款，反对各族人民的民主要求和选举权②，进行反三区的宣传破坏活动，国民党反动派为了消灭革命力量，还在各地加强特务统治，实行血腥镇压，在喀什、阿克苏、库车等地肆意向群众开枪，制造流血惨案。更有甚者，他们还企图从三区革命内部进行分化、破坏，收买唆使乌斯满匪徒进攻三区革命根据地，大肆抢劫、掠夺阿尔泰地区，屠杀牧民，破坏牧区的和平生活，引起各族人民的极大愤慨。在三区革命政府的领导下，乌斯满匪徒被民族军打得狼狈逃窜，退出了三区。

1947 年 5 月，国民党扶持大土耳其主义者麦斯武德为省政府主席，穆罕默德·伊敏和艾沙分别担任副主席及秘书长。他们收罗爪牙充斥各级政权机构，煽动民族仇恨，破坏民族团结，并取消一切言论自由，不准出版新闻报纸，绑架逮捕进步人士。在乡村进一步推行保甲制度，城市里秘密警察到处横行，任意杀害各族群众，加强专制统治。

面对上述情况，三区代表无法继续在联合政府中工作，于 1947 年 8 月，先后返回三区革命根据地伊犁，以示抗议。在国民党反动派的蓄意破

---

① 1946 年 1 月 2 日，就正文和省政府组成问题的"附文一"签字通过。6 月 6 日，关于部队改编问题的"附文二"签字通过。

② 根据和平条款第一项规定，政府给予新疆人民选举彼等相信之当地人士为行政官吏之选举权，由各县人民选举县参议员，成立县参议会；由县参议会选举县长。

坏下，新疆省联合政府宣告破裂。自此之后，出现了以玛纳斯河为界的武装对峙的局面。

从 1947 年秋到新疆和平解放为止，三区革命政府在以阿合买提江为首的革命力量领导下进行整顿和发展三区的工作。三区政府采取了一系列发展经济、文化事业的措施，诸如发展农牧业生产，开展对外贸易，降低赋税，开办学校，建立图书馆、俱乐部、文工团等等，并取得显著成绩，使各族人民生活得到一定改善。三区革命领导人还大力进行思想教育工作，宣传马列主义民族观，纠正革命初期所犯的民族主义和分裂主义错误。1948 年 8 月，在阿合买提江、阿巴索夫等民主进步力量的倡议下，于伊犁成立了各族人民的统一战线组织——保卫新疆和平民主同盟（简称"新盟"），阿合买提江任"新盟"主席，阿巴索夫任"新盟"中央委员兼情报部长。并于各地设立分支机构，创办多种报刊，进行革命宣传活动。"新盟"在伊犁出版了《前进报》和《同盟》杂志，塔城出版了《民主报》，在阿山出版了《正确之路报》①。通过报刊号召新疆各族人民紧密地团结在一起，建立平等、自由和幸福的生活，并坚决地和革命队伍内部的不良倾向进行斗争。"新盟"在宣传马列主义，开展各种文化活动，促进民族团结，培养干部等方面都起了积极作用，为和平解放新疆创造了良好的思想和组织基础。

而这一时期，全国解放战争的伟大胜利，对新疆各族人民革命斗争产生了深刻的影响。1947 年底，中国人民解放军进入了全面反攻阶段。1948 年下半年，经过辽沈、淮海、平津三大战役，消灭了蒋介石部队的主力。在胜利形势鼓舞下，反对国民党麦斯武德政府的斗争在新疆各地日益广泛地开展起来。国民党为挽救全面崩溃的危机，于 1949 年 1 月改组省政府，任命包尔汉为省政府主席。1949 年 4 月，人民解放军百万雄师过长江，占领南京。接着又在江南与西北乘胜追歼残敌。5 月解放西安，8 月解放兰州，9 月开始沿河西走廊挺进，新疆解放指日可待。在这关键时刻，党中央派邓力群同志前往新疆。8 月到伊犁，直接与三区革命领导人联系，并代表中共中央邀请他们出席即将召开的全国政治协商会议。阿合买提江等领导人表示拥护中国共产党和毛主席的领导，拥护祖国的统

---

① 《维吾尔族简史简志合编》（铅印稿）。

一，拥护中华人民共和国的成立。

1949 年 9 月 21 日，中国人民政治协商会议第一届全体会议在北京召开，三区革命政府的领导人代表新疆各族人民参加了这一具有重要历史意义的会议，并向大会表达了新疆各族人民坚决拥护祖国统一的决定和迫切要求解放的愿望。9 月 25 日，新疆国民党驻军宣布起义，次日省政府也通电起义，新疆获得和平解放，10 月，中国人民解放军奉命进驻新疆各地。12 月 9 日，三区革命的武装部队——民族军到达乌鲁木齐，和人民解放军胜利会师，并改编为中国人民解放军第五军。12 月 17 日，在党的领导下，由新疆各民族各民主阶层代表人物联合组成的省人民政府宣告成立。至此，三区革命完成了自己光荣的历史使命。

三区革命的性质和经验教训

关于三区革命的性质，党中央和毛主席曾作过多次评价。1945 年 4 月，三区革命发生不久，毛主席就在中国共产党第七届代表大会上指出，国民党的反动政策，如："1943 年对于伊克昭盟蒙族人民的屠杀事件，1944 年直至现在对于新疆少数民族的武力镇压事件，以及近几年对于甘肃回民的屠杀事件，就是明证"①。这里所说的对新疆武力镇压事件，指的就是国民党反动派镇压新疆三区革命的事件。由此可知，三区革命具有反抗压迫和镇压的民主革命斗争的性质。1949 年，中国人民政治协商会议开幕以前，毛主席在给阿合买提江及其战友们的信中，认为三区革命"是中国人民民主革命的一部分"②。1949 年 8 月，当三区革命领导人阿合买提江、阿巴索夫等五人应中国共产党和毛主席的邀请，代表新疆各族人民前往北京参加中国人民政治协商会议，途经苏联，因飞机失事遇难后，毛主席和党中央对五位代表的牺牲深表哀悼。10 月 22 日在给"新盟"的唁电中指出："这是新疆人民和中国人民的一个巨大损失"，"阿合买提江等五位同志生前为新疆人民解放事业英勇奋斗，最后又为建立中华人民共

---

① 毛泽东：《论联合政府》，《毛泽东选集》一卷本，第 984 页。

② 转引自高锦纯《悼共产主义者阿合买提江》，《新疆日报》1951 年 7 月 5 日。

和国的事业而牺牲，值得全国人民永远纪念。"① 这些，都说明毛主席和党中央对三区革命是充分肯定的。

三区革命是新疆近代史上一次具有重大历史意义的民族民主革命运动。它是在中国共产党领导的人民民主革命的影响下产生和发展起来，是在一部分先进分子领导下进行的。其目的是反对国民党的反动统治和帝国主义的侵略，要求改善各族人民政治、经济地位。由于三区革命的坚持斗争，打击了国民党反动派在新疆的专制统治，粉碎了帝国主义的侵略阴谋，牵制了国民党在新疆的十万军队，有力地支援了全国尤其是西北的解放战争，为新疆的和平解放创造了极为有利条件。同样，由于中国共产党领导的人民民主革命斗争的胜利，人民解放战争的迅猛发展，拖住了国民党的主力，使之焦头烂额，无暇西顾，这就为三区的革命斗争，创造了一个良好的条件，促进了三区革命斗争的进一步发展。所以说，三区革命和国内的解放战争是相辅相佐，互相支持的，它是中国人民民主革命（也即新民主主义革命）不可分割的一部分。

但由于三区革命不是在无产阶级政党直接领导下进行的，因此，它和中国共产党领导下的无产阶级革命还是有所区别。最主要的是，它没有进行民主改革，未能废除剥削制度，基本上没有触动封建地主阶级的利益。在革命内部，封建统治阶级和宗教上层还把持着一定的领导权，特别是在基层，尚保留着封建统治阶级的特权，人民仍然受到阶级剥削和封建压迫。这个革命的任务，直至 1949 年 10 月新疆实现和平解放后，在中国共产党和毛主席的领导下，进入社会主义革命和建设的历史时期，才得以实现。

三区革命作为中国人民民主革命的一部分而载入革命史册，并留下了许多可贵的经验教训。

首先，三区革命的实践告诉我们，在半殖民地半封建的中国，无论在某一地区还是全国进行人民民主革命，必须以马列主义为指导思想，在无产阶级政党的领导下，进行武装斗争，建立革命根据地，开展各项民主改革，废除封建剥削制度和买办势力。只有这样，才能将革命进行到底，使各族人民得到真正的解放。关于此点，上文已有所涉及，兹不赘述。

---

① 《新疆日报》1949 年 11 月 2 日。

其次，三区革命的实践表明，在多民族地区开展民族民主革命运动，必须正确处理民族问题，既要反对大民族主义，又要反对狭隘地方民族主义，加强民族团结，建立各民族统一战线。只有这样，才能集中力量打击共同敌人，夺取革命胜利。同时，历史证明，三区革命只有与中国共产党领导的人民解放事业联系在一起，才能获得最后的胜利。

在民族问题上，三区革命初期是有缺点和错误的。其内部始终存在着统一与分裂的矛盾和斗争。当时参加临时政府的成员主要由三部分组成：其一是具有革命意识和初步共产主义思想的人，主要以阿合买提江、阿巴索夫为代表；其二是持资产阶级观点的人；其三是封建宗教阶层的人。①在1944年至1946年这段时间内，三区革命主要领导权曾一度掌握在第三种人手里，他们大肆宣传泛伊斯兰主义和大土耳其主义；不加区别地对待汉族，甚至发生杀害汉族人民的现象；公开宣称要成立所谓"东土耳其斯坦共和国"，企图将新疆从祖国大家庭中分裂出去，给三区革命带来严重的危害。

由此可见，三区革命和历史上任何一次革命运动一样，在把主要矛头对准敌人的同时，也要与革命内部形形色色的错误进行斗争，清除各种非革命思潮的影响。1947年，三区革命内部的民主进步力量，以阿合买提江和阿巴索夫为首的革命派取得了主要领导权后，在马列主义的指导下，在中国共产党的影响下，与妨碍民族团结的各种错误论调和做法进行坚决斗争，拨正航向，使革命沿着正确的方向和道路健康发展。

阿合买提江出身贫寒，大学毕业后，就在工人群众中进行革命宣传和组织工作，和劳动人民有着密切的联系。在盛世才时期，他曾被捕入狱。出狱后积极参加了三区革命的准备工作。在此期间，接受了马列主义民族观的影响。他热爱人民、热爱民族、热爱祖国，是位民族民主主义革命者。在他担任三区革命主要领导期间，即从1947年8月至1949年9月逝世前，是三区革命健康发展阶段。他除领导三区革命的全盘工作外，一直将很多精力投入反对民族主义的斗争。另一领导者阿巴索夫，在盛世才时期是新疆学院的学生，深受在该校从事革命活动的林基路等同志进步思想的影响，后又与我党领导人董必武同志取得联系。曾在临时革命政府中担

① 　包尔汉：《新疆五十年》，文史资料出版社1984年版，第282页。

任内务部长、宣传部长、民族军政治部主任等职务。1945 年，他在伊犁成立"新疆革命青年团"，翌年，在此基础上建立革命党。越岁，在任新疆省联合政府副秘书长期间，又将三区的革命党与"新疆共产主义同盟"①，合并为"新疆民主革命党"，加强了三区与其他七区的联系，使新疆各民族革命者在反对国民党反动统治、争取革命胜利的基础上联合起来。他和阿合买提江、伊斯哈克伯克等一些领导者及先进分子一起，为纠正民族问题上的错误，在报纸杂志上及集会报告中，撰文演讲，大力进行宣传教育，取得显著效果。

1946 年 9 月 26 日，阿合买提江在乌鲁木齐做报告时指出：民族解放运动不应是为了反对某一个民族，而是反对该民族的统治者②。1948 年 2 月 2 日，他撰文认为："巩固民族团结，互相信任，增进友谊和加强民族间的团结，才能实现各民族的解放。"③ 他还曾指出："任何大民族主义和狭隘的民族主义思想，对人民都是不利的，应该与之进行坚决的斗争。"④ 1949 年夏，他在《同盟》杂志上发表了题为《我们在民族问题上的一些错误》的文章，针对三区革命初期在民族问题上的错误，进行了坦率而严厉的批评，总结了经验教训。他说："我们民族的解放、平等、自由，只有在国内各民族民主战线上的一切弟兄的共同斗争才能实现。"关于如何对待汉族人民的问题，他明确指出："新疆各族人民解放斗争的锋芒是针对着帝国主义、封建主义和官僚资本主义……汉族的民主力量是我们团结和联合的对象。""民族主义只能制造各民族之间的纠纷，最后一定成为帝国主义的代理人。"⑤

阿巴索夫在担任三区革命政府新闻处长期间，经常向本民族宣传马列主义著作和中国共产党的方针政策。他曾在三区报刊上介绍了毛泽东同志的《论联合政府》、《论人民民主专政》和刘少奇同志的《国际主义和民族主义》等著作。他在多次演讲中，明确地指出：三区革命是我国局部

---

① 1944 年 11 月在迪化（乌鲁木齐）建立。

② 新疆少数民族社会历史调查组编译的有关三区革命的资料。

③ 同上。

④ 玛依努尔：《深切的怀念——忆阿合买提江·哈斯木同志》，《新疆日报》1979 年 11 月 1 日。

⑤ 阿合买提江：《我们在民族问题上的一些错误》，载《阿合买提江文集》。

地区的革命，与全国革命紧密相连，是中国革命和世界革命的一个组成部分。三区革命的任务是反对国民党反动派和外国帝国主义，并在革命胜利后，将新疆建设成为"政治平等、经济繁荣、文化发达的省份"。再三强调，各少数民族和汉族人民的团结，是取得革命胜利的保证。他和阿合买提江等号召全体"新盟"盟员及各族人民要为反对民族主义、加强民族团结而共同斗争。

由于阿合买提江和阿巴索夫等人的积极宣传教育，并在实际工作中注意纠正错误，坚持正确的民族观和政治方向，教育了各族群众，使三区革命根据地得到进一步的巩固和发展。

今天，我们在总结三区革命经验教训时，要学习阿合买提江、阿巴索夫等热爱祖国、热爱人民、维护民族团结、坚持真理、勇于斗争的革命精神。进一步加强各民族的团结，为更好地建立新型的社会主义民族关系而共同努力。我们深信，经过三区革命斗争锻炼及社会主义革命和建设实践的新疆各族人民，在党中央的亲切关怀下，在自治区党委和人民政府的直接领导下，在各省、市、自治区大力支持配合下，一定会实现革命先烈的遗愿，把新疆建设得更加繁荣昌盛，为祖国四个现代化作出更大贡献。

（《民族研究》1986 年第 1 期）

《中国大百科全书·民族卷》民族史部分工作简介

1979 年，在大百科出版社倡导下，成立了《大百科民族卷》筹委会，下设五个分科筹备小组，中国民族史小组为其中之一。经过两年多筹备工作，于 1982 年 3 月，《大百科民族卷》筹委会召开第一次编辑工作会议，并宣告正式成立《大百科·民族卷》编辑委员会，中国民族史编辑小组亦随之正式成立。民族史编辑组自筹备至今三年多以来，在主编翁独健教授领导下，出版社同志的督促和各族史学工作者的积极支持下，完成了拟目、定目、组稿、审稿、定稿等各项工作，取得了一定成绩。目前，编辑组已基本上完成了审稿、改稿工作，并交出版社进一步审稿、定稿。现将民族史部分编辑工作进展情况分三个阶段简介如下：

第一阶段 1980 年 7 月至 1982 年 4 月拟目、定目。这是很重要的一道工序。拟目、定目正确与否，关系到整个民族史部分的体例结构和内容，关系到与其他分支学科和与有关同类卷的关系问题，所以这个时期，编辑组的同志结合民族卷的实际，收集了国外大百科和有关辞书的资料，学习了已出版的大百科《天文卷》框架设计的经验和出版社制订的要求、条例，并与其他分支学科小组，反复讨论研究，互相切磋，不断统一思想认识，提出并解决了与制订民族卷条目总表有关的一些问题。在拟目中为求准确起见，除由编辑组提出拟目方案外，并聘请民族研究所和民族学院的专家、学者多人参加拟目和讨论，提出意见。先后共草拟条目三稿，进行反复讨论，第四稿才基本确定下来。条目初稿共分三部分，第一部分为中国古代民族，第二部分为中国现代民族，第三部分有关民族史的人物和著作条目，总共有 140 条。这次拟目和过去搞"辞海"的做法不同，过去收入"辞海"民族史部分的条目尽可能要求多而全，重要的历史人物和历史事件都要收进去，这次拟目按翁独健教授的建议，按现代56个民族立条。古代部分一般只选收历史上比较重要而后消失民族的条目，凡现代民族条目释文中能涉及的历史上之重要事件和人物一般不另立条目，因此能选收的古代民族条目就很有限，只收入了56条。撰写时要求从纵的方面来介绍，这就避免了和《大百科·中国通史》卷所列民族史条目大量重复和交叉的现象，并在体例写法上和《通史卷》有所区别。

经过多次讨论研究，选收的古代史条目有：东北古代民族夷、貊、奚、肃慎、挹娄、扶余、靺鞨、高句丽、女真；北方古代民族狄、匈奴、胡、东胡、乌桓、鲜卑、柔然、薛延陀、室韦、契丹、哈喇契丹、鞑靼；西北古代民族戎、猃狁、鬼方、羯、氐、羌、塞种、西胡、乌孙、月氏、丁零、坚昆、突厥、铁勒、葛逻禄、回鹘、黠戛斯、吐谷浑、党项；南方古代民族三苗、九黎、群蛮、百濮、百越、蜀人、巴人、叟僰、西南夷、俚人、僚、女国、附国、吐蕃等等。

拟目中另一个特点，是民族史部分重点撰写现代民族条目。我国56个民族都分别立目，原拟由民族史、民族学先分别编史和志（现况）两部分后再进行通纂。后来经过充分协商，史志两部分均划归民族史负责，统一由一位作者编写，在体例结构、内容、写法上和《中国通史卷》有所不同。《中国通史卷》民族条目主要是从横的方面，即从断代方面介绍，《民族卷》现代民族条目是从纵的方面即贯穿各个朝代介绍少数民族历史，撰写每一民族条目时，对其从古至今的历史加以概述，包括族源、族名，重要的历史人物、历史事件、社会性质、文化艺术、生活习俗和现况等等都要进行综合性介绍。这样，就将历史和现况、古代史和近代史、政治、经济、军事和文化都结合起来写，把一些未立目的重要历史人物和事件尽可能融贯在释文中，从而使读者对该民族有一全面概括的了解。这样，《民族卷》民族史部分和《中国通史卷》就起到了分工和密切配合的作用，对读者将会产生良好的效果。

在确定条目以后，根据出版社关于条目字数分特长（20000字以上）、长（4000至20000字）、中（700至4000字）、短（700字以内）四类的要求和资料的多寡，大体规定了各条目撰写的字数，民族史部分总字数初步估计为30万字，占整个民族卷120万字的1/4。

　　第二阶段 1982 年 5 月至同年底为组稿和撰稿阶段，选择和确定合适的撰稿人，明确条目撰写的要求目的，关系到条目的质量和效果，故需要慎重地选择撰稿人。编辑组根据出版社传达的胡乔木同志关于要请最合适的人撰写最合适条目的指示，和出版社的同志多次研究商量和互相结合，聘请撰稿人，分两种情况：一种是根据专业要求由出版社直接向撰稿人发出邀请书，北京、东北、内蒙古、新疆、西藏等地的条目即此法，另一种如云南、贵州等地的条目撰稿人，由出版社同志直接与两地学术单位负责人商议，由他们按上述要求负责包干推荐撰稿人。这次全国参加民族史条目撰稿的有史学工作者数十人。所以说《民族卷》民族史部分实际上是各族史学工作者共同完成的一项集体工作。

　　撰稿人确定之后，由出版社将撰写的具体要求、目的和体例规格之材料发给撰稿人，并附有试写条目作为参考。中国大百科全书是知识性和科学性相结合的工具丛书，为具有一定文化水平的读者和专业工作者查阅之便，条目撰写内容要求能反映国内最高水平的最新成果，对学术上的不同观点要贯彻"百花齐放，百家争鸣"的方针，兼容并蓄，分别予以介绍，不能写一家之言，以偏概全。从 1982 年 5 月至 1983 年 8 月，除少数几条外，绝大部分已交稿，基本上完成预订计划，释文大多符合要求，并具有一定质量。

　　第三个阶段 1983 年初至今为审稿、改稿阶段。主要是看稿、讨论稿件，提出意见和进行具体修改。编写组着重从体例结构、内容、主题思想、材料、观点和文字等各方面提出意见，对稿件进行全面审阅，有的分送有关专家协助审稿，编辑组内成员审稿时也各有所侧重，并分工进行具体修改。来稿基本上分为三种情况：结构体例、内容、观点基本上符合出版要求，只作文字上的润饰加工即可采用者占多数，作较大的修改或补充者占少数，来稿不符合出版要求，需要重写或加请撰稿人者为个别情况。上述第一、二种情况，编辑组一般都予以采用，有的退回去修改直至达到出版要求为止。最后由编辑组从文字至内容，进行修改、删节、定稿。目前编辑组的审稿修改工作，已基本上完成，除少数甲级长条目外，绝大部分条目已交出版社审阅定稿中。

　　在审稿修改中，编辑组除在体例结构和内容上，根据大百科全书的性质和出版社的要求进行把关外，还在学术内容上，尽量做到准确地吸收国内外研究成果，反映各种学术观点，力求使条目的内容简练、扼要和高度概括。有的条目撰稿人只反映了自己的观点，在编审过程中，尽可能把几种学术观点都补充进去，如《彝族》条，作者在释文中认为新中国成立前彝族的奴隶制的等级分化为五等，编辑组亦把其他学者的不同分析看法补写进去。又如《维吾尔族》条，在讲到回鹘于公元 840 年西迁后，其中一支在西域建立以葛逻禄为主的喀喇汗朝，我们则将其他几种说法，诸如回鹘说、样磨说、葛逻禄样磨说等都补充进去。有的条目，虽然几种观点都介绍了，但考证太多，也不符合大百科要求，乃建议作者删去。如《土族》条，在介绍了土族来源的几种见解后，都做了详细的考证，后经作者删改和编辑组修改，内容较为简要，主题思想比前明确，脉络清楚得多。在编审时，也注意各条目之间的衔接平衡关系。如怎样处理好《中华民族》条与《汉族》条之间关系，明确《汉族》作为人们共同体，着重探索其源和流，如何发展融合其他族体而壮大；高度概括作为我国的主体民族的形成和发展过程，以其高度发达的经济和文化对其他民族的影响等等。在《中华民族》条中只简要提一下汉族历史，着重从中国多民族共同缔造和发展祖国的角度，特别是 1840 年后作为帝国主义对立物的政治概念来阐述，这样就使条目之间有一明确分工，避免内容交错重复，使之主题鲜明。通过这些处理，我们主观上力求使条目释文更符合出版的要求。目前，编辑组的审稿修改工作已暂告一段落。工作之所以能顺利进行，是和兄弟单位、民族地区的支持分不开的，是与专家、各族史学工作者的支持和努力分不开的。编辑组将继续努力，善始善终地把民族史部分的编辑工作做好，争取能如期出版，早日和广大读者见面。

（《民族研究动态》1993 年第 3 期）

加强学术探讨　促进民族研究

同志们：

　　首先我代表《民族研究》编辑部对应邀前来参加学术讨论会的同志们表示热烈的欢迎。以《民族研究》编辑部名义召开专题性的学术讨论会，这还是第一次，对同志们前来参加会议、支持编辑部的工作，我们表示衷心的感谢。《民族研究》作为一种综合性的学术刊物，除了刊登文章外，编辑部应该利用与学术界的广泛联系和信息交流之有利条件，为贯彻党的"百花齐放、百家争鸣"的方针，活跃学术气氛，繁荣学科研究，开创民族研究工作的新局面，作出应有的贡献。并且通过这些学术活动，不断提高稿件和刊物质量，使《民族研究》的学术水平进一步提高，这就是我们编辑部召开学术讨论会的目的。本编辑部今后计划召开一系列专题性、地区性的小型学术讨论会。每次讨论会参加人数以四十人为限，就当前大家所关心和感兴趣而又与"四化"建设和实际工作相结合的问题进行探讨。每次集中讨论一个专题，解决一、两个问题，力求深透，既使与会者有所收获，又对推动民族研究工作的发展有所裨益。今年编辑部拟召开以民族理论问题为中心的学术讨论会，其他如民族史、民族学、民族语言、世界民族等学科，今后当根据情况交错进行。恳请同志们继续予以大力支持和协助，多提宝贵意见。

　　本次学术讨论会的中心议题，是属于民族理论方面的"民族"和"民族问题"。我国是一个多民族国家，研究国内的民族，解决好民族问题，贯彻党的民族政策，对于进行社会主义现代化建设，实现共产主义的远大目标至关重要。毛主席早就指出："国家的统一，人民的团结，国内各民族的团结，这是我们的事业必定要胜利的基本保证。"1982 年 9 月，胡耀邦同志在中共十二大报告中指出："民族团结、民族平等和民族的共同繁荣，对于我们这个多民族的国家来说，是一个关系到国家命运的重大问题。"因此，以马列主义为指导，结合中国的具体实践，来研究和探讨民族和民族问题，建立有中国特色的民族理论体系，不断发展和丰富马克思主义，不仅具有深远的理论意义，而且具有重要的实际意义。

关于民族和民族问题的争论，由来已久，早从 50 年代即已开始。当时由于民族工作和民族识别的需要，必须弄清楚我国境内到底有多少民族？什么叫做民族？其概念的内涵是什么？这些问题受到我国科研工作者和民族工作者的关注。当时斯大林的《马克思主义和民族问题》、《马克思主义和语言学问题》等译文在我国民族理论界的影响很大，出现了热烈争论的气氛，并取得了很大进展，推动了当时民族和民族问题理论的研究。

新中国成立以来关于民族和民族问题，比较大的争论有三次。第一次是关于汉民族的形成问题，引起国内史学界和民族研究领域的大争论，争论的焦点是汉民族形成于何时？汉族是否已成为一个严格意义上的民族？第二次是在民族概念和民族形成问题上又引起了民族研究领域内的大争论。主要集中在什么是民族？资本主义时代以前有没有民族？其意见可概括为两种：一种意见认为，根据斯大林关于民族定义四个特征的理论，民族只能产生于资本主义上升时期，故在资本主义时代以前不可能产生民族，只有部族；另一种意见认为，斯大林的民族定义，是专指资产阶级民族，这不意味着他不赞同在资本主义以前已存在民族，他曾多次提到"原始民族"、"古代民族"等等。并认为斯大林所说的四个特征，不是一下子出现的，而是在资本主义以前就逐渐形成的。这不是斯大林创造发明的，只不过是斯大林总结了前人研究成果，加以概括而已，故定义的基本精神也适用于资本主义以前所产生的各种民族。如我国在资本主义时代以前，早就形成为数十个民族，这和马、恩、列、斯所论述的民族定义精神是一致的。由于以上看法分歧，故在俄文、德文有关"民族"概念术语的译名问题上，也引起了争论。有的认为，俄文中民族和部族是有严格区别的。斯大林在说到资本主义以前人们共同体时，一般称之为部族，用народность，而将资本主义以后的民族，称为нация。但有的认为，俄文之中的народность 和 нация 以及德文中的有关词语所指的人们共同体，一般都可译为"民族",这种译法符合我国民族的情况和含义。

十年动乱,使问题的争论被迫中止。第三次争论是在 1976 年粉碎"四人帮"以后,特别是在 1979 年党的十一届三中全会以后,民族和民族问题理论的研究又在我国继续展开。这期间发表的文章很多,重新掀起了讨论的热潮。争论的主要问题,除了对民族形成于何时还是过去两种基本观点外,持民族在资本主义时代以前即已产生观点的同志,对民族具体形成于何时问题又有了不同意见:有的认为,民族形成于原始社会野蛮时代的中期或后期;有的认为形成于蒙昧时代的高级阶段或中级阶段等等。在译名问题上也有争论,除原有观点外,有些同志对把经典著作中народность、нация 统一译为"民族",感到不妥;有的认为此两词在单独使用时应统一译为"民族",在一起使用时可区分为"前资本主义民族"和"资本主义民族"。但也有支持将两词统一译为"民族"的意见。

以上就是新中国成立后在我国对此问题争论的大体情况。民族和民族问题理论已争论和探讨了三十多年,到目前为止,可以说还没有一个统一的认识和一致的结论。近几年来,一些同志提出了一些新见解、新观点,有的同志对斯大林民族定义中的四要素提出了异议,有些同志对把民族分为资本主义民族和社会主义民族持有不同意见,但这些问题尚未得到广泛深入讨论。我们认为这些问题今天仍有深入讨论、统一认识和进行总结的必要,从当前科研工作和民族工作来讲,都要求这样做。众所周知,民族识别工作是我国民族工作中的一大特点,世界上多民族的国家大都未能做到这一点,我国已持续进行三十多年,这是马克思主义理论在我国实践的具体表现。在这方面,我们调查了很多材料,积累了不少经验,现在应该提高到理论上加以总结和高度概括,来丰富和发展马克思主义理论,这对于解决世界上多民族国家的民族问题具有实际意义。再者,我国当前的民族工作也要求我们在理论上有正确的答案和统一的认识。近几年来,一些地区少数民族人数激增,不少群众要求改变民族成分或要求成为新的单一民族,还有一些五十年代没有搞清的人们共同体也有待于进行民族识别。这些都涉及对民族和民族问题理论上的认识,涉及对民族概念和民族形成问题的理解。有正确的理论,才能有正确的行动,才能做好实际工作,否则,就会影响贯彻党的民族政策和当前民族工作,影响民族团结和人们对四化建设的积极性。所以,我们认为,尽管新中国成立后关于民族和民族问题理论讨论的时间已很长，但今天我们面临现代化建设的新时期，邀请对此问题有研究的学者、专家和民族工作者参加讨论会，精英荟萃，济济一堂，继续探讨这个带有基本理论性的问题，应具有深远的理论意义和迫切的现实意义。

我们希望在这次讨论会上，同志们能本着党一贯倡导的"百花齐放，百家争鸣"的方针，各抒己见，畅所欲言。在学术问题上是人人平等的，各种观点都可以讲，思想可以交锋，要提倡学术上的开拓创新精神。但是，在讨论中应注意以理服人，服从真理，求同存异，使我们的会议能出现一种融洽和谐、民主团结的学术气氛，开得生动活泼。从而把民族和民族问题理论的讨论研究向纵深推进一步，为党的民族工作和民族研究工作做出新贡献。

（《民族研究》1986 年第 1 期）

影视人类学在中国的发展

中国人类学影视片的摄制工作，是人类学、民族学研究的重要组成部分。中华人民共和国成立以来，中国社科院民族研究所在政府有关部门和民族地区的支持下，先后摄制了数十部完整系统的人类学影视片和大批的专题系列资料片（原统称为中国少数民族社会历史科学纪录片），初步建成了人类学影视片资料库。此外，中央和地方电视台也拍摄了不少有关我国各兄弟民族生活习俗、文化艺术等方面的电视片，录制了许多人类学的形象资料。现拟从我国人类学影视片摄制的背景、内容特色、学术价值现实意义及今后展望诸方面略加论述。

一　人类学影视片摄制背景

中国是一个历史悠久的统一多民族国家，现有 56 个民族。20 世纪 50 年代初，少数民族人口有四千万（现有六千万），分布地区占中国领土面积的 60%。由于各民族自然环境的差异和社会经济发展不平衡等原因，我国五十多个民族当时分别处于不同的社会发展阶段。有的处于原始社会末期或保留着比较浓厚的原始社会残余，如云南的佤族、傈僳族、景颇族、布朗族、独龙族、怒族、基诺族，东北内蒙古的赫哲族、鄂伦春族、鄂温克族，海南五指山腹地的部分黎族地区，台湾高山族部分地区及西藏自治区的僜人，约六十多万人；有的处于奴隶制发展阶段，如四川和云南大小凉山的彝族，约一百多万人；有的则保持着封建农奴制度，如藏族及傣族、哈尼族、维吾尔族部分地区，约有四百多万人。而大多数民族地区和汉族地区一样，处于封建地主经济为主的社会状态，如壮、回、满、维吾尔、朝鲜、蒙古等三十几个民族，约有三千万人。从上述民族的经济类型来看，有原始的渔猎经济，有"刀耕火种"的原始农业，有逐水草而居的游牧经济等等。不同的地理环境，不同的生产活动和生活方式、不同的历史条件，又造成中国各民族生活习俗、宗教信仰、文化艺术等方面的特点。因此，旧中国的民族分布图，犹如一部完整的活生生的社会发展史，一幅色彩斑斓的民俗画卷，所有这一切，为中国人类学影视片的摄制，提供了极其丰富的内容，也可谓是研究文化人类学异常珍贵的宝库。

中华人民共和国成立后，由于政府实行正确的民族政策和采取许多有效措施，发展了民族地区经济和文化，使其面貌发生迅速变化，有的少数民族跨越一个或几个社会形态直接向现代社会过渡，其建立在旧的、落后的社会形态基础上的物质文化和精神文化，正受到时代浪潮的巨大冲击，逐渐变化和消失。如何保存这些珍贵的人类学资料，以丰富和发展摩尔根《古代社会》和恩格斯《家庭、私有制和国家起源》的学说，就成为中国人类学家义不容辞的责任和亟待完成的任务。

早在 50 年代中期，中国领导人就发出要"抢救落后"的号召，要求史学界和民族学界在几年内，将国内在社会制度、物质文化生活上正发生巨变的少数民族的历史面貌真实地记录下来。为此，一方面组织在民族地区开展包括民族学在内的大规模社会历史调查，刊印大量调查报告和编写各民族史志书稿（现已陆续出版），另一方面，拨有专款，拍摄少数民族社会历史科学纪录影片，运用活动的形象化的声像手段，系统地记录和再现了中国各少数民族社会变革前的历史和不同类型的社会、传统文化及其原有的生活方式，保存了大批社会历史、人类学的资料。从 1957 年至今，民族研究所和各地少数民族社会历史调查组成立拍摄组，深入我国边疆民族地区，采取民族研究工作者、影视摄制人员和少数民族干部、群众相结合的方法，拍摄了 16 个民族 22 部人类学影视片。这些影视片真实地反映了我国少数民族的历史和现状以及社会生活的各个方面，为建立具有中国特色的文化人类学思想理论体系，提供了丰富多彩形象生动逼真的科学资料。

二　民族影片的内容特色及学术价值

在我国过去三十余年中所摄制的人类学影视片中，按其内容和性质可分为三类：第一类属于以民族为单位，反映少数民族社会形态的综合性影视片，共有十四部。反映原始社会形态或其残余的有十部，包括南方农业民族和北方渔猎民族两种经济类型。如《佤族》、《苦聪人》、《独龙族》、《景颇族》、《黎族》，《僜人》、《大瑶山的瑶族》、《额尔古纳河畔的鄂温克人》、《鄂伦春族》、《赫哲族的渔猎生活》等；反映奴隶制形态的影视片有《凉山彝族》；反映封建农奴制社会形态的有《西藏农奴制》、《西双版纳傣族农奴社会》、《新疆夏合勒克乡农奴制》等等。

第二类关于家庭和婚姻形态专题片，如《永宁纳西族的阿注婚姻》、《清水江流域苗族的婚姻》等等。

第三类是反映少数民族文化艺术方面的专题影视片，如《丽江纳西族的文化艺术》、《苗族的工艺美术》、《苗族的节日》、《苗族的舞蹈》等等。

以上影片的摄制，大多是在50年代中期至60年代初完成的，距发生骤变的年代相去不远。当时称之为社会历史科学纪录影片，顾名思义，具有很大的纪实性和科学性。拍摄工作是遵循以下几个原则进行的：第一，深入实地直接拍摄，摒除人为的布景和选用职业演员。摄制前，研究人员和编导人员深入生活，反复进行调查研究，拟定剧本和拍摄提纲，力求各项内容的真实性。一般是真人、真事、真物、真场景。不得已时，才恢复原貌。第二，强调科学性，人类学影视片不同于故事片、新闻纪录片或科学教育片，而是科学纪录片。拍摄内容是少数民族原来的社会面貌及其生活方式与文化。杜绝人为虚构、主观臆断，把科学性放在首位。表现方法需朴实自然，忌人为痕迹；将纪实性与科学性结合起来。第三，题材的选择和主题的确立，着眼于即将消失和正在变化着的生活方式与传统文化。这些影视片是在对我国少数民族的社会历史进行深入调查的基础上，按一定的科学体系拍摄下来的。它对于科学研究、民族工作以及科学普及工作，都具有十分重要的意义。

　　我国人类学影视片，包含着丰富的文化人类学科学内容，具有重要的学术价值。如 1957 年摄制的科教纪录片《佤族》，拍摄了云南西盟山佤族从原始社会末期向奴隶社会过渡的情况。除部落联盟、刀耕火种和生活习俗以外，对于剽牛、拉木鼓、砍牛尾巴、猎取人头祭祀等也有所反映。同年拍摄的《黎族》，记录了海南岛五指山腹地黎族保留着原始公社残余——"合亩制"的情况。1959 年拍摄的《额尔古纳河畔的鄂温克人》，反映了尚保留若干原始社会残余的鄂温克人使用驯鹿的游猎方式、分配、交换、婚姻习俗以及原始宗教等等。1963 年拍摄的《鄂伦春族》，通过个体家庭"仙人柱"、经济组织"乌力楞"和氏族首领或家族长"塔坦达"等具体形象，勾画出我国大兴安岭原始森林里，以狩猎为主的鄂伦春社会由氏族公社、家庭公社到农村公社的轮廓，描绘其由共同劳动、平均分配、没有阶级剥削至跨进阶级门槛的情景。1960 年摄制的《苦聪人》（属拉祜族），反映了云南哀牢山的苦聪人长期隐匿深山密林之中，处于父系家族公社发展阶段，衣芭蕉树叶，食野生薯果，擦竹取火，游宿林海的情景。并记录了政府工作人员和各族群众历尽艰辛，终于找到苦聪兄弟。使他们走出深山老林，实行定居耕作的过程。1965 年摄制（1976 年完成）的《永宁纳西族的阿注婚姻》，反映云南宁蒗彝族自治县永宁地区的纳西族长期以来尚保留着原始氏族社会以母系为核心的家庭婚姻制度，流行着男不娶、女不嫁，男至女家暮合晨离"半同居"式的阿注婚姻。1966 年拍摄的《丽江纳西族的文化艺术》，介绍了丽江纳西族颇有特色的建筑艺术、雕刻、壁画、手工艺品、音乐舞蹈以及用象形文字书写的东巴经等等。

　　总之，从我国摄制的二十余部人类学影视片中，可以了解到不同地区、不同经济类型民族的基本情况。无论是鄂温克和鄂伦春人富有特色的狩猎工具，赫哲人的捕鱼方式，或是独龙族、佤族、景颇族、苦聪人、僜人等从事的刀耕火种及采集业，都给人们留下深刻的直观印象。从影视片中，还可看到同居共食的家庭公社原貌；以物易物，乃至无言交换等原始产品交换方式；凉山彝族奴隶市场及奴隶生活惨状；西藏及西双版纳、新疆部分地区领主庄园的特点等等。至于各兄弟民族的生活习俗、文化艺术、宗教信仰、婚姻制度等等也都有不同的体现。尤其是鄂温克、鄂伦春人的萨满教；佤族的血族复仇和猎人头祭谷；景颇族的抢婚、纳西族的阿注婚、独龙族的姊妹婚及妇女的纹面等镜头，更富有典型性。

这些生动丰富的形象化资料所反映的社会现象，按照社会发展客观规律，在历史上应是普遍经历过而后逐渐消失了的早期人类社会的面貌。当今在世界大部分地区已很难寻找其痕迹，而在我国一些民族地区却还较为系统和完整地保留着。摩尔根在名著《古代社会》中，以美洲氏族部落为例证，阐述了氏族组织由母系制向父系制过渡的历史进程，探讨了家庭婚姻的发展变化，并对私有制的产生、奴隶制的发展等等都作了深刻的论证，后来恩格斯在《家庭、私有制和国家的起源》中，对摩尔根关于原始社会分期、家庭形式的发展、群婚的不同形式和父系制等等理论予以补充和发展，这些原理今天已为中国影视人类学所提供的活的资料所印证，而显示其正确性和旺盛生命力。同时还进一步丰富、充实和发展了他们的学说。中国人类学影视片所提供的资料表明，在中国少数民族地区不久以前曾经存在过的原始公社残余、家庭婚姻制度及奴隶制、庄园制，与古代典型的纯粹的原始社会制度及希腊、罗马的奴隶制既有基本共同点，又有很大差异。在中国，一些保存着原始公社制或其残余的民族，往往不是整体，而是个别或局部地区，就其整个社会性质而言，已进入封建社会初期阶段。这些局部地区，由于地处偏僻，交通落后，与外界隔绝等原因，长期保留古代氏族制残余，但他们毕竟受到本民族先进地区或周围先进民族的影响，这就导致一些保留着氏族制残余的地区具有双重性。一方面，保留着原始公社家庭婚姻的残余，但在形式和内容上，与摩尔根所论证的典型的原始公社制又不完全相同，而是有所发展。如受群婚影响的独龙族的姊妹婚（几个姐妹嫁给一个男的），性生活不固定但逐渐向一夫一妻制过渡的纳西族对偶婚——阿注婚姻等。另一方面，其上层建筑又打上阶级烙印，生产力往往超过原始社会发展水平，有的地区已使用铁器、猎枪，进行物物甚至货币交易。中国少数民族地区曾存在的奴隶制和希腊、罗马也不尽相同而有本身的特点。因而，中国人类学影视片在进行国内外社会形态对比研究方面，将会起到重要作用，显示其不可忽视的学术价值。

过去中国学者在研究原始社会形态和社会发展史方面，只能借用外国著作和材料加以论证。在研究奴隶制时，言必称希腊、罗马，很少用自己的材料和例证，因此，往往不易为学人所理解。今天，随着民族学在中国的发展，影视片运用其特殊手段，直接为人类学、民族学、民俗学、社会学、历史学、考古学等学科的研究和教学，为普及社会科学知识和民族知识，提供了形象直观的、有价值的科学资料。部分影片在一些部门、科研单位、大学课堂放映以后，得到专家、学者和观众的好评。普遍认为这些影视片是研究人类社会发展史极为难得的资料，是一份珍贵的文化遗产，随着时间推移，岁月流逝，其学术价值和重要意义将愈益显著。

同时，这些影视片对现实的民族工作具有重要的参考价值。中国是一个多民族的国家，要做好民族工作，就必须了解和熟悉少数民族的社会历史状况乃至风俗习惯，才能有的放矢地制定正确政策和采取实事求是的步骤，逐步改变少数民族的落后面貌，使之跻于先进民族的行列。只有很好地了解少数民族的过去和现状，才能引导少数民族在当前改革开放的新形势下阔步前进。而人类学影片为民族工作者提供形象资料的作用，是与文字资料相辅相成的。

三　今后的展望

影视人类学在中国的萌芽到现在仅有三十余年的历史，而其间又发生了"文化大革命"，被迫停止摄制工作达十年之久。因而我们拍摄的影视资料和积累的工作经验是有限的。中国有 50 多个民族，拍摄题材十分丰富，大量的拍摄任务正等待着我们，需要抓紧进行。否则，现代化潮流改变了各民族的原有面貌和特征，许多富有民族特色的风俗习惯完全消失，那时想拍也就不可能了。

在今后若干年内，我们拟力争多拍一些新片，以达到每个民族都有一部综合片或专题片的长远目标。同时，在积累更多影视片资料的基础上，利用这些资料为素材，编辑大型的综合性的中国少数民族的原始社会、中国少数民族的奴隶社会、中国少数民族的农奴制社会等系列影视片。逐渐综合摄制作出中国少数民族服饰、中国少数民族建筑、中国少数民族宗教信仰、中国少数民族节日、中国少数民族婚姻家庭、中国少数民族葬俗以及中国少数民族种植业、畜牧业、渔猎业、耕作技术、机械化、农产加工等；中国少数民族的手工艺制作、中国少数民族音乐舞蹈、中国少数民族语言文字；中国少数民族城镇、集市贸易及中国少数民族文物古迹等系列影视片。诚然，这是一项十分艰巨的工作，但我们应该提出这样的任务，不断努力，创造条件，争取国内及世界各国专家学者和社会人士的通力合作，坚持不懈地去加以实现。这不仅是对中国各族人民的贡献，而且也必然为绚丽的世界文化宝库增添异彩。

我们还可以进一步设想，突破本国有限的资料范围，和世界各国影视人类学研究机构协作，利用各国有关资料，共同编辑《世界原始社会史》、《世界婚俗》等系列影视片，进行世界范围内的对比研究，以便了解和总结整个人类的发展过程，这是极有意义的。

总而言之，影视人类学在中国尚处于方兴未艾阶段，任重道远。当前中国正实行改革开放的方针，我们需要了解世界，世界也需要了解中国。我们准备将现有的人类学影片推向世界，并真诚地希望得到各国专家学者及社会人士的帮助，为发展影视人类学而共同努力。

注：此文系为 1988 年 7 月 24—30 日在南斯拉夫的萨格勒布举行的第 12 届国际人类学与民族学大会上提交的论文，由杜荣坤带往大会宣读，受到各国学者的关注与好评。

（原载加拿大《影视人类学公报》，后收入香港中文大学《新亚学术集刊》，与杨光海合著。分英、汉文版。）

中国民族史学的现状和展望

近年来，面临改革开放新形势，要求我们对民族史学现状从宏观上有一个恰当的评价，既不为"史学危机"的惊呼声所困惑，又能清醒地看到当前史学研究存在的问题，自觉反省，积极进取，以适应社会变革的需要，使史学更有效地为我国的精神文明和现代化建设服务，并对世界文化的发展作出应有的贡献。

一 十年民族史学的成绩

究竟如何估量中国史学的重要分支——民族史学现状和发展趋势，是至关重要的问题。

当前民族史学是否存在危机？首先要了解什么是"危机"。按字面解释，"危机"一般是指潜伏的祸机或生死成败的紧要关头。"危机"意味着事物在发展过程中，出现了停滞、倒退和衰落现象，如同过去西方国家经济危机一样，整个社会处于衰退过程。那么，1976 年粉碎"四人帮"后，特别是 1978 年党的十一届三中全会以来的十年中，中国民族史学的发展是否处于上述状况呢？回答应该是否定的。事实证明，三中全会以来，在史学战线上，也和其他战线一样，是新中国成立以来最好的时期，成果最多和水平较高的时期。就民族史学的发展而论，不仅著述数量上大大超过往昔，而且质量也有所提高。五十年代，我国制订的社会科学十二年发展规划中，民族史方面的国家重点项目，由于当时在以"阶级斗争"为纲的极"左"思潮影响下，运动一个接一个，绝大部分项目都未完成。

"文革"时期，对史学的破坏达到了顶峰，以吴晗、翦伯赞等为首的史学家横遭迫害，一大批史学工作者受到打击，不少史学著作和珍贵史料被烧毁，出现了新的"焚书坑儒"运动，其规模远非历史上所能比拟。"四人帮"鼓吹影射史学，把矛头对准无产阶级革命家，使之成为篡党窃国的舆论工具，史学陷于真正危机之中。

粉碎"四人帮"后，迎来了科学的春天，我国民族史研究工作逐渐由复苏走向繁荣。十一届三中全会以来，民族史学步入发展阶段。由于各地贯彻了党的知识分子政策，大批史学工作者的冤假错案得到平反，重新唤起了他们极大的工作热忱。各级研究机构和学术团体如雨后春笋般地发展起来，民族研究人才辈出，专业和业余研究人员近千人。各种学术活动频频开展，学术空气十分活跃，大大促进了民族史研究工作的发展。十年来，民族史方面出版了数百种著作，发表了八千余篇专题论文，无论在研究深度或广度上都有所开拓，有所创新。五十年代制订的国家社科十二年发展规划中很多未完成的项目，大多是在近十年内完成的。我国陆续出版了包括民族史在内由蔡美彪等续编的范文澜的《中国通史》、郭沫若主编的《中国史稿》和韩儒林主编的《元朝史》等中国通史和断代通史。国家民委主持的民族问题五种丛书中五十多本少数民族历史已经全部完成，不但百万人口以上的民族出版了自己的历史著作，而且连人数仅有一千多的民族也有自己的历史书。每个民族都拥有讲述本族历史的书籍，这在古今中外可说是绝无仅有的。

在古代民族史研究方面，十年来也取得很大成果，出版了匈奴史、羌族史、氐族史、室韦史、吐谷浑史、突厥史、渤海史、藏族史、西夏史、契丹史、西辽史、女真史、准噶尔史、薛延陀史、敕勒史、柔然史、喀喇汗王朝史、先秦民族史等方面的多种著作。少数民族地区史方面，出版了《新疆简史》、《东北民族史》、《中国西南民族史》、《东北民族源流》、《黑龙江古代民族史纲》等。在民族关系史研究方面，近几年来也有很大进展。五十年代，我国老一辈史学家曾经对民族关系史上一些重大问题展开了讨论，但专门性著作还没有一本。粉碎"四人帮"后，在前人研究成果的基础上，针对历史上"中国"的概念和民族关系的主流等问题，进行了广泛和深入的讨论，推动了民族关系史研究的进一步发展，并出版了一批论著，已出版的有《中国北方民族关系史》、《蒙藏民族关系史略》

等。即将出版的有翁独健主编的《中国民族关系史纲要》等。少数民族通史方面，由王锺翰主编的《中国民族史》、中国社科院民族研究所一些同志编撰的《中国断代民族史丛书》等亦正在积极进行中。

在专题史和人物志方面，出版了不少著作传记，如《清代八旗王公贵族兴衰史》、《西藏佛教发展史纲》、《萨满教研究》、《西夏文化》、《努尔哈赤评传》、《成吉思汗》、《忽必烈》、《元昊传》、《达赖喇嘛传》、《班禅额尔德尼传》以及《回族人物志》、《回族历史人物传记》、《蒙古族历史人物论集》、《壮族历史人物传》等等。研究社会形态方面的著作有《蒙古奴隶制研究》、《凉山彝族奴隶社会》、《凉山彝族奴隶制社会形态》、《傣族农奴制》、《西盟佤族社会形态》、《中国南方少数民族原始农业形态》等等。回忆录方面有包尔汉的《新疆五十年》，以及《豪情忆征程》、《西藏革命回忆录》、《广西革命斗争回忆录》等等，分别反映了新疆、西藏、广西现代史上的一些史实。

各种有关民族史的论集更是可观。汇集个人研究成果的有《穹庐集》、《履霜集》、《西北史地论丛》、《越史丛考》、《西蒙古史研究》、《中国古代民族史研究》、《明清彝族社会历史论集》、《厄鲁特蒙古史论集》、《民族文史论集》等等。反映群体研究所得的有《卫拉特史论文集》、《民族史论丛》、《中国民族史研究》、《新疆历史论文集》及续集、《滇史论丛》、《西域史论丛》、《中国民族关系史论文集》、《中国民族关系史研究》、《瑶族研究论文集》、《壮族史论文集》、《藏族史论文集》、《百越民族史论丛》等等，不胜枚举。

工具书方面，近年来出版了包括民族史内容的《中国历史地图集》、《中国大百科全书·民族卷》、《民族辞典》。《中国历史大辞典·民族分册》、《中国少数民族历史人物辞典》等也已定稿，即将付梓。《中国民族史大辞典》正在编纂。这些项目都是组织我国民族史研究工作者集体完成的，在一定程度上反映了当前我国民族史研究的学术水平。

十年来，中国民族史研究除了重视民族史观的转变及社会调查等特点外，另一个特点就是拓展了史料的新领域。比较注意古籍和史料的搜集、整理和翻译工作，尤其是民族文献的整理和译注工作取得了很大的进展，将我国民族史的研究水平向前推进了一步。近年来，国务院成立了"古籍整理出版规划小组"，民委系统成立了"民族古文献领导小组"，各民族地区也建立了相应的机构。已经出版的古籍及民族文献有《〈蒙古秘史〉校勘本》、《新译简注〈蒙古源流〉》、《黄史》、《俺答汗传》、《白史》、《水晶念珠》、《西藏王臣记》、《安多政教史》、《红史》、《汉译蒙古黄金史纲》、《满文土尔扈特档案译编》、《联豫驻藏奏稿》、《百夷传校注》、《武定凤氏本笺证》、《西南彝志选》、《〈明实录〉瓦剌资料摘编》、《〈清实录〉准噶尔史料摘编》、《〈册府元龟〉吐蕃史料校证》、《藏族史料集》、《吐鲁番出土文书》、《西藏地方是祖国不可分割的一部分》、《新疆地方历史资料选集》等等。并对国外的一些重要著作如《世界征服者史》、《史集》、《拉什德史》等，进行汉译出版。

地方志研究方面，近几年从中央到地方都很重视。中央成立了"地方志指导小组"，省、市、自治区都成立了"地方志编纂委员会"，出版了一批包括民族地区在内的地方志丛书。

古文字的研究也有很大进展。例如，西夏文研究方面，出版了《文海研究》；契丹文研究也有所突破，出版了《契丹小字研究》；女真文研究方面出版了《女真语言文字研究》，引起了国内外学者的关注。以上成果，为民族史学的研究，打开新的史料宝库，开阔了视野，丰富了民族史研究内容，促进学术水平的提高。

综上所述，十年来，我国民族史学的研究取得了明显的进展。无论是在民族史学理论的建设和研究队伍的培养及学术刊物创办方面，或是资料的搜集、积累、运用及介绍国外研究著作方面，都取得很大成绩，撰写了一大批有分量的论文，出版了各族简史和不少颇有见地的专著。研究的领域有所开拓，其广度和深度也引人注目，如对民族起源和分布、民族关系、社会制度、经济文化、历史事件、历史人物、风俗习惯、宗教信仰等方面的研究都有所突破，发表了许多精辟的新见解，学术水平有很大提高。这些研究成果对于维护祖国统一、民族团结和向各族人民进行爱国主义教育、为现实服务方面都起着积极作用。

总之，十年来，我国民族史学呈现蓬勃发展的景象，正处于繁荣昌盛的上升时期。这在旧中国是根本不可能有，在"文革"前也是做不到的。故这十年，是新中国成立以来民族史发展的最好时期。尽管与其他史学部门相比较还很年轻，属于新兴学科，尚存在种种缺陷，但并没有面临或陷入通常含义的"危机"之中。

二 当前民族史学中存在的问题

我们认为当前民族史学不存在通常含义的"危机",并不是说在民族史学发展中没有问题。事物在发展中往往是迂回曲折的,发展到一定程度,随着形势的变化,难免出现新情况,遇到新问题,需要进行新的探索。但这是前进中的问题,只要重视和采取有效的办法,是能够克服、解决的。民族史学的发展也是如此,应该认为是正常现象。今天,正是民族史学在新的历史时期进一步发展的新起点,一个新的里程碑。但在从前一个时期向新时期转变的过程中,难免出现一些不协调的现象。其主要表现于学科理论、研究领域和研究方法等方面,远远不能适应新历史时期的需要。

当前,我国正处于建设具有中国特色社会主义新的转折时期,民族史学的任务、目的和过去五十至六十年代不同了。如果说,我们于建国初期,在政治上考虑比较多,经济、文化问题考虑得比较少,是根据当时情况,为巩固政权的需要,那么在全国和民族地区的一切工作纳入社会主义经济、文明建设轨道的今天,民族史学研究的目的和任务也应随之而转变,要为当前的现实和社会服务。

对史学能不能和要不要为现实社会服务,历来有不同的看法。有的认为史学是研究过去的事情,和今天的现实问题无法联系,也不应要求直接挂钩,故谈不到为现实服务的问题,这种说法是值得商榷的。关于历史学的社会功能,早在清代,著名史学家章学诚就认为是"上阐古人精微,下启后人津途"。即通常所说的"研究过去,了解今天,指导将来",这就是为现实服务。"古为今用"这句话,我认为还是应当肯定的。但过去我们对它的理解常有某种片面性,往往只选择历史上对"我"有利的一面,而摒弃对"我"不利的一面,采取"实用主义"手段,背离实事求是的研究态度,这既不利于史学本身的发展,也不利于真正总结历史经验教训,使人们从中受到启迪和滋养。

面临改革开放新形势以及商品经济、竞争机制浪潮的冲击和挑战,史学和民族史学首先也有一个转变或扩大职能、价值观念更新问题。但这并不意味着民族史学特定的研究对象和方法改变了。作为一门科学，其研究的对象和基本方法，是有一定的稳定性，但其研究的内容和范围可以根据形势的变化而不断扩大，侧重点会有所不同，研究方法也可以向多层次发展。当代史学职能的转变或扩大，主要是指史学在面临今天新的历史时期，如何与现实结合，为社会服务的问题。

社会科学包括史学在内，按理说本来就应与现实相结合并为现实服务的。在为社会服务中生存、变化和发展，从而显示其旺盛的生命力，民族史学亦然。其研究成果——著述，虽是属于文化遗产的精神产品，除了一些与自然科学有关的边缘学科外，一般不能与科技著述一样直接化为生产力，但它能通过提高最重要的生产力——人的道德、文化素质，间接反作用于生产力。民族史学应该研究过去，面向未来，既要弘扬中华民族的光辉业绩，又要指出历史上曾经有过的种种重负，使各族人民在良莠交错的真相中，真正理解国情，吸取历史经验教训，激发振兴中华的责任感，促进社会变革。近几年来，有一种看法，认为五六十年代关于社会科学要为政治服务的提法是极"左"路线的表现。因而，现在一听到为现实服务就直摇头，似乎史学无须为现实服务了。"为政治服务"的提法，固然显得模糊、不准确，容易引起误解。但如果由此认为史学与为社会主义现实服务无缘，恐也失之于偏颇。一般说来，史学在遵循其自身学科特点的前提下，只有认真地考虑社会需要，自觉地为社会服务，以其所揭示的客观发展规律及经验教训，直接或间接地帮助人们解决在物质文明和精神文明建设中的实际问题，才有存在、发展价值，从而受到社会的重视。

为社会服务不是空洞的口号，而是有其政治、经济、文化等方面实际内容的。因此，无论在过去抑或现在，史学（包括民族史学在内）都有为现实政治、经济、文化等方面服务的问题。只不过不同时期，其服务的侧重面有所不同而已。在建国初期，强调政权建设、政治上统一，当时政治因素是主要的。反映在民族问题上，就是要强调民族平等、民族团结和祖国的统一，民族史学必须为此政治目的服务。其研究任务重点放在少数民族通史、族别史、政治史、民族关系史等方面，即用大量的史实来证明中国历史上就是一个多民族的国家，各民族共同缔造了祖国的历史和文化，强调民族地区和祖国的历史关系，历史上各民族之间的友好往来和经济交流。从五十年代直到十一届三中全会以来的十年中，民族史研究工作在这些方面做了很大努力，出了一批成果，收到了社会效益。那么，在当今建设社会主义新的历史时期，社会主要矛盾是：人民日益增长的物质文化需要同落后的社会生产之间的矛盾。我国目前主要的任务是要消除各民族的贫困和落后，发展社会生产力，不断提高各族人民的物质文化和精神文化水平。从民族问题来说，主要是如何消灭事实上存在的经济、文化发展不平衡，最终和彻底地解决民族问题。这个时期，经济因素上升到主要位置。正如中央所指出："我国的民族问题，当前更多地表现为少数民族地区迫切要求加快发展经济文化的问题上"（《为中华民族的振兴而奋斗》）。因而民族史学研究的侧重点，也应逐步转变到为经济建设服务的轨道上来（当然同时仍有为政治、文化服务的问题），逐渐改变过去侧重一般通史、政治史、族别史等方面研究的现象，把重点转移到研究各族经济史、文化史、思想史、教育史、科技史、法制史、关系史、改革史、近现代史等方面上来。这些正是为当前建设具有中国特色社会主义思想体系所必需，但恰恰又是研究的薄弱环节。只有紧密结合当前新的经济、文化发展趋势，适应变革的需要，民族史学才能胜任历史新时期所赋予的使命，才有更广阔的前景。如果仍停留在过去狭小的范围，坚守固有模式，重复往昔或别人已经进行的陈旧课题，千篇一律，味如嚼蜡，那就必然不能提高学术水平、开拓新领域，无法迎接社会变革所带来的挑战，而产生失落感。同时，由于研究与现实脱节，学术上又无创新，就往往得不到社会各方面的重视，论著出版和发行也容易遇到难题，"危机"之感不免油然而生。

民族史学中急需解决的另一个问题，即是思想解放和观念纳新的问题。以马克思主义唯物史观和辩证法来指导我们的史学研究，这是近四十年来民族史学取得多方面成就的基本原因之一，也是我国民族史学与西方一些国家史学的根本区别所在。但马克思主义并不是一成不变的教条，而是不断发展的。它指导实践，又为实践所丰富和充实，并且其中某些论点还可能为实践所纠正。因此，它必须与各国具体情况相结合，才能指导革命实践。在民族史学中，也只有把马克思主义基本原理与中国社会历史实践相结合，才能建立具有中国特色的民族史学理论思想体系。近年来，在

马克思主义基本理论指导下，我们对历史上一些重大问题，坚持实事求
是、民族平等的原则，既注意清除历史上封建王朝体系正统观念和大民族
主义的影响，又逐步冲破历史上遗留下来的民族偏见的束缚。在建立富有
特色的民族史学理论体系方面，迈出了可喜一步，对一些民族史学上重大
理论问题的看法也渐趋一致。例如，关于我国历史上统一与分裂，统一是
历史主流的理论；关于历史上各民族友好往来和互助合作是民族关系中主
流的理论；两个离不开的理论，即汉族离不开少数民族，少数民族也离不
开汉族，各族人民对缔造伟大祖国都作出卓越的贡献；关于历史上战争与
和平，和平是主流的理论；关于历史人物评价的基本标准等等，都有了比
较清晰的认识。

　　但是，也应看到，由于历史的局限和"左"的思潮影响，过去我们
在理解和阐述经典著作的某些论点时，往往有片面性，生搬硬套的现象屡
有发生。如对"民族"定义的理解，许多人由于过去受到斯大林关于
"民族"概念阐述和苏联学术界某些观点的影响，从五十年代展开讨论迄
今，尚无一致结论。甚至在苏联学术界已经改变了，而我国有些学者还是
坚持过去的观点，他们不是根据我国的具体情况加以剖析判断，而是常拿
斯大林关于"民族"四个特征的定义硬套，因此往往无法解释清楚中国
历史和民族形成、发展的进程。若按照这个定义来衡量，那么，中国各民
族包括汉族在内，直至解放前尚处于部族或部落的阶段，而这显然不符合
中国的历史实际。根据我国各民族历史发展的规律，"民族"的定义一般
应该包括如下的内容，即共同的民族名称、共同的地域、共同的语言、共
同的历史渊源关系、共同的经济联系、共同的心理状态及其所表现的生活
习俗和文化艺术、共同的宗教信仰等等。一个民族应具备其中大部分因
素。而这些因素早在资本主义发展以前就已产生，并不断发展，越来越完
善充实。随着资本主义经济发展，原来的民族最后发展为现代民族。因
此，在坚持马克思主义基本原理的同时，一定要注意清除传统的、保守
的，乃至僵化的因素，切忌将经典著作变为标签口号，移录论著中，代替
自己对客观历史过程的分析和评论。

　　总之，我们在民族史研究中既要坚持马克思主义基本原理，又要重视
与我国少数民族社会历史实际相结合，摄取精华，灵活运用，尽量避免陈
陈相因，陷入僵化俗套。但另一方面，也要突破传统史学的局限，从实证

主义史学中解脱出来。只有站在宏观角度，高屋建瓴，才能对微观进行有效研究。那种认为马克思主义理论对当代的历史研究已经过时的看法，是不足取的。今后新老史学工作者都有学习或重温马列主义基本原理的必要，以提高思想水平和增强洞察力。

三　今后发展的方向

回顾十年来民族史学的发展，成绩从正面预兆了史学发展的未来趋势，问题则从反面提出了民族史学未来发展面临的新挑战和严峻任务。为了适应新的历史时期所赋予我们的新任务，迎接新的民族史学研究高潮的来临，我们必须在理论方法上有所创新，研究课题上有所拓展，研究资料上有所突破。同时，还有赖于研究者素质的提高，群体合作的加强和后继人才的培养。不仅要在学科上补缺，知识结构上调整，人才重新配备，更要在理论上匡正，从观念上纳新。认清当前形势，明确前进方向，为在民族史学战线上开创新局面，而作出自己的贡献。今后十年中，中国民族史学的发展，我认为应当朝着下述几方面努力。

（一）加强民族史学基本理论的研究

近几年，在民族史学方面缺乏系统的理论思考和整体的宏观研究。如上所述，当前史学界思想比较混乱，基础理论薄弱，对民族史学的发展是十分不利的。因此必须要加强民族史学基础理论的研究，将马克思主义基本原理更好地与中国史学实际结合，既不生搬硬套，削足适履，又要把握方向，以免误入迷津。对于过去被历史实践证明或已经肯定了的理论及规律要进一步阐述和宣传，使广大史学工作者重视基础理论的研究，达到思想上统一认识，掌握好史学工作的武器。并逐步做到史论结合，从宏观出发，微观着手，辩证地总结各族社会发展的客观规律。

（二）摆脱过去研究范围和框框的限制，开拓新领域

我国当前正处于现代化建设和经济文化发展时期，党和国家一切着眼点，在于如何发展我国（包括民族地区在内）的经济、文化，消除贫困和落后。因此，民族史学也应为此目的服务，要为不断提高各族人民的经济、文化生活水平及素质而奋斗。民族史学要研究总结民族地区历史上经济、文化发展的规律，历代民族政策的作用及其影响、教训等等，这对今后民族地区的现代化建设是大有裨益的。为此，当前民族史的研究，除了继续进行一些综合性和专题性的通史、政治史、民族详史的研究外，还应当开辟新的研究领域，把重点放在经济史、文化史、军事史、关系史、法制史、思想史、教育史、开发史、屯垦史、贸易史、商业史、金融史、矿业史、交通史、科技史、民俗史、社会生活史等等方面的研究。史学和民族史学研究内容，就其性质而言，可分为两类：一是直接服务于现代化建设；一为间接服务于现代化建设。直接服务方面，有很多是与社会主义经济建设有关的课题，能提供资料，提供规律性的东西，如经济史和科技史方面，对现代化建设有直接借鉴和启示作用。史学工作者可根据有关部门保存的历史档案、文献资料、地方志、民间传说等编撰水利史、气象史、地震史、地质史、商业史、贸易史、建筑史、农垦史、交通史等，或对某一专题进行深入研究。这些都能直接起到为社会主义建设服务的作用。民族史另一方面内容，如文化史、艺术史、思想史、教育史、革命史等等，则能对精神文明建设起到积极作用，有利于提高人们思想政治素质和生产积极性，加强民族团结，发挥间接为现代化建设服务的作用。同时，站在宏观角度，用马克思主义唯物辩证史观，对历史上以少数民族统治者为主建立的政权成败进行客观分析和总结，对加强社会主义初级阶段的政权建设，也有一定的借鉴意义。

（三）要加强对近现代史的研究，特别是当代史的研究

近现代史研究，向来是民族史研究中的一个薄弱环节。过去在"左"的路线影响下，动辄对一些论著进行批判，常常把学术上的分歧当作政治

问题来处理。因而，在史学界为求政治保险和容易出版起见，一般愿意搞古代史，不愿意搞近现代史。认为近现代史时间较近，很多历史人物或其后裔都还健在，对问题的看法往往不一致，尤其他们之中很多是地方和中央的领导人，有些问题很棘手，研究成果也不易发表。而对现代史的研究，又涉及党和政府的政策问题，弄不好要犯错误。因此，有的学者对近现代史的研究往往采取回避态度。我认为在今后民族史研究中，必须清除这种疑虑，重视对近现代史的研究。一方面要真正贯彻在近现代史研究中"百花齐放、百家争鸣"的方针，分清两类不同性质的矛盾，提倡更宽松的学术气氛。另一方面要由国家资助，尽快地多出版些质量高的有关少数民族近现代史的论著和通俗读物。这对当前向各族人民特别是青年一代进行爱国主义教育、民族团结和理想教育有着特别重要的意义。各族人民在近代反帝反封建反侵略的斗争中，都作出重要贡献，涌现出很多可歌可泣的事迹，这些历史都可成为教育后代、培养深沉爱国主义情怀和民族自豪感的生动教材。

特别是对当代史的研究，应提到议事日程上来。过去我们常把历史和现状隔离开，并把 1949 年作为历史和现状的分界线。似乎史学工作者的任务只限于研究 1949 年以前的历史。这在五十年代还说得过去，但目前建国已近四十年，很多我们所经历的事情已成为历史。如果我们不去加以总结和研究，随着时间推移，岁月流逝，许多当事人不复存在，很多事情将被人们遗忘，材料散失，印象越来越淡薄。在我们下一代接班人中，对过去的事情已经很生疏了，甚至对这段历史，包括对社会主义革命和艰苦奋斗的创业精神将会一无所知。因此，我们要重视对当代史资料收集和研究工作，这是一项带有抢救性的任务。事实上，我国各民族在民主改革及社会主义革命和建设中，有很多光辉业绩可谱写于史册，也有不少经验教训需要提高到理论上加以阐述，找出客观规律性。史学工作者不应只满足于研究 1949 年以前的历史，要加强对当代民族史的研究。如果当前不去研究，那么到何时才去研究，又由谁来研究呢？所以这个任务义不容辞地落在史学及其他学科工作者身上。从研究当代史着手，去展望未来前景，总结我们在社会主义道路行进中的经验教训，以使今后少犯错误或少走弯路。我认为这是史学界为现实服务，为社会服务的最好体现之一，是史学工作者当前迫切的任务。这方面研究的课题也是很多的，就全国而言，如中华人民共和国建国史、创业史、国民经济恢复史、五年计划史、社会主义革命史等等。对民族地区来说，有各自治区、州、县发展史、各民族经济、文化、教育发展史等等。

（四）继续发扬重视社会历史调查研究的好传统，加强对少数民族社会形态的对比研究

新中国成立以来，民族史学在强调充分掌握和积累文献史料的同时，还十分重视全面或专题的社会历史调查，开拓了资料的新领域。五、六十年代，在我国民族地区进行了大规模的社会历史调查工作，调查者最多时达到千余人，搜集资料数千万字，撰写了大量调查报告，现已陆续出版，不仅为当代和后世留下了珍贵的精神财富，而且开辟了文献记载和调查资料紧密结合的民族史学研究新途径。尽管受当时历史条件的限制，调查中不免有主观片面的缺陷，但却为后世留下调查研究的好学风和宝贵的第一手资料。近年来，由于一部分科研人员的老化，科研经费的不足以及其他种种因素，深入民族地区进行社会历史调查的力度相对地减弱。这是要引起有关部门注意的，并应采取切实措施加以解决，以继续发扬社会调查与文献相结合的优良学风。

对社会形态的对比研究是今后民族史学重要组成部分。解放初，我国少数民族分别处于不同的社会发展阶段。随着调查研究的开展，曾出版了一批调查报告和研究各个社会形态的专题著作，但是这些专题著作，大都是分散的、孤立的族别史。目前尚无一本反映整个中国少数民族原始社会、奴隶社会、农奴制社会和宗法封建社会的专题著作。对社会形态的研究，基本上还停留在原始资料搜集、整理及撰写调查报告的水平，尚未及进行不同民族、不同经济结构之间的对比研究，与国外相同社会形态进行对比研究更是稀少。因此，我国的民族史和民族学学者，今后应加强这方面的研究，不仅要写出具有中国特色的三种社会形态专著，并且要进行各族间及国内外的比较研究，从而使我国社会形态的研究向更高层次推进。这对建设具有中国特色民族史和社会发展史的思想理论体系是很重要的。

（五）要加强对古文字、古文献的研究

对民族古文字、古文献的研究，是使民族史研究向纵深发展的一个重要方面。解放后，我国在古文字研究方面有很大进展，如西夏文、契丹文、女真文、古藏文、古蒙文、老彝文、突厥文、东巴文、八思巴文等等方面，出版了一批研究成果，受到国内外的关注。但在古文字研究及如何为史学研究服务方面还是个薄弱环节，有待进一步加强。而对早已取得一定研究成果的，如佉卢文、回鹘文、梵文等的研究，也有后继乏人之忧。古文献方面，近几年来，虽出了一批整理、翻译和注释的成果，但仍是沧海一粟。目前汉文史料已经在国内外被广泛使用，民族古文献方面尚有待开发。古文字的研究关系到我国的学术声誉和地位问题，而古文献的搜集、整理、翻译和运用，也关系到我国民族史研究学术水平的提高问题，必须予以重视。今后，我们应运用现代科技手段，加强对野史、游记、回忆录、地方志、访问记、档案、碑碣、题壁、文物遗址等各类史料的搜集整理工作，培养一批熟练的史料学专家和民族文献专家。并通过招收研究生和专家带助手等方法造就一批古文字专家，把死文字变成活文字，使之在民族史研究领域内生根、发芽、开花，结出丰硕之果。

（六）写好民族史普及读物，加强史学工作者与社会联系，将民族史学推向更广阔的天地

随着人们物质文化及生活水平的提高，对科学和历史方面的求知欲也必然会越来越强烈。特别是在少数民族地区，对本民族历史的兴趣和渴求，往往带有普遍性。今后，在民族史研究方面，应配合全国新形势，将提高与普及工作两者有机地结合起来。那种认为科研工作只搞提高不搞普及的认识是片面的。提高和普及应是相辅相成，互相促进。只有在普及的基础上才能更好地提高，在提高的指导下，才能更好地普及。为迎接全国实行义务教育的到来，适应正规教育、业余教育、成人教育等的需要，必须根据不同的对象，编纂不同的教科书和历史读物。因而在民族史研究方

面，应将普及民族史知识作为史学工作者的一项重要任务来抓。有计划地
出版一批通俗性的历史读物，如历史小丛书、专题读物、人物传、回忆
录、历史故事、历史知识等等。这一方面能使民族史研究更好地为社会服
务，充分发挥其科学价值和社会意义；另一方面也可促进民族史论著内容
和形式的改进，增强民族史著作的可读性、生动性，引起人们的关心和兴
趣，从而改变民族史研究著作的读者范围过于偏狭的现象，使民族史学走
向更开阔的天地，增强社会效益。在一定程度上也可缓解出版难、推销难
问题。

（七）继续重视对工具书的编纂工作

为适应新时期社会日益增长的需要，普及民族史知识，要继续编纂好
各种民族历史方面的工具书。如民族历史人物辞典、边疆地名辞典、民族
史大辞典、民族历史大事年表、民族分布迁徙图册及地图集等等。但是有
关民族史各种工具书的编纂，必须依靠学者们的通力合作，尽量提高质
量，做到内容准确，形式新颖，避免因袭重复或字舛误多。

（八）改进研究方法，更新智力结构

历史现象是错综复杂的，任何事物都是一个多层次、多时空的网络交
叉结构。因此，要很好地认识历史和研究历史，在研究方法上也必须来个
大转变，克服过去的封闭性、单线性思维和研究习惯，采取立体交叉的研
究手法，也即进行多学科的综合研究以及与社会调查相结合的办法。过去
从事民族史研究大多习惯于闭门造册，坐在案前搞资料，有的甚至认为史
料即史学。随着民族史学的发展，这种单一的研究方法已远不能适应需要
了。现代科学发展趋势表明，各学科之间的相互渗透与交叉，已成为不可
逆转的潮流。民族史学工作者也必须不断更新和充实自己的知识结构，以
适应边缘学科发展的需要。要使民族史学有所突破，必须采取多学科多方
位的综合研究方法，不仅要搜集历史学材料，还要广泛收集有关的考古
学、民族学、经济学、社会学、民俗学、语言学、人类学、宗教学、心理
学以及自然科学史等多方面的材料。这就要求我们需具备更广博的知识，

不仅要有扎实的史学基本功，而且还要有其他社会科学乃至一些自然科学方面的知识。只有将这些多学科的资料进行综合研究和对比研究，才能得出正确的结论，提高学术水平，解决疑难问题。如南方民族的族源问题、民族迁徙分布问题、社会性质问题等等，光靠史料记载本身或孤立研究一个民族，往往难以深入，无法弄清。必须依靠对多学科的资料进行综合研究，才有希望获得突破。

为了拓展资料新领域，如上所述，还必须重视实地考察，深入民族地区，收集民族学、历史学、社会学、考古学、语言学等方面的直观形象资料，以丰富研究内容，充实研究手段。另外，我们要注意汲取传统史学有益的成分，继承其中有价值的研究成果及一些可以借鉴的研究方法。同时，也要注意吸收国外一些有价值的研究成果，乃至研究方法，多渠道地吸收营养，以提高鉴别能力，并使研究方法多层次、立体化。

（九）采取切实措施和通过各种途径解决当前民族史研究队伍逐渐老化和后继乏人的现象

这是关系到民族史学能否迅速发展的重要问题，亟待解决。一方面要通过大量招收研究生和从高校挑选大学毕业生或通过开办民族史研究班等办法来培养新生力量，尤其要加强对少数民族史学工作者的培养。另一方面要采取有效措施稳定科研队伍。当前由于种种复杂的社会原因，高等院校民族史等专业面临招生难、分配难的局面，有些学生不安心接受专业训练，有的研究生也考虑转学、退学或毕业后改行，另谋出路。因此，必须采取有力措施，改善科研人员的生活条件和工作环境，争取建立民族史科研基金，以提携年轻一代和保证有一定学术水平和科学价值之论著的出版，繁荣民族史学。

（十）加强对汉族史的研究，提高对中华民族形成史总体的认识

新中国建立以来，对55个少数民族和某些已消亡的古代民族的研究

都有很大发展，但对中国主体民族——汉族，从民族史角度进行研究，却还未引起民族史学界的足够重视。在旧社会，由于受正统观念和大汉族主义的影响，往往忽视少数民族在中国发展史中的地位和贡献，忽视对其历史进行研究。而我们今天在大力提倡研究少数民族历史的同时，也要重视对汉民族的历史进行深入研究。过去经常说由于正统史观的影响，往往把中国通史或民族史写成是汉族史，实际上这是一种误解，两者之间有质的区别，不能混为一谈。任何一本中国通史都无法全面系统地反映汉族历史。汉民族在漫漫的历史长河中，有其自身的发展规律，形成了独特的汉文化。并且，汉民族的形成、发展过程，也是与其他民族交往融合的过程，是不断吸收其他民族的精华，并在血统上融为一体的结果。因此，全面系统地探讨汉民族的历史，也必然会促进各少数民族历史研究的深入开展，并加强对中华民族光辉灿烂文化内涵的深刻理解。

（《民族研究》1989 年第 1 期）

从四十年巨大变化看西藏人权问题

今年 5 月 23 日是中央人民政府和原西藏地方政府签订《和平解放西藏办法十七条协议》的四十周年纪念日。这是西藏人民由黑暗走向光明的日子。根据协议，1956 年西藏成立了自治区筹委会，这标志着西藏形势发生了重大变化，一个代表着西藏百万人民利益的新的人民政权出现了。1959 年 7 月，随着西藏农奴主叛乱的平息，结束了两种政权并存的局面。之后，经过民主改革和社会主义改造，为西藏实行民族区域自治创造了极为有利的条件，终于在 1965 年 9 月成立了西藏自治区。自治区的成立彻底改变了过去农奴主阶级及其代表集团统治西藏的局面，西藏百万农奴真正站起来了。由于新中国是工人阶级领导的、以工农联盟为基础的人民民主专政的社会主义国家，在宪法中，对公民的各项基本权利和义务都作了详细和充分的规定，并明确指出，在我国少数民族聚居地区实行适合我国国情的民族区域自治政策。国家的性质和民族区域自治政策，保证了西藏百万人民的主人翁地位，实现了千百年来西藏人民当家作主的愿望，使他们能沿着繁荣富强的社会主义光明大道胜利前进。

解放前，西藏是一个典型的封建农奴制社会，西藏人民在封建农奴主政权的黑暗统治之下，处于被剥削、被压迫、被掠夺、被奴役的地位，政治、经济、文化等方面，毫无人权可言。在封建农奴制的统治下，西藏农牧业生产水平极为低下，经济落后，百万农奴处于水深火热之中，他们被剥夺了受教育和提高文化的权利，社会发展进步受到严重阻碍。

西藏和平解放后，在中国共产党的领导下，西藏人民走过的四十年，是不平凡的四十年，划时代的四十年。特别是西藏自治区成立后，西藏人民的生活蒸蒸日上，政治、经济、文化事业得到蓬勃发展，社会、交通和城市面貌正在发生翻天覆地的变化。西藏的发展变化，较之解放前和民主改革前，有天壤之别。在政治上，过去统治和主宰西藏的是农奴主阶级及其统治集团。和平解放后，百万农奴成为西藏的主宰，处于主人翁的地位。在自治区各级政权中，当政者主要是从西藏人民优秀分子中选拔培养出来的民族干部。在西藏53000多名干部中，藏族干部有37000余名，占干部总数的66%。自治区各级政府、人大、政协中，主要职务绝大多数由藏族干部担任。他们大都是翻身农奴、工人、知识分子以及与群众有密切联系的、爱国进步的民族宗教上层人士。

经济上，解放前西藏农业停留在落后的原始耕作阶段，生产水平极为低下，牧业也处于长期停滞不前的状态。西藏和平解放后，特别是党的十一届三中全会以来，各级人民政府投入大量资金帮助西藏进行农牧业基本建设，采取特殊政策和多种措施扶持西藏人民发展生产，如实行免征农业税，"牲畜归户，私有私养，自主经营，长期不变"，"土地归户使用，自主经营，长期不变"，推广科学技术，施用化肥、农药，发展农业机械等等，极大地调动了农牧民的生产积极性，农牧业生产有了迅速的发展。以1990年同1952年相比，西藏耕地面积从245万亩扩大至332万亩，粮食总产从1.55亿公斤，增加到5.55亿公斤，牲畜存栏数从974万头增加到2280万头，农牧业生产总值由1.8亿元增加到7.89亿元。人民生活有了很大提高，改变了过去百万农奴缺吃无衣的悲惨状况。农牧业区的人均纯收入超过440元，人均占有粮食比解放前增加一倍。工业方面，40年前，西藏地区连最起码的工业都没有，一些简单的小商品如火柴、铁钉等也要从外地购买。而现在已经拥有轻工、纺织、电力、采矿、煤炭、建材、化工、机械、印刷、皮革、食品加工等行业的国营和集体企业数百个。1990年工业总产值达到2.35亿元，比1956年170万元增加138倍。过去，西藏高原由于群山阻隔，地势复杂，交通十分困难。现在西藏全区已有公路315条，98.9%的县和77%的乡通了公路，并开通了拉萨至成都、北京、上海、广州等国内航线以及拉萨至加德满都的国际航线，有力地促进了西藏的经济文化发展。

文化教育方面，西藏和平解放后有了很大发展。过去西藏人民由于最基本的生活都无保障，被剥夺了受教育和学文化的权利。当时西藏几乎无正规的学校教育，西藏和平解放后才开始办起了正规教育。1952年创建了拉萨小学，1956 年在拉萨创办了第一所中学，1958 年在陕西咸阳建立了西藏公学，并于 1962 年改为西藏民族学院，学生全部享受公费。学校招收的学生大多数是藏族劳动人民的子女。特别是十一届三中全会以后，党和国家采取了一系列特殊政策措施，来发展教育，培养人才，西藏教育文化事业进入了一个新的发展阶段。现在全自治区有各级学校 2485 所，在校学生 17.5 万人，其中有高等学校 3 所、中技 15 所、中学 67 所、小学 2453 所。国家还在北京、上海、天津等 21 个省市设立西藏班或西藏中学，免费招收藏族学生，进行深造培养。从 1985 年至 1988 年到内地学习的藏族学生共有 6400 人，而现正在内地享受免费教育的则达到 8000 人。目前民族干部具有中专、高中以上文化水平的达到 2 万多人，占全区干部的 61.7%，职工中有 70% 受到小学以上的文化教育。这在农奴主统治时期，是绝对不可想象的，也是根本不可能做到的。西藏人民文化程度的提高，也反映在各种专业技术干部的迅速成长和文化出版事业的发展方面，1980 年到 1989 年，西藏的民族专业干部达到 1.7 万，占全区同类干部的62%。西藏近十年来出版的藏文书刊就达 1656 种、6000 多万册，基本上满足了藏族同胞读书学习的需要。西藏人民出版社副社长彭多曾对来访的记者深情地说："没想到我们这些农奴的后代也能为藏族人民编辑出这样漂亮的书籍。"

医疗卫生事业也日臻兴盛，改变了过去长期以来缺医少药的状况。全区现有各类卫生机构 1000 多个，病床 5000 余张，分别为 1959 年的 16.2 倍和 11.8 倍。初步形成了民族卫生医疗队伍和遍布全区城乡的医疗卫生网，特别是作为藏族优秀文化瑰宝的藏医藏药得到迅速发展。现在，全区已实现了儿童免疫率达 85% 的目标，西藏人均寿命已由解放初期的 35 岁延长到现在的 64 岁，人民的体质大为增强。

西藏农奴制度的废除和经济、文化的发展，人民生活水平的提高，也反映在西藏人口的增长上。从公元 14 世纪至 20 世纪中叶的 600 多年中，西藏人口一直在一百万上徘徊不前。而从 1951 年西藏和平解放后，特别是民主改革后的 30 多年中，就增加了一百多万人。目前西藏自治区的藏族人口已达到了 209 万人，出现了人丁兴旺的局面。城市建设方面，也出现了崭新面貌。首府拉萨从公元 7 世纪成为西藏地区的政治、经济、文化中心起到 1950 年，只有几平方公里的面积。解放后 40 年来，拉萨面积已扩大 10 多倍。市内一座座建筑矗立，和布达拉宫相互辉映，拉萨大昭寺旁的八廓街，店铺一家挨一家，摊点一个接一个，转经者、购物者、国内外旅游者接踵而至，人群熙熙攘攘，热闹非凡，已成为拉萨的商业、宗教和旅游中心。在农牧区也出现了许多楼房高耸、工厂林立、炊烟缭绕、街道纵横的新兴城镇。

西藏的巨大变化充分说明西藏和平协议的重要历史意义和现实意义，也证明了民族区域自治政策的无比正确。协议签订和自治区成立，反映了西藏人民及全国各族人民的根本利益和共同愿望。它是中国共产党把马克思主义与中国民族问题实践相结合、解决民族问题的一个光辉范例。

但是，国内外少数别有用心的人，对西藏 40 年来的巨大变化及人民政治地位的提高置若罔闻。他们利用所谓"西藏人权问题"对西藏的历史和现况进行歪曲和污蔑，散布什么"强占西藏"、"中国侵犯西藏人权"、"在西藏采取了不人道的行动"等等，喧嚣一时，煞有介事。

关于人权，正如江泽民同志在接见美国前总统卡特时指出，"中国党和政府是十分关心人权的。对于中国来说，最重要的人权就是生存权。在旧中国，人民生活在水深火热之中，根本就没有生存的权利。……现在我们可以自豪地说：我们解决了 11 亿多人的温饱问题，这在世界上是独一无二的。新中国取得的进步与旧中国相比是天壤之别。"这是对西方人权主义者最好的回答，也完全适用于西藏地区，丧失了生存的权利，其他一切人权都是纸上谈兵，子虚乌有。正由于西藏人民解决了生存权问题，才能充分享有政治、经济和文化方面的各项权利，并进而享有本民族发展权，享有在社会主义现代化建设中，和各族人民共同发展、共同繁荣的权利。从四十年来的巨大变化，可以看到西藏的人权问题得到了真正的解决，西藏人民享有充分人身自由和民主权利。

"醉翁之意不在酒"，西方资本主义国家和国外一些分裂主义势力之所以打着"人权无国界"的招牌，在中国西藏人权问题和其他所谓人权问题上大做文章，其目的是为了利用人权攻势来否定中国对西藏的主权，搞民族分裂主义，作为向社会主义中国推行和平演变阴谋的一个重要组成部分；作为其施加政治压力，强行推销西方意识形态，干涉别国内政，进行颠覆活动的一种主要手段。而国内极少数坚持资产阶级自由化顽固立场的人和民族分裂势力，也与之遥相呼应，将"人权"作为煽动闹事，制造动乱，以达到其不可告人目的之一面旗帜。所谓西藏独立问题、"人权问题"，在国内外沸沸扬扬，迷惑了不少人。但西藏历史绝不容许篡改，我国对西藏的神圣主权是不可否定的。大量的文物和数百万件珍贵的历史档案及文献记载，都无可辩驳地展现着西藏和祖国大家庭密切的历史关系，西藏是中国不可分割的一部分。

无数的事实证明，中国共产党和人民政府最关心人权，并创造种种条件使西藏人民获得真正的人权。今天，我们召开纪念西藏和平解放四十周年学术讨论会，一方面是纪念西藏和平解放这个具有深远历史意义的光辉日子，祝贺西藏人民四十年来所取得的巨大成就和更加美好的锦绣前程，祝贺中国共产党民族政策的伟大胜利。同时，围绕此次会议三个中心主题（西藏是中国不可分割的一部分、西藏农奴制问题、西藏人民四十年来的成就），即主权和人权问题，进行深入的讨论。从理论上和实践中阐述马克思主义人权观与资产阶级人权观在根本问题上的对立，阐明马克思主义在人权问题上的原则立场，划清两种观念的界限，澄清思想和理论是非，为清除国内外分裂主义势力和国内资产阶级自由化的影响，为维护祖国统一和民族团结作出自己的贡献。

最后，让我代表中国社科院民族研究所和《民族研究》编辑部对前来参加会议的同志们表示热烈欢迎，预祝会议圆满成功。

（《民族研究》1991 年第 4 期）

中国历史学·中国民族史学概述[*]

中国民族史学是研究中国古今各民族历史的学科。新中国成立前虽已有研究，但尚未成为一门独立的学科。新中国成立后，为民族史学的繁荣发展开辟了广阔前景，取得了很大成就。值此庆祝建国四十周年之际，我们既要看到这种令人鼓舞的形势，又要面对改革开放的新情况，正视民族史学发展中迫切需要解决的问题，以便继续沿着正确的方向不断前进，开创民族史研究工作的新局面。

一 新中国民族史学的发展

我国自古以来就是个多民族国家，现有 56 个民族，各民族共同缔造了祖国光辉灿烂的历史和绚丽多彩的文化。在长期开拓和保卫祖国的事业中，各民族都作出了自己杰出的贡献，造就了我们祖国的雄姿伟貌。因此，研究中国通史，不仅要探索作为主体民族汉族的历史，还必须重视研究各兄弟民族的历史。

少数民族历史在中国史研究中之所以占有特殊的重要地位，这是由于：首先，汉族能成为我国的主体民族，根源于多民族演变发展的结果。因此，要研究汉族历史的演变发展及其与周围诸族关系，不研究少数民族历史，犹如无源之水，无本之木，汉族历史上很多问题将无法弄清。第

---

[*] 从严格意义上说，中国民族史应包括中国各民族的历史。但这里是按照习惯说法，专指少数民族历史。

二，在历史上，有不少民族在我国建立了全国性政权或区域性政权，成为统治民族，产生了重大影响。第三，少数民族分布地区很广，而且都与外界接壤，具有重要的战略地位，长期以来，少数民族开发和捍卫了辽阔的边疆。第四，各族长期杂居共处，政治经济联系、文化交流，彼此依存，相互促进。尤其是各族人民在联合反抗奴役压迫的斗争中共同谱写了中华民族反帝、反封建的英雄史诗。第五，在今天"四化"建设中，大西北、大西南等边疆民族地区，仍是我国重点发展的建设基地，在国民经济发展中占着重要地位。总之，不研究少数民族历史，就不能反映我国历史发展的内在规律，也不能反映我们伟大祖国形成和发展的客观实际。

但是，长期以来，少数民族的历史得不到应有的重视。真正有计划有领导地全面开展中国民族史的研究是在新中国建立以后。

建国 40 年来，我国民族史研究工作经历了开创和发展两个阶段。

（一）民族史学的开创阶段

新中国成立到 10 年动乱开始的 17 年，是民族史研究工作的开创阶段。1951 年，中国共产党和中央人民政府，为了贯彻民族平等和团结政策，培养少数民族干部，在北京成立了中央民族学院，集中了一大批各民族专家、学者。随后为摸清我国各民族情况，组织学者、专家和民族工作者进行少数民族识别工作。通过对其历史、语言、社会形态和文化习俗等综合调查，弄清各地群众的族属问题。第一次大规模地收集了大量丰富的书面和口头的历史资料和民间传说，使民族史的研究工作有一个良好的开端。1956 年，在综合调查的基础上，确定了我国 51 个少数民族（后增至 55 个）。1956 年，民族地区的民主改革和社会主义改造蓬勃开展，面貌发生了急剧变化。根据毛主席和党中央的指示，在人大民委领导下，又组织学者、专家和民族工作者组成八个省（区）的社会历史调查组，到少数民族地区进行全面的社会历史调查，抢救民族地区原始社会形态、奴隶社会形态和农奴制度下的经济、文化、生活习俗、生产力和生产关系等多方面资料，其中包括大量的历史文献和档案资料。1958 年 6 月，成立了中国科学院民族研究所，具体主持此项工作。在人大民委和中央民委领导下，为了在全国进行爱国主义和民族团结教育，进行社会主义和共产主义教育，提出了编写 50 多个少数民族简史简志的任务，要求在全国民族地区进一步开展大规模的社会历史调查工作。经过努力，调查组调查搜集了几千万字的资料，还搜集了历史文献、档案资料近两千万字，摄制了十几部保留着三种社会形态的民族科学纪录影片，取得了可喜成果。随着调查研究工作的开展，1959 年创办了综合性的《民族研究》学术刊物，为民族史的研究开辟了园地，发表了许多重要论文。

编写 50 多个民族简史的工作至 1962 年，由于各地党政领导部门、史学工作者的支持和努力，在作为 1959 年国庆 10 周年献礼的初稿基础上，都写出了修改稿或征求意见稿，分别在北京及地方进行了多次学术讨论和审稿，并于 1964 年内部铅印成书。十年动乱期间处于停滞状态。1976 年粉碎"四人帮"后，特别是党的十一届三中全会以来，研究工作得到恢复和发展，到目前，50 多本民族简史已全部完成，并陆续公开出版。这些少数民族简史的下限，撰至 1949 年全国解放时为止。包括古代史、近代史和现代史，基本内容有：族源分布、历史发展阶段和过程，较为系统地介绍各个历史时期的社会经济，包括生产力和生产关系、社会性质、政治制度、语言文字、文化艺术、宗教信仰、风俗习惯、重要的历史事件和人物、历史上与周围诸族关系及其对祖国的贡献等等。编写各民族简史，不但使国内外概括地了解我国少数民族的历史和现状，亦为我国今后民族史的深入研究，打下了良好的基础。

与此同时，党和国家十分重视对中国民族史调查研究的指导。60 年代初，在中央民委领导下，成立了民族历史研究工作指导委员会，我国一些著名的史学家如翦伯赞、吕振羽、翁独健、白寿彝等都被聘为委员，对中国民族史的研究进行具体指导。在编写少数民族简史过程中，北京和地方多次举行了民族史学术讨论会，讨论了历史上的民族形成和来源问题、历史上的民族关系问题、社会性质问题、对少数民族历史人物的评价问题、民族英雄问题、农民暴动的性质问题、抗外斗争问题、反对国民党反动统治的斗争问题等等。不少著名史学家和各族史学工作者，就编写、研究中国民族史中一些理论问题和具体问题，发表了不同意见，展开了讨论和争鸣，引起了学术界的重视，并发表了很多文章，对促进中国民族史的研究，起了积极的指导和推动作用。

除了编写少数民族简史外，新中国成立后，对中国民族史尤其是民族关系史上一些重大问题，各族史学工作者和专家，也开展了广泛和深入的讨论。争论的问题，主要有：关于汉民族的形成问题，关于历史上民族关系的主流和支流问题，关于历史上的阶级矛盾和民族矛盾问题，关于民族融合和民族同化问题，关于民族战争问题，关于研究民族史的指导思想和方法论问题，关于历史人物评价问题，关于历史上疆域问题，等等。这些问题都是研究民族史中的重大问题，正确认识和解决这些问题，有利于民族史研究的进一步深化和发展。

1960 年，我国著名的史学家翦伯赞在《关于处理中国历史上的民族关系问题》（见《翦伯赞历史论文选集》，人民出版社 1980 年版）一文中，就民族研究中的一些重大问题提出了自己系统的看法：他在民族平等与汉族在历史上起主导作用问题上，认为用民族平等的原则来处理历史上的民族关系，不应该把不平等的民族关系从历史上删去，或把历史上的不平等的民族关系说成是平等的。在涉及汉族在历史上的作用时，指出汉族起主导作用是历史事实，承认它对少数民族的权利无影响，因为起主导作用的不是它的特权，而是它的先进生产方式。在民族同化与民族融合问题上，他认为在阶级社会，只有民族同化，没有民族融合。把历史上民族关系都说成是融合，是掩盖了阶级社会民族关系的实质。在民族之间的战争与和平问题上，他认为强调战争及其作用，看不见民族之间的友好往来，以及主张少讲或不讲战争都是错误的。抽掉战争，就是抽掉民族矛盾。他不同意有人把历史上发生的民族战争当做家务事处理，不能说谁侵犯谁的说法，这样就没有是非了。在民族英雄问题上，他针对有人认为阶级社会的民族英雄，既代表本民族广大人民的利益，又不损害其他各族劳动人民利益的观点，指出在阶级社会，民族英雄不可能不受到阶级性和时代性的局限，不可能没有民族主义思想。他认为，只有社会主义的历史条件，才能出现为各族人民共同承认的民族英雄。

1961 年，我国著名的史学家吕振羽在《论我国历史上民族关系的基本特点》（《学术研究》1961 年第 6 期）一文中，总结我国历史上民族关系的基本特点是：在原始公社，人们之间关系本质上是劳动人民之间的关系；自古迄今，历史上的四个革命（奴隶制度革命、封建制度革命、民族民主革命和社会主义革命）都是各民族人民共同进行的，共同的革命和战争，是我国社会历史发展的真正动力；由于历史上的各种原因，至解放前，在我国形成民族间分布的交错和杂居的不可分割的统一整体，促进了各族人民之间的生产和文化交流，特别是汉族先进生产经验和技术文化的传播，对祖国的文化、全国各民族文化的发展起促进和丰富作用；由于各民族的共同生活，逐渐形成相互交往、影响、联系、依赖、推动和渗透的不可分割的经济联系；分布地区和经济联系的不可分割性，形成了我国自秦汉以来统一的多民族国家；鸦片战争后，外国资本帝国主义的入侵，使我国沦为殖民地半殖民地半封建社会，产生了我国各族人民的共同命运和共同要求。他根据我国历史上民族关系的上述特点，进一步阐述了这些特点对新中国民族政策制定的影响和作用。

1962 年，著名史学家范文澜撰写了《中国历史上的民族斗争与融合》（《历史研究》1980 年第 1 期）一文，指出在历史上存在着民族融合的过程，一直未停止过民族斗争，不是你打我，就是我打你，不是你打进来，就是我打出去。因此，讲古代史时，民族问题是普遍性问题，到处都要碰到，史学工作者不能回避，要表态。他认为，秦汉以后，中国基本上是统一的国家，割据分裂只是暂时的现象。黑暗年代残酷斗争是一面，但还有民族融合一面，斗争与融合同时并进，斗争的结果也就是民族融合的终结。

我国著名史学家不但就上述问题撰文探讨，而且分赴各地进行讲学，或作报告，阐述自己的见解，受到全国广大史学工作者的极大关注。纷纷撰文围绕上述问题，进行了广泛讨论，文章达数百篇之多，把我国民族史的研究工作大大向纵深推进一步。

这个时期，我国史学工作者还编写和出版了一批民族史专著，编纂了一批民族史资料。专著方面，著名的有马长寿著《北狄与匈奴》、《乌桓与鲜卑》、《突厥人和突厥汗国》、《南诏国内的部族组成和奴隶制度》。再版了岑仲勉撰写的《西突厥史料补阙及考证》、《突厥集史》（上、下册），向达著《唐代长安与西域文明》。出版了余元盦著《内蒙古历史概要》、陶克涛著《内蒙古发展概述》、陈述著《契丹社会经济史稿》、安作璋著《两汉与西域关系史》、冯承钧撰《西域南海史地考证论著汇辑》、白寿彝著《回回民族的历史和现状》、黄现璠著《广西壮族简史》等等。史料编纂方面有翦伯赞等编《历代各族传记汇编》（第一编、第二编上、下册）、冯家昇等编著《维吾尔族史料简编》（上、下册）、中国史学会主编《回民起义》、中国科学院历史研究所史料编纂组编《柔然资料辑录》、北京大学历史系等编《西藏地方历史资料选辑》、谢华编著《湘西土司辑略》等等。这些专著和史料，有一定的学术水平和较高的史料价值，不少书对民族史研究中若干重大问题，展开了探讨，内容充实，有独特见解。如我国已故著名民族史专家马长寿教授的民族史著作即为一例。1956年，他著有《突厥人和突厥汗国》一书。利用很多突厥碑文资料，吸收了国内外研究成果，提出自己独到的见解。1961年，他又发表了《南诏国内的部落组成和奴隶制度》一书。这是作者利用l959年在云南进行社会历史调查的资料撰写的。对南诏的经济结构、社会制度和生产门类等方面进行分析研究，论证了奴隶制在南诏的确立，批判了对南诏政权的错误观点。这一时期出版的有学术价值的论著还有不少，恕不一一介绍。这些专著和史料的出版，不仅反映了新中国成立以来中国民族史研究工作的丰硕成果，而且为其后的发展打下了基础，开创了民族史研究的发展前景。

　　随着中国民族史学工作的进展，也培养造就了一大批从事民族史工作的研究人才。他们正在中国民族史研究领域中，发出自己的光和热。

（二）民族史学的发展阶段

　　粉碎"四人帮"后，特别是1978年党的十一届三中全会后，迎来了科学的春天，我国的民族史研究逐渐由复苏走向繁荣，从此中国民族史学步入发展阶段。首先加强了科研队伍的建设。现在全国共有十多个民族研究所、十余所民族学院，大多有进行民族史的研究工作。《民族研究》刊物的复刊，以及各地恢复和新办的一批学术刊物，对民族史的研究工作也起了推进作用。其次，这个阶段群众性的学术团体如雨后春笋般地发展起来。到目前为止，有关民族史的学术团体有中国民族史学会、中国古代铜鼓研究会、百越民族史研究会、中国西南民族研究会等，都已参加中国民族研究团体联合会。还有中国蒙古史学会加入了中国史学会。新建立的地方性的学术团体就更多。这些学会或研究会经常召开年会或学术讨论会，都促进了民族史研究工作的发展。

　　近十年来，民族史研究非常活跃，学术活动频繁，出版了数百部著作，撰写了近万篇论文，取得了丰硕成果，在研究的深度和广度上都较前

大有进展。下面就一些主要方面作初步综述:

1. 族源问题。族源包括每个民族的起源、演变和形成等问题,是研究民族史的一个基本的课题。由于族源问题比较复杂,素来众说纷纭。随着民族史研究工作的开展,普遍对族源问题做了有益的探索。全国各地都曾召开各种学术会议讨论族源问题,报刊上也发表大量的文章进行探讨。这些讨论几乎涉及所有的现代民族,也包括一部分古代民族的族源问题。经过讨论,在大多数族源问题上都较以前有所进展,有的已取得比较一致的意见,这是近十年来取得的很大成果。

满族的族源,包括肃慎、女真在内,学术界的看法已比较一致。王锺翰的《关于满族形成中的几个问题》(《社会科学战线》1981 年第 1 期),依据 30 多年来的考古发掘资料,肯定了肃慎人是满族最早的先人,明代的建州、海西女真是形成满族的主体。作者认为:作为满族的族源,不但要把它最早先人的肃慎包括在内,而且还必须把从肃慎以下挹娄、勿吉、靺鞨以至金代女真人等各族的迁徙、发展以及变化过程,有系统地、概括地一一交代清楚。同时,对肃慎及其后裔在漫长的年代中一次次分化出去,并吸收其他族人形成了新的共同体,经过一个时期的发展,又与其他族人合并或融合,就不应该把这一部分人的历史(如有关渤海国和金王朝的史事)无区别地全部包括在满族史之内。

对过去注意较少的赫哲族族源,东北地区曾展开过讨论,一种意见认为赫哲族是由隋唐时的黑水靺鞨、辽代的五国部、金代的兀的改、元代的水达达、明清时的女真演变而来;另一种意见认为赫哲族的形成应是多源流的,是比较晚近形成的民族。

近十年来,随着对渤海史研究的开展,渤海族源问题意见比较一致,大多主张靺鞨说,渤海族的主源是粟末靺鞨。但在一些具体问题上仍然意见不一致:一种意见认为,粟末靺鞨属肃慎、挹娄、勿吉系统,即通古斯语族;另一种意见认为,粟末靺鞨当属涉貉系统,靺鞨是"貊貉"的音转;渤海是以涉貉为主,吸收勿吉系统而形成的。

关于蒙古族的族源问题,一般认为来自蒙兀室韦,近几年来也有人不同意此种看法,而认为来自匈奴。

关于维吾尔族源问题,1980 年 12 月在新疆召开的维吾尔史学术讨论会上,主要有两种不同的意见。一种认为维吾尔的先祖为丁零,主要是唐中叶（840年）回纥汗国败亡，从鄂尔浑河西迁至新疆南部，与当地的居民融合发展而为维吾尔。另一种意见认为维吾尔是新疆的土著民族。丁零、高车、铁勒都是维吾尔族的祖先，早在公元前就已分布在天山南北。

历届百越民族史年会都曾讨论过百越民族源流问题，并取得了进展。如1982年10月在武昌召开的百越史学会第三次年会上，着重讨论了两个问题：一、越、濮的关系问题，一种意见认为，从语言学、历史学、地名学、考古学等资料看，古代越人和濮人是同一族系，濮就是越，越就是濮。另一种意见认为，从分布地域、体质肤色、经济生活、风俗习惯等的不同看，百越与百濮是不同源的。二、百越是否同源问题。有的同意根据考古学、民族学和文献记载材料，说明百越是包含着许多不同的人们共同体，并不都属同源。

古夜郎的族属问题，涉及今贵州省境内少数民族的族源的研究。有的主张古夜郎国是我国苗族先民建立的，有的则持彝族说、仡佬族说或布依族说。这些研究成果，已汇编成《夜郎考》第一、二、三集出版发行。

关于高山族的族源，过去主要有：土著居民说；南来说，认为源自菲律宾、婆罗洲诸群岛的马来人；西来说，又称大陆说，主张台湾高山族来自大陆百越人的一支。有的同志认为，以上各种说法都失之于片面。根据大量的文献资料和考古发掘，提出高山族主要来源于中国大陆的百越人外，还源自琉球群岛、菲律宾群岛等的居民，以及融合不少从大陆迁去的汉人。

对族源的综合研究，已引起注意。如马曜《云南三十几个少数民族的源和流》，扼要地介绍了云南古代民族的分布、活动及其与今日云南各少数民族的源流关系。

以上所述仅是族源讨论的部分情况，但足以说明在这方面所取得的成果。

2. 民族关系史研究方面。1981年5月，由中国社会科学院民族研究所和中国民族研究学会联合召开的"中国民族关系史研究学术座谈会"，是我国民族关系史研究的新起点，在较高的理论层次上进行深入探讨。这次座谈会，着重讨论了怎样理解历史上的中国？历史上民族关系的主流是什么？

怎样理解历史上的中国，是这次会上明确提出的新课题。它涉及如何处理历史上的中国疆域、民族和民族政权等问题。这些问题，过去史学界有不同见解。经过这次会议的讨论，取得了一定的进展。翁独健教授在座谈会闭幕式上指出：中国一词，从《诗经》上就可以找到，不过古代"中国"之称只是地域的、文化的概念，或者是一种褒称。从夏、商、周一直到明、清，都有自己的国号。辛亥革命后成立了中华民国，提出"五族共和"，"中国"才成为具有近代国家意义的正式名称。他还指出：历史上的中国不仅包括中原王朝，而且也包括中原王朝以外的由少数民族建立的国家或政权。中国早在秦汉时已形成了统一的多民族国家，此后经过2000多年的发展变化，到了清朝，疆域与民族都已经确定。在这个疆域内居住的民族，无论在过去处于什么地位，都在缔造祖国的事业上作出过贡献，因而少数民族的历史应该是中国历史的组成部分。

历史上民族关系的主流是什么？过去不少同志认为，友好合作是民族关系的主流。有的同志认为，民族之间的战争可以说是民族关系的主流。在这次座谈会上，很多同志不同意上述两种说法。翁独健教授对此提出自己的观点。他认为：尽管历史上各民族间有友好往来，也有兵戎相见，历史上也曾不断出现过统一和分裂的局面，但各民族间还是互相吸收、互相依存、逐步接近，共同缔造和发展了统一多民族的伟大祖国，促进了中国历史的发展。这就是历史上民族关系的主流。

谭其骧教授在这次座谈会上阐述了历史上的中国的范围和标准及应该包括的民族、政权，具体分析了它自然形成的过程及其形成的政治、经济和文化等各方面的因素。他指出：我们是拿清朝完成统一以后，帝国主义入侵中国以前的清朝版图作为我国历史时期的范围。不管是几百年也好，几千年也好，在这个范围之内活动的民族，我们都认为是中国历史上的民族；在这个范围之内建立的政权，我们都认为是中国历史上的政权。他还指出：既不能以古人的"中国"为历史上的中国，也不能拿今天的中国范围来限定历史上中国的范围。应该采用整个历史时期，几千年来历史发展所自然形成的中国为历史上的中国。

白寿彝教授在这次座谈会上也对民族与疆域、民族关系主流及民族英雄等问题阐述了自己的看法。谈到民族与疆域问题时，他说：要讲中华人民共和国境内各民族的历史，同时又不仅是以疆域为限，而是包含境内各民族在历史上活动的范围。他认为这种提法，既符合过去的历史事实，又符合今天的现实。他还认为：今天中国境内的各民族，基本上在过去也可以说是中国的民族。关于什么是民族关系的主流问题，他认为许多民族共同创造了中国历史，经过了共同努力不断把中国历史推向前进，这才是主流。关于民族英雄问题，他认为，民族英雄有两种。一种是中国各民族共同的英雄。这是在反对封建主义、殖民主义和帝国主义的斗争中出现的民族英雄。一种是本民族的英雄，即一个民族内部的英雄，这是在跟别的民族斗争中成长或在本民族内部斗争中出现的英雄，过去讲民族英雄，常常是以道德标准讲的，而且往往是讲在民族斗争中出现的，尤其是在斗争中牺牲的人才算英雄，他认为不要局限于此，要把民族英雄的含义放宽一些。他说，许多少数民族人物在各自的民族中立下很大的功劳，把本族推向前进，这也应该看作是英雄，如成吉思汗等。

以上提出的许多新见解，无疑对民族关系史的研究很有启发。这次学术座谈会阐明了民族关系史研究中一些带有根本性的问题。会上的部分论文，已收集在由中国社会科学院民族研究所编辑的《中国民族关系史研究》（中国社会科学出版社出版）一书之内。在这次座谈会的推动下，民族关系史的研究蓬勃发展。由翁独健主编的、列为"六五"期间国家重点项目的学术专著《中国民族关系史纲要》即将出版，已出版的专著有《中国北方民族关系史》，王辅仁、陈庆英编著的《蒙藏民族关系史略》等等。

近十年来，报刊上发表的有关中国民族关系史的论文，数量之多，涉及范围之广，也是空前的。许多文章讨论了民族关系史研究中的一些理论问题，以讨论民族英雄问题最为活跃。邓广铭等《略论爱国主义和民族英雄》（《人民日报》1981年12月8日）认为，中国历史上曾经出现过同时并存各有国号的且其中一些由少数民族创立的割据政权，谁都不能代表整个中国，但都是整个中国的组成部分，应该承认它们是"国家"，在相互争战时，属于正义一方维护本国主权和利益的人可以称为"爱国主义者"；对于这种中华民族内部的民族战争应区别是非和正义性非正义性，凡站在正义战争方面反抗民族压迫和军事掠夺，作出重大贡献的人物，都是中华民族的英雄。有的同志则对此论点持有异议。还有一类文章，是探讨历代中原王朝对少数民族的政策、研究或概述历史上某一时期的民族关系的。多数文章表明，历史上的民族融合现象是大量存在的，这正是中国各民族为一个完整整体的佐证。

3. 关于社会、经济和文化史的研究。八旗制度是满族特有的社会组织形式，也是清朝重要的典章制度。近几年来，随着满族史和清史研究的发展，对八旗制度的研究已有了很大进展。报刊上发表的许多文章，论述了八旗制度的确立、对满族社会的发展以及对清代政治、军事、经济和文化等诸方面的影响，无论八旗满洲、八旗蒙古、八旗汉军问题，都有专文论述。近几年来，对土司制度的研究也十分活跃。这个制度正式始于元，明代大力推行，清代改土归流。对它的研究，涉及南方许多民族。对湖广、川边藏区、甘肃、青海、云南等地的土司制度及改土归流情况，都分别有专文作了具体的探索。吴永章《中国土司制度渊源与发展史》一书，对土司制度的渊源及其发展进行了论述。指出土司制度渊源于秦汉，中经魏、晋、南北朝、隋、唐、宋时期，不断得到充实，正式形成于元代，完备于明和清初，清雍正改土归流后，则逐渐衰微。龚荫《云南土司制度》一书，则对云南地区的土司制度进行了论述。金瓶掣签是清中央政府确认青藏黄教大活佛的继承人的法定制度，又是西藏政治事务中一项重要的改革措施，柳陞祺、邓锐龄《清代在西藏实行金瓶掣签的经过》（《民族研究》1982 年第 4 期），根据原始材料，详细论述了实行金瓶掣签的经过和目的。

少数民族社会性质的研究，也受到史学界重视。1982 年 6 月在沈阳召开的东北古代民族社会性质学术讨论会，所收论文涉及古代在东北地区活动的鲜卑、乌桓、挹娄、勿吉、室韦、高句丽、渤海、契丹、女真、满族等民族的社会性质的问题。关于入关前满族社会性质的问题，也是清史研究的课题。一种意见认为，满族入关前早就进入封建社会。另一类意见认为，16 世纪 40—80 年代初，满族仍处于原始社会末期。1587 年努尔哈赤筑佛阿拉城、"定国政"，开始进入奴隶社会。八旗制度是后金奴隶主国家政权的组织形式。1621 年 3 月，后金进入辽沈地区以后，满族过渡到封建社会。第三种意见认为，清入关前的满族社会，是由家内种族奴隶制到庄园奴隶制，进入辽沈地区以后，便从奴隶制向封建农奴制过渡。第四种意见认为，努尔哈赤兴起前，满族社会正处于原始公社向奴隶制过渡时期，以后的 50 多年间，是奴隶制向封建制急剧过渡的时期。

关于 13 世纪初成吉思汗建立统一政权前后的蒙古社会性质问题，近几年也有争论。有的认为蒙古社会没有经过奴隶制阶段，直接由氏族制向封建制过渡；有的认为蒙古社会经历了奴隶制阶段，但在持这种意见的研究者中间，对于奴隶制始于何时又有不同的看法。高文德《蒙古奴隶制度研究》一书，对蒙古奴隶制度的形成和发展作了较系统的论述。

傣族历史上是否经过奴隶社会问题，意见也不一致。江应樑《傣族史中有关奴隶社会的探讨》（《思想战线》1982 年第 3 期）论证傣族经历过奴隶社会阶段。曹成章《傣族农奴制》一书对傣族农奴的形成和发展作了较为系统的分析。《凉山彝族奴隶社会》这本集体著作和胡庆钧著《凉山彝族奴隶制社会形态》、周自强著《凉山彝族奴隶制研究》等，较系统全面地论述了解放前凉山彝族的奴隶制。

民族法制史的研究，是社会制度史研究的一个重要方面。各民族在历史发展过程中，都形成了自己的习惯法，有的还制定了成文法。近年来，有些学者对少数民族法制史进行了研究。如罗致平、白翠琴《试论卫拉特法典》、《哈萨克法初探》（《民族研究》1981 年第 2 期，1988 年第 6 期），分别对卫拉特蒙古和哈萨克族的习惯法及成文法进行了探讨，从而有助于这些民族社会制度史的研究。

铜鼓是我国南方少数民族地区具有代表性的一种历史文物，铸造和使用的民族很多。中国古代铜鼓研究会召开的两次学术讨论会，对钢鼓的起源、类型、断代、族属、纹饰、铸造工艺、用途用法和社会职能等重大问题作了探索。《古代铜鼓学术讨论会论文集》、《中国铜鼓研究会第二次学术讨论会论文集》是前后两次学术讨论会的论文选集。基本上反映了铜鼓研究的最新成果。

悬棺葬也是我国南方少数民族文化特征之一。1981 年 3 月在四川洪县召开的第一次中国悬棺葬学术讨论会，对我国悬棺葬的起源和年代、类型和命名、文化内涵与关系以及族属等问题，开展了热烈的讨论。关于实行悬棺葬的民族成分问题，意见很不一致，有的主张越、濮、傣同族说或濮、越、傣异族说，有的主张苗瑶说；有的主张地域文化说，认为我国南方几个古代大族系：百濮、百越、苗瑶、傣中的某些支系，甚至南下的华夏、氐羌中的某些部分都可能习此葬俗。

以上的研究成果，填补了过去一向薄弱的某些环节。

4. 对历史人物与事件的评论。在中国多民族的历史上，出现过无数著名的历史人物，许多历史事件都是由他们导演的。评述这些历史人物的时代及其地位与功过，近十年硕果累累。阎崇年著《努尔哈赤传》、滕绍箴著《努尔哈赤评传》，是两本关于清太祖努尔哈赤的学术性的传记。作者对努尔哈赤的一生作了全面的叙述和评价。冯尔康著的《雍正传》，也是学术性传记著作。韩儒林编著的《成吉思汗》，以丰富的史料，全面介绍了成吉思汗的一生。李迪著《蒙古族科学家明安图》，扼要介绍了明安图对天文学、地图测绘学和数学等方面的贡献。谷苞等编著的《新疆历史人物》一、二集，介绍了维吾尔、哈萨克、塔吉克等兄弟民族的历史人物。中国社会科学出版社出版的《蒙古族历史人物论集》共收入论文20篇，对成吉思汗、忽必烈、阿勒坦汗、噶尔丹、策旺阿拉布坦等蒙古族著名历史人物进行论述。陈秉渊编《马步芳家族统治青海四十年》，以许多人的回忆及亲身经历、所见所闻和当时的文件为依据，较全面系统地介绍了回族马步芳家族统治青海40年的罪恶历史，这本书实际上也是一部马步芳家族的兴亡史。宁夏人民出版社出版的回族历史人物故事丛书，在介绍回族历史人物方面做了不少工作。广西民族学院编的《壮族历史人物传》，是关于壮族历史人物的第一本传记书。关于论述历史人物与事件的报刊论文，更是不可胜数。有的学者还在论著中对少数民族历史人物评价标准问题提出自己的看法，认为主要应包含以下几方面："一、客观上是否有利于民族团结、祖国统一；二、是否有利于本民族社会经济等的发展；三、是否有利于对外来侵略势力的反抗和斗争"（杜荣坤：《关于准噶尔历史人物评价问题》）。

　　5. 民族史著作。近十年来出版的民族史著作，除上面提到的外，还有不少，现择要略作介绍。

　　在学术著作方面，林幹著《匈奴通史》，对匈奴族的经济生活、社会结构、政治组织、文化习俗、部族兴衰、政治演变及与其他各族、特别是中原汉族的关系，作了较全面和系统的叙述。他还撰写出版了《突厥史》等著作。陶克涛著《毡乡春秋——匈奴篇》，则另辟蹊径，对匈奴历史进行了富有创见的探讨。韩儒林主编的《元朝史》，全面阐述了中国历史上由蒙古族封建主建立起来的元王朝的历史。张正明著《契丹史略》，对辽代契丹社会制度作了较深入的探讨。陈述著《契丹政治史稿》，叙述了契丹民族建国以前和开国初期的政治、文化情况，论述了契丹的选汗、官吏世选政策和统治集团内部的斗争等方面。舒焚著《辽史稿》、杨树森著《辽史简编》，分别阐述了辽朝的建立和发展的历史，叙述了辽朝的政治、经济、文化情况，以及西辽的历史等。张博泉著《金史简编》，叙述了金朝以前女真史、金朝的建立与发展、统治集团内部矛盾与社会改革、北方经济和女真族由奴隶制向封建制转变及其完成、金代的衰落及至灭亡、金文化等。杨学琛、周远廉著《清代八旗王公贵族兴衰史》，全面介绍了清代八旗王公贵族的历史，探讨这个集团由盛而衰的历史规律。王承礼著《渤海简史》，介绍了渤海王国的建立、疆域地理、社会经济、政治制度、文化及和唐王朝的关系，与日本的往来等。马长寿遗著《氐与羌》、《碑铭所见前秦至隋初的关中部族》，前书系统地论述了氐与羌的起源、分布、迁徙和与国内其他民族之间的关系，以及他们在十六国南北朝时期所建立的前秦等地方政权情况。后书中有 12 种碑铭是前人从未著录过的。周伟洲著《敕勒与柔然》，较为系统地叙述了两族在隋代以前的历史，探讨了这两族的族源、迁徙和融合问题，以及它们的社会、政治、经济、文化概况。他还著有《吐谷浑史》等书。段连勤著《北狄族与中山国》，较系统地叙述了北狄族及其所建中山国的历史。他还著有《丁零、高车与铁勒》等书。余太山著《嚈哒史研究》，对嚈哒（又名白匈奴）兴亡的全过程作了考述。吴天墀编著的《西夏史稿》，对党项族的历史作了详细的叙述，并对西夏史上一些重大问题提出了自己的看法。白寿彝主编的《回族人物志》，较为全面地介绍了回族历史人物的生平和事迹，已出元代分册。《准噶尔史略》编写组著《准噶尔史略》，是一部关于准噶尔的兴衰史。魏良弢著《喀喇汗王朝史稿》，探讨了喀喇汗王朝的历史。他还著有《西辽史研究》。牙含章著《达赖喇嘛传》和《班禅额尔德尼传》，是两部关于西藏历史——主要是西藏近现代史的著作。王森著《西藏佛教发展史略》，全面系统地叙述了西藏佛教兴衰沿革的历史。史金波著《西夏佛教史略》，对西夏佛教的发展及特点进行了系统的论述。陈国强等著《百越民族史》是一本系统、全面地论述百越民族历史各个方面的专著。尤中著《中国西南民族史》，对我国古代西南各民族的历史作了详细的阐述。他还著有《中国西南的古代民族》，阐述了中国西南古代各族的族系源流及其与近代西南各族的关系。方国瑜著《彝族史稿》，江应樑著《傣族史》，冉光荣、李绍明、周锡银著《羌族史》，都是比较详细论述一个民族历史的专著。断代民族史方面有田继周著《先秦民族史》，等等。民族文化史方面有《古代新疆的音乐舞蹈与古代社会》（谷苞著）、《西藏地方货币史》（萧怀远编著）、《百越民族文化》（蒋炳钊等著）、《西夏文化》（史金波著）。

在简史读物方面有：内蒙古自治区蒙古语文历史研究所历史研究室、内蒙古大学蒙古史研究室编《中国古代北方各族简史》，林幹著《匈奴史》，新疆民族研究所编著的《新疆简史》，钟侃等著《西夏简史》，王辅仁、索文清编著《藏族史要》，黄奋生著《藏族史略》，张博泉著《东北历代疆域史》等等。

在论文集方面，韩儒林著《穹庐集》收有作者生前研究元史及西北民族史的论文 34 篇，黄文弼著《西北史地论丛》，收集了作者生前对西北史地的研究论文 30 余篇，蒙文通著《越史丛考》，共收论文 12 篇，作者对古代越族的分布、种类、变迁、习俗、征战与交融等史实进行了考证和论述。此外有《履霜集》（戴逸著）、《中国古代民族史研究》（黄烈著）、《中国古代民族研究》（唐嘉弘著）、《民族史文论集》（刘先照、韦世民著），《辽史丛考》（傅乐焕著）、《西蒙古史研究》（杜荣坤、白翠琴著）、《厄鲁特蒙古史论集》（马汝珩、马大正著）等数十种。

6. 民族史文献整理、翻译和编纂工作的进展。研究民族史，离不开文献史料整理和编纂工作。目前，已整理、译注、出版的有《〈蒙古秘史〉校勘本》（额尔登泰、乌云达赉校勘）、《新译简注〈蒙古源流〉》（道润梯步译校）、《契丹国志》（叶隆礼撰、贾敬颜、林荣贵校）、《西藏王臣记》（第五世达赖喇嘛著，郭和卿译）、《安多政教史》（智贡巴·贡却乎丹巴绕布杰著，毛兰木嘉措校订）、《知识总汇》（工珠·元丹嘉措著，多吉杰博、土登尼玛编）、《红史》（蔡巴·贡嘎多吉著，东嘎·洛桑赤列校注）、《满文土尔扈特档案译编》（中国社科院民族研究所、中国第一历史档案馆译编）、《联豫驻藏奏稿》（吴丰培主编）、《百夷传校注》（钱古训撰，江应樑校注）、《云南志校释》（樊绰撰，赵吕甫校释）、《云南回民起义史料》（荆德新编）、《清代前期苗民起义档案史料》（中国第一历史档案馆等合编）、《吐鲁番出土文书》（国家文物局古文献研究室等编）、《西藏地方是中国不可分割的一部分》（西藏社会科学院等编）等等。

在充分使用我国史籍记载和文献资料的同时，史学界也注意吸取国外关于民族史的研究成果，进行翻译和介绍工作。继《蒙古社会制度史》、《世界征服者史》、《史集》、《中亚蒙兀儿史》等历史名著汉译本之后，必将会有更多的论著问世。

古文字研究方面亦有很多成果。例如西夏文研究，出版了《文海》；契丹文研究也有所突破，出版了《契丹小字研究》；女真文研究，出版了《女真语言文字研究》，引起了国内外学者的关注。

工具书方面，《中国历史地图集》八册已全部出齐，其中包括了民族史的研究成果。《中国大百科全书·民族》卷，（内含民族史词条）已于1986年出版。《民族词典》（含民族史条目）亦已于1987年出版。《中国历史大辞典·民族分册》、《中国少数民族历史人物辞典》均即将出版。《中国少数民族史大辞典》的撰写工作正在积极进行之中。这些都是民族史研究工作者集体完成的成果，反映了当前我国民族史研究的学术水平。

总之，十年来，我国民族史学呈现一派蓬勃发展的景象，正处于繁荣昌盛的上升时期。

综上所述，建国以来的中国民族史研究，具有与旧中国不同的特点：第一，以马克思主义唯物辩证史观代替过去封建统治阶级和资产阶级的唯心史观。第二，在民族史研究中，贯彻民族平等原则，客观地反映中国多民族国家历史发展的规律，摒弃过去大民族主义的正统史观。第三，强调社会历史调查与文献记载相结合，开拓新的资料来源。第四，积极培养少数民族研究人员，重视少数民族文献资料整理、使用。第五，综合研究和族别史研究相结合。对历史上各族共同性及带有指导性、理论性的问题进行综合研究，并有计划、有组织、有系统、全面地研究各族的社会历史发展及其在中国历史上的地位和贡献。第六，充分吸收其他学科的成就，除使用考古文物资料外，还注意吸收民族理论、民族学、语言学、历史地理学等方面的科研成果。因此，我国民族史的研究，取得了显著进展，无论是在民族史学基本理论、学术研究成果、研究队伍的培养、学术研究机构发展、资料的收集及介绍国外名著等等方面，都取得了丰硕的成果，研究领域有所开拓，研究的广度和深度有所突破，发表了许多精辟的见解，学术水平有了很大提高。这些研究成果对于维护祖国统一、民族团结和向各族人民进行爱国主义教育以及为现代化建设事业服务方面都曾起着积极的作用。

（"二　当前民族史学中存在的问题"及"三　今后的发展方向"略去。）

今后，为了做到对民族史学的发展前景真正心中有数，还得进一步完善民族史方面第七个五年计划和至 20 世纪末的统一规划，加强国内外资料情报工作，互通信息，密切配合。在全国总的发展战略方针下，发挥各自优势，有所侧重，避免当前存在的各自为政、课题重叠、经费不足，以致造成人力、物力、时间浪费的现象。同时，要适应新形势，引进竞争机制，注重研究的学术和社会实效，使一批有真知灼见的传世之作，能在大浪淘沙的竞争中脱颖而出，也使史学工作者自身在历史的挑战面前经受磨炼，增长才识，以促进民族史学的繁荣和发展。

（收入《中国历史学四十年》，光明日报出版社 1990 年版。与华祖根合著，此处为该文第一部分。第二部分及第三部分，因与前面文章有重复，故略去。）

略论中国影视人类学的发展

——在我国首届影视人类学国际学术
讨论会开幕式上的讲话

　　由中国社会科学院民族研究所、德国哥廷根科学电影研究所和广州东亚音像制作有限公司联合发起的影视人类学国际学术讨论会，经过积极的筹备工作，终于召开了。我代表中国社会科学院民族研究所向前来参加会议的女士和先生们，表示热烈的欢迎，对各位的支持，谨致衷心的感谢！

　　影视人类学国际会议，在中国召开还是第一次，不仅具有重要的学术意义，而且具有特殊的现实意义。因为，中国自古以来就是一个多民族国家，现有 56 个民族，12 亿人口，而少数民族人口近一亿。各民族共同缔造了光辉灿烂的历史和绚丽多彩的文化。在中国历史发展的长河中，各民族都作出了重要的贡献。在中国大量的汉文和民族文字的历史文献和著作里，记载和描绘着丰富的民族学、人类学资料，包括各民族的族名、族源、分布、迁徙、社会发展、政治制度、经济贸易、文化艺术、生活习俗、宗教信仰等等。在近现代民族的生活中，也继承和保留着丰富的物质文化和精神文化。上述这些因素，都对影视人类学在我国发展及进行国际交流提供了有利条件。

　　中国影视人类学的发展，已有将近 40 年的历史。早在 50 年代中期，针对我国少数民族地区社会改革加快和面貌发生迅速变化的情况，中国领导人就发出要"抢救落后"的号召，要求民族学界和史学界，将正在发生巨变的少数民族的社会历史面貌，真实地记录下来。为此，中国民族学界，一方面在民族地区，开展包括民族学、人类学在内的大规模社会历史调查，编撰大量调查报告和各民族史志；另一方面，用国家拨出的专款，组织拍摄少数民族社会历史科学纪录影片，运用生动的形象化的声像手段，系统地纪录中国少数民族社会改革前的历史和不同类型的社会及其传统文化，原有的生产和生活方式，保存了大批民族学、人类学的资料。从1958 年起，民族研究所继续组织有关地区的少数民族社会历史调查组，深入到我国边疆民族地区，拍摄了一批少数民族科学纪录影片。共 21 部，121 本。这些科学纪录片，真实地反映了我国当时少数民族社会发展现状以及生活习俗的各个方面，为建立具有中国特色的影视人类学的思想理论体系，提供了丰富多彩的科学资料。

我国科研人员在拍摄科学纪录影片的过程中，积累了经验，进行了理论上的探索，并初步确立了拍摄人类学影视片的原则和理论。这些原则是：第一，要深入实地直接拍摄，不能用人为布景和选用职业演员。摄制前，研究人员和编导人员深入生活，反复进行调查研究，拟定拍摄提纲，力求做到内容真实，一般是真人、真事、真物、真场景。不得已时，才"复原"拍摄。第二，强调科学性。人类学影视片，不同于故事片、新闻纪录片，而是科学纪录片。拍摄内容是少数民族本来的社会面貌和其生活方式，故要杜绝人为虚构、主观臆断，要把科学性放在第一位。表现方法上，需朴实自然，无人为痕迹，要将纪实性与科学性结合起来。第三，题材的选择和主题的确立，着眼于即将消失和正在变化着的生活方式与传统文化。由于这些影片是在对我国少数民族的社会历史文化进行深入调查的基础上，按一定的科学体系拍摄下来的，它对于民族学研究、民族工作以及科学普及工作，都具有重要意义。

50 年代至 60 年代，我国拍摄的人类学影片，包含丰富的科学内容，具有重要的学术价值。1957 年，当中国领导人周恩来、李维汉和文化部副部长齐燕铭等观看完《佤族》、《黎族》和《凉山彝族》这三部影片后，都给以充分肯定。周恩来总理说："拍这样的片子，是对世界的贡献。"

建国初期，我国影视人类学虽然取得以上成就，但当时尚附着于文化人类学，还不是一门独立的学科。随着我国经济建设的发展和改革开放的深化，全国成立了大批民族研究机构、民族院校和民族的文博单位，从中央到地方还建立了很多电视台（站）。他们为了科研、教学、旅游、文化宣传等事业发展的需要，在国外影视人类学发展形势的影响下，纷纷购进电视录像制作设备，组织拍摄了大量民族科学影视片和风情片，发表了许多文化人类学和影视人类学方面的论文，翻译和编辑了影视人类学的专著、论文资料集，累计约 100 万字。十多年来取得了可喜的成果，初步造就了一批影视人类学的骨干队伍，从而为中国影视人类学的进一步发展打下了基础。

但是，我们应当看到，影视人类学在中国仍是一门新兴学科，处于初创阶段。无论在拍摄的内容、主题、研究方向、表现手法和现代化手段还是理论研究方面，都还存在不少问题，有待于今后进一步探索和发展。如在拍摄内容方面，当前我们面临的时代，已经和过去五六十年代不同了。当时我们主要为"抢救落后"而拍摄，为民族地区社会改革服务，主要是反映原来的社会面貌、生活方式和传统文化。而今天，我国面临的时代是现代化建设新时期，改革开放的新时期，社会面貌、价值观念、商品观念和意识形态，都在发生急剧变化，不同于过去。我们的目标与任务和过去有根本区别。现代化建设对少数民族地区从政治、经济、文化到思想观念，从生活方式到上层建筑各个领域都会带来一系列变化。新的历史时期，要求中国影视·人类学一方面要继续研究和反映传统文化中即将消失的东西，另一方面，特别要及时了解新情况，反映新面貌、新文化以及新旧交替的过程及其发展趋势，建立更加完善的具有中国特色的影视人类学思想体系和理论体系，为世界影视人类学的发展作出新贡献。这就要求我国的影视人类学家，要在以研究过去的社会形态和一般的传统文化为主要内容的同时，逐渐转变到以研究民族地区现代化建设和改革开放以来当代社会的物质文明和精神文明为重点。

此外，在我国影视人类学发展中，还存在着理论研究落后于实践，缺乏统一的组织和规划，拍摄方法上深入剖析不够，现代化手段较差，摄制技术较落后，资金不足等等问题，皆有待今后进一步研究和解决。而在国外，不少国家，无论理论上、实践上、拍摄手段与技术上，都取得引人瞩目的成就，并已具有相当的基础，有许多值得我们借鉴和学习之处。因此，国际影视人类学会议在中国的召开，不仅能促进我国国内影视人类学家的学术交流，无疑也是我国影视人类学界向国外专家学习的好机会。我衷心预祝此次会议取得圆满成功！

（《民族研究》1996 年第 2 期）

开拓汉民族研究的新局面

汉族是我国乃至世界人口最多的民族，在历史上和现实社会主义建设中，都起着重要作用。早在 20 世纪 30 年代，我国学者就注意对汉民族进行民族学、人类学方面的研究，并取得了重要成果。1949 年后，为贯彻民族平等团结政策，改变历史上遗留下来的各民族经济文化方面事实上的不平等，以适应民族工作的需要，在我国学术界和民族工作部门，把少数民族作为重点研究对象是必要的，也是可以理解的。经过数十年的努力，对少数民族的研究已取得很大成就。但在这一过程中却忽略了对汉民族的研究，仅于 1954 年在史学界进行过一场有关汉民族形成问题的讨论，并在 1957 年出版了《汉民族形成问题讨论集》。其后，汉民族研究几乎被排除在民族学研究的范围之外。我国"民族"这一概念，往往只限于指少数民族，而不包括汉族在内。这既不利于中国精神文明和物质文明建设，也不利于学术发展。

一种观点是，在历史上和现实中，已有不少学科研究汉族的历史和文化，人类学和民族学就不用再专门开展汉民族研究。他们认为，过去中国的史学、哲学、文学等，主要是研究汉族，如中国通史，已有了好几部，等等。事实上，以往一些学科的研究，往往是从一个国家或地区角度笼统地进行研究，这种研究的角度和研究的结果与把汉族作为一个民族来进行人类学、民族学方面的探讨，是不同的。因为中国通史研究，并不等同于汉民族史研究；中国语文研究，同样不能等同于汉语文研究。

1980 年以后，我国进入现代化建设新时期，随着改革开放与社会主义市场经济的建立，随着我国政治、经济、文化的发展，汉民族在现代化建设中所起的作用越来越大。加强对汉民族研究，扩大其影响，增强中华民族凝聚力，以适应国内外形势发展和学科发展的需要，就成为民族学界和民族工作部门一项极为重要和责无旁贷的任务。1983 年前后，我国著名专家费孝通、林耀华、牙含章、秋浦、杨堃、陈永龄、吴泽、张正明等先生，纷纷发表谈话或撰文，强调汉民族研究的重要性和迫切性，受到民族学界、民族工作部门和科研教学单位的重视。

近年来，在各方面推动下，特别是在民族学界努力下，汉民族研究已经取得了可喜成就，主要表现在以下几个方面：

（一）对汉民族历史研究，取得不少成果，出版了一批有影响的论著。在港台，先后出版了罗香林的《客家源流考》（1952 年）、邓迅之的《客家源流研究》（1982 年）、吴主惠的《汉民族的研究》（1968 年）等。在大陆，已由单个少数民族史研究扩大到对汉民族史的研究，或转向对中华民族的整体研究，其中包括对汉民族族源、历史形成过程和特点、汉民族分布和迁移、汉民族和周围诸族关系及融合同化、汉民族经济、文化发展及其历史作用和影响等等问题的综合性和宏观研究。在这些方面，出版的专著或涉及汉族史的论著，举其要者，有费孝通等的《中华民族多元一体格局》（1989 年）、徐杰舜的《汉民族历史和文化新探》（1985 年）及《汉民族发展史》（1993 年）、邱久荣的《中国统一多民族国家的形成》（1992 年）、何光岳的《炎黄源流史》（1992 年）、王锺翰主编的《中国民族史》（1994 年）、陈连开的《中华民族研究初探》（1994 年）、白翠琴的《魏晋南北朝民族史》（1996 年）等。与此同时，南方一些省份的高校和科研单位，对本地区汉族和群体的历史研究也取得很大进展。如厦门大学、上海师范大学对客家人、惠东人的研究，中山大学对岭南人的研究和国内外一些单位对华侨史、国外华人史的研究，等等，都取得可喜成果，并发表了一批有关汉民族研究的论文，其中不少是颇有学术价值的论文，已收集到多本论文集中，如《汉民族研究》（第一辑，1989 年，袁少芬、徐杰舜主编）、《国际汉民族研究》（第二辑，1991 年，连振国、陈敏主编）等，受到学术界关注。汉族史研究所取得的上述成果，丰富和发展了中国史的研究。

（二）掀起对汉民族文化和经济的调查研究热潮，出版了一批调研报告和论著。北京和我国南方诸省（区），如福建、广东、广西、云南等高校和科研机构的民族学学者，他们或自己组织，或与兄弟单位协作，或与港台学者合作，进行民族学、人类学、社会学和民族经济等学科的调查研究工作。近几年出版了不少有关汉民族的调查报告。其中有费孝通的《吴江行》及《吴江六十年》、《温州行》（上、中、下）等，港台学者乔健的《惠东人研究》，福建陈国强等的《崇武研究》、《崇武人类学调查》等。这些调查报告和论著，受到民族学界关注，并为政府有关部门决策，提供了科学依据，推动了民族学、人类学的发展。

（三）大力开展有关汉民族研究的各种学术活动。近几年，民族学界一些有识之士，鉴于对汉民族研究重要性认识的增强，尽力为推动汉民族研究创造浓厚的学术气氛。1986 年，由北京和南方几个学术单位的专家、学者积极倡议定期召开汉民族研究学术讨论会，并形成定例，先后在广西、汕头、云南召开三次学术讨论会，其中两次为国际学术讨论会，参加者除国内学者专家外，有日本、泰国、越南和东南亚一些国家以及香港等地学者。这些都为全国汉民族研究工作进一步开展奠定了一定基础。与此同时，广东中华民族文化促进会、广东中华民族凝聚力研究会等，也召开了多次国内和国际学术讨论会，对中华民族凝聚力和中华民族精神等问题进行研讨，取得较大收获，并出版了多种论著。

（四）汉民族研究的学术机构和学术团体，如雨后春笋般成立起来，出版了研究汉民族的学术刊物，加强了学术交流，活跃了学术空气，促进了学科发展。随着汉民族研究热潮的掀起，各地纷纷成立研究机构和学术团体。如北京成立中华炎黄文化研究会、华侨历史研究会。广东、福建、上海等地成立中华民族文化促进会、中华民族凝聚力研究会、炎黄研究会、客家研究会、客家研究所、客家研究中心等等。1992 年，在香港中文大学成立国际客家学学会。1996 年，由中国社会科学院民族研究所、广西民族学院民族研究所、广西民族研究所、云南大学历史系、广西大学、汕头历史学会、四川民族研究所、云南社会科学院、中央民族大学、厦门大学人类学研究所、中山大学人类学系、广东民族研究所、广东中华民族凝聚力研究会、广西社会科学界联合会等 14 家单位联合倡议组织成立了"中国民族学会汉民族分会"，并于 11 月在湖南长沙召开第四次国际汉民族学术讨论会。汉民族学会的成立，标志着我国对汉民族的研究已进入一个新的发展阶段。

汉民族需要研究的问题很多，从历史到现况，从经济基础到上层建筑，从物质文化到精神文化，从政治、经济、文化到社会发展、生活习俗和宗教信仰等等。我们要对研究内容、研究方法、理论体系，进行科学的规范。汉民族研究应与"汉学研究"有所区别。同时，在研究中要避免将汉族等同或变相替代中华民族的倾向，始终坚持并遵循民族平等的原则。群策群力，再接再厉，开拓汉民族研究的新局面。

（《寻根》1996 年第 6 期；收入《汉民族的历史和发展》，岳麓书社1998 年版）

略论澳门之传统文化与经济发展

过去有人认为，澳门是以博彩业为主的消费城市，只有赌城，是"文化沙漠"；也有人说，澳门发展至今之面貌应归功于葡萄牙和西洋人；还有人认为，澳门为弹丸之地，傍大陆、香港和台湾等经济发达地区，可保留其消费性、服务性文化城市之地位。凡此种种，本人不敢苟同。

一　澳门果真是文化沙漠吗？

我们只要了解一下澳门过去的历史和文化之实际存在，就可得出科学之结论。即澳门不仅不是"文化沙漠"，而且具有丰富的文化内涵。澳门文化，是由传统的本土文化即中华文化，和以葡萄牙文化为代表之西洋文化两部分组成，而中华本土文化，则是澳门文化之主体文化。澳门文化，具有"中西合璧"之多元性与交融性。

1. 中华文化作为主体文化植根于其源远流长之历史

中华本土文化，作为澳门文化主体，根植于其源远流长之历史。据出土的印陶文化证明，早在五六千年前的新石器时期，澳门就是我国古代越族先人活动场所，春秋战国至秦汉时期，为南越之一支。澳门古称香山澳、濠镜澳、濠江、镜海、濠海、蚝镜、莲岛、澳门等等，因此地以产蚝著名，故很多地名都与之有关。史籍记载，从秦汉至明清，澳门皆属广东郡县管辖。为我国珠江之入海口。秦统一全国后，澳门又改隶属于南海郡番禺县，晋代为东官郡属地，隋为南海县所辖，唐属东莞县。南宋成立香山县，澳门又改隶属香山县。她历来是我国和海内外航船临时停泊之所。

南宋末年，端宗赵昰及其后之赵昺，为南下蒙古大军所迫，曾率数十万军民下海避难，并扎军于澳门附近，凭借山地险要优势，抵御蒙古军，故有很多南下之宋代遗民定居下来。据传现存于澳门沙梨头集之"和福古社"，即是宋之遗民祈求"安康福祉"所建之庙宇。明代，又有大量闽人从海上迁入，相传妈祖庙即为入居闽人在其登陆地建立起来，称作妈祖阁，人们在出入海口作业时，祈求妈祖神灵保佑平安。有明一代，大批闽粤浙一带移民迁入澳门，当时澳门已自成村落。据记载，不仅平民纷纷移至澳门，一些官吏亦定居下来。明末，明朝政府正式将蠔镜改名为澳门。"澳南有四山离立，海水纵横贯其中，成十字，曰十字门，故合称澳门"（《澳门纪略》），沿袭至今。公元 1535 年（明嘉靖十四年），明朝政府在澳门正式设立市舶提举司（海关），管理海内外商船出、入口事宜，成为广东对外最早的贸易港口，澳门与内地之关系更为密切。明清之际，特别是清代，闽浙之畬族移民澳门海域者，亦为数不少，以采石业为主，屯集往往至数千人，对澳门地区的建设，作出重要贡献。明朝至清朝乾嘉年间，葡萄牙人虽已租占澳门，但其主权仍操于明清政府之手。清政府鉴于澳门地位之重要，曾在澳门建立"澳门海防军民同知"。16—17 世纪，澳门已成为东西方国际贸易的重要中转港。

由于澳门优越的地理位置和自然条件，行政管辖又一直隶属于中央王朝和广东郡县，历代官吏、文人和移民不断到澳门传播中华文化，因而，在澳门之地域、历史、政治、经济、文化及与内地关系等方面，无不打上中华的烙印，为澳门主体文化之形成与发展，奠定了深厚基础。

我国历史上，由内地到澳门传播中华文化或留下足迹和文物之文人、官吏、政治活动家与革命者为数不少，特别是明清两朝至民国年间，更是不乏其人。其中著名者，有汤显祖、屈大均、印光任、张汝霖、林则徐、魏源、郑观应、康有为、梁启超、孙中山等等。他们有的积极传播包括儒、法、道等诸家思想在内的中华文化；有的吟诗作书，描述澳门的风情、人物和贸易，抒发爱国爱民爱族的情操；有的进行革命活动；有的在澳门办报刊，宣传革命理论，传播革命文学，为推动中华传统文化和创立新文化，作出了不可磨灭的贡献。据有人调查研究：澳门古文化底子比香港要深厚，表现于许多人能作旧体诗，对旧体诗很有研究；有些人对古代诸家思想进行深入探讨，发表之论著很有见地。1919 年"五四"至抗日战争时期，由大陆、香港等地，乃至于东南亚国家的一批移民、商界和文人学士，纷纷涌到澳门，宣传抗日救亡运动，宣传新文化运动，对澳门新文化的建立和发展，起到很大推动作用。特别是 1949 年后，有些知识分子和文人雅士移居澳门，发表了许多新文化论著，成立各种社团文化组织，积极开展学术活动，给澳门中华文化注入了新的血液，使之得到进一步的完善和发展。

2. 西方文化在澳门的传播

澳门面积虽然不大，但由于其在南海之端，东邻珠江口，隔伶仃洋，面对香港，北连大陆，与台湾遥望，南临大海，面向五大洲，其海域地位十分重要。在历史上她早就是海内外航运临时停舶之所，特别是明代在其地设立海关后，受到世界诸海运国关注，成为我国进出口之国际贸易窗口，曾一度监控着中国海上贸易。但好景不长，1553 年（明嘉靖三十二年），葡萄牙船队强占了澳门娘妈角，并将其强占范围不断扩大，1840 年第一次鸦片战争后，已基本上占领整个澳门。由于清政府腐败无能和丧权辱国，1887 年（清光绪十三年），葡萄牙人强迫清政府签订所谓《中葡和好通商条约》，将占领合法化，自此，澳门就被葡萄牙人"永居管理"。并用其最早入侵地之妈祖阁 MACAU 命名，以代替澳门之名称，距今已有四百余年之久。在这漫长岁月中，澳门在中西文化交流方面，有很大发展。因此，有人认为，澳门之所以有后来之发展，是葡萄牙殖民者统治和开拓之结果，这种说法值得商榷。葡萄牙统治阶级对澳门之入侵，这是历史事实，其侵略之目的，绝不是为澳门人、中国人谋利益、做好事，而是为本身殖民统治服务，为葡萄牙统治阶级谋利益。但其行动后果，在客观上为中葡及中欧诸国人民之间经济、文化与科技的交流创造了条件。

自 16 世纪以来，澳门荟萃了一批来自欧洲和海外的文人学者及传教士，他们在引进西方先进的科学技术和文化，向外宣传和传播中华文化方面，起了积极促进作用，作出了贡献。其中较为著名者如利玛窦、汤若望、南怀仁、徐日昇、金尼阁、艾儒略、马礼逊等一批欧洲学者和传教士，他们或为官，或传教，或经商，或广交官员雅士，言行举止，温文尔雅，具有先进文化知识，受到清朝皇帝及政府官员青睐。传教士们千方百计把天主教、基督教传入中国。并积极传播西方科学知识，有些人本身就是学者、专家，精通诸如哲学、地理学、天文学、数学、物理学、语言学、机械学、医学、建筑学等知识和绘画、音乐等艺术，对中国社会文化之发展，产生很大影响。与此同时，由于他们长期在中国为吏、传教和云游各地，接触中国各方面人物和各种学术思想，深感中华传统文化之博大精深，并为之所感染，积极将中华文化和古典学术思想中之精品翻译出版，向本国和西方欧洲诸国介绍传播。大量收集中国之古籍，带回本国和西方诸国收藏起来，使中华文化在这些国家生根开花。不仅使世界了解中国、认识中国和崇尚中国，而且使中华文化亦对西方学术思想产生了深远影响，这具体表现于中国古代一些哲学、经济、伦理等学术思想，对西方的学术思想之形成与发展，起了积极推动作用。1594 年，耶稣会士在澳门大三巴教堂创办圣保禄神学院，培养了很多传教士，学习中国文化、礼仪和习俗，并进入中国内地。中华文化向国外和西方之传播，最早就是经由澳门交汇，经历 400 多年之交融过程，最终形成澳门以中华文化为主体与西方文化相结合之模式，成为中西合璧文化璀璨的宝石。

3. 澳门"中西合璧文化"之特色

以中华文化为主体，兼有西方文化的澳门文化，具有多元性、兼容性和交融性。她表现于种族、语言、文化、艺术、宗教、节日、习俗、婚姻和社会生活等各个方面。

种族方面，华洋杂居共处是其特点之一。居民中，华人占人口总数96%，一般居于内港一带华人区，为华人衣着，保留华人传统生活习俗，说粤语。而葡萄牙人和土生葡人，约占人口总数 3%，一般居于澳门东南部和中部的葡人区，仍保留着西方的生活方式和传统习惯，着西方服式，讲葡萄牙语和粤语两种。

建筑形式方面，华人区一般为一二层中式土砖房或木椿屋，而在葡人和洋人区，多为欧式红白相间的庄园式建筑。在民间，也有将中式建筑形式与欧式建筑形式完美结合之格式，颇为精致雅观。由于宗教文化交流之结果，澳门已经成为多元宗教地区。除有佛教、道教和伊斯兰教外，也传入了西方的天主教和基督教。澳门有各种宗教团体 200 多个，教民达 20余万人。有中国式庙宇 40 多所，其中著名的有妈阁山上之妈祖阁，南麓的观音堂、莲峰庙等。由于葡萄牙人信仰天主教，传入澳门后，信仰之华人日众，遍设天主教堂，有二三十所之多，后基督教亦相继传入，有十多所教堂。这些教堂之建筑形式，皆为欧洲宗教建筑之风格，其中著名者有主教府、圣安多尼教堂（花王堂）、圣母望德堂、圣老楞佐堂（风信堂）等。始建于 1602 年座落在大三巴斜巷，后焚于大火之圣保禄教堂的前璧大三巴牌坊，形同中国之牌坊，上有精细欧洲风格的浮雕艺术，表现了"中西合璧文化"的特色，为澳门之标志。

语言方面，澳门同时使用两种语言，民间粤语和葡语都通用，并互相借鉴，互相吸收。街道名称，既有中文路标，也有葡语路标。有葡文学校，也有汉文学校。过去葡语是澳门政府之官方语言，澳门回归后，汉语已成为官方语言。

澳门在习俗、饮食和节日等方面的多元化和包容性，表现得尤为明显。饮食方面，澳门有中餐馆，也有西餐馆。中餐馆保留色、香、味俱全的传统菜肴，西餐馆则以葡萄牙菜为主，以海鲜饭为最。西式饭之甜食，深受华洋人士欢迎。澳门的节日活动亦很多，有中国之节日和葡萄牙人之节日。民间中国传统之节日，有春节、清明节、端午节、中秋节、元宵节、重阳节、国庆节、"五一"劳动节、"三八"妇女节、"六一"儿童节等等。葡人节日有复活节、圣诞节、追思节。还有澳门特有的在其他地方已消失的醉龙节等。澳门为东西文化艺术和医药荟萃交流之地，如民俗婚丧喜庆活动，中西仪式之结合；绘画艺术方面，水彩画和油画之结合；医药上，中西医之结合等等，皆体现中西合璧之特点。国内外也常有音乐、舞蹈、戏剧、歌剧等文娱团体来澳门进行演出，定期举办国际音乐艺术节，海内外人士纷纷前来观赏，大饱眼福，陶冶情操。澳门已经成为中西文化交流和交汇之艺术殿堂。澳门多元文化之形成，其特点是本土文化和西洋文化之和谐共处，它不是靠强力推行，而是中西文化历经 400 余年之自然结合，因而深受当地人民欢迎和喜爱。

4. 新的人们共同体形成和发展

澳门长期以来，由于种族杂处，华洋通婚日益频繁，使澳门居民的社会构成中，形成了新的人们共同体——土生葡人。土生葡人是指在澳门已世代相传，具有葡萄牙血统的居民。他们大部分是葡萄牙人和汉族，或与其他种族人相结合的混血居民之后裔。据统计，回归前，澳门有土生葡人 1.7 万人，现有 8000 余人。他们已成为澳门社会的特殊族群，既不同于澳门的汉族和其他民族，也不同于纯粹的葡萄牙人，而具有其本身之特色。族源上，他们大多以中国人和葡萄牙之混血儿为主；地域上，在澳门世代相传，土生土长，自称澳门是他们的家乡；语言上，会粤语和葡语；文化和生活习俗上，已是中西合璧之多元文化。过去他们在澳门社会有较高的政治、经济地位。由于会双重语言，文化水平较高，在澳门政府机构和管理部门一般都具有高中级职务，享有优厚经济待遇。有些土生葡人，从事自由职业，如医生、律师、教师或公司的高级管理人员，生活富裕，社会地位很高。很多人过去都持有双重国籍，是澳门的特殊阶层，已形成为不同于当地其他民族之新的人们共同体，是澳门新族群。长期以来，他们对澳门的经济和文化，曾作出过重要贡献。澳门后来经济之发展和成为新兴的商业城市，是和他们所起之作用分不开的。因而，有人认为澳门是靠葡萄牙人发展起来的，对此本人不敢苟同。首先，土生葡人不同于葡萄牙人，澳门是他们的家乡，他们是中国澳门的居民，不能把他们看作是葡萄牙殖民者。且澳门的行政和司法机构，有很多汉民族等公务员，特别是中下层机构中，绝大部分为汉民族，他们对澳门管理和社会治安方面所作之贡献不容忽视。澳门居民汉民族等占 96%，在各行各业中，在维护社会正常活动和促进政治、经济、文化的发展方面，发挥主力军作用，作出重要贡献，其历史功绩更是不可抹煞。澳门的开拓和发展，主要是广大汉民族等和土生葡人长期共同努力的结果。

　　澳门回归后，对土生葡人之民族归属和认同方面的妥善处理，至关重要，涉及对他们社会政治地位之定位和利益问题。因为，按我国法律，双重国籍之地位是不存在的，要么是葡国国籍，要么属中国国籍，两者必居其一。属于中国国籍，就有一个民族定位和认同问题。正如在我国形成较晚之俄罗斯族、乌孜别克族、塔塔尔族等一样，土生葡人表现于法律上、政治上地位之定名问题与政策之制订等，不可回避，亟待解决。

二　"九九"回归，为澳门发展带来新机遇，开辟更广阔前景

　　澳门自 1999 年 12 月回归祖国和成立特别行政区以来，在澳门基本法的治理下，在"一国两制"和"澳人治澳"自治方针指导下，政治、经济、文化等方面，都取得了全面发展，特区政府政绩显著。澳门回归前，

社会治安恶化，经济滑坡，政府行政和社会工作部门，工作效率十分低下。而今非昔比，澳门社会治安，已得到大力整顿。过去澳门黑社会猖獗，黑恶势力为非作歹，横行无忌，居民惴惴不安。而今，在澳门警法部门主动出击和内地粤港警方之大力协作下，沉重打击了黑恶势力犯罪活动，严惩作恶累累的大小头目，黑恶势力已基本上土崩瓦解，销声匿迹，社会治安得到很大改善；澳门破案率已为历年之最，破案量等于历史之总和，澳门居民现已过着稳定安逸的生活。

特别是与居民生活密切相关的澳门经济，呈现出良好发展态势。特区政府紧紧抓住澳门经济特色，发展龙头产业——旅游业，创造了历史上最佳纪录。据报载资料，仅回归年内，到澳门旅游者总数就达到 850 万人，2000 年，去澳旅游人数的增幅已高达 34%，创历史最高纪录。外贸经济出口，也逐步上升，仅 2000 年 1 至 9 月，出口总值为 284 亿澳门元，比回归前同期增加 67%。据当年预测，澳门将结束历史上负增长的历史，而取得 49% 的年增长率，这对澳门是破天荒、史无前例的。澳门在精神文化方面，也有很大变化。特别表现于，澳门特区政府成立后，其领导层和各级公务人员，日益树立为澳门人服务的"公仆"观念，办事效率得到很大提高。新产生的澳门特区立法会的议员们，则积极参加到特区的政治、经济、文化和社会活动中去，向特区政府献计献策，成为特区社会强有力的支持者。澳门社会各阶层和诸多的社会团体，也积极组织参与各种社会活动和爱国爱澳活动。现在，澳门已一改过去的社会面貌，表现出上下团结一致，全民同心同德建设新澳门的祥和氛围。

随着澳门政治、经济的发展，作为上层建筑的澳门文化，也闪烁其灿烂之光辉。澳门回归后，居民的生活方式照旧。本土多元文化，不仅继承保留下来，而且得到进一步的丰富和发展，满足人民群众和各阶层需要，具有当代价值。它们在澳门现代化建设事业中，起到积极推动作用，成为当代文化之重要组成部分。与此同时，作为澳门当代文化主体的新文化，也不断茁壮成长。澳门在发展现代文化教育和现代科技方面，已取得初步进展。不仅学校教育有所发展，医疗卫生、社会事业和服务行业等方面，也有很大改进，达到预期目标。区内还经常开展各种文化艺术活动和文博展览活动，并利用其优势地位，广泛开展海峡两岸文化学术交流活动等等，澳门已成为中西文化交流及港澳台与大陆内地交流之纽带。以澳门为中介的海峡两岸文学、艺术、新闻、体育和学术界之交流日益频繁，各种国际学术活动也越来越多，充分显示了澳门在文化交流上之重要地位与影响。

三　关于澳门经济发展的几点思考

先进文化必须建立在先进的经济基础上，澳门要充分发挥其独特文化作用，成为先进的国际都市，必须要立足于澳门先进经济之发展，根深才能叶茂，开出鲜艳花朵，结出丰硕之果。为此，对澳门今后之发展，笔者提出几点不成熟的看法：

1. 实行良性经济转型，把澳门建设为生产消费并重的城市

澳门欲持续发展，首先应改变过去那种经济畸形发展的现象，将澳门由一个消费性、服务性城市，转为一个生产与消费并重发展的城市。要接受过去葡萄牙殖民统治之教训。过去葡萄牙人虽然入据和统治澳门四百余年之久，但在很长时间内并未利用其优越条件，将其建成为一个经济高度发达的现代化城市。由于葡萄牙殖民者只重视自身眼前利益，忙于做生意赚钱，而不是从澳门根本利益、人民大众利益出发，来发展澳门、规划澳门，忽视了对澳门的自身建设，使澳门长期既无先进交通网络，也无铁路和机场等设施，没有起码之工业，仅有一些分散的手工业，一直处于落后状态。只开设赌场，供人娱乐，吸引港、澳、台和世界各地赌民。故澳门过去又称为东方著名之赌城"蒙地卡罗"，与西方赌城美国的"蒙地卡罗"齐名，使澳门成为以博彩业为主的畸形消费社会。直到 20 世纪 70—80 年代，由于受到香港和内地政治、经济发展的影响，澳门的经济才有所改变，向着多元化方向转变，并取得蓬勃发展，逐步形成以博彩业、旅游业、出口加工、房地产和金融为经济体系的工商城市。但澳门总的经济结构，并未摆脱经济畸形发展之格局和劳动密集型与小规模生产经济形态，并未完全摆脱对外依赖程度高的殖民主义经济的阴影，这是澳门长期处于落后的根本原因。至回归前数年，澳门经济已连年下滑，商业衰落萧条，特别是 1996 年以来，更受亚洲金融风暴之冲击，经济处于谷底。澳门回归一年余以来，经济、文化与社会发展方面，虽都取得上述进步，但

在加速经济复苏，并为未来奠定发展基础方面，尚须急起直追，要继续贯彻执行"固本培元，稳健发展"方针。面对 21 新世纪，世界正处在高科技发展和信息经济时期，国内外形势突飞猛进，给中国带来机遇和挑战，也给澳门带来了新机遇和挑战。澳门要振兴，要发展，就须加强自身建设，加速经济发展。就必须调整经济结构，充分利用澳门对外窗口之优势，积极拓展外部环境，要重点和大力发展出口贸易、产品加工制造业、房地产建筑业和旅游业。同时要继续重视发展第三产业使澳门由一个消费城市转变为一个生产、消费并重城市，经济发展型城市，贸易发达的工商港口城市，使澳门的财税收入和经济发展，建立在稳固可靠的基础上。有的学者认为，澳门面积不大，资源匮乏，人口不多，又旁靠大陆、港、台经济发达地区，仍保留其消费性、服务性文化城市则可，这是值得商榷的。澳门作为消费和商业城市，虽已有悠久历史和良好基础，对澳门的财税收入和经济繁荣，固然起到积极作用。但消费只是经济运行和发展中一个重要环节。生产、流通、消费和积累是一个完整过程，它们之间是相辅相成的，没有消费固然使流通和生产都受到影响，但光有消费，没有生产作为基础，流通也会受到影响，消费也就得不到可靠保证，使消费建立在虚幻缥缈之基础上，就必然出现畸形经济和过度依赖外部环境，而丧失本土综合经济之能力。

澳门面积虽小，但人口并不算少，已近 50 万，相当于一个中等城市之规模，特别是澳门作为一个特区，相当于省的重要地位，甚至要超过一个省的作用与影响，不同于其他省市自治区所辖之中等城市，必须要有自己独立之工业经济体系和综合经济实力，而只是具备消费经济能力，除表面上的繁荣外，就达不到前述之目标与要求。故只有把澳门建设成为生产与消费并重之城市，推动产业结构之转型，实现良性经济循环，使高科技工业经济成为经济发展中主导产业，才能确保澳门有强大之经济实力和对外之竞争力。建立起雄厚的物质基础，澳门才成为经济高度发达、教育和文化高度发展之现代化国际都市。

当前世界高科技和信息经济发展之形势瞬变万化，若不采取有效措施，澳门和国内外经济发展之差距，将会越来越大。特别是我国已加入WTO，中国加入WTO后，澳门在经济上的地位和作用会如何？澳门发展前景如何？这是澳门人人都关注和考虑的问题。在中国加入WTO后，澳门要及时把握中国加入世界贸易组织和开发大西北等机遇，应充分发挥自身优势，实行高度开放，使之由对外交流之窗口，变为对外交流中心之一。要加强内外联系，加强与大陆和港、台经济联系与区域合作，实现资金、资源利用、金融和科技力量等全方位的优势互补，利益共享，更好地发挥与国内外之中介和纽带作用，使澳门能真正成为内地与欧盟及拉丁语系国家之间的经济合作和文化交流桥梁。唯有如此，澳门才能实现稳定高速发展，建立雄厚的物质文化和精神文化基础。澳门的明天就一定会发展得更快更好，成为世人所瞩目之国际都市。

2. 尊重知识，培养人才，关爱人才和广纳人才

有人说澳门人才已供过于求，对人才问题不屑一顾。事实果真如此吗？当前世界为知识经济时期，知识就是信息，就是动力，就是资本，知识是当今社会发展和进步的决定因素。知识经济时期，知识更新很快，要不断更新，人才也要不断提高、更新和流动。谁掌握最先进、最发达的知识经济，谁就能在经济发展过程中取胜，获得最高最大之成就。根据上海、香港、深圳和国外发达国家之经验，澳门要持续发展，必须重视知识经济，制定和采取培养人才、关爱人才和广纳人才之政策与措施。要为此创造良好条件，改变传统的故步自封和本土观念，建立起广纳人才和吸引人才之氛围与灵活的用人机制。要促进高等教育和科研工作的现代化、多元化和国际化，把高等院校建设成为澳门科学、文化和技术的创新基地，并广泛交流和选聘国内外的高科技和教育人才、信息人才和经济管理人才，吸引人文社会科学和文化艺术之佼佼者，为澳门经济、文化和社会发展服务，这样才能把澳门建成为经济发达和高度文明的国际城市。

3. 继续弘扬中华优秀文化，发挥澳门多元文化特点的优势，并着力发展以新文化为主体的当代文化。

历史证明，一个地区物质文明建设成功与否，总是与精神文明程度紧密相连的。物质生产是精神文明的基础，而精神文明是推动现代化建设的动力，两者是相辅相成的。澳门经济要腾飞，必须继承、发扬传统中华文化和西洋文化中优秀成分，去其糟粕，取其精华，正确处理好传统文化和现代化关系，处理好传统文化与西洋文化和新文化关系，更好地开展现代科学、教育、文化、艺术、医疗、体育、文博诸多活动，使澳门多元文化

内容不断丰富和完善，在澳门经济和现代化事业中，发挥更大作用。以物质、精神文明建设的伟大成就，谱写澳门历史光辉的新篇章。

（收入 2003 年澳门社会科学学会编《澳门文化、汉文化、中华文化与 21 世纪》论文集）

为促进汉民族研究的繁荣和发展作出新贡献

——在汉民族国际研讨会和第五届汉民族学术年会上的发言

主席先生，尊敬的女士们、先生们：

由中国民族学学会汉民族研究分会和广西大学联合组织的国际汉民族研究讨论会暨全国第五届汉民族研究学术年会，在举办单位广西大学的积极筹备和各协作单位、发起单位的大力配合下，终于如期在民族众多、风光秀丽的广西壮族自治区首府南宁召开了。我以中国民族研究团体联合会副会长之名义和代表汉民族研究分会，并受中国社科院民族研究所之委托，向大会致以衷心祝贺，对前来参加本届学术讨论会的海内外专家、学者和各族代表，表示热烈欢迎。

这次会议之筹备工作，从一开始就得到广西大学领导的重视，得到自治区人民政府、区外事部门和区社科联的支持。自治区副主席、原广西大学常务副校长吴恒同志先后四次听取袁少芬教授关于汉学会申报及筹备工作的汇报，作具体指示，并曾召开校领导全体会议。专门商议"1998 汉学会"筹备工作，成立"1998 汉学会广西大学筹备组"，由党委书记马继红同志任筹备组组长，副校长魏远安同志任副组长，进行组织领导。还成立"'98 汉学会广西联筹组"，由自治区社科联覃宏裕主席为组长，先后三次主持南宁各协作单位会议，研究筹备事宜。对此，我们表示衷心感谢。

汉民族不仅是中国人数最多的民族，也是世界上最大的民族，分布于世界每个角落。他们在世界经济史和文化史上，发挥了极其重要的作用，对世界文明的建立和发展，作出了伟大贡献。早在 20 世纪初期，我国学术界有识之士就提出，要从社会学、人类学角度对汉民族进行研究，并亲自参加实践，取得可喜成果，其中最突出和最有影响的，为我国的学术前辈费孝通先生。费先生早在 1936 年就很重视汉族地区农村经济的发展，并深入到江苏农村，运用社会学、人类学的方法和理论进行社会调查，取得重要成果，出版了《江村经济》一书，开创了用社会学、人类学研究汉族之风，受到国内外专家、学者的关注和好评，对其后我国汉民族研究起了开拓作用，并获得良好的社会效益。

半个多世纪以来，我国对汉民族之研究，一直没有中断，在大陆和台湾地区都出版了一批论著，就汉民族及其群体的历史、文化、社会等各个领域中的若干问题，进行深入研究。例如 50 年代在大陆史学界所掀起的关于汉民族形成问题和民族学界关于民族形成及其概念的争论。60 年代后至近几年，台湾李亦园、王崧兴、庄英章等先生组织主持闽台社区的研究计划和其后对华南社区的研究，以及与大陆学者的合作调研项目，对汉民族及其群体之研究皆取得不少成果。虽然 1949 年以后，在大陆，为了贯彻民族平等团结政策和出于对民族工作与科研工作之需要，把重点放在对少数民族历史、经济、文化和社会的调查研究上，而对汉民族研究有所忽略，使汉民族研究一度有所停滞。但中共十一届三中全会以来，这种状况有了很大改观。

随着我国进入改革开放和以现代化建设为中心的新时期，各民族的经济、文化事业都有很大发展，面貌发生深刻变化。当前，在各民族走共同发展、共同富裕的道路上，汉民族在改革开放和现代化建设中之作用越来越大，责任越来越重，各民族在经济和文化方面的交流日益频繁。加强对汉民族源流、历史特别是对汉民族文化、社会、经济活动、生活方式、语言文字、文化艺术、意识形态、风俗习惯和宗教信仰等诸多领域的研究和了解，进一步认识它们在经济发展中的作用与影响，对促进各民族之间的交流和合作，加强民族团结，维护祖国统一和边疆稳定，加速民族地区和祖国的改革开放与现代化建设，增强中华民族的凝聚力和向心力，不仅具有积极的现实意义，且具有重要学术价值。故大力开展对汉民族的研究，就成为各族学者共同的要求和愿望。80 年代初，我国著名专家费孝通、杨堃、林耀华、牙含章、秋浦、陈永龄、吴泽、张正明等先生，先后发表讲话或撰文，强调对汉民族研究的重要性和迫切性，受到民族学界、民族工作部门和民族科研机构之重视，在我国掀起了研究汉民族的热潮。在大陆，兴起了对客家人、闽台人、华南人和海外华人等的研究，有些单位还组织对汉民族区域文化的调查，进行对比研究，取得不少成果。1987 年，在广西民族学院倡议下，由中国社会科学院民族研究所、广西民族研究所、四川省民族研究所、云南大学历史系等单位参与发起，在广西民族学院召开我国第一次汉民族学术讨论会，我国一些著名学者给会议寄了贺信或书面发言。1989 年，在汕头召开首届汉民族国际学术讨论会和第二届汉民族学术年会。1992 年，在昆明云南大学召开第二届国际汉民族学术讨论会和第三届汉民族年会。其后，参与发起汉民族研究的单位不断增加，扩大至广西大学、汕头历史学会、中央民族大学、云南社会科学院、厦门大学人类学研究所、中山大学人类学系、广西社会科学界联合会、广东民族研究所、广东中华民族凝聚力研究会等 14 个单位。1996 年在各发起单位迫切要求下，成立中国民族学学会汉民族研究分会，聘请费孝通先生为分会名誉会长（本人勉为其难地担任会长之职），聘请中央统战部顾问江平同志、全国人大民委副主任伍精华同志、中国社会科学院副院长汝信同志以及我国著名学者杨堃先生、林耀华先生、陈永龄先生、任继愈先生等 10 多人为分会顾问，并定期开展学术活动。当年 11 月，在长沙召开第三届汉民族国际学术讨论会和第四届年会。这些学术活动，团结联系了一大批国内外汉民族研究的专家、学者，有力地推动了我国汉民族研究。与此同时，在各地成立了许多研究汉民族的学术机构和团体，并开展多种活动，如 1996 年，广西民院成立了汉民族研究中心等。多年以来，我国汉民族研究队伍不断扩大，出版了一批汉民族及其群体的研究论著，研究质量无论深度和广度都有很大提高，其中不乏精品之作。近几年来，有关汉民族研究状况，1996 年的学术讨论会上已作简要介绍，本届学术讨论会上还有专家作专题报告，在此不多赘述。

　　我国汉民族研究的发展趋势，在本届学术讨论会上，也得到了充分反映，本届学术讨论会具有以下特点：①要求参加汉民族研究学术讨论会的学者越来越多，是历届参加学术讨论会人数和提交论文最多的一次。参加第一届学术讨论会的人数有各族学者 30 余人，来自 9 个省、市、自治区，提交论文和资料 45 篇；第二届学术讨论会就超过 100 人；而本届学术讨论会各族代表人数为 133 人，来自 17 个省、市、自治区，提交学术论文逾百篇，是历届汉民族讨论会参加人数最多、代表分布最广的一次，论文数比第一届学术讨论会增加一倍多。特别是这次讨论会，请来了台湾、澳门等地著名学者参加，介绍他们多年来汉民族研究的成果，将使会议增色不少。②参加本届学术讨论会的国外和地区代表，也是历届较多的，有30多人。他们来自美国、德国、澳大利亚、索马里、波兰、几内亚、日本和中国台湾、澳门地区，其中不乏海内外著名专家、学者，这将会扩大本届汉民族学术讨论会在国际上的影响。③参加本届学术讨论会的成员所涉及的学科也是较多的。第一届汉民族学术讨论会的与会代表所涉及的学科还不多，至上届学术讨论会时，已有多种学科代表参加，而本届讨论会代表所包含的学科数更多、更全，有民族学、人类学、社会学、民俗学、历史学、考古学、经济学、语言学、文学、地理学、管理学以及文献系统和新闻编辑部门等等，是历届汉学会涉及学科较多的一次。诸多学科代表参加，对汉民族进行多学科、全方位、综合性研究，有利于提高汉民族研究之深度和广度。

根据去年云南筹备工作会议各发起单位协商的精神，本届学术讨论会的主题是"21世纪的汉族传统文化与现代化"，主要议题为：①汉族传统文化变迁与现代化，汉族传统文化对世界的影响；②汉民族区域文化研究，港澳台汉文化研究；③汉族与少数民族的相互影响；④海外华人研究；⑤汉语、汉文、汉族宗教信仰与社会发展研究。

汉民族学要研究的方面和问题很多，由于时间限制，本届学术讨论会只能主要围绕以上问题进行探讨。本届会议希望能为代表们提供一个高质量的与海内外专家、学者交流研究汉民族学习心得的机会，能创造一种宽松的学术气氛，使代表们能展开自由热烈而深入的讨论，以收到会议预期效果，把我国汉民族研究推向新台阶，为促进我国汉民族研究的繁荣与发展作出新贡献。

最后，祝会议取得圆满成功。谢谢！

（收入《汉族地域文化研究》，广西人民出版社1999年版）

成绩卓著　再创辉煌

——纪念《民族研究》复刊 20 周年笔谈

　　值此《民族研究》复刊 20 周年之际，我谨表热烈的祝贺！追溯《民族研究》自 1958 年创刊以来，特别是复刊 20 年以来的历程，作为曾分管过该刊物之负责人，倍感兴奋和欣慰。

　　我国的民族工作和民族研究之发展，经历了两个黄金时期。而《民族研究》的创刊和复刊则是这两个黄金时期的报春花。它创办于 50 年代我国民族工作和民族研究第一个黄金时期。刊物在介绍马列主义、毛泽东思想关于民族问题的理论，宣传党的民族政策，总结建国后所取得的伟大成就和经验教训等方面做了大量工作；配合民族调查和三种丛书的编写，讨论了有关的各种学术问题，取得很大收获，推动了民族研究工作的发展。但是，《民族研究》也经历了坎坷不平的道路。在其创办不久时，就受到"左"的思想理论之影响，其负责人遭到错误的批判和不公正待遇，杂志亦于 1960 年被迫停刊。

　　1976 年，党中央一举粉碎了"四人帮"反革命阴谋，特别是中共十一届三中全会以后，在以邓小平为核心的党中央领导下，制定了党的基本路线，使我国进入了以现代化建设为中心和改革开放的新时期。我国民族工作及民族研究又迎来第二个黄金时期。《民族研究》在此大背景和新形势下，终于复刊了。《民族研究》复刊 20 年来，坚持以马列主义、毛泽东思想、邓小平理论为指导，遵循理论联系实际之原则，贯彻"百花齐放、百家争鸣"方针，对学术上有争论的问题，提倡开展自由讨论，刊登了大量有关民族问题理论、民族经济、民族学、民族史、民族语言及世界民族等学科的文章，已出版 120 期，发表了 1600 余篇文章。编辑部在办刊中，坚持正确的政治方向，坚持质量第一，观点鲜明，富有开拓创新精神，从而保证了刊物的质量。很多文章受到好评并获得各种奖项，被各种书刊收录、转载，产生了较好的社会效益，受到国内外的关注和重视。因而，《民族研究》连续获得全国民族学类核心期刊排名榜首之殊荣，并于 1990 年被联合国教科文组织收入《世界社科期刊目录》。

《民族研究》编辑部除出版刊物外，还积极开展学术活动，组织召开专题学术讨论会。自 1986 年以来，已先后召开有关"民族和民族问题"、"西藏问题"、"纪念西藏和平解放四十周年"等多项专题学术讨论会，在国内外产生较大影响。总之，复刊 20 年，也是《民族研究》繁荣发展的 20 年，它为维护祖国的统一和民族团结，为我国民族工作和民族研究事业的兴旺发达，为民族地区的物质文明和精神文明建设，作出了重要贡献。

回顾过去，展望未来，不禁心潮澎湃，思绪万千。在此世纪之交，面对新的机遇和挑战，衷心祝愿《民族研究》在新的征途中，不断进取，再创辉煌。

（《民族研究》1999 年第 4 期）

加强汉文化研究 充分发挥其当代价值作用

自 1998 年南宁汉民族研究第四次国际学术讨论会后已时隔二年，今天海内外新老朋友，又欢聚在我国东南沿海福建省，交流学术，切磋问题，畅叙别后，感到十分高兴。特别是我们能在举世闻名的古代海上丝绸之路的起点、历史上我国繁华之对外贸易港口和台湾汉民族主要祖籍地之一的历史名城泉州，召开汉民族研究国际学术讨论会，倍觉荣幸。

这次国际学术讨论会是汉民族研究又一次多民族、多国籍、多学科、多层次、全方位的学术会议。参加本届学术讨论会的，有来自全国各地的各族代表 110 多人，他们代表着汉、壮、回、满、藏、苗、侗、畲、瑶等民族；有来自中国港、澳、台地区和日本、韩国、新加坡、泰国等学者20 多人。

我国著名社会学家、民族学家和社会活动家、全国人大常委会前副委员长费孝通先生，福建省社科联副主席王碧秀女士，我国著名的民族学家、人类学家台湾李亦园院士，澳门基本法委员会委员、澳门社会科学联合会主席黄汉强先生，以及其他国内外一些著名专家学者，都拨冗光临，更使大会蓬荜生辉。

本次会议可以说是宾朋满座，群英荟萃，盛况空前。对嘉宾们的到来，我谨代表汉民族研究会并以民族研究团体联合会副会长之名义，表示热烈欢迎。对促成这次聚会之东道主福建省社科联和泉州社科联的好客和热情接待，表示衷心感谢。向大力支持此次会议的省社科联副主席吕良弼先生、王碧秀女士、马照南先生和秘书长谢孝荣先生、周清源先生、泉州市社科联副主席熊志强先生、省社科院原副院长董承耕先生、历史所所长徐晓望研究员、省委党校徐遵沂教授等表示崇高敬意。

广西学术讨论会结束两年多来，我国在汉民族研究方面，又取得新的进展，有较多研究成果，出版了一批论著。已见到的有：杨国桢主编、曾少聪著《东洋航路移民》，谭元亨著《客家圣典——一个大迁徙民系的文化史》，徐杰舜教授主编《雪球——汉民族的人类学分析》、《汉民族民间风俗》，雷红锋、张俊超著《汉族丧葬祭仪旧俗谭》等书。由袁少芬教授主编《汉族地域文化研究》一书，收集了广西学术讨论会上 80 多篇文章，近 50 万字，内容极为广泛，包括民族史学、民族学、社会学等多学科的研究成果，连同前几年已出版之四部学术会议论文集，充分反映了我国汉民族研究的现状和发展。一些单位和学者，目前正在组织编写涉及汉民族之论著和丛书的也为数不少。至于各地组织和已发表的有关汉民族及其群体之历史与现状专题调查研究和论文，更是不胜枚举。

1999 年，在澳门召开之海峡两岸"中国意识与台湾意识"学术讨论会，其中也涉及台湾与大陆汉民族的历史及文化渊源关系。之后，在台北召开的海峡两岸研究生学术讨论会上，两岸学者对我国传统文化之哲学思想及其现代价值，进行深入探讨，在许多问题上都取得了共识。

我国自古以来，就是个多民族国家，在历史发展长河中，各民族共同缔造了祖国光辉灿烂的历史和绚丽多彩之文化。汉文化作为我国传统文化的主体文化，在数千年历史中，曾闪烁着金色的光辉，产生了重要的影响和作用。其文化思想观念，不仅为汉民族所继承，对大陆及台湾等地区少数民族亦产生了深远影响。汉民族传统文化源远流长，博大精深，其中包括由历史沿传下来的思想、道德、风俗、文学艺术、文物古迹、语言文字、各种制度及科学技术等等许多优秀东西，并且随着时代之需要，内容不断丰富和发展。它对中华民族的形成和发展，曾起到积极促进作用。

中国传统文化，归根到底，是由各族人民群众所创造，故它具有鲜明的人民性、群众性和代表性，有无限之生命力，这是它长存不衰，能在不同社会制度下永放光芒的最根本原因。今天我们在探索和研究汉民族传统文化时，必须要看到其人文精神和自然精神之历史光辉，并具有当代价值的作用与影响。

值此面临 21 世纪之际，是以高科技发展和网络信息技术为标志的知识经济时期，是我国现代化建设和各族人民走向共同发展、共同繁荣的关键时刻，是海峡两岸实现和平统一愿望的大好时机。我们要继续弘扬优秀传统文化，特别是要弘扬那些最能体现民族精神的精华，比如"天下兴亡，匹夫有责"的爱国主义情操；"刚健奋进，自强不息"的开拓精神；"民贵君轻，天下为公"的民主思想；"见义勇为，坚贞不渝"的英雄气概；"富贵不能淫，贫贱不能移，威武不能屈"的民族气节；"先天下之忧而忧，后天下之乐而乐"的政治抱负；"兼容宽宏，厚德载物"及"中国一统，世界大同"的豁达胸怀；"勤劳俭朴，实干力行"的朴实风格；"砥砺品学，上下求索"的民族气质；"天人合一"，战胜自然的大无畏气概，等等。这些都是传统文化中之精华，是劳动人民智慧结晶和各族人民宝贵的财富。正是这些瑰宝和先进的政治力量、雄厚的经济基础及悠久的历史渊源，几千年来营造了我们中华民族强大的向心力和凝聚力。

特别是传统文化中的爱国主义思想，在我国历史发展过程中，已形成为我国各族人民共同的道德观念和行为准则，成为吸引各族人民强大的凝聚力和向心力。在我国历史上，无论是汉族政权抑或少数民族建立的政权，从不自外于中国。它们都自称中国，都以统一中国为己任。特别是近代以来，在我国的反帝、反殖、反封建斗争中，各民族更结成为一个统一的不可分割的整体。它曾激励着无数中华各族儿女为祖国统一、民族富强、社会进步，而进行英勇顽强、前仆后继的斗争，使中华民族百折不挠，历韧不衰，巍然屹立于东方。

而在当前，中华民族的优秀文化和爱国主义光荣传统，在新的历史条件下，仍将继续放射其光芒。它是我国当代海峡两岸实现和平统一和"一国两制"深厚的思想基础；是弘扬民族精神，振兴中华，战胜自然，实现共同富裕的精神支柱，具有当代价值和重要现实意义。因此，作为民族学家和汉民族文化研究工作者，今后除继续研究传统文化的形成、特点、内容、作用和交融外，要着力研究新的历史条件下，在当前市场经济和社会经济活动中，如何继承和发扬中华传统文化；汉民族在实现现代化与各民族走共同富裕、发展道路中的责任和义务；中华文化如何成为教育人民、提高人民素质的精神武器，而发展为当代文化重要组成部分；汉文化与海峡两岸实现和平统一及"一国两制"模式之关系，等等。以充分发挥汉文化在振兴中华、建设祖国中的作用，并作出新贡献，这是我们责无旁贷之责任。

我国传统文化和汉文化，形成和发展于各个历史时期，既有历史的特点，又有局限性。我们要使汉文化进一步发扬光大，就必须科学地继承和发展，赋予其新的内容，使之不断地完善和创新，以适应新形势和时代发展的要求。我们重视传统文化，并非"发思古之幽情"，故对其不能抱残守缺，照搬照抄，需要运用科学方法加以批判地继承，取其精华，弃其糟粕，做到"鉴往而知今"，以便更好地为现实服务，为海峡两岸统一大业服务。尤其要面对世界，面向未来，清除民族虚无主义、分裂主义、闭关自守、因循守旧或崇洋媚外等消极因素，要立足于弘扬基础上的创造，不断地吸收引进外来先进文化，研究其演变和发展的全过程与规律，研究其与现代化关系，与当代文化之关系，与社会之关系等等。

总之，中华传统文化与汉文化要研究的问题很多，任重而道远，需要有一个长期研究计划来逐步实现。而本届学术会议，由于时间有限，只能有重点地讨论大家所关心的几个问题。

本届学术讨论会主题是：汉族历史源流与 21 世纪汉族文化交融展望。其下设若干分题讨论：

（1）汉族的亲友族系、血缘与亲缘关系及宗教信仰问题研究。

（2）儒家文化对汉族及其群体的作用、影响与展望。

（3）中华传统文化和爱国主义的向心力与凝聚力。

（4）台湾汉族人民在中国近现代反帝、反封建和维护祖国统一斗争中的地位与作用。

（5）海外华人、华侨在祖国繁荣富强事业中的作用与贡献。

以上所提问题，仅供代表们讨论时作参考。

这次会议，还有一项重要内容，就是要进行学会改选工作。汉民族研究会从 1996 年正式宣布成立（实际上 1994 年就酝酿成立了）至今，已有四年。按照学会章程规定，每四年学会领导班子要换届。我们衷心希望本届会议能产生新一届精干的领导班子，使今后学会的学术活动能更加蓬勃地开展起来，把学会工作搞得更好，取得更多、更大成就。

（《中央民族大学学报》2001 年第 1 期；收入《中华文化与海峡两岸汉民族研究》，中国社会科学出版社 2002 年版）

加强儒家思想研究,建设和谐小康社会

——齐鲁文化暨汉民族形成与发展国际学术研讨会开幕式致辞

女士们、先生们:

这次我们有机会来到孔孟之乡齐鲁文化源流地之山东,参加 2005 年齐鲁文化暨汉民族形成与发展国际学术研讨会,感到十分荣幸。山东,是中华民族传统文化荟萃和交融地,遗存有很多文物古迹。今天,新老朋友从各地赶来,欢聚一堂,在春秋战国诸子百家讲学争鸣之地,共同研讨切磋以儒家思想为核心之我国传统文化和齐鲁文化,不仅具有学术理论意义,更具有积极现实意义。但此意义并不完全为世人和学术界所共识。据说,有些美国学者对我国学者说:"你们在经济上要赶超美国,谈何容易,恐怕永远无法实现,因为你们头脑中充满着几千年的儒家思想。"据报载,一位旅美学者,以所谓西方文明标准,指责我国提倡研究孔子思想和复兴国学,是"体现了国学派对融入世界的不甘心"。有些国内学者,亦作如是观。例如,有位上海学者用充满戏谑的笔调,把倡导儒学的网上帖子,斥为"一夜之间刷满电线杆的老军广告",进行冷嘲热讽。总之,他们对我国以儒家思想为核心传统文化之精华,采取否定态度。

我们当然尊重个人对文化的不同看法,但如果连国际上已将儒家文明、基督教文明和伊斯兰教文明并列为当代现存"古文明形态"之共识都不愿面对,这显然不是一种令人信服的实事求是的客观态度。诚然,我国传统文化是历史上所形成的,形成于封建社会。但形成于封建社会之古文明、古文化和意识形态,绝不都是糟粕;其中许多方面是属于优秀的,是精华，不受时空变迁、社会制度和生产方式之限制，是永远向上和催人奋进的，也是我们需要继承发展和发扬光大的。它们能为现实之政治、经济和文化服务，正如今天资本主义之物质生产和意识形态中许多有益的东西和优秀文化，能为我国社会主义建设所借鉴一样。"文革"期间，"四人帮"妄图通过打倒孔家店，全盘否定儒家思想，实现篡党窃国之目的，但其阴谋未能得逞，并为人民所唾弃。"文革"后，我国进入以经济建设为中心和改革开放新时期，党和政府在着力抓经济建设的同时，也重视抓意识形态领域，以充分发挥其对经济发展之促进作用。其中包括大力提倡对儒家思想、儒家学说做深入研究，并设立一些学校和研究机构，如孔子学校、孔子学院、孔子研究院、华夏文化研究中心和其他一些国学研究机构，编纂儒家典籍汇编，筹建中华文化标志城等等。近几年，我国政府所制定的一些内外政策，如对外实行以"和为贵"政策，对内实行"以人为本"政策、法治和德治相结合之政策，提出建设小康社会战略目标，并在儒家重仁爱的思想基础上，于2004年中共十六届四中全会上，又提出要建立和谐社会主义等等。这些政策和理想信念，汲取儒家文化的精华，重塑了传统价值观，是修身、齐家、治国、平天下之入世哲学思想的具体反应。总之，儒学作为现存之古文明形态，最能集中地表现中华民族传统文化之精髓，是中华文化之代表。故重视和加强对以儒家思想为核心的中华文化三大传统之研究，对弘扬优秀传统文化，培育民族精神，凝聚海内外华人情感，促进祖国统一，建设和谐小康社会，促进社会主义建设事业之发展，都将起到重要作用。因而，本次会议确定以儒家思想和华夏文化为主题，不仅具有理论学术价值，还具有积极现实意义。衷心祝贺此次学术会议能开好，开得热烈，开得成功，有所创新，对今后儒家思想和齐鲁文化之研究以及对汉民族发展之探讨，都能起到积极推动作用。

此次会议，还有一个任务，即汉学会的领导班子进行改选。学会四年一改选，已到时间，衷心希望本次会议能选出一个业务精、能力强的领导班子，为汉学会今后活动的开展，作出更大贡献。

我们这次会议的承办单位，为山东师范大学齐鲁文化研究中心、济南市委宣传部、章丘市委市政府，他们在人力、物力、财力上都大力支援，做了很多工作。我代表中国社会科学院民族学与人类学研究所和汉民族学会，向王志民副会长和师大校领导，向大力支持此会的济南市委宣传部、章丘市委市政府诸领导，向积极参与筹备工作的仝晰纲教授和热情接待与会代表的所有工作人员，表示诚挚的感谢。

参加本次会议的有来自国外的学者，有来自许多地区的各族专家学者，我们表示热烈欢迎；对你们不辞辛劳，积极支持本次学术活动，亦表示衷心的感谢。祝会议取得圆满成功！

（收入《齐鲁文化研究》总第四辑，山东文艺出版社 2005 年版）

新疆调查纪行

　　20 世纪 50 年代，我国正处于国民经济恢复、步入社会主义建设时期及民主改革与社会主义改造时期。民族地区的民主改革和社会主义改造，使我国少数民族地区遗留下来的原始社会、奴隶社会和封建社会初期等前资本主义诸社会形态，正面临着急剧和深刻的变化。为制定适合我国民族地区社会主义改造和社会主义建设的方针政策，提供实况和科学依据，并为"抢救落后"，对人类社会发展进行科学研究，1956 年 3 月（距今 50 年），时任中共中央主席的毛泽东同志，指示要在全国范围内，开展大规模少数民族社会历史调查工作，责成时任全国人大常务委员会副委员长的彭真同志主持此项工作。同年 6 月，彭真同志传达了毛主席的指示精神，并委托人大民委主任刘格平同志，具体负责此项组织领导工作，制定社会历史调查工作的全面规划，积极进行各项准备工作。规划"要求于四年到七年内基本弄清楚各主要少数民族的社会经济结构和阶级情况"，"首先调查各民族的社会生产力、社会所有制和阶级情况，尽可能收集历史发展资料和特殊的风俗习惯，进而对各民族历史作系统的研究"（参见宋蜀华、满都尔图主编《中国民族学五十年》）。《规划》经中央批准后，即批转至各省、市、自治区和民族地区，要求各有关省委和自治区党委，加强对此项工作的领导。因而，各省、市、自治区党委和人民政府对全国性的社会历史调查工作都十分重视，并在组织领导和人力、物力等方面大力支持。中央责成财政部设有调查经费专款，并不设限额，以保证调查工作之顺利开展。人大民委和中央民委进行具体组织实施，从科研单位和高校抽调一大批人力支援调查工作，调查人数最多时，全国共达到 1000 余人。调查前，所有调查人员都进行专门培训，由专家、学者和民族工作者，合作拟订调查提纲。认真学习调查提纲和调查人员守则，学习调查研究方法和调查中必须遵循的规章制度与行为准则。有的调查组，例如新疆调查组等，还根据调查地区气候、地形等条件，统一置装着装，如军大衣、皮靴、毡靴、毡袜、防雪镜等等。在组织领导、思想、物质等方面，做好一切准备工作后，诸路调查大军满怀革命激情，浩浩荡荡地奔向各民族地区。

一　踏上调查之艰苦征程

1956 年 8 月，民族地区的社会历史调查工作正式启动。当年成立 8 个调查组，即新疆、内蒙古东北、西藏、云南、贵州、四川、广西、广东等。新疆调查组组长，为我国著名辽金史专家冯家昇教授（原中央民院研究部教授，后为中国科学院民族研究所研究员），副组长为维古尔·沙依然（维吾尔族，原中科院新疆分院筹委会副主任）、谷苞（原中科院新疆分院筹委会副主任），组员由北京和新疆地区科研单位与新疆大学共同派遣，共 15 名。1958 年，在全国各方面工作"大跃进"形势下，为了要加速完成全国少数民族社会历史调查任务，人大民委决定，把调查组增加至 16 个，并大力充实原有 8 个调查组的力量，在全国少数民族地区开展全面和大规模的社会历史调查工作。为适应民族调查形势，1958 年，新疆调查组无论在领导力量抑或调查人员的数量与质量方面，都有很大的加强和提高。领导方面，进行了组织调整，除冯家昇教授仍任新疆调查组组长，谷苞同志仍兼副组长外，由北京方面，派遣中科院民族所筹委会领导人之一的侯方若同志为调查组常务副组长，全面负责调查组的日常行政管理和业务领导工作。为便于开展调查工作和解决一些实际问题，新疆维吾尔自治区党委并派遣乌鲁木齐市市长牙生同志（维吾尔族）为调查组副组长。调查组人数也大大扩充，由原 15 人增加至 50—60 人。他们是由中科院民族所科研人员冯家昇（已故）、侯方若（已故）、定正清（已故）、杜荣坤、萧之兴（已故）、刘伯鉴（已调出），中央民院教授程溯洛（已故）、张锡彤（已故），预科教员李进、董文芳、陈桂兰、哈密（已故）等和该校干训部新疆班与历史系高年级学生，北京大学考古专业和历史专业的毕业班学生以及中国历史博物馆史树青、中央音乐学院黄继堃、郭石夫和文化部少数民族音乐研究所简其华、郭瑛（已故）等专业人员共同组成的。加上后来新疆维吾尔自治区党政部门、科研单位和高校及各自治地方派遣的人员，调查组人数最多时达到 100 多人。当时新疆维吾尔自治区党委，决定将新疆调查组常设机构设在乌鲁木齐市新华北路自治区政协和宗教事务处大楼内。调查组总部设有专门办公室，有专职办公室主任（刘永谦）、专职秘书（定正清）、专职会计（李燕萍）、专职图书管理员（周宝钰）、专职打字员（朱美珍）等。调查组在新疆直辖于自治区党委宣传部和统战部，由宣传部部长富文同志、统战部部长冯达同志和副部长宋筠同志、自治区人民政府办公厅主任石实同志等亲自领导，上下关系组织得甚为严密。

新疆调查组总部下又按民族调查设 9 个分组，它们是：维吾尔族分组，组长为中科院民族所定正清同志；哈萨克族分组，组长为北大黄增强同志；柯尔克孜族分组，组长为中科院民族所杜荣坤同志；塔吉克族分组，组长为中科院民族所萧之兴同志，副组长为北大穆舜英同志；锡伯族分组，组长为中科院新疆分院萧育民同志；乌孜别克、俄罗斯、塔塔尔分组，组长为北大李桂海同志；蒙古、满、回族分组，组长为中央民院杨光楣同志。另有自治区概况组、伊犁哈萨克自治州概况组等。

1958 年 7 月，中央民委根据当时"大跃进"之形势，提出"民族研究工作大跃进"规划。要求各调查组在社会历史调查工作中，完成民族问题"三种丛书"（"简史"、"简志"和"自治地方概况"）编写工作，并要求在一年内完成，作为向 1959 年建国十周年的献礼，以反映建国十年来在民族工作方面所取得的伟大成就，反映党的民族政策光辉照耀下，民族地区的深刻变化和新的民族关系，向各族人民进行社会主义、爱国主义和民族政策的宣传教育。按照《跃进规划》，要求新疆调查组在一年内需完成 8 个民族"简史""简志"和"史志"合编 10 册，新疆各自治地方概况 12 本（后者主要由地方负责），任务十分繁重。因此，新疆调查组诸分组在各项准备工作落实到位后，即纷纷下到基层，围绕着调查提纲和三套丛书编写任务，开展全面的少数民族社会历史调查工作。

新疆少数民族社会历史调查工作是在极其艰苦的条件下进行的。新疆面积为 165 万平方公里，占全国总面积的 1/6，地域辽阔，地形复杂，气候多样和多变，交通不便，给调查工作增加了很多困难。当时，由内地至新疆首府乌鲁木齐还不通火车，只能从北京坐火车到甘肃兰州后，再转车至甘肃柳园，改坐军事运输车到乌鲁木齐，在路上要走三天，沿路尽为一望无际的戈壁滩、荒漠和山脉。在阳光反照下，蒸气腾腾，十分炎热。途经吐鲁番戈壁天山时，因其土壤为红色，在炎阳照射下，受热气蒸发，呈现出一片红色雾气，似同红色火焰，此即为火焰山之来历。新疆昼夜温差较大，到新疆调查，四季都要穿上皮大衣。有人感到很奇怪，说夏天到新疆调查，还要穿皮大衣，表示不可理解，但只要到新疆调查亲身经历后，就会感到这是不可或缺的。穿皮大衣，日晒时用来遮阳，日落后当做棉衣被御寒。由柳园坐 3 天车到乌鲁木齐后，如去南疆喀什一带调查，还要坐车 7 天。到喀什后如去和田地区调查，又要坐车 3 天。我组到南疆进行柯尔克孜族社会历史调查，要先到喀什前一站克孜勒苏自治州首府阿图什设驻地，从乌市出发坐车，亦要 5 天才能到达。由驻地再下至县区和调查点，还要坐车或骑马、骑骆驼走好几天。当时条件较差，在新疆调查，长途跋涉是十分辛苦的。从甘肃柳园改坐军输车进入新疆境内后，由于军输车无座位，队员们为赶路，每天五六点就要起身，赶紧捆扎随身携带的行李，在车内排成四列座位，一个个紧挨着面对而坐，两腿不能动弹，也无法伸直。至晚上九、十点，车到戈壁滩预定的宿营地，又赶紧打开行李，在孤零零大平房中，排列成数排，席地而卧，常常是和旅客老乡们数十人紧紧地挤在一起睡。如此多日，日晒风吹，天寒地冻，加上戈壁滩上，时常狂风大作，前后运输车急驰而过时，沙土飞扬，满身尘埃。每天起早落晚，疲于奔命，极度疲劳。但在当时毛主席的号召和"大跃进"的形势下，无论是老教授（当时只有 40 多岁），还是中青年，没有一个叫苦叫累。在行车途中，调查队员们个个精神抖擞，情绪饱满，常常是不断高歌，前后呼应，互相激励，直至到达各分组的调查之中心驻地。

各调查分组驻地，一般都设在自治州首府，由自治州出发，再下到各县、区、乡和最基层之调查点。维吾尔族调查点一般都在较为宽广平坦的农业地区，而哈萨克、蒙古、柯尔克孜、塔吉克等族的乡村和牧区，一般都在天山和昆仑山内。特别是南疆的柯尔克孜族和塔吉克族游牧区，一般都在喀喇昆仑山系深山支脉内。这些民族的乡镇和牧区，地处世界屋脊帕米尔高原慕士塔格山（号称冰山之父）境内，到处是崇山峻岭，深山峡谷，路途十分艰险，有的与外界几乎隔绝。只有山间羊肠小道，通往各乡村牧区，且大多是悬崖绝壁。在只有一匹马宽的羊肠小道旁，即为深山峡谷，故常发生人畜坠落谷底的惨事。令人感到很遗憾的是，此不幸竟果真在调查组队员身上发生了。与我们相邻的塔吉克组，在深山牧区调查时，有位调查队员（文化研究院音乐所研究人员）骑马在险道行进时，与对面来的骑驴老乡擦肩碰撞，结果连人带马坠入深谷，马摔死了，人躺在马身上，所戴手表摔出很远，完全粉碎。人躺在马背上亦昏迷过去，急送喀什专区医院救治，经检查当时未发现有严重内伤，幸好人还活着（回京后隔两三年，到山东劳动锻炼时，因胃出血死亡）。

在牧区调查，因地势崎岖不平，或因深山峡谷，多羊肠小道，马和骆驼是主要运载工具。调查队员必须学会骑马、骑骆驼。马背较宽，骆驼背更宽，故骑时两腿要分得很开，无法动弹，一天骑下来，两腿麻木酸痛，特别是女同志到目的地躺下后，就不能动弹。由于马行几天，不仅人累，牲口也很疲乏，不堪重负，以致亦常常失蹄。而我们骑骆驼开始未得要领，被扶坐上骆驼背后，骆驼起立时，后腿先起，而前腿尚跪地未起，其高大驼身就成为一斜坡，而坐者猝不及防，常从骆驼头上栽下翻落在地。好在队员们都身裹皮军大衣，像皮球似的滑落下来后，不致受伤，只是出现一幕幕惊险动作而已。我自己亦摔过好几次，惹得周围牧民和队员们捧腹大笑。

二　无私奉献，忘我工作，克服种种困难

调查队员到调查点后，白天骑马搞调查。调查中，同志们都认真听调查对象介绍情况，想问题，提问题，做好笔记和录音，拍好照片，民族同志还要做好翻译，往往要连续工作好几天。谈话时间长了，有些调查对象便显出疲怠现象。为了提起他们的兴趣和精神，鼓励调查对象保持精力旺盛状态，尽量多讲和多介绍情况，调查队同志特别是民族同志还要和调查对象联络好感情，搞好关系，请他们喝茶、抽烟、喝酒、安排好吃住。这些都是行之有效的办法，但经费开支常常无法报销，有时只好调查队员自己掏腰包。调查工作白天时间不够，有时晚上还要继续进行。晚上回到住

处，队员要按规定及时整理原材料。南疆山区牧区一般无电灯，有些经济条件稍好的牧户和机构点煤气灯。调查组每天点蜡烛工作，在县里工作时，虽有电灯，因是地方自备的发电机瓦数较小、灯光很暗淡，仍需点上蜡烛才能工作。同志们每天都要工作至深夜才休息，无星期天和休息日，几乎天天如此，月月如此，年年如此，表现出顽强的革命干劲。牧区（包括州县在内）厕所一般都比较简陋，挖几个坑，上面铺一层板，撒些泥土就成为厕所，臭味很浓，故常设在远离宿舍处。夜半上厕所，都要披上衣服，走一段远路，寒风凛冽，呼啸刺骨，感到浑身透心凉。

　　南疆山区和牧区，地势复杂，气候多变，且温差很大，有时天气看来很晴朗，突然之间就乌云密布，狂风大作，雨雪交加，变幻莫测。为截车赶路，我们常在深夜搭过路车（很少遇到）赶路。记得 1959 年冬，气温很低，在 –40℃ — –50℃，我们连夜搭便车去阿合奇县柯族地区调查。寒夜冷得人直发抖，幸好所搭车运载的是皮大衣，每人随手抽出四五件皮衣盖在身上，仍寒冷不止。好不容易到了目的地，手足已麻木，竟无法立即下车。后取火温暖好久，才恢复正常。

　　我们调查期间正处于国家经济困难时期，物资供应极为紧张，日用品和副食品都限量凭票供应，到饭馆吃饭要凭粮票、油票。买豆制品要凭豆票，买洗衣用肥皂要凭肥皂票，连抽烟都要凭票供应，全国如此，新疆亦不例外。在生产农副产品的广大农村，供应亦很紧张。1960 年左右，我们奉命去克孜勒苏自治州阿克陶县农村作短期工作，在公社食堂吃饭，每天只吃两顿很稀的玉米糊糊（乌麻什），其他主食什么都没有，更无副食补充，常常饿得眼冒金星，四肢无力。特别是南疆之山区和牧区，地广人稀，交通不便，有些地区寒冬大雪，要封山半年之久，虽提前作了食物储藏之准备，但毕竟有限。牧区粮食供应少。大城市每人每月一般供应粮食 30 斤，而在牧区每个牧民每月粮食只供应 16 斤。牧区牛羊肉稍为充裕，但亦要限量供应。蔬菜基本上不供应。那时当地牧民一般还不习惯吃蔬菜，更无种蔬菜之习惯，他们把蔬菜亦看作是草类（把地上长的都看作为草类），当时牧民主要是以肉食和奶制品来补充，也吃一些从维吾尔族传入用面制作的烤馕。他们经常和我们开玩笑说："我们牧民是吃肉长大的，维吾尔族是吃面长大的，汉族是吃草长大的。"因为粮食、蔬菜很少，而调查途中活动量又大，很容易饿肚子。由于各地当时出现的浮夸风，虚报数字超额上交国库，使各地农业实际产量和能留下的粮食大为减少，牧区牲畜需大量支援外地和内地，加上"大跃进"中人为因素和有些地方气候等自然因素，导致有些牧区的牲畜亦大量减少。但牧区人还是能设法弄到些肉食来补充粮食和蔬菜的不足。调查组在当地政府和牧民照顾下，常常能买到羊，请人宰杀后，切成大块肉，将它们放入盛水的大铅桶中，以三块石头搭作支架，用牲畜粪便或树枝作燃料煮开，并就地捡起几块含盐的石头（当地有丰富盐矿等资源）放入水中，烧煮几小时后即可食用（烧煮时间按食用需要而定）。另外，我们常以煮喝砖茶来解油腻和补充蔬菜的不足。

到调查点后，我们一般住在牧民毡房中，实行"三同"，和牧民同吃、同住、同劳动。柯尔克孜族的住所一般与其游牧和半游牧生活相适应。他们根据季节变化和农牧业生产的需要，分别居住毡房（勃孜围）、土房（塔木围）和木房（吉戛其围）。毡房下半部为半圆形，上半部为塔形，由芨芨草和木栅围成，四周覆盖厚毡。毡房中有一圆形无遮拦的天窗，日见白云，夜见星星。刮风时摇曳不止，雨雪都能飘落进来。新疆牧民素以好客和重礼仪著称。主人让我们坐在毡房中央地毯位置上，前置炉火取暖做饭。在困难年代，他们自己节衣缩食，饥肠辘辘，但却为我们做最好吃的。主食种类颇多，并不断变换花样，有牛羊奶、牛羊肉、奶疙瘩、奶豆腐、油馓子、油果子、烤馕、烤包子、抓饭（用牛羊肉和胡萝卜、葡萄干等煮蒸的米饭），还有牛奶面条、牛奶稀饭、牛奶馄饨，等等，其种类之丰富，使我们甚感意外。据说最后几种食物都是从维吾尔族地区或汉族地区传入的。晚上，主人让我们睡在毡房中央地毯上，用多条棉被盖在我们身上，使我们感到很温暖。好客和重礼是新疆牧民的特点，来客不论是生客还是熟客，家家都要热情接待，并必须宰羊招待。如果哪家招待不好，往往要遭受舆论谴责。牧户的盛情招待使调查组同志常常过意不去。此习俗可能与其所处的周围自然环境和牧区地广人稀有关。居住分散，常常见不到几个人，见人就是客，感到很亲切，就要热情接待，并成为历史上长期以来的习俗。

冬天，在新疆农业区调查时，遇到一个很大难题，就是吃水问题。新疆农村基本上是靠天吃饭。农村中人畜饮水都靠挖沟蓄水，称涝坝，为死水。人畜一冬即靠涝坝之水维持。牲畜在涝坝中喝水拉屎，而农村洗用饮水，亦都靠此水。由于涝坝水为不流动的死水，加上人畜共用，很脏，有强烈异味。调查组员做饭和喝水，要用高温烧煮后再饮用，茶水常常无茶味。同志们整个冬天都无法洗澡，直至返城后，才能洗澡和换洗衣服。

面对各种条件的限制和诸多困难，调查组同志的工作情绪并未受到影响。来自四面八方和各单位的同志，决心克服一切困难，要在社会历史调查和民族史志丛书编写工作中，不辜负中央期望，作出自己的贡献。生活上，同志之间和各民族之间，说说笑笑，如同兄弟姐妹，亲如一家，互相帮助，互相照顾，合作共事，亲密无间，充分表现出革命乐观主义精神。

总之，在新疆农牧民的支持和帮助下，在同志们的精诚团结下，使我们的民族调查工作得以顺利开展，并完成调查的预定计划。因此说，我们的社会历史调查工作所取得的成就，都是与新疆各族人民的支持和同志们的努力工作分不开的。

三　各级党政部门的爱护关怀和大力支持

我们的社会历史调查工作，也是在各级党委和政府部门的大力支持和亲切关怀下顺利进行的。首先在生活方面，自治区党政领导，对调查组的生活很关怀、照顾。他们知道调查组同志来自四面八方，大多来自大城市，知识分子出身，下来调查既是完成中央的任务，亦具有锻炼的意义。故对调查组同志们体贴入微，百般关爱，除安排好同志们的食宿外，在生活上也多方照顾。当时正值国家经济困难时期，物资供应极为紧张，自治区党政部门常常批条作为特殊情况，解决调查组同志们的吃肉、抽烟等问题。特别是由于乌鲁木齐市长兼任新疆调查组副组长，批条机会就更加多了。在乌市，自治区党委每周为自治区领导放映内部电影时，都要把调查组同志用车接到自治区小礼堂一起欣赏。每周在新疆最高级的昆仑宾馆举办舞会时，都要把调查组的同志接去娱乐。1958年下半年调查组刚到新疆不久，就遇到1959年春节，自治区党委通知各州委，统一设盛宴招待各所在调查组分组的同志，由州委秘书长亲自作陪，要大家开怀畅饮，一醉方休，使大家虽身处异乡，但都感到如在家一样，非常亲切温暖。我记得当时柯尔克孜族分组的同志都被劝喝得酩酊大醉。我因作为组长，为全组免出洋相，稍加自控，头脑还算保持清醒，但因盛情难却，又不善酒量，也已喝得昏昏沉沉，东倒西歪了。适逢第二天新疆调查组总部常务副组长侯方若同志携带秘书等，乘专车风尘仆仆地巡回到自治州检查分组工作。因事先并未通知，我分组毫无准备，很多队员还在昏睡中，使我感到很紧张，手足无措，只好生拉硬拽，将昏睡中的同伴们一一叫醒。他们也目瞪口呆，糊里糊涂与侯方若等人见面，匆忙作了口头汇报，并将州委招待我组剩下的佳肴，招待侯等一行，请他们美美地吃了一顿。

自治区各级党政部门，对调查组工作上的支持更是尽心尽力。调查组下去调查，肩负调查工作和"简史"、"简志"编写工作的双重任务。其工作重点是要广泛收集历史和现况的材料。特别是要下到党政部门的具体业务部门与档案部门，收集大量机关所藏文字资料，只有掌握了国家机关大量已有资料，才能做到心中有数，明确重点，在此基础上，开展大规模的调查研究工作。因此，调查工作的第一阶段，是首先要下到各单位收集档案资料和已有的调查资料，这得到各党政部门的全力支持。20世纪五六十年代，各部门的档案，尚处于杂乱无章未整理的状况，但却允许调查组同志随便翻阅，只要调查组同志认为有参考价值和需要，就允许将原档案卷宗，借调至调查组驻地翻阅抄录使用。我印象中，当时新疆调查组各分组，从自治区一级机关中借档案就有好几百份卷宗，且因工作需要，一借就是好几个月，有的分组甚至根据这些材料，将《简志》和《概况》初步搭好框架后，才将材料还回去。分组下到各州县后，各州县党政部门，亦都向各业务部门打招呼，不论公开或内部的材料，对调查组的同志，都给予全面开放。只要调查组同志要调查了解什么问题和什么人，州县党政部门和各业务部门都予以全面配合和充分合作，并进行具体的组织领导工作。基层各区乡，根据我们提出的要求和问题，干部和群众都积极提供调查对象的线索和名单，协助我们确定调查计划，特别是牧区居住分散，往往为找调查对象，骑马或骑骆驼要走好几天。为节省时间，提高工作效率，各级党政部门都设法或派人去通知这些对象，到县、区、乡集中，为调查组同志提供各种方便，创造各种条件，对调查组工作的支持，真是做到了家。他们把调查组的工作看做党政部门自身的工作，使同志们深受感动，受到很大鼓励，更加激发了对工作的积极性。工作中，各级地方党政业务部门，常把调查组同志当作自己的工作人员，特别是对北京下来的同志更是热情接待，十分尊重，关怀备至。调查组同志也主动和地方同志搞好关系，自觉尊重地方同志，有事及时向领导和当地干部报告请示，主动征求意见。在工作中和地方同志建立了深厚的感情和友谊。地方领导甚至要把调查组同志全部留下，作为地方工作人员。

1962年，当柯尔克孜族组结束在克孜勒苏自治州工作即将返回乌鲁木齐和北京时，买好车票后去向州委书记赵子和同志告别，他突然提出要我们都留下，不要走。并表示不用通过人事调动关系，即可办好留下的手续，一切由自治州日后和所在单位联系，留下的手续他们会替我们办理，不用我们管，只要我们留下即可。此举使调查组同志们都深受感动。由于问题提得很突然，同志们思想上都无留下的准备。我作为组长，当时要我随即表态，真感到很为难，不知所措，同志们的思想和情绪亦很矛盾。同志们在自治州调查工作时间长了，工作、生活上都受自治州各部门上下包括食堂炊事员和管理人员在内的干部群众的多方热情照顾，和自治州的领导，如秘书长、统战部部长、各业务部门领导及普通工作人员，都已有深厚的感情。承蒙他们好意，要把我们留下，盛情难却，但内心又不很愿意留下，仍想回乌鲁木齐，回北京。特别是我作为组长，不经请示组织和上级就擅自将全组同志留下，作为党员干部从组织原则和组织性纪律性方面，也不允许自作主张，不好向自治区和北京交代。最后经过思想斗争，我还是婉言谢绝了，并表示要回去请示，自己不便做主，请地方领导谅解。自治州领导对我们的答复很惊讶，亦很失望，有不悦之感，另一方面又感到很惋惜和遗憾。为避免夜长梦多，发生变化，调查组同志都催着赶快上路。但同时又抱着依依不舍和惜别心情呼着"克孜勒苏自治州别了，再见了"，匆匆踏上归程。这次虽未留下，但后来新疆调查组工作结束后，有好几位留在新疆工作，如我组的郭平梁（北大）、赵德安（民院）、哈密（民院）、胡加西（调查组）、阿利亚尔（调查组）和其他组的穆舜英（北大）、王治来（北大）、汤永才（北大）、钱伯泉（北大）、刘志霄（民院）、郭蕴华（民院）、王纯强（民院）等等。我组也有个别同志愿回克孜勒苏工作，如胡加西同志（柯族，原在自治州党校任职，后为自治州师范学校校长）。他们之中有些人后来成为我国著名的研究新疆问题的专家、学者。

政治思想方面，新疆维吾尔自治区领导同志对调查组同志亦很关心。

要党员都参加所在单位党组织的活动，和当地机关党员领导一起过组织生活。在乌鲁木齐总部政协和宗教事务处大楼内时，调查组党员都在由政协秘书长负责和宗教事务处处长参加的支部过组织生活。在开展反右倾运动中，调查组开了好几天会，为掌握好政策和分寸，不致过火和犯错误，自治区统战部副部长宋筹同志都亲自参加，每次发表的讲话，都语重心长，很稳重。对调查组内犯错误的同志，自治区各级领导亦都采取爱护和宽容态度，一般不予追究。新疆调查组塔吉克族分组，有位民族所俄语翻译干部，利用组内在南疆中苏边境牧区调查机会，企图越境到苏联，去会见其女朋友（中苏关系友好时，通过苏编《中苏友好》杂志而结识的俄罗斯姑娘，未见过面，通信谈恋爱，后中苏关系破裂恶化，无法来往）。塔什库尔干政府据调查组报告后，即兵分三路，快马加鞭，追至苏、巴、阿边界搜索。由于他在中苏边境上被牧民牵制，拖延了时间，又不熟悉边境山脉地形，最终越境未遂，被我边防部队抓获。后由塔什库尔干自治县押送到喀什和乌鲁木齐。在当时中苏对立和关系恶化形势下，这种行为一般会被视为叛逃性质，受到刑事处分。但自治区领导鉴于此人为调查组人员，又是北京下来的，故未追究和进行刑事处分，而是交回调查组教育处理。后被调查组遣回北京，受到团内批评处分。此例充分说明，自治区党政部门，对调查组犯错误的同志，是抱着以教育为主的精神和宽容态度的。

四　学术上之收获

民族调查组自 1956 年组建，1958 年扩建，开展大规模社会历史调查工作以来，至 1964 年调查工作基本结束。参加调查组的北京和地方各单位的工作人员纷纷回原单位，一部分属调查组编制的调查人员，部分分配到地方工作，余者划归哲学社会科学部，新疆调查组的安尼瓦尔、阿不都热西提亦被分配到民族所工作。新疆调查组经过多年社会历史调查工作，在各级党委领导和大力支持下，在全体调查人员积极努力下，基本上完成了组织交给的调查和编写任务，取得很大成就，主要表现在以下几个方面：

1. 收集和积累大量丰富的学术资料

1956—1964 年调查期间，新疆调查组收集和复制了大量历史和现况的调查材料。包括档案、文献资料、调查材料、民族文献古籍、民族文字契约和经卷、照片资料、录音资料（音乐、舞蹈、文艺等）、电影资料，据我初步估计，约有数百万字。这些资料都有较高的学术价值，并涉及许多重要学术问题。诸如新疆诸民族的族名、族源和分布问题，建国前维吾尔社会性质问题，墨玉县夏合勒克乡的农奴制问题，牧区宗法封建制问题，哈萨克族部落组织世系问题，杨增新、金树仁和盛世才对新疆统治问题，苏联十月革命对新疆影响问题，中国共产党在新疆的活动和影响问题，三区革命问题，南疆蒲犁革命问题，新疆的民族问题，新疆的宗教问题，建国前新疆社会问题，新疆的和平解放问题，建国后新疆社会、政治、经济、文化的恢复、发展和变化问题，民族文化、艺术、宗教和习俗问题等等。这些材料原都存放在民族所，后由于"备战"和"文革"的干扰与冲击，多次变动存放地点，已散失很多，现尚有一部分在我所图书馆，一部分调查材料已出版。特别是新疆调查组收集到的维吾尔族古文献，如《热西得史》、《安宁史》、《伊米德史》、《拉施得史》等等和七八百件古维文契约，具有重要历史价值和学术价值。有的尚未整理，有的如古维文契约等已作为重点科研项目，正在加以整理、注释和研究。

2. 科研成果

新疆社会历史调查工作，自 1958 年 8 月至 1963 年，基本上都是围绕着"史志"编写任务进行的。原定的"自治地方概况"，最初经由调查组搭起框架，后都交由地方党政部门负责编写。1964 年，由新疆承担的"史志"丛书初稿工作已全部完成，鉴于当时受忽左忽右路线的干扰和政策多变的影响，给"史志"的修改、完稿和出版工作，带来很多困难，"史志"丛书工作，只能暂时告一段落。1963 年，遵照中央民委指示，中国科学院民族研究所部署各调查组，将"史志"丛书初稿按统一规模铅印，作为内部征求意见稿保存起来，为以后完稿和正式出版提供基础。1966 年至 1976 年"文革"期间，由于受到"四人帮"的破坏和干扰，"史志"工作就处于完全停顿状态。由新疆调查组完成的初稿，计有 8 册，它们是：《维吾尔族简史简志合编》、《哈萨克族简史简志合编》、《柯尔克孜族简史简志合编》、《塔吉克族简史简志合编》、《锡伯族简史简志合编》、《乌孜别克族简史简志合编》、《塔塔尔族简史简志合编》、《俄罗斯族简史简志合编》。

1978 年，"四人帮"被粉碎后，国家民委又恢复了丛书编写工作，改"三套丛书"为"五套丛书"，成立"五套丛书办公室"。在民族地区的民族机关，亦都相应成立"五丛办"，新疆民委亦成立"五丛办"来领导和组织丛书的修改、补充和出版工作。"史志"丛书，有的仍交由原编写组人员修改完稿，有的书稿充实了人员，有的书则另组新人负责编写和完稿工作，1986 年至 1991 年已全部正式公开出版。按国家民委"五丛办"要求，要求各调查组将过去的调查材料和调查报告，加以整理选择和修改，汇集出版。新疆民委"五丛办"出版了多册社会历史调查丛书，它们是：《南疆农村社会调查》、《维吾尔族社会历史调查》、《柯尔克孜族社会历史调查》、《哈萨克族社会历史调查》、《塔吉克族社会历史调查》、《柯尔克孜族风俗习惯》、《巴里坤哈萨克风俗习惯调查》，等等。与此同时，新疆自治地方概况丛书亦相继出版，它们是：《新疆维吾尔自治区概况》、《伊犁哈萨克自治州概况》、《巴音郭楞蒙古自治州概况》、《克孜勒苏柯尔克孜自治州概况》、《昌吉回族自治州概况》、《博尔塔拉蒙古自治州概况》、《和布克赛尔蒙古自治县概况》、《焉耆回族自治县概况》、《察布查尔锡伯自治县概况》、《塔什库尔干塔吉克自治县概况》、《巴里坤哈萨克自治县概况》、《木垒哈萨克自治县概况》等 12 本。

新疆调查组取得的另一项成果，就是拍摄了少数民族科学纪录片。按社会历史调查规划的要求，自 1957 年起，开始拍摄一系列少数民族科学纪录片，这是我国影视人类学在建国后发展的开端，财政部并设有拍摄社科纪录片的专款。再过两个多月即进入 2007 年，为新中国影视人类学拍摄工作创始 50 周年，这也是值得庆贺的大事。新疆调查组在调查期间，采取边调查情况，边收集材料，边编写拍摄提纲和边拍摄的办法，终于在 1964 年最后完成了《新疆夏合勒克乡农奴制》影片的拍摄工作。这是通过电影用形象化手段来记录新疆维吾尔族的历史、文化和社会状况，为研究新疆维吾尔族的社会形态、阶级关系和生活习俗等，积累珍贵的影视历史资料，具有重要学术价值。

3. 培养了一批人才和专家学者

在 1956 年至 1963 年的 7 年社会历史调查工作中，为新疆民族研究工作建立了一支较强的专业队伍，培养出一批人才。我国少数民族社会历史调查工作，参加调查的人数最多时达到 1000 余人，新疆调查组的调查人员最多时亦有 100 多人，在我国历史上和世界上，这种规模的调查都是少见的。在庞大调查队伍中包括历史学、考古学、民族学、社会学、民俗学、经济学、语言学、文学、音乐舞蹈等各种学科。职业包括专家学者、高校教师、科研人员、民族工作干部和大学毕业生。有年过半百的老教授、研究员，亦有即将走向社会的年轻学子。调查组中，大多为年富力强的中青年，他们之中，有很多原来不是从事民族工作的，但在多年少数民族社会历史调查中，通过边调查、边编写、边学习专业知识，对兄弟民族和民族地区产生了深厚感情和浓郁的兴趣，从此便走上民族研究或民族工作的道路。1958 年成立中科院民族所，即是为适应当时开展大规模的少数民族社会历史调查工作而成立的。成立后，成为全国民族大调查办公室，负责全国民族大调查的日常事务管理工作。该所前后有数十人参加过社会历史大调查，分布于全国各地的调查组。从某种意义上来讲，今天中国社科院民族学与人类学研究所的前身民族所，是靠民族大调查起家的。故值此纪念毛泽东同志社会历史调查工作指示 50 周年，对我所更具有重要意义。很多民族地区原本无民族研究机构，后大多亦靠社会历史调查起家，纷纷成立民族研究所，而当年参加过社会历史调查工作者，后来很多留在民族地区，成为各地民族所的骨干，发挥很大作用，作出重要贡献，成为国内外知名的民族学家或民族史学家。遗憾的是不少人已经作古，尚在世的皆已年过七旬。但他们又培养出一批接班人，继承其事业，使民族研究工作代代相传，越来越辉煌。在新疆亦是这样，当年参加过调查组的同志，后来不少人成为我国著名研究新疆民族问题的专家、学者，有的成为历史学家，有的成为考古学家，有的成为民族史和地方史专家，有的成为中亚史专家等等。他们之中有些不仅是专家、学者，还担任着行政领导职务，成为国内外知名人士。

五 经验教训——必须坚持科学发展观

1956 年至 1964 年，新疆调查组在收集资料、科研成果和人才培养等等方面，虽然取得丰硕成果，但是也走了一些弯路，存在不少问题。原定要在一年内完成三套丛书的编写和出版工作，未能完成，直至 1991 年才终于全部完成，时间上延缓了很多年。原定要在 4—7 年内就要完成调查和基本弄清以社会形态为主体等专题研究，也因为在调查中是围绕以编写三套丛书为主体，而影响了调查工作的重点和质量，使不少学术问题和专题研究未能深入下去，有的甚至还未来得及研究。而收集的材料，因是为编写"史志"服务，往往面面俱到，又显得一般化，较肤浅。有些现状部分含有虚假和错误的东西，使"史志"丛书一改再改，最后完成的时间，不得不一再向后拖延，一直拖了 20 年左右（"文革" 10 年除外）。

造成以上后果的主要原因，有以下几个因素：（1）《规划》的制定者和领导者，对调查工作和科研工作的艰巨性、长期性和复杂性认识不足。未能实事求是按事物发展的本来面貌和科研工作内在客观规律行事，缺乏科学发展观，盲目地去追政治、追政策和追赶"大跃进"的形势，凭长官意志，表现为主观主义和急躁冒进。（2）受"以阶级斗争为纲"和"两条道路斗争"极"左"思潮的影响和危害。1958 年对一批国内外知名学者、专家进行错误批判，损害学术民主，伤害了知识分子的感情，严重挫伤他们的积极性和主动性，造成不良后果，影响调查和编写的质量，其后遗症直延续至"文革"结束。同时，在极"左"思潮影响下，把民族地区的社会矛盾和阶级关系，看得过于严重，无限上纲。对一些理论问题，诸如"古为今用"、"厚今薄古"、"民族融合"、"民族同化"、"传统文化"和"移风易俗"问题等等，都存在片面理解和曲解。（3）受"大跃进"的冲击和干扰。在调查和编写"史志"丛书期间，正面临着我国经济发展大跃进形势，在国内普遍存在着浮夸风、虚假风和共产风，追求高指标、高产量、高速度。这些极"左"思潮的影响，都对当时社会历史调查工作和"三套丛书"编写工作的指导思想，产生严重危害。

总之，以上调查和编写工作存在的问题，充分证明，凡事不能违背事物发展客观规律，不能背离科学发展观。治理国家社会，发展经济，做好"三农"工作，建设小康社会和社会主义和谐社会，都必须遵循科学发展观的原理，违背此原理则欲速而不达，并会走向反面和邪路。特别是社会调查和科学研究，有其本身发展的内在规律，必须要实事求是，扎扎实实，一步一个脚印，要老老实实坐下来、扎下去，日积月累，知识才能不断丰富、深厚，才能日久见功底。科研工作不能多快好省，没有捷径可走。

当前我国已进入以发展经济为主旨和改革开放新时期，生活、工作和交通等等都比过去有很大改善，调查和科研工作的条件比过去好多了，不可同日而语。即使这样，听说有些青年同志下去没有几天，就要求回来，对下乡不能洗澡，没有宾馆等住宿条件、生活条件和工作条件很不习惯，牢骚满腹，急着要回城等等，这绝非应有的治学之道。今天，国家经济有很大发展，尤其是城市和沿海地区面貌日新月异，而民族地区和农牧区虽也有不少变化，但仍未得到根本改善。故面对经济发展新时期，各族学子仍要发扬过去老一辈不怕苦、不怕累、艰苦奋斗、奋发图强的革命精神。并要吸取他们成功的经验，如调查中实行"三同"（和农牧民同吃、同住、同劳动），"和群众打成一片"，"尊重当地组织领导"，"和群众、干部主动搞好关系"；调研方法上，要"边调查、边整理材料，及时就地写出调查报告"，"先集中力量调查，再编写"等等。科研工作本身，就是一项艰苦事业。它既是脑力劳动，又是体力劳动，要求科研人员必须具备无私奉献、刻苦钻研、发奋图强的精神和雄心壮志。这样，才能出人才，出成果，出精品，有所建树。只有不畏崎岖艰险者，才能攀登上科学高峰。

附注：社会历史调查工作距今已 50 年，有些记忆也日渐模糊，本文论述中，可能有不准确之处，谨供参考。

（收入《伟大的起点——新中国民族调查纪念文集》，中国社会科学出版社 2007 年版。《中国民族报》于 2007 年 4 月 20 日以《且行且吟田野间 风华为笔著经典——难忘我的峥嵘岁月》为题，整版登载了其中主要内容）

"以人为本"与构建和谐社会

中国共产党十六届六中全会提出要在我国构建社会主义和谐社会的宏伟目标，决定并要求把"以人为本"作为构建社会主义和谐社会的原则。在中共第十七次全国代表大会的报告中，胡锦涛同志再次强调了"以人为本"对深入贯彻落实科学发展观及实现全面建设小康社会奋斗目标的重要性。坚持"以人为本"，是党和政府的根本宗旨和执政理念转变的集中体现，是科学发展观的核心，也是和谐社会的主线。但并不是所有的人都对此及其与建设具有中国特色社会主义小康社会之关系有清晰的认识。多年来，有少数干部，甚至是包括党内高层领导干部在内，时时都在利用中央和人民给予他们的权力，贪污受贿，营私舞弊，弄虚作假，大搞地方保护主义，假公济私，为小集团和个人利益机关算尽。他们打着"以人为本"之名，打着发展地方经济，增加地方税赋财政收入，发展城镇等种种幌子，行谋取私利和升官发财之实。为了贯彻落实好中央的精神，使人们特别是各级广大干部树立正确的社会理念，确保党和国家宏伟目标的实现，深入学习党的第十七次代表大会的报告和决定的精神实质，首先对"以人为本"的内涵和实质要有一个科学的认识则至关重要，这样才能符合中央所主张之本意和原则精神。

一 "以人为本"是马克思主义理论与实践的继承和发展

马克思主义认为，人民群众是历史的创造者，是社会和历史发展之动力。人类文明包括物质文明和精神文明都是人民群众创造的。马克思主义理论与实践之出发点和落脚点，即一切为了人民，其终极目标就是要建立和建设能代表广大人民利益的，实行各尽所能，各取所需，幸福、美满、和谐的社会主义和共产主义社会。这充分体现了马克思主义理论与实践的人民性、民本主义思想理念及社会主义的本质属性。而中共中央十六大提出要把"以人为本"作为首要原则，构建具有中国特色社会主义和谐社会，这是对马克思主义理论的继承和发展。在中共十七大报告中，胡锦涛同志又再一次强调当前构建社会主义和谐社会"以人为本"之重要性。这两次会议指出，"以人为本"必须始终把最广大人民的根本利益，作为国家一切工作之出发点和落脚点。做到一切发展为了人民，发展依靠人民，真正做到权为民所用，情为民所系，利为民所谋，关注民生幸福，实现好、维护好、发展好最广大人民的根本利益，不断满足人民日益增长的物质文化需要，保证发展成果为全国人民所共享，促进人的全面发展。"以人为本"要求政府和各级干部，要以人民为主人，充分相信群众，依靠群众，发动群众，最充分利用各族群众的智慧和力量，解决好人民群众和国家在自身发展过程中所产生的问题和矛盾，在构建和谐社会中所遇到的不公正性和不均衡性。中央强调，在社会主义建设新时期，人民群众仍是社会发展的动力和依靠力量，不能忽视人民群众的力量，构建社会主义和谐社会，仍要依靠各族人民群众的力量和作用才能实现。要求每个干部必须牢牢树立"以民为本"的思想理念。在自己工作中要充分发扬民主，征求群众意见，接受群众监督，加强法制建设。必须充分发挥人民群众的智慧和力量，发挥人民群众的积极性和创造性，把他们作为构建社会主义和谐社会的依靠力量和动力。

二　"以人为本"思想是对我国传统文化的一脉相承及创新

　　中央关于"以人为本"构建社会主义和谐社会的思想理念，源于和继承了中华传统文化，与我国历史上几千年所形成和传承的儒家思想是一脉相承，并加以创新发展的。"以民为本"是儒家思想最基本之理念：

第一，儒家思想重视人的价值，重视人民群众之作用和地位，重视人民的素质教育，是我国历史发展长河中民本思想的基础。它提倡格物致知、诚意正心，修身、齐家、治国、平天下，也就是提高为政者及人民的素质，以治平为本。从政治上看，孔子主张德治，即"道之以政，齐之以刑，民免而无耻；道之以德，齐之以礼，有耻且格"。从经济上看，就是以义制利，取财有道，逐步实现从"小康"到"大同"的社会目标，即从"各亲其亲，各子其子"到"不独亲其亲、子其子"，天下为公，舍生取义；从道德上看，就是要遵循"孝、悌、忠、信、仁、义、智、勇"等。要求人们须具备"先天下之忧而忧，后天下之乐而乐"的素质和"富贵不能淫，贫贱不能移，威武不能屈"的精神，以保证能担任起治国平天下之重任。

第二，民贵君轻，失民者失其心。孟子有句名言："民为贵，社稷次之，君为轻"，提倡"民贵君轻"的民本观。孟子还说："桀纣之失天下也，失其民也；失其民者，失其心也。"这种注重民本与民心的思想，在历史发展之长河中，对"以民为本"理念之形成，有其潜移默化之影响。

第三，以"仁"为核心，"仁者爱人"，由己及彼。亦即"己所不欲，勿施于人"；"己欲立而立人，己欲达而达人"；"博施于民而能济众"等，倡导博爱大众，协调各方关系。

第四，以和为贵，和实生物。孔子之弟子有子曾说过："礼之用，和为贵。"建立社会主义和谐社会，要突出"和"字。"和"是中华民族精神之体现，伦理道德的最高境界。国家之间要和谐，黎民百姓才能和谐相处，保证生命财产之安全；人与人之间、人与自然之间都要平等及平衡、和谐，这也是"以人为本"之前提。孔子说："君子和而不同，小人同而不和。""和"是儒家思想系统中一个极为重要的概念。中国思维方式从源头上追索，就是"和合"，具有多元性和包容性，即"海纳百川，有容乃大"。和合文化就是重视人生，"以人为本"。

三 以人为本,解决好民族问题,
建立和谐的民族关系

当前在我国经济发展和社会生活中,存在着一些不合理、不公正、不均衡的因素,存在着诸多差距和矛盾,并且有愈演愈烈之趋势。具体表现在我国当前贫富之间、城乡之间、地区之间、经济与社会之间和民族之间等多个差别和矛盾上。这些差别和矛盾越来越大,已发展到了必须要解决的时候,否则就要影响到经济建设和社会生活,以及人与自然关系、人与人之间的关系、人与社会之间的关系,影响到民族关系,影响到社会的稳定和安定,关系到国家的命运和前途。不可否认,新中国成立后,我国在政治、经济、文化上,得到了全面发展,取得了很大成就。特别是 1978 年十一届三中全会以后,我国进入了以发展经济为主的改革开放新时期,建立了社会主义市场经济体制,在经济、文化、社会诸多领域,取得了翻天覆地的根本性变化,人民的物质文化生活有了很大的提高。但由于经济发展的不均衡性和不协调性,使我国矛盾和差距正在扩大,并在某些方面已发展到危险的边缘。据亚洲开发银行统计,中国贫富差距增加的幅度位居亚洲第二,已在贫穷的尼泊尔之后,超过了以贫富悬殊著称的印度。中国的基尼系数(衡量贫富之数据)从 1993 年的 0.407 快速攀升到 0.47,增幅是印度的两倍。据各种媒体披露的信息,近几年来我国的生态环境已遭到了很大破坏,水陆空污染程度之深已危害到中国的可持续发展。故对当前我国存在的人与自然、人与人、人与社会之间日益扩大的差距和矛盾所出现的严重形势,不能不引起政府和人们的重视。

就民族问题而言,对当前在我国存在的民族差距和矛盾,也不能掉以轻心,应予以足够重视。中国很早以来就是个统一的多民族国家,在历史发展长河中,各民族共同缔造了祖国的历史和文化。各少数民族在捍卫、开拓、建设祖国的边疆中,都起了重要作用。在无产阶级革命中,民族问题曾是中国革命的一部分,无产阶级革命在我国取得胜利后,民族问题则是中国社会主义革命和建设的重要组成部分。新中国成立后,在民族地区贯彻执行了党和国家的民族平等团结政策，进行土地改革和民主改革，完成社会主义改造，实现了民族区域自治，发展社会主义民族关系。民族地区在国家和全国各地大力帮助下，经济得到了恢复和很大发展，各族人民的物质文化生活水平得到不断提高，民族地区的面貌日新月异。特别是在我国进入经济发展和改革开放的新时期，在市场经济体制下，党和国家实施了发展西部的战略，随着经济的大发展，各族人民的意识形态和观念起了很大变化，商品经济有了较快之发展。兼之，多年来，党和政府对西部民族地区采取许多倾斜政策和举措，使民族地区经济文化和社会发生了翻天覆地的变化，各族人民的物质文化生活水平有了很大的提高，与过去不可同日而语。但是，必须指出，我国民族问题迄今未得到彻底解决，由历史所形成的经济事实上的不平等仍然存在。部分民族地区由历史所形成的生产力较为落后，经济基础比较差，在交通、能源、技术、资金等诸多方面都远远落后于汉族地区和沿海地区。随着多年来汉族地区和沿海地区经济之高速发展，民族地区与汉族地区经济文化之差别不但没有缩小，而且朝着越来越大的方向发展，如不采取措施，加以遏止，让这种趋势发展下去，不但会严重影响民族地区乃至整个国家社会经济之发展，影响到建设社会主义和谐社会，亦将影响到民族关系，影响到民族地区乃至全国的稳定和边疆地区的安全。

当前我国的民族差别与矛盾，主要表现在：民族地区和汉族地区，特别是汉族沿海地区，在城乡、工农、区域和经济文化与社会进步等方面发展之不平衡性，表现在收入分配、社会保险、文化教育、医疗卫生、住房等方面的差别比较突出，并有越来越扩大之趋势。以生产总值而论，2006年北京人均地区生产总值为6210美元，而云南多民族地区全省人均GDP只有1000多美元，差距为6倍，而有些经济落后地区甚至更少。即使较发达之民族地区如内蒙古，虽然经济发展速度已名列全国第10位，但GDP之增长仍远低于汉族较发达地区。20世纪50—60年代计划经济时期，解决我国民族问题，主要是靠党和国家以民族平等团结和实行区域自治为核心的民族政策，强调国家的积极扶持和帮助，未充分强调本民族的力量和自身之优势。而当今面临社会主义市场经济体制和改革开放自由竞争之形势，解决民族问题之途径，大致有以下几点：

第一，由输血变为造血。必须强调要充分依靠本民族的智慧和力量，依靠本民族自身艰苦奋斗、发愤图强的精神，充分发挥民族资源优势、地大物博优势、地处民族地区、边境地区和海内外接壤的战略地位优势，加速发展民族经济。

加速发展民族经济，又好又快地发展民族经济，走各民族共同发展和共同富裕的道路，这是缩小、缓解、协调和遏止民族差别与民族矛盾不断扩大的最主要之途径和最起决定作用的因素，是使少数民族列于先进民族之林，彻底和最终解决民族问题的根本途径。要达到此目的，民族地区在经济发展过程中，必须把民族工作和经济工作之重点放在广大农牧民身上，要把"以民为本"作为工作的出发点和落脚点，把"三农"工作作为重中之重。要大幅度提高农牧业生产率，发展农牧业经济，不断提高农牧民的物质文化生活水平。为此，必须实现农业和农村经济的集约化、合作化、产业化、机械化、科学化、工业化和城镇化，大力发展农牧地区的医疗卫生事业、社会保障事业和文化教育事业。农牧民占到少数民族人口的80%以上，农牧民、知识分子和中产阶级问题解决了，我国的民族问题就基本上解决了。社会主义和谐社会，并非要求完全消灭差异和矛盾。和谐社会是一个容纳百川的社会，一个包容多元的社会，是一个充分显示各自才能和开展自由竞赛的社会。由于经济基础不同，个人工作能力和科技水平不同，在发展中差异和矛盾的存在是绝对的，差异和矛盾的解决是相对的，这是社会发展中，对立和统一规律所决定的。只有这样，人们才能受到激励，经济才能发展，社会才能进步，并不断向前推进。

第二，国家和政府须高度重视区域协调发展，加强实施西部大开发战略。鉴于民族地区对我国发展之重要性，也由于历史上所造成的经济事实上的不平等仍存在，国家和政府各部门有责任和义务来帮助民族地区发展经济文化事业。多年来，党和政府高度重视区域协调发展，这突出地表现在实施西部大开发战略，由国家直接投资，帮助民族地区发展公路、铁路、能源、水利等基础设施和重点建设项目，推进社会主义新农村建设，转变经济增长方式，大力加强地区人才培养工作，深化改革开放，推动民族地区在科学发展轨道上，实现社会经济发展新的跨越。在这方面，最突出的例子就是国家对青藏铁路的建设和开发，这对青海和西藏经济的发展，将起到巨大的推动作用。在中央各部门的大力支持下，西藏也迎来发展的最好时机。自1994年以来的13年中，在中央直接领导下，有18个省市61个中央国家机关和国家中央企业，累计向西藏提供64亿多元的援助资金，援藏项目达到1698个，使西藏进入历史上经济发展速度最快的时期。在"十一五"期间，中央政府及各省市对西藏提供超过千亿元的援藏资金，数百个建设项目，对公路、建筑、医药、矿产等诸多行业的发展，都提供前所未有的商机，对西藏经济的发展，将产生重大影响。

第三，加强各省市企业和产业集团对民族地区的支持和援助。鉴于以上同样原因，各省市地方企业和产业集团，也有责任和义务，大力帮助民族地区发展经济文化事业。多年来在我国一直实行较发达地区对民族地区的对口支持，卓有成效，充分发挥了民族地区的资源优势作用和东部沿海地区的资金、技术和人才之优势作用，实现民族地区和内地沿海发达地区经济互补、经济共同发展的双赢目标。

我国虽是个统一多民族国家，但诸民族之历史渊源和经济基础各异，发展道路也不尽相同，彼此之间千差万别。由历史上所造成的各民族事实上的不平等及其所形成之差异程度也各不相同。要建立和谐民族关系，就必须尊重差异，包容多样，遵循平等、团结、互助合作和共同繁荣、共同发展的社会主义原则。而"以人为本"的核心就是要满足全国各族人民的最大利益，其根本目的在于促进各族公平、公正、全面发展。因此，"以人为本"，不仅是构建和谐社会的关键所在，也是建立和谐民族关系之重要保证。

总之，"以人为本"是构建社会主义社会及民族关系之首要原则，而以汉族为主体的儒家思想有关"修平"、"民贵君轻"、"仁爱"、"和合"等论述，又是"以人为本"理念的主要渊源所在。"以人为本"的提出，既是汲取马克思主义和中国优秀文化的精华，又是结合中国实际的理论创新。如何弘扬优秀传统文化和思想精髓，更好地贯彻"以人为本"宗旨，与时俱进，历久弥新，加速和谐社会及民族关系建设，这是中共十七大所赋予哲学社会科学工作者义不容辞的责任和汉文化研究不可忽视的课题。

（收入《汉民族文化与构建和谐社会》，黑龙江人民出版社2008年版）

我与民族研究结下"不解之缘"

——欢庆中华人民共和国成立 60 周年

2009 年是中华人民共和国 60 华诞，亦是我从事民族研究工作 52 周年。

1949 年 10 月新中国成立至今的 60 年间，在中国共产党领导下，祖国的政治、经济、文化建设等方面取得了辉煌成就，到处呈现一派欣欣向荣的景象，社会面貌发生翻天覆地的变化。在此大背景下，我个人也不断成长发展，由一个刚解放时稚气未脱的中学生，升入高等学府，迈进科学殿堂，走上民族研究的学术道路。

值此新中国成立 60 周年之际，特以我与民族研究之缘为主题，抒发对祖国的赤子之情。

一　选定以"民族研究"作为终身职业

2009 年是我从事民族研究工作 52 周年。在这数十年里，我和民族工作建立了深厚感情，并取得了一定成绩。有人问我，你毕业于复旦大学经济系，之后为何选择以"民族研究"工作作为自己的终身职业，并为之奋斗不已？

的确，民族研究并非我原来的志愿。从幼时起，由于我受到姨父母及诸表姐弟的影响（姨父曾开设"康济医院"），立志长大成人后要做大夫，当个好医生，认为当医生既能治病救人，救死扶伤，生活又有保障，是最好的自由职业。1953 年当我报考大学医疗系体检时，发现我竟患有红绿色盲及平足，不能报考医科和工科类，要我重新填报志愿，顿时感到很失望。经过反复考虑，最后决定报考文科经济系，并以优异成绩被复旦大学录取。当时，党和政府对高等教育十分重视，虽然那时尚处于建国之初国民经济恢复时期，国家经济十分困难，但党和政府对大学生实行公费和"三包"政策（免交学杂费，包伙食、包分配），对调干生和家庭贫困的大学生，每月还发给零用钱，使入学者无后顾之忧，能安心投入到学习中去。在复旦就读经济系期间，我的情绪才逐渐稳定下来，随着对经济学诸课程的学习和对经济学未来工作的深入了解，我认识到从事经济理论研究和经济工作对国家建设与发展的重要意义。在经济系四年学习期间，我一直担任班长和课代表，大二时曾被组织推荐为留苏预备生（后因故未能去成），并确立了较稳固的专业思想，使我决心在毕业后，要把从事经济工作作为自己的终身职业。但 1957 年夏我从经济系毕业时，却遇到新问题，从事经济工作的愿望又遭破灭。由于当年全国正在开展"反右"运动，很多经济理论研究和部门经济工作机构都处于人事冻结状况，我被分配到中国科学院民族研究所工作。

同年 8 月，我服从组织分配，带着对民族研究工作茫然无知的心情赴北京报到。当时中国科学院民族研究所尚未成立，正处于筹备过程中，故当年由复旦、北大、南开、厦大四校分配来的九名毕业生报到后，先参加中央民族学院历史系民族学研究班，听苏联和中国著名专家切博克萨罗夫、吴汝康、林耀华等讲授民族学、人类学等诸课程，并参加研究所部分筹备工作。在民族所工作和学习期间，我们学习了马克思主义关于殖民地问题和民族问题的理论及有关古代社会产生与发展的经典著作，阅读了大量国内少数民族地区的历史及社会、经济、政治与生活习俗的材料，学习了国内外有关民族学、人类学的专业知识及党和政府的民族政策，使自己对民族研究的目的、内容、方法和理论，有了较为全面和系统的了解，对民族研究工作有了初步认识。特别是毕业一年后，即 1958 年，正赶上根据 1956 年毛主席关于"开展民族社会历史大调查"指示，在全国开展民族大调查的机遇，我有幸参加多年的民族大调查和民族问题丛书编写工作。这对我最终选择以民族研究作为自己的终身职业，起到了关键和决定性作用。

　　1958 年，中国科学院民族研究所正式成立，在全国人大民委和国家民委的领导下，全国组建了 16 个民族调查组，在民族地区开展了大规模的社会历史调查工作。当年我就被分配到全国人大民族委员会新疆少数民族社会历史调查组进行调研工作和民族问题"三套丛书"（"简史"、"简志"、"史志合编"）编写工作，并被任命为新疆调查组柯尔克孜族分组组长。从 1958 年至 1962 年，我一直在新疆进行社会历史调查和分组民族丛书编写的组织领导工作。20 世纪 50 年代至 60 年代初，正值我国国民经济恢复和经济困难时期，一切都得白手起家。甚至从北京至乌鲁木齐连火车都不通，再加上新疆地域辽阔，地形复杂，气候多变，交通不便，民族调查条件十分艰苦。但民族大调查是大熔炉、大课堂，为人们提供了很好的锻炼环境，是学会"做人"和"治学"的有效途径。多年的民族调查充分发扬了人们艰苦奋斗、奋发图强的精神，锻炼了意志，改造了思想，极大地提高了大家为人处世能力、学术水平及治学方法，使我受益匪浅，一生受用不尽。①

　　在当年的民族大调查工作中，大多数为年富力强的中青年，包括我本人在内，很多原不了解民族研究工作。但在多年调查工作中，通过与兄弟民族接触，并得到他们的热情接待及大力支持，从而对兄弟民族和民族研究工作产生了深厚的感情和浓郁的兴趣，使我更加热爱少数民族，更加确立和坚定了要把民族研究作为自己终生奋斗的职业、要为民族工作服务的决心和信心。

　　全国民族大调查参加人数最多时有 1000 多人，仅新疆地区参加者最多时就有 100 多人。它不仅在政治思想上造就了一代人，学术上也取得很大收获，收集和积累了大量丰富的学术资料，编写和出版了数百部"简史"、"语言简志"和"自治地方概况"，培育了大批人才和专家学者，开创了我国民族研究工作新局面。我本人通过民族大调查和丛书编写工作，多年来亦在老专家的指导和帮助下，采取边干边学、调查研究与编写相结合等方法，对民族研究专业知识有了更深了解，熟悉并积累了更多资料，专业水平得到不断提高，为以后在民族研究工作上之成长和发展，创造了

---

① 参见杜荣坤《新疆调查纪行》，载《伟大的起点——新中国民族大调查纪念文集》，中国社会科学出版社 2007 年版。

良好的条件，打下较为深厚的基础。

二　主要的学术思想和学术成就

1963 年我参加完民族大调查，从新疆回所后，长期从事西北民族史、民族学及中国民族关系史的研究工作。历任实习研究员、助理研究员、副研究员、研究员，并曾兼任《民族研究》杂志主编工作。虽身兼所长等行政职务，担负科研组织领导工作，但仍抓紧时间完成各项科研任务。已出版的个人和合作的主要论著有以下几项：《中国民族史》（主编为王锺翰，本人为副主编、主要执笔者，中国社会科学出版社1994 年版）；《准噶尔史略》（本人为编写组负责人，主要执笔者、全书统稿人，人民出版社 1985 年版）；《西蒙古史研究》（与白翠琴合著，新疆人民出版社 1986 年版）；《柯尔克孜族简史》（合著，主要执笔者，新疆人民出版社 1986 年版）；《柯尔克孜族社会历史调查》（合著，主要执笔人，并负责全书编辑修改、定稿，新疆人民出版社 1987 年版）；《中国少数民族调研丛书·哈萨克卷》（合著，为调查组组长，执笔人之一，民族出版社 2001 年版）；《中国历史地图集·西北图幅》（本人为西北图幅编绘组后期负责人，编绘人之一，地图出版社 1982—1987年版）；《中国大百科全书·民族卷》（本人为民族史分支学科副主编，大百科全书出版社 1986 年版），等等。此外，还发表了一批学术性、理论性和开拓性较强的学术论文，在诸多问题上提出自己的见解，受到学术界的关注。以上成果曾多次获国家和省部级奖项。我的学术思想和学术成就主要表现在以下几个方面。

（一）深入开展柯尔克孜族社会历史调查与研究

在长期深入柯族地区进行调查和搜集大量文献资料基础上，与他人合作编写了我国第一部《柯尔克孜族简史简志合编》（后以《柯尔克孜族简史》书名出版），撰写了多篇柯尔克孜族历史和现况的调查报告，皆已发表。编写少数民族知识丛书《柯尔克孜族》（民族出版社 1991

年出版），并发表了多篇有关柯尔克孜族史学术论文。在这些论著中，提出不少新见解，对维护祖国统一和领土完整、加强民族团结，作出了自己应有的贡献。

（二）开拓我国西蒙古史研究新领域

长期以来，在我国蒙古史研究中，往往着重东蒙古史，而忽视西蒙古研究，一般只在从事清史研究中论述清统一西北时，才稍许涉及西蒙古问题。专题性著作和文章很少，尤其对元明时期西蒙古的研究更是寥寥无几。自 1976 年起，我即策划和组建包括中国社会科学院民族所和新疆社科院民族所科研人员在内的《准噶尔史略》编写组。同名书于 1985 年由人民出版社出版，是新中国成立后编写的第一部比较系统完整的西蒙古准噶尔史。编写组对相关的中外历史文献和档案资料作了全面系统的搜集整理与研究，充分吸收了国内外成果，对准噶尔历史的各个不同发展阶段和一系列重大的历史事件与历史人物，分别作了分析论述，提出许多新见解。通过对准噶尔史的编写研究，还出版了一批相关论著和资料译编。编写组一些成员，后来皆成为国内外研究西蒙古史的著名专家，为其后在国内开展对西蒙古史一系列研究，起了积极推动和促进作用。

（三）在西蒙古史研究中，提出一系列新见解

关于西蒙古史问题，我在论著中提出一系列新见解，其主要表现在：（1）对厄鲁特的族源、分布、迁徙、政治、经济和社会发展变化及其与周围诸族的关系等，都提出自己独到见解。（2）关于对准噶尔领袖和历史人物如何评价问题。根据当时国内外历史背景和实际情况，我在《关于准噶尔历史人物评价问题》的论文中，提出三条标准：客观上是否有利于民族团结，祖国统一；是否有利于本民族社会经济发展；是否有利于对外来侵略的反抗和斗争。16 世纪至 18 世纪中叶，准噶尔出现不少有名的台吉和可汗，前后有十多位领袖。过去有些学者对他们的评价常常采取全部否定或全部肯定的态度。根据以上标准，我对准噶尔领袖人物评价不

囿成说，而是根据大量历史资料，经过深入研究，实事求是地加以评述。认为，对大多数领袖人物，不应轻易加以否定，破坏民族团结和祖国统一的民族败类毕竟是少数。特别是对策旺阿拉布坦和噶尔丹策凌在准噶尔社会发展和对外斗争中所起积极作用，给予充分肯定，恢复其历史本来面目。而对阿睦尔撒纳等人所进行的叛乱分裂活动，因其违背历史发展趋势，应给予否定。并认为，在评价准噶尔历史人物时，必须立足于中华民族，放眼整个历史发展过程，坚持实事求是、民族平等的原则，既要铲除历史上正统的封建王朝体系和大民族主义影响，又要冲破历史上遗留下来的民族偏见的束缚。只有站在全中国和全民族的立场，才能不至于因为准噶尔首领曾反对过清廷，而统称之为叛乱，否定他们在历史上的功绩；才能避免对清廷统一西北边疆只歌功颂德，而忽略他们的阶级局限性和民族压迫、歧视政策。同样，只有站在全中国和全民族立场，我们才能消除民族主义偏见，对一些领袖人物勾结外国侵略势力，进行民族分裂活动，给各族人民所造成的祸害有足够的认识，而不致偏爱，才能对清朝统一西北边疆的历史意义作出恰当评价。

（四）对我国统一多民族国家历史形成和发展规律问题的探讨

我在 1979 年发表的《试论古代少数民族政权与祖国的关系》及 1982 年发表的《试论我国历史上统一与分裂、战争与民族英雄》两文，提出我国历史发展之规律，是个有统一、有分裂，以统一为主流的不断发展过程，是历史长期发展和不断统一的结果。即由小统一到大统一，由局部割据政权的统一到地区的统一，由地区的统一发展至全国的统一，由若干民族的统一发展至几十个民族之统一。其间虽经历分裂时期，但总趋势是向着越来越大的地域、越来越多民族统一的方向发展，最后形成为清代大一统，奠定今天祖国大家庭的基础。1995 年，我在台湾作学术报告《略论中华民族的形成和发展》，具体论证了我国历史上所经历的四次民族大迁徙、大融合和五次统一，中华各族在无数裂变和凝聚中孕育成长，逐渐形成为不可分割的整体。在《准噶尔史研究中的几个问题》一文中也提出，从历史上看，我国与世界上某些多民族大国具有不同的发展特点。世界史上出现过的多民族大国，如罗马帝国虽有一时之统一，终究还是分裂成很多独立国家。而我国多民族历史的发展，虽也出现过分裂时期，但总的发展趋势，是一次又一次地走向统一，至清朝前期最后奠定我国多民族大家庭的基础。

（五）游牧民族宗法封建社会，是否存在封建土地所有制问题

关于游牧民族宗法封建制问题，在 20 世纪 50 年代，国内外学者曾展开讨论，但尚未得出一致结论，特别是在我国，对此之探索很不够。一般都认为，游牧民族宗法封建社会，牲畜是生活资料，亦是唯一的生产资料，土地这种物质生产要素不起重要作用，不是生产资料，也不能建立封建土地所有制，不存在封建土地所有制问题。1989 年，我发表了《论哈萨克族游牧宗法封建制》一文，根据自己长期对柯尔克孜族、哈萨克族的调研，以有关的历史文献、习惯法及调查资料为依据，进行全面深入研究，对 15 世纪至新中国成立前，我国哈萨克游牧宗法封建制的基本特点进行探讨。认为游牧宗法封建社会和通常所指的农业民族封建社会，既有共同点，又有不同点。其共同点是，在封建制度下，生产关系的基础都是封建主占有生产资料和不完全占有生产者。在游牧封建社会，土地亦是重要的生产资料，实际上存在着封建土地所有制，它是在氏族公社共同使用形式掩盖下的封建土地私有制。

（六）关于如何评价"新疆三区革命"的性质和错误问题

1944 年 9 月至 1949 年 9 月，在新疆伊犁、塔城、阿尔泰三区，爆发了以维吾尔族和哈萨克族为主体的各族人民声势浩大的反对国民党反动统治和帝国主义侵略的起义，建立三区革命根据地，开展了英勇的武装斗争，一直坚持到全国解放战争胜利，为新疆的和平解放作出了重要贡献。但由于它不是在中国共产党直接领导下进行的，最主要的是它没有进行民主改革，未能废除剥削制度，基本上没触动封建地主阶级利益。在革命初

期，封建统治上层还把持着一定领导权，特别是在基层，尚保留着封建统治阶级特权，人民仍然受到阶级剥削和封建压迫。三区革命初期，主要领导权曾一度掌握在封建宗教上层手中，他们大肆宣传泛伊斯兰教主义和大土耳其主义，不加区别地反对汉族，甚至发生杀害汉族人民的现象，公开宣称要成立所谓"东土耳其斯坦共和国"，企图将新疆从祖国大家庭中分裂出去，给三区革命带来严重危害。因而三区革命问题就成为很敏感的问题，维、哈等族和汉族学者都不敢去碰，不敢展开讨论，怕被说成是民族主义或大汉族主义者。直至改革开放初期，提倡学术思想自由后，对三区革命的研究仍是一潭死水。为打破此僵局，引导大家破除顾虑、解放思想，开展三区革命问题自由讨论，以便分清是非、总结历史经验教训，最终得出正确的科学结论，我于 1986 年在《民族研究》杂志上发表了《新疆三区革命是我国人民民主革命一部分》论文。文中对三区革命作了充分肯定，认为三区革命是新疆近代史上一次具有重大意义的民族民主革命运动。由于三区革命坚持斗争，打击了国民党反动派在新疆的专制统治，粉碎帝国主义的侵略阴谋，牵制国民党在新疆的十万军队，有力地支援了全国尤其是西北的解放战争，为新疆和平解放创造了极为有利条件。并指出，三区革命初期，在民族问题处理上是有错误和缺点的，但其内部始终存在着统一和分裂的矛盾与斗争，而最后先进分子革命派终究取得胜利，使三区革命沿着正确路线前进。此文发表后，起了积极推动作用，对新疆乃至全国研究三区革命史与近现代史，都有较大影响。后又与其他同志合作撰写专著《新疆三区革命史鉴》，对此问题进行更深入全面系统的论述。

（七）关于"炎黄子孙"与"中华民族"的提法问题

多年以来，我对包括官方在内的人们，常常以"炎黄子孙"来代表"中华民族"的提法持有异议。2002 年，在陕西宝鸡召开的汉民族研究国际学术讨论会上，我提交《对"炎黄子孙"提法之我见》一文，此论文后在《中国民族报》和《论文集》上刊登。论文认为，"炎黄文化"并不等于"中华民族文化"或"中华文化"，反之亦然。"炎黄子孙"主要是指汉族，虽也包括部分少数民族，但不能涵盖所有少数民族，并从历史学、考古学、人类学和民族学的角度加以论证。在论述"中华"含义之历史演变后认为，"中华民族"为各民族之总称，其提法应包含"炎黄子孙"之内涵，但又不同于"炎黄子孙"。在一般情况下，"中华民族"的提法较为科学，也更符合我国统一多民族国家历史发展的实际，更有利于国家统一、民族团结及"振兴中华"之大业。

三　治学中之经验教训

新中国成立以来，我国的民族工作和民族研究工作经历了毛泽东时代的黄金时期和邓小平、江泽民、胡锦涛改革开放新时代的黄金时期。我国的民族研究工作，无论是历次中央慰问团慰问工作、民族识别和民族大调查工作、资料收集整理抑或科研机构的发展，科研成果和人才培养，以及国内外的学术活动及学术交流，学科的发展等方面，都取得了丰硕成果。特别是 1978 年以来，我国进入以经济建设为中心的改革开放时期，民族研究诸学科取得了更大成就，研究工作面貌发生了根本性变化，民族研究进入了繁荣发展新时期。我所在的民族所的建立和发展的全过程，就是新中国成立后两个黄金时期反映在民族研究领域的缩影。

民族研究所成立于 1958 年 6 月。为新中国成立后第一个中央级少数民族综合性多学科的研究机构，是根据 1956 年毛泽东主席指示要在全国开展大规模少数民族社会历史调查工作的产物，特别是根据当时社会主义改造和建设以及民族工作与民族研究需要应运而生的。因此，它的成立受到中共中央、国务院有关部门和社会各界的关注和重视。民族所成立以来，在中共中央、国务院有关部门和中国科学院、中国社会科学院等党委的领导下，在全体科研人员和职工的努力下，有很大发展。现略举二三例为证。

例一，民族所成立后，党组织不断发展壮大。1958 年，民族所刚成立时，只有 6 名党员，一个支部。经过几十年发展，现已有在职党员 89 人，离退休党员 101 人，党员总数为 190 人，有党支部 11 个。党员人数已增加数十倍，建立了所党委，领导力量大为增强。

例二，科研机构和学科设置不断完善发展，日益健全。民族所刚成立时，只有民族问题室、民族历史研究室、民族问题编辑室、图书室和行政办公室等五六个机构。而今民族所的设置，随着我国政治、经济、文化、社会和学科的发展与民族工作的需要，仅研究室就有 11 个，还有 3 个杂志编辑部，加上行政部门、党政科研管理部门，机构已增至 20 多个。研究所还管理 7 个全国性学会和 5 个研究中心。研究人员建所时只有 50 多人，而今在职人员已有 159 人，离退休 170 人。全所在职人员最多时曾一度发展到 200 多人，为学部和社科院人数最多的一个所。

例三，从科研工作数量和质量来讲，都有很大提高。据科研部门统计资料，民族所成立以来出版专著 515 部，合著 182 部，工具书 121 部，译著 113 部，发表学术论文 5124 篇，拍摄人类学影视片 70 余部（集）。质量上也有很大提高。民族所论著和对外合作项目中，很多项目曾获国家和省部级特等奖和一、二、三等奖及荣誉奖等等，有多项论著和工具书为精品与传世之作。

在欢庆建国 60 周年所取得成就之际，我们也应总结经验教训，以利再战，续创辉煌。民族研究工作亦不能例外，它在发展中并不是一帆风顺，而是有很多深刻的教训，其中最突出的有两条：一是在民族研究工作中，必须坚持科学发展观；二是在指导思想上，必须坚持马克思主义唯物史观和辩证法，坚持正确的政治方向、理论方向和科研方向。

1956 年至 1964 年，民族大调查虽然在民族研究诸多方面和在民族工作实践方面取得了很大成果，但也走了一些弯路，存在不少问题。原定要在短期完成"三套丛书"的编写和出版工作未能完成，直至 1991 年才全部完成，时间上延续了很多年。原来要在 4—7 年内完成调查和基本弄清以社会形态为主体等专题调查研究，也因为在调查中是围绕以编写"三套丛书"为主体，而影响了调查工作的重点和质量，使不少学术问题和专题研究未能深入下去，有的甚至还未来得及研究。而收集的材料，因是为编写"史志"服务，往往面面俱到，又显得一般化，较肤浅。有些现状部分因为受到当时经济"大跃进"浮夸风和极"左"路线干扰影响，含有虚假和错误的东西，使"史志"丛书一改再改，改不胜改，最后全国完成的时间，不得不一再向后拖延，差不多拖了 20 年左右（"文革"十年除外）。

当前，我国的民族研究工作虽在繁荣发展中，但仍存在许多不足之处，其表现主要是理论落后于实践，研究落后于现实需要，基础理论研究薄弱，精品和传世之作还不多。科研人员的马克思主义理论水平与实际运用水平和观察问题的能力还有待进一步提高。民族研究领域著名的"大家"还不多。有些领导和研究人员，对调查研究工作艰巨性、长期性和复杂性认识不足，未能实事求是地按事物内部发展的本来面貌和科研工作内在的客观规律行事，缺乏科学发展观。而是在调查研究工作中，表现为怕苦、怕累，急功近利，急于求成，急于出成果，急于求学位，图虚名，甚至发展到在研究工作中出现弄虚作假、学风不正等种种不良现象，给我国的科研工作带来损害。

科研工作本身是一项艰苦事业。它既是脑力劳动，又是体力劳动，有其本身发展的内在规律。凡事不能违背事物发展规律，不能背离科学发展观。科研工作要求研究人员必须实事求是，扎扎实实，一步一个脚印，要老老实实坐下来、扎下去，日积月累，知识才能不断丰富深厚，才能日久见功底。它要求科研人员必须具备无私奉献、刻苦钻研、奋发图强的革命创新精神和雄心壮志，这样，才能多出人才，多出成果，多出精品，有所建树，科研工作才能又好又快发展起来。总之，科研工作不能多快好省，无捷径可走，违反科学发展规，则欲速而不达，只能走向邪路。只有那些不畏崎岖艰险者，才能攀登上科学高峰。

科研工作中另一重要的经验教训，就是在指导思想上要坚持马克思主义唯物史观和辩证法，坚持正确的政治方向、理论方向和科研方向。在研究工作中，要力求运用历史唯物主义和辩证法来分析和解决问题。努力做到理论与实证、历史与现实、田野调查与文献研究相结合，使科研成果具有学术理论价值和现实意义。我过去出版的一些论著，就是力图在大量调查研究的基础上结合文献记载，运用马克思主义有关理论和方法进行研究和撰写，并取得一定社会效益及学术价值。

坚持马克思主义唯物史观和辩证法，坚持理论与中国实际相结合，这是我们社会主义国家社会科学研究与西方国家的根本区别。但这并不排斥汲取西方国家比较先进的理论和方法，结合本土特色加以运用。有的领导和科研人员虽口头上也表示要以马克思主义为指导，但在实际研究工作中却置若罔闻。个别人甚至学术上搞"全盘西化"、"全盘洋化"，而对我国本土民族识别和民族大调查及其他民族工作、民族研究工作，则采取全盘否定态度。有人说，学术无国界，若强调以马克思主义为指导，就是人为设置障碍，违背科学发展原则。固然，作为一门科学，其研究对象、内容、方法是无国界，各国大同小异。但作为研究这门学科的主体人，是有不同身份、不同立场、观点、方法和目的，因而研究同一学科，往往会得出不同结论，达到不同的目的，产生不同的后果，这涉及科学性问题。多年来的实践证明，社会科学研究只有在马克思主义的指导下，有选择地汲取西方某些理论和经验及方法，结合中国实际加以运用和创新，才能使中国社会科学又好又快地发展，实现为各族人民的利益和福祉服务的宗旨，真正坚持正确的政治方向、理论方向和科研方向。民族研究也才能更好地为少数民族地区的发展和繁荣作贡献。

四　做人要恪守的原则

数十年来，我在从事民族研究工作期间，曾长期兼任所、室和好几个学会的领导工作。去年有来访者谈到，群众反映我为人谦和正直，淡泊名利，德高望重，深受大家爱戴，要我谈谈人生感悟。"德高望重"，我自不敢当，人生感悟也谈不上。不过概括我的大半生，在日常生活和工作中，有几条原则是较为坚持的。

（一）认认真真学习工作，清清白白做人

我祖籍江苏宜兴，出身于上海一个小知识分子家庭。父亲毕业于工商管理专科学校，长期任税务局职员，母亲曾就读于女子师范学校，为小学老师。当时家里人口多，经济拮据，常为生活问题而奔波。但是父母很重视对子女的教育，经常嘱咐我和兄姐四人要"认认真真读书，清清白白做人"。因此，在家庭的熏陶下，于读书阶段，我可以说在家是"乖小囝"，在学校中是好学生。1951 年加入青年团，1953 年考入复旦大学经济系，1955 年成为共产党员。从中学到大学，学习成绩优秀，并一直担任班长及学生会干部。平素尊师重道，与同学真诚相处。在中学期间，我

白天在校学习,晚上还抽时间兼任民校老师,义务为社会上贫苦儿童和青少年讲课,既服务于社会,对自己也是很好锻炼。

参加工作后,我也遵循这一原则,勤奋踏实工作,光明磊落做人。在科研工作中兢兢业业,撰写论著力求有所创新。每次开会发言,都预先做好充分准备,以期言之有物,听者受益。而在每年硕士生、博士生论文评审中,经认真审阅后,在充分肯定成绩的同时,提出中肯的修改意见,使其从中获益。

平时经常提醒自己,要严于律己,宽以待人,少说多做,多为群众办实事。对自己要多看不足之处和存在问题,虚心听取群众意见。对同事和后学,则要多看其长处和优点,尽量解决他们的实际困难,加以奖掖提携。

在工作顺利和取得成绩时,要有忧患意识,多看到前进中的困难;每当我在工作和生活中遇到困难和挫折时,要求自己"胜不骄,败不馁",常用"愈挫愈奋"的精神来激励自己,摆正思想,坦然面对困难,使问题逐步得到解决,工作和生活沿着正常轨道前进。

(二)在工作中坚持民主集中制原则,充分发扬民主,勇于承担责任和改正错误

在民族所工作期间,我除从事研究工作、努力完成各项科研任务外,还兼任研究所行政领导工作和多个社会学术团体工作。行政上历任副主任、副所长、所长等职务。曾兼任全国社会科学基金民族问题评审组副组长、中国民族研究团体联合会副会长、中国民族理论研究会副会长、中国少数民族哲学思想史研究会副会长、中国民族经济研究会副会长、中国都市人类学研究会副会长、中国民族学研究会汉民族分会会长和影视人类学分会会长等职务。现仍担任全国社会科学基金民族问题研究评审组副组长、中国民族研究团体联合会副会长、中国民族学会汉民族分会名誉会长和影视人类学分会名誉会长、中国民族史学会顾问等。

长期的工作实践使我深深地体会到,在个人和组织关系方面,一定要树立牢固的组织观念,坚持贯彻好民主集中制原则。强调要有组织观念,

并不等于抹杀个人不同见解和看法。但当组织作出决定后，个人意见可以保留，而在行动上就要坚决服从。在我的一生中，有很多问题皆有自己看法，不少事情是违背自己初衷的。我这个人自认为不善于当领导，不愿出头露面。但当组织上决定要我出任所、室负责人，进而更要担任好几个学会副会长和会长工作后，尽管内心有想法，但在行动上就要坚决服从。不仅要组织上服从，而且更需要把所担负的工作力求做好，以不辜负组织对自己的殷切期望和群众的信任。

多年兼任行政工作，我深切地感到，作为所、室领导，必须充分发扬民主，听取各种不同意见，勇于承担责任和改正错误。要善于团结领导班子成员。同志之间，一定要开诚布公，若有意见，摆在桌面上谈，不搞小动作，不当面一套，背后一套，不互相争权夺利，不搞宗派和小圈子。努力创造一种以诚相待的工作氛围，以充分发挥大家的积极性，促进各项工作的开展。并注意培养青年科研骨干和学术带头人，形成老中青相结合、具有开拓精神和学术实力的科研队伍，使民族研究薪火相传，后继有人，日益繁荣发展。

（三）名利面前退避三舍，生活方面清心寡欲

在现实生活中，"毫不利己，专门利人"，是很高的标准和思想境界，一般人极难达到，我也不例外。但我在工作和生活方面，特别是涉及个人名利的时候，绝不去与人争，更不会做损人利己之事。我要求自己尽可能地做到"先公后私，先人后己"。无论是住房分配，抑或职称评定、评选突出贡献干部及博士生导师申报等牵涉到个人切身利益和荣誉的问题，皆要求自己后退一步。对于群众生活和工作中的实际困难，则要求自己满腔热情地尽可能加以解决。暂时不能解决的，也要说明情况，并竭力为其创造条件。总之，需把群众冷暖时刻放在心中。

我平素不抽烟、不喝酒，衣食住行都不讲究，很长时间两家九口人合住在一个单元中，拥挤不堪。当所长时，每天坚持骑自行车上下班，退休后上院部开会也多坐公交车往返。生活中没什么特殊要求，牢记"知足常乐"之真谛。时常提醒自己，生活上要与过去比，与低生活水准者比，而工作上则需高标准严要求，保持共产党员本色，为科研事业

发挥余热。

对照以上几点原则，我做得并不完满，也没什么成功经验可加以总结。但我时常以此告诫自己，鞭策自己，作为自己做人和治学的座右铭，并在工作生活中身体力行，尽力而为，以无愧于毕生之追求。本文最后结束语，我拟用"夕阳无限，晚霞满天，学海遨游，冀谱新篇"这 16 字以自励，也愿与大家共勉之。

（收入《人民共和国是一切胜利之源》，知识出版社 2009 年版）

第 二 编

部分学术考察报告和未发表之论文、
开幕词、讲话、致辞等

揭露"四人帮"鼓吹"以儒法斗争为纲"实质 肃清其在史学界流毒

"文革"期间，在王张江姚"四人帮"反动气焰甚嚣尘上的日子里，作为其篡党夺权的一个重要组成部分，在史学领域也出现了两条路线的激烈斗争。对于"四人帮"鼓吹"以儒法斗争为纲"，宣扬历史唯心主义的种种谬论，利用历史进行篡党夺权的罪行，必须彻底予以揭露和批判，以肃清"四人帮"在史学界特别是民族史学方面的流毒。

———

自从"文化大革命"以来，特别是"批林批孔"期间，"四人帮"这伙阴谋家、野心家，在政治上搞修正主义，搞分裂，搞阴谋诡计，妄图篡夺党和国家的最高领导权，建立法西斯专政的帮天下，复辟资本主义。出于政治上的反革命目的，他们也紧紧地抓住史学这块舆论阵地，网罗一些御用文人，疯狂推行以"儒法斗争为纲"的反动路线。他们打着"评法批儒"的幌子，恣意篡改马列主义毛泽东思想，大肆鼓吹历史唯心主义和形而上学，极尽歪曲历史、颠倒黑白之能事。1974年6月，大野心家江青，俨然摆出"权威"的架势，到处作黑报告，胡扯什么："儒法斗争，从历史到现在都是贯穿着这个斗争。"并宣称："在我国历史上自春秋战国以来，凡是尊儒反法的都是卖国主义的，所有尊法反儒的都是爱国主义的，这是一个相当大的标志。"接着，他们就命令亲信和御用文人倾巢出动，紧锣密鼓，上下呼应，写反党文章。1974年8月，其御用工具就抛出了《论爱国主义者王安石》的文章。胡说什么："法家爱国，儒家卖国，这是一个带有规律性的历史现象。""纵观两千多年儒法斗争的历史，我们可以清楚地看到：法家爱国，儒家卖国，历来如此。"同年11月，"四人帮"之御用班子抛出了《论北宋时期爱国主义与卖国主义的斗争——兼论历史上儒法之间卖国与爱国两条路线的斗争》的文章。这些黑文鹦鹉学舌，重弹"四人帮"所定的调子，不惜采用民族分裂主义和卖国主义的卑劣行动，把春秋战国以来，我国两千多年的历史，歪曲成爱国与卖国，革新与守旧历史，即儒法斗争的历史。与此同时，"四人帮"又指使其御用工具，大搞所谓法家人物介绍，罗列了各历史时期所谓法家代表人物的一长串名单，为他们树碑立传，歌功颂德。总之，"四人帮"要把社会历史的发展，归结为儒法斗争的结果，把它说成一个历史规律，一条路线。江青胡说什么："历史上凡是法家都是受压的，他们是基层起来的，要斗争；凡是有作为的封建人物也好，封建帝王也好，不管是打天下还是治天下的，都是法家或接近法家。"在"四人帮"看来，似乎这些法家人物的代表就是历史发展的决定力量，公然扬言，要用儒法斗争这一根线"把历史这个案翻过来。"总之，他们是要用儒法斗争代替历史上的阶级斗争及各种社会斗争，用封建统治阶级的帝王将相"英雄豪杰"创造历史来代替人民群众创造历史，重新贩卖反动的唯心史观，并为林彪的"天才论"扬幡招魂。在那乌云压城城欲摧的日子里，这伙祸国殃民的害人帮，到处做报告、送材料、写黑信，连篇累牍地炮制黑文章。江青更是以"太上皇"自居，四处活动，忙得不亦乐乎。一时间，在史学领域乌云密布，浊浪翻滚，完全暴露了"四人帮"反党集团反对马列主义毛泽东思想的丑恶嘴脸。

马克思主义历来认为，在阶级社会中，人类的文明史，可以说是一部阶级斗争史，同时也是先进的生产关系和生产力取代旧生产关系和生产力的变革史。它既不是林彪所称道的宫廷政变史，也不是"四人帮"宣扬的儒法斗争史。

马克思和恩格斯早在《共产党宣言》中就指出："至今所有一切社会的历史都是阶级斗争的历史。"毛主席在《丢掉幻想，准备斗争》一文中也指出："阶级斗争，一些阶级胜利了，一些阶级消灭了，这就是历史，这就是几千年的文明史。拿这个观点解释历史的就叫做历史唯物主义，站在这个观点反面的是历史的唯心主义。"

毛主席在《中国革命和中国共产党》一文中又指出："地主阶级对于农民的残酷的经济剥削和政治压迫,迫使农民多次地举行起义,以反抗地主阶级的统治。……在中国封建社会里,只有这种农民的阶级斗争,农民的起义和农民的战争才是历史发展的真正动力。"1945 年,毛主席在《论联合政府》中再次强调了人民的作用,指出"人民,只有人民,才是创造世界历史的动力"。当然,这也不排斥或抹杀历史人物在社会发展过程中的作用。而口口声声称自己为毛主席的学生、战友,自诩为马克思主义理论家的"四人帮",竟公然和毛主席的理论唱反调,以研究儒法斗争史为名,自成体系,另搞一套,贩卖其修正主义黑货,足见他们是一伙违背马列主义、毛泽东思想的叛徒。

众所周知,"四人帮"所宣扬的法家人物大都是历史上封建统治阶级的代表人物。作为历史唯物主义者,对历史人物在社会发展过程中所起之作用从未加以否定。但剥削阶级的本能,决定了他们的地位和态度,根本不可能成为历史发展的主要动力。即使他们中的一些人在某个时期,能励精图治,顺应历史潮流,采取一些变革措施,客观上有利于社会的发展,但其根本目的也是为了缓和阶级矛盾和斗争,巩固其统治地位或挽救摇摇欲坠的政权。决不能想象依靠封建统治阶级自己来根本改变剥削制度和社会面貌。封建社会的主要矛盾是阶级矛盾,即农民阶级和地主阶级的矛盾,而决不是统治阶级内部的矛盾。在中国的封建社会,正如毛主席所指出,只有农民的阶级斗争、农民的起义和农民的战争才是历史发展的真正动力。而"四人帮"却胡说什么,春秋战国以后,推动历史前进的是儒法斗争,而不是奴隶和奴隶主、农民和地主之间的阶级斗争,这完全违背了历史发展的客观规律。他们有时也做贼心虚地感到鼓吹以儒法斗争为纲会锋芒毕露,也不得不提一下所谓农民的起义和暴动,但都是以儒法斗争为纲来宣扬的。江青于 1974 年 6 月在天津的黑报告中,把两汉的黄巾、铜马,唐朝的王仙芝、黄巢,元末的张士诚、陈友谅,明末的李自成,清朝的太平天国、义和团,还有朱元璋等都说成是反儒的,皆被列为儒法斗争的范围,混淆了封建统治阶级和农民阶级的本质区别,扼杀了农民起义和农民战争的真正目的在于从根本上推翻统治阶级的剥削和压迫制度,而不是为了追求法家的什么变革和理想。实际情况是打天下的常常是农民群众，治天下的则往往是统治阶级，因为他们的胜利果实被封建统治阶级及其代表人物所篡夺，而使自己的革命目标受到夭折。"四人帮"反党集团说什么打天下和管天下的都是封建人物，皆为法家，这是"四人帮"对农民起义性质的歪曲和污蔑，是妄图从根本上抹杀历史上的阶级矛盾和阶级斗争。他们甚至把无产阶级的先锋队共产党人也说成是剥削阶级的代表——法家，把中国共产党人和毛主席领导下的无产阶级革命和社会主义革命，也都别有用心地鼓吹为儒法斗争，真是荒谬绝伦。

二

毛主席曾指出："凡是要推翻一个政权，总要先造成舆论，总要先作意识形态方面的工作。革命的阶级是这样，反革命的阶级也是这样。""四人帮"反党集团之所以在史学领域鼓吹以儒法斗争为纲，其险恶的目的是为篡党夺权制造反革命的舆论。"四人帮"以总结儒法斗争经验为幌子，采取实用主义的手法，歪曲捏造历史，把历史上一批帝王将相和封建统治阶级的代表人物捧为法家，大肆宣扬，其目的是以古喻今，妄图请出亡灵吹捧他们自己，并以古射今，通过攻击古人，把罪恶的矛头，指向敬爱的周总理，指向一大批中央和地方的老一代无产阶级革命家。"四人帮"反党集团，通过鼓吹儒法斗争，把自己打扮成当代的法家和革新派，而把周总理等一大批中央和地方的领导同志说成是"儒家"和"保守派"。早在"文化大革命"运动初期，他们就制造了一系列反革命舆论，把很多好干部说成是保守派，把很多群众说成是保皇派，提出什么主要矛盾是所谓新文革和旧政府的矛盾。新文革就是指他们自己，旧政府即指以周总理为首的国务院各部门和各省的领导部门，提出"怀疑一切，打倒一切"的反动口号，要来一个大换班，公开叫嚷要揪出党内最大的"保守派"，把罪恶的矛头直指我们敬爱的周总理，并制造了一系列旨在反对周总理的阴谋活动。1974年，他们又借"批林批孔"之名，恶毒攻击和污蔑周总理。1月25日，"四人帮"背着毛主席召开了所谓"批林批孔"大会，采取突然袭击的卑鄙手段要总理作"检查"，"四人帮"及其亲信气焰嚣张地作了煽动性的长篇讲话，把矛头直指周总理和其他中央领导同志。同年 6 月 14 日，江青在北京的所谓批林批孔座谈会上，叫嚣什么："不要以为社会主义没有儒了，我们党内就出了不少儒。"公开煽动要揪出林彪、陈伯达以外的"现代的儒"，要揪"现代的大儒"，其爪牙还明目张胆地提出"批林批孔批周公"的反动口号。他们并指示其御用工具炮制了《孔丘其人》和《再论孔丘其人》等一系列黑文章，含沙射影地攻击周总理等。"四人帮"之所以如此，是因为周总理是伟大的无产阶级革命家，忠实地执行党的正确路线，和他们的篡党夺权阴谋作了不调和的斗争，是其篡党窃国的最大障碍。因此，"四人帮"反党集团，必然以十倍的疯狂，百倍的仇恨来反对总理。他们抬出亡灵，妄图求助历史上所谓法家人物，捡起古代吴王刘濞"清君侧"的把戏，想打倒周总理等一大批坚持正确革命路线的中央和地方党政军领导干部，最终目的是为了架空毛主席，篡夺党和国家的最高领导权，在中国复辟资本主义。

　　"四人帮"反党集团鼓吹儒法斗争为纲，另一个反革命目的，是为了替自己涂脂抹粉，树碑立传，网罗反革命队伍，为他们篡夺党和国家的领导权作组织上的准备。1974 年 6 月 14 日和 6 月 19 日，江青在黑讲话中，别有用心地提出，对法家要有个标准，把主张"前进革新"，还是主张"复古倒退"等列为标准，并且阴险地煽动说："法家对群众是爱护的，使群众受到鼓励；儒家对群众、奴隶也好，农民也好，对我们工人阶级也好，他们是残酷无情的，残酷极了"等等。"四人帮"反党集团摒弃了毛主席关于接班人的五个条件和老中青三结合的原则，含沙射影地把党政军的老干部统统都说成是"儒家"，统统打成"正在走的走资派"，大整他们的黑材料，大搞分裂主义、宗派主义。同时，又结党营私，积极网罗党羽，把那些攻击党和国家领导人，攻击无产阶级革命的反革命狂人和小丑，捧之为"反潮流的英雄"，大搞"突击入党"，"突击提干"，封官许愿，拼凑反革命黑班底，妄图把中央和地方一大批党政军干部统统打倒，取而代之，颠覆无产阶级专政。那个终日做着宰相梦的"军师"张春桥，所做的反革命黑文《二月三日有感》就是"四人帮一箭三雕"的绝妙自白。他一方面疯狂反对毛主席及其所作的人事战略安排；另一方面，又标榜他们自己是"代表人民的利益，为大多数人谋利益"，"站在人民群众一边，站在先进分子一边"，并且借用王安石的话嚎叫："总把新桃换旧符。"他厚颜无耻地把自己那一伙早已腐朽不堪的势力比作代表新生力量的"新桃",而把坚持革命路线,代表无产阶级和广大劳动人民利益的中央领导同志污蔑为"旧符",杀气腾腾地狂叫要篡党夺权,充分暴露了"四人帮"的狼子野心。

大野心家江青多次说:"学历史就是要搞点历史主义,古为今用。"她之所以歪曲篡改历史,一再吹捧吕后和武则天为法家代表人物,甚至对慈禧也仰慕备至,居心叵测地说:"吕后很了不起","是伟大的封建政治家",胡扯汉高祖死后,"吕后主要是执行法家路线,是汉高祖的路线"等等,其政治目的完全是大树特树她自己,要做当代的吕后。她曾无耻地表白:有人"说我……是吕后。我也不胜荣幸之至"。她甚至在毛主席生前,就迫不及待地指使其亲信写吹捧她是当代吕后的文章。1975 年,"四人帮"反党集团在北京召开法家注释会议前夕,曾指使其在上海的亲信,具体布置写吕后的文章。在炮制这篇文章以前,其亲信对黑文的主题、内容都交代得很清楚,叫撰稿者要从政治角度写,要写两条路线的斗争,要强调江青是正确路线的代表。后来,因为黑文写得实在太露骨,毛主席还健在,怕露马脚,就以还要修改为名,暂时搁置起来。毛主席病重逝世后,江青以为时机已到,就马上通过其亲信布置炮制多篇宣扬吕后的黑文,粉墨上场,准备登基,做起复辟女皇的美梦。

三

面对王张江姚反党集团攻击、迫害周总理及其亲密战友的罪行和篡党夺权的猖狂活动,广大革命人民和史学工作者对"四人帮"歪曲、篡改历史的政治阴谋,义愤填膺,进行了坚决的抵制和英勇的斗争。1974 年 2 月 15 日,毛主席针对"四人帮"策划的"一、二五"所谓批林批孔大会,在指责他们的批示中指出:"现在,形而上学猖獗,片面性。批林批孔,又夹着走后门,有可能冲淡批林批孔。"对于毛主席的批示,他们不是悬崖勒马,而是表面作些假惺惺的检查,暗地里又在窥测方向,以求一逞。指使其亲信继续抛出一篇又一篇黑文,射出了一支又一支的毒箭。然而,正如毛主席曾经提出的:一切反动派"总是高估了自己的力量,低估了我们的力量"。"他们总是以损人开始,以害己告终。"广大革命群众和有识之士对"四人帮"祸国殃民的蛇蝎心肠及所作所为，早就有所觉察，纷纷地进行了各种形式的抵制和斗争。有的史学工作者作报告时，公开表示不同意黑文宣扬的反动谬论。不同意说我国春秋战国以后的历史是儒法斗争的历史，提出了自己不同的看法。很多同志对他们摇笔鼓舌、篡党窃国的种种丑恶表演是看在眼里，恨在心头，对他们宣扬的谬论往往嗤之以鼻，不予理睬。而坚决遵照辩证唯物史观，实事求是地论述各个时期的历史，和"四人帮"对着干。1974 年 6 月 14 日，江青在北京一个座谈会上煽风点火的黑讲话中，埋怨说："现在批林批孔，除林、陈外，不提现在大儒"，"尽管有人反对，我还是坚持有现代的大儒"等等，这是"四人帮"反党集团制造反革命舆论极不得人心的自供状。

　　利用历史进行反党，这是一切反革命野心家、两面派所惯用的手法。1974 年 7 月 17 日，毛主席在政治局会议上批评他们说："你们要注意呢，不要搞成四人小宗派呢。"但是，他们并不改悔。1974 年秋，十届二中全会、四届人大时，他们看到毛主席身体不好，就迫不及待地要上台。在"四人帮"的指使下，当时在报纸杂志上出现了不少鼓吹儒法斗争和吹捧吕后的文章及资料，大造反革命舆论。与此同时，王洪文窜到江南诬告周总理，遭到毛主席痛斥。同年 10 月 17 日，毛主席在中央政治局会议上讲"三要三不要"，讲党内十次路线斗争时，又猛击他们一掌，严厉警告他们不要再搞宗派活动。反革命两面派江青受到主席批评后，野心不死，在1974 年 11 月、12 月，中央酝酿四届人大人事安排期间，又向毛主席提出要王洪文当副委员长。当时，毛主席又两次批评了她，并亲笔批示，告诫她不要出风头，不要批文件，不要当后台老板。并一针见血地指出："江青有野心。她是想叫王洪文做委员长，她自己做党的主席。"还对江青说："你也是难改呢。"1975 年毛主席又进一步指出："我死了以后，她会闹事。"但是，"四人帮"并没有因此收敛，改邪归正，而是阳奉阴违，变本加厉，继续在党内横行霸道。1975 年 5 月 3 日，毛主席将他们狠批了一顿，指责他们不实行"三要三不要"的原则，严厉地说："不要搞四人帮，你们不要搞了，为什么照样搞呀?!"下决心一定要解决他们的问题："上半年解决不了，下半年解决；今年解决不了，明年解决；明年解决不了，后年解决。"毛主席在生前，语重心长地对华国锋同志讲了刘邦临终时，看出吕后和"诸吕"篡权的故事，对"四人帮"的篡党窃国罪行进一步加以揭露，同时采取一系列有效的措施。1976 年 2 月 3 日，毛主席任命华国锋为代总理。4 月，毛主席任命华国锋同志为党中央第一副主席、国务院总理。沉重打击了"四人帮"篡党夺权的罪恶阴谋。

毛主席的觉察和决策，表达了广大人民和史学工作者的心愿。但是，"四人帮"这伙大阴谋家、大野心家对毛主席的警告置若罔闻。在毛主席病重和逝世以后，"四人帮"以为时机已到，大大加快了篡党夺权的步伐，早就想当现代吕后的江青，再也按捺不住恶性膨胀的反革命野心，上蹿下跳、四处游说，为其迫不及待地登基称帝、复辟变天、阴谋策划、大造反革命舆论，导演了"劝进"的闹剧。进一步鼓吹儒法斗争和吹捧吕后，借古喻今，极力宣扬篡权术、政变经。并露骨地叫嚣"女人也能当皇帝"，"共产主义也有女皇"，"男的要让位，女的来管理"。还不惜抬出慈禧，说什么"西太后你们知道吗？名为太后，实际上是女皇帝"。真是一语道破了天机，原来，她就是要当卖国求荣的慈禧，骑在人民头上的女皇。"四人帮"一方面篡改毛主席"照过去方针办"的指示为"按既定方针办"，抛出了《永远按既定方针办》的反革命黑文，公然向全国人民挑战，发出了阴谋篡党夺权的反革命动员令，把攻击的矛头直指党中央。

另一方面，江青又组织人搞"吕后是怎样把多个诸侯王一个一个搞掉的"的黑材料，布置其亲信炮制《刘邦死后，吕后如何按刘邦的既定方针办》、《刘邦死后，他的既定方针是怎样传下去的》、《周勃是如何支持吕后的》等等毒草。他们磨刀霍霍，凶相毕露，妄图效法林彪、发动反革命政变。在这个"两个阶级、两条路线"生死大搏斗关键时刻，党中央采取了断然措施，不失时机地一举粉碎了"四人帮"篡党夺权的阴谋，挽救了党，挽救了革命，也挽救了历史。"打倒四人帮，历史得解放"。我们一定要以马列主义毛泽东思想为指导，把被"四人帮"颠倒的历史重新颠倒过来，恢复历史的本来面目，还史于民。将被"四人帮"控制的史学阵地夺过来，真正"古为今用"，使之成为社会主义革命和建设的舆论工具。

"四人帮"反党集团，原来是一伙叛徒、内奸、卖国贼、流氓、文痞所凑成的败类，是披着共产党人外衣的典型反革命两面派，资产阶级极右派。尽管他们乔装打扮，猖獗一时，但终究逃脱不了历史对他们的惩罚。嘲弄历史的"四人帮"终于被历史永远钉在耻辱柱上。

"尔曹身败名俱裂，不废江河万古流"。驱散乌云，晴空万里，伟大祖国的锦绣河山更加壮丽。亿万军民同仇敌忾，义愤填膺，万炮齐轰"四人帮"。我们一定要发扬痛打落水狗的革命精神，将这场粉碎"四人帮"的伟大斗争进行到底，并拨乱反正，彻底肃清其在史学领域的流毒。

（撰于 1976 年 12 月中旬"四人帮"垮台不久，为肃清其在史学界特别是民族史学方面的流毒而作。其中某些内容和提法，在现今而言，不一定十分准确，但反映了当时的一些看法）

缅怀周总理对我国民族工作及民族学科建设的贡献

去年 1 月 8 日，伟大的无产阶级革命家、杰出的共产主义战士、敬爱的周总理与世长辞了。噩耗传来，我国各族人民热泪盈眶，悲痛欲绝，无限怀念敬爱的周总理。我们永远也不会忘记周总理对少数民族的亲切关怀和谆谆教导，不会忘记他老人家对少数民族地区社会主义革命和建设所作出的丰功伟绩，在促进我国民族团结及民族学科发展、维护祖国统一方面所做的卓越贡献。周总理和各族人民心连心，各族人民热爱周总理、崇敬周总理。今天，总理逝世一周年之际，形势一片大好，各族人民同仇敌忾，万炮齐轰"四人帮"，愤怒声讨"四人帮"反党集团攻击和陷害周总理的罪行，更加凸显了周总理的光辉业绩和高大形象，各族人民更加怀念周总理，周总理永远活在各族人民的心中。

我国是一个统一的多民族国家，除汉族外，有 50 多个少数民族，近5000 万人口，① 分布在占我国总面积 64% 的辽阔土地上。

毛主席曾指出："国家的统一，人民的团结，国内各民族的团结，这是我们的事业必定要胜利的基本保证。"周总理一直十分重视和关怀民族工作，无论是战火纷飞的艰苦岁月，或是社会主义革命的建设时期，都积极地贯彻执行了党的民族政策。1956 年 4 月 25 日，毛主席在中共中央政治局扩大会议上作了《论十大关系》的重要讲话。毛主席从人口和资源、历史和现况出发，强调"我们必须搞好汉族和少数民族的关系，巩固各民族的团结，来共同努力于建设伟大的社会主义祖国"。1957 年 2 月，毛

---

① 据 2010 年人口普查资料显示，少数民族人口已超过 1.2 亿。

主席又在最高国务会议上作了《关于正确处理人民内部矛盾的问题》的报告，再次强调"汉族和少数民族的关系一定要搞好"。指出：问题的关键是克服大汉族主义，同时克服地方民族主义。并阐述了民族地区的社会改革问题。周总理则在同年一次民族工作会议上，全面阐述了毛主席关于民族问题的理论，强调实现民族团结和互助合作的重要性及必要性。就反对两种民族主义，实现民族区域自治，共同建设一个多民族团结友爱的社会主义大家庭等等问题，皆作了精辟的分析，对推动民族地区的多项工作起了巨大的作用。

一　坚定不移地贯彻执行民族区域自治政策

今天，各族人民在深切怀念周总理的时候，特别不会忘记周总理在制定及贯彻执行民族区域自治政策方面所作的重大贡献。民族区域自治政策，是中国共产党运用马克思列宁主义关于民族问题的学说，结合我国具体的历史条件解决民族问题的基本政策。它的基本内容是，一切聚居的少数民族有权实行民族的区域自治，建立自治机关和实现自治机关的民族化。按照本民族大多数人及和人民有联系的领袖人物之意愿，管理各民族的内部事务。民族自治地方分为自治区、自治州、自治县三级，[①] 是根据当地民族关系、经济发展、历史情况等条件，以一个或几个民族聚居区为基础而建立的。自治机关除了行使一般地方国家机关的职权之外，还享有各项自治权利。

在推行党中央的民族区域自治政策过程中，周总理一直很重视和关怀民族地区的具体执行情况，积极帮助民族地区创造条件实现区域自治。在周总理的多次重要讲话和报告中，都要总结民族区域自治政策的执行情况，和在这方面所取得的成就。甚至对一些民族地区实行区域自治过程中所遇到的一些具体问题也亲自过问，加以具体的研究，帮助解决，进行细微的思想教育工作，有力地推动了民族地区区域自治工作的进展。例如，1957 年 3 月，周总理在政协会国委员会邀请广西籍人士协商建立广西壮

---

①　后来，根据需要，又在有的民族聚居地方设置民族乡。

族自治区会议上，亲自听取各方面的意见，作了总结发言。他从历史上的民族关系谈到我国当前的民族政策，强调了建立广西壮族自治区的好处。周总理在讲到汉、壮关系时说："从全国看来，合则两利，分则两害，在广西省说来也是如此。"周总理在分析了成立自治区的意义后指出，成立广西壮族自治区是一件大事，要求汉族干部和群众"从多方面帮助壮族进行筹备成立自治区的工作，使自治区的建立，做到瓜熟蒂落，水到渠成"。在周总理的大力支持和具体指导下，广西壮族自治区终于在 1958 年3 月成立了。

民族区域自治政策，由于周总理的亲切关怀和推动，已经在我国基本实现。现在，我国已经建立了内蒙古自治区、新疆维吾尔自治区、广西壮族自治区、宁夏回族自治区、西藏自治区，以及 29 个自治州，69 个自治县，在全国民族地区建立自治地方和自治机关已经基本完成。① 各民族区域自治政策的实现，充分发扬了各族人民走社会主义道路和参加祖国社会主义建设的积极性，促进了各民族地区经济和文化的迅速发展，大大提高了各民族人民的社会主义觉悟，加强了民族团结，进一步捍卫了祖国的统一，巩固了边防的安全。

二　重视少数民族干部培养及提高其素质

周总理对少数民族干部的培养和成长也极为关怀，十分重视。他遵照毛主席所指出的"要彻底解决民族问题，完全孤立民族反动派，没有从少数民族出身的共产主义干部，是不可能的"之教导，为普遍而大量培养少数民族干部，规定了一系列的方针和具体措施，并多次指出要帮助各民族训练和培养成千上万的干部。在周总理的亲切关怀下，早在 1950 年11 月 24 日，政务院就批准了《培养少数民族干部试行方案》和《筹办中央民族学院试行方案》。对培养少数民族干部的目的、任务、办法等等作了详细的规定：从中央到有关省、县开办政治学校与政治训练班，以培养

---

①　至 2008 年，中国有民族自治地方 155 个，其中自治区 5 个，自治州 30 个，自治县或旗 120 个，其总面积约占全国面积的 64％，44 个少数民族和 71％ 的少数民族人口实行自治。

普通政治干部为主，迫切需要的专业与技术干部为辅；在北京设立中央民族学院，并在西北、西南、中南设立分院，培养民族干部。同时，还在民族地区大力发展少数民族的中、小学和高等学校，培养少数民族的知识分子。周总理在 1951 年 10 月政协三次会议报告中还强调指出：要"继续执行普遍大量训练少数民族干部的方针，加强对于他们的政治的、政策的和思想的教育，使能胜任地担负一般工作和指导工作"。1957 年 8 月，周总理在一次民族工作会议讲话中，特别指出最重要的是干部，关键是干部。与此同时，周总理非常重视选派优秀的具有丰富革命斗争经验的汉族干部到民族地区工作，并指示这些汉族领导干部在实际斗争中言传身教地培养少数民族干部。这对于少数民族干部的培养和成长，对于民族地区革命和建设的发展具有特别重要的意义。

1964 年周总理到新疆视察工作时，向各族干部谆谆教导，要求他们认真学习毛主席著作，切实执行党中央对新疆工作的历次指示，做好工作，把新疆建成为西北边疆的钢铁长城，要求他们进一步增强民族团结，在社会主义大家庭中各自作出重大贡献；特别要求汉族干部要扎根边疆，树立雄心壮志，搞好民族团结，把新疆建设成为繁荣发展的社会主义新新疆等等。使各族人民受到很大的鼓舞。

在周总理的直接领导和亲切关怀下，许多少数民族干部成长为无产阶级的先进战士，担任了各级党政机关的领导职务，在各个岗位上发挥着骨干作用。即使民主改革进行得比较晚的西藏，目前，少数民族干部已占全区干部总数 60% 以上。再如新疆维吾尔自治区成立 20 年来，少数民族党员增加了 5.8 倍，少数民族干部增长了 1.05 倍，各级党委委员中，少数民族出身的已占 45%。少数民族干部队伍，已成长为一支我们党领导和团结各族人民进行社会主义革命和建设的坚强力量。回顾少数民族干部队伍的成长过程，我们无限怀念敬爱的周总理。

三　关心民族语言文字的创改及重视弘扬民族传统文化

民族语言文字的使用和发展是我国少数民族工作的一个重要组成部

分，是实现民族区域自治的一个重要内容。周总理对这一工作曾作了多次指示。

解放前，在国民党反动派民族压迫、分裂和歧视的政策下，少数民族不能自由地使用和发展自己的语言文字。许多少数民族没有本民族的文字，有的民族还处在刻木、结绳等古老记事的时代。蒙、藏、维等少数民族虽有本民族的语言文字，但在反动派的黑暗统治下，受到了极大的摧残。

早在解放初期，《共同纲领》中就明确地规定，各少数民族均有其发展语言文字的自由。在 1954 年一届人大第一次会议上和 1975 年四届人大第一次会议上通过的《中华人民共和国宪法》中，都再次规定了"各民族都有使用自己的语言文字的自由"，这就充分地保障各少数民族语言文字的使用和发展。

由于我国是多民族组成的统一国家，少数民族语言文字的情况极为复杂，其中许多少数民族没有自己的文字。已有文字的民族中，采用着多种字母形式。因此，在少数民族文字的创制和改革中用什么字母作基础，是一个十分复杂的问题。1957—1958 年，周总理曾两次对民族文字的创制和改革工作做了重要的指示，提出了改革的方向。他在 1958 年政协全国委员会的报告会上提出："今后各民族创造和改革文字的时候，原则上应该以拉丁字母为基础，并且应该在字母的读音和用法上尽量跟汉语拼音方案取得一致。"这就为我国少数民族的文字改革指出了光明的前景。不仅如此，周总理还亲自作出指示，召开会议，讨论通过了《中国文字改革委员会关于讨论僮文方案和少数民族文字方案中设计字母的几项原则的报告》，并在批复的文件中强调指出："今后少数民族设计文字方案的时候，都应该按照这些原则办理。"从此，少数民族的文字改革出现了蓬勃发展的局面，大大地加速了我国少数民族文字的创制和改革工作。

在少数民族文字的创制和改革工作中，党和政府非常关心。1956 年，国家民族事务委员会和中国科学院组织了少数民族语言研究所、中央民族学院、地方语文机构和其他有关单位的干部 700 多人，分 7 个少数民族语言调查工作队，深入全国少数民族地区，进行了有史以来第一次大规模的少数民族语言调查工作。周总理对少数民族语言调查工作十分重视，极为关心，曾在中央民族学院出席了少数民族语言调查工作训练班的开学和民族语文系 1956 年应届毕业生典礼，使与会者受到了极大的鼓舞。少数民族语言调查队的同志们，在党的民族政策的光辉照耀下，在各族人民的共同努力下，仅用了两三年的时间，对全国 14 个省、自治区的 42 个兄弟民族进行了语言调查。在调查的基础上，根据各少数民族的意愿，帮助壮、佤、傣、景颇、维吾尔、哈萨克等民族创制或改革了文字。同时，少数民族文字的编译出版事业也有了巨大发展，成立了各级民族出版机构，还成立了马、恩、列、斯及毛泽东著作语文翻译局。

少数民族语言文字的飞跃发展，增强了各民族间的团结合作，经济交往和文化交流，促进了民族地区社会主义革命和社会主义建设事业的发展。同时，周总理对少数民族社会历史文化的继承与弘扬也非常关心。自 1956 年毛主席发出关于"开展民族社会历史调查"的指示后，日理万机的周总理通过全国人大民委和国家民委进行组织和领导，使民族社会历史调查在全国轰轰烈烈展开，取得了丰硕成果，先后出版了民族问题五套丛书。[①] 并拍摄了 22 部少数民族科学纪录片，抢救性地保存了少数民族社会形态及文化习俗等方面珍贵的影视资料。在周总理的直接过问下，民族研究机构日益增多，科研队伍迅速壮大，学科建设逐渐步入正轨。

四　时刻关心民族地区的繁荣发展

敬爱的周总理，也时刻关心着我国少数民族的繁荣发展，一再强调民族繁荣是我们各民族的共同事业。周总理多次指出，我们多民族的大家庭要建成一个强大的社会主义国家，必须要在民族繁荣的基础上前进。民族繁荣是我们社会主义在民族政策上的一个根本立场。并且指出，民族繁荣的关键在于社会改革，最根本的是经济改革，走社会主义的金光大道。单是政治上的解放，如果不在经济上改革，就不可能实现工业化，达到使人民生活富裕、民族繁荣之目的。

---

① 五套丛书是指：《中国少数民族》、《中国少数民族简史丛书》、《中国少数民族语言简志丛书》、《中国少数民族自治地方概况丛书》、《中国少数民族社会历史调查资料丛书》。其篇幅宏大，卷帙浩繁，共达 400 多册，近亿字。

　　新中国成立前，我国少数民族地区的社会经济发展很不平衡，大多数少数民族处在封建地主的统治之下，一部分处在封建农奴制度和奴隶制度阶段，个别地区还有某些原始公社制度的残余。少数民族的广大劳动人民过着牛马不如的生活。我国各民族都处在"长夜难明赤县天，百年魔怪舞翩跹，人民五亿不团圆"的水深火热之中。如万恶的农奴制度使西藏社会长期处于停滞不前，经济、文化落后，近百年间人口减少五分之三的困境。

　　新中国成立前，汉族统治阶级和少数民族的剥削阶级勾结起来，对少数民族劳动人民进行残酷的政治压迫和经济掠夺，是各少数民族长期贫穷、落后的根源。新中国成立后，为了彻底改变我国各少数民族贫穷、落后的状态，首先在各民族地区实行了民主改革、土地改革，废除了残酷的剥削制度，初步发展了生产，改善了各民族的生活。在这个基础上，遵照党中央制定的社会主义革命和建设的基本路线和一系列的方针、政策，在周总理具体指导下，我国少数民族地区都进行了不同形式的社会改革，各民族走上了共同富裕的道路，大大提高了各族劳动人民的生产积极性，解放了生产力，使民族地区的经济得到迅速发展。与此同时，周总理多次指示，要有关部门从政治、经济、文化等多方面大力支援少数民族地区。从而，使我国民族地区的面貌发生了很大的变化，出现了一派欣欣向荣的景象。例如，1959 年，我国在平息西藏农奴主和反动上层的叛乱以后，周总理在同年 4 月 18 日第二届全国人民代表大会第一次会议上的政府工作报告中，谴责了西藏叛乱集团背叛祖国、破坏统一和民族团结的罪行及残酷黑暗的农奴制度，提出了在西藏实行社会改革的方针、办法，表达了西藏百万农奴的心愿。并立即在西藏进行了民主改革，使百万农奴掌握了自己的命运，成了新社会的主人，实现了西藏人民千百年来梦寐以求的愿望。1965 年西藏自治区成立以后，又在全区进行了生产资料所有制方面的社会主义改造。1965 年至 1975 年的十年间，西藏的粮食总产量增长了 48.8%，牲畜总头数增长了 25% 以上，1974 年实现了粮食全区自给。十年间，西藏的工业、交通运输业、文教、卫生、科技等各项事业都有了新的发展。使过去黑暗、贫穷、落后的西藏，变成了繁荣发展的社会主义新西藏，在社会主义道路上阔步前进。当 1975 年 9 月西藏自治区成立十周年的时候，敬爱的周总理病情已经加重，但他还十分关心西藏的工作，对率领中央代表团前往西藏的华国锋同志说：西藏成绩很大，去时多给西藏人民鼓励。并向翻身农奴赠送了《养蜂促农》的影片。

在周总理的亲切关怀下，内蒙古自治区、新疆维吾尔自治区、宁夏回族自治区、广西壮族自治区及其他民族自治地方的社会经济都得到了很大发展。

面对祖国各族人民空前团结、欣欣向荣的局面，更使我们十分怀念敬爱的周总理。我国各少数民族所取得的成就，每一项上都倾注着周总理的心血，各少数民族的繁荣、发展和进步，都体现着周总理的亲切关怀。

周总理的恩情说不完，周总理和各族人民亲又亲。人们永远不会忘记周总理平易近人、和蔼可亲的慈容，以及他对少数民族浓厚的无产阶级感情。中华人民共和国成立后，周总理邀请各兄弟民族的代表和民族地区的文工团来北京参加国庆观礼和到内地各处进行参观访问，并亲自欢宴各民族代表，作重要讲话。各地少数民族也每年都组织代表团和参观团来北京向毛主席和党中央致敬，并到各地参观访问，和各地人民互相学习，交流经验，取长补短，共同提高。周总理根据党中央和毛主席的决定，先后派出访问团，分赴西北、西南、中南、东北、内蒙古和西藏等少数民族地区进行访问，传达党中央和政府对少数民族的关怀和慰问。在这些活动中，周总理对促进各民族之间的联系和交流，加强民族之间的团结和统一，起了十分重要的作用。周总理对党的事业忠心耿耿，忘我工作，但还在百忙中和其他中央领导同志一起到云南、新疆等民族地区视察工作，进行访问。他到民族地区后，总是亲切教导大家要认真执行党的民族政策，要像爱护眼睛一样爱护民族团结。而使各族人民倍感温暖，深受教育，更加热爱周总理。

但是，王张江姚"四人帮"反党集团为了篡党夺权，颠覆无产阶级专政，对在各族人民中享有崇高威望的周总理怕得要死，恨得要命，疯狂地攻击和迫害周总理。他们知道，周总理是毛主席亲密的战友，忠于毛泽东思想，与他们的篡权活动进行了不调和的斗争，是他们篡党夺权的巨大障碍，因此，他们就以十倍的疯狂、百倍的仇恨来反对周总理。他们以研究儒法斗争史及"批林批孔"为名，请出亡灵，搞起吴王刘濞"清君侧"的把戏，叫嚷要揪出刘少奇、林彪以外的"现代的儒"，要揪"现代的大儒"，明目张胆地攻击总理，并进行各种阴谋活动，妄想打倒总理，其最终目的是为了架空主席，篡夺党和国家的最高领导权。但是，历史终将是按照各族人民的共同愿望和意志发展的，而绝不会以"四人帮"这伙阴谋家、野心家的邪念为转移。周总理是各族人民的贴心人，各族人民和周总理心连心，是任何反动势力所破坏不了的。"四人帮"反党集团疯狂攻击和陷害周总理，丝毫无损于周总理的光辉形象和丰功伟绩，只能充分暴露了他们是一伙逆历史潮流而动的反革命小丑。

"四人帮"反党集团要篡党夺权、搞复辟，就必然要搞分裂、破坏民族团结。他们千方百计地挑拨民族关系，制造民族分裂，破坏中华民族大家庭的团结。"四人帮"乱伸黑手，对民族工作妄加指责，把攻击的矛头指向周总理。他们拣拾起蒋介石的唾余，不承认我国少数民族的存在，否认民族特点，制造民族分裂，破坏民族团结，以便达到篡夺党和国家最高领导权的目的。反党阴谋家、野心家江青，竟伸出小拇指狂妄地对新疆负责同志说："你们小小的新疆，有什么了不起，我藐视你们！""四人帮"妄图破坏毛主席和周总理亲自建立起来的各民族间牢不可破的血肉关系，完全暴露了他们的叛徒、卖国贼的丑恶嘴脸。

在深切怀念周总理的日子里，我们要铭记周总理的教导，一定要加强民族的团结，努力实现周总理在四届人大所提出的"在本世纪内，全面实现农业、工业、国防和科学技术的现代化"的宏伟蓝图，为夺取社会主义革命和建设的新胜利而奋斗！

（1977 年初，为缅怀周总理仙逝周年而作）

中华文明从何时起算

——兼论河洛文化与殷商文化、红山文化

一 有关中华文明起始的种种说法

中华文明上下五千年的历史，这是国内一般学者所认同的，但并非所有学者都这样看，特别是国外有些学者。他们一是否定中华文明是中国境内土生土长的文化，二是尽量缩短中华文化历史发展的悠久性。19 世纪末以来，一些西方学者不断散播"中华文明西来说"的各种论调。有的说，中华文化来源于非洲（如"埃及说"、"巴比伦说"等）；有的主张源于"中亚说"（印度）、"仰韶文化西来说"，等等。直到最近，中国的个别学者还提出，我国四川"三星堆"文化绝非内生，它属于外来文明，其来源于"西方"，"三星堆"是属于中东闪米特人所建立之闪米特文化的遗泽，等等。

前几年，在外国留学生博士论文答辩中，有人认为，根据国外很多学者的观点，中国文明史自有文字以来，有四千年历史。此看法说明两点：一是认为，中华文明只有四千年历史者，不是个别学者，而有不少学者；二是认为，文字的发明和使用，是评定中华文明史年限的标准。据此，中华文明五千年的历史，一下子就少了一千年。故在论文答辩会上，我对此观点提出了意见。其实此种论点，并不只限于外国学者。长期以来，在我国亦有不少学者持此论点，有些学者虽然口头上承认中国文明史上下有五千年，但他们认为，中国文明社会应从中国建立第一个国家夏王朝开始，

很多西方学者认为，中国文明史，只能上溯至殷商时代。国内有些持殷商论之学者亦认为，中国文明社会应从经济和文化较为发达之殷商王朝开始。持夏王朝论者，主要有两点：其一，论为由于夏以前为传说时代，无地下实物可证，只能凭借传说，因此，中华文明只能从夏代算起；其二，认为夏代是我国所建立之第一个王朝国家，国家之出现，标志着文明之形成和开始。认为文明时代是针对无国家、无政府的野蛮时代和原始社会而言，故应把夏代作为我国进入文明社会的计数标准。持殷商论者认为，殷商时代已进入奴隶制阶级社会盛世，经济文化相当发展，社会亦较繁荣，根据殷商墓葬群出土之大量甲骨文和青铜器（甲骨铭文）认为文字之发明和使用，是进入文明社会的重要标志，由此就确认文字为殷商时代的产物，而将殷商作为进入中华文明史计数起算标准。夏王朝建于公元前 17 世纪，商王朝建于公元前 16 世纪。夏王朝开始也好，殷商王朝开始亦好，此两王朝距今皆不足五千年，都只有三千年至四千年时间。故他们对中华文明史计年之观点，实际上和国外一些学者之观点无多大区别，其结论是相同的。

二　中华文明应从河洛文化产生初期起算

我国大多数学者，认为中华文明史已有五千年之历史，此数只少不多，是有充分历史依据和科学根据的。我同意进入文明社会，文字的发明和使用，应作为重要标志之一。但计算中华文明史起始的年代，不应从夏王朝或殷商王朝起算，而应从河洛文化产生初期之"三皇五帝"（有数说。一说伏羲、神农、黄帝为三皇，少昊、颛顼、帝喾、尧、舜为五帝）的炎黄时代（距今 7000—5000 年）起算。

河洛文化和夏文化、殷商文化虽同属华夏文化，但并不完全等同。河洛文化有狭义和广义之分。前者主要指华夏先民在黄河、洛河交汇处，以洛阳及其周边为中心，最早所进行和开创的物质文化之核心。而广义则泛指河洛人在多个历史时期对华夏文化的继承、传播、发展和创新的时代性及区域性文化的统称。狭义之解与广义之解有共同点，即都属于河洛人所开创之华夏文化活动。也有不同点，主要表现于：（1）从空间讲，一为源头，即河洛文化是中原文化的源头和核心。一为河洛文化的阶段性文化，而夏、商、周是华夏文化更为发达繁荣之阶段和区域，为河洛文化的主干。（2）从河洛人民族组成来讲。河洛文化产生初期之河洛人，主要是华夏族及其先民。而夏、商、周以后，河洛人之组成，除华夏族外，已有不少其他民族之人迁入河洛地区。与此同时，也有很多河洛人由于经济、文化交流和天灾、人祸、战争以及政治上等等各种原因，而迁徙到周边和其他民族地区。虽然其他诸族人后来大多融合于华夏族及其后裔，但各族长期形成之互相杂处、相互交融、彼此吸收、互为依存的不可分割之关系，对河洛文化传承和发展，都作出了重要贡献，使河洛文化已逐渐由单一的华夏文化向多元文化发展了。（3）从形成的时间来讲，河洛文化产生的年代，远早于夏、商、周文化。据史料和考古资料证明，河洛文化最晚应产生于六千年前之炎黄时代，而夏、商、周文化则产生于公元前二千年左右至前256年。即河洛文化产生年代要远早于夏、商、周文化时代，约一千年以上。

如上所述，持中华文明起自殷商时代观点者，主要根据是殷商墓葬群中，出土了大量的甲骨文和青铜器铭文。由此就认为文字的发明和使用为殷商时代的产物，而将殷商时代作为中华文明史的开端，这种看法值得商榷。从殷商墓葬中发现有大量甲骨文，不等于文字的发明和使用始于殷商时代。19世纪，我们在殷商墓葬群中，发现了大量甲骨文，有15万件，单词达5000字之多。发现如此之多的甲骨文，已经足以刻文和作书，在社会上通用了。我很同意国家重点项目夏、商、周断代工程首席专家李学勤先生在北京一次座谈会上的讲话。他说："今天报刊上的常用字也不过五六千个"，"甲骨文里面有四千多个不同的字已经很了不起了。""商代，绝对不是一种很原始的文明，文明的起源要比它早得多。"文字的发展是要经过一个长时期的实践，这么多甲骨文，还有铭文，决不是一朝一夕就能创制出来，而是经过几代人、几朝人长期努力和发展的结果。只有在长期的文字使用和推广中，不断完善、发展和创造，才能达到殷商时期文字较高发展之水平和繁荣，它决不是殷商一朝一代仅有的产物。江苏学者刘正英对殷商甲骨文的起源进行研究和考证，分析出甲骨文中许多字，就是黄帝时代的史官仓颉造出来的。有的文字符号和距今8000年的甘肃秦安大地湾遗址之陶符，有一脉相承之关系。

　　在此必须强调，在考古实证资料尚不丰富的情况下，史籍记载就具有特别重要意义，应作为考证和判断问题的依据。必须强调，存在决定意识，古今意识形态之形成和文字之记载，并非心血来潮凭空想象出来的，也不可能是想像出来的，包括远古故事和神话时代，它们大多来自实践，是实践存在之某些反映和折射。且史籍记载和传说非常具体，有些史籍记载有名有姓，人物和事件活动的时间和地点都记载得很清晰，与周围的地理环境与民间所流传的说法往往相符合。有些史料记载，已为考古挖掘所证实。如《国语·晋语四》在记述远古神话传说时代两帝时，云："昔少典娶于有蛴氏，生黄帝、炎帝。黄帝以姬水成，炎帝以姜水成。"《史记·五帝本纪》则曰："黄帝者少典之子，姓公孙，名曰轩辕。"皇甫谧的《帝王世纪》亦云："黄帝有熊氏，少典子，姬姓也。母曰附宝，其先即炎帝之母有蛴氏女，世与少典氏婚"等等，皆有名有姓。姜水即今之渭河一支流，姬水即今之天水地区，其出生地和所属族群活动地区，皆与今之地貌相符合。

　　根据史料记载和考古资料，我国文字的创制和使用，远早于夏、商、周时期，其创制发展过程可溯至远古。经过漫长的发展，至迟远在六千年前的"三皇五帝"之炎黄时期，作为象形文字甲骨文之雏形的图形文字，使用已较为普遍，并得以流传。据史料记载，当时伏羲氏"造书契以代结绳之政"，结束了华夏先民流传下来的结绳记事习俗，正是因为创制和使用了当时通行的图文，才有可能以书契代结绳。又据史料，炎黄时代，黄帝为部落首领，打败了炎帝和蚩尤，统一了诸部，被拥戴为部落联盟之领袖（或称中原诸族共同祖先）。黄帝时代，虽尚未正式形成国家，但黄帝已统一诸部，并被尊为"天子"，已有国家之雏形。一说黄帝在新郑地区建有熊国。黄帝时代已逐渐由半农半牧转入农耕，社会经济文化已相当发展。传说有很多发明创造，如养蚕、染制衣服、制作弓矢、制作舟车、创造文字、音律、医学、算数等等，都创始于黄帝时期。据传，汉字创制者之一仓颉，即为黄帝史官。文字之发明使用，不仅结束了结绳记事的原始传统习俗，而且已达到能写书的程度。据载，黄帝"命沮诵作云书，孔甲为史"，黄帝臣"仓颉作书"等等。现存《素问》一书，即系托名黄帝与岐伯、雷公等论医学的著作，相传为《黄帝内经》之一部分。只有图文的使用和推广，达至一定程度，才可能做到刻画书写的效果。"三皇五帝"时，产生了中国古代文明史上第一批重要图籍，其代表作有《河图》、《洛书》等等，反映古代先民在天文、地理、哲学、数学、历法、音律、医学等等诸方面的知识和思想意识，对其后中国乃至世界的政治、经济、文化和社会，产生了重要和深远之影响。据有的学者在文章中提供的材料，《河图》、《洛书》距今皆有五千年以上历史。这些都足以证明，当时文字不仅已发明，且使用、推广和发展，达到较普遍的程度和较高的发展水平。文字之使用和发展，促进了汉族先民内外交流，对华夏族及其后汉族的发展，起到极其重要的作用，开创了中华文明的新时代。

三　"一元论"、"多元论"：河洛文化与殷商文化及红山文化之关系

文字只是文明社会的重要标志，但不是文明社会之唯一标志。作为文明社会应是个社会综合体，即文明之程度还要取决于其综合程度，应反映在其经济文化发展之诸多方面，其中最重要的为农业之出现，都城、民居、庙宇、殿堂、城市之建筑，生产、生活、习俗用具和礼仪器皿等手工业产品之进步和发展。如前所述，我国传统史学一直认为夏以前为传说时代，无地下实物可证，故持此说。但多年以来，我国考古学所取得之进展和成就，都足以证明史籍记载的可靠性和准确性。上述中华文明起源之诸多方面，在我国远古时代末期即已产生，并有了一定发展，这是其后夏商周文化得以继承、发展，并走向鼎盛繁荣之源头，两者是一脉相承的。根据河南裴李岗文化遗址出土实物证明，距今 8000 年左右，河洛地区已有了农业，并饲养家畜，过着定居生活。又据仰韶文化遗址出土资料，在距今 7000—5000 年前，在河南渑池县等地之出土文物，已有地上房屋建筑，并能烧制各种生产用具和生活用具多种陶器，以红陶为主，也有了彩陶。需指出，在研究中华文明起源时，不能只限于今河南境内，因为人类和远古民族包括汉人先民在内，因经济文化和政治、战争等各种因素，迁徙流动之范围很大，与周边邻界甚至较远地区之族群，相互交流，互相影响，在经济文化等诸多方面建立了密切联系，活跃在广阔之中原和四邻的地域上。我国远古炎黄时代诸族群，包括黄帝之属部在内，亦突破今河南境

内，活动在今河北、内蒙古、山西等境内和西辽河流域，这已为考古挖掘所证实。1957 年，在河北省涿鹿县矾山镇三堡村北的台地上，发现有一座古城遗址，当地人称其为黄帝城。据考古专家判断，这座城就是史书上所记载由黄帝所建立之涿鹿城。史书记载，黄帝在与炎帝争夺统治权的"阪泉之战"和在战胜了东夷集团首领蚩尤的涿鹿之战后，就在涿鹿山下建起了都城。据《史记·五帝本纪》记载，距今 5000 多年前，各个氏族部落为扩大地盘，掠夺财富，连年争战，祸及百姓，当时的统治者神农氏炎帝无能为力。黄帝和炎帝两大部落，在一个叫阪泉的地方展开争霸战，也就是阪泉之战，经过三次大战，黄帝战胜了炎帝，炎帝被迫与黄帝结盟。此外，还有一个实力更强的部落——东夷集团，分布在今山东沿海至东北三省和内蒙古一带，其首领蚩尤在传说中是个骁勇善战之英雄。黄炎部落联手，与蚩尤率领之士卒在涿鹿之野展开决战，经过长时间激烈较量，黄帝战胜了蚩尤，并将蚩尤擒杀于冀中之野，这就是历史上著名之"涿鹿之战"。随后黄帝与各路诸侯会盟岳山，统一了符契，黄帝被尊为天子，在涿鹿山下建起了都城。在涿鹿古城墙内，存有许多仰韶文化特征的陶片。因此，专家判断，涿鹿城很可能是在仰韶时期人类活动之遗址上重新建起来的。

张家口地区桑乾河流域一系列重大考古发现表明，这一地区有仰韶文化、红山文化、后岗文化以及龙山文化等多种文化类型，说明使用这些生产、生活工具的人，曾经到达这一地区。考古资料证明，早在 5000 多年前，我国多个族群、多种文化，就同时会聚于一地，这是到目前为止，我国考古学界发现的唯一此类地区。我国著名考古学家苏秉琦先生把距今 5000 年前影响中国历史进程的"涿鹿之战"和"阪泉之战"，称为两次南北文化的大碰撞，而张家口地区正是交汇的三岔口，是通往东北、河北、内蒙古、山西等地的要道，地当要冲。

1906 年至 1930 年，一些国内外考古学家在辽宁省建平县牛河梁，发现了 5000 年前的大型祭坛、女神庙和积石冢群遗址，表明 5000 年前这里就存在过一个具有国家雏形的原始文明社会。牛河梁位于与赤峰山水相依、鸡犬相闻的辽宁省朝阳市建平县与肇原市交界处。在牛河梁绵延十几公里的群山上，考古人员发现了有规律分布的女神庙、祭坛和积石冢群，震惊世界。

　　女神庙是一座土木结构的半地穴建筑，南北长 22 米，东西最宽处约9 米。在地下沉睡了五千多年的红山女神，带着嘴角一丝若有若无的浅笑，露出她那端庄的容颜。女神庙出土了大量泥塑人像残块，目前已经确定为庙内供奉的神像，分别相当于真人的原形大二倍和三倍。其中相当于真人三倍的女神像残片，位于主室中心，可能是一尊主神，其周围有十余处大型积石冢群。女神庙作为当时极为重要的场所，是红山文化先民们共有的祭祖活动中心。经过碳 14 测定，女神像的确是新石器晚期的作品。人们终于在长城外找到了中华民族另一个古老的起源地。

　　五千多年前的大型祭坛、女神庙和积石冢群遗址的发现，为夏代以前的"三皇五帝"传说时代找到了实物依据，把中华文明史确凿地提前了一千多年，也为中国上古时代社会发展史、思想史、宗教史、美术史等的研究提供了实证。

　　我国自远古以来，就是个多族群、多民族的国家，各民族及其先民共同缔造了祖国的历史和文化。中华文明是多元一体的文明，是由我国黄河流域、长江流域、西辽河流域、珠江流域和南方沿海地区等诸多地域文化所组成，河洛文化只是其中之一。根据考古挖掘资料，有些地域文化所处之时间，较之河洛文化所处之时间更远，其社会经济发展程度曾盛极一时，后因各种原因，由盛变衰。而河洛文化所形成之地区，因地处我国南北要冲，地理位置之优势，就成为我国南北诸地域文化汇集地和交流点，成为我国南北政治文化和发展之中心，而在中华文明发展中逐渐起着主导作用。因而，在我国学术界曾一度认为，中华民族只起源于黄河流域和中原地区，即"一元论"。但随着我国考古工作之深入和研究成果增多，越来越证明，以上地域文化在中华文明之形成和发展中，起着很大作用，成为中华文明不可分割的重要组成部分。各地域文化互相汇集、交流、假借、吸收、融合，既丰富了本身，又造就了中华文明更加光辉灿烂。无数事实证明，多源论是符合我国古代历史发展规律的。正如我国著名学者李学勤先生所指出："近些年，在史前一直到文明形成时期的考古学研究上，有一项重要的战果，就是纠正了过去以中原为中心的单元论观点。以中原为中心的单元论形成有多种多样的原因，其中很重要的一点，是当时的考古工作大多局限在中原地区。后来考古事业发展扩大，也便自然而然地开拓了人们的眼界。现在看来，中华文明的起源不能是单元的，文明起源的各个因素，不是在一个地区产生，而是在若干地区分别酝酿的。"因此，我们在考察中华文明之形成和发展时，必须考虑到各地域文化的因素和能动作用。

20世纪80年代，我国考古工作者在辽西挖掘出一批距今6500年至5000年考古学文化，统称为红山文化。从分布密度和文化特征典型程度来看，红山文化主要分布在今内蒙古东南部、辽宁省西部、河北省北部与吉林省西北部，方圆20万平方公里之广大区域。迄今为止，在上述区域发现的红山文化遗址，已有500多处，做过考古挖掘的则有十多处；1977年，在内蒙古赤峰市以北30公里处石棚山氏族墓葬群中，发现了一件直腹陶罐，上刻有一幅原始图画文字，经专家研究，现已被破译为一幅原始祭文，这是迄今为止我国发现的最古老、最完整的一篇祭文。

红山文化为中华文明具有5000年以上之文明史提供考古实物的另一重要发现，就是证明早在5000年前，我国就有了青铜器，而不仅是在夏、商、周时代才有制作生产的。考古工作者在辽宁省牛河梁一号墓内挖掘出小铜环。在内蒙古赤峰市汉西台遗址中，出土了两件方形陶合范（陶器体模子），留有浇口，范腔为鸟首形，这是迄今为止我国国内所知年代最早之铸件。牛河梁和西台红山遗址铜器物与陶模子之发现，标志着红山文化遗民，不仅脱离了单纯打制自然铜的历史阶段，而且其铸铜技术上，已取得了从使用单范提高到合范的重大进展。铜质器物及铸铜技术之出现，说明早在红山文化时代，先民们已经掌握了铜矿开采和冶炼技术，这是社会生产力发展史上的重大突破，标志着我国当时已进入铜、石、玉器并用时代，标志着我国青铜器出现的时间，向前又推进了近千年，而不是夏代及其后之殷商时代才产生，才突然趋向于兴旺发达而导致繁荣，而是这之前历史和经济长期发展的结果。

在中国人传统观念中，中华文明从黄河摇篮里孕育出来，然后再传至华夏各地。而红山文化之重大考古发现，为中华文明的多元起源说提供了论据。1991年，我国著名的考古学家苏秉琦在《关于重建中国史前史的思考》一文中明确提出："以发展顺序看，中原并不都是最早，不都是从中原向四周辐射。从旧石器中晚期到新石器初期，很可能辽河流域比海河水系早，海河水系又比黄河中游早。旧石器时代晚期，以辽河流域为中心的这一片，文化发展走在前列，从而为辽河流域新石器时代的前导地位，奠定了基础。8000 年前辽宁阜新查海玉器及其后红山文化坛、庙、冢的发现，是辽河流域前导地位最有力的证明。"

辽河是否为中华民族族源地之一？目前在学术界还在争论中，但无论如何，此亦为一说。

红山文化时期，正是我国远古"三皇五帝"传说时代，据史载，"五帝"之一的黄帝，"迁徙往来无常处"。有专家据此认为，当时的黄帝部落还带着浓厚的北方游牧和渔猎民族习俗。而对黄帝率领的与炎帝作战的熊、罴、貔、貅等猛兽，一般认为是黄帝部族内以野兽为图腾的诸部落名称。黄帝战蚩尤于涿鹿之野，其地在今河北省西北部。再联系到周武王封黄帝之后于蓟，其地在今燕山南麓长城脚下，与辽西相邻。把牛河梁考古发现与古史传说相联系，著名考古学家苏秉琦提出："黄帝时代的活动中心，只有红山文化的时空框架与之相应。"

目前有些学者，又为红山文化区是黄帝、颛顼活动区，找到了更多旁证：首先，牛河梁积石冢惟玉为葬，惟玉是礼，传说中黄帝以玉为兵，黄帝妻嫘祖养蚕，红山文化出土文物，即有蚕玉器、玉兵器，此为玉证；其次，黄帝染色衣裳，牛河梁出土之陶塑所穿短靴，前有精美的花纹，此为衣证；第三，红山文化区是龙文化起源地之一，玉龙形象，凌源潜龙；红山文化区域，发现之蜥蜴化石，为石证；第四，《山海经》中，多处提到颛顼，而宋元时期的胡三省《资治通鉴》注中明确说，颛顼活动区在"棘城"，即今辽宁省锦州市义县北。义县与朝阳山水比邻而居，这也为红山文化区是黄帝、颛顼部落活动区，提供了又一个旁证。于是有人大胆猜测，牛河梁可能是黄帝时代文化的大本营。黄帝从牛河梁走向世界。

红山文化和河洛文化之关系，是否值得探讨？它们之间有无联系？这是个值得研究的课题。本人认为，根据红山文化出土情况，说明它们之间有着密切联系。红山文化的主人为东夷人。红山文化是由河洛人和东夷人，通过政治、经济和文化之交流传过去的，并与东夷人本身文化相交融，而成为辽西区域文化。当时东夷人分布面很广，从山东向东直至滨海关东地区，很多东夷人进入与其相邻之安徽、河南、河北、山西、陕西、内蒙古等地。而河洛人，因地处中原地区，为"中国之中"，"天下之中"，具有独特的地理位置和自然条件之优势，为当时全国最发达地区和政治、经济、文化中心，是联结和进入其东南西北邻界之交通要道，具有重要的战略地位。故很多河洛人亦因各种因素而进入黄河中下游和北方广大地区，直至辽宁、吉林、内蒙古等地。并越过黄河流域，进入长江流域和珠江流域，从而进入到南方之安徽、江苏、浙江、湖南、湖北、江西、福建、广东、广西等地，甚至远徙到四川和台湾地区，以致到国外东南亚，转徙到世界各地。这些河洛人及其先民在进入这些地区后，就把当时最先进之河洛文化传入各地，对当地经济文化的发展，产生重大影响，发挥着很大作用。同时，也把当地独特的文化吸收融合进来，丰富和发展了中原地区的文化。这几年在河南召开了好几次河洛文化国际学术讨论会，每次会议都有很多台湾学者前来参加学术活动和拜祭黄帝仪式，来寻根问祖，他们自称为"河洛郎"（河洛人之后裔）。

另一方面，东夷人之迁徙和交流活动，早在远古时代即已存在。这是后来中原地区，如夏商周时期，有许多首领及部落集团，即为东夷人之源流。如后之灭商建周者之首领，即为东夷人。

红山文化中较为先进文物之遗存，即是由河洛文化传至东夷人地区的，理由是红山文化虽发现了5000年前的陶罐、图形文字、青铜器、玉龙和铸铜陶模等遗存物，但数量并不多，旁证还不多，特别是在其后历史发展的各个时期的出土遗址中，并未再发现类似的实物资料，更未出现有继承和进一步发展达到兴旺繁荣的景象，不像河洛文化其后发展至夏、商、周的出土遗存中，发现有大量的青铜器和甲骨文等等诸多资料，并证明其后已处于高度的发展阶段。这说明，辽西之红山文化，当时对陶文、青铜器、玉器和炼铜技术的使用，还不广泛和普遍，这些实物很可能是该地区随河洛文化之传播而传入的。但红山文化的发现，功不可没。其主要意义在于，它提供了保存下来的5000年前由黄帝时代所开创之中华原始文明的实证资料，而同时期在中原地区，却尚未发现有此遗存。由于红山文化之发现，把中华文明形成的时间就向前推进了一千多年。

从黄河流域、长江流域、西辽河流域、珠江流域和南方沿海地区等全国已发掘出来之无数考古遗址中，其考古年代不乏距今5000年至10000年左右之历史。它们所反映之出土资料，都足以证明，我国早在5000年以前，就已进入中华文明时代。有专家认为，中华文明史为万年史，而非五千年史。其举证说，传说黄帝元妃嫘祖发明了蚕丝，这在6000年前之江浙文化遗址中已有发现，浙江河姆渡文化已有7000年历史。代表农耕文化之湖南澧县城头山文化遗址，已有 9000 年历史。广西一些地区所发掘出的农耕稻作文化遗址，亦距今已有万年历史。中华文明还应包括草原文化和海洋文化。据考古资料，早在 7000 年前，我国南方之古越人，即在海上活动，并向国内外迁徙，留下多种海洋生物之遗骸和海上作业之工具。在我国广大之北部地区，也挖掘出多处草原文化遗址。它们所反映之出土资料，都足以证明，称我国早在 5000 年以前，即已进入中华文明时代，只少不多，并不为过，这些都是有力之旁证材料。

　　总之，根据前述之史料和考古资料，中华文明应从河洛文化之源头炎黄起算，把黄帝时代作为源头，是完全有科学依据的，距今已有五六千年以上之历史。以农耕、民居、都市建筑、生产、生活和礼仪手工业品之出现，以中国文字发明和使用与青铜器之出现为标志的中国河洛文化之源头及其发展，上起伏羲炎黄，下迄夏、商、周三朝，并通过夏、商、周至隋唐时期之传承和发展，特别是通过周代宗法分封制和其后河洛人（包括多族群、多民族在内）多次大规模之北上南下，将华夏文化之源头，河洛文化之精华及其后之发展，发扬光大，辐射至全国东南西北各地区乃至台湾地区和国外，使中华文化成为世界四大古文明中唯一虽历经五千年以上，仍兴而不衰，蒸蒸日上，成为当代历史最悠久、最优秀、最兴旺之文化而屹立于世界。

　　令人感到遗憾的是，在夏以前我国考古实证资料不断挖掘出来后，有些学者包括有的著名考古学家，竟不相信科学（用物理学碳 14 来测量之年代），宣称对红山文化表示怀疑。竟不相信红山文化挖掘之实证资料是真的，仍坚持其固有观点，认为中华文明史，应以夏王朝或殷商王朝作为开端，这是不合逻辑的。社会发展史，是一部完整的历史，它经过五种社会发展形态，即原始社会、奴隶社会、封建社会、资本主义社会和共产主义社会（社会主义是其初级阶段），中国之历史发展亦未离开此社会发展规律（当然，这里也不排除有的民族在社会发展形态上有跳跃现象）。氏族、部落、民族及阶级、阶层和统治集团，不是从天上掉下来的，阶级社会也不是一蹴而就，他们都有一个发展过程，在原始社会后期即已产生萌芽并逐渐发展，为创造和发展原始社会之物质文明和精神文明，作出了不可或缺的重要贡献。因此，中华文明史亦应包括原始文明史在内，不能说只有阶级社会夏、商、周才能列入文明史范畴，而原始文明则不能算数。

河洛文化之组成，基本上应分为三部分，即河洛文化之起源（原始社会文明时期）——河洛文化之发展兴盛时期（夏、商、周时期）——河洛文化之高度发展时期（隋、唐、宋时期）。整体之河洛文化，不能只包括后两部分，而不包括其起源部分，这在逻辑上是说不通的。

以上所述仅为个人看法。不妥之处，请指正。

（2007 年在河南安阳河洛文化国际学术会议上的讲话）

从"北魏律"至"唐律疏议"
看汉夷间法律文化互动

摘　要　魏晋南北朝时期是中华民族在法律文化上的大融合时期。北魏律和北齐律是以汉律为宗，结合鲜卑等族的某些习惯法，并糅合南朝各律而成的。而唐朝的法律，无论体系结构和基本内容都与北朝律有渊源和承袭关系。这一方面表现了少数民族对中华法系作出的重大贡献，另一方面也说明高度发展及相对完备的唐律是南北或汉夷法律文化融合的结晶。

关键词　北魏律　唐律疏议　汉夷　文化互动

隋唐，尤其是唐代，是我国历史上诗歌、书法、绘画、雕塑、史学、法学、医学及科技发展的鼎盛时期，也是汉夷文化交融的黄金时代。由于隋唐的统一，是从鲜卑等族建立的北朝演进而来，无论是隋代的杨氏抑或唐代李氏家族及皇室，与北方民族又存在密切的渊源关系和千丝万缕的联系①，再加上很多出身于少数民族的文臣武将参与朝政，对唐朝典章制度的修订也产生各种影响。因此，其典章制度呈现了"华戎兼采"的特点，在不少方面留有北朝的各种痕迹。而法律文化方面尤为明显。

---

①　从李唐而言，主要表现在三个方面：第一，李唐皇室长期生活在民族大融合的北方，世代在鲜卑统治者建立的政权中为官，成为西魏、北周的贵族和重臣；第二，连续数代与鲜卑贵族或和鲜卑有密切关系的匈奴独孤氏通婚，深受鲜卑化影响；第三，其兴起又与突厥等密切相关，李世民曾与东西突厥可汗分别结为兄弟。

一

　　唐朝是我国历史上著名的强盛朝代，也是在封建法制发展过程中，影响极为巨大的一个朝代。高祖李渊在建国第二年，即武德二年（619），就下诏制定 53 条新格。继之，又于武德七年（624）颁行《武德律》12 篇，500 条。对此，《唐会要》有简扼的论述，其云："武德元年六月十一日诏刘文静与当朝通识之士因隋开皇律令而损益之，遂制为五十三条，务从宽简，取便于时。其年十一月四日颁下，仍令尚书令左仆射裴寂……等更撰定律令……至七年三月二十九日成，诏颁于天下。大略以开皇为准，正五十三条，凡律五百条，格入于新律，他无所改正。"① 此外，还编纂了武德令、格、式等。唐太宗李世民命长孙无忌（拓跋鲜卑拔拔氏）、房玄龄等修改《武德律》，历经十年，即自贞观元年至十一年（627—637），完成了《贞观律》12 篇，500 条。此外，"定令一千五百四十六条，以为令；又删武德以来敕三千余条为七百条，以为格；又取尚书省列曹及诸寺、监、十六卫计帐以为式"，② 是为贞观令、格、式。高宗李治时，以武德、贞观两律为基础，由太尉长孙无忌等人，编纂《永徽律》12 篇，502 条，于永徽二年（651 年）颁行全国。后又对《永徽律》逐条逐句进行注解，称为"律疏"，律疏附于律文之后，是官修的法律解释，与律文具有同等效力。如《旧唐书·刑法志》所云："参撰《律疏》，成三十卷，四年十月奏之，颁于天下。自是断狱者皆引疏分析之。"律文与疏议，统称《永徽律疏》，即元以后所称的《唐律疏议》。其照录《永徽律》原文，逐条进行注解。集中唐以前的法律思想，加以发挥，并大量引用《永徽律》以外的律典，剖析疑义，对律文规定不够完备之处加以补充。既是唐律的重要组成部分，又是中国古代杰出的法学著作。此外，唐玄宗李隆基时，曾三次修订法律，有开元律、令、格、式，并且制定了我国历

――――――――――

　　① （北宋）王溥：《唐会要》卷39，《定格令门》。《旧唐书》卷 50，《刑法志》所记略同。
　　② 《新唐书》卷 56，《刑法志》。《旧唐书》卷 50，《刑法志》为"定令一千五百九十条，为 30 卷。"

史上最早的一部具有行政法典性质的《唐六典》30卷。中唐以后，共有七次重大的立法活动，即德宗贞元元年（785年），尚书省进《贞元定格后敕》；宪宗元和十年（815年），刑部许孟容等奉敕删定的《开元格后敕》；元和十三年（818年），郑余庆等详定《元和格后敕》；文宗太和七年（833年），刑部进《太和格后敕》；开成四年（839年），刑部狄兼谟等删定《开成详定格》；宣宗大中五年（851年），刘琢等奉敕编纂《大中刑法总要格后敕》；大中七年（853年），张戣进《大中刑律统类》。这七次立法活动，并没有修订律、令、式本身，而是删修"格后敕"。敕是唐后期最具有权威的法律形式。唐朝的法律形式主要是律、令、格、式。① 据《唐六典》解释："凡律以正刑定罪，令以设范立制，格以禁违止邪，式以轨物程式。"也即律是统治阶级定罪科刑的尺度，刑事镇压方面的法律（其中包括有关民事诉讼法律的规范），令是国家组织制度方面的规定，格是皇帝临时颁布的国家机关必须遵行之各种单行敕令、指示的汇集，式是国家机关的公文程式和活动细则，具有行政法规性质。

二

以《唐律疏议》为代表的唐朝法律，在中国法律发展史上占有十分重要的地位。《唐律疏议》是我国迄今为止保存下来最早、最完整的封建法典。它产生于封建经济、政治、文化高度发展的唐代，又综合了唐以前各王朝法律建设的经验。尤其是北朝鲜卑及鲜卑化汉人统治者制定的法律，对唐朝影响颇大。

公元386年，鲜卑拓跋氏建立北魏，是为北朝之始。源于北方游牧民族的北魏统治者为适应统治中原广大地区的需要，除了保留一些部落习惯法对本部落成员进行管辖外，大量吸收汉族较为先进的法律文化。北魏律，主要是承用汉律，并参酌魏晋南朝法律而成，从太祖拓跋珪开始，历

---

① 《新唐书》卷56，《刑法志》云："唐之刑书有四，曰：律、令、格、式。令者，尊卑贵贱之等数，国家之制度也；格者，百官有司之所常行之事也；式者，其所常守之法也。凡邦国之政，必从事于此三者。其有所违及人之为恶而入予罪戾者，一断以律。"《唐六典》卷6，《刑部郎中员外郎》条云："凡律以正刑定罪，令以设范立制，格以禁违止邪，式以轨物程事。"

太宗、世祖、高宗、显祖、高祖，经过九次编纂。至世宗元恪时，于正始元年十二月己卯"诏群臣议定律令"。根据"循变协时，永作通制"的原则①，制定《北魏律》（《后魏律》）20篇，规定了八议、官当等，刑名分死、流、徒、鞭、杖五种。其律文唐时已佚，现仅存篇目可考者15篇：刑名、法例、官卫、违制、户、厩牧、擅兴、贼、盗、斗、系讯、诈伪、杂、捕亡、断狱。除律外，据《太平御览》所记，还有《太和职员令》21卷。北魏律集中原、河西、江左三大法律文化因素于一炉而冶炼之，并能综合比较，取精用宏，广收博取。正如陈寅恪先生所说："元魏刑律实综汇中原士族仅传之汉学及永嘉乱后河西流寓儒者所保持或发展之汉魏晋文化，并加以江左所承西晋以来之律学，此诚可谓集当日之大成者。"②

公元534年北魏分裂为东魏、西魏。东魏于兴和三年（541年）颁行《麟趾格》。③以格代科，④是汉代以来法律形式的一大变化。西魏大统十年（544年），"魏帝以太祖（宇文泰）前后所上二十四条及十二条新制，方为中兴永式，乃命尚书苏绰更损益之，总为五卷，班于天下"⑤。也就是通常所称的"大统式"。以式为法典形式，是封建法制发展中又一变化。北周宇文氏制定《大律》25篇，1537条。

公元550年，东魏鲜卑化汉人高洋执政，自称为帝，改东魏为齐，史称北齐。武成帝河清三年（564年），始在北魏律的基础上制定《北齐律》12篇，949条。⑥北齐律由擅长律学的渤海封氏及儒生崔暹、李洋、魏收等人经过长达15年精心研讨，并在总结历代统治者经验的基础上完成的。《北齐律》的篇目为名例、禁卫、户婚、擅兴、违制、诈伪、斗讼、贼盗、捕断、毁损、厩牧、杂律。是较成熟的律典，成为隋、唐律的蓝本。原文在南宋时已失传。由于《北齐律》"校正今古，所增损十有七八"，⑦吸收了这一时期立法和司法的成功经验，故以"法令明审，科条

---

① 《魏书》卷8，《世宗纪》；卷111，《刑罚志》。
② 陈寅恪：《隋唐制度渊源略论稿》，三联书店2001年版，第123页。
③ 《魏书·孝静帝纪》曰："诏文襄王与群臣于麟趾阁议定新制，甲寅班于天下。"
④ 据《唐六典》注："后魏以格代科，于麟趾殿删定，名为《麟趾格》。"
⑤ 《周书》卷2，《文帝纪下》。
⑥ 北齐除律外，据《唐六典》注：还有"令50卷，取尚书二十八曹为篇名，又撰权令2卷，两令并行，大抵采魏晋故事也"。
⑦ 《北齐书》卷30，《崔昂传》。

简要"为显著特点，① 并首创"重罪十条"，后称"十恶"，为后世封建法典最重要内容之一。

三

北朝拓跋鲜卑及鲜卑化汉人统治者所制定的北魏、北齐律等对隋唐法律的制定有直接的渊源关系，北魏、北齐、隋、唐律可谓为一系相承之嫡统。"唐律因于隋开皇旧本，隋开皇定律又多因北齐，而北齐更承北魏太和正始之旧。"② 近人程树德在《九朝律考》中曾指出："南北朝诸律，北优于南，而北朝尤以齐律为最。"　"隋唐二代之律，均以此为蓝本，……盖唐律与齐律，篇目虽有分合，而沿其十二篇之旧；刑名虽有增损，而沿其五等之旧；十恶名称，虽有歧出，而沿其重罪十条之旧；故读唐律者，即可因之推见齐律。"③ 综上所述，北朝法律对唐朝法制的影响，概其要者有以下几点。

第一，唐律"十恶"，源于北齐律"重罪十条"。始见于北齐律："一曰反逆，二曰大逆，三曰叛，四曰降，五曰恶逆，六曰不道，七曰不敬，八曰不孝，九曰不义，十曰内乱。其犯此十者，不在八议论赎之限。"④ 重罪十条是把危及封建国家根本利益的十条最严重的罪名，集中置于律首，以示国家打击的重点。这是与北朝时期阶级压迫及民族压迫深重，社会矛盾相当尖锐，鲜卑及鲜卑化汉人统治者深感必须采用严刑峻法来维护

---

① 《隋书》卷 25，《刑法志》。其中还提到："河清三年，尚书令赵郡王叡等奏上齐律十二篇，又上新令 40 卷，大抵采魏晋故事。"而隋朝则"多采后齐之制，而颇有损益"。

② 陈寅恪：《隋唐制度渊源略论稿》第 125 页。

③ 程树德：《九朝律考》，1927 年初版，20 卷。书中曾将律系的发展沿革列表如下：

《法经》—《秦律》—《汉律》

　　　　　┌《魏律》—《晋律》—《梁律》—《陈律》
　　　　　│
　　　　　│　　　　　　　┌《后周律》
　　　　　└《后魏律》—┤
　　　　　　　　　　　　└《北齐律》—┌《开皇律》—《唐律》—《宋刑统》—《明律》—《清律》
　　　　　　　　　　　　　　　　　　└《大业律》

④ 《隋书》卷 25，《刑法志》。"八议"，源自周之"八辟"。至汉末已盛行八议说，但至三国曹魏新律，始将"八议"载入律文，即议亲、议故、议贤、议能、议功、议贵、议勤、议宾。

中央集权统治,镇压各族反抗分不开的。重罪十条是后世封建法典十恶的前身,从隋唐直至明清封建法典所规定的十恶,即是在此基础上稍加损益而成。隋始以"十恶"名称,定入法典,采用北齐刑制,略有增删。《唐律疏议》称:"五刑之中,十恶尤切,亏损名教,毁裂冠冕,特称篇首,以为明诫。"唐朝规定不可赦免的十恶为:谋反、谋大逆、谋叛、恶逆、不道、大不敬、不孝、不睦、不义、内乱。十恶大罪之所以被列为最严重的犯罪,就在于它直接危及了封建国家的统治基础和政治制度,触犯了被推崇为统治思想的纲常名教,颠倒了贵贱尊卑的关系。唐律沿袭北齐律重罪十条的原则,作出关于十恶的规定,说明唐朝统治者更注意运用法律的手段,从各个侧面来维护封建专制国家的统治。

第二,唐朝律、令、格、式等主要法律形式,深受北朝法律的影响。魏晋南北朝时期法律形式,于律、令之外有科、比、故事、格、式等,隋唐以后,律令格式并行,即导源于此,这些法律形式互相补充,形成严密法网。例如,律令之间,"律以正罪名,令以存事制",① 凡不宜入律者,"悉以为令","违令有罪则入律"。② "格"源于汉代的科,东魏制定《麟趾格》,始为独立法典。北齐时重行判定,称为《北齐麟趾格》。"式"的名称,一说源于战国时期秦国的《封诊式》。③ 一说源于汉代的品式章程,西魏苏绰编定《大统式》,是最早以"式"为形式的法典。南北朝时期格、式与律、令并行,是秦汉以来封建法律的重要发展,并影响及于后世,唐宋法律均以律令格式为主要形式,至明清,格、式才失去了独立地位。

第三,唐律继承北魏律,皇帝直接掌握生杀大权。北朝皇帝为了加强最高审判权的控制,有时亲自审判大案。例如,北周武帝"听治于正武殿,自旦及夜,继之以烛"。④ 北魏对于死刑的处决权,由皇帝亲自掌握。《魏书·刑罚志》提到:"论刑者,部主具状,公车鞫辞,而三都决之。当死者,部案奏闻。以死不可复生,惧监官不能平,狱成皆呈,帝亲临

---

① 《太平御览》卷638,引杜预《律序》。

② 《晋书》卷30,《刑法志》。

③ 据1975年云梦出土的秦简得知,这种形式的法律早在战国时秦国就已出现,秦律有《封诊式》,其内容是关于治理狱案侦查勘验的具体规定。

④ 《太平御览》卷339,引《后周书》。

问，无异辞怨言乃绝之。"并规定："诸州国之大辟，皆先谳报，乃施行。"① 这不仅有助于加强专制主义集权制度的发展，而且对准确地进行司法镇压也有所裨益，因而为后世沿行。唐朝为了加强皇帝对于司法权的控制，法律规定：对于应该"言上"或"待报"的案件，擅自判决者，"各减故、失三等"论罪。遇有重大特殊案狱，皇帝经常以"制"、"敕"权断。唐朝大理寺是最高司法机关，负责审理朝廷百官犯罪及京师徒刑以上案件。对徒流刑罪的判决，须送刑部复核，死罪的判决须直接奏请皇帝批准。

第四，唐律沿袭北朝礼律并举之风，法律教育逐渐步入正轨。北朝修律除保留若干习惯法外，② 皆以汉律为楷模，又兼取古文经《周官》与《尚书》，甚至在形式上也仿效周礼与大诰。参加主持修订法律的又是名儒和汉律学家，诸如崔浩、高允、熊安生等人，使北朝律礼法糅合，互相渗透，儒家思想法律化，刑律儒家化。例如，吸收"八议"、"不孝"、"不敬"等内容；严"不道"之诛，重"诬罔之辟，疑狱依经义断决；废除辕、腰斩等酷刑，只用枭首、斩、绞；并罢门房之诛，凡谋反大逆、干纪外奔，罪止其身（但不时也有腰斩及夷族等现象）等等。北朝统治者进入中原后，重视研习法律。北魏沿袭魏晋设立律博士的做法，③ 列律学博士于廷尉官属，北齐转属大理寺。其职责是参与司法，解答咨询，培训司法人员和教育官吏子弟。北齐"法令明审，科条简要，又敕仕门之子弟，常讲习之。齐人之晓法律盖由此也"。④

唐太宗李世民等推行以德礼为本，刑罚为用的政策，《贞观律》中，许多原属礼的规范，被赋予法的形式。高宗李治在其执政以后制定的《永徽律疏》中便明确宣布："德礼为政教之本，刑罚为政教之用，犹昏晓阳秋相须而成者也。"

---

① 《魏书》卷111，《刑罚志》。
② 如据《魏书·刑罚志》所载："昭成建国二年：当死者，听其家献金马以赎；犯大逆者，亲族男女无少长皆斩；男女不以礼交皆死；民相杀者，听与死家马牛四十九头，及送葬器物以平之；无系讯连逮之坐；盗官物，一备五，私则备十。"这些规定在鲜卑统治者所制定的北朝律中，或多或少能找到其影子。
③ 据《三国志·魏志·卫凯传》所说，明帝即位，凯奏曰："请置律博士，转相教授。"
④ 《隋书》卷25，《刑法志》。

　　唐代法律教育逐渐步入正轨。贞观年间，朝廷在国子监管理之下，分设国子学、太学、四门学、书学、算学、律学六馆。律学馆设律学博士一人，助教一人，主掌教习。① 学生名额是 50 名，学习内容为当时的律令和格式，学制不得超过 6 年。每年进行考试，及格的则参加尚书省礼部的考试，再合格的得以任官；不及格仍留律学馆学习，连续三年不及格的，以及不从师教、逾假不归者均免除学籍。唐代法律教育还与科举考试、官吏选拔结合起来。科举考试，由中央礼部主持，分秀才、明经、进士、明法、明书、明算六科。明法考试分 10 题，其中律 7 条，令 3 条。全答对者为甲等，答对 8 题为乙等。另外吏部取人以身（体貌丰伟）、言（言词辩正）、书（楷法道美）、判（文理优长、逻辑严谨）四项。唐代不仅沿袭魏晋南北朝之制，设置律博士，而且将法律教育与科举考试及官吏选拔相结合，这既有利于法律的普及，也有利于提升司法人员的执法水准。

　　总而言之，魏晋南北朝时期是中华民族在法律文化上的大融合时期。以汉律为代表的相对先进之法律文化，对于进入中原地区的少数民族统治者有着重要影响。北魏律和北齐律就是以汉律为宗、结合本民族的某些习惯法，并糅合南朝各律而成的。而唐朝的法律，无论体系结构和基本内容都与北朝律有渊源和承袭关系。这一方面表现了少数民族对中华法系作出的重大贡献，另一方面也说明高度发展及相对完备的唐律是南北法律文化融合的结晶。

（2012 年提交"中国民族学学会汉民族分会

年会暨荆楚文化研讨会"之论文）

---

① 　此据《唐六典》。按《新唐书·百官志》所载：律学博士三人，助教一人。

一代天骄成吉思汗

——兼对某些官私方文章中有关提法之辨正

成吉思汗戎马倥偬的一生，不仅关系到蒙古族历史，而且曾经强烈地震撼了整个中国乃至世界历史舞台。因此，毛主席在《沁园春·雪》中称其为"一代天骄"，与秦皇、汉武、唐宗、宋祖相提并论。1995 年美国《华盛顿邮报》在评选自公元 1000 年以来的"千年风云人物"活动中，则将其评为"最风云人物"。

一

值此纪念成吉思汗诞辰 850 周年之际，仅就其叱咤风云生涯的几个方面略作评说。

第一，成吉思汗统一蒙古各部，促进蒙古社会的发展，为蒙古民族形成和发展以及元朝的建立奠定了基础，并在客观上促进了各族间的融合，这可说是他一生中最辉煌之业绩。

12 世纪末期，蒙古社会战乱连绵，民众渴望统一和安宁，铁木真（成吉思汗）顺应社会发展趋势，致力于蒙古各部统一事业。1206 年建立大蒙古国，即大汗位后，着手制定政治、军事、法律等制度。在整个蒙古地区普遍建立军政合一的千户制，把蒙古部众划分为九十五千户，封建勋臣，并给诸子、弟、妻室划定了封地范围；进一步整顿护卫军，使之制度化，并扩充至万人，成为其专设的常备军；健全法制，设札鲁忽赤（断事官）掌政刑，还将其治理国家的种种训言和札撒（法令）写成"札撒大典"；建立赋税制度，由千户百户层层管理；保存并发展我国由来已久的驿传制度，初步建立起蒙古汗国到中原乃至中亚的站赤；开始使用畏兀儿字记蒙古语，逐渐形成回鹘式蒙文。从而使蒙古社会的政治、经济、文化得到进一步发展。同时，也为大一统元朝的建立创造条件，对中华民族历史发展作出不可磨灭的贡献。

第二，成吉思汗之所以成为一代雄杰，彪炳史册，除了时势使然外，与其个人品格也是分不开的。当时蒙古草原战乱纷扰的局势，为他登上历史舞台提供了有利时机；周邻主要封建政权社会危机深重，兵弱将懦，又为他南征北战减少了阻力。而成吉思汗自身具备的雄才大略则使其宏志得以实现。

苦难的童年，磨炼了成吉思汗的坚强性格，逆境中的奋斗，铸就其百折不挠之精神。他掌权后知人善用，信任股肱，宽容大度，厉行法治，赏罚分明，故深得将士臣僚的拥戴。其军事才能卓越，战略上重视联远攻近、各个击破。用兵强调详探敌情，分割包围，远程奇袭，佯退诱敌，充分利用蒙古轻骑"来如天坠，去如电逝"的优势，采取在运动中歼灭敌人等战术。史称其"深沉有大略，用兵如神"。但另一方面，成吉思汗毕竟是奴隶主贵族（或曰封建领主），其征战之主要目的是为了掠夺更多财富和人口。征伐中（尤其是初期），具有游牧部落战争特点，破坏性很大。因此，千秋功罪，评说需得当，过犹不及。

第三，西征中，蒙古铁骑冲破了亚欧各国的此疆彼界封闭状态，"缩小了地球"，"接近了世界"。客观上促进了东西的沟通及经济、文化交流和繁荣。中国三大文明逐渐传到西方，间接影响了欧洲的"文艺复兴"。而西方的药品、织造物、天文历法等也输入了东方，有助于中国科技文化的发展。

但是，需清醒看到，这毕竟不能算是成吉思汗西征的初衷和历史功绩。成吉思汗及其继任者在西征中皆不同程度地杀戮人民、掠俘为奴、毁灭城镇、破坏农田，曾给中亚、西亚和欧洲不少国家的人民带来巨大灾难。而包括蒙古族在内的广大中国人民也深受西征之害，饱受离乡背井煎熬，临阵遭杀掳的厄运，他们皆盼望早日结束战争，返回家园，"十年万里干戈动，早晚回军复太平"，就是此种心情的真实写照。因而，在评述这段历史时，既要反对所谓的"黄祸论"，又无须回避西征的负面影响，以作出客观判断。

二

自20世纪中叶以来，有的官私方文章在对"黄祸论"批驳中，涉及蒙古汗国政权性质和成吉思汗国籍等问题的某些提法值得商榷，应加以辨正，并进而对成吉思汗及其所建政权在中国和世界历史上的地位、作用，作出符合史实之正确评价。

成吉思汗千秋功过，毛主席在《沁园春·雪》中，曾用精辟、简洁、生动的语言"一代天骄"四个字，加以高度概括，体现了他对蒙古族和中国历史所作的伟大贡献，总结了他铁马挥戈的一生。

1995年，我随国家民委所组织的大陆蒙藏学术代表团去台湾进行学术交流。当时还是国民党李登辉统治时期，台湾老百姓对蒋氏的统治尚记忆犹新，心有余悸。在学术交流中，一位台湾大学蒙古族教授于台北图书馆坐满着人群的大礼堂上，在谈到蒙古民族问题时，竖起大拇指，激动地说："'一代天骄'，只有毛泽东对成吉思汗作了如此高度之评价，真是了不起。"话语中洋溢着对毛泽东的敬佩之情及民族自豪感，使本人及其他与会学者很惊讶，又深受感动。

对历史上所出现之政权和每个民族及其领袖人物，都有个历史归属问题，认同问题。同样，对蒙古族及其领袖铁木真所建立之"蒙古汗国"亦有个归属问题。我想就此问题，谈谈自己的看法。

历史事实证明，成吉思汗是今日中国和蒙古国及分布于世界各地蒙古人的共同祖先，是当时中国疆域内的伟大人物。但古今中外，也确有一些人，认为他们不属于中国，而属于外国，不仅古代有人这样认为，近现代乃至当代，亦有人这样认为。古代有一些持有"汉族即中国"、"汉族王朝体系正统观念"者就是这样认为，蒙古族入主中原，统一中国，建立了元朝，就是"中国亡了"。及至17世纪满族入关，统一中国，建立清朝，也有人认为"中国亡了"。这都足以证明，他们把蒙古族、满族和"蒙古汗国""后金政权"，都看作是"外国人或异族入侵中国"，把成吉思汗、努尔哈赤等看作是"外国人"。乃至近代，仍有人作如是说。1934年，我国有位著名学者，在其发表的文章中，讲过一段对成吉思汗的看法，文章说："他在二十岁的时候，听说我们的成吉思汗征服欧洲，是我们最阔气的时代。到二十五岁，才知道所谓这个我们最阔气的时代，其实是蒙古人征服了中国，我们做了奴才。直到今年八月里，因为要查一点故事，翻了三部蒙古史，这才明白蒙古人的征服'斡罗思'侵入匈奥，还在征服全中国之前，那时的成吉思汗还不是我们的汗，倒是俄人被奴的资格比我们老，应该他们说，'我们的成吉思汗征服中国'，是我们最阔气的时代的。"这样，就把历史上的蒙古族及其领袖成吉思汗之属性，都看作为外国的民族和外国人了。前几年，我在报纸上看到一个报道，说多年来，日本方面对侦探成吉思汗地下陵墓很感兴趣，组织很多力量，花了很多钱，在蒙古高原到处侦探寻找汗陵都无结果。据他们讲，之所以如此出力，是因为成吉思汗是他们的祖先，这样，成吉思汗又变成"日本人"了，这实在是荒诞之极。

　　20 世纪 60 年代，在我国某个媒体发表的一篇重要文章中，在批驳"种族论"和"黄祸论"时，也持此观点，并引用了上述这位学者的话作为根据。文章说："成吉思汗是当时蒙古的汗，中国和俄国，都是遭受侵略的。成吉思汗在一二一五年侵入中国的西北和北方一部分，一二二三年侵入俄罗斯。成吉思汗死了以后，他的继承者在一二四〇年征服了俄罗斯。过了三十九年以后，一二七九年，征服了全中国。"文章发表后，当时一些史学家，特别是蒙元史专家很有意见。我国著名的蒙元史专家翁独健先生生前就对我说过："这样重大的问题，未征求蒙元史专家意见就写了，把蒙古族和成吉思汗都开除出中国了，影响到世界，太不慎重。"说时情绪很激动。

　　蒙古民族及其首领铁木真所建立之蒙古汗国的历史归属问题，只要我们回顾一下历史，就会得出科学的结论来。首先，蒙古之名，并非在铁木真和蒙古汗国建立时代才出现，它早就出现了。最早见于我国唐代记载，蒙古先民曾称"蒙兀室韦"或"蒙瓦"，为室韦联盟部落之一。两宋、辽、金时，以"萌古"、"朦骨"、"盲骨子"等译称出现在汉文史籍上。"蒙古"，这个译名，最早见于《三朝北盟会编》所引的《炀王江上录》中。就蒙古族主体部分而言，其起源的脉络是清晰的，即东胡—鲜卑—契丹—室韦（主要指蒙兀室韦）—鞑靼—蒙古，一脉相承。当然，这并不排斥蒙古族在发展过程中，吸取了其他民族成分，日益强大。初分布于额尔古纳河，后向西南迁徙，特别是840年后，随着回纥汗国之西迁，蒙兀室韦大批迁入漠北地区。从此，由额尔古纳河至漠北、漠南地区逐渐蒙古化。唐时，这些部落都参与了蒙古高原和唐朝北边的政治军事纠纷，室韦诸部和唐皆有朝贡关系。唐在蒙兀室韦所分布和活动的地区设有都护府、都督府等官方机构，进行有效管辖。室韦各部，其中包括蒙兀室韦在内，都接受唐王朝所授都督、大都督等官号。当时之漠北漠南地区属于唐所设关内道，并建有安北都护府、翰海都督府、金微都督府等进行管辖，而东北蒙兀室韦所分布之地区，亦属唐所设之河北道，并设有室韦都督府等进行管辖。后辽、金政权兴起，蒙兀室韦诸部又先后隶属过辽、金政权，辽、金政权都设有专门官吏机构对蒙兀韦室等部进行管辖。总之，唐末后，中国社会历经五代十国、宋、辽、金、夏、吐蕃、大理及至蒙古汗国之建立，在中国北方、南方民族地区和中原地区分立割据之地区性政权林立。它们连成一片，各政权之间及与中原王朝之间，长期并立，互相争战，前后更迭。另一方面，互相之间又建立起密切的政治、经济和文化联系。蒙古国建立后，亦与周围政权，特别是与辽、金和南宋，保持着"战""和"之间的关系。这些政权，当时都是中国境域内诸政权之一，属于中国历史上地区性和并立性政权。

以上雄辩地证明，蒙古族早就是我国北方的古老民族。12—13世纪，铁木真及其继承者征服金、夏等割据政权，在我国整个北方地区，建立了蒙古族第一个政权"蒙古汗国"，乃属于我国历史上地区性和并立性政权。而成吉思汗是中国历史上蒙古政权的大汗，他们之中国属性已毋庸置疑。

三

蒙古族、铁木真和"蒙古汗国"之归属问题，关系到他们在中国历史上所起作用和地位的评价问题，关系到中国这样一个多民族共同缔造历史和文化的国家，在评价历史上民族领袖等历史人物，要坚持实事求是和民族平等的原则问题。如果把蒙古族、铁木真和"蒙古汗国"视作外国，则成吉思汗对蒙古族和中国之历史作用和辉煌业绩，就被一笔勾销了。对中国来讲，他就不是什么民族英雄，有作为君王之"一代天骄"了，而是一个地地道道的外国侵略者和殖民者了。故我等作为蒙元史研究工作者，有责任和义务对其归属问题，加以辨正，以恢复历史本来面目。

我们在研究和处理历史问题，提倡学术和史学要为现实服务，为政治服务时，必须要忠实于科学性，要处理好科学性和政治性之关系。科学性就是要符合历史事实，要按历史发展的本来面目和规律行事（包括对我们有利者和不利方面）。政治性只有建立在科学性基础上，才能立于不败之地。我们在批评别人时，不论对方为了某种政治目的而违背历史事实时，决不能以错对错，以讹对讹，违背历史事实。只有这样，我们之学术研究，才能真正做到为现实服务、为政治服务。

（2012 年在"元代国家与社会国际学术研讨会"上之发言稿）

史学(民族史学)的性质和社会功能

——兼论史学要不要为现实政治服务?

本文为 2008 年在开封市河南大学民族研究所给研究生上课时的讲稿。内容共分为四部分:

第一,"科学技术是生产力"中包括不包括社会科学与史学?第二,"史学"("民族史学")要不要为现实服务?第三,"史学"("民族史学")要不要为政治服务?第四,"史学"("民族史学")具体的社会功能。

一 "科学技术是生产力"中包括不包括社会科学与史学?

20 世纪 70 年代末(1978 年),中国共产党十一届三中全会作出了一个具有历史意义、现实意义和理论意义的决定,这就是制订了"一个中心"、"两个基本点"、建设有中国特色社会主义,党的基本路线。这是党和国家的生命线,是实现科学发展观的政治保证。"一个中心",就是"以经济建设为中心";"两个基本点",就是必须坚持"四项基本原则"(坚持社会主义道路,坚持人民民主专政,坚持中国共产党的领导,坚持马克思主义列宁主义毛泽东思想),坚持走"改革开放的道路"。自此,我国就全面推行了"以发展经济为中心"的方针和改革开放政策,迄今已实施了三十个年头,并取得辉煌成就。

　　早在 1978 年 3 月，在中共中央于北京召开的科学大会上，邓小平同志就提出了"科学技术是生产力"、"知识分子是工人阶级的一部分"的著名论断，纠正了几十年来对待知识分子的"左"的倾向（原把知识分子都看作是资产阶级与小资产阶级属性的倾向）。中共十一届三中全会以后，为适应国内外的新形势，1988 年，邓小平同志正式提出了"科学技术是第一生产力"的重要理论，这是对马克思主义的发展和丰富。马克思主义原来的提法，为"科学是生产力"、"科技是生产力"。邓小平理论针对中国之国情是对马克思主义"科学科技是生产力"理论的具体运用和发展。1989 年，他在会见外宾时说："过去说马克思认为科学技术是生产力，现在看来不够了，科学技术是第一生产力。"此理论之提出，至今已有 20 年，实践证明，对推动我国科学技术和经济之发展，起了很大作用，故此理论之提出是必要的、正确的，具有开创性。但是人们常常误认为上述之"科学是生产力"，只指自然科学，不包括社会科学，这是一种很大之误会。也是多年来社会上对社会科学，包括对史学和民族史学在内不重视的一个重要因素。不仅一般人如此之认识，甚至有些部门领导，包括一些科技部门之领导，也持有此看法。前几年中国社科院一位常务副院长，见到国家科委一位负责同志，问他国家科委的领导包括不包括社会科学？此位领导很坦率地说不包括。

　　实际上，邓小平的"科技是生产力"、"科技是第一生产力"之科技，是包括科学和技术两个方面。"科学"和"技术"有联系，但并不属于一个范围。社会之运转包括两个方面：即人与自然的关系；人与人之间关系所构成的诸种社会现象，如政治的、经济的、文化的，两者之间缺一不可，否则世界就无法存在。自人类产生后，这两种关系就存在着。科学就是研究这两种关系。科学是关于自然和社会思维的知识体系。简言之，是研究自然发展规律和社会发展规律及其理论，故它不仅包括自然科学，也应包括社会科学在内的两大领域。而技术是指在生产操作中，由于生产工具和工艺流程或管理方法之改进与革新，而引起劳动生产率的提高。技术之改进，不等于是科学，它一般是指单个生产领域或某一生产项目因工艺改革或生产工具之改进，所导致局部生产力之提高，其提高并不一定和整个科学发展水平相关联。但生产力之提高，也可以是由于对科学规律之认识和广泛运用于实践与生产，而导致整个生产领域和社会生产率之提高。

如公元 18—19 世纪，英国的产业革命发明蒸汽机和内燃机，运用其热力原理，而导致西方整个工业部门和社会发生产业革命，乃至引发世界性生产率之提高。科学是由基础理论科学和应用科学两部分组成。科学可以包括技术，但技术不能涵盖科学，代替科学。即邓小平之"科学技术是生产力"与"科学技术是第一生产力"与马克思的"科学是生产力"、"科技是生产力"的含义是一致的。马克思之"科技"概念，即包括科学和技术两个方面。1876 年，马克思在《资本论》中写道："劳动是随着科学和技术的不断进步而不断发展的。"他有时又单称"科学是生产力"。1978 年，邓小平同志在全国科学大会开幕式上指出："社会生产力的巨大发展，劳动生产率的大幅提高，最重要的是靠科学的力量，技术的力量。"这说明邓小平所指"科学技术是生产力"其中亦包括科学和技术之两个方面。此处之科学，当然不单指自然科学，亦应包括社会科学在内，因为邓小平也讲过科学当然包括社会科学。他在 1978 年，在指出"科技是生产力"的同时，又指出"知识分子是工人阶级一部分"。这里所指出的知识分子当然不单是指自然科学界之知识分子，亦应包括社会科学界的知识分子在内，这是不言而喻的（当时在会上还有华国锋的发言稿，他的提法只说我国"有了一支又红又专的知识分子队伍"，就是不从整体上来肯定知识分子的队伍，邓的提法与华发言稿的提法有根本区别。当有人建议邓按华之提法修改时，邓仍坚持自己的意见，说是维持原样）。

江泽民同志 2001 年在北戴河接见自然科学界和社会科学界代表的会议上，强调社会科学和自然科学具有同样重要的地位。2002 年"五四"前夕，江泽民同志在中国人民大学发表了有关发展社会科学的重要讲话。同年 7 月，又到中国社会科学院考察，并对加强哲学社会科学建设方面，提出五点要求，即要坚持以马克思主义为指导；坚持解放思想实事求是；坚持"二为"方向和"双百方针"；坚持优良的学风；坚持改善党对社会科学的领导，等等，以期充分发挥哲学社会科学在建设社会主义事业，全面提高人民的思想道德及科学文化素质过程中的作用。党的十六大以来，以胡锦涛同志为总书记的党中央，很重视发展繁荣哲学社会科学，分工由李长春同志专门抓社会科学和意识形态思想领域（过去中央政治局常委中无专人来抓），同意并恢复了哲学社会科学学部制度，还发布了《中共中央关于进一步繁荣发展哲学社会科学的意见》专门文件。中共十六大之后，在中央召开的历次全会和许多重要会议上，胡锦涛同志的讲话中，都有关于繁荣发展哲学社会科学的阐述。前不久召开的党的十七大，又为哲学社会科学的发展指明了新方向。党中央还建立了学习制度，组织政治局常委和中央有关方面的领导同志，听取专家学者讲授有关经济、法制、历史、民族学、民族问题和宗教问题等等方面社科专业理论和实践的讲座。胡锦涛同志在每次学习会上，都要发表重要讲话。以上种种，都充分证明，党中央、国务院和中央宣传部门很重视哲学社会科学在社会主义建设中的作用和地位，给予了充分肯定和高度重视。与此同时，近几年来也加强了对高校社会科学的领导工作。

事实证明，社会科学之重要性，并不亚于自然科学的重要性，从某种意义上讲，甚至较之自然科学更为重要。自然科学若出现问题，其后果与影响，只是企业等局部性或地区性的，如苏联切尔诺贝利核电站出问题，导致核爆炸、核辐射，造成严重危害，但这毕竟是地区性、局部性的，只限于当地的群众受到危害。倘若社会科学意识形态出了问题，其影响和后果，将是全面性的、全局性的、普遍性的，其后果将不堪设想，是要亡党亡国，甚至家破人亡的。苏联和东欧等社会主义国家解体即为先例。当时，他们之领导人背弃了马克思主义和科学社会主义理论，而提出要建立所谓"民主社会主义"之政治纲领，起了很大的煽动和破坏作用。在极"左"思想和极右理论煽动下，我国的"文化大革命"和1989年的"六四"事件，也严重影响到我国的生产和社会安定，造成不良的后果和危害，几乎使我们陷入亡党亡国的危机。对这些事件，人们还记忆犹新，都具有深刻之教训。

二　史学要不要和能不能为现实服务？

史学要不要和能不能为现实社会服务？历来有不同看法。有人认为，史学是研究过去的事情，和今天现实问题无法联系，也不应要求直接挂钩，故谈不到为现实服务问题，这种说法是值得商榷的。欲正确认识此问题，首先要弄清楚史学和民族史学之性质是什么？史学与民族史学的社会功能是什么？

　　社会科学包括史学在内，来之于实践，为古今劳动人民（包括广大知识分子）所创造。劳动人民创造了历史，是历史的主人，劳动人民是社会发展的主要动力，这是马克思主义重要原理之一。按理说，历史本来就应与现实相结合，服务于劳动人民，服务于社会，在为社会服务中生存、变化和发展，从而显示其旺盛的生命力。"史学"就其内容而言有双重功能：一种是间接功能，一种是直接功能，但不论是哪种功能，都应为现实服务，也能为现实服务。故有人认为，社会科学包括史学和民族史学在内，是属于意识形态的学科，只能是精神产品，不能直接为物质生产部门和经济发展服务，这是很片面的。且不说社会科学中一些学科专业（如工业经济、农业经济管理专业等），应属于创造价值之应用经济，是应包括在科学技术和管理范围的。即使以属人文科学的史学和民族史学而论，亦不单纯是意识形态学科，亦有其应用性与实用性之一面。史学就其功能和内容而言，一部分发展为文化遗产之精品；一部分属于能直接转化为生产力之产品。属于精神产品之史学科研成果，它们能通过最重要的生产力"人"的道德文化素质，间接反作用于生产力，在某些时候，甚至能起到决定性作用。近几年，有"文化生产力"或文化产业的提法，即指文化亦是一种生产力。史学和民族史学，应该通过研究过去，面向社会、面向未来、面向世界。既要弘扬中华民族之光辉业绩，又要指出历史上曾经有过种种重负，使各族人民在良莠交错之现象中，真正理解国情，吸取经验教训，激发爱国主义和振兴中华之责任感，促进社会变革。在我国建设小康社会和建设具有中国特色社会中，作出新贡献，这就是文化生产力之内涵。

　　史学（民族史学）的作用还表现在它可以直接为生产力服务，为社会主义建设服务中。在史学和民族史学中，保存着大量地方志和事业方面的资料及大量地理学、天文学、水利学、地质学、地震学、交通、矿业和诸多老企业、老公司等等方面的历史档案，而这些历史资料，都可以直接为物质生产服务。"文革"期间，学部近代史研究所曾组织人根据地震方面历史档案之记载，编写了一部《中国地震史》，它既是一部历史学，又是一部自然科学方面地震学之专著，还未正式出版，就受到日本学术界之关注和重视。多年以来，作为历史学方面一个重要组成部分，国务院还设立地方志编辑委员会，各省市自治地方和基层县都建有地方志办公室，并设有专门编制的编辑研究人员，一直在编撰省、市、州、县（旗）等民族志。不仅编撰通志，各专业部门如工业、农业、水利、交通、邮电、矿业等部门，也都在编修专业志书，并已取得了很大成就。这些地方志和专业志，都在利用大量之历史资料和档案资料，来总结和论述诸学科和专业在我国发生、发展和变化的规律。其本身不仅是历史，而且在论述专业发展过程中，涉及许多生产问题和科技数据资料，其研究成果和所总结之规律性理论与实践，对当地科技事业和自然科学之发展，能起很大的促进作用。

三　史学要不要为政治服务？

多年以来，有一种看法，认为 20 世纪五六十年代关于社会科学要为政治服务之提法，是极"左"路线的表现。特别是"文革"时期，江青等"四人帮"，用影射史学的手法来作为篡党窃国之工具。"文革"之序幕首先是从史学界批判我国著名史学家吴晗之历史剧《海瑞罢官》开始的，其后许多社会科学家和史学工作者，受到批判和迫害，有的甚至被迫害致死，对此人们还心有余悸。认为"为政治服务"之提法，显得模糊、不准确，容易引起误解，并易于被一些别有用心者所利用。也有人认为这是极"左"的提法，因而一直回避此问题，这是可以理解的。但我认为，这是没有必要的，也是回避不了的。社会科学包括史学和民族史学在内，应为我国之政治服务的提法本身并没有错，只是过去被一些别有用心者，把此口号接过去，引向歧路，这是一种极不正常的特殊情况。"文革"期间，"四人帮"是一伙篡党窃国的野心家、阴谋家，想通过搞影射史学来达到其不可告人之目的。如果因此而认为史学与为社会主义建设服务无缘，恐也失之偏颇。一般说来，史学在遵循其自身学科特点的前提下，只有认真地适应社会需要，自觉地为社会服务，以其所揭示的客观发展规律及经验教训，直接或间接地为社会服务，帮助人们解决物质文明和精神文明建设中存在的实际问题，才能有存在之价值，从而受到群众、社会和中央的重视，才能有发展和美好之前景。

为社会服务，不是空洞的口号，而是具有实际内容的。前几年，我们一般只提要为两个建设服务，即要为物质文明建设和精神文明建设服务，近几年，由于我国政治发展需要，又提出要为政治文明建设服务。建设社会主义与当前需要三个文明建设（作者注：现提法为"五个文明建设"，即再加上"社会文明建设"和"生态文明建设"）协调发展，一起抓。因此，无论在过去，抑或现在，社会科学和史学与民族史学，都有为"三个文明"建设服务的问题，只不过不同时期，其服务的侧重面有所不同而已。故史学要为我国政治服务的提法并没有错，而在现时期就更显得重要，必须坚持此方向。

在建国初期，强调政权建设，政治上统一，当时政治因素是主要的。反映在民族问题上，就是要强调民族平等、民族团结和祖国的统一。民族史学必须为此政治目的服务。其研究任务，重点要放在少数民族通史、族别史、政治史、民族关系等方面，即用大量的史实来证明和论述中国历史上就是个统一多民族的国家，各民族共同缔造了祖国的历史和文化，强调民族地区和祖国的历史关系，历史上各民族之间的友好往来和经济交流。中共十一届三中全会以后，我国进入了以现代化建设为中心的改革开放新时期。面对改革开放新形势，以及商品经济竞争机制浪潮的冲击和挑战，史学和民族史学首先亦有一个转变职能或扩大职能、价值观更新的问题。但这并非意味着民族史学特定之研究对象和研究方法改变了。作为一门科学，其研究对象和研究方法，具有一定的稳定性，但其研究的内容和范围，是可以根据形势的变化而不断扩大，侧重点会有所不同，研究方法也可以多方面、多层次和全方位发展。当代史学职能之转变或扩大，主要是指史学在面临今天新的历史时期，如何与现实结合，为社会服务的问题。多年以来，我国的民族史学取得了很明显进展，无论是在民族史学理论的建设和研究队伍的培养及学术刊物之创办方面，或是资料之收集、积累、运用及介绍国外研究著作等方面，都取得了很大成绩，为社会主义建设作出了重要贡献。撰写了一大批有分量的论文，出版了多部少数民族通史、各族简史和古代民族专题史、民族关系史、历史人物传记等等专著。研究领域有所开拓，其广度和深度也引人注目。如对民族的起源和分布、民族关系、社会制度、经济、文化、社会生活、历史人物、历史事件、风俗习惯、宗教信仰等等方面，都有所研究，皆有所突破，发表了许多精辟的新见解，学术水平有很大提高，使我国的民族史研究，处于建国以来成果最多，水平较高，发展最快的繁荣时期。

2002 年，中共十六大提出要在我国全面建设小康社会，2004 年中共十六大四中全会，又提出要在我国构建具有中国特色和谐社会主义的宏伟目标，其关键是要又好又快地实现社会主义新型现代化，解决好我国社会主义主要矛盾，即人民日益增长的物质文化需要同落后的社会生产力之间的矛盾，彻底消灭各族的贫困和落后，要加速发展社会生产力，不断提高各族人民的物质文化水平和精神文化水平，建立具有中国特色和谐社会主义，这是当前最大的政治。从民族问题来说，主要是如何消灭当前仍存在着的经济、文化发展不平衡，最终和彻底解决民族问题。这个时期，经济因素上升到主要位置。正如中央所指出："我国的民族问题，当前更多地表现为少数民族地区迫切要求加快发展经济文化的问题。"当前民族史学研究的侧重点，也应逐步转变到为经济建设服务的轨道上来，而逐步改变过去侧重于一般通史、民族史、族别史、制度史、关系史等方面的研究，而应侧重于研究各族的政治史、经济史、文化史、思想史、教育史、科技史、法制史、改革史、革命史、党史等方面上来。这些，正是为当前建设具有中国特色社会主义思想体系所必需，但恰恰又是研究之薄弱环节。民族史学只有紧密结合当前新的政治、经济、文化发展形势，适应改革开放与建设具有中国特色社会主义和谐社会之需要，才能胜任新时期所赋予的历史使命，才能有广阔的发展前景。如果仍停留在过去狭小范围内，坚守固有模式，重复往昔或别人已经进行了的陈旧课题，千篇一律，味如嚼蜡，那就必然不能提高学术水平，开拓新领域，迎接社会变革所带来的挑战，而产生失落感。同时，由于研究与现实脱节，学术上又无创新，就很难得到社会上各方面之重视，论著之出版和发行也会遇到难题，而产生危机感。

我们讲史学和民族史学要为现实服务，为现实之政治、经济、文化事业服务，决不是人为因素，要历史离开科学性。过去有人对它的理解常出现片面性，往往只选择历史上对我有利的一面，而摒弃对我不利的一面，采用实用主义态度，背离实事求是之科学研究态度，这既不利于史学本身之发展，也不利于真正总结历史经验教训，使人们从中受到感悟和启迪。"文革"后，人们一般反对这样做，强调和提倡要实事求是，即真实性，要树立尊重客观历史事实的学术风气，目前，在学术界已有很大转变。政治性和科学性是一致的，没有科学性，就没有政治性，也就达不到要为现实服务的目的。

关于史学和民族史学之社会功能，我国历代王朝都很重视，历代盛世都要大修史书，作为国书来编纂，并设有专门之机构和官史来管理和组织编撰，往往编撰时间很长，也十分隆重。早在春秋战国、秦汉时期，对"史书"之广泛作用，包括对个人、社会和国家等等，都给予了充分肯定。历代对修史及其目的、意义，态度都是很明确的，这是我国历史上编修史书很发达的一个重要原因，也是能留下很多完整史料的一个重要因素。汉代司马迁云："究天人之际，通古今之变。"唐太宗李世民云："以古为鉴，可知兴替。"清代著名史学家认为，修书之目的是"上阐古人精微，下启后人津逮"，我国已故马克思主义史学家范文澜也说："我们研究历史，是为了创造历史。"革命领袖毛泽东说得更明确了，强调历史要"古为今用"。概括古人和今人之言，用今天通俗之语言，就是要研究过去，了解今天，指导将来，这就是要为现实服务。当然，在阶级社会之史学和民族史学的功能，与今天社会主义社会之史学和民族学虽有共同点，但也有本质的区别。

民族史学中急需解决的另一个问题，即是研究的指导思想问题和观念纳新的问题。以马克思主义唯物史观和辩证法来指导我们的史学研究，这是 50 多年来民族史学取得多方面成就的基本原因之一，也是我国民族史学与西方一些国家史学的根本区别所在。今后我们不但要坚持这一指导思想，还要不断加强力度。但马克思主义不是一成不变的教条，而是不断发展的。它指导实践，又为实践所丰富和充实，并且其中某些论点还可能为实践所纠正。因此，它必须与各国具体情况相结合，才能指导革命实践和生产实践。在民族史学中，也只有把马克思主义基本原理与中国的社会历史实践相结合，才能建立具有中国特色的民族史学理论思想体系。多年以来，在马克思主义基本理论指导下，我们对历史上一些重大问题，坚持实事求是、民族平等的原则，即注意清除历史上封建王朝体系正统观念和大民族主义的影响，又逐步冲破历史上遗留下来的民族偏见的束缚。在建立富有特色的民族史学理论体系方面，迈出了可喜一步，对一些民族史学上重大理论问题的看法，也渐趋一致。例如，关于我国历史上统一与分裂，统一是历史主流的理论；关于历史上各民族友好往来和互助合作是民族关系中主流的理论；两个离不开的理论，即汉族离不开少数民族，少数民族亦离不开汉族；各族人民对缔造伟大祖国都作出卓越的贡献；关于历史上战争与和平，和平是主流的理论；关于历史人物评价的基本标准等等，都有了比较清晰的认识。

但是，也应看到由于历史的局限性和受"左"的思潮影响，过去我们在理解和阐述经典著作的某些论点时，往往有片面性，生搬硬套的现象屡有发生。如对"民族"的理解，许多人由于过去受到斯大林关于"民族"概念阐述和苏联学术界某些观点的影响，从 20 世纪 50 年代展开讨论迄今，尚无一致结论。甚至在今俄罗斯学术界已经改变了看法的情况下，而我国有些学者还是坚持过去的观点，他们不是根据我国的具体情况加以剖析判断，而是常拿斯大林关于"民族"四个特征的定义生搬硬套。因此，往往无法解释清楚中国历史和民族之形成、发展的进程。若按照这个定义来衡量，那么，中国各民族包括汉族在内，直至新中国成立前尚处于部族或部落的阶段，都尚未成为民族，而这显然不符合中国的历史实际。根据我国各民族历史发展的规律，包括汉族在内，早在原始社会末期和阶级社会初期起始，就具备一些民族特征，后经过长期发展，逐渐形成为一个民族。"民族"的定义，一般应该包括如下的内容，即共同的民族名称，共同的地域，共同的语言，共同的历史渊源关系，共同的经济联系，共同的心理状态及其所表现的生活习俗和文化艺术，共同的宗教信仰等等。一个民族应具备其中大部分因素。而这些因素，早在资本主义发展以前就已产生，并不断发展，越来越完善充实。随着资本主义经济发展，原来之前资本主义民族就转变发展为资本主义时代的"现代民族"。因此，在坚持马克思主义的同时，一定要注意清除传统的、保守的乃至僵化的因素，切忌将经典著作变为标签口号移录论著中，代替自己对客观历史过程的分析和评论。

总之，我们在民族史研究中，既要坚持马克思主义基本原理，又要重视与我国少数民族社会历史相结合，摄取精华，灵活运用，尽量避免陈陈相因，陷入僵化俗套。但另一方面也要突破传统史学之局限，从实证主义史学中解脱出来。只有站在宏观角度，高屋建瓴，才能对微观进行有效研究。那种认为马克思主义理论对当代的历史研究已经过时的看法是不可取的。今后新老史学工作者，都有学习或重温马列主义基本原理的必要，以提高思想水平和洞察力。

四　史学（民族史学）的社会功能

综上所述，我认为史学和民族史学在当代之具体功能，至少有以下几个方面：

（一）为维护祖国的统一和领土完整服务，为确保边疆安定和民族团结服务

今天在我国一些民族地区，国内外分裂主义势力还相当猖狂，他们内外勾结，妄图把边疆和民族地区从祖国版图中分裂出去。在台湾有"台独"，新疆有"东突"，西藏有"达赖分裂集团"残余势力，等等。此外，我国与日本钓鱼岛之争、与印度关于麦克马洪线之辩等等。我们必须利用史学作为工具，彻底揭穿和粉碎国内外分裂主义势力的阴谋活动，要根据历史事实，对相关邻国进行有理、有利、有节的斗争，以维护祖国的统一和领土之完整。

（二）为我国建设小康社会和建设具有中国特色社会主义和谐社会服务

如前所述，史学和民族史学可直接或间接服务于我国社会主义现代化建设，为我国社会主义的政治、经济、文化和社会服务，为他们提供资料，提供规律性的东西，如经济史、科技史、水利史、地震史、开发史、屯垦史和交通史等等方面丰富的记载和大量的数据资料，对我国现代化建设有直接借鉴和启发作用。史学工作者可根据地方和有关部门保存的历史资料和大量的档案资料、文献资料等，编撰各种史书及各种爱国主义丛书，以激发人们的爱国主义精神和民族自豪感，振奋民族精神，对社会主义精神文明建设能起到增强凝聚力、向心力和爱国主义教育的作用，起到

发奋图强，艰苦奋斗，锐意改革和开拓创新的教育鼓舞作用。不少地方和部门根据史学和民族史学所提供的资料和研究成果，对各族人民，特别是青少年进行定期和不定期的爱国主义教育和科技知识教育，起到很好的效果，有利于人们的政治思想素质和专业素质的提高和生产积极性、主动性的发挥。

（三）为民族工作和民族团结服务

史学和民族史学有关历代民族政策的研究成果，对当今之民族政策和举措，能起到"有史可鉴"、"推陈出新"之作用。历史上有些王朝（如汉、唐、明、清等王朝）所制订和推行的某些民族政策，虽出自统治者之目的，但客观上收到较好效果。如对诸民族文化采取兼容并蓄政策、尊重诸民族生活习俗的"随俗而治"政策、宗教信仰自由政策和各民族和谐相处政策、茶马互市贸易政策、屯垦政策、经济文化交流政策和用人政策等等，都是行之有效的，对多民族国家之建立和发展、社会面貌变化，在一定程度上都起到积极促进作用，值得为后世所借鉴。对今天我国的民族工作亦有很大启示，有利于当代的民族大团结。1950 年，我国西北人民解放军和平解放新疆，其后我国进军西南部队又和平解放了西藏。当时入疆和入藏的部队和政府官员，都研究和参考过历代王朝所制订的民族政策、吸取了这些政策中之积极面，摒弃民族政策中民族压迫、民族歧视和民族隔阂的消极一面。1950 年和平解放新疆时，王震、王恩茂等将军，曾组织全军和入疆干部学习清朝之民族政策，如尊重新疆各族人民生活习俗政策、宗教信仰政策等等，得到了很好效果。对我国民族政策的制订和实施，都有一定的借鉴意义。

（四）为我国的睦邻友好政策和外交斗争服务

我国与 20 多个国家相接壤，在历史上，我国与许多国家进行经济文化交流。长期以来，通过陆上丝绸之路和海上丝绸之路，友好往来，和平相处，建立了睦邻关系，这在历史上都有记载。民族史学工作者，要以史为工具，史为今用，为我国当今贯彻以"和"为贵，建立和平相处之睦邻友好关系政策和建立"和谐"的国际关系服务。与此同时，也要为我国的外交斗争服务。我国与有些邻国因边疆问题，常常发生边界纠纷。有边界争议，要进行边界谈判，或要进行划分边界的工作，这些都要求史学和民族史学工作者提供丰富和充分的历史资料作为根据。过去，我们和缅甸国的边界问题，通过友好协商，互利互让，已顺利解决了。和俄罗斯在东北和西北边界问题，经过旷日持久之边界谈判和斗争，多年来已逐渐得到解决。但我国与印度和东南亚有些国家，在陆疆和海疆上还存在着边界问题迄今未解决。过去，我国政府有关部门和史学工作者为解决边疆问题曾做了很多工作，但也存在着一些问题，需要我们来总结经验教训，以便更好地为我国的外交斗争服务。主要是史学工作者应如何处理好科学性和政治性相结合的问题。为政治服务，我们必须坚持科学性的原则。而过去我们对边界纠纷有时采取"实用主义"原则，带有片面性，注重选择历史资料对我有利的一面，而摒弃对我"不利"的一面，背离实事求是的科学态度。这既不利于史学本身的发展，也不利于边界纠纷的谈判，往往使谈判处于对我无力和不利的被动状况，更不利于真正总结历史经验教训，使人们从中受到启迪和提高鉴别能力，而采取科学的应对措施。

我曾参加过《中国历史地图集》（8卷本）的编纂工作。《图集》是20世纪50年代由毛泽东同志亲自倡导，要求在清代杨敬守地图基础上进行编绘，后来在操作过程中又有了发展和创新，成为当代最详细、最科学全新的《图集》，由史学家谭其骧（复旦大学历史地理研究所原所长）任主编，由中国社科院和高校六个单位合作编纂，搞了20多年。在编纂过程中，经历了两个时期，20世纪50年代后期，我们和苏联之关系已破裂，与越南、朝鲜关系尚友好。当时编绘中的指导思想原则是，对苏修历史上领土问题之处理，要针锋相对，寸土必争，而对朝鲜、越南历史上领土问题，可做些让步和照顾。"文革"后期，在周总理关注和指示下，就改变了以上要区别对待不同处理之原则。周总理指示，编绘历史地图，一定要以历史事实为根据，一定要采取实事求是态度，对苏联边界问题在《图集》处理上应是什么，就是什么，对越南和朝鲜历史问题之处理亦应如此，不应有双重标准，不应有什么"照顾"和"让步"，不能光看当时之关系。《图集》编绘后，边界线标得很清楚，历史是无法改变的（不像文字可做些修改）。《图集》出版后，如国与国之关系因故发生变化，图上标明之界线是无法改变的。后来事实证明，周总理之指示，是十分正确的。"文革"期间，爆发了中越之战，越南因追随苏联，与我关系破裂。而朝鲜对历史上中、朝、韩领土问题之认识，与我国有很大争议，而朝、韩之论点则是一致的、公开的，对我国并未加以"照顾"和"让步"。如按前期编图之指导思想，在《图集》上对朝、韩编绘边界作了照顾和让步，到关系破裂时，白纸黑字就无法改变，就会使我国处于极其被动的局面，只好"哑巴吃黄莲"了。后来《图集》公开出版，即按周总理指示之精神处理，未留下后患，才未铸成大错。通过对《图集》编绘工作，使人们深刻认识到，无论历史资料对我是有利抑或不利，对史学和民族史学来说，都应坚持科学性。政治性和科学性是一致的，没有科学性，就没有政治性。只有科学性，才能使我们在政治上立于不败之地，才能更好地为政治服务。

（五）为社会主义文化大发展大繁荣服务

根据马克思主义和毛泽东思想的观点，历史主要是人民群众创造的，人民群众是历史的主人，人民群众造时势、造英雄，造就我们这个伟大的时代。因此，历史理所当然地应归于民，用之于民，服务于民，要为当代的文化大发展大繁荣服务。历史科学作为社会科学中重要组成部分，正如2011 年，胡锦涛同志在党的十七大六中全会报告中和《中共中央关于深化文化体制改革推动社会主义文化大发展大繁荣若干重大问题的决定》中所强调的："必须大力发展哲学社会科学，使之更好发挥认识世界，传承文明，创新理论，资政育人，服务社会的重要功能。要巩固发展马克思主义理论学科；建设具有中国特色、中国风格、中国气派的哲学社会科学；要坚持以重大现实问题为主攻方向，加强对全局性、战略性、前瞻性问题研究，实施哲学社会科学创新工程，整合哲学社会科学研究力量，建设一批具有专业优势的思想库。"历史科学作为哲学社会科学中的一个重要意识形态领域，在当代文化大发展大繁荣形势下，理应与时俱进，在传承中不断开拓，有所发明，有所创新，充分发挥服务人民，服务社会的功能，以在促进文化大发展大繁荣中发挥更大的作用。

面对新世纪、新形势和新问题，为了适应新的历史时期所赋予我们的新任务，更好地发挥史学和民族史学之社会功能，迎接文化大开发、大发展、大繁荣，史学研究高潮即将到来。我们必须在理论方法上有所创新，研究课题上有所拓展，研究资料上有所突破。同时，还要有赖于研究工作者素质的提高，群体工作的加强和后继人才的培养。不仅要在学科上补缺，知识结构上调整，人才重新配备，更要在理论上匡正，从观念上纳新。认清当前形势，明确前进方向，为在史学和民族史学战线上开创新局面作出自己应有的贡献。

（2008 年在河南大学民族研究所为研究生上课时之讲稿，2011 年底稍作补充）

"民族"一词来历及民族问题实质

一　略论"民族"一词之来源

"民族"一词来源于国外吗？"民族"之名称及其概念在我国某些学者认识中，一直被认为是"舶来品"。它究竟是外来之"舶来品"，还是我国历史上所固有？在我国学术界，特别是民族学界长期以来大多认为，"民族"一词是 19 世纪由国外传入的。很多学者、专家，甚至包括一些权威人士都作如是说。在我国出版的一些权威性工具书释文中也是这样说的。如《中国大百科全书·民族卷》释文中说："民族"一词在中国出现时代较晚，"民"和"族"组合为一词是后来的事，是从瑞士——德国的政治理论家、法学家布伦奇利的"民族"概念介绍到中国来以后，"民族"一词才在中国普遍使用。有的论著则说，是从日本传入的，明治维新后的日本翻译传入中国后才开始使用。本人一直对这些说法持有不同意见。

在我国史籍中，把古代民族一般多称作"族"、"人"、"类"、"部"等。但"民族"一词及其概念在我国古籍中早已存在，古书所记载之"族"，有时即为"民族"之简称。此处之"族"，当指整个民族意思，并非只指其中一部分人。历史上统治者常称："非我族类，其心必异"等等之语，这里所指的"族"即为"民族"一词之简称。历史上关于"族"之概念，我们今天仍在沿用，用以表示当今"民族"之简称。有些民族用简称来称呼，比用"民族"来称呼更为顺口，如用以指汉、满、蒙、壮、回、藏、白等等民族。何况"民族"一词，并非像《中国大百科全书》等和学术界所称：不见于我国史籍，在汉语中使用已很晚，而是从国外传入后在我国才使用。事实证明，早在我国近现代以前，"民族"一词即已见于我国史籍。最近我国学者已查明，在我国史籍中，不仅有用"族"之记载，还有用"民族"之直接记载。早在公元6世纪，我国史籍《南齐书》中即有记载，《南齐书·列传35〈高逸传·顾对欢传〉》中称："今诸华士女，民族弗革，而露首偏踞，滥用夷礼。云子翦落之徒，全是胡人，国有旧风，法不可变。"唐代李筌著《太白阴经》一书中，亦出现有"民族"之词。这充分说明，我国历史上记载之族称，亦即史籍中"民族"之概念及其简称，两者是同义词。所以说，有的学者认为"民族"一词是来自国外，近代才出现，是缺乏说服力的。至于说，"民族"一词来自日本之译名，亦无什么有说服力之根据。我认为，日本受中国之文化影响较深，日本很多文化，都是从中国传入的，故日本"民族"之译名，最早也许还是从中国搬过去，后来又返回中国，恐不无可能。而我们一些学者，却认为"民族"一词来自日本，乃本末倒置。

二　关于"民族"之定义

1. 关于"民族"之定义、概念问题。

在我国学术界和民族工作者中，有四种意思：一种解释是"民族"泛指历史上形成的，处于不同社会发展阶段的各种人们共同体（具有共同性质之群体），如原始民族、古代民族、近现代民族等。同时，亦有其他广泛之用法，如华夏民族、中华民族等等。

另一种是苏联斯大林关于民族定义之解释，认为民族为"人们在历史上形成的一个有共同语言，共同地域，共同经济生活，以及表现于共同文化上的共同心理素质的稳定的共同体，是社会发展到资本主义时代的必然产物"。斯大林和苏联学者认为，只有资本主义上升时期，才产生"民族"，资本主义社会以前诸历史发展阶段，只能产生"部族"，而不能产生"民族"。此定义，对我国学术界和民族工作者，曾一度有较大影响。

第三种意见认为，同意斯大林关于"民族"产生，必须具备四个因素。但他们认为，这些因素在资本主义以前各个历史时期就已逐渐形成了。此说法在我国学术界中，占有主导地位。

第四种意见认为，根据我国之国情和历史发展情况，中国民族之概念，除了以上四种因素在前资本主义各发展阶段，就已逐渐形成外，还有其他因素，如历史渊源关系，共同认同意识、共同生活习俗等等。孙中山先生还认为，"民族"还具有共同的宗教信仰等等。本人基本上同意此种说法，但对宗教是否亦列为因素则持保留态度。因民族和宗教虽有密切关系，表面上看，虽然有许多民族，大多信仰同一宗教，似乎为全民信教，如我国信仰伊斯兰教之民族，就有 10 个，表面看，似全民信教，似乎亦为民族之一个因素和属性，但在这些民族中，也有很多人不信伊斯兰教，或后改信其他宗教或不信教了，或有些民族原先不信仰此教，后来才信仰现宗教的。如维吾尔族及其先祖，原本不信仰伊斯兰教，而是信仰过萨满教，也有的曾信仰佛教、景教等等。又如新疆有些蒙古族，他们曾信仰萨满教、藏传佛教，较后才信仰伊斯兰教。而在新疆东部地区的维吾尔族，在明末清初时期，还信仰佛教，今新疆吐鲁番地区之高昌古城遗址、交河古城遗址所留之庙宇遗迹，即为明证。在当今世界，信仰同一宗教之民族，可以分布在好几个国家。而在同一国家里，亦可分布有许多不同宗教之民族，故宗教和民族，不一定有必然之联系，是属于两个不同范畴。

作为一个民族，不一定都具备"民族"所构成之所有因素，但必须具备其中大部分因素。如回族，虽没有自己共同之语言（他们的语言是借用汉语），但其他因素如地域、经济、心理和文化状态等，则大多具备。

世界上有许多不同之民族，据统计，有两千多个，只有发展到世界实现共产主义后，民族形成之诸因素，民族之间的矛盾和差别，才能完全消失，各民族将完全融为一体。但这并不是到共产主义社会在某一时间或在某一天，就突然融为一体了。在共产主义实现以前诸历史阶段，融合就逐渐发生了，由量变到质变，最后发展至共产主义社会，才完全融为一体，民族之区别就自然而然地消失了。当前，在我国学者中，对"民族融合"之看法，有两种不同倾向：一种是主张马上就要实现民族融合，急于求成，主张要淡化民族；一种是反对当前就民族融合，主张当前应绝对要强调民族特点和民族文化，并认为传播民族文化，不论是先进的，还是落后的，都应原封不动地保留，要保留民族的一切，认为民族文化一切都是好的，都应保留，这是一个民族之重要标志。这两种倾向都不科学。民族融合，随着社会经济和文化事业的发展，随着社会进步和人们意识形态和生活习俗之变化和发展，是自然而然地进行的，是渐进的一种发展趋势。但目前还不具备加速民族融合和完全融合之条件。民族所必须具备的诸因素，还需要长时期存在和发展。只有经济、文化和科学事业发展到高级阶段，形成民族的各种因素和条件，都自然而然地消失了，民族融合才能水到渠成，完全实现。在历史发展至最高阶段和终极阶段时，首先是阶级消亡，而后是国家消亡，最后才是民族消亡。

民族最早形成于哪个历史时代？目前尚有不同看法：一种意见认为，民族形成于资本主义上升时期（即斯大林之说法），封建制度消亡过程，就是人们形成民族的过程；一种认为，民族形成于原始社会末期和阶级社会初期，与国家同时或先后形成；还有一种认为，民族早在原始社会萌芽时代便已形成。"民族"和"国家"之形成涉及我国古代文明在何时起算问题。我认为中国之民族、国家和古代文明，应形成于公元五六千年以前我国黄帝时代，即形成于我国原始社会后期，当时黄帝部落联盟已统一诸部，黄帝被尊为"天子"（以后我国历朝皇帝都沿用"天子"称谓），建立了都城和国家雏形，这已为我国史籍记载和考古挖掘资料所证实。中国之古代文明，应从何时起算？这在我国学术界是有分歧的。关于此点本人已有专题论述（见《中国古代文明应从何时起算？》），和同志们切磋。

1949 年，新中国建立时，我国的民族情况扑朔迷离，并不清晰。建国初期，民间自报之民族名称，即达四百多种，其中大多为重合，原属同一民族。故早在 20 世纪 50 年代初至 60 年代初，我国政府曾多次组织学术界、教育界、民族工作者和政府工作者开展民族识别、社会历史和少数民族语言等三大调查工作，进行历史学、考古学、语言学、民族学、民俗学、经济学、社会学以及艺术、音乐、体育等等综合科学考察和调研。参加人数最多时近 2000 人，其规模和调查内容之广泛，都是空前的，取得了很大成就，获得大量原始调查资料，写出大批调查报告。经过科学分析和研究，去伪存真，至 1957 年，就确定了 52 个少数民族，"文革"后又确认了 3 个少数民族，前后共确定 55 个少数民族，加上汉族，最后审定我国共有 56 个独立之民族。

1982 年，我应日本东洋文库之邀请，带领民族史代表团去访问。在一次介绍中国民族工作和民族史研究学术报告会上，有些日本学者提问说："你们50—60年代之民族识别和少数民族社会历史调查，是否都按苏联斯大林的定义和标准搞的？"

我的回答是，我们当时的确参考了苏联之民族问题理论。当时，新中国成立不久，西方对我们采取敌对态度，以美国为首的西方国家，打着联合国的旗帜，对我国进行军事包围，并发动侵略战争，企图达到进入我国实现复辟之目的，经济上亦对我国实行封锁。而只有以苏联为首的社会主义阵营对我国表示友好，并与我国签订《中苏友好同盟互助条约》。为了生存，为了恢复和发展经济，迫使我们只有采取一边倒的立场。而建设一个社会主义新中国，当时又缺乏经验，因此，在许多方面，只有向已是社会主义国家并且有建设社会主义30多年经验之苏联学习，在学术研究和民族工作方面亦如此。当时，我国的民族识别和社会历史民族大调查工作，的确参考了斯大林和苏联学术界有关民族问题的理论和民族工作方面经验，但我们并没有受其束缚，并未按其学术理论标准来研究和确定我国的少数民族，而只是参考了其理论，主要是结合我国民族之历史和实际情况与我国的学术标准，科学地、历史地、实事求是地来确定我国的少数民族。如果按斯大林和苏联之民族定义和理论，中国连一个民族都没有，只能都是部族，而"部族"概念，在中国又不通用。中国民族之发展模式为：氏族——部落——部落联盟——民族。斯大林在1913年提出的对民族之定义和苏联学术界的看法是："民族是人们在历史上形成的一个有共同语言，共同地域，共同经济生活及表现于共同文化上的共同心理素质的稳定的共同体。"但他强调民族是资本主义上升时期的产物，只要缺少一个民族因素，就不能成为民族。并认为，在资本主义以前，是不可能出现民族的。根据这理论，我国在新中国建立以前没有民族，只能是部族。因为当时中国的经济和社会，还属于半殖民地半封建社会性质，尚未发展到资本主义社会，照斯大林之定义，包括汉族在内都不能称之为民族，而只能都是部族。当时，苏联学术界，按斯大林之定义，公开宣传此论调，曾遭到我国史学界之强烈反对，这就引起了我国史学界和民族学界在20世纪50年代至60年代，对民族定义和汉民族是否已成为一个民族之大争论。讨论结果，大部分人都取得了一致看法，认为不仅汉族早在秦汉时期已成为一个民族，而生活在中国境内之所有其他民族，在历史上亦都已成为一个民族。需要指出，斯大林所总结的民族应具有四个特征之理论（或称四特点）是有参考价值的，要形成一个民族必须要具备这些因素和条件。这理论并非斯大林之发明，他不过是总结了前人研究之成果。但此四因素并非像他所说的一定形成于资本主义发展上升时期，中国不少学者则持有不同看法。认为此四因素，不是某一时辰突然从天上掉下来的，而是早在资本主义以前就逐渐形成了，并不断发展完善，它需要有一个发展过程，由量变到质变的过程，发展至资本主义时期，前资本主义之民族最终发展为"现代民族"。故斯大林所指之民族概念，实际上只能指的是资本主义时期的"现代民族"；而非一般"民族"之概念，是不适用于中国民族的历史发展实际和中国国情的。苏联学术界还认为"现代民族"应包括资本主义和社会主义民族两大类，此区分在我国学术界亦有争议。

如前所述，我国 20 世纪 50 年代至 60 年代初期所进行的民族大调查，我国政府根据调查资料和专家学者之意见与民族调查工作所取得之结论，确定我国之民族不论处于何种历史发展阶段（原始社会末期、奴隶社会、封建社会），都已成为民族之结论，是完全有科学根据的。当时，对每个民族的确认，都很认真严肃，都经过充分之调查研究，有充分的客观科学依据，最后才在 400 多个自报之民族名称中，确定我国有 52 个（后增为55 个）少数民族。当时，也有一些自称为一个独立的民族共同体之族群，在语言、衣着和风俗习俗上皆很有特色，要求政府承认他们为一个民族，但经过综合调查，科学根据不足，他们应属于历史上迁徙和演变后的汉族或其他民族之一部分，因而未被政府确认和批准为一个独立之民族。如贵州地区，迄今仍有 70 万人未被确认为是一个独立之少数民族，直到今天他们还有意见。以上充分证明，我国的民族识别工作，虽参考了苏联和斯大林有关民族问题理论，但并未受它们之约束，而是将马克思主义理论与中国之具体实践相结合，并在毛泽东思想理论之指导下来进行的。以上亦充分证明我国学术界和政府部门所持之慎重和科学态度。

不可否认，20 世纪 50—60 年代，我们虽根据我国民族问题的理论和标准，进行民族识别工作，但斯大林和苏联之民族问题理论，对我国学术界，特别是民族学界，在尚无法统一认识的情况下，有很大影响，曾一度带有权威性。有关民族之定义及其形成问题，从 20 世纪 50 年代展开讨论，至今尚无一致结论。甚至在苏联已解体，斯大林已逝世，今俄罗斯学术界已否定斯大林民族问题理论而改变了看法的情况下，而我国的有些学者还在坚持过去之观点。他们不是根据我国的具体情况加以剖析、判断，而是常拿斯大林关于民族理论的四个因素生搬硬套，作为观察民族问题之根据，认为没有再讨论之必要。甚至认为我国目前对民族之定义及其形成问题在尚无法统一认识的情况下，斯大林民族问题之理论和标准，就是一个唯一之尺度，仍有现实意义，有此定义总比没有定义要好。但他们在深入地研究中国民族时，又往往陷于无法解释中国民族之形成和发展过程的困境，对解释不通之问题，只好采取模糊观点和回避态度。几十年来，他们一直把自己的认识水平，束缚在斯大林之理论观念上，停滞不前。也有不少学者认为，既然此问题已讨论了几十年仍各持己见，无法取得共识，再争论下去也没有什么意义，各人的观点已很明确，相持不下就不必再讨论了，可允许保留意见，认为各持己见，这也无碍大局，不会影响民族工作。对此说法，我有不同意见。

建国 60 年来，我国的民族工作和民族研究工作虽有很大发展，取得了很多研究成果，经历了毛泽东时代和邓小平、江泽民、胡锦涛领导的两个黄金时期，民族地区的经济、政治、文化和社会面貌日新月异，发生了翻天覆地之变化，各族人民物质文化生活已有了很大提高。但是，我国的民族问题，当前尚未得到全面和彻底解决，我国的民族研究工作，还存在很多不足之处。如研究落后于实际，理论落后于现实，特别是对民族学科基础理论之研究还很薄弱。我认为，有些问题可以各自保留意见，但有些属于基础理论研究性质，涉及研究对象和方法的问题，需要取得共识，得出科学结论。如无共同之理解和语言，就无法做深入研究，使学科得到进一步的完善和发展。基础研究和应用研究，两者是互相关联的，相辅相成。没有基础研究就没有应用研究。我们不能想象基础搞不好，会出来高水平之应用研究，这是显而易见的。民族学和民族问题理论，现已被国家定为一级学科和二级学科，如果我们连一级学科和二级学科研究之对象和方法还弄不清楚，缺乏共识，无共同语言，那么又如何去深入研究这门学科，推出一些高质量之论著呢？前几年，台湾政治大学一位教授曾提出来，希望海峡两岸之民族学者，能联合召开民族问题理论讨论会，对民族之定义及其形成问题，能取得共识。我认为这是很有必要的，新中国成立已经 60 年，我国的民族工作和民族研究工作，经过两个黄金时期及三代中央集体领导的实践和理论创新，已积累了不少成功的经验和应该吸取的教训，建立了一套解决我国民族问题较为完整的思想体系和理论体系，已具备了取得共识的条件。

新中国成立后，我国民族问题思想体系和理论体系之形成和发展，可以说经历了三个时期：第一个时期，是以毛泽东思想为起点；第二个时期是邓小平时代；第三个时期是江泽民和胡锦涛时代。这三个领导集体曾多次提出解决我国民族问题的举措和政策，提出解决民族问题之战略。如建国后至今改革开放时期，我国所实行之民族平等团结政策，民族区域自治政策，尊重少数民族风俗习惯政策，宗教信仰自由政策，和平改革和和平改造政策，实施西部大开发战略，加速发展和又好又快发展民族地区经济政策，走各民族共同奋斗、共同发展、共同富裕的道路等等，并取得辉煌成就。

我国民族问题概念之形成、发展及其解决，已充分反映在当前我国社会主义新时期，党和政府提出的对解决民族问题的任务和性质方面。2003年，胡锦涛同志在两会（人大会、政协会）接见少数民族代表时，提出解决我国民族问题的当代主题是"共同发展"和"共同繁荣"。2005年，在中央召开的第三次民族工作会议上，胡锦涛在讲话中，对党的民族理论作了基本概括。在工作会议《决定》文件中，又系统地作了十二点概括：《决定》中第一条，就"民族"之定义和概念问题作了解释，其中有很多总结了我国三代集体领导，在解决民族问题实践中所得宝贵经验之新提法。这些，都为我国当前统一对民族问题基本理论取得共识，创造了极为有利条件，为开创我国未来民族工作和民族研究事业的新局面，加速实现我国民族地区的现代化建设，最终全面和根本地解决我国的民族问题，指明了前进的方向。因此，我认为，现在对我国"民族"之定义、概念，已经到了应该且已完全具备条件来下结论的时候了。

那么"民族"之定义和含义是什么呢？

总结我国民族工作的实践经验及我国三代领导集体所开创之解决我国民族问题的思想和理论指导，我认为，具有中国特色之"民族"的含义概念，应包括以下的基本内容：①"民族"产生于一定的历史发展阶段，其雏形一般产生于前资本主义社会的原始社会末期和阶级社会初期；②"民族"具有共同的历史渊源关系；③共同的语言；④共同的地域；⑤共同的经济；⑥共同的心理状态；⑦共同的文化；⑧共同的生活习俗。构成为一个民族，不一定具备上述全部条件，但必须具备其中的大部分条件。

总之，我国之"民族"是产生于前资本主义的，大多具有共同历史渊源、共同语言、共同地域、共同经济生活、共同心理素质、共同文化和共同生活习俗的人们共同体。

二　关于"民族"和"族群"的关系

借此机会，我想谈谈多年来出现之族群理论及其与民族理论之关系问题。

"文革"后，特别是近几年来，有些中青年学者，受西方和台湾学者之影响，在民族学研究领域，引进族群理论，发表了不少有关族群问题之论著。这些论著和研究，对活跃我国民族学和民族问题理论之学术思想与学术气氛，无疑发挥了一定作用。但有的学者，在讨论到族群和民族两关系时认为，通常我们所称之"民族"的概念，具有政治性；而"族群"之概念，则具有科学性。这就意味着过去我国所进行之民族识别和民族大调查工作，及对55个少数民族的确定，是出于政治上的需要考虑，而无科学性，而"族群"理论之研究，才真正具有科学性。对以上之论点，本人不能苟同。如前所述，我们在20世纪50—60年代所进行之民族识别和民族大调查工作是十分认真和科学的，对我国民族的最终确认，是建筑在大量诸多学科的调查研究基础上，有充分科学依据，它既有政治性，又有科学性，两者是完全一致的。没有科学性，就无政治性。

历史上"民族"一词，在我国建国前后一直沿用下来，是我国之习惯用语，不仅新中国建立后使用，即使在旧中国，也为学术界所普遍使用，而"族群"一词，在我国则并未普遍使用，一般人对之还很生疏。"族群"理论主要是我国改革开放后，从西方和中国台湾引进，并逐渐较多地使用。而有些学者将族群理论引进后，用以来代替我国"民族"之概念，加以应用，以"族群"来替代"民族"，把"民族关系"称作"族群关系"，有的学者甚至提出，要将西方之民族学理论来替代我国之民族问题理论，这些都是值得商榷的。

　　"民族"与"族群"，含义不尽相同，分属于两个不同之概念和范围。"族群"顾名思义为族之群体，即可理解为族的一部分人之群体，也可理解为"族"之整体（全部群体），或几个民族之部分人之群体，或从事同一工作同一行业之部分人之群体。即"族群"之范围，可有大有小。总之，是指部分人之群体。只有当"族群"指一个民族之整体时，才与我国民族之概念相"重合"。"族群"理论来自西方，对外国好的东西，先进的学术成果，我们应该吸收，为我所用，来充实自己、丰富自己。我本人不反对族群理论在中国之运用，但近几年，有些学者发表有关族群方面之论著，似乎使人感到深奥莫测，也使人感到很烦琐，写得玄而又玄，简直叫读者看不懂，不但文化水平低者看不懂，即使专业人员也往往难以理解。读者看不懂之文章就无多大学术效益和社会效益可言，有何意义呢？我不反对撰写发表"群族"理论之论著，但首先一定要让读者看得懂，明白文章之主题思想和论点是什么，以发挥其应有之学术效益和社会效益。"族群"在论述一个民族内的部分群体或几个民族之部分群体时，是能充分发挥其学术作用的。但我建议在介绍或论述当代我国之民族情况、民族关系和民族工作时，最好不要用"族群"来代替民族，不要用"族群关系"来替代"民族关系"，而还是沿用我国习惯用语"民族"和"民族关系"为好，较为符合我国之国情。其含义既明确又通俗，建国前后"民族"一名一直沿用下来，为人们所熟悉。不论有无文化或文化程度高低不同，人们谈起民族，一听便知、一看便晓，读者都可理解其意，容易为大家所接受。今天，你如要介绍某某少数民族，大家都马上理解。如要讲某某族群或某某族群关系，也许就会莫明其妙了。

　　至于说有的学者，想以族群关系来代替民族关系，以西方之民族学理论来替代我国民族问题理论之议，既不确切，也不科学。因为我们所指之民族关系，主要是指一个民族与另一个民族之间的关系，而不是指一个民族内部一部分人与另一部分人之间的关系。至于要用西方之民族学理论来替代我国民族问题理论之议，就混淆了两类不同学科之研究对象了。民族学或文化人类学（或称社会人类学）与我国民族问题理论，从学科之性质到学科研究之对象，都不一样。民族学（或称文化人类学）其研究主要对象为民族文化，是属人类学之一部分。而我国民族问题理论，是属于马克思主义哲学或科学社会主义类，其研究对象为民族问题的理论、民政策、民族法制、民族关系、民族工作等等，是以马克思主义、毛泽东思想、邓小平理论作为指导思想的一门学科，这与西方之人类学和民族学，则完全是两码事，是属于两类不同性质和两种不同指导思想的学科，故决不能张冠李戴，混淆两类不同性质的学科。

近几年，有的学者还提出一些奇怪的论调，如提出当前不要突出"民族"，应淡化"民族"；也有学者提出，当前要加紧实现民族融合；有人则反对民族融合；也有学者提出要取消"中华民族"的提法，等等，这些都值得商榷。

有人既反对"炎黄子孙"之提法，又反对"中华民族"的提法，不知是何用意？是否认为"中华民族"为汉族之称，并不代表少数民族呢？此种论调亦是值得商榷的。对"中华民族"，毛泽东同志在《中国革命与中国共产党》一文中，早就作了解释，"中华民族"系指中国各民族，我想这是符合中国多民族国家历史发展进程的。对此问题，本人已有《略论中华民族之形成和发展》专文，1995 年曾在台湾学术界讲演和发表（参见 1995 年台湾蒙藏委员会编印《两岸蒙古学藏学学术讨论会论文集》），在此不多赘述。

三　关于民族问题的实质

要了解民族问题的实质是什么？首先要弄清楚什么是民族问题？对民族问题之概念，要有一个清晰之认识。

民族问题用一句话来概括，就是指各民族之间的差别和矛盾，即是指不同民族之间的关系问题。它表现于政治、经济、文化、语言、生活方式和风俗习惯等诸多方面。处理好民族问题，不仅是当代左右党和国家命运之重要问题，也是实现国家和民族现代化建设和建立具有中国特色社会主义和谐社会之关键问题。民族问题自古就有，世界上凡是多民族之国家和地区，历史上都存在民族问题，故历代王朝都制订有处理民族问题之政策，为自己的统治目的服务。但在不同的历史时期和社会条件下，民族问题具有不同的内容和性质。在阶级社会，民族问题主要表现为民族压迫、民族歧视、民族不平等和对外之压迫、奴役、掠夺和侵略，这是阶级社会剥削阶级统治者所造成的，其实质归根结底主要应是阶级问题。解决这种历史条件下之民族问题，最根本最彻底之办法，就是要开展反对统治剥削阶级的斗争，推翻阶级压迫剥削制度，反对一切掠夺、奴役和各种形形色色的侵略战争。在业已消灭了阶级剥削、铲除了产生民族压迫的阶级根源，实现了民族平等的社会主义条件下，虽然发生民族问题之阶级根源消失了，但民族问题并未得到根本解决，这主要是由于历史上遗留下来的各族经济、文化发展不平衡所造成。但这种矛盾和性质，并不具有阶级对抗性，它和历史上的民族问题具有两种完全不同之性质，主要通过和平之手段就能解决。

历史上和当代民族问题之实质是什么？它们有何区别？这是我们应该去认识和掌握的问题，这样才能把握正确的工作方向和研究方向，处理好不同社会条件下之民族问题和民族工作，才能加强民族团结，维护祖国统一和稳定，实现祖国的现代化事业和建设具有中国特色和谐的社会主义社会。但是，多年以来，人们常常回避和忽视我国民族问题的实质问题，其缘由主要在我国民族工作和民族问题发展过程中，曾一度遭受极"左"思潮干扰和破坏之影响，混淆过不同历史时期两类不同性质之矛盾，人们接受了错误的经验教训，仍心有余悸所致。

上世纪自 1949 年新中国成立后，经过民主改革和社会主义改造与国民经济恢复时期，我国的国民经济取得了全面恢复和发展，1956 年，我国开始实施了国民经济发展第一个"五年计划"，1958 年，我国已进入无产阶级社会主义初级阶段，我国的民族工作，亦取得了很大成绩。但同年，在我国却提出了"以阶级斗争为纲"的极"左"理论，在民族问题上，亦提出所谓"民族问题实质是阶级问题"的错误纲领。这是和我国当时的国情相矛盾和相违背的，完全混淆了私有制社会和以公有制为主体我国社会主义社会民族问题的本质差别，将我国少数民族劳动人民之间大量的人民内部矛盾，说成是阶级斗争问题，把很多人弄成为右派分子和地方民族主义分子，混淆了人民内部矛盾与敌我之间两类不同性质的矛盾，给我国的民族工作造成很大危害。在这种思想和错误理论指导下，使我国的民族工作和民族研究工作深受其害，我国一些著名学者、民族工作者和民族研究工作者受到错误批判，以致发展到"文革"期间在"四人帮"操纵控制下，否定我国民族工作方针政策，欲取消民族区域自治地方，全面否定建国后我国民族工作所取得之光辉成就。这条错误路线的干扰，在"文革"期间达到登峰造极的地步，使我国的民族工作和民族研究工作遭到很大破坏和损失。

1976 年，党中央一举粉碎了"四人帮"的反革命阴谋，1978 年后，进行拨乱反正。1980 年，作为党中央党报和喉舌之《人民日报》，发表了特约评论员文章：《评所谓民族问题实质是阶级问题》，批判了"四人帮"及其代理人所鼓吹的这一极"左"纲领，肃清了这条路线对民族工作和民族研究工作之影响和流毒，极大地鼓舞了人们的政治积极性和工作热情，使我国的民族工作和民族研究工作重又沿着正确的方向发展。但此文在批判的同时，也否定了"阶级社会民族问题实质是阶级问题"的提法。由于许多人对过去把民族问题说成是阶级问题还心有余悸，而文中又提出即使在阶级社会，民族问题之实质，亦非阶级问题之论点，故从此就不敢提阶级、阶级问题和阶级斗争，怕在政治上重蹈覆辙、再出问题，很多人从此忌谈民族问题之实质问题。对同志们的顾虑是完全可以理解的，而且在实际生活中也的确碰到过一些麻烦。如民族研究所老所长牙含章同志和另一位老研究员，是我国国内外知名的民族问题理论家，就因为在《中国社会科学》杂志和《民族研究》上发表了与上文不同观点，而遭到别人的误解，提出上告。就是因为他们在积极评论和肯定此文的主流方向，即坚决支持批判"新中国民族问题之实质是阶级问题"的错误理论的同时，对文中否定"阶级社会民族问题实质是阶级问题"的提法，也提出不同意见，认为"阶级社会，民族问题实质是阶级问题之提法，是符合马克思主义的"。这两篇论文发表后，当时被人误认为他们在政治思想上与党中央有不一致之嫌。因此，有些同志往往对民族问题实质问题，谈虎色变，不是没有道理的。但今天之形势与政治背景，与 20 世纪 50—80 年代完全不同了。当前，我国已进入政治文明新时代，党中央一再提倡要充分发扬民主，让大家讲真话，讲实话，强调一切要实事求是，充分发扬民主，提倡发表不同意见，故我们对民族问题实质问题，不应采取回避态度。否则，对我们做民族工作和民族研究工作，解决好当代民族问题是十分不利的，会有损于民族团结事业，不利于我国和民族地区的社会主义现代化建设。

（一）历史上阶级社会民族问题之实质为阶级问题

前面讲到，1978 年人民日报评论员文章，在批判民族问题实质是阶级问题之极"左"思潮和纲领时，也否定了在阶级社会中民族问题实质上是阶级问题的这一马克思主义的理论观点。关于历史上所经历之阶级社会，诸如奴隶社会、封建社会和资本主义社会，以及其他形式之阶级社会，民族问题之实质为阶级问题之理论观点，最早是由马克思所揭示的（19 世纪）。马克思主义认为，世界之历史，除原始社会外，凡阶级社会都是阶级斗争之历史，马克思和恩格斯早在《共产党宣言》中，就指出："至今所有一切社会的历史，都是阶级斗争的历史。"毛泽东在《丢掉幻想，准备斗争》一文中，亦指出"阶级斗争一些阶级胜利了，一些阶级消灭了，这就是历史，这就是几千年的文明史。拿这个观点解释历史的，就叫做历史唯物主义，站在这个观点反面的，是历史的唯心主义"。毛泽东在《中国革命和中国共产党》一文中，又指出："地主阶级对于农民的残酷的经济剥削和政治压迫，迫使农民多次地举行起义，以反抗地主阶级的统治……在中国封建社会里，只有这种农民的阶级斗争，农民的起义和农民的战争，才是历史发展的真正动力。"1945 年，毛泽东在《论联合政府》中，再次强调了人民的作用，指出"人民，只有人民，才是创造世界历史的动力"。从总体上来说，关于"阶级社会都是阶级斗争的历史"和"人民群众是历史发展之动力"的观点，是马克思主义、毛泽东思想两条颠扑不破的真理。但是，具体情况还是要具体分析，历史上有的民族冲突和矛盾，也不完全能归入阶级问题范畴。在肯定人民群众是历史发展之动力的同时，也不能否定历史上某些有作为的统治阶级及文化人士对社会发展的贡献，这也是我们在研究历史上民族问题时需要掌握的原则。

在阶级社会，由于贫富不均，社会地位悬殊，一般而言，每个人皆可归属于不同之阶级，都有其不同之阶级属性，每个人之言行和活动，都要受其阶级属性支配（当然，背叛原阶级立场者除外），故只有从阶级的观点出发，运用阶级分析的方法，从阶级斗争的观点出发，来观察大量错综复杂的表面社会现象和历史现象，才能梳理出脉络来，拨开历史迷雾见青天，抓住问题的要害，分清是非，得出实质性和科学性的结论来。如对历史上民族政权之性质、民族政权之作用和影响、民族政权与中央王朝之关系，历史上民族战争、民族英雄、社会性质、阶级关系、民族关系、历史人物、历史事件等等，若不用阶级和阶级分析之方法，就容易为假象所蒙蔽，不能得出正确的结论来。再如，对我国历史上所发生之诸多民族战争，光看表面现象，就会认为是两个民族之战，是民族之间的争斗、杀戮、奴役和掠夺，其结果会造成民族之间的隔阂、偏见和歧视，而认识不到其实质是统治阶级之间的争斗和掠夺，就会把民族政权与中央王朝之间的关系写成为一部战争史、叛乱史、平叛史和统治史。在我国历史上，虽发生过多次民族战争，有汉族侵犯过其他民族，也有少数民族入侵过中原地区，但这仅仅是一种表象。民族之间互相侵犯争战，这是阶级社会之产物，是各族统治阶级所造成的，系各族统治阶级为加剧对本民族之剥削压迫和黑暗统治，为掠夺和奴役各民族劳动人民所发动之战争，以满足统治阶级的贪婪和奢侈欲望。因此，民族战争实质上是奴隶主和封建主为互相争夺统治权和奴隶与财产而发动之战争。战争之结果，有利于奴隶主和封建主的阶级统治，而受害者包括伤亡者和被剥夺者，大多是各族劳动人民。也只有用阶级和阶级分析的方法，我们才能理解为什么历史上在民族政权建立后，统治者总要吸收汉族统治上层官员、士大夫和知识分子，来为其策划和参与其政权之统治，建立起统治各族人民之联合政权，并利用他们来稳定社会秩序、发展经济文化等，如历史上之辽、金、西夏、元、清等王朝建立后都如是。

也只有用阶级分析方法，我们才能得出在历史发展长河中，虽有过分裂和民族战争，劳动人民之间的和平相处、友好往来是主流的结论。正如周恩来总理所说，在我国几千年来的历史中，和平时期占多数，和平是主流。各族人民从本质上讲，是要求和平，要求茶马互市、贸易交流，反对战争，反对分裂的。此类要求在我国史籍中，有很多记载，如明朝与瓦剌土木堡之战、宋代与女真金兀术之战等等。土木堡之战，是 1449 年瓦剌与明王朝之战，瓦剌曾一直打到明朝京师——北京周围，俘虏了明英宗。并进而围攻北京，遭到了明大臣于谦所率领之京师军民的顽强抵抗，瓦剌终未能得手。最后结局之所以能解除北京之围，达成"景泰和议"，瓦剌也先释放了明英宗，使之回归明廷，这主要是瓦剌人民和汉人都反对战争之结果。即使在发生战争时，各族民间之经济与文化交流，也从未中断。

综观我国历史上战争与和平，统一与分裂之结局，形成了我国历史上两条发展规律：即我国历史上有战争，有和平，以和平为主流的发展规律；我国历史上有统一，有分裂，以统一为主流的发展规律。这也就是我们中国历史发展之特点，为西方某些国家的历史所没有的。中国在几千年历史发展中，虽几经战争与分裂，但最后没有像西方古罗马帝国那样四分五裂，分崩离析，终至瓦解。而是经过我国历史上五次大分裂、大统一、大融合，越来越大，越来越形成强大的民族凝聚力和向心力，使爱国主义成为各族人民之共识，成为我国之主流。中华各民族共同缔造了祖国的历史与文化。直至1840年进入近代中国后，在反帝、反封建、反殖民主义斗争中，各族人民在爱国主义旗帜下，最终成为一个统一的不可分割的整体，塑造了祖国今天的雄姿伟貌。

历史上，每一朝代略有武功的统治者，为了显示自己的雄才大略和功绩超过前人，总是要借封建史学者之笔，宣扬武功，强调征战，为自己歌功颂德，树碑立传，而忽视人民之间的联系和交流，抹杀人民群众前赴后继，英勇斗争的历史。但今天，我们作为用马克思主义思想武装起来的史学工作者和民族工作者，就应尊重历史事实和进行本质分析，不能把民族史写成为统治阶级所驾驭之战争史、叛乱史和平叛史，而应当写成为一部人民群众发展史，看成是各族人民友好往来、缔造祖国文明的历史。否则就会背离我国是统一多民族国家的历史实际，违反中国历史发展的客观规律。马克思主义认为，每一次改朝换代，历代王朝之更替，都是历史上奴隶起义和农民起义之结果，尽管有时胜利果实为某些政客所窃取，但阶级斗争仍是阶级社会发展之动力，人民群众是真正推动历史发展的主人。我国历史发展，完全证明了这一客观发展规律。从公元前209年陈胜、吴广起义推翻秦王朝，一直到1911年我国由资产阶级民主主义者孙中山先生所领导的旧民主主义革命推翻清王朝，结束了二千多年的封建社会。1921年又由中国共产党人所领导之新民主主义革命，采取农村包围城市，建立农村革命根据地，把依靠工人阶级和联合广大农民作为同盟军等一系列策略贯彻于行动中。至1949年最终推翻了代表着大地主、大官僚和买办资产阶级利益的国民党反动派之黑暗统治，建立了伟大的中华人民共和国，并向着建设具有中国特色的社会主义和谐社会阔步前进。中国两千多年来社会发展之全部历史进程，都雄辩地证明，马克思主义、毛泽东思想关于阶级社会阶级和阶级斗争之理论和人民群众是历史发展动力之理论，是两条颠扑不破的真理。

但是，在 1966 年至 1976 年，上述论点都遭到"四人帮"及其御用文人的坚决反对。他们一方面强调社会主义制度下，要以阶级斗争为纲，另方面，又否定历史上阶级社会的实质为阶级问题和阶级斗争之历史必然性，而是大力鼓吹历史上的阶级社会，要以儒法斗争为纲，以达到其不可告人的篡党夺权的险恶目的。他们以研究儒法斗争为名，恣意篡改马克思主义、毛泽东思想，大肆鼓吹历史唯心主义和形而上学，极尽歪曲历史、颠倒是非之能事，把阶级社会中阶级斗争的历史，完全歪曲为儒法斗争的历史。他们胡扯什么："纵观两千多年儒法斗争的历史，我们可以清楚地看到，法家爱国，儒家卖国，历来如此。"他们搞影射史学，把斗争矛头直指人们所敬爱的无产阶级革命家周恩来总理及一切革命者，妄图要把他打成"大儒"和一切"小儒"，以达到其政治上篡党窃国之险恶目的。对此问题，本人已有专文批驳，可供参考，在此不多赘述。

16 至 17 世纪明末清初，中国资本主义虽然已萌芽并有所发展，但并未得到充分和高度发展。18 世纪末仍处于从封建社会向半殖民地半封建社会转化阶段，直到 1840 年后，才转入半殖民地半封建社会，尚未达到资本主义社会。但在国外，西方国家当时早就进入资本主义高度发展时期。人类社会进入 17 世纪后，西方各国资本主义因素迅速增长，资产阶级日益成为一支强大的经济力量和政治力量。为了争夺商品市场，遂以"民族"为旗号，发动了推翻封建专制制度和建立民族国家的全民运动，从而使民族问题成为资产阶级民主革命总问题的一个组成部分。19 世纪末至 20 世纪初，资本主义已发展到帝国主义阶段。少数几个帝国主义国家，已将世界瓜分完毕，在全球范围内形成了压迫民族和被压迫民族两大对立之阵营。这时的民族问题，已超出国家范围，而扩大为世界性之民族殖民地问题。俄国十月革命之胜利，在东方殖民地民族解放运动和西方无产阶级革命运动之间，架起了一座桥梁，遂使民族问题成为无产阶级社会主义革命总问题的一个组成部分。1917 年俄国十月革命之胜利，建立了以苏联为首的社会主义阵营，马克思主义的革命实践和理论，曾得到广泛和深入之传播，极大地推动了世界殖民地和半殖民地的革命斗争，她标志着人类开始迈进历史发展的新纪元。在全世界一些地区，如东欧和亚洲一些国家，相继发生了社会主义革命。特别是中国革命所取得之伟大胜利，更为世界四分之一之人类，奠定了建设社会主义现代化中国之基础。随着人类历史的伟大转变，民族问题已成为无产阶级专政和社会主义建设总问题的一个组成部分。20世纪下半叶，由于资本主义已发展至帝国主义，对社会主义猖狂反扑，由于社会主义阵营内部出现对马克思主义实践和理论之叛变者，使社会主义阵营受到很大挫折，渐趋瓦解。但俄国十月革命及其后对世界革命之影响及推动功不可没，社会主义鲜艳红旗未倒，以中国为首的社会主义等国家仍屹立于东方世界，并不断发展壮大。马克思主义和社会主义之革命思想光辉，不仅在亚洲和欧洲继续闪烁，并已深入到帝国主义的后院北美洲和拉丁美洲，永葆革命青春。

（二）当代民族问题之实质

如上所述，不仅在研究我国历史时不能回避民族问题之实质，即使研究现况和当代社会，也不能回避此问题。过去，我们批判当代民族问题实质是阶级问题之错误理论是必要的，但不等于在当代社会，没有民族问题之实质问题，人们就能加以忽视，否则会带来严重危害。那么在当代中国民族问题之实质，又是什么呢？这是值得人们关注和探讨之问题。前面已经提到，现代和当代社会民族问题之实质与历史上阶级社会之实质，具有两种完全不同之性质。新中国从1949年建立至今60年以来，特别是我国进入以社会主义建设和改革开放为中心的新时期，面对21世纪信息化、高科技化和经济全球化之大形势，和平与发展已成为世界各国和我国之主题，发展民族经济，走各族共同发展和共同致富之路，已成为我国各族人民共同的要求和愿望。这是新时期解决我国民族问题唯一和根本之途径，而它是由我国当前社会之主要矛盾所决定的。这主要矛盾，就是由我国当前"落后的生产力和各族人民迫切要求改善物质文化生活之矛盾"（按哲学观点，主要矛盾就是它决定着从属于它的其他一切之矛盾，主要矛盾解决了，其他一切之矛盾，亦就迎刃而解），它决定了全党全民和民族地区当代工作之主旨。针对此情况，2002年，中共中央召开十六大，提出二十年内要在我国全面建设小康社会的宏伟纲领。在2007年召开的中共中央十七大及其后三中、四中全会上，又重申了新时期要"以人为本"，在我国加速实现小康社会问题。其关键是要加速发展国民经济，加速实现社会主义现代化，不断提高各族人民的物质文化生活水平，这就是当代社会民族问题的实质问题，这是新时期唯一能解决我国民族问题之根本途径。因此，在我看来，在当代新的历史条件下，光强调由历史形成和流传下来的我国民族凝聚力和向心力所促成的单纯的爱国主义，已经不够了。发展经济、振兴中华、走各族人民共同奋斗、共同发展和共同繁荣之路，亦是我国民族凝聚力和向心力重要因素之一，是爱国主义之具体表现。这几年，我国经济飞速发展，综合国力空前提高，人们之生活条件和工作条件都有很大改善，我国之年增速已达到 10% 以上。而包括东南亚、日本和有些西方国家在内，经济则处于不景气之状况，国外下岗人员不断增加，失业率增加。在"风景这边独好"的情况下，我国在国外的有些留学生，已感到在国外发展之环境，还不如回国创业，目前已有 1/3 回国，这就是明证。如果再过了几十年，我国国民之平均收入，仍在世界 200 多个国家（地区）最后几位，仍处于贫困落后状况，或仍保持现状，而世界各国经济和生活都逐渐步入兴盛发达，很可能又将形成出国潮。因此，我们必须积极响应中共十六、十七大有关全面建设小康社会的奋斗目标，加快经济发展之速度和改革开放之步伐。而民族地区由于历史上所造成的贫困落后状况，基础弱、底子薄，要用比全国更快的经济发展速度和更快的改革开放力度，急起直追，树立赶上和超过全国步伐之信念，争取在最短时期，跻身于先进民族之行列。

总之，作为社会科学工作者和民族研究工作者，不论是研究历史抑或研究现况，一定要牢牢把握住民族问题实质问题之方向，把它掌握好，解决好，这是作为从事各行各业工作者、国家干部和民族工作者，为加速实现国家和民族地区现代化事业，建立具有中国特色的社会主义和谐小康社会，一劳永逸和最终彻底地解决我国民族问题之一条必经之路和根本途径。

四　民族问题理论与中国民族政策

关于民族和民族问题之研究，也像整个社会科学一样，在马克思主义诞生以前，多受到剥削阶级之束缚，未能成为真正之科学。在马克思主义诞生以后，则贯穿着两种世界观之斗争，而沿着两条不同之路线发展。马克思、恩格斯吸收并改造了两千多年来人类思想和文化发展中那些有价值的东西，创立了无产阶级的社会科学和革命学说，其中亦包括民族科学在内。19 世纪中叶，马克思、恩格斯研究了西方很多名人的作品和著作，他们对美国 L. H. 摩尔根的《古代社会》（1877 年）一书评价尤高，认为他在主要观点上发现和恢复了人类成文历史的史前基础，并打算联系自己唯物主义历史研究所得出之结论，来阐述摩尔根的研究成果。恩格斯则按马克思遗言，于 1884 年完成《家庭、私有制和国家之起源》，其中关于人类社会早期发展阶段以及由野蛮向文明转变，由原始社会向阶级社会过渡的分析和论述，为研究古代民族奠定了坚实之科学理论基础。

　　与此同时，马克思、恩格斯为了当时现实斗争之需要，还专门研究了欧亚许多近代民族反对民族压迫、反对帝国主义侵略的问题。他们在研究和阐述爱尔兰、波兰、匈牙利、印度、波斯和中亚问题的一系列论著中以及《共产党宣言》（1848）等著作中，提出了关于民族问题和殖民地问题的基本思想。他们将民族和民族问题与整个社会的发展密切联系起来进行考察，指出，民族是社会发展到一定历史阶段的产物，有其自身的发展规律；民族解放，是劳动人民社会解放的一部分；压迫其他民族的民族是不能自由的；生产资料私有制的存在，是民族剥削和民族压迫之根源；人对人之剥削一消灭，民族对民族的剥削，就会随之消失；民族内部的阶级对立一消失，民族之间的敌对关系，就会随之消失，因而，无产阶级对资产阶级的胜利，就是一切被压迫民族获得解放的信号。他们的这些思想，对于民族和民族问题研究的进一步发展，都具有划时代的意义。

　　继马克思和恩格斯之后，俄国人 B. H. 列宁对欧亚各国的民族情况和民族问题，作了深入研究，写出了有关民族、民族自决和民族殖民地问题等许多重要著作，如《关于民族问题的批评意见》（1913），《关于自决问题的争论总结》（1916）、《民族和殖民地问题提纲初稿》（1920）等等，揭示了民族问题的阶级实质和社会内容，建立了关于民族和殖民地问题完整的理论体系。列宁关于帝国主义时代民族问题是世界无产阶级革命总问题的一部分，关于应区分压迫民族和被压迫民族，关于民族问题上的两种历史趋向，关于实行民族平等和民族自决权，以及关于民族发展、民族接近和民族融合等等的论述，既是无产阶级政党制定民族纲领和政策之指导思想，也是民族研究的重要理论基础。苏联 N. B. 斯大林在《马克思主义和民族问题》（1912—1913）、《民族问题和列宁主义》（1929）等著作中，进一步提出了关于民族概念，民族问题发展三个时期，消除民族问题事实上不平等，发展民族形式和社会主义内容的民族文化，建立国际反帝统一战线之思想和原理，至今仍有现实指导意义。

马克思主义关于民族和民族问题基本思想和理论之日益丰富和发展，推动着世界民族研究不断地向前发展。而中国革命之胜利，中国共产党的建立和中华人民共和国之建立与发展，更是对马克思主义民族问题理论与实践，作出了特别重要的贡献。

中国共产党成立 80 多年和中华人民共和国建立 60 年以来，始终将马克思主义的普遍真理与中国革命实践相结合，领导中国人民取得了新民主主义革命与建设的伟大胜利，并以丰富的革命斗争实践为基础，创立了殖民地半殖民地人民进行民族民主革命与建设多民族社会主义国家的理论体系和思想体系，形成和建立了近现代和当代之马克思主义的毛泽东思想。毛泽东在《中国革命和中国共产党》、《新民主主义论》、《论十大关系》、《关于正确处理人民内部矛盾的问题》等著作中，关于反抗帝国主义民族压迫和推翻国内反动统治之论述，关于正确处理民族矛盾和阶级矛盾关系之论述，关于揭示中国民族关系历史特点和发展规律之论述，关于加强国家统一和民族团结，实行民族平等和民族区域自治之论述，关于社会改革和民族繁荣，培养民族干部和发展民族经济文化之论述，以及克服民族主义和搞好民族关系等等之论述，都大大丰富了马克思主义有关理论。1957年 8 月，周总理在青岛民族工作会议上的报告《关于我国民族政策的几个问题》，以及 1978 年以后我国进入了以经济建设为中心的改革开放和市场经济新时期，邓小平同志在 1979 年政协第五届全国委员会第二次会议上所作之报告《新时期的统一战线和人民政协的任务》。1992 年 1 月，江泽民同志在中央民族工作会议上之报告《加强各民族大团结，为建设有中国特色的社会主义携手前进》。2003 年，胡锦涛同志在两会上所作之报告《当代我国民族工作主题：共同发展和共同繁荣问题》；2005 年，胡锦涛在第二次民族工作会上，所提出之《民族工作纲要》等等。这些理论和决策，既都是中国共产党在不同历史时期，进行民族工作的指导思想和纲领，同时也是对我国革命斗争和建设实践经验之科学理论总结，对丰富和发展马克思主义民族和民族问题理论，乃是伟大的贡献。建国 60 年以来，中国的民族工作和民族研究，正是在马克思主义、毛泽东思想、邓小平理论、"三个代表"的思想与科学发展观之理论指导下，不断发展和完善，并取得了巨大成就。它们是中国当代的马克思主义，对世界和中国之实践与理论，都具有重要而伟大的历史意义与现实意义。

在社会主义消灭了生产资料私有制和剥削压迫制度以后，民族关系基本上已成为各民族劳动人民之间的关系，民族矛盾在多数情况下，已属人民内部矛盾，但是，这不等于已解放的国家，民族问题就会得到全面和彻底地解决，新中国建立的 60 年来，虽已消灭了阶级剥削，铲除了民族压迫之阶级根源，建立了社会主义制度，但国内民族问题仍然存在，这主要是由于历史上遗留下来的各民族经济、文化发展的不平衡与差距，造成了各民族在享受法律所赋之民族平等时，还存在着事实上之不平等。这种事实上的不平等，在社会主义制度建立后之一个较长时期内仍然存在，这是民族矛盾和民族问题，在我国仍然产生的最主要原因。但如前所述，它与历史上阶级社会的民族问题，已属完全不同性质，并不具有对抗性，可以通过政府和人们的自觉行动来调整与协商，通过用和平之手段来解决。

五　关于新时期民族问题要解决的主要矛盾和解决途径——当代民族工作的重点问题

新中国成立后，我国在政治、经济、文化上全面发展，取得了很大成就。特别是 1978 年十一届三中全会以后，我国进入了以发展经济为中心和改革开放的新时期，建立了社会主义市场经济体制，在政治、经济、文化、社会等诸多领域，取得翻天覆地之根本性变化，各族人民的物质和文化生活，都有了很大提高。我国的民族工作和民族问题之解决，经历了两个黄金时期，即毛泽东时代之黄金时期，和邓小平、江泽民、胡锦涛改革开放新时代之黄金时期。中国很早以来，就是个统一的多民族国家，在历史发展长河中，各民族共同缔造了祖国的历史和文化。各少数民族在捍卫和开拓建设祖国的边疆中，都起了重要作用。在无产阶级革命中，民族问题曾是中国革命的一部分，无产阶级革命在我国取得胜利后，民族问题是中国社会主义革命和建设的重要组成部分。新中国成立后，在马克思主义、毛泽东思想和邓小平理论指引下，我国民族问题之解决，主要分为两个时期：第一个时期，从 1949 年建国初期至 1978 年，这个时期，党和国家制订了一系列民族政策，其中包括民族平等政策、民族团结政策、民族区域自治政策、和平改革与改造政策、帮助少数民族恢复和发展经济政策、保护少数民族文化政策、语言文字政策、尊重少数民族风俗习惯政策、宗教信仰自由政策等等。在民族地区，全面贯彻执行了这些政策，建立和发展各民族平等、团结、互助、合作的新型社会主义民族关系，并在宪法中加以认定。民族地区，在国家和全国各地大力帮助下，经济得到很快的恢复和发展，各族人民的物质文化生活水平，得到迅速提高，民族地区面貌日新月异。特别是我国进入第二发展阶段（1978 年至今），以发展经济为中心和改革开放之新时期，建立了市场经济体制，党和国家制订和实施西部大开发战略和加速发展民族地区经济战略，取得了很好之效果。随着民族地区经济的大发展，各族人民的意识形态和观念起了很大变化，商品经济有了较快发展。兼之，多年来党和政府对西部民族地区采取许多倾斜政策和一系列举措，使民族地区之经济、文化和社会，发生了翻天覆地变化，各族人民的物质文化生活有很大提高，与过去不可同日而语。在党和国家民族政策的光辉照耀下，我国民族问题之解决上了一个新台阶，为世界各国所瞩目，产生了深远影响。

但是，必须指出，我国民族工作当前虽已处于繁荣发展时期，我国之民族问题，迄今尚未得到彻底之解决，由历史所造成的经济事实上的不平等因素仍然存在。不少民族地区由于历史遗留下来之生产力较为落后，经济基础比较差等因素，在交通、能源、技术、资金等诸多方面，都还远远落后于许多发展较快的汉族地区和沿海地区。随着多年来汉族地区和沿海地区经济之调整发展，民族地区与汉族地区经济文化之差别，不但没有缩小，而且朝着越来越大的趋势发展。如不采取措施，加以遏止，让这种趋势发展下去，社会阶层之间矛盾、地区之间矛盾与民族矛盾之性质，很可能会发生转变，由和平转向对抗性质，不但会影响民族地区乃至整个国家社会经济之发展，影响到建设社会主义和谐社会，亦将影响到民族关系，影响到民族地区乃至全国之稳定和边疆地区的安全。

多年来，由于我国经济发展的不平衡和不协调性，当前在我国经济发展和社会生活中，存在着一些不合理、不公正、不均衡的因素。存在着诸多差距和矛盾，并且有愈演愈烈之趋势。具体表现在我国当前贫富之间、城乡之间、地区之间、经济与社会之间和民族之间等多个差别和矛盾上。这些差别、矛盾和差距，正在扩大，并在某些方面已发展到危险之边缘，已发展到必须要尽快解决的时候。否则，矛盾之性质就会改变，发展到对抗性，就要影响到经济建设和社会生活，以及人与自然关系，人与人之间的关系，影响到民族关系，影响到社会的稳定和安全，关系到国家的命运和前途。

就民族问题而言，对我国存在的民族差距和矛盾，决不能掉以轻心，应予以足够重视。当前我国的民族差别与矛盾，主要表现在：民族地区和汉族地区，特别是与汉族沿海地区，在城乡、工农、区域和经济文化与社会进步等方面的差别比较突出，并有越来越扩大之趋势。以生产总值而论，2006年，北京人均地区生产总值为6210美元，而云南多民族地区全省人均GDP只有1000多美元，差距为6倍，而有些经济落后省区甚至更少。即使较发达之民族地区如内蒙古，虽然经济发展速度已名列全国第10位，但GDP之增长仍远低于汉族较发达地区。20世纪50—60年代计划经济时期，解决我国民族问题，主要靠党和国家以民族平等、团结和实行区域自治为核心等一系列民族政策，强调国家的积极扶持和帮助，未充分强调本民族的力量和自身之优势。而当今面临社会主义市场经济体制和改革开放自由竞争的形势下，解决民族问题之途径，大致有如下几方面：

第一，由输血变为造血。必须强调要充分依靠本民族的智慧和力量，依靠本民族自身艰苦奋斗，发奋图强的精神，要充分发挥民族资源之优势，地大物博之优势，地处民族地区边境地区和海内外接壤的战略地位之优势，加速发展民族经济。

加速发展民族经济，又好又快地发展民族经济，走各民族共同发展和共同富裕的道路，这是缩小、缓解、协调和遏止民族差别与民族矛盾不断扩大的最主要之途径和最起决定作用之因素，是使少数民族列于先进民族之林，彻底和最终解决民族问题之根本途径。要达到此目的，民族地区在经济发展过程中，必须把民族工作和经济工作之重点，放在广大农牧民身上，要把"以民为本"，作为工作之出发点和落脚点，把"三农"（农民、农业、农村）工作作为重中之重。要大幅度提高农牧业生产率，发展农牧业经济，不断提高农牧民的物质文化生活。为此，必须实现农业和农村经济之合作化、集约化、产业化、机械化、科学化、工业化和城镇化，大力发展农牧地区的医疗卫生事业、社会保障事业和文化教育事业。农牧民占到少数民族人中的 80% 以上，农牧民、知识分子和中产阶层的问题解决了，我国之民族问题就基本上解决了。社会主义和谐社会，并非要求完全消灭差异和矛盾。和谐社会是一个容纳百川的社会。由于经济基础不同，个人工作能力和科技水平的不同，在发展中，差异和矛盾的存在是绝对的，差异和矛盾之解决是相对的，这是社会发展中，对立和统一规律所决定的。只有这样，人们才能受到激励，经济才能发展，社会才能进步，并不断向前推进。

第二，国家和政府要高度重视区域协调发展，加强实施西部大开发战略。鉴于民族地区对我国发展之重要性，也由于历史上所造成之经济上事实不平等仍存在。国家和地方政府各部门，有责任和义务来帮助民族地区发展经济文化事业。多年来，党和政府高度重视区域之协调发展，这突出地表现在实施西部大开发战略，由国家直接投资来帮助民族地区，发展公路、铁路、能源、水利等基础设施和重点建设项目，推进社会主义新农村建设，转变经济增长方式，大力加强地区人才培养工作，深化改革开放，推动民族地区在科学发展轨道上社会经济发展的新跨越。在这方面，最突出的例子，就是对青藏铁路的建设和开发，对青海和西藏之发展，将起到巨大推动作用，在中央各部门的大力支持下，西藏也迎来发展的最好时机。自 1994 年以来的 13 年中，在中央直接领导下，有 18 个省市 61 个中央国家机关和国家中央企业，累计向西藏提供 64 亿多元援助资金，援助项目达到 1698 个，使西藏进入历史上经济发展速度最快时期。在"十一五"期间，中央政府及各省市，对西藏提供超过千亿元的援藏资金，数百个建设项目，对公路、建筑、医药、矿产等诸多行业之发展，都提供了前所未有的商机，对西藏经济之发展，产生重大影响。

第三，加强各省市企业和产业集团对民族地区的支持和帮助。鉴于以上同样原因，各省市地方企业和产业集团，也有责任和义务，大力帮助民族地区发展经济文化事业。多年来，在我国一直实行较发达地区对民族地区对口支援，并卓有成效，充分发挥了民族地区的资源优势作用和东部沿海地区的资金、技术和人才优势作用，实现民族地区和内地沿海地区经济互补，经济共同发展之双赢目标。

我国虽是个统一多民族国家，但诸民族之历史渊源和经济基础各异，发展道路也不尽相同，彼此之间千差万别，由历史所造成之各民族事实上不平等及其所形成之差异程度，也各不相同，要建立和谐民族关系，就必须尊重差异，包容多样，遵循平等、团结、互助、合作和共同发展与共同繁荣之社会主义原则。要"以民为本"，而其核心就是要满足全国各族人民的最大利益，其根本目的在于促进各族公平、公正、全面发展。因此，"以民为本"不仅是构建和谐社会之关键所在，亦是建立和谐民族关系之重要保证。中共十七大"以民为本"之提出，既是汲取马克思主义和中国优秀文化之精粹，又是结合中国实际的理论创新。如何弘扬优秀传统文化和思想精髓，更好地贯彻"以人为本"之宗旨，与时俱进，历久弥新，加速实现和谐小康社会及新型社会主义民族关系的建设，这是中共十七大所赋予哲学社会科学工作者和民族工作者义不容辞的责任和不可忽视之课题。

（2008 年在河南大学民族研究所为研究生上课之讲稿）

略谈民族意识

摘　要：本文主要论述民族意识的内涵，评价民族意识的标准，民族意识与民族主义、民族分裂主义的区别，民族意识与国家意识、宗教意识及现代化之关系等。

民族意识是民族文化素质的重要组成部分，有其丰富和多层次的内涵。由民族认同感，进而认识本民族的历史地位、前途以及维护民族利益的使命，并且逐渐形成自己的民族精神。从多民族国家的实际出发，我国既存在中华民族整体意识，又存在各民族颇有特色的民族意识。因此，我们既要研究中华民族意识的同一性，又要清醒地看到各民族意识的差异性，严格区分民族意识与民族主义、民族分裂主义的界限，根据客观标准（笔者提出四条标准）对民族意识进行具体分析，采取扬弃态度。要正确处理国家意识、民族意识、宗教意识之间的关系。同时，在改革开放的形势下，应注意从世界文明中吸取营养，涤荡历史造成的民族意识的局限性。从而，不断发扬民族意识中积极向上，有利于祖国统一、民族团结、现代化建设的因素，克服各种消极因素，以弘扬光大优秀的民族精神，高举爱国主义旗帜，提高中华民族文化素质，增强各民族之间（包括侨居海外的各族同胞）的凝聚力，为中华民族的振兴，伟大祖国的繁荣昌盛而努力奋斗。

关键词：民族意识　文化素质　中华民族　民族精神

民族意识是民族文化素质中一个重要组成部分。要了解民族意识与现代化的关系，首先要弄清楚，何谓民族意识？简言之，意识就是一种认识，一种感觉，是人们所特有的对客观现实的能动反映，又反作用于客观现实。民族意识就是一种民族认同感和对本民族命运前途的看法以及由此而产生的民族精神。它是一个民族心理素质最集中的反映和表现。具有很强的生命力和稳定性。有些民族的共同地域、共同经济生活甚至民族共同语言等特征都已发生变化，但他们的民族自我意识仍然明显存在，成为维系该民族的重要因素。

近几年来，在我国学术界发表了一些有关民族意识的文章；但一般大都立足于中华民族这个整体概念加以论述，而往往回避各个民族所持有的民族意识之存在。很多学者在个别交谈时认为，这是个敏感问题，弄不好要犯民族问题方面的错误，有的编辑部则尽量避免刊登此类文章。但回避不是长久之计，也不利于学术发展。因为民族意识的存在是客观事实，这是组成不同民族的重要因素之一。根据我国是统一多民族国家的特点，既要看到中华民族整体民族意识的统一性（共性），又要看到各民族民族意识的差异性（个性）。深入研究中华民族整体意识，这无疑有利于增强凝聚力，使全国各族人民（包括海外侨胞）同心同德振兴中华，建设祖国，是非常必要的。但应该承认，从人类学和民族学的角度，中华民族尚未融为一体，即尚未形成一个人们共同体，今天还存在着 56 个民族和一些尚待识别的人们共同体，有人称其为族群。不同的民族构成，必然还存在着不同的民族意识。我们应该承认不同民族意识的存在，并且要去研究它、讨论它，循循诱导，以正确把握民族意识的作用。而回避是不能解决问题的，只有面对现实，贯彻"双百方针"，坚持民族平等和共同发展、繁荣、进步的原则，通过讨论，弄清楚民族意识的性质、作用和影响，民族意识和整体意识的关系，民族意识与现代化意识的关系等等问题，才能达到统一认识和统一行动之目的。现就其中的一些问题谈谈自己的看法。

一　民族意识的性质、作用及衡量标准

民族意识是在民族共同地域、共同经济生活及历史发展特点的基础上形成的，有的还与宗教信仰有密切关系。意识是上层建筑的一个重要内容，它对经济基础能起重要的促进作用，也能起严重的阻碍作用。优秀的传统和先进的思想意识，符合时代需要和生产发展需要的意识，就能对经济基础和现代化建设起积极的推动作用。反之，落后的思想意识，违背时代要求和阻碍生产发展的意识，就能对经济基础和现代化建设起消极促退作用。因此，意识有先进与落后、积极与消极之分，精华与糟粕、好与坏之分，不能一概而论。过去，人们往往把民族意识看成都是好的，统统予以肯定，抑或认为都是坏的，给予否定，皆带有片面性。对民族意识，具体问题要作具体分析，采取扬弃态度，只有这样，才能得出正确的评价和结论。

我国是一个统一的多民族国家，各民族共同缔造了祖国的历史和文化，各民族在塑造我们伟大祖国的雄姿伟貌中，都作出了重要贡献。我国以人口众多，地大物博著称于世，而少数民族聚居区即占64%的国土面积。在历史发展长河中，汉族与少数民族结成了不可分割的关系。汉族离不开少数民族，少数民族离不开汉族，已经成为我国民族关系发展的规律。有鉴于此，中国共产党十分重视我国民族问题的解决和少数民族各类干部的培养工作，尊重少数民族的民族意识和民族感情。随着少数民族在我国反帝反封建斗争、国内革命战争、抗日战争和民族解放战争以及社会主义革命与建设中所起的作用，党和政府制订了一系列民族政策，诸如民族平等团结政策、尊重少数民族风俗习惯政策、使用民族语文政策、宗教信仰自由政策、民族区域自治政策、和平改造政策、扶贫政策、发展少数民族的经济、文化和教育政策以及各民族共同发展、共同繁荣的政策等等。这些民族政策，在解决我国民族问题，发展民族经济，不断改善和提高各族人民的生活方面，都起了积极作用。

但是，在"文革"期间，林彪及"四人帮"为了达到"否定一切"、"打倒一切"篡党窃国的目的，对我国民族工作所取得的伟大成就，进行全面否定，并污蔑为修正主义路线。他们以"封资修"的罪名，用"除四旧"、"横扫牛鬼蛇神"的极"左"行径，大肆破坏党的各项民族政策。他们无视少数民族风俗习惯，取消民族传统文化，砸烧庙宇，损毁佛像，逼僧侣还俗，捣烂民族文物，取消许多自治地方及少数民族的自治权利，反对在民族地区抓生产、发展经济，并在少数民族地区搞打砸抢抄，挑起武斗，破坏民族地区的安定和团结，伤害了民族感情。总之，他们全面践踏党的民族政策，否定我国民族问题的存在，要取消民族工作，并在"以阶级斗争为纲"的幌子下，把许多人打成敌人，使我国民族工作遭受严重浩劫，更谈不上维护和提高健康的民族意识问题。

1976 年粉碎"四人帮"后，特别是党的十一届三中全会以来，党和政府重申了民族平等团结政策，各项民族政策不但得到恢复和贯彻，而且有了更大发展。如民族区域自治政策，不但恢复原有自治地区，而且又建立了更多的民族区域自治地方。有些原未建立区域自治的民族，如满族，也建立了好几个满族自治县、自治乡，组织学习和使用本民族的语言文字。宗教信仰方面，不但恢复了过去的寺庙，而且不少地方修建更多更好的寺庙，信教人数也比过去增加。

在尊重少数民族风俗习惯和发扬少数民族传统文化政策方面，也得到进一步贯彻。结合国家建设，在发展旅游事业，开展对外贸易，加强两个文明建设方面，强调民族特点、民族风格，开展各种民族传统文化活动，包括各民族衣食住行文化，音乐、舞蹈、绘画、体育和各种传统节日活动等等，真可谓五彩缤纷、斑斓璀璨。对于以上所出现的情景，不少人认为，这表明多年来民族意识有了很大的增长，是好现象，应予以充分肯定。但也有人担心，民族意识增长过了头，不利于民族融合、民族之间的相互交流与学习，而且已出现了一些不健康、消极的东西，故应予以否定。

笔者认为，"文革"后，特别是十一届三中全会以来，我国的民族政策不但得到全面贯彻，而且有很大发展。新时期党和政府所采取的发展民族经济和改革开放等一系列政策，在民族地区也积极加以推行。少数民族的现代意识，其中包括改革开放意识、商品经济和市场经济意识，都有很大增长，有力地促进了民族地区经济发展，也带动了文化教育、交通、能源等等各项事业的发展。民族地区面貌发生日新月异的变化，这个时期是新中国建立以来最好时期之一。在这过程中，少数民族更关心祖国和民族的前途命运，自尊自强的民族意识也不断增长。

不可否认，在民族意识的增强中，也掺杂着一些不健康的因素，出现一些偏激情绪，也会有少数别有用心之人唯恐天下不乱，乘机兴风作浪，进行煽动，妄图把正当的民族意识引向民族主义或民族分裂主义歧途，以实现其不可告人的目的。

　　笔者认为，结合中国国情，对民族意识之肯定或否定，应有一个客观标准，这就是：①根据多民族中国历史发展"两个离不开"的客观规律，看其是否有利于维护祖国的统一和中华各民族的团结；②是否有利于国家的发展和民族振兴及共同抵御外侮；③是否有利于改革开放、社会进步及各民族走共同发展和共同富裕的道路；④是否有利于弘扬优秀的民族传统及提高民族文化素质。符合上述标准的民族意识，就应予以充分肯定支持，凡是违反以上原则的民族意识，就应否定、摒弃。根据这几条标准，经常在少数民族中出现的自尊、自信、自立、自强、自豪感的民族意识，升华为一种民族精神，有利于民族振兴和祖国繁荣富强，应予以鼓励，不能随便斥之为民族情绪。凡是那种落后的、封建保守、媚外、妄自菲薄，不利于当前改革开放和民族振兴的民族意识，就要加以启发诱导和思想教育，进行必要变革。

　　对于某些民族意识强烈或要求实行民族自治的现象，要实事求是地加以分析，慎重对待，不能笼统地加以肯定或否定。例如，关于对满族聚居区实行区域自治问题，有的人认为：满族已和汉族等长期错居杂处，分布在全国，早就通用汉语文，生活方式及习俗也与汉族无多大差异，和其他民族不一样，故 20 世纪 50—60 年代，并未建立自治县或乡。现在没有必要再单独建立区域自治，重新学习和使用满语文。这是一种倒退现象，是民族意识增长过了头。对此，笔者不敢苟同。满族虽分布于全国，但仍有其相对的聚居和集中地区，主要在其发源地东北的一些地区，有些地方满族占当地人口 50% 以上。这些地方的满族人民，要求通过实施民族区域自治政策，更好地实现自己当家作主的愿望，充分行使国家赋予的自治权利，以培养本族干部和各种科技人才，来发展本民族和本地区的经济文化事业。这种自强、自立、自信、自治的要求，应该得到支持和赞同。至于学习和使用满语文问题，也不能说是民族意识过头了。满语文在我国长期保存下来，在满族老年人和相当部分锡伯族中一直在使用。而且，在我国民族古籍和明清档案与沈阳故宫博物馆都保留了大量的满文档案资料，这是我国宝贵的民族历史文献，不仅具有深远的学术价值，也有重要的现实意义。故有必要组织一部分人去学习使用和熟练地掌握满语文，不致使此文种灭绝。学习使用满语文的目的，是为了保留和发展满族文化及更好地使用档案文献资料，而不是要满族人民停止已经通用的语言文字，统统去恢复使用满语文。

但也有另外一种情况。如前几年某地有几个村子的居民，原长期报汉族成分。后据说他们曾是蒙古族的一部分，是元代随军南下，留驻本地，生育繁衍已有好多代，故要求恢复蒙古族成分，以享受少数民族的待遇。这个问题需要慎重对待，首先要弄清此部分是否历史上随军南下的蒙古族后裔？另一问题，即便是蒙古族的后裔，是否还要恢复其蒙古族成分？因为这部分人已长期和汉族杂居通婚，从语言到生活习俗及文化，心理素质等，已与汉族无异（或大同小异）。按 30 年为一代，从元至今，已有600—700 年历史，历经 20 余代，从人类学和民族学的角度，已大多丧失原蒙古族特点，只能说曾有蒙古族的血统，但已融合到汉族中成为另一个民族了。有没有必要再恢复为蒙古族的成分，需要进一步深入探讨。

有人认为，少数民族的传统文化，属于一种旧的落后的文化，它仿佛和现代化建设相矛盾，不应提倡和传播。此说法，我认为欠妥。从某种意义上讲，"越是民族性，越有世界性"。今天在国外的一些国家及国内的一些民族地区，显然，其文化程度和现代化水平很高，但保留本民族传统文化也最多，可以反映在各个方面，包括衣饰、饮食、文化、艺术、音乐舞蹈等等。处理得当，民族文化将对现代化建设起积极推动和促进作用。这些传统文化，不仅受到本民族的欢迎，也博得其他民族的赞赏。如满族的旗袍、新疆维吾尔族的衣裙等等，都已成为各族共同喜爱的服饰了。

二　民族意识与民族主义及民族分裂主义的根本界限

民族意识必须要与通常讲的民族主义和民族分裂主义相区别。要分清两者的界线，不能混为一谈，否则就要犯方向性错误。民族意识是不同的思想认识问题，不同的认同感。而民族主义则属于资产阶级、小资产阶级思想体系在民族关系上的反映，是他们考察、处理民族问题的指导思想、原则、纲领和政策。资产阶级民族主义在不同国家和不同时期起着不同的作用。帝国主义时代，殖民主义者把民族分成优劣两种，认为只有本民族才是优秀民族，才是最文明的，是文明的创造者，把民族的利益看得高于一切。为谋求这种利益，不惜牺牲本民族劳动人民的利益和其他民族的利益，进行各种侵略活动。民族主义在资本主义上升时期，能起一些进步作用和促进作用，如在帝国主义殖民统治下，所掀起的一些国家的民族独立和民族解放斗争中，民族主义旗帜能起号召和组织作用，能得到人民的拥护和支持。我们对此是一贯支持的。但是，在民族解放斗争已经取得胜利，摆脱帝国主义和反动派黑暗统治，建立了社会主义制度并正在进行现代化建设的国家，民族主义的复活必将走向历史的反动。

民族主义一般又分为两种，即民族主义和民族分裂主义。民族主义和民族分裂主义，我认为有着程度和性质上的不同。统治阶级思想也会影响一些老百姓，反映在言论和行动上就表现为民族主义情绪，按其程度和性质仍属于偏激的因素，仍属于人民内部矛盾，还不能把它看作是一种敌对思想，而加以错误对待。它们与民族分裂主义还有本质的区别，我们要处理好两者之间的关系。

民族意识与民族分裂主义，更是风马牛不相及。民族分裂主义已经不是民族意识问题，也不是什么民族情绪问题。民族分裂主义者，奉行民族压迫和民族分裂政策，实行排斥和民族孤立政策，进行分裂祖国和破坏民族团结的活动，这是敌对思想和行为，不是什么说服或正面思想教育问题，必须进行坚决斗争，否则就会对整个国家和全民族造成巨大的危害和不可估量的损失。总之，我们不能把民族意识和民族主义与民族分裂主义混淆起来。如果把属于民族意识问题或者有一般民族主义情绪的人当作民族分裂主义问题来处理，随便给别人戴帽子，打棍子，就必然会伤害许多自己人和人民群众，而影响团结。另一方面，如果不能认清分裂主义的面貌，而采取不闻不问、听之任之的态度，放弃必要的斗争，就要吃大亏，受大害，苏联解体即为前车之鉴。

三　国家意识、民族意识、宗教意识三者的关系

国家、民族、宗教属于三种不同范畴，其产生也是不同的。民族是人类社会共同体之一，产生于一定社会发展阶段，一般认为产生于原始社会末期和阶级社会初期，是以血缘和地缘关系为纽带的人们共同体。古今中

外对不同历史阶段的"民族"有不同的理解和称谓。而国家则是在民族和阶级形成后才产生的。它是阶级统治的工具，是完全以地域为基础的政权组织。宗教则是一种思想信仰。三者的关系是：一个国家可以是多民族国家，也可以是单一民族的国家，世界各国大多属于前者，一国之内多民族共居和多元文化并存，乃是世界民族发展的趋势；一个民族可以分布在好几个不同的国家，并且由于受新的社会文化环境的涵化而导致文化变异；一种宗教可以在好几个不同国家传播，一个国家可以是一种宗教，也可同时容纳多种宗教。主体意识与多元意识并存，在一定条件下，多元意识要以主体意识为重。因此，"国家"概念要大于"民族"和"宗教"概念，民族意识和宗教意识都要服从于国家意识，也就是我们通常所说的要服从国家整体意识，以符合各族人民的最高利益。国际社会实践也证明了这一点，如过去所发生的中东战争。中东国家大多是由阿拉伯民族组成的国家，这些国家大多信仰伊斯兰教。但是并不因为他们都属于同一阿拉伯民族或大多信仰同一伊斯兰教，而就可以保证长期和平共处，罢兵息战。相反，他们常常为了各自的利益，如由于石油和领土等等问题，而发生国家之间的战争。前些年所爆发的伊拉克与伊朗之战（伊朗虽以波斯人为主，但主要信伊斯兰教，且国内有不少阿拉伯人）、伊拉克与科威特之战也皆是如此。我国是个统一的多民族国家，在帝国主义入侵，使我国处于最危险境况的时刻，我国不论什么民族，也不论信仰何种宗教，各民族绝大多数人都能以国家利益高于一切的大局出发，从民族根本利益考虑，联合起来，团结战斗，与帝国主义作殊死斗争，同心协力地打击敌人，最后取得对敌斗争的胜利。如抗日战争的胜利，即是中华民族在国家存亡的关键时刻，以国家利益为重，万众一心，英勇杀敌，终究取得斗争胜利的光辉例证。

在社会主义建设新时期，国家意识高于一切，仍是最根本的。只有民族意识和宗教意识服从于国家整体意识，国家才能发展，民族才能振兴，这是大局。我们在观察和处理民族问题时，要时时牢记这一点。我们必须要服从于社会主义国家的整体利益和最高利益，服从于当前改革开放的利益，服从于稳定、发展和改革开放的大局。我们不能偏离这个大局，一味强调本民族本地区局部利益。走各民族共同奋斗、共同发展和共同富裕的道路，是当代增强我国各民族凝聚力的重要因素之一。只有这样，国家和民族的奋斗目标才能尽速实现。

当然，我们强调国家利益为重，不等于不考虑各民族的利益和宗教信仰或不尊重民族意识和宗教意识。如果光强调国家利益，而不考虑民族的利益和各阶层群众的利益，我们的事业也是不能取得胜利的。毛泽东同志曾指出："国家的统一，人民的团结，国内各民族的团结，这是我们的事业必定要胜利的基本保证。"要做到这一点，就必须充分发挥各族人民的积极性，就必须在社会主义建设中，兼顾国家、民族和地区的利益，这也是我国政府制订的《民族区域自治法》的基本精神。我国少数民族分布的面积，占全国总面积64%，资源丰富，景色秀丽，战略地位重要，对我国的社会主义建设和支持沿海地区的发展起着重要作用。政府部门在考虑我国的发展和开发民族地区时，必须兼顾国家、民族和地方三者利益。

但是，多年来，有些部门和地方的工作人员，在开发民族地区物产资源和旅游资源时，往往无视区域自治法的精神，忽视了民族和自治地方的利益与发展，不是根据民族地区特点，而是采取全国一刀切的方法，使民族地区虽然作出了贡献，而所获甚少。故近几年来，在有些民族地区，区域自治法未能得到很好的贯彻，甚至损害了群众利益。有些省在开发自治地方的资源和旅游景点时，因为有利可图，为了把它们掌握在自己手中，不经过任何法律程序，用行政命令办法，随随便便取消了自治州建制。有些自治县在改革开放中，为了获取沿海或特区政策对市一级的优厚待遇，更好的发挥地方的优势，宁可不要自治地方名义，撤县（自治县或旗）设市，以上种种，群众是有意见的。其实，可建议中央立法部门，对条件较好的自治县，为适应改革开放和建设的需要，可考虑在宪法中增设自治市一级自治机构，既贯彻了区域自治法所给予各项自治权利，又可享受沿海或特区所享有的优厚政策。当然，这需要经全国人大会议讨论通过。总之，有关部门应根据当前形势发展的需要，认真总结经验教训，采取相应的措施和办法，在改革开放和发展社会主义市场经济中，满足国家和民族地区的需要，做好民族工作，以充分发挥各方面的积极性。当前，政府制定了"西部大开发"的战略部署，就是要缩小东西差距，进一步发展民族地区的经济文化。当国家利益和民族利益发生矛盾时，在不损害民族根本利益的前提下，应毫不犹豫地服从国家利益，民族意识服从国家意识，这是一条根本和不可动摇的原则。

综上所述，民族意识是民族文化素质的重要组成部分，有其丰富和多层次的内涵。由民族认同感，进而认识本民族的历史地位、前途以及维护民族利益的使命，并且，逐渐形成自己的民族精神。从多民族国家的实际出发，我国既存在中华民族整体意识，又存在各民族颇有特色的民族意识。因此，我们既要研究中华民族整体意识，又要清醒地看到各民族意识的差异性，严格区分民族意识与民族主义、民族分裂主义的界限，根据客观标准（如前面提到的四项标准），对民族意识进行具体分析，采取扬弃态度。要正确处理好国家意识、民族意识、宗教意识三者间关系。同时，在改革开放的形势下，应注意从世界文明中汲取营养，荡涤历史造成的民族意识上的局限性。从而，不断发扬民族意识中积极向上，有利于祖国统一、民族团结、现代化建设的因素，克服各种消极因素，以发扬光大优秀的民族精神，高举爱国主义旗帜，提高中华民族文化素质，增强各民族之间（包括侨居海外的各族同胞）的凝聚力，为中华民族的振兴、伟大祖国的繁荣昌盛而努力奋斗。

（1994 年在珠海召开的"民族文化素质与现代化"学术讨论会上提交之论文）

土生葡人，一个特殊的族群

在这秋高气爽的季节里，迎来了中南民族学院建校五十周年的大喜日子。我谨代表中国民族研究团体联合会及汉民族研究学会，向贵校表示热烈祝贺。并感谢贵校领导的盛情邀请，有幸参加关于"族群理论与族际关系"的学术讨论会。

对于族群理论问题，我没有专门的研究，只是在日常研究工作中有所涉猎。前些时候，我去澳门参加有关中华文化的学术讨论会，在准备中，澳门土生葡人的族属问题，引起了我的注意。因而，试图从族群理论的视野出发，对土生葡人这个特殊族群略加剖析，以期引起大家的关注和进一步研究。在探讨土生葡人这个特殊现象之前，我想首先谈一谈对"族群"概念的一些不成熟的看法。

一

种族、族群、民族，作为学术概念，主要来自英语国家，是在一定的历史、社会和文化的条件下产生的。在许多非英语国家还缺乏和这些概念严格对应的本土概念。

在我国浩如烟海的古籍中，经常使用"族"这个字，也常使用民、人、种、部、类，以及民人、民种、种人、部人、族类，还有宗族、家族，等等。有的学者认为"种"与"族"、"民"与"族"、"族"与"群"组合为一个名词，乃是近代之事，是从西方传入的。有的学者则认为"民族"一词，在我国古籍《南齐书·顾欢传》，《太白阴经》等书中早已出现。但亦认为纵观历代史书，"民"与"族"连用的概率并不高。近现代后，"民"与"族"连用，才在中国得以普遍流行。其含义常与"种族"、"族群"或"国家"概念相混淆。西方"民族"的概念，与中国历史上对"民族"原有的称呼及含义相结合，使中国人对自己的人们共同体产生新的认识，并作出新的分类。建国后，在大规模民族调查的基础上，中国56个民族的划分，以及实行"民族区域自治"而不实行"联邦制"，则是从中国国情（历史和现状）出发的合理选择。

英语的族群（ethnic group）概念，产生于20世纪中叶，其思想根源原是西方的财产观和人群观，认为无论是财产还是人们共同体，都要有明确的"边界"和自主性。"族群"之称的流行，虽比"民族"要晚，但从历史上考察，族群的形成要比民族悠久得多。随着改革开放和学术交流的日益频繁，主要受港台学者的影响，引入了"族群"的译名。它与"民族"、"种族"有一定关联，但又有所区别。对族群的定义和界定，目前国内外学者看法尚不一致。尽管这样，族群思想已经成为我国社会人类学、文化人类学研究的重要组成部分，具有思辨和应用的双重价值。

从人类学的民族志的角度而言，族群观念来自西方，只是多种群体分类的一种。族群作为一种社会现象和政治哲学概念，具有"实在"或可操作的结构，从居住、语言到行为、认知结构之间皆存在一种有规则的关系。例如，我国少数民族"大分散小聚居"的地域格局，因而族群的研究往往与社区联系在一起；族群内部由语言、饮食、服饰、信仰等构成的"有形结构"；族群成员的言行举止、礼仪活动构成的"行为结构"；族群思维方式和民间知识构成"认知结构"等等。

社会历史在不断发展，人类文化也在不断变化，那么，对族群界定也不是一成不变。总的来说，族群是指在较大的社会文化体系中，由于客观上具有共同的渊源和文化，因此主观上自我认同，并被其他群体所区分的一群人。其中共同的渊源是指世系、血统、体质的相似；共同文化指相似的语言、宗教、习俗乃至心理素质等。从某种意义上讲，同一族群的人，拥有共识，同文同种，血脉相连，命运与共。族群是一个外延可大可小的概念（当然不是无限制），在一定条件下，它既可以等同于我国的"民族"一词，亦可以指民族下位集团"民系"，如汉族中的"客家人"、"潮汕人"、"广府人"等；同属蒙古族中的"土默特人"、"卫拉特人"、

"布里雅特人"等；又如，高山族中因语言和地区等差异，内部又分为阿美人、泰雅人、排湾人、布农人、鲁凯人、卑南人、曹人、赛夏人、雅美人、平浦人等。相对而言，族群在实践中的应用更显得灵活和富有弹性。若把 ethnic group 翻译成"民族"，而不是族群，那就会产生更多的民族，在我国远不止 56 个了。

从社会人类学和文化人类学的角度考察，以及社会实践的检验，族群概念的运用有其合理性和必要性，由此，也反映了中南民族学院举行这样研讨会的重要性。下面拟用族群理论对澳门土生葡人进行分析。

二

澳门在南海之端，东邻珠江口，隔伶仃洋，面对香港，北靠大陆，与台湾遥望，南临大海，面向五大洲，其海域地位十分重要。在历史上，早就是海内外航运临时停泊之所，特别是明代在其地设立海关后，受到世界诸海运国关注，成为我国重要之国际贸易港口。近代以来，澳门在中西经济、文化与科技交流方面发挥了桥梁和窗口的作用。

澳门由于自然环境和历史因素，逐渐形成了以中华文化为主体，兼有西方文化，即中西合璧的澳门文化。澳门多元化之形成，不是靠强力推行，而是本土文化和西洋文化之和谐共处，中西文化历经 400 余年的自然结合。呈现了多元性、相容性、交融性的特点，表现在建筑，语言、文化、艺术、宗教、节日、婚姻、习俗等社会生活的各个方面。

在种族主面，华洋分居和杂处相结合是其特点之一。居民中，华人（此为习惯称呼，指汉族及其他少数民族在澳门居住者）约占人口总数96%，在一九九九年回归前，一般居于内港一带华人区，为华人衣着，保留华人传统生活习俗，说粤语。而葡萄牙人和土生葡人占3%，回归前一般居于澳门东南部和中部葡人区，仍保留西方的生活方式和传统习惯，着西方服式，讲葡萄牙语和粤语两种。但也有不少是杂居共处的。回归后，这种居住格局有所变化。

由于长期以来诸族杂处，华洋通婚日趋频繁，使澳门居民的社会构成中，形成了新的人们共同体——土生葡人。土生葡人是指在澳门已世代相传，具有葡萄牙人血统的居民，他们大部分是葡萄牙人和华人，或与其他族属之人相结合的混血居民之后裔。据统计，"九九回归"前，澳门有土生葡人1.7万人，现有8000余人。他们已成为澳门的特殊族群，即不同于澳门的汉族及其他民族，也不同于纯粹的葡萄牙人，而具有其自身的特色。族源上，他们大多以中国人和葡萄牙人之混血后裔为主；地域上，在澳门世代相传，土生土长，自称澳门是他们的家乡；语言上，会粤语和葡语；文化和生活习俗上，已是中西合璧之多元文化，既保留了一些西方习俗，也融入了不少华人的习惯，经常参加一些华人的节庆活动，过去他们在澳门社会有较高的政治、经济地位。由于会双重语言，文化水平较高，在澳门政府机构和管理部门一般都具有中高级职务，享有优厚经济待遇。有些土生葡人从事自由职业，如医生、律师、教师或公司高级管理人员，生活富裕，社会地位较高，很多人过去都持有双重国籍，是澳门的特殊阶层，已成为不同于当地其他民族之新的人们共同体，是澳门的新族群。长期以来，他们对澳门的经济、文化发展作出了自己的贡献。

澳门回归后，对土生葡人的民族归属和认同方面，至关重要。这涉及对他们社会地位之定位和切身利益问题。因为，按我国法律，双重国籍的地位是不存在的，要么是葡萄牙国籍，要么属中国国籍，两者必居其一。若属于中国国籍，就有民族定位和认同问题。需要制订相应政策加以解决。

从上述可知，根据族群理论，土生葡人是一个特殊族群，这是毫无疑问的。至于它能否成为一个"民族"这就将牵涉到诸多因素。从这里也可看出"民族"与"族群"概念之差异。一般而言，"族群"兼含"种族"、"语言"和"文化"含义，主要表示文化和情感的共同体。而"民族"则往往与国家紧密相连，主要表示政治和文化共同体，在目前，要识别和认同一个新的民族，除了其固有的特征和条件外，还要从是否有利于祖国统一、民族团结、社会安定及政治影响等等方面加以考虑，经过多方论证，才能由中央部门定夺和确认，决不是轻而易举之事。

总之，面对错综复杂的社会现象，瞬息万变的信息时代，种族、民族、族群概念的界定和实际使用，在我国仍然是需要进一步探讨和反复实践及本土化的问题。既要利用族群理论为我国两个文明建设服务，又要防止"族群"概念在使用过程中的"泛化"（诸如有的文章在某某地方人后面都冠以"族群"两字），以致有悖原来的含义，形成思想混乱。只有这样，才能使族群理论在不断探索和实际运用中有所发展和创新。

（2001 年在中南民族学院召开的"族群理论与族际关系"学术讨论会论文）

民族学如何面向 21 世纪

——要把建设社会主义优秀和当代先进文化作为研究重点

　　20 世纪 80 年代我国改革开放以来,民族学(国外或称文化人类学)在我国取得很大成就,无论是在出人才或是出成果等方面,成绩卓著,可以说是建国后民族学发展的最好时期之一。在祖国的社会主义建设和民族经济的振兴与各族人民生活改善中,都直接或间接地发挥各种作用,作出了重要贡献。但是,也应看到,当前在民族学发展中,也存在徘徊和停滞不前与不知所向的状况。民族学界对一些重大问题,争论不休,思想上存在着一定程度的混乱。突出地表现在,对建国后我国在民族学研究领域所取得的成果、建立具有中国特色的民族学及为此作出贡献的老一代和新一代民族学者的评价问题,对民族学研究要不要指导思想问题、当前民族学研究内容的重点及今后发展方向问题,如何向国外学者交流问题等等,在思想上还未达成共识。这些重大问题如不很好解决,予以明确,必将阻碍民族学在我国的进一步发展及为社会主义现代化建设服务的宗旨。现就其中某些问题,不揣浅陋,谈谈自己的看法,以便抛砖引玉。

一　传统文化和当代文化,研究重点应放在优秀和当代先进文化

　　1949 年新中国成立后,民族学在我国有很大发展,即使在 20 世纪

50—60 年代初，民族学被视为资产阶级学科，处于被否定、被批判的地位，民族学作为一门科学，是不以人们意志为转移的，存在于我国宏观实践中。民族学所包含的内容和范围，在我国的民族工作中和民族研究领域，一直在进行着，不仅被保存下来，而且是在不断地丰富和发展。50 年代至 60 年代初，所进行的大规模的民族识别、社会历史调查和语言调查以及少数民族社会科学纪录片的摄制工作等等，都属于我国民族学发展的重要组成部分。这些工作，为其后中国民族学研究积累了丰富资料，培养了一大批专家学者。特别是中共十一届三中全会以来，中国民族学经历了全面恢复和发展时期，经历了以传统文化为核心的调查研究阶段（1982 年至 1986 年）和以现实为核心的调查研究阶段（1987 年至今），使我国民族学的发展，成为建国以来最好发展时期、水平最高时期、成果最多的黄金时期。

民族学调查研究虽然取得很大成绩，但是，也应看到民族学在我国仍然有很多不足之处，存在着不少有待解决的问题，主要是理论和调查研究落后于实际。如果以我国当前所面临之政治经济形势来要求，与国外民族学发展趋势来比较，民族学科在我国的发展还是比较缓慢的。其原因之一为，40 多年来，我国民族学重点一直放在普通民族学，即一般性民族学研究较多，而忽视各专业性民族学研究。重视一般性传统民族学研究较多，重视优秀和当代先进文化研究，即社会主义文化的研究较少，探索建立具有中国特色社会主义民族学较少。

我国是一个统一的多民族国家，各民族共同创造了祖国的历史和文化，造就了我们今天祖国的雄姿伟貌。建国初期，少数民族刚从旧社会黑暗的深渊摆脱出来，为了推行民族平等团结政策和区域自治政策，继承、发扬历史上所形成的优秀传统文化，弘扬民族文化，以增强各族人民的凝聚力和向心力，是十分重要和必要的。几十年来，在传统文化研究方面已取得很多成果，出版很多论著，培养一大批精通传统文化研究的专家学者。但是我们对当代先进文化的研究却很薄弱，很不够，调查研究和理论阐述都远远落后于实践。民族学历经沧桑，不能老是停留局限于一般性和老一套传统文化之研究和水平上，必须要根据形势发展的需要，调查新情况，研究新矛盾，解决新问题。民族学工作者必须顺应形势的发展，摆脱过去几十年来的影响和框框，不断进取，要解放思想，开拓创新。只有使民族学研究有所突破，有所创新，适应时代要求，民族学才能有所发展，才能有辉煌的前景。

面向 21 世纪，我国现代化建设所取得的巨大成就和改革开放的形势，面对我国民族问题进入以经济发展为中心的新时期，各族人民的物质文化生活水平的不断提高和生活结构变化，民族学研究重点必须随之有所转变，在继续关注和发扬优秀传统文化的同时，要把重点放在对当代文化即社会主义优秀和先进文化调研基础上。即要把社会主义先进的物质文化和社会主义的精神文化，作为 21 世纪民族学研究之重点对象和内容。在 1996 年召开的中共十五大上，江泽民同志在报告中的第七点，就有中国特色社会主义文化建设问题，作了深刻而全面的论述。而其论述的问题，正是民族学所要研究的对象和内容。江泽民同志的报告，无疑为我国今后民族学的发展指明了前进方向。在报告中，江泽民同志强调建立有中国特色社会主义文化的必要性和紧迫性。实际上也就明确了民族学在社会主义建设中的作用和影响，指出了民族学要以研究社会主义文化为重点的必要性。江泽民同志指出："社会主义现代化应该有繁荣的经济，也应该有繁荣的文化。我国现代化建设的进程，在很大程度上取决于国民素质的提高和人才资源的开发。面对科学技术迅猛发展和综合国力激烈竞争，面对世界范围各种思想文化相互激荡，面对小康社会人民群众日益增长的文化需求，全党必须从社会主义事业兴旺发达和民族振兴的高度，充分认识文化建设的重要性和紧迫性。"他又指出："有中国特色社会主义的文化，是凝聚和激励全国各族人民的重要力量，是综合国力的重要标志。它渊源于中华民族五千年文明史，又植根于中国特色社会主义的实践，具有鲜明的时代特点，它反映我国社会主义经济和政治的基本特征，又对经济和政治的发展起巨大促进作用。"江泽民同志对建立和发展社会主义文化的重要性和迫切性，对于研究有中国特色社会主义文化之目的意义及其对政治和经济的促进作用，对于中国特色社会主义文化的实践性和时代性，论述深刻而精辟。为面向 21 世纪的民族学指出了今后发展的方向，向广大民族学工作者，提出了光荣而艰巨的任务（笔者注：2011 年，在中共十七大六中全会上胡锦涛同志的报告和《中共中央关于深化文化体制改革推动社会主义文化大发展大繁荣若干问题的决定》中，提出了关于当代社会主义文化大发展大繁荣的伟大战略）。

我们说，把民族学今后研究重点，要放在社会主义文化发展上，并不是说过去我们把主要力量放在传统文化研究上是错了，或者说今后对传统文化不要搞了，不要弘扬传统民族文化了，我们只是建议今后，民族学调研和工作重点要有所转移。事实上，传统文化搞了几十年，已出了很多成果，很多已为人们所知晓，且传统文化并非都是好的，都要弘扬。传统文化有两类，一类是健康的、优秀的、进步的，在各个社会阶段对人类都是有益的，有价值的，是我们需要继承、发扬和发展的东西，其中有些已成为当代先进文化一部分，即社会主义文化的组成部分，成为我国社会主义文化的瑰宝。另一类，是属于糟粕、落后的东西，对人类和社会是有害的，有悖于时代的精神，如封建迷信、陈规陋习等等，是社会需要摒弃和改革的。故对民族传统文化不能笼统地都加以肯定，加以弘扬。我们要把其中优秀、有益、健康的传统文化，融汇入当代文化中去，使之成为社会主义文化组成部分，加以重视和研究，要有批判地继承。有人不加分析、笼统地认为传统文化具有鲜明的民族特点和地域特点，较受人们的欢迎，而当代文化寓于人们生活中，为众人所熟悉了解，不易为人们所关注，事实并非如此。据报载，前几年江苏省电视台曾与德国电视台合作，在德国联合兴办中国传统文化和当代文化电视展，从德国观众反映来看，当代文化电视展更受欢迎，这可能是因当代文化反映现实，更贴近人们生活，故为人们所喜爱。

作为民族学要重点研究的社会主义先进文化内容，应包括两方面，即社会主义的物质文化与精神文化。目前我国处于社会主义初级阶段，当前我国社会的主要矛盾，是要解决人民日益增长的物质文化需要与落后生产力之间的矛盾，各项事业必须贯彻以经济建设为中心的基本方针，才能摆脱贫困，走致富强国之路。故民族学必须实现对物质文明建设的研究。民族学要从文化角度，来研究我国社会主义初级阶段生产力和社会关系，研究其现状和发展，研究人们物质生产能力，创造物质财富能力，包括生产力之演变、生产力发展水平。研究生产力对人们社会关系的影响和作用，物质文化与精神文化的关系，物质文化发展趋势，物质文化发展对我国改革开放与社会主义经济的作用、影响等等。与此同时，要加强对社会主义初级阶段精神文明建设之研究，其中包括社会主义初级阶段的教育、科学、法律、文化艺术、思想道德、生活习俗、医药卫生、体育文娱、工艺美术、宗教信仰等等。民族学要根据当前国内外形势发展和学科发展的需要，从普通民族学一般理论中解脱出来，要进行民族学诸分支专业学科研究，加强经济民族学、政治民族学、法制民族学、历史民族学、结构民族学、社会民族学、都市民族学、建筑民族学、人口民族学、体质民族学、旅游民族学、影视民族学、宗教民族学等等方面的综合性研究，从而把民族学研究推向纵深发展，使民族学达到一个新的发展高度。我们要通过民族学研究，为在全社会建立和不断提高具有中国特色社会主义的物质文明和精神文明，尽职尽力，作出自己应有的贡献。

二　关于农村文化和都市文化问题

近几年从某些杂志中，可看到在民俗学研究中，有两种不同意见：一种意见认为，随着现代化建设和都市的发展，都市作用越来越大，今后研究重点应放在城市；另一种（钟敬文先生等）意见认为，民俗学今后仍应把研究重点放在农村和传统文化上。我想民族学当前也存在着如何处理两者关系的问题。我个人认为，就民族学研究重点来说，仍应把主要力量放在广大农村、郊区和牧区。过去民族学的田野调查一直是这样做的，因为我国过去人口的 90% 都在广大农牧区，传统文化在农村中保存得尤为明显，现在虽然城乡人口分布有所变化，但 60% 左右人口仍分布于农村，要贯彻城乡一体化之原则。不过，我认为，随着社会主义现代化建设的发展（铁路公路的建造、能源和水利的发展，商品经济和市场经济的发展），城市发展很快，新的都市不断涌现。根据最近资料，我国的城市人口已达到五亿，不但原省市范围不断扩大，而且出现了许多新兴城市。据不完全统计，我国城市总数已达到 666 个，仅去年（1996 年）就新增城市 26 个，中西部增 18 个，近 70% 的新增城市在中、西部，分布于城市的总人口已占全国总人口的 42.1%，中、西部人口增长已快于东部。城市作用越来越大，故我们不应忽视对都市人类学的研究，这几年都市人类学研究已经受到民族学界的关注。特别是 1992 年都市人类学学会成立以来，起了很大推动作用。在国家民委的领导关怀下，学会在开展学术活动，加强国内外学术交流，参加国际会汉，组织调查研究，促进学科发展，扩大专业队伍等等方面，采取了不少措施，获得可喜成果。但是，从总的情势来看，民族学对都市的研究仍很不够，这方面出版有质量的专著甚少，中国现代化建设和都市城镇的发展，已走在理论的前面。都市的发展，作用和矛盾以及许多问题，都有待我们去了解、探索、研究、总结和解决。在建立中国都市人类学先进理论和方法方面更是存在薄弱环节。

随着都市的发展，它们对于发展民族地区经济、教育和文化、科技等等，将起着重要作用。对少数民族脱贫致富，走各族人民共同富裕的道路，实行改革开放，发展市场经济，改善各族人民生活等等，都市都将起着积极的辐射作用。因此，今后必须不断加强对都市文化的研究。根据当前形势，都市人类学面临的任务，我认为有如下几点：（1）要积极贯彻小平同志理论，紧紧抓住发展民族经济和城市经济这个中心。要加快改革开放步伐，总结脱贫致富的经验教训，努力缩小东西部差距，促进各族走共同富裕之路。（2）必须遵循小平同志关于社会主义建设要“两手抓，两手都要硬”的思想，在加强城市社会主义物质文明建设的同时，要重视城市精神文明建设，建立良好的思想道德风范。对城市民族文化的研究，在注意发扬传统文化的同时，要特别加强对城市当代文化的研究。（3）根据我国国情和建立具有中国特色社会主义实际需要，应建立具有中国城市模式的课题研究和我国都市人类学的理论思想体系，为学科的繁荣作出贡献。（4）要提倡进行调查研究，个例分析，在宏观和微观相结合的基础上，为一个国家决策和解决城市所面临一系列问题，提供丰富的信息资料和理论根据，为促进城市民族工作和民族繁荣及加强民族地区都市建设服务。

三　关于要不要向外国学习和如何学习问题

当前民族学界对向国外交流学习问题，也有两种看法：一种意见认为，中国民族学主要是建国后发展起来的，是从我国民族工作和社会实践中产生和发展起来，与国外民族学在研究的目的和内容上根本不同。我国是马克思主义民族学，西方那一套民族学的理论和方法，并不适用于中国，学之无益。故对向国外学习交流问题，有的同志往往采取冷漠和否定态度，这是一种倾向。另一方面，改革开放以来，特别是近几年，我国民族学界与国外和台湾、香港等地的专家、学者，开展互访、考察、讲学和各种学术交流活动，取得很大成绩。在这些活动中，不少同志特别是中青年，热情很高，发挥很大作用，这是难能可贵的。但是其中有些学者对向外学习，在指导思想上并不是很明确。有的往往忽视了我国民族学与西方民族学在理论指导思想上的区别，甚至否定建国后中国民族学的发展，照抄照搬西方民族学，全盘西化中国民族学，盲目学习西方民族学。因此，他们从西方搬来的东西，往往就不适用于中国的实际，无法为中国的建设与进步服务，这是另一种倾向。

以上两种倾向，都是值得商榷的。民族学作为一门科学是没有国界的，在研究对象、内容和方法等都有其共同特点，都有继承、发扬、吸收和发展的问题。我国的文化发展不能离开人类文明共同的成果，故要开展多种形式的对外文化交流活动，学习各国民族学研究之长和先进理论与方法。要不断吸收国外民族学研究的最新成果，来充实丰富和完善自己，发展自己，这样才能更好地为现实服务。但是，民族学的对外交流，不能盲目进行，要有的放矢，一定要坚持"以我为主，为我所用"原则，吸收西方民族学优秀成果，同时要坚决抵制各种腐朽思想文化的侵蚀与影响，创建适用于我国民族学的先进理论和方法。要以开拓进取精神建立具有中国特色的社会主义、马克思主义民族学，向世界展示中国文化建设成就，促进中国民族学发展。

民族学作为社会科学组成部分，不同于自然科学。自然科学受研究目的差异影响要小些，而社会科学则不同，作为社会科学，它首先要解决为社会服务问题，为社会哪一部分人服务的问题，是为大多数人服务还是为少数人服务的问题？要解决一个为谁服务和如何服务的问题。它的发展要取决于社会效益，是不是符合社会的需要，若不符合就会影响到学科本身的发展。要解决好为谁服务和如何服务问题，其中就有一个研究者的立场、观点和方法问题，即有一个指导思想问题。只有为谁服务和如何服务这两个问题解决好了，民族学才能实现为人民服务、为社会主义服务的宗旨，才能为发展民族经济和民族文化，为社会主义的物质文明和精神文明服务。其研究才能行之有效，受到社会认可。因而，也才能受到社会和国家重视，而有广阔无限的前途。因此，民族学在对外交流学习时，必须针对我国社会主义初级阶段的国情和实践发展需要，在马克思主义、毛泽东思想和邓小平理论指导下，学习和借鉴国外先进的经验，研究当前我国社会主义物质文明和精神文明发展中重大的理论问题和实际问题，建立具有中国特色的社会主义理论思想体系和结构体系，审时度势研究新情况，解决新问题，开拓创新。这样，中国的民族学才能为中国实践所需要，这样的民族学才能有生机、有活力、有前途，得到长足发展，而葆其美妙之青春。

以上认识，不一定正确，仅供参考，请同志们不吝赐教。

（1997年在西双版纳召开的"中国民族学学会第六届学术讨论会"之论文）

访日总结报告

　　中国社会科学院民族研究所民族史学术交流考察团，根据社会科学院和日本学术振兴会学术交流的协议，于 1986 年 7 月 15 日至 29 日到日本进行学术访问。此次学术访问目的有三个：一、了解日本国对中国民族史的学术研究动态；二、进行学术交流；三、商讨建立资料联系和学者交往的可能性。访日期间，在日本东洋文库的热情接待和大力协助下，我们顺利地完成了任务，达到了预定目的。

　　代表团一行三人（杜荣坤、史金波、张承志）于 7 月 15 日抵达东京。

　　7 月 18 日拜访了日本东方学会，会见了该会以理事长护雅夫先生为首的学术领导人，并进行了会谈。7 月 19 日拜访了东洋文库，会见了该库理事长榎一雄、理事研究部长护雅夫等学术负责人，双方互赠了书籍，并进行了会谈。在上述两次会谈中，就双方共同感兴趣的问题进行了商讨，并取得一致意见：一、东方学会和东洋文库与民族研究所建立直接的资料交换关系；二、双方初步同意进行人员交流，民族所赴日人员，由东洋文库向有关方面申请经费，日方来华人员，经费由我所设法解决，因双方都存在具体问题尚需协商、请示，故未达成实质性协议；三、双方举办学术讨论会时，互相邀请学者参加，费用自理，以便及时沟通学术情况。

　　7 月 16 日至东京外国语大学，拜访了该校东亚研究所，会见了日本蒙古学会会长、蒙古语专家、该校图书馆馆长小泽重男先生和该所西蒙古史专家研究员冈田英弘先生，双方就《元朝秘史》注释本的出版、西蒙古史和西夏史研究中的有关问题交换了看法。

　　7 月 17 日，我们访问了东京大学东洋文化研究所，和该所所长山崎利男、池田温君几位学者见面，互相介绍情况并赠送书籍。

7月18日上午访问早稻田大学，与研究室负责人长泽和俊先生、吉田顺一先生等十多位学者举行恳谈会，互相介绍情况和赠送书籍。7月19日下午，东洋文库为我们组织报告会，由护雅夫先生主持会议，我团杜荣坤作了题为《中华人民共和国成立后中国民族史学的发展》的报告，史金波作了题为《中国民族古文字文献的学术价值》的报告，参加会议的有日本中国民族史和古文字学者专家30余人。会上提出了有关政治和学术方面的问题，由中国学者一一作了解答，气氛甚为融洽。

7月20日，我们前往京都进行学术访问，受到京都大学西夏文专家，该校图书馆馆长西田龙雄教授和西蒙古史专家府立大学教授若松宽先生的热情接待。

7月21日，由若松宽先生陪同前往奈良参观大东寺、东寺和鉴真大师所居唐招提寺。

7月22日上午，我们访问了大阪大学东洋史研究室，受到该校名誉教授山田信夫先生、助教授森安孝夫先生等学者接待。下午参观了世界第一流的国立民族学博物馆，受到馆长助理佐佐木高明等先生的热情接待。

7月23日，访问了京都大学文学部东洋史研究室，会见了西田龙雄先生和以文学部主任竺沙雅章先生为首的研究中国民族史之学者多人，互相介绍情况，并赠送书籍，同日下午，该校东洋史研究室组织报告会，由竺沙雅章先生主持会议，我团杜荣坤作了《中国西蒙古史研究现状》的报告，史金波作了《西夏文本"类林"研究中的几个问题》的报告、张承志作了关于西北回民方面问题的报告，并根据调查中拍摄的资料放了幻灯。参加听讲者有专家、学者数十人。日本民族史老前辈羽田明、佐藤田实信等先生亦参加会见并出席听讲。会上，中日两国学者还就西蒙古史和西夏文本类林问题展开讨论，互相切磋，各自阐述自己的观点，并提出了一些建设性意见，对促进中日两国民族史研究方面的交流有很大帮助。

在日期间，我们还参观了日本国会大厦、国会图书馆、朝日新闻社、东洋文库、东京大学、东洋文化研究所、京都大学等院、所的图书馆，还参观了东京博物馆、古代东方博物馆。对于了解日本的文化、历史和中日两国历史渊源关系有很大帮助。

总之，这次赴日学术访问，我们受到了日本学术团体、高等院校的热情接待，广泛接触了历史、语言研究方面的学者、共同研究讨论问题，增进了两国学者的相互了解，增进了友谊，初步打开了交往渠道，为今后两国民族史研究的交流和发展，创造了良好的条件。这次访问，日本有关院、所和个人还赠送我们一批书，其中有的是很珍贵、在国内罕见的书籍。如京都大学图书馆赠送一部日文书，名为《居庸关》（上下两册），据说此书在日本市场上也是最后一套，是该校花 40 多万日元买来赠送我所的（约合人民币九千多元）。我们自己亦按规定在日购买了一批书，共装了四箱托运回国。此外，在学术交流和参观中，根据我们的所见所闻，对日本在经济、文化上的发展和人民的生活以及他们对待工作的态度，等等，都给我们留下了深刻的印象。

通过这次学术访问，我们有如下几点体会：

1. 中国民族史的研究必须要加强中外交流才能得到很好的发展。必须打破目前我所闭关自守搞研究的状况。随着我国经济的对外开放、民族史研究亦必须要对外开放。经济上对外开放的目的是引进先进的科学技术、吸引外资，为我国“四化”建设服务。民族史研究的对外开放，目的是通过中外交流，收集国外的学术情报和图书资料，了解国外的研究动向，和吸收国外研究的最新成果，这对促进和繁荣民族史的研究工作至关重要。日本对东亚史特别是对中国史的研究力量很强，不仅研究民族史，而且研究断代史如魏晋南北朝史、隋唐史、明清史等等。日本在研究中国民族史方面，当前主要有两个动向：一是重视民族文献资料；一是重视我国档案资料，特别是民族文字档案。据了解，日本从事中国民族史的学者大部分来过中国，一般来过好几次，甚至十几次。有的是公费来，有的自费。到中国来的目的，一般是学习民族语言，收集各种资料包括档案资料，大量收购中国的图书杂志，参加我国学术会议，了解我国民族地区的情况，故他们的信息很灵通，各国的图书资料很齐全，包括线装书和地方志在内的中国书籍更多，现代出版的图书资料亦很丰富，对我国学术界和民族地区的情况十分了解。特别是他们 30 岁—40 岁的青年人对我国古代民族和现代民族语言的学习研究很重视，很刻苦，给我们留下深刻的印象，是值得我们学习的。今后在民族史研究方面要突破目前的水平，不加强外语和民族语言的学习将会落后于国外研究。

2. 要加强人员培训，必须和国外建立多种形式的人员交流关系。要尽可能让一些语言条件和业务条件较好的研究人员到国外进修、访问和进行中外协作研究，争取参加国际学术活动，不断提高外语和专业水平，学习他们在研究工作中的先进经验和方法，吸收其研究成果，促进我国民族史学的发展。目前人员交流存在一定的困难，特别是我方在经费上困难较多。但我们认为，只要充分了解到学术交流对发展学科的意义，下决心解决，困难是可以克服的，经费中开支最大的是住宿费，如我所在办公楼二楼西头能腾出两间房（应能做到）作为客房，外国学者在民院留学生食堂用餐，由所、室共同分担部分费用，经费是完全可以解决的。我们设想和对方（东洋文库）签订三年正式协议，对方每年来学者一人，时间一年，我方每年去学者二人，时间为每人半年，则三年可出国 6 人，这样就从长远考虑，使人员交流能做到计划性和经常性。此外，召开学术会议时，互相邀请对方参加，路费自理，使出国交流人员就可以更多。此建议准备提交所里研究讨论，再报请院部审批。我们和东洋文库原则上都同意人员交往，希望每年能及早提出双方交流名单。

3. 对研究生和青年学者要严格要求。除要求具备一定水平的业务知识和外语条件外，今后需要求他们逐渐具备民族语文知识的条件。有的专业研究生入学考试若有可能，建议加试民族语文。

4. 必须重视和加强图书资料工作。日本政府有一条法律，规定凡出版书籍，出版部门和作者要贡献一本给国会图书馆，这是义务，各级图书馆都充分发挥其应有的作用，并做好图书管理工作。我们目前条件比日本差，不一定能做到图书资料管理的现代化和自动化，建立电子操纵的图书网络，但是要加强对图书资料的维护和保管工作，加强图书资料采购交换工作，尽可能做到专业图书资料齐全，有严格和科学的管理制度，充分发挥图书资料在研究工作中的作用。要学习日本学术界重视图书资料工作和在管理工作中认真负责、一丝不苟的态度。

5. 要学习日本学者经常出国进行调查研究的方法。我所研究人员应该经常下去进行调查研究，了解民族地区的研究动态，学习民族语言，收集图书资料档案，参加各种学术活动，和地方进行学术交流，开展社会历史调查工作，以弥补史籍记载的不足。并创造条件，争取一切可能，"走出去，请进来"，与国外学者加强交流，提升国际学术活动话语权，以开阔眼界，吸取经验，为发展民族史研究工作作出新贡献。

（1986 年 9 月于北京）

访台观感

一　代表团访台一般情况

1996 年 1 月 13 日至 22 日，大陆一行 23 位学者，应台湾文化大学蒙藏学术研究中心邀请，前赴台北参加蒙古学、藏学学术讨论会。此事从 1993 年台发出邀请至 1995 年 11 月，经过二年零三个月时间的准备和酝酿工作才实现。经协商，学术讨论会的名称为"两岸蒙古学藏学学术讨论会"。大陆方面除有组织的 23 位学者外，另有南京大学沈卫荣先生从德国波恩大学（读学位）直接去台，故大陆的实际代表为 24 人。这次学术讨论会台湾的主办单位为台湾文化大学、政治大学，协办单位为国家民委，由国家民委统一组团前往。团长为国家民委外事司副司长占巴扎布同志。实际上台湾"蒙藏委员会"亦是协办单位。从我们到台湾第一天起至最后离开台湾，"蒙藏委员会"的工作人员一直参加接待工作。"蒙藏委员会"负责人李厚高先生出面宴请代表团全体人员。这次大陆赴台蒙藏学术代表团的 23 人，共来自六个地区（北京、四川、甘肃、兰州、内蒙古、西藏），由 13 个单位组成（民委二人，统战部一人，藏学研究中心二人，中央民族大学四人，北京大学一人，西北民院一人，内蒙古教育学院一人，中国社科院民族所三人，少数民族文学所二人，近代史所一人，四川民族所一人，四川社科院藏研中心一人，西藏出版社一人）。代表团由蒙、藏、汉三个民族的学者组成，可说是海峡两岸相隔 46 年来，民族学界应邀去台人数最多、规模最大的一次，包括民族史、民族学、民族语言、少数民族文学、民族宗教等多种学科，实际上亦是社会科学界应邀赴台人数最多规模最大的一次。因此，无论大陆有关方面也好，台湾方面也好，都很重视这次代表团的造访，对我们寄以很大希望。

　　蒙藏学术代表团13号到台湾已是深夜，台湾文化大学、政治大学和"蒙藏委员会"的工作人员都在焦急地等着。虽然两岸相隔40多年，但两岸学者专家和工作人员相见如故，有些是老朋友，到大陆来过。在交往中，台湾无论是专家学者也好，"蒙藏委员会"工作人员也好，对代表团都表示很友好、很热情，对我团的生活、工作和活动，考虑得很细致，很周到，且事先都作了详细计划。他们安排代表团在政治大学居住，条件也很好。代表团在政大食堂吃饭，校方和政大民族所的负责人都亲自过问。台湾天气较热，一般为20多度，但早晚或阴雨天还有寒意，今年台湾气温比较低，室内原放有一条毛毯，年纪大的同志还感到有些冷，他们了解此情况后，第一天就买了十床新被送来，还给代表团的同志送香蕉等水果。并主动热情地为代表团学者介绍台湾情况。与代表团学者个别接触交谈时，主动回答代表团提出的问题，态度很诚恳。交往中，双方也尽量回避一些较敏感的问题，即使涉及一些观点不同的问题，双方也是平心静气地谈，互相表示很友好。所以，在交往和宴请中，双方学者无拘无束，亲切交谈，常常出现一些动人的场面。双方之学者和工作人员，都即席表演节目或者同声演出，同声和唱。许多大陆的歌曲，不仅大陆代表团唱，台湾学者也会唱，如《康定情歌》、《达坂城的姑娘》以及一些蒙藏、新疆和青海地区的民间歌曲等等，常常是两岸主客同声歌唱，或同台翩翩起舞，气氛甚为热烈，出现了极其动人和感人的场面，表现了亲如一家和同胞手足之情。不仅如此，与此次学术讨论会无关的一般台湾人，对大陆去的代表团成员也表示了深情厚意。大陆代表团成员的年龄一般偏高，在60岁左右，有的甚至已年近70，身体较弱，而日程安排很紧，白天要开五六场学术讨论会，晚上还有交流活动或专业信息交流会议，或要准备白天的讨论和评论，每天都搞得很晚，很疲劳。代表团成员王辅仁教授，在18日凌晨一时许突然从床上摔下胃大出血，实际为胃静脉曲张，很危险。急送至台北三军总医院抢救。台湾一些学者专家和"蒙藏委员会"的负责人及工作人员闻讯后，纷纷前往探视（如张君逸博士还带了钱去医院），医院的医生护士和病友都很重视，很关心、很热情。王先生住的为医院的特级套房，医生护士为之精心治疗，特级护理。他们说，台湾的蒋孝慈先生在大陆发病时，大陆之中日友好医院尽一切和最大之力量进行抢救，今天也给我们一个机会为大陆学者治疗，表示要尽心尽力来治疗和护理。最后还免去了一切医疗药物费用（7万台币）。住院的其他病友，听说是大陆来的，亦很热情和关心。看到教授没有拖鞋，特地去买了拖鞋给他。我团的翟胜德同志是代表团中较为年轻者，也是秘书组的工作人员，王先生住院时都是他看护，有时不能分身时，病友们主动买早点豆浆、油条等给他吃，使他很感动。

总之，这次代表团到台湾，深深感到从历史文化、语言、文学、生活方式、风俗习惯、风土人情、城市风貌、经济建设、科教卫生等等诸方面，都和大陆相似。代表团成员在台，如在大陆，无身处异地之感，甚至感到台湾街道上播放的音乐亦有许多大陆之声。代表团成员深深感到海峡两岸同胞手足之情，海峡两岸中华儿女没有任何理由长期处于分离状态。

13日清晨抵台，上午稍事休息，下午，在政治大学民族研究所召开座谈会，内容是交流科研工作经验，代表团全体成员参加，参加会议的有政大民族所的专家、学者和全所的科研人员，该所的研究生和部分本科学生，还有台湾的一些学术界人士，有70—80人。互相介绍后，代表团各单位成员，介绍机构、人员、研究范围和科研工作情况。我所亦简要而全面地介绍了科研机构、科研工作和科研成果及学会活动等情况，受到了与会者的欢迎。他们在了解我所情况后，很多人会下表示要加强与我所交流，并要我所的材料和出版之书籍，如政大研究所所长萧劲松先生曾多次向我要有关我所情况介绍之书面材料。有些中青年学者向我要包括民族史、民族学乃至民族问题理论和世界民族研究方面出版之书籍。我们这次只带了十七种有关蒙藏历史方面的书和民族分布图，而他们要求的书包括各个方面，内容很广泛。

14日上午，代表团到文化大学参观，学校位于台北风景优美而洁净的避暑胜地阳明山。我们参观了该校的人类学博物馆和政治研究所。博物馆面积不大，主要馆藏是大陆过去所收集的蒙藏和高山族的文化及出土与现代的器皿、生活生产用具，如蒙古包和高山族的木制船只等等。有些图片和展品则反映了他们的老观念，如该馆的民族分布图，仍沿用1948年国民党政府的旧地图，只标满、蒙、藏、维吾尔四个民族的分布，没有其他民族的分布，图中仍使用国民党政府老的区域设置和名称，如绥远省等等。在学术座谈会开幕式那一天，政大校长在讲话中，只讲了中国汉满蒙回藏五个民族，并且说之所以只提满、蒙、藏、维四个民族，是因为这四个民族有明显的民族特点等等。这说明"五族共和"的思想在台湾学术界的影响仍很深。

当天下午，代表团还参观了台北故宫博物院（建于 1965 年）。这是一座规模宏伟的宫殿式建筑物，目前还在扩展中。馆内有四个楼层好几个展厅，展品琳琅满目。各个展厅主题鲜明，很有特色。不少展品原是北京故宫博物院所收藏的珍品，是 1949 年运往台湾的，为独一无二价值连城的珍品，也是大陆所没有的。因为展厅很多，走马观花需要一天，如要细看，恐要两三天。展厅内容主要反映数千年来中国的历史和文化。有反映中国历史发展的展厅，从旧石器到新石器时期，从秦汉直至清代整个历史发展过程。也设有近代从辛亥革命至民国时期的展厅。展厅以图片为主，辅以实物。历史展厅整个布置简明扼要，很精练，重点突出，使参观者印象深刻，又不感到冗长。特别要介绍的，展览还开辟了反映中华民族历史和文化的专题性横向展厅，如开辟有玉石展厅、陶瓷展厅、现代工艺展厅和书法展厅等等。把海内外能收集和收藏之历史上各个时期（以明清时期为多）和现代工艺品之原料一一展出。这些展厅都各具特色，展品色彩瑰丽，价值连城，保管得很好。每个展厅都有书面说明，很受欢迎，包括很多外国人在内。要特别介绍的，在参观者之中，有大量的日本人。日本人一群群组团而来，有儿童、学生、家长、雇员、职员、家庭妇女、老年人等等。从上午至下午，一批批接踵而来，络绎不绝，且每批都有一个日本人在作详细讲解，介绍中国的历史和文化。可以看出，他讲解时，无论是工作人员，还是学生，家庭妇女，无论是老人还是孩子都认真看，认真听讲，跟着参观路线走动，不分散自由行动，并不时发出感叹声和欢笑声。我看到此情况很感慨，中国的历史和文化外国人竟这样的重视，且不论他们花了钱组织来台参观和向本国国民讲解别国历史与文化，有无政治目的，但至少说明日本人对国民之教育很重视，随时随地进行教育，抓住不放，加强培养国民接受教育的精神。而我们自己，对中国的历史和文化未必有这样重视。如果说，我们一些从事文化教育和历史研究的学者还比较关心外，其他各行各业和国家工作人员乃至于家庭妇女、老人和孩子，就未必会都这样重视了。因此，我认为，中央多年来倡导的要加强对青少年和干部进行近现代史教育和爱国主义教育是十分重要的和必要的，应该要引起我们的重视。不仅要关心下一代的教育，还要关心当代人的教育，加强对各行各业的教育。近几年来，我们很多地区的文博馆一片萧条，参观者寥寥无几。文博馆因经费不足，无法维持。一些文博馆只好关门闭馆，馆内工作人员感到无出路而悲观失望。相比之下，台北故宫博物院人山人海，工作人员忙忙碌碌，讲解员应接不暇，参观后我个人很受教育和启发。大陆文博部门必须要振兴来一个大发展，有关部门应给予足够之重视和支持，而不是光停留在口头上。否则，我国的国民教育和文化素质就不可能提高，就会失去理想和动力。亦即要达到提升爱国主义目的，实现民众爱国、爱民、爱社会主义和共产主义目标，并为之奋斗终生就不可能。而这关系到我国的兴亡和振兴问题，应该把文博事业的教育作用，提高到这样的高度来看。

　　1月16日至18日，海峡两岸学者正式进入学术讨论会阶段。学术讨论会在台北市台湾最大的图书馆学术大厅进行，每天进行5、6场学术讨论会，最后进行综合讨论会。每天都有100多人参加会议。据统计，第一天到会有159人，第二天133人，第三天133人。虽然名为蒙藏学术讨论会，实际上台湾学术界一些主要的和知名的人士大多参加了。每场的学术讨论会，由双方学者轮流主持，每场有两三位学者做学术报告，有评论者两三人。每人评论一篇文章，都坐在主席台上。报告人报告论文摘要，不能超过15分钟，接着评论人进行评论，不能超过8分钟。评论完后，大会自由发言，可以提问，也可发表不同意见，每人发言不能超过3分钟，最后由论文报告人，根据所提的意见和问题作解答，不能超过两分钟。会上有专门人掌握时间，一到时间就按铃，故会议时间很紧凑，气氛还是比较紧张有序的。

　　这次学术讨论会，两岸学者共提供论文34篇，台湾提供11篇。我所三人也提交了三篇论文。我提交的论文是《略论中华民族的形成和发展》，黄颢先生的论文是《萨嘉班智达与凉州幻化寺》，翟胜德先生的论文是《少数民族在开拓青藏高原交通方面的历史贡献》。我方代表作的报告，评论人由台湾学者担任，台湾学者做报告时，评论人由我方负责，具体安排都由台方举办单位负责。从所提论文质量看，大陆的力量要强些，但台湾方面，也具有相当力量和一定的学术水平。多年来，他们在民族研究领域和学术上的发展亦很快，出了很多成果，培养了一批中青年力量，目前也都是所里和系里的骨干。他们之中有些都懂蒙文、藏文和维吾尔文，是由一批 1949 年去台湾的老蒙古学者、满学者、藏学者和维吾尔学者培养起来的，其中有些人的学术水平高、成绩大。如政大民族所所长萧劲松、林冠群等等都属年富力强的教授和研究员。其中有些人近几年已来过大陆好几次，到新疆、西藏等地调研。从他们发言中，我感到颇有水平，他们与大陆学者早有联系和来往。上述两位学者都来过我所，与黄颢等同志很熟悉。在与科研教学人员接触中，我感到他们的进取心都很强，不少人表示今后还要争取来大陆学习蒙藏文进行深造，并已正式向大陆有关单位（如藏学中心）提出要求，也表示愿意来我所进修。今后，他们发展之前途无量，故我们对台湾民族研究领域所取得之成果和学术水平，应该引起足够的重视。如果大陆方面对中青年不大力培养、严格要求，他们就会很快地赶上和超过我们，我们就会失去优势。这次讨论会上，我们的论文，他们都能有针对性地进行评论，而且一些论文，特别是少数民族语言和文学方面的内容，专业性很强，他们在评论中都能提出一些问题和见解，提供一些信息和资料。如有关近代史方面之资料，有些是大陆所没有的。这些资料是新中国成立前存放在南京国民党中央档案馆，而于 1949 年运至台湾中研院近代史研究所，为大陆所无。他们论文中，对西方和台湾的资料用得多，而我们之论文用得少，但我们论文中，有关民族文字的资料比他们用得多。他们微观考虑多，而我们宏观考虑多，思路较广，往往能展开论述。而他们很严谨，但过于拘谨，论述面比较狭窄。总之，双方各有所长，互相取长补短，使双方都感到收获很大，有共同的交流基础，学术上之互补性强，为今后海峡两岸学者进一步交往，共同推动民族学科之发展，作出新贡献，开创了一个新局面。

二　对台湾之政治形势有进一步了解

这次去台湾以前，对台湾之政治形势，虽有一般了解，但还是不很清楚，或者说无把握。通过这次学术活动，耳闻目睹，对台湾之政治形势，有了比较清晰了解。当前台湾内部之政治形势很复杂，斗争十分尖锐。主要表现在统一与分裂问题上。统一与分裂问题，不仅是大陆与台湾斗争的焦点，亦为台湾内部斗争之焦点。故我认为，大陆和台湾统一之力量有联合起来与台湾分裂主义者进行共同斗争的基础。台湾的政党和政治组织，有不断增加之趋势，但主要是三个大政党：一是国民党，一是民进党，一是由国民党分裂出来的新党。他们有各自的政治态度。

　　民进党的宗旨目的是很清楚的，就是要搞台独，积极从事分裂祖国的活动，主要是国民党和新党政治目的还不很明晰。现在了解到，李登辉的国民党已不是蒋介石及其元老派的国民党，已经沦为由李登辉等政治人物所掌握控制的台湾本地的国民党。他们表面上不赞成目前搞台独，认为不到时候，实际上是支持民进党的，排挤排斥外省人，称老国民党是外来的，要把国民党改造为台湾地方性的国民党，鼓吹要由台湾本地人来掌握国民党，来掌握台湾政权。这从李登辉近两年来的言行和所作所为，特别是妄图通过外交途径，来进行一中一台和两个中国的活动，就足以证明。最近他又提出所谓"阶段性两个中国"的言论，即主张中国统一前要承认有两个中国的实体，实际上是两个中国论，即"两国论"。此论调和民进党观点已很接近。民进党近几年在台湾之所以进行分裂祖国活动如此猖狂，实际上与背后有李登辉之支持和纵容分不开。在台湾这是"司马昭之心，路人皆知"之事。台湾学者也很清楚，只是不公开讲而已，而背后则都在议论。

　　台湾的新党是近两年来发展起来的，由国民党分裂出来，实际上是由国民党元老派的后裔组建起来的。主张一个中国，反对分裂，反对台独，反对民进党，但另一方面，也不愿统一于中国大陆。他们目前与民进党的矛盾很尖锐，斗争很激烈。由于他们和民进党生活在同一岛上，民进党认为他们是外省来的后裔，处处排挤他们，排斥他们，对他们压得很厉害。他们为了在台湾争生存权和政治权利，关系到切身利益，必须与民进党进行针锋相对的斗争。而他们当前与共产党的关系，由于相隔两岸，尚无直接的利害关系，因而他们与民进党的矛盾与斗争，较之与共产党的矛盾，要尖锐得多。在各界和学者中，持一个中国立场者仍占大多数。当他们谈到民进党之所作所为时，非常痛恨，而谈到与中共关系时，却很缓和。有些学者说，蒋介石已经死了，毛泽东也已故去，过去之恩恩怨怨，要一笔勾销，国民党和共产党应联合起来对付民进党。也有学者说，现在最重要的是要坚持"一个中国"之立场，要使两岸经济发展，使老百姓过好日子。也有的学者认为，台湾和大陆可实行联邦制。有些学者认为，可维持现状，实行三通，不是很好吗？我们仍可以进行自由来往，进行学术交流。凡此种种，不一而足。以上种种说法不一定对，但从台湾大多数人来讲，包括老百姓、学者甚至政界，大部分人还是主张一个中国。在选民中，支持民进党的只占30%。在政界人士中，很多人是随祖先父辈到台湾，因是外省来的，受到台独者的排斥、排挤，正在逐渐地丧失权力，在民进党的压力下，他们的日子很不好过。如民进党的一些人当下提出要取消蒙藏委员会，该会的工作人员都很反感，这关系到他们的工作和生存问题。这之前，台独分子已将"蒙藏委员会"前任负责人张君逸弄下了台，故他们谈到民进党搞台独行为时都很痛恨。但是，民进党的势力在台湾越来越大。目前约有1/3选民选他们。这次选台北市市长，民进党取得胜利，国民党失败了。一方面，是李登辉在后面支持，另一方面，是用收买选民的手段，特别是选民中，有相当一部分人顾虑中国统一后台湾的经济和政治会受到全面的影响，受到牵连拖累。如两岸统一后，大陆和台湾自由来往，若大陆几百万人去到台湾，会使台湾人的生活水平迅速下降。目前台湾只有2100万人，经济是发展繁荣的，工资和生活水平在亚洲是高的，这是台湾一些选民支持民进党的一个重要的经济原因，其支持率且有增长之趋势。有些要搞台独者，认为蒙藏在大陆，对台湾无意义，对他们不存在管理问题，台湾只有原住民，故要求取消"蒙藏委员会"。实际上，国民党之"蒙藏委员会"，是个民族管理机构，它不是只管理蒙藏，而是管理整个民族工作，相当于国家民委。

代表团成员在和台湾学者交谈时，指出中国统一后，实行一国两制，大陆人进入港台，是会有控制的，是要经过批准和办证的，大陆人不可能随随便便进入台湾，会像现在到香港、珠海一样是需要申请，经过批准的，大陆方面会考虑到这些问题。我们向他们介绍说，邓小平前几年在强调大陆必须要保持稳定才能发展经济时，就对外讲过，如大陆社会不稳定，造成混乱，有几百万人向香港和海外流动，势必会影响到香港和世界各地的稳定和经济生活。据当时报载，港澳和国外很多人听了邓小平同志讲话后，受到很大启发，觉得很有道理，认识到大陆稳定的重要性，也关系到港澳和世界各国的稳定和经济的发展。将来若两岸统一后，对台湾的问题，也会顾虑到这些方面。台湾学者听了介绍后，似有所悟，感到很新鲜，他们没有想到届时会采取这些措施。总之，选民们支持民进党是对我政策还不了解，他们只是从自身眼前和长远之利益来考虑。

根据当前台湾内部斗争的形势，我认为，我们对台政策和策略，亦应与之相适应，要采取灵活机动的做法。不能对台湾的一切都持否定态度和反对态度，必须要利用台湾当前内部斗争的矛盾和形势，多做工作，包括对台湾政界之工作，该反对的要反对，该支持的要支持。要进行广泛的统一战线工作，要多做工作，就要多接触，要团结一切可以团结的力量，孤立和打击少数搞分裂的顽固分子。我认为支持还是反对的标准，就当前来说就是一条，看是不是主张一个中国的立场，后来经常提到的"九二共识"，则是这种立场的灵活运用。符合一个中国立场的言行，就要坚决支持，鼓吹台独、一中一台和两个中国立场的言行，就要坚决反对。至于其他问题，包括一些政治问题这是第二步的问题。我们这样做是完全有基础的，因为官员中大部分人是主张一个中国的，在坚持一个中国的问题上，我们是一致的，这就是共同的基础，是进行统战工作的基础。就学术交流而言，我们这次宣读之论文，其内容和观点皆反映各民族共同缔造了祖国之历史和文化。各民族对民族学科的发展做出了共同的贡献，强调祖国统一的观念。特别是最后一场综合讨论会上，代表团中的内蒙古、西藏学者和统战部同志，介绍了内蒙古和西藏的情况，民委同志在会上亦阐明了对达赖集团的政策。

我们这次蒙藏代表团到台湾，除学者欢迎外，台湾蒙藏委员会之所以很重视，很热情，亲自出来接待，就是因为当前有人要取消这个机构，搞台独。在他们看来，我们到台湾参加学术活动，通过对我们的接待，是他们扩大影响，发挥"蒙藏委员会"作用的大好时机。与"蒙藏委员会"有联系的一些组织，如台湾汉藏文化协会、蒙古文化协会等社团组织，过去从未在一起活动，也从未在一起开会，而这次他们参加了接待代表团的活动，在一起开会，一起进餐，在一起欢声笑语，加强了相互之间的了解和团结。他们表示今后要加强团结，经常在一起开展活动。故这次"蒙藏委员会"对代表团的接待和开展以上所有之活动，对搞台独的民进党是一个很大打击（我们在台期间，听说达赖集团也有人与民进党勾结，民进党还组织游行，要支持西藏搞独立）。故我们这次代表团之访台湾已远远超出学术意义，而具有重要之政治意义。这里我举"蒙藏委员会"在台之处境，主要是说明即使对台湾政界官员，亦要在策略上和政策上采取灵活机动方式，要加强和他们的接触，只有多接触，才能多做工作。

1月30日，江泽民同志在春节茶话会上，发表重要讲话，提出推进祖国和平统一八项主张和政策。"一个中国，一国两制"的精神，没有改变，但有许多新的提法和新的主张，这些主张提法正符合我以上想法。我认为，这八项政策，充分反映了中央在对台策略和政策上的灵活性。很多提法比过去有进一步发展。如第一项主张指出："坚持一个中国的原则，是实现和平统一的基础和前提"，"任何制造'台湾独立'的言论和行动，都应坚决反对。"讲话中指出："分裂、分治、'阶段性两个中国'违背'一个中国'原则，也应坚决反对。"这就是说，坚持"一个中国"，应该是处理对台问题上是非的一个标准。第三项主张进一步指出："在一个中国的前提下，什么问题都可以谈，当然也包括台湾当局关心的各种问题"。"作为第一步，双方可先就一个中国的原则下，正式结束两岸敌对状态进行谈判，并达成协议。在此基础上共同承担义务，维护中国的主权和领土完整，并对今后两岸关系的发展进行规划。至于政治谈判的名义、地点方式等问题，只要早日进行平等协商，总可找出双方都可以接受的解决办法。"第六项指出："中华各族儿女共同创造的五千年灿烂文化，始终是维系全体中国人的精神纽带，也是实现和平统一的一个主要基础。两岸同胞要共同继承和发扬中华文化优秀传统。""我们这次代表团对此有深切的体会。加强今后两岸文教学术代表团的交往，对维系海峡两岸学者和民族工作者的关系，将会起到很大的作用。"第七项主张，强调我们要多做工作，多听取台湾各界（其中亦应包括政界）的意见，要"充分尊重台湾同胞的生活方式和当家做主的愿望，保护台湾同胞一切正当权益。各有关部门，包括驻外机构，要加强与台湾同胞的联系，倾听他们的意见和要求，关心照顾他们的利益，尽可能帮助他们解决困难，欢迎台湾各党派、各界人士同我们交换有关两岸关系与和平统一的意见，也欢迎他们前来参观访问"。江泽民并表示欢迎台湾当局领导人，以适当身份前来访问，我们也愿意接受台湾方面的邀请，前往台湾共商国是，也可以先就某些问题交换意见。我认为，中央的这些政策完全符合当前中国和台湾地区的实际情况，反映各族人民包括台湾人民的利益和愿望，具有很大的灵活性和机动性。我完全拥护和支持，料想不久的将来，海峡两岸一定会出现一个好的形势。最近海内外对江泽民的讲话有高度评价，就足以说明这一点。

三　代表团访台进一步了解到台湾的经济情况和台湾民众的生活情况

　　多年来，台湾作为亚洲四小龙有很大发展，经济是繁荣的。据说台北有 300 万人，白天街上人不多，大多在工作或坐汽车在奔驰，街道两旁都停满汽车，但一到晚上，街上人山人海，商店都在营业，而且比白天还要热闹，到处是霓虹灯。从该市最高之 51 层大楼向下俯视台北全景，四周建筑物林立，灯光辉煌，一片繁荣景象。台湾很多人有汽车，街上无自行车，有众多摩托车。上下班时，汽车排队，常堵车。我们开会，从政大至市内台北图书馆，7：30 时开车，9 点左右才能到达。社会结构一般以中产阶级为多，生活小康有余。工资收入，台湾规定最低工资不能少于二万台币（相当于 3000 元人民币）。政府工作人员的工资为三四万元；大学教授工资收入为八万元左右（约合人民币三万元左右）。据说台湾教授之收入，去掉个人所得税后，要比在美国的教授多（美国个人所得税高，税率随收入不断增高，有的人要交的所得税，占到收入的一半以上，甚至要占收入 70%—80%，而台湾个人之所得税是固定的。不论收入多少，交固定所得税后，其余收入都归自己所有，故台湾教授之实际收入，比在美国的教授要多）。在台湾，一般人的生活费用约为四五千元，房租较贵。如一家三口人，只一人工作，最低工资二万元收入，生活还是很紧张的。如夫妇两人都工作，每月有四五万元收入，尚可略有盈余。台湾教授生活是富裕的。生活费用，以面食为例，吃一碗排骨面或炒面，要花 30—40 元台币，如和收入比较，生活费用还是便宜的。教授和雇员中，有不少人能购置房产。如"蒙藏委员会"有个工作人员，去年买了三间一套房，约 200 万元台币，银行可贷款 70%，为 140 万元，自己交 60 万元。贷款在 10 年或 20 年还清，以房子作抵押，如到期还了款，房子就是自己的，如未还情，房子就归银行。台湾缺劳力，每年要从海外输入劳力

30 万人，主要从泰国、菲律宾、马来西亚等国输入劳工。打工之报酬，如在办公室工作，每天可得 1200 台币（约合人民币 400 元），苦力和建筑工每天为二千台币（约合人民币七百元），一个月也有五六万收入。台湾有人提出，希望从大陆输入劳工，工资便宜，又懂话，好管理，但台湾当局不敢从大陆输入劳工，说大陆如派来间谍、特务和士兵混入劳工队伍，里应外合，台湾就危险了。台湾也有穷人，近几年来贫富悬殊越来越大。从报纸和电视广播中，也报道在台湾常发生以拐骗小孩为人质，进行钱财的诈骗活动；报道贪污案，最近就抓了 6 个工作人员；当局也打击黑社会，这些都反映了台湾社会阴暗的一面。

台湾大学学生的学杂费和住宿费都要自理，毕业后不包工作，要自己设法解决。学生一般能自己解决生活问题，一靠家庭，二靠自己打工，打工很容易找。每学期学费要交四五千元，打工者有到饭馆洗碗（如到麦当劳），有搞电脑，有搞家教，等等。如研究生从事家教工作，每周三小时，一个月四次每个月可得报酬 5000 元。如在两家家教每周 6 小时，每月就可得一万多元，这样学费和生活费就都解决了。

四　进一步了解台湾的民族情况

过去与台湾学者交流时，他们常常只提族群，不提民族，对台湾高山族只称原住民或先住民，或称山胞。台北博物馆称原住民博物馆。为什么不提民族？是受过去蒋介石观念之影响不承认有民族呢，还是认为族群范围更大可包括民族在内呢？过去曾经问过一些台湾学者亦未弄清楚，这次赴台后，基本上弄清了台湾的民族情况。在学者中，还是承认台湾有少数民族的，有说为 9 族，有说为 10 族，有说为 12 族。一般认为台湾有 9 个民族。在文化大学博物馆展品、中研院民族所博物馆展品以及中研院院士李亦园先生之介绍中，都说明台湾有 9 个少数民族，37 万人。他们是：泰雅族（7700 人）、雅美族（77000 人）、阿美族（128000 人）、排湾族（61000 人）、赛夏族（4000 人）、邹族（曹族 8000 人）、普凯族（8000 人）、早南族（9000 人）、布农族（36000 人）。他们确定有 9 个民族，主要根据不同的自然环境、语言差别、经济结构、生活方式、生活习俗等等来决定的。一般都是山地民族，有明显的民族特点。对生活在平原之平埔民，各族群因其生活、语言、文化、经济等各方面，都已汉化和融于社会，未被视为少数民族。这9个民族只在学术界和文博界中被承认，台湾当局尚未正式确认，只提原住民，按其生活的自然环境，又称山地民、平地民。

1月19日和20日，代表团去台中（台湾较大城市）参观九族文化村和台湾民俗村。九族文化村，选择在原山地民居住之土山修建，是按照日本人过去调查的资料，复原为9个民族村，主要是住室、工具、服饰、工艺品、祭具等造型，还有饮食文化等等，有些食品边展边售。他们造型设计精美，完全根据原貌仿造，很有特色，类似北京之民族园。但做得比民族园更精致，他们是请日本专家来修建的。最后还在露天广场演出民族歌舞。台湾民俗村，主要是展示汉文化，是以地区为单位来反映汉文化。如土法造纸，土法织布，各地区不同的建筑形式、土特产品、各种食品等等，边展边售，特别是反映汉族饮食文化的食品，很受欢迎。

通过参观访问和接触一些资料，代表团很多同志认为，以高山族来涵盖台湾的少数民族似不妥。待时机成熟，必须要加以更正，至少要承认台湾有9个少数民族。台湾有人写文章承认大陆有56个民族，如加上台湾的9个民族，中国实际上应有64个民族。当然，要更改台湾的少数民族名称和增加台湾的9个民族数量，需要经过一定的立法程序，甚至要经过人大的批准。同时，也要进行民族识别工作。近几十年来，台湾一些学者，特别是台北中研院民族学研究所，从1955年该所筹备起至1966年研究所成立，就作了大量的调查和收集9个民族资料的工作，出版了一批研究成果和培养了一批专业人士。这些资料将来在我国确认台湾少数民族时是重要的参考资料。但是，根据我们的经验，仍需要进行历史的、语言的、文化的、民俗学的、考古学的和民族学等多学科的综合性调查研究。我认为，这些工作不能等到将来两岸统一后才作，现在就应进行民族识别和收集资料的准备工作。要充分利用台湾已有的科研成果，而这是完全可以做到的。民族识别工作，大陆和台湾的学者可以进行联合调查，也可进行单独调查。根据台湾目前之情况，此项工作是会得到学者和有关方面支持的。最近，台湾政治大学唐屹教授，还专门写了一本要更正台湾"山胞"族名的报告，发给大家，征求意见。并拟专门召开座谈会，研究下一步海峡两岸学者如何合作的问题。

代表团回大陆后，在国家民委召开的访台总结会上，我们已建议民委向中央反映组织去台湾进行民族调查工作，并要申请必要的专门经费。关于经费问题，如海峡两岸进行合作调查，如上级有关部门认为必要，是否可拨专款。如中央一时批不下来，也可考虑纳入中国社科院《少数民族现状和发展》调查规划中，估计也不需要很多经费。如派一个五人调查组去台湾进行民族调查，估计连差旅费和吃住在内（以一个月为限）有10万元人民币（约合台币30万元）也就够了。按调查几个点，院部拨12万元专款，这是可以做到的，我们可先走一步。利用我院与台湾政治大学、文化大学等高校和中研院有关单位的联系，最好能进行合作调查。如有困难，要单独进行调查，也可考虑，请台湾有关方面发一邀请书，入台手续当无问题。

关于民族分类方面，在台湾还有另一种分法，这是有政治目的的，即把台湾民众分为本地民族（本省台湾人）、外地民族（大陆来的外省人）、土著人山地民族（住在山地的民族）和平地民（住在平地的民族）。这种划分与台独和分裂主义有关联。他们把台湾民众区分为三种民族，目的是为了强调本地民族，而排斥所谓外省来的人。这种分法，不仅缺乏科学性，且有其不可告人之政治目的。对这种分法，学者一般很反感。

我的报告就到此为止，所谈有些见解属本人看法，仅供参考。

（这是1996年访台归来后，在民族研究所座谈会上所做的报告，其中有些内容，特别是有关台湾政治局势的分析，反映了当时本人的认识和看法，仅供参考）

参加"第十二届国际人类学与民族学科学联合会大会"归来之报告

  1988 年 7 月 24—31 日，国际人类学与民族学科学联合会在南斯拉夫萨格勒布召开第十二届国际人类学与民族学科学联合会大会。我所应本次大会组织委员会和该委员会如丹主席之邀请，派代表团参加了这次科学大会。代表团成员有：杜荣坤（团长）、秋浦、曹成章、萧家成、严汝娴、关键、陈冬兰（院部外事局）等七人组成。国际人类学和民族学会是一个世界规模的学术团体，其宗旨在于维持并扩大国际学术合作、传播新的科研信息，并发展有关目前本学科的新观点，增进人们对人类学知识成果实际应用的了解。该会每五年召开一次学术大会，参加大会的各国学者、专家通常多至数千人。该组织及其所召开的国际学术活动，在国际学术界有很大的影响，因而受到各国人类学界和民族学界的关注。本届会议的主题，为"世界人类学，教育、研究与应用"，受到各国学者的欢迎。据了解，参加本届会议的有九十四个国家，2500 人，其中美国 700 多人，日本 300 多人，苏联 40 余人，印度 50 多人。我国应邀学者除了我院所 7 人外，另有中国科学院古人类古脊椎动物研究所的国内外著名人类学家吴汝康教授，中国预防医学科学院毕文芳副主任，中央民族学院王晓义副研究员，云南民族学院汪宁生教授，台湾学者 3 人（清华大学人文社会学院院长李亦园、民族学研究所研究员石磊、民族所副研究员胡台丽），香港中文大学人类学系主任乔健博士和该校研究所所长谢剑先生，共 16 人，另有美国华裔学者多人。与各国比较，作为大国，相对讲，我国参加的人数较各国为少，但比 1983 年在加拿大召开的学术大会上要有所增加。本届组委会和如丹主席对本届会议中华人民共和国能否派人参加和能否派较多人参加，深为关切，曾多次来信我所和中国有关方面，希望我国能派较多学者参加本届会议。按历届惯例，各国学者参加学术会议，一切费用自理，并要缴纳会议注册费，而对我国与会人员，除免去参加会议的注册费180美元外，在生活待遇上给以优惠，由组委会承担我团在会议期间食宿费用，并在会议期间给我团以多方照顾，使我所代表团参加此次学术会议得以顺利进行，基本上达到参加会议之预定目的。

本届人类学民族学学术会议的议程包括：（1）学术会议全体会议；（2）专题小组报告讨论会；（3）电影电视会议；（4）招贴会议；（5）展览；（6）由组委会组织的招待会议和野餐会议等。我所代表团参加了所有上述活动。7月23日，大会召开大会常委会，参加会议者共30多国学者，讨论学术会议事宜和下届改选问题。中国由于未加入该会，不是常委会成员，该会组委会邀请已先行到达的中科院吴汝康教授和我所秋浦先生列席该会。我团于23日晚到达萨格勒布，24日晚参加了十二届学术会议开幕式。25日上午大会举行报告会，有10人报告，我国吴汝康教授作"生态人类学展望"的报告。下午起，会议进入正式议程专题小组报告讨论会，专题小组讨论会是整个学术大会活动的核心。大会会议分25个专题进行讨论。我国参加了中国民族和民族集团组专题讨论会，该组负责人为香港中文大学人类学系系主任乔健先生，会议由乔健、美国华裔吴燕和、挪威鲍克曼、法国利蒙等四人轮流主持。由于我所参加此次会议的审批较晚，延误了论文题目通报的期限，故会上未予安排。经与乔健先生商议，临时作了安排，我所6位研究人员被安排在当天下午和26日上午进行报告和讨论。报告的题目是：杜荣坤：《影视民族学在中国的发展》（与杨光海合署）；秋浦：《中国民族关系的发展趋向》；曹成章：《傣族的单一水稻农业与社会经济改革》；萧家成：《新中国民族学发展的回顾与展望》；严汝娴：《中国少数民族婚姻家庭与社会进步》；关键：《旅游、文化保留与民族参与》。报告毕，与会者提问，我所研究人员分别作了解答，总体反映良好，与会者认为我所发言还不错，对问题的回答令人满意。有些问题由于认识上不同，未取得一致意见。会上台湾学者也作了发言，提出和大陆合作的可能性问题，我们表示热烈欢迎，并表达了今后与台湾学者加强学术交流、互相合作的愿望，气氛比较友好。国外学者发言中，一般还比较友好，个别人发言比较尖刻。

中国民族和民族集团组于26日下午学术讨论结束。27日起，我团研究人员即自由参加各组活动。秋浦和萧家成两同志参加萨满教专题讨论，秋浦同志在会上作了发言。萧家成还参加民俗学专题讨论。严汝娴、关键两同志参加妇女问题专题讨论，严汝娴同志作了发言。关键等同志还参加了其他专题讨论。杜荣坤和曹成章参加影视组活动。

27日晚，我团人员参加了大会组织的野餐会。参加人数较多，招待的食品很丰富，并表演民族音乐舞蹈，盛况空前，各国学者趁此机会，广为接触交谈，各自交流工作和生活情况。我国大陆研究人员与台湾学者、美国华裔学者等畅谈，气氛甚为融洽。28日，我国研究人员在饭桌上与台湾学者石磊先生等继续交谈，并赠送《中国大百科全书·民族卷》和《民族学研究》1—8集。同日，国际人类学民族学联合会所属影视委员会（CVA）主席加拿大法力克希先生来联系、洽谈合作拍摄新疆哈萨克族影视中的问题，双方初步达成口头协议。

29日，应如丹主席邀请，我国人员参加了在该市古城堡举行的小型招待会。30日中午，如丹主席专程在军事俱乐部设便宴，宴请中国大陆与会代表9人，并约请组织此次会议的部分高级领导人员和部分工作人员作陪。会上，双方发表了热情洋溢的讲话。晚6时，大会举行闭幕式。由本届大会领导班子成员分别讲话，进行简短总结，代表发言表示感谢。新当选联合会主席的墨西哥代表，亦上台表示欢迎大家参加下次在墨西哥举行的第十三届国际人类学民族学学术会议。当晚9时，如丹主席又邀请中国代表至寓所一叙，如丹教授对中国参加此次会议发表了热情洋溢的讲话，并希望今后中国学者能一年比一年更多地参加学术大会。我团同志对如丹主席和刘亚格先生的积极支持和帮助表示感谢，欢迎他们有机会来中国访问，并赠送了礼物作为纪念，双方显示了极为友好的气氛。

总之，这次十二届国际人类学民族学学术会议，是各国人类学家和民族学家学术交往的一次盛会，也是一次加强各国学者友谊的盛会。我团通过参加此次学术大会，有如下几点体会：

1. 我国学者通过参加此次学术大会，达到了交流传播信息，共同讨论切磋，加强互相了解，增进友谊的作用。我国学者不但加深了与老朋友的友谊，又结识了许多新朋友，除了在会上进行有组织的学术交流外，还与各种学会、中心、刊物和研究所，以及对我友好或对研究我国民族问题感兴趣的学者个人，有一定的接触和了解。特别是与中国台湾、中国香港和南斯拉夫、美国等学者有较多的交往。我们与此次会议的组织者和东道主，也建立了良好的友谊关系。组委会和该委员会主席如丹教授对我团很关注，亦很照顾。我代表团成员亦注意和他们搞好关系，多次表达了我们的谢意和愿望。我团与组织会议的其他领导人如原联合会会长、秘书长等都建立了友好关系。以上，为我所今后争取参加国际学术活动，进行更广泛的学术交流，创造了良好的条件。

2. 通过国际学术讲坛和各种学术活动，对我国民族学界进行了宣传，扩大了影响。我国参加会议的人数，由上届大会 4 人，增加到本届的 16 人，而且都积极参加了会议的各种学术活动，显示了我们在学术实力上的增长，这出乎许多学者的意料。我团六位研究人员在专题讨论会上，作了学术报告，包括各个方面，阐述了自己的观点，介绍了我国民族学研究工作的成就和学术动态，使世界各国学者对我们有进一步了解，扩大了宣传和影响。我团所提交的论文，摆在资料交流台上，不一会儿被取阅一空。同时还有刊物编辑部之人主动向我们索要稿件，以及要求进一步加强联系和交流的组织及个人也不少。通过各种学术活动，达到了宣传上的效果，扩大了我国民族学界的影响。

3. 这次会议，加强了我们对国际人类学和民族学界的了解和联系。由于"人类学与民族学联合会"在国际上的影响，各国都非常重视这一学术组织，把它看作是扩大自己影响和提高国际地位的一个重要的讲坛。许多国家都争着在本国举办这样的国际学术会议，既提高国际声誉，又赚取外汇，各国学者都争着去参加会议。会议上，除学术交流外，各种出版物在这里展示和交换，各有关学术组织在这里宣传和扩大自己的影响，各国众多的一流学者在这里展开多种形式的活动。因此，我代表团一致认为，社科院和民族所今后对"国际人类学与民族学科学联合会"要予以足够重视，我国民族学界与人类学界应争取在其中占有一定的地位，并应扩大在其中的影响，为此目的，当前首先应该争取加入国际联合会组织，不参加此组织，就谈不到参加由该会所组织的一切活动。我所过去曾多次向院部打报告，要求参加此国际学术组织，院一再考虑到有无"两个中国"和"一中一台"问题，并指示必须要有该组织出具证明后才能考虑。过去，该组织负责人已多次作了解释，指出无上述问题。据我们了解，这次台湾学者方面参加学术大会，其名称为"中国台湾"，而我们则称为

"中华人民共和国"，每个代表所佩戴的会徽都明确标明着。考虑到此学术组织的国际影响，我们认为有必要参加此组织，并要争取参加到该组织的领导班子中去，主持专题讨论，以扩大中国的影响，这将有利于加强与各国学者的交流，冲破当前我国民族学界的封闭状态，为中国和世界民族学的发展作出贡献。

4. 参加此次会议的不足之处。通过整个会议期间的学术活动，我们深切地感到：当前我们的工作，还有若干亟待改进的地方。我们的外语水平有待进一步提高，这包括口语表达能力和出版物的外文翻译。我们的学术宣传工作应面向世界，进一步开放，直接用英文介绍我们的学术机构、团体、出版物等。我们的工作效率也有待进一步提高，思想还要进一步开放。学术是没有国界的，学术的繁荣是一个国家强大的主要标准之一，故我们要着眼于国际学术讲坛，提高我们的水平和影响力。

我们参加这次国际会议，另一不足之处为，由于我们未参加此国际组织，不是会员国，应邀后决定是否参加学术会议，一直处于犹豫不决之中，批准也比较晚，通报的人员和论文也很迟，故此国际组织很多事情不好考虑中国，使我们的活动很被动，只好临时协商解决。今后希望院部要积极支持我所参加有利于提升我国影响力的这类国际学术活动，变被动为主动。下一届学术大会已决定在墨西哥召开，我们希望能派更多的人去参加，以便与我国的地位和影响相适应。大会前还要举行两次小型和地区性的国际会议，我国亦应派人去参加。

5. 要自力更生，解决经费问题，以与我国大国的地位相称。我院前后两次参加由该会组织的学术大会，会议期间的生活费用都是由大会提供，亦被免去会议注册费，只有极少数的国家享有此特殊待遇。面对大多数国家的代表都是自己出钱活动，台湾学者也由其所属单位资助经费，每天为110美元。因而，我国学者不免有受某些外国学者歧视冷落之感。我们不能长期依赖国外来解决经费问题，希望今后如参加此类国际活动，作为中国代表团最好自力更生，依靠本国力量，经费自己解决，以与我国大国的地位相称。

（民族研究所赴南斯拉夫代表团团长杜荣坤，1988.8.22）

关于南斯拉夫民族研究状况的考察报告

1988 年 7 月 24 日至 31 日，我们一行 6 人（杜荣坤、曹成章、严汝娴、萧家成、关键、陈冬兰）在南斯拉夫萨格勒布参加第十二届国际人类学和民族学年会之后，按中南两国社会科学交流协议，于 8 月 1 日至 11 日，在南斯拉夫的斯洛文尼亚共和国首府卢布尔亚纳、波斯尼亚—黑塞哥维那首府萨拉热窝、塞尔维亚首府贝尔格莱德，分别对斯洛文尼亚民族问题研究所、民族学研究所、塞尔维亚民族研究所、音乐研究所，贝尔格莱德大学民族学系，波斯尼亚—黑塞哥维那、萨拉热窝、南斯拉夫国家博物馆和南斯拉夫民族博物馆等单位进行了参观访问。

这些科研单位的人员少而精干，多则二十来人，少的只有七人。研究的范围明确。民族问题主要研究当前民族问题理论，民族学主要是对民族传统文化的收集整理保存。研究课题由专家学者依照自己的兴趣提出，按自愿原则组织课题组，以课题为单位向科研中心的学术委员会或社会科学院申请经费，科研中心的经费由企业资助。各共和国都重视博物馆工作，分别设有历史的和文化的博物馆。现将所获情况分为民族问题、民族学研究、民族学教学和博物馆观感四部分汇报如下。

一　民族问题

斯洛文尼亚民族问题研究所负责人就南斯拉夫的边界与跨境民族的关系、民主社会主义、国内民族问题和民族的概念等问题介绍了他们的观点。

　　1. 边界与跨境民族的关系

　　第二次世界大战以后，斯洛文尼亚族一部分属意大利、奥地利，从而在边界上产生民族问题。当前斯洛文尼亚的民族解放运动任务是在赶走德意法西斯的基础上建立国内民族的平等关系、成立联邦政府，实现边界的完整性。

　　关于边界问题，一是与意大利的边界关系。民族解放运动的目的是扩大南斯拉夫边界，将划属意大利的斯洛文尼亚族完整地列入南斯拉夫版图。一是与匈牙利的边界关系。南匈两国战前有边界问题，战后并未解决，仍然存在跨界民族问题。此外，二战以后南部和亚得里亚海角与阿尔巴尼亚也有这个问题。

　　南斯拉夫与邻国的边界，是 50 年代初，由南斯拉夫、意大利、苏、美等国协议决定的。由于这一决定，使斯洛文尼亚人被肢解，一部分居住在意大利，一部分居住在奥地利。但是两边民族有密切关系，他们要求互相往来，在国外的斯洛文尼亚族要求保存自己的文化传统，这就产生了民族问题。

　　如何解决这个问题，办法有两个：一是重新发动一次战争，让民族团聚；另一个办法是实行边界开放，让民族自由交往，文化交流，以解决民族问题。

　　南斯拉夫采取了边界开放政策，每人都有护照，可以到其他国家去，外国人也可自由来南斯拉夫。现在每年有 4.5 万人来南。出入国界手续简单。意大利人来南自由，我们去意方便。两边交流自由，经济上取得了密切联系。已建立了进出口贸易的关系。由于边界国际化，大家感到自由，使国境两边人民和睦相处，跨境民族增进了朋友和兄弟情谊。遗憾的是匈牙利没有开放。

　　社会主义国家不开放边界，反而过境困难。资本主义国家有了护照，车子过境时只要一减速就可通过。边界为什么封闭？是为了宣传社会主义好？如果你认为开放，怕人看到西方，认为西方一切都好，那你得首先让人家看看，只有与其交往，让其比较，才能使人真正认识到西方并非一切都好，这里也并非一切都不好。开放边界的可能性取决于政府。你说社会主义好，又不开放，怎能使人看到社会主义好？

　　南斯拉夫是多民族国家，欧洲各国之间各民族混杂，开放边界的决策对南斯拉夫部分民族问题的解决，以至整个欧洲民族问题的解决都有启示意义。

2. 民主社会主义

社会主义发展的道路有两条，一是集权，专政，市场不自由，人民交往受到控制。这种观点目前很多人支持，特别是不发达地区的某些加盟共和国持此种态度。因为一切计划由中央统一安排，他们能得到更多的好处。另一种观点是民主社会主义，主张自由市场经济，参与竞争，进入世界市场，计划不由国家统一安排。这一观点包括这些内容：

①从政治上说，每个人都不是个体，共产党不能给人的一切，人们还有其他要求，如对和平的要求，不同民族的人群都为此努力，要允许其他组织存在，让其发挥不同的作用。当然党有其自己重要的作用。

②在经济因素方面，除了国家允许自由市场以外，还应允许个人支配自己的收入（经济）。

③国家的职能要转变，国家只管理国家的重要经济文化事务，不干涉共和国的具体事务。具体问题应放开，由共和国自己处理。

④各民族平等，让各民族自由选择民族语言、生活方式，使他们在平等关系中结合起来。

⑤民主社会主义的军事观点是，军队的功能在于保护国家边界，不参与国家其他事务。

斯洛文尼亚的一些青年提出政治、经济、军队都应保持民主。军队不能有机密，要公开化。军队的事务，人民为什么不能知道？有些年轻记者也批评军队的保密制度，有的极端者甚至把军队的机密偷了出来。

军队在革命战争年代有其光荣历史，但在国家建设时期，其任务应该是保护国家繁荣发展，保卫边界安全，而不能介入国家的政治经济活动，各有分工。这种政治观点必然会遇到斗争冲突，但是两种对立的观点是不能简单地糅合在一起的。

民主社会主义观点对市民已产生了巨大影响，在斯洛文尼亚出现了保护人权委员会，它是市民自己组织起来的保卫民主权利的组织，它不属于党的领导。现在人们经常聚集在一起讨论政治，过去党组织的任何一项活动都没有如此活跃，参加的人如此广泛。

南斯拉夫有三四种语言，主要使用塞尔维亚语，人权委员会为使全国人民都了解他们的观点，这次人权运动集会，斯洛文尼亚人放弃了自己的民族语言，使用塞语。语言是民族的重要因素，但它又是人类交际的工具，为了传播斯洛文尼亚人的观点，他们可以放弃自己的语言权利。

人权委员会成立以来，作了很多努力，但是目前还没有结果表明那些问题得到了解决。

3. 国内民族关系

近来外界说南斯拉夫的游行是什么民族问题。塞尔维亚民族所负责人认为是属于政治观点的分歧，走什么道路，发展什么模式的社会主义国家问题。人民有意见要发表，不是旨在反对政府，是为了发展国家，不是为了推翻政权，也不是反对哪个民族，因而不是民族问题。

这位负责人说，有的民族游行，要求自治，并不是想脱离南斯拉夫，去阿尔巴尼亚。目前人们对政府感到遗憾，是暂时现象，不是永久现象。主要是党和政府没有解决好经济问题。政府应迈开大步，接近欧洲。目前整个欧洲都在联合，南斯拉夫地处欧洲，为什么不加入联合？南斯拉夫人民迫切要求加入，而政府领导人不同意。

斯洛文尼亚民族问题研究所负责人在谈到国内民族关系时说：

从历史上看，斯诺文尼亚与塞尔维亚的民族关系很好，第二次世界大战中，斯洛文尼亚人给塞尔维尼亚人以巨大物质和精神援助，不存在民族矛盾。现在历史条件不同，社会发展阶段不同，产生了差别。斯洛文尼亚共和国富一些，人口少，需要劳动力，其他地方的人移居而来，已占本地人的15%。我们采取开放，不把自己封闭起来，让大家在交流中共同发展，相互了解各自的文化，可见斯洛文尼亚不存在民族情绪，未在民族问题上与其他民族发生冲突，而是各自在政治上的选择不同。

斯洛文尼亚人绝大部分支持民主社会主义观点，对集权、专政的社会主义持否定态度。非发达地区则对民主社会主义持否定态度，从而发生了冲突，表面上看是民族矛盾，其实是不同政治观点，不能以民族划分，政治观点不能以民族为标准。

每个民族在选择走什么社会主义道路的问题上，都不能强调自己的民族文化，否则就是民族主义。任何一个民族也都不能单独解决自己国家的矛盾和问题。现在应该从政治上有一个变化，要考虑人民的自由解放，幸福生活，不能强调那个民族高于其他民族。黑山共和国有三个主要民族，他们在政治上是平等的，他们能很好地相处。塞尔维亚共和国存在民族差别，多数塞尔维亚人与少数民族之间存在政治上的不平等，这是很危险的。塞尔维亚人多，在政治上、军队上的分量就占很重；这很难说是好政策。中国也不能以民族人数的多少分为强弱，否则就是值得怀疑的。

4. 什么是民族？

什么是民族？应该国际化、标准化，以免谁说它是民族就是民族。

新的民族关系、民族集团之间的广泛交往正在发展，要发展各民族之间的关系，扩大民族之间的联系。民族这一概念的国际化，标准化非常重要，而这一概念目前并未完全形成，还需讨论。这位所负责人认为，民族的概念主要包括：

①任何民族不能因人数少而受到歧视。

②民族平等关系，不能只表现在法律条文上，各民族在政治、经济、文化、信仰上都要在事实上取得平等地位。如：

每个民族都有生存的权利；

每个民族都有权表明自己是什么民族；

每个人都有权认定自己属于什么民族；

每个民族都有权发展自己的民族文化；

每个民族都有权组织起来管理自己民族的事务，决定自己应该做的事情，实行自治；

每个民族都有权根据本民族的利益，有选择地参加国家的政治活动；

每个民族都有权制定法律，保护民族权利；

各级议会都有各民族的代表；

各个民族都有权有自己的地方，否则民族就无生存的前提；

各民族在管理自治地方上，不仅仅有自己的一把手（有个头头），而且有权决定在自己的地方做什么，如建设工厂，开发旅游区。

③宗教国家，宗教信仰和民族有密切关系，民族概念要重视这一因素。

④各民族有使用民族语言文字的自由，在教学中也有使用民族语言文字的权利。

由于各民族各国家的情况不同，在国际化、标准化的前提下，可由他们自己适当加以补充说明。

二 民族学研究

在南斯拉夫，各民族研究机构都重视对民族文化传统的调查研究。

斯洛文尼亚民族学研究所主要研究斯洛文尼亚族，包括居住在意大利、奥地利的斯洛文尼亚人的文化（歌曲、舞蹈、面具、建筑、服饰、民族文学、风俗习惯、婚姻家庭等等）

民族音乐是其研究重点，他们广泛收集民间乐器、乐曲，对 4 万支歌曲录制了磁带，对歌曲、歌词逐一作了记录。所调查的原始记录和录音乐带均分别做了目录和资料卡片，建立了资料库。

调查是工作的重点。他们说，调查时不免要使用现代化工具，为求其真实，使用时需特别审慎，如在使用相机、录像机时，要尽量使之避免失真。

调查研究从现实出发，注重对历史上文化现象的了解，研究文化现象的历史变迁及其对现状的影响。为此首先着重对各种文化现象的收集保存，以免消失。

研究方法 60 年代以后有了变化，之前，主要是直接记录，缺乏分析。此后逐渐用现代的思维方式、流行的方法进行分析，注意将历史与现状进行比较研究。范围也从农村转向城市。60 年代以后之所以产生变化，是由于实践活动对现代社会的影响，也可以说由于政治变化的影响，过去认为物质决定一切，精神来源于物质。60 年代以后，认为这不尽符合实际。于是政府的政治观点发生了变化，科研也开始重视精神本身的研究，学者们的研究兴趣也随之转移。

塞尔维亚民族研究所也主要研究传统文化，他们目前主要研究城市民族学。由于农村人口不断向城市转移，现在城乡人口各占 50%，城市民族学显得十分重要。该学科研究从农村转移到城市以后，就要着重研究传统文化如何保持，与其他民族的文化如何融合等问题。

研究方法从对具体的家庭调查入手，研究家庭成员中老人和年轻人的关系，家庭习俗的变化和保存，如出生仪式、节庆活动、葬礼、住房及陈设、服饰，还调查青年人的生活方式，妇女的社会地位等等。

在民族文化史研究方面，以移民的传统文化为研究内容。南斯拉夫于15世纪起先后被土耳其和奥匈帝国统治，20世纪40年代又为德意法西斯占领。在这些政治变化中，移民问题很突出，南斯拉夫有100多万人移往美洲，100多万人移往欧洲，在毗邻的保加利亚、罗马尼亚、匈牙利等国也有30万—50万移民。研究所研究这些移民在所在国与其他民族相处中本民族的文化如何保存，发生了哪些变化。

塞尔维亚音乐研究所的工作也属民族传统文化范畴，他们主要收集整理民歌、教堂歌曲、当代歌曲。

他们有12部音乐纪录影片，其中有一部是自己拍摄的，其余是意大利等国的科研机构赠送的。

我们所看到的《神判》和《教堂仪式》这两部音乐片中，影片将神判和教堂仪式的全过程用音乐配音。另一部教堂音乐片是将音乐配以教堂建筑、绘画等艺术。

三　关于民族博物馆

南斯拉夫十分重视民族文物的收集和展览，我们所到的城市都有博物馆，其中也都包括当地民族文物的展览。现以民族特色最为浓郁的萨拉热窝市波斯尼亚—黑塞哥维纳国家博物馆为例简介如下：

我们一行六人在8月5日上午访问该馆，馆长阿巴尔马兹·达乌特维奇及科学顾问乌拉依科·巴拉维斯特拉、女民族学家拉德米拉·卡依马可维奇和一位男研究人员接待我们。先邀我们到会客厅由馆长及有关人员介绍基本情况，然后参观展览。

该馆已有百年历史，现在既搞展出，也搞研究。全馆有97人，其中四十余人是研究人员，其余是行政管理人员和博物馆工作人员。研究人员多由取得博士、硕士学位的人员承担。研究的内容包括考古学、人类学和共和国的历史等。两年前成立一个研究室，研究本共和国的民族问题，尚处于摸索阶段。1978年开始系统收集民族志资料，用英文编写出版。也出版刊物，介绍本馆的研究成果。

博物馆的主要任务是：全面收集（不区分主要次要）波—黑共和国

三个民族，即塞尔维亚、克罗地亚和穆斯林的传统文物。展出采取按历史情况又分地区或民族陈列的方式。斯拉夫人约在 7 世纪中叶就开始在波斯尼亚定居，因此首先展出斯拉夫人的文物。内容相当全面，包括放牧工具、皮革制品、羊毛加工工具、乳制品加工工具、各式农具、制陶工具、各类陶器、酿酒用具、果汁压榨工具、粮食加工工具、纺织用具及纺织品、各类服装及装饰品、生活用具、炊烹用具、节日及宗教用品等等，并辅以有关的照片，将生活用具、人体模型布置在一定用途的生活空间里，能给参观者以生动立体的感受。

如服饰，不采取单件衣服放置陈列的方式，而多借助人体模型穿戴整齐。即使不用人体模型，也将服装本身作立体造型。即将头饰、衣裤以及鞋袜，按人体穿着的样式固定在展柜中，而且造型各异，生动别致。在展出牧具、马具的展柜中，辅之以牧区自然景观及牧人的照片。在织机上留有尚待完成的半成品，给人以似乎使用者只是暂时离去的感觉。纺织品则从细小的花边到大型的挂毯，应有尽有。农具反映出一个发展的过程，从木锄、二牛抬杠的直辕犁到近代的双轮铁犁。在供炊烹的厨房里，柱上挂有点松明的铁架子，火塘上放置支锅的铁三脚，其上方挂有细木棍编的架子，供烤干粮食等用。加工食品的有铜锣锅等金属用具（这些器皿与我国云、贵、川山区民族的用具极为相似）。在一厨房中，立着一根约一米高的木棍，有一木圈用绳活系于木棍上。主人介绍说："这是让婴孩站在里面学步用的。"这类各具特色的育儿用具的恰当布置，能使整个房间平添生机。

而给人印象最深的是穆斯林专馆。这是一组精心设计的各类专用房间，包括：卧室、餐厅、长老会议事厅、女工室及妇女活动室等。在这些房间的一边，用木栏围出一条约一米宽的走道供参观者使用。其实大部分空间以有关实物布置。并用按真人比例制作的男女老少蜡人穿上民族服装或坐或立配置其间。如第一间似为卧室，女主人坐于长椅或卧床之上，从其侧面的窗中，可以看到男主人正向房中走来。第二间是饭厅，一家三口正席地转坐在一圆桌旁，似在就餐，房间的一侧有炉灶。第三间是宽敞的会议室，几位形态各异的男性长老坐在围成门形的座椅上，似乎正在研讨重大事体。室中央的地上，放置着取暖用的铜炉。最后两间是供妇女专用的活动室（按穆斯林的风俗，妇女与男子是分开活动的，外出也分别走不同的门），一间是刺绣室，两位妇女正席地坐于绣架前专心绣花。另一间一侧有炉灶，几位身着不同服装的妇女立于室中，似乎正话家常。地上放置有育儿用的木摇篮。各室中所用之物，全是穆斯林的传统用具，包括生活用品，椅垫、挂毯、地毯、室内装饰等。

据介绍，穆斯林是 15 世纪中叶随土耳其人占领波斯尼亚才多起来的。此后许多波斯尼亚人改信伊斯兰教，成为穆斯林。萨拉热窝也成了清真寺林立的城市。一日之中，诵经声不绝于耳。

四　关于贝尔格莱德大学哲学部民族学系情况

1988 年 8 月 9 日，我团访问贝尔格莱德大学哲学部民族学系。先与系主任和该系教员座谈，最后由该校教务长接见。

据系主任介绍，民族学系已有百年的历史，实行四年制，每年招生 30 名，在校生不超过 120 名。专业课主要有：文化人类学、体质人类学、南斯拉夫文化、欧洲和非欧洲文化。选修课程有：历史学、考古学、社会学、社会心理学、艺术史、都市和乡村人类学、家庭学等等。本系重视实地考察，由于费用限制，主要是在国内从事田野调查。

全系有十二位教员。其中两位教授、四位副教授，三位助教，一位秘书，两位图书管理员。有四位半日制的兼职教员。学生除本科生外还招收硕士生和博士生，由于南斯拉夫只有三所大学有人类学系，招生面向全国，只有成绩较好的学生才有机会被录取。目前女生多于男生。毕业后只有 10% 的学生到科研部门从事民族学研究。

对于教员从事教学和研究的理论和方法，学校不提具体要求，可以各行其是，教师本人认为应向学生讲什么，就讲什么。一位在美国哈佛学成归来的女教师向我们介绍：目前主要是介绍新老结构主义的理论，美国人类学的新概念在教学中也得到及时反映。

上课的形式，一是授课，二是开讨论会，教师要培养学生善于思考和表述自己的思想。教学中使用幻灯、地图等辅助手段，并利用博物馆展出。关于研究方法，先向学生介绍一般的科学方法，进而讲民族学的方法。鼓励学生从事田野调查、毕业论文必须立足于实践经验。为此学生多参加科研单位的项目去从事田野调查。

　　硕士生学制两年，学习一定的课程并提交论文。博士生不再听课，专门从事田野调查，理论学习和撰写论文。本科生完全是本国学生，研究生有外籍生，并有一定奖学金。

　　（赴南斯拉夫学术交流代表团团长杜荣坤，1988 年 8 月 25 日。考察报告反映了当时南斯拉夫学术界的一些看法。后来南斯拉夫解体，苏联剧变，多少可从中寻觅到些许思想根源）

开拓创新,为繁荣民族研究工作做出新贡献

——庆祝原中国科学院少数民族语言研究所与民族研究所合所三十周年

各位来宾、各位同志:

值此民族研究所合所三十周年之际,我代表所领导向全所职工表示衷心的祝贺,向光临庆祝会的来宾表示诚挚的谢意!

1956 年 12 月,以中国科学院语言研究所少数民族语言研究组和少数民族语言调查工作队为基础,建立少数民族语言研究所。1958 年,在中央民族学院研究部的基础上,成立了中国科学院民族研究所。1962 年少数民族语言研究所与民族研究所合并为中国科学院民族研究所。后隶属于哲学社会科学部。1977 年,国务院决定成立中国社会科学院,民族研究所就成为该院领导下的一个学术机构。合所 30 年以来,由于院部的领导,国家民委的指导,各民族地区党委、政府和各兄弟研究机构的支持,经过我所全体科研人员和行政工作人员(包括已离退休职工)的共同努力,取得了很大成就。特别是党的十一届三中全会以来,我所以马克思主义、毛泽东思想为指导,认真贯彻了党的基本路线和方针、政策,坚持四项基本原则,坚持改革开放,贯彻执行"百花齐放,百家争鸣"和理论联系实际的方针,毛泽东思想关于民族问题理论和党的民族政策,宣传马列主义民族观,研究我国各少数民族的历史、经济、文化、语言文字,在重视基础研究的同时,加强应用科学研究。特别着重研究少数民族现状和发展中迫切需要解决的重大理论问题和实际问题,也加强了对苏联东欧民族问题和西方民族研究学术观点及其流派的研究和评价,并在各学科中,大胆

探索，有所发现，有所创新，建立了具有中国特色的民族研究学术思想体系。与此同时，我所亦加强了科研队伍的建设，培养优秀人才，加强图书资料情报工作和科研手段现代化建设，使我所各项工作和民族研究事业，出现了欣欣向荣的局面。现在我受所党委和所务会议的委托，将我所 30 年来的成就分别汇报如下。

一　民族所成立后，主要的科研工作

（一）进行大规模的社会历史和语言调查工作

民族调查是民族学科的基础和基本方法。我所人员在科研工作中，一贯坚持理论联系实际和为现实服务的原则，除了重视历史文献和充分利用档案资料外，坚持联系实际，调查研究，经常深入到少数民族地区，进行实地调查考察，对民族地区的社会经济、文化、语言文字、民族关系等等，进行分析研究，写出不少既有学术价值，又有现实意义的调查报告，及时向有关部门反映，为党和政府的决策，起到助手和参谋作用。早在 50 年代至 60 年代初期，我所不少科研人员就参加了由全国人大民委主持的全国少数民族社会历史调查工作。先后参加此项工作的有数十人，足迹遍及全国大部分省区，调查的民族达 20 多个，成绩十分显著。这些调查，为党和国家的民族识别和在民族地区进行民主改革和社会主义建设提供了科学依据，同时也积累了大量有关民族的资料，包括生产力、生产关系、民族历史、社会结构、家庭婚姻、生活习俗、科学文化、宗教信仰、文学艺术等等，为民族学科深入开展研究工作，奠定了坚实的基础。与此同时，我所语言室的同志，分赴各民族地区，普遍调查少数民族语言，帮助需要创立和改革文字的民族进行文字方案的设计，对全国 16 个省、市、自治区 42 个少数民族进行普查，并取得了很大收获。在此基础上，提出了 10 个民族 14 种文字方案的初步意见，编写了中国少数民族语言方言调查报告。无论是在全国进行的社会历史调查工作，还是语言调查工作，我所都起了重要的组织和骨干作用，全面收集了社会历史方面几千万字和语言材料上亿字的资料。仅语言室积累和保存的 50 年代调查材料就达 101

种语言，包括 1649 个点的材料，这些材料是今后语言文字改革及语言研究的宝贵财富。

1976 年以后，特别 1980 年以来，在改革开放形势下，我所科研人员继承、发扬深入实际的优良作风，各学科的科研人员先后有数十人赴民族地区调查研究改革开放中出现的新情况、新问题，提出建议或对策，写出内部研究报告多篇，上报党中央和有关领导部门，受到重视和好评。我所语言室的科研人员，为适应新形势的需要，对语言的使用情况和文字问题亦作了大规模专题调查。1984 年组织三个组对所承担的院重点项目《南方部分地区的少数民族语言使用情况》作调查研究，写出调查报告和综合研究报告。从 1986 年起，为完成"七五"重点项目《中国少数民族语言使用情况和文字问题调查研究》，又组织全室人员分赴 17 个省（区）、30 个州、100 多个自治县（旗）进行调查，共抽样 700 多个点，获得 10 万多人的抽样数据，掌握了 80 多种语言和 30 多种文字的使用状况，为有关领导部门进行语言文字工作的决策提供了科学依据。为开展对少数民族语言的描写研究、历史比较研究，打下了良好的基础。

（二）在大规模民族调查基础上，编写民族问题三套丛书和五种丛书以及开展国家重点调查研究项目

其中我所承担了主要或部分任务。如少数民族语言简志，全国共撰写 57 本，我所承担了 47 本；少数民族简史，由我所负责组织主持的有回、满、藏、蒙古、裕固等 9 本；我所有不少同志还参加由地方组织的编写简史简志工作。由我所负责组织的社会历史调查丛书有维吾尔、哈萨克、柯尔克孜、藏等十几种。很多同志参加了由地方负责组织的调查丛书。这些丛书都已陆续出版。"七五"期间，我所语言室在大规模社会语言学调查研究基础上，完成《中国少数民族语言的使用情况》、《中国少数民族的文字》、《中国少数民族语言使用与发展问题》等三部专著，得到了国家民委语言工作室的好评。

（三）本所成立后，特别是近十多年，所科研人员出版很多著作和专题论文

30多年来，我所全体科研人员，始终把民族研究工作视为崇高事业，努力学习马列主义理论，深入钻研业务，汲取前辈专家的治学经验与成就，引进国外先进科研方法和成果，以锲而不舍的精神，为攀登科学高峰作出自己的贡献，在民族研究方面，取得很多研究成果，出版了不少论著。

民族理论方面出版了《马恩列斯论民族问题》四卷本、《民族问题文献汇编》（1927—1949.9）、《论民族》、《论民族问题》等。此外，我所理论研究室科研人员还参加"六五"国家重点项目《中国民族区域自治的理论和实践》、《论社会主义民族关系》，"七五"国家重点项目《中国民族教育发展研究》等学术著作的撰写。正在进行的项目有"七五"国家重点项目《新时期民族区域自治理论与实践》、社会科学基金项目《东北渔猎民族现代化道路探索》、《苏联东欧与中国民族问题对比研究》，院重点项目《九十年代我国民族关系发展趋向和对策》、《社会形势分析与预测》等等。

民族史方面出版了大量专著，其中如《中国民族关系史纲要》、《西藏地方是中国不可分割的一部分》、《藏族简史》、《满族简史》、《蒙古族简史》、《维吾尔族简史》、《达赖喇嘛传》、《班禅额尔德尼传》、《西藏佛教发展史略》、《维吾尔史料简编》、《契丹经济史稿》、《契丹政治史稿》、《准噶尔史略》、《蒙古奴隶制研究》、《西夏佛教史略》、《清代八旗王公贵族兴衰史》、《努尔哈赤评传》、《中国原始农业经济史》等等。工具书有《中国历史地图集》（西北部分）、《中国大百科全书·民族卷》、《辞海·民族分册》、《中国民族历史人物辞典》、《文海研究》等。还发表了大量学术论文。目前即将完成和正在撰写的项目有《中国民族史》、《新疆三区革命简史》、《中国民族史大辞典》、《西藏近三百年政治史》、《中国断代民族史》及"八五"国家重点项目《中华民族凝聚力的形成与发展》等等。

民族学方面出版的论著有《民族学概况》、《萨满教研究》、《永宁纳西族的阿注婚姻和母系家庭》、《永宁纳西族母系制》、《凉山彝族奴隶制社会形态》、《傣族农奴制和家庭婚姻》等等。并受民族学会委托,由民族学室负责编辑的《民族学研究》,已出版 10 辑。目前正在进行的重点项目有《中国少数民族的现状与发展调查研究》、《西藏封建农奴制》、《中国少数民族妇女问题》、《中国民族学简史》、《西藏人权问题》、《原始宗教资料汇编》等等。

民族语言方面,除了已出版 47 种《语言简志》外,还出版了布依、黎、朝鲜三种语言的方言研究与方言调查报告,藏缅、突厥、蒙古三种语族的对照词汇和十多种少数民族语言与汉语对照辞典,以及与澳大利亚合作项目《中国语言地图集》,即将出版的有《中国少数民族语言使用情况和文字问题调查研究》和中加合作的《世界的书面语》中国卷、《世界各国的语言构成》中国部分。在古文字、古文献研究方面,研究人员对纳西东巴文、古藏文、突厥文、回鹘式蒙古文、八思巴字、满文、古彝文、尔苏沙巴文、方块白文等也开展了研究,出版了有关专著和辞典及资料汇编。近十多年来,该室还翻译出版了大量国外研究中国少数民族语言的专著和论文。其成果显示了我国民族语言研究水平,赢得了国内外学者的好评。

在世界民族研究方面,即将出版的著作有"七五"国家重点项目《世界不同类型国家民族问题与民族政策研究》,已出版的有《世界各国民族概览》、《加拿大民族志》等等。科研人员还参加撰写《中国大百科全书·民族卷》、《民族辞典》的有关部分。在东欧剧变和苏联解体之后,面临国际新形势和国内深化改革的需要,给世界民族研究室的科研人员提出了新的任务。他们近期研究的课题主要有"八五"国家重点项目《世纪之交民族主义的特点及发展趋势》、《当代政治与民族问题》、《世界民族概论》,等等。

我所民族经济研究室是新成立的单位。该室以国内少数民族经济和民族地区经济为主要研究对象,综合运用经济学和民族学的理论、方法,研究民族发展过程中的经济社会问题。该室研究人员现已出版的学术著作有:《起飞前的战略构想——中国少数民族地区经济长期发展研究》、《挑战与机遇——民族地区开放的理论和实践》、《寻求均等的发展机会——

少数民族地区农村经济发展探索》、《走向共同繁荣——海南民族地区社会经济发展研究》等11种，受到民族经济学界和有关方面的好评。

（四）影视人类学研究也取得了成果

1987年，由民族学研究室析建影视组，直辖科研处。早从50年代起，我所就从事民族学的电影拍摄工作。当时是根据彭真同志传达毛主席针对民族地区社会变革快的情况提出"要抢救落后"的指示进行的，财政部拨有专款，从1957年起至"文革"前后，共拍摄《苦聪人》、《佤族》、《傣族》、《鄂伦春族》、《纳西族阿注婚姻》等影片22部，199本。影视组成立五年来，新拍摄《海南岛诸民族》、《新疆哈萨克族》、《白族文化》和《畲族文化》等4部录像片。内部出版拍摄提纲汇编和资料两册，发表文章数篇，初步奠定了与国外同行的联系和学术交流的基础，开始实现影片资料的有偿服务，推动我所影视民族学的发展。

（五）学科发展和科研手段的现代化有了发展

30多年来，特别是近十年来，由于受到国外社会科学，包括民族学科发展的影响和改革开放形势的要求，我所各个学科，已经逐渐打破了过去旧的模式和条条框框，分支学科得到不断发展，科研工作的现代化手段，也不断充实提高，这突出地表现在语言研究方面，开展了新兴分支学科实验语音学和计算机语言学研究。80年代中期，我所语言室建立了语言实验室和计算机室，引进了美国设备和一定数量的微型计算机，开展了语言实验研究和计算机语言学研究。积累了一批有价值的实验数据和资料，为建立中国少数民族语言语音图谱打下了良好基础。同时，为了系统开展少数民族的语言实验研究，保存和抢救一些濒临消亡语言的有声资料，开展了录制少数民族语言音档的工作，已录制了10多种语言。其他学科也正在考虑配备电脑，逐步解决科研手段的现代化问题。

（六）民族研究刊物工作的成绩显著

我所在国内外公开发行的三个刊物《民族研究》、《民族语文》、《民族译丛》和内部发行季刊《民族研究动态》，都是目前我国民族研究领域影响较大的综合性和专业性的学术理论刊物，属于全国一级刊物。《民族研究动态》是国内民族研究唯一的学术动态性刊物。

《民族研究》复刊以来，已出杂志 80 期，刊登稿件 1290 篇，约 1238.6 万字；《民族语文》截至 1982 年 8 月 5 日，已出版 76 期；《译丛》创刊以来，已出版 78 期，发表稿件 1516 篇，近 1000 万字；《动态》截至 1992 年底共出刊 40 期，约 600 万字。长期以来，我所各杂志编辑部，克服了人员不足、资金短缺等困难，既按时出版，又保证了论文的政治质量和具有较高的学术水平，较好地发挥了学术刊物在刊布科研成果、交流学术观点、培养人才、传递信息、宏观导向等方面所起的积极作用。《民族研究》除出刊物外，还积极开展学术活动，组织召开专题学术讨论会，1986 年以来，先后召开了有关 "民族和民族问题"、"西藏问题"、"纪念西藏和平解放四十周年" 等多次专题学术讨论会，在国内外产生了一定影响。此刊物曾被联合国教科文组织收入其所编的目录。《民族语文》在编刊、出书、培养作者等方面，受到了各民族省区的重视，在学术界赢得了声誉。《译丛》在介绍国外研究成果方面，涉及十多个文种，受到全国广大译者和读者的关心与重视。《动态》由于辟有探索、争鸣、研究综述、调查研究、学会、通讯、国外研究述评、机构、人物、新书评介、书目索引等多方面的内容，深受科研工作者特别是教学工作者的欢迎和好评。

综上所述，建所以来，特别是党的十一届三中全会以后，民族研究由初创走向繁荣。据初步统计，科研人员共出版专著 400 种、译著 78 种、资料集 234 种、论文集 46 种、论文 2400 篇、译文 300 篇、调查报告 256 篇、工具书 40 种、计算机软件 10 个、拍摄社科影视片 26 部、出版各类期刊 274 期，加上内部编印的资料，总字数已超过两亿。我所科研人员通过以上各项科研成果和承担的各类任务，为维护祖国的统一、民族的团结，为弘扬中华民族优秀文化和社会主义精神文明，为各民族的共同发展和共同繁荣作出了重大贡献。在各学科的成就中，不少学术成果都具有独到之处，提出一些新见解、新观点，有些成就则具有填补空白的意义，受到了国家有关方面和学术界的重视、好评。如民族经济和民族理论有七篇论文，曾分别获中央国家机关、中国社会科学院和中国少数民族经济研究会颁发的一、二、三等奖。一批具有真知灼见或有实用效益的建议性调查报告、学术动态、专题论文受到有关方面的重视，先后被《求是》杂志《内部文稿》、《人民日报》理论动态、新华社内参《情况反映》、国家民委主办的《民族工作》刊登或转载。有的调查报告和建议，中央书记处摘登为给党和国家领导人参阅的绝密文件，有关部门给予很高评价；还有些文章被中国社会科学院《要报》刊用，上报党和国家领导人与有关部门参阅。一些学术专著，由于处于国内外领先地位，受到学术界的关注和赞扬，作者亦享有一定声誉，他们的论著受到宣传部门和出版部门的重视，获得北京、一些省区或十几个省区联合组织评选的哲学社会科学优秀成果奖励。

二　科研队伍建设

经过 30 多年的发展，我所科研机构不断扩充，科研队伍不断壮大。全所已拥有民族理论、民族史、民族学、民族语言、世界民族、民族经济和影视组、三个编辑部；图书馆、科研处、行政办公室与人事处。现有职工 236 人，已离退休 117 人。专业人员 200 人，其中研究员 18 人，副研究员 66 人，中初级研究人员 58 人。全所职工中少数民族 60 多人，22 种民族成分。

合所后，我所集中了一批在国内外享有盛誉的专家、学者，如语言学家傅懋勣、王均、喻世长、金鹏、罗季光、王辅世；历史学家翁独健、王静如、冯家昇、陈述、王森、柳陞祺、刘荣焌、罗致平、刘尧汉；民族学家杨堃、秋浦、胡庆钧；民族问题理论专家牙含章、黄静涛，等等。他们大多在新中国建立前就从事民族研究工作，造诣深、成果多、学术水平高，使我所在学科和专业方面占有明显优势，为我所的民族研究工作打下深厚基础。在他们的关怀和培养下，加上各级领导班子的重视，我所在出成果的同时，也出了一批人才，一大批学有专长的中青年学者逐渐成长起来。他们大多数具有丰富的专业知识，受过民族工作的锻炼，特别是参加过 50 年代与 60 年代的民族调查工作和丛书编写工作，打下了良好的基础。继老一辈专家之后，他们大多已成为某一领域或某一专业内的业务骨干和学科带头人，已具有高级职称。目前我所具有高、中级职称的科研人员已达到 127 人，占专业人员的 70%，一支在国内外有影响、有一定水平的科研队伍已基本形成。

近几年来，我所采取多种措施，解决科研队伍老化和人才青黄不接的问题。每年所里都要通过多种渠道，吸收一批批青年到研究所工作，输送新鲜血液，充实科研队伍。为了提高他们的理论业务水平，所里曾开办过外语学习班、计算机学习班、民族调查培训班等等，并实行导师带培制度和合同制度，要求研究员对青年及时进行指导和督促、检查。同时，科研处和研究室经常组织学术报告会，邀请国内外专家作报告，介绍国内外学科发展动态和最新研究成果，对活跃学术空气、促进学术交流、开拓研究视野起了很大作用。在所室领导班子、专家学者的关怀下，经过本人的刻苦钻研，青年研究人员大多已能独立承担研究工作。在导师培养下，已毕业的硕士生、博士生，在科研和教学工作中有的已崭露头角，成为业务骨干，有的成为室、处、编辑部的领导，肩负起科研和组织领导工作的双重任务，成为民族研究事业未来的接班人。

三　图书资料工作

我所图书资料工作历史较长，1962 年合所时两所的图书资料室合并为图书馆。

图书馆合所时藏书 26 万册，现已增加到 40 余万册。其中，中文普通图书 18 万册；古籍线装书 10 万册；珍贵善本书 1 万余册；外文图书 8 万余册；少数民族文字文献资料 2 万多册；情报资料合订本 4500 余册。此外，还有声像缩微资料、录像带、录音带、幻灯片、彩色相片、缩微胶卷等。在丰富的馆藏中，有许多珍贵的典籍。目前，我所图书馆已形成以民族研究资料和边疆史地资料为主，相关图书为辅的藏书格局。

我所图书馆主要为本所科研人员服务，也为全国有关研究、教学人员和改革开放、中外学术交流提供服务。

图书馆始终坚持更好、更快、更科学地为读者服务，不断提高服务质量，更好地方便科研人员，提高馆藏利用率。从 1976 年起，除善本书库外，其他书库一律对本所人员开架借阅。为及时介绍馆藏信息，图书馆还坚持组织编辑各种专题资料和书目索引，供科研人员参考。同时，采取多种服务方式，如阅览、外借、咨询与书目索引等，为读者提供方便。在阅览方面，设参考阅览和报刊阅览室，室内有辅助书库，开架阅览。由于资料丰富、条件好，深受所内外广大读者的欢迎。

四　对外学术交流

国际合作与交流方面。60 年代，我所主要与苏联、东欧各国、朝鲜等进行学术交流。党的十一届三中全会以后，在改革开放方针的指引下，我所的民族研究已走向世界，国际学术交流与合作获得很大发展，与日、美、英、苏联、加拿大、德、澳大利亚、意、瑞典、挪威、法、荷、西班牙等国开展了互访、考察、讲学和学术资料交流等活动。

近几年来，由我所主持的国际会议有：1982 年在北京召开的 "第 15 届国际汉藏语言及语言学会议"；1984 年与联合国教科文组织合作，在北京召开的 "种族问题国际学术讨论会"；1986 年根据联合国教科文组织第 23 届会议通过的计划，与国家民委、中国教科文全国委员会和联合国教科文组织在北京联合举办的 "种族隔离研究国际专家会议"；1990 年在西昌联合召开了 "国际藏缅语学术讨论会"；在北京召开了都市人类学国际会议。

国际合作方面，主要有由语言室与澳大利亚人文科学院和加拿大国际双语研究中心合作的两个较大项目。与前者合作编绘的《中国语言地图集》已经完成。与后者合作的《世界的书面语言·中国卷》和《世界各国语言的组成》（中国部分）于 1988 年开始编写，即将出版。

我所的对外学术交流活动，向世界各国展示了我们的研究实力，介绍了我所的科研成果和学术水平。同时，通过交流与合作，使我们了解了国外民族研究的动态，吸收了国外的研究成果与经验，推动了我所科研工作和学科的发展。

五　行政后勤和职能部门工作

我所科研工作之所以取得以上的成就，是和行政后勤部门的支持分不开的。三十年来，行政后勤部门为改善职工的工作和生活条件作了不懈的努力，成绩显著。行政后勤部门的同志，在条件困难的情况下，修建了学术报告厅和阅览室，翻修了影片库，并将原食堂改建为10间宿舍，基本上解决了原租住研究生院人员和未婚单身职工的住房问题，部分地解决了新婚夫妻住房问题。同时，千方百计地解决我所职工的宿舍问题。汽车班的同志也保证了我所业务用车。在设备器材方面也不断进行添置，如购买书架、照相机、录音机、激光照相机、传真机、打字机、混响机、录像机及配套彩电、语言信号处理系统等等。医务室人手少，除经常性的防治工作外，每年都要组织全所三百多职工进行健康检查。财务部门则保证了我所科研工作所需经费和其他行政经费的开支和管理。

三十年来，人事部门为发现和培养人才做了许多工作，为我所建立了一支政治业务素质较高的科研队伍。作为全所参谋机构的科研处，在制订科研规划、分配和管理科研经费、对外学术交流、研究生培养、学会工作等等方面都做了大量工作。所有这些工作，都保证了我所科研工作的顺利开展。在回顾我所三十年科研工作的成就时，科研人员都不会忘记他们辛勤的劳动和对民族研究工作所做的贡献。

我所成绩的取得，亦是与党的领导分不开的。党委坚持不懈地对全体职工进行党的基本路线教育，始终把党的基本路线和形势政策教育，作为政治理论学习的主要内容，紧紧围绕党的总任务、总目标，根据各个时期的中心，认真组织学习中央重要文件和中央领导同志的有关重要讲话。通过学习，广大职工不断加深对邓小平同志建设有中国特色社会主义理论的认识和拥护党的基本路线的自觉性。我所党的两级组织，围绕中心任务，积极开展思想工作，1984年整党后，所党委制订了《关于改善和加强思想政治工作的设想》，1986年又制订了《科研人员道德规范八项要求》，这对于树立党员良好风貌起着积极作用。面对改革开放、发展商品经济的新形势，面对苏联解体、东欧剧变的国际形势，党组织各级领导和广大党员做了大量的思想政治工作，使党员队伍和职工队伍的政治素质不断提高，我所广大党员和职工群众的精神面貌发生了深刻变化，增强了凝聚力。党委每年都要对党员进行评议工作，加强对各级领导的监督。党委尤其重视在知识分子中发展党员工作，目前我所有中共党员170人，其中在职党员128人，已占全所职工总数的54％。他们在各项工作中，大多能发挥党支部的战斗堡垒作用和党员的先锋模范作用。在党委领导下，我所的工会、共青团、妇女组织以及民主党派，也都开展了一定的工作，发挥了积极作用。

回顾三十多年来所取得的成就，我们深深体会到：

1. 必须坚持党的基本路线，把马列主义民族理论与中国民族问题的实际相结合，从民族地区的实际情况出发。坚持民族平等、团结、互助、合作、共同发展繁荣的原则，树立正确的民族观。这是我们研究我国民族问题的总的指导思想。

2. 在研究工作中要坚持百花齐放、百家争鸣的方针，提倡各种学术观点和学术思想在平等的基础上交流、切磋，活跃学术空气，促进各学科蓬勃发展。

3. 坚持深入到民族地区调查，掌握第一手资料，准确了解情况；重视搜集、整理、运用汉文与少数民族文献文物资料，吸取前人研究成果与经验，使科研工作建立在坚实的基础上，获得具有学术价值和社会效益的高品位成果。

4. 对重大理论和现实问题的课题，提倡集体攻关，采取学科间、部门间的横向联合，发挥集体优势。同时，也鼓励个人对擅长的课题深入钻研，充分调动科研人员的积极性。

5. 科学文化是人类的共同财富，我们要立足本国，放眼世界，汲取他人之长，补己之短。对外国的科研资料、研究成果、科研方法与经验，凡是为我所需要的都应积极引进。同时，也将我们的研究成果向国外传播，展示我们的研究实力，实行全方位开放，积极开展对外学术交流。

6. 尊重老专家，充分发挥他们的作用。同时重视对中青年科研人员的培养，放手让他们在工作中锻炼提高，发挥他们的主力军作用，在出色完成科研任务的过程中造就出一代又一代的科研人才。

三十年来，我们虽然取得了不少成果，但我所各项工作离当前形势发展的需要和党与国家对我们的要求还有一定差距，我所科研队伍的马克思主义理论素养还需要进一步提高，我所的政治思想工作还不够深入，理论学习方面对一些深层次问题还需要进一步提高思想认识。科研工作方面，尚须进一步落实我所科研工作的方针和任务，对各类项目要加强管理，不断提高科研工作的质量，要根据新形势、新情况、新问题和党的十四大精神对科研规划进行完善补充。当前我所特别要解决科研队伍年龄结构、知识结构不合理状况，解决科研队伍老化和后备力量不足的问题，亟须提高中青年科研业务水平，培养新一代的学术带头人和科研骨干。同时，要在确保以科研工作为中心的前提下，发展第三产业，增加创收，不断改善全所职工的工作条件和生活条件。

当前我国的形势是好的，国家政治安定，社会稳定，各项经济事业蓬勃发展，人民生活蒸蒸日上。我国正处于伟大的转折和关键时刻，新的形势和新的任务，要求我们必须在现有成就的基础上，戒骄戒躁、努力工作，特别是要在工作中，贯彻邓小平同志南巡讲话和党的十四大精神，进一步解放思想、转变观念、开拓创新，继续贯彻以科研工作为中心和为经济建设服务的指导思想，加快改革开放的步伐，为开创民族研究工作的新局面、促进民族工作迈上一个新台阶作出新贡献。

（1992 年 12 月 29 日在庆祝原中国科学院少数民族语言研究所与民族研究所合所 30 周年大会上的讲话）

总结过去,面向未来,开创民族史学研究新局面

——中国民族史学会第五次学术讨论会开幕词

各位代表、各位来宾:

中国民族史学会第五次民族史学术讨论会,经过积极筹备,今天如期召开了。

中国民族史学会所组织的前四次学术讨论会,都是在南方城市举行的。因此,史学会的代表们早就希望能够有机会在北方的城市,尤其是在古代北方民族的发源地之一的东北地区召开一次学术讨论会,这是同志们长期的心愿。当史学会把同志们的这个愿望向辽宁社科院领导转达时,他们欣然同意,并大力支持了这次学术活动,使大家的心愿得以实现。对此,我代表中国民族史学会和中国社会科学院民族研究所向辽宁社会科学院和各单位表示衷心的感谢。对此次前来参加会议的各地诸族代表致以崇高敬意,并对国家民委、省民委、市民委、省社会主义学院等单位和招待所的大力支持与热情招待,表示诚挚的谢意。

多年以来,在党中央的领导和建设具有中国特色的社会主义理论指导下,我国的经济、文化事业又有了很大发展,祖国的面貌日新月异,为举世所瞩目。随着经济建设的发展和改革开放的深化,我国的民族史学也呈现蓬勃生机。这几年,我国民族史学界学术活动和对外学术交流频繁,出版了一批颇有影响的民族史著作,发表了很多有关民族史的专题论文。在中国民族通史、断代民族史、族别史、专题史、边疆史、经济史、文化史、近现代史以及一些论文集的编辑和大型工具书的编纂等等方面,都取得了可喜的成果。与此同时,民族史研究机构和科研、教

学队伍不断扩大，培养了一批硕士博士研究生，使我国民族史学的研究，出现了一派欣欣向荣的局面，为我国民族史学的进一步发展打下了良好基础。

但是，随着社会主义市场经济的迅猛发展，当前史学界，其中也包括民族史学在内，有些学者对史学的现状和前景深表忧虑，产生一些不同的认识。有的同志认为，当前史学不景气，不受重视，地位不高，发展前途渺茫。而且，在改革开放的形势下，受下海出洋的影响，有些人不愿学历史，搞历史，学校毕业生分派有困难，毕业后出路不佳等等。因此，有史学工作者出现了悲观情绪，个别同志又拾起了1986—1989年曾出现的关于"史学危机"的论调。

社会对史学重视与否？史学究竟有没有出路？这牵涉到史学的功能和作用及现实性、应用性等关键问题。也即在当前经济转轨新时期，中国民族史学的研究除了保留一些传统项目外，怎样适应时代和形势的需要，开拓创新，更好地为现实服务，为"两个文明建设"服务，这关系到今后学科研究的重点和发展方向问题。

本次会议的主题有三项：（1）中国民族史研究如何适应当前形势，更好地为现实服务；（2）中国民族史研究中有哪些尚待解决的问题；（3）本人所在地区民族史研究如何开展的，近年来取得哪些成绩。这些都是非常重要的议题，值得深入探讨。只有方向问题解决了，学术研究才能有的放矢，向纵深发展，学科才能有所开拓，有所前进。

这次会议，既是一次学术讨论会，又是一次科研工作的交流会。过去我们纯学术的讨论比较多，但科研工作状况方面的交流却很少。这是一次很好的机会，与会代表们来自四面八方，大都是长期从事民族史研究和教学工作的专家学者，很多同志造诣深、成果多、有丰富和宝贵的科研工作经验。我们希望这次会议能开成一个经验交流的会议，互相学习、相互切磋，开阔视野、共同探讨，使民族史研究更上一层楼。

面临改革开放的新形势，对于民族史研究工作者来说，机遇与挑战并存。在这次会议上希望同志们对民族史学的现状，从宏观上有一个恰当的评价，既要看到当前民族史学发展的大好形势，又能清醒地估计到当前民族史学研究存在的问题。认真总结、开拓进取，以适应社会变革的需要，使民族史学能更有效地为我国的精神、物质文明和现代化建设服务，并对弘扬祖国优秀传统文化和世界文化发展作出应有的贡献。

最后，预祝会议取得圆满成功！

（1994 年在沈阳召开的"中国民族史学会第五次学术讨论会"上的讲话）

拓宽民族学研究领域 更好地为
社会主义建设服务

——中国第五届民族学学术讨论会开幕式致辞

各位代表、各位来宾：

值此中国民族学学会与四川省民族研究所联合召开全国第五届民族学学术讨论会之际，我谨代表中国社会科学院民族研究所表示衷心祝贺，并对前来参加会议的代表致以崇高敬意。

自 1989 年在北京召开第四次学术讨论会以来的短短四年间，在党中央的领导和建设具有中国特色的社会主义理论的指引下，我国的经济文化事业又有了很大发展，祖国面貌日新月异，为举世所瞩目。西方国家现在把我国称为世界上第三个经济大国，正如中央领导同志指出，这是过高估计了我国经济的发展，我国仍属于第三世界发展中国家。但这充分说明我国近几年的发展速度和变化之大，为各国所公认。我国当前面临的总形势是好的。随着经济建设的发展和改革开放的深化，我国民族学科也有较大发展。

这几年来，我国民族学界学术活动和对外学术交流频繁，出版了一批颇有影响的民族学著作，发表了很多有关民族学方面的论文，在影视民族学和都市民族学的研究方面，也取得了可喜的成果。特别是在 1989 年学术讨论会开幕式上，现任中宣部常务副部长郑必坚同志，根据新时期民族工作的新任务，提出在全国开展第二次民族大调查的倡议，得到了民族学工作者和国家民委等许多单位的大力支持。国家民委、人大民委、中央统战部、政协民委和中国社会科学院五个单位一方面正在联名向中央打报告，提出开展民族大调查的建议；另一方面，有些单位已经行动起来，根据本单位的人力、物力情况，先走一步，逐步扩大新时期民族研究调查工作。1991 年，由国家民委组织主持边境地区的"社会发展与稳定"的民族调查工作，组织了由地方和北京的民族工作者和科研人员参加的七个调查组和一个综合组，开展调查研究工作，现已基本结束。同年 10 月，西南民族学会和云南社科院在福特基金会的资助下，召开山区经济国际学术讨论会，并组织中外学者到云南小凉山彝、纳西等民族地区进行了山区经济的民族调查工作，取得了较大收获。1993 年，中国社科院又将《中国少数民族现状与发展调查》列为"八五"规划重点项目，并责成民族所组织实施。今年我所共派出蒙古、东北、新疆、四川、贵州、西藏等 6 个调查组，并已取得初步成果。与此同时，民族学研究机构和科研、教学队伍也不断增加，培养了一批硕士和博士研究生。以上种种，使我国的民族学学科，出现了一派欣欣向荣的局面，为我国民族学的进一步发展打下良好基础。

这次学术讨论会的主题为"民族学与社会主义建设"，这是一个非常重要的议题，值得深入加以探讨。过去我们比较重视少数民族资本主义前社会形态研究，包括社会文化、生活习俗和宗教信仰等一般民族学研究，这是当时现实的需要，无疑是必要的。现阶段，正如江泽民同志在中央民族工作会议上所指出的："九十年代民族工作的主要任务是：加快少数民族和民族地区经济发展，逐步与全国的发展相适应，大力发展少数民族地区的社会事业，促进各民族的全面进步；坚持改革开放，不断增强少数民族和民族地区的自我发展活动，坚持与完善民族区域自治制度，全面贯彻落实《民族区域自治法》，进一步加强各民族的大团结，坚决维护祖国的统一。"民族学作为一门应用性很强的学科，它应该而且必须密切结合九十年代民族工作的主要任务来搞，才有更好的出路，这是时代向我们提出的要求，也是时代所赋予我们的机遇。当代中国，已进入以经济建设为中心和改革开放及市场经济新的历史时期，我国人民的主要任务，是消灭贫困，消灭落后，进行发展生产力的现代化建设，缩小沿海发达地区和民族地区经济发展差距，加强精神文明与物质文明建设，使各族人民脱贫致富，走共同繁荣发展道路，从根本上消灭历史上遗留下来的各民族经济、文化发展的不平衡，以最终和彻底解决民族问题，这就迫切要求中国民族学的职能重点有所转变。唯有如此，才能受到国内外和社会各界的重视，才有更广阔的发展前途。

现代化建设，对少数民族地区从生产力到生产关系，从经济基础到上层建筑，从政治、文化到思想、生活方式都会带来一系列变化。新的历史时期，要求民族学必须了解新情况，解决新矛盾，研究新问题，提出新建议，总结新经验，要求民族学由以前社会形态研究和一般民族学的研究，转为主要为民族地区改革开放和现代化建设服务，转变到以研究当代社会主义的物质文明和精神文明为重点。

中国民族学是以研究各民族现状和发展为传统的，怎样既继承五十年代，六十年代这个传统，又适应现代化建设和改革开放的步伐，是关系到中国民族学发展的重大问题。

我国大部分少数民族居住在边陲、山区，原来的经济文化比较落后，过去对处于不同发展阶段的各民族地区进行的变革和改造，为社会生产力的发展开辟了道路。九十年代的今天，在全国实行改革开放和搞活经济政策的大好形势下，国家很重视民族地区经济文化事业的发展，制订一系列政策，采取了很多举措。可以预料，各民族在现代化建设的道路上，必将得到共同的发展繁荣，其社会面貌也将不断发生变化。有了现代化的工业、农业和科学文化，群众的思想水平大大提高，必将加速转变为现代化民族。当代中国民族学就是要研究这个变化，探索其中规律性东西。民族学的研究，虽然不能为民族地区工农业现代化直接创造物质财富，也不能直接促进农业丰收、工业增产，但它通过民族学的调查研究，可以提出因地制宜、扬长避短地发展生产力，从而更好地进行工农业建设的好方案，也可以提出如何解决好民族关系，搞好人口分布格局和文化教育、移风易俗及促进社会发展等建议，反映现代化建设过程中存在的问题。

为了适应此情况，当前中国民族学科，必须要从通常的一般的民族学研究，转变为多方位、深层次的民族学研究。需要进行经济民族学、政治民族学、法制民族学、结构民族学、都市民族学、建筑民族学、人口民族学、旅游民族学、影视民族学、宗教民族学等等方面的综合性研究。也要加强对国外民族学的研究，总结世界各国各民族进行现代化建设的经验和教训，为国家和政府领导现代化建设提供对策性意见。

总之，当代中国的民族学要适应当前改革开放的形势，立足中国，放眼世界，应重点研究民族的现状和发展，探索各民族从原有的发展水平走向现代化的途径。使民族学在改变民族地区的落后面貌中，发挥积极作用，为总结和弘扬中华民族优秀文化传统及吸取世界各民族先进物质与精神文化，作出新贡献。

这次会议，还有另一项任务，就是改选学会领导班子，我们衷心地希望能产生一个精干的领导班子，使今后学会的各项学术活动，能蓬勃开展起来，取得更大成绩。

最后，祝会议圆满成功！

（1993 年在四川乐山召开的"中国第五届民族学学术讨论会"上之讲稿）

云南宁蒗等县山区民族社会经济情况考察报告

1991 年 10 月 5 日至 15 日，我和曹成章、管彦波同志一起参加了中国西南民族研究会和云南省社会科学院等单位举办的"促进山区民族经济开发与社会进步学术会议"。会议分两段进行，先做实地考察，后开会讨论。根据大会的安排，我在会上作了关于如何发展山区民族经济的发言。

从 10 月 5 日至 11 日，我同中外专家 35 人从昆明出发至大理，沿途考察了四川省攀枝花市平地彝族自治乡、云南省南坪县、宁蒗彝族自治县、丽江纳西族自治县和大理市。在宁蒗时分为农牧业、生态环境、妇女问题和教育文化等四个组作重点考察。10 月 12 日至 15 日，在大理举行学术讨论会，我们和出席会议的 100 余名中外专家学者（外籍专家 19 人，含 12 个国籍）一起，就促进山区民族的经济开发与社会进步问题作了大小会议发言和讨论。

我们此次经过对山区少数民族的经济开发和社会变化情况考察，总的印象是党的一个中心，两个基本点和实行改革开放的方针政策深得人心，人心安定，精神振奋，干部群众都十分相信科学技术，大办文化教育事业，一心一意搞好生产，希望尽快脱贫致富，少数民族贫困山区的面貌发生了喜人的变化。但也存在一些问题。

由于时间短促，车行代步，来去匆匆，浮光掠影，见闻有限，谨将所获，缕述汇报如后。

一 少数民族山区的面貌发生了喜人的变化

以彝族为主的南坪、宁蒗等少数民族山区贫困县，位于滇西北高原，滇川接壤处。建国前，基本处于奴隶制和封建领主制社会，还有一地区存在原始社会末期的残余形态。生产力水平十分低下，游耕游牧，刀耕火种，科学文化教育十分落后，人民生活极度贫困。建国后，虽有国家长期大量救济扶持，贫困面貌并未从根本上改变，仍停留于山区贫困县水平。

十一届三中全会以后，宁蒗、南坪等县的党政领导，以科学的态度，从实际出发，摸索出一条走治穷先治愚，经济发展与智力开发相结合的道路，"七五"期间，围绕着"千方百计提高劳动者的素质，狠抓基础建设"两大任务，取得了显著成绩。宁蒗县1990年国民经济总产值6200万元，国民收入5200万元，比自治县成立时的1956年分别增长4倍和4.17倍。农林牧业等方面，宁蒗粮食总产量由1987年的3.4万吨增加到1990年的5.1万吨，增长66.7%，种植经济果木6.5亩，造林17万亩。大小牲畜存栏量达50万头（只），平均每人2.5头，肉食自给有余。南坪县1987—1990年连续四年增产，1990年粮食总产达5.6万吨，今年虽遭多种自然灾害，仍不会低于去年。工业交通建设等方面，宁蒗县已拥有电力8000千瓦/小时，全县16个乡镇中的14个用上了电，十年中共修建公路700多公里，使80%的行政村通了公路。南坪县十年来工业迈出了大步，1990年原煤产量达99.1万吨，比1980年增长4.45倍，年发电量3541万千瓦/小时，比1980年增加8.67倍，电量自给有余；化肥6324吨，比1980年增26.7倍；全年货运量350万吨，客运量69万人次；财政收入比1980年增加7.69倍。人民生活有所改善，社会商品零售总额达1234万元，比1980年增8.3倍。宁蒗县山区人民因游耕游牧，居住无常处，政府扶持14121户盖了房子，使其定居、定心、定业。

为了促进经济发展和社会进步，他们舍得花大力气、大本钱，积极开发智力资源，以提高劳动者的素质。落实"积极办好普通教育，努力发展职业教育，狠抓人才培训"的方针，宁蒗县取得的成绩，尤为显著，在普通教育方面，为解决师资数量不足、素质不高问题，将本县人员送外地学习深造，以优惠待遇从省内外引进具有中专以上水平的教师44人，从江苏海安县集体引进33名教职员到该县开办宁海中学，以吸取沿海发达地区的先进教学管理经验。到1990年，小学增加到392所，在校生2.4万人；中学15所，在校生五千多人；适龄儿童入学率提高到76.38%。还创办了一所教师进修学校和两个幼儿园。1980年以前全县每年报考大学、中专以上学校的仅数人，1984年以后猛增到100人以上。在职业教育方面，根据经济建设需要，相应培养人才，坚持学以致用，实行教学、实践和社会服务相结合的方针，毕业生大多回到农村，成为当地脱贫致富的能手。县农业职业学校的林业班、果树班，每年都组织师生下乡，一面进行种植、管理等实地实习，一面为群众做示范，传授技术；农牧班、乡医班等也经常到山区边实践边服务，给农民传授种植地膜玉米，防治牲畜疫病的技术，推广计划生育、卫生保健知识，在农牧业中掀起了一场技术革命。种植地膜玉米技术的成功，使海拔高达3040的高寒山区的一些低产荞子地变为玉米地。全县粮食平均亩产，从1978年的134公斤提高到1989年的276公斤。在成人中，大规模开展以实用技术、行政和企业管理、当家理财为主要内容的人才培训班，已举办各种短期培训班三千多期，受训人数达22万人次。扶贫与培训相结合，对贫困户的扶持实行项目、资金、技术和服务四结合，先培训、后投资，未参加技术培训，不会当家理财，未掌握一项以上专业技术者，不给扶贫贷款。培训活动的开展，既调动了农民的学习积极性，使贫困户掌握一定技能，又使有限的扶贫资金能用在点子上。占全县总农户21.5%的7952户各族农民，靠科学和勤劳已率先脱贫。

二 少数民族山区的经济与内地和沿海拉开了距离

由于历史、地理等原因，少数民族山区的经济极不发达，改革开放以来虽有变化，但与内地特别是沿海地区相比，在同时发展中越来越拉开距离，宁蒗县人均产值310元，人均纯收入260元，人均粮食约250公斤，全县年缺粮1000万公斤，人均缺粮50公斤。华坪县部分山区农民人均收入仅125元，粮食210公斤。大理州的发展速度也不快，全州年人均纯收入314元，山区仅234元，低86元，特困山区不到200元。目前全州还有约18万人的温饱问题没有解决，其中山区特困村占一半以上，已经越过温饱线（年人均纯收入200元）的15万人中有10%左右不巩固，遇天灾人祸又返贫。还有28.34万人，24.83万头大牲畜饮水特别困难，222 个行政村不通公路，210 个村不通电，310 个村没有村办集体企业。

山区农民生活尤为贫困，只有少数人家先富了起来，即使较富裕的农民，也只不过刚刚告别低矮、阴暗、狭窄的小木屋，住进土木结构的瓦房，人畜虽然分居，但无专有厕所，屋中依然一个火塘，两坨毛毡，没有床铺，家徒四壁，空空荡荡，现代化设备更未进入大门，家畜家禽生产工具不多，不少人家还要卖猪卖羊，以买返销粮。

三　不健康的风俗习惯制约着社会经济的发展

由于山区的文化生活更为贫乏，社会风尚存在许多不健康的现象，有的属于历史遗留，有的则是在新的历史条件下产生的。受旧观念影响，消费结构很不合理，不少人"喝在酒上，穿在银上，用在神上"。我们在从丽江乘车快至大理途中，看到沿公路两旁，存放着一批批待价而沽的墓石、墓碑，当地人谑称这是一行"新兴产业"，修祖坟的现象较为普遍，一些人还"打生基"立活人墓，在一些国家扶持的山区贫困县，资金也被用于此项支出。这些地区根本谈不上积累以扩大再生产。

四　人口增长速度超过粮食增长速度

一些民族地区的人口增长速度过快，计划生育政策亟待认真研究落实。据宁蒗有关材料反映，该县农业人口 1949 年为 81157 人，到 1987 年增加到 175987 人，增加了 2.17 倍，人均占有粮食从 1949 年的 178 公斤增加到 1987 年的 243 公斤，仅增加 1.36 倍。到 1990 年全县人口达 20.12 万元，人平均仅有粮 254 斤。人口为 1949 年的 2.48 倍，粮食增产为 1.42 倍。从 1987—1990 年四年中，按人均粮食增加 11 斤，年平均增长为 0.02 倍，而人口年平均增长却为 0.103 倍，人口增长速度超过粮食增产速度。

五　生态环境亟待治理

　　生态环境随着人口增长，现代化的发展，各地遭不同程度的破坏。我们沿长江上游金沙江以南横断山脉从东往西南而行，汽车穿越于高山丛林之间，这些地区人烟稀少，过去为原始林区，近些年来发生了很大变化，木材采伐，开荒种粮，比比皆是，有的被伐柴木，横七竖八，露于山野，有的庄稼从山脚种到山顶，东一片，西一块，高一处，低一洼，未有任何农田基本建设。水土流失，滑坡塌方，大大小小，程度不同，随处可见。其时正值昭通发生严重滑坡，一个村寨被泥石流吞没，产生严重伤亡之际。这些地区虽未出现如此恶性事故，但也目睹到个别村寨刚被高山顶上滚下来的乱石埋葬去了大半的现象。据宁蒗彝族自治县调查，由于地质结构及其他原因，全县表土流失面积高达 1925.22 平方公里，占全县总面积的 31.95%，其中中度以上流失面积占 16.30%，主要河道的河水年平均含沙量都在每立方米两公斤左右，年总输砂量为 268 万吨。该县永宁乡林地占 70.7%，旱坡草场占 10.8%，但因采伐过度，高原明珠——泸沽湖四周已是荒山秃岭，次生林多，水土流失日益严重。大理州有 204 个贫困村的生态遭严重破坏，今年已有几个地区发生严重滑坡，造成人畜伤亡，村庄被毁。由于以上原因，森林对雨水和气候的调节作用越来越小，导致气候和农业耕地生态恶化。合理利用山区资源，保护生态环境是这些地区面临的重要问题。

　　考察途中，我们刚从渡门出发，冶炼厂的高炉正在出炉，熔化的矿渣，犹如一条火龙，又像一条悬挂在山间的火红瀑布，向金沙江直泻而下，虽遥相望去，仍蔚为壮观。同行外国专家，要求停车，用变焦距镜头，拍下一张张照片。他们感慨地说，那里面还不知有多少宝贵的东西！你们把它扔了，而且让它不停地倾盆长江，不是在人为地制造灾害、污染生态环境吗？

六　应进一步强化乡镇企业的法制观念

　　我们在丽江县城东考察金山白族自治乡的塑料回收加工厂时，看到一个矮小瘦削的少年，正在未有劳动保护的情况下，以手为工具，不停地将状如黑色薪炭的塑料原料，置于电动粉碎机内，周围塑料粉末和颗粒四溅。同行的外国专家见状甚为惊异，立即频频拍照，并询问其年龄，得知年仅十三岁。此种违反《劳动法》的现象，竟发生在较先进地区的城镇，有损于我国形象，造成不良影响。究其原因可能是法律知识宣传不够，乡镇企业干部向钱看，法制观念薄弱。因此，进一步强化乡镇企业的法制观念教育，迫在眉睫，是非常必要的。只有这样，才能坚决执行《劳动法》，保护未成年人的利益，也使乡镇企业得以健康地发展。

（1991 年 10 月返京后撰写）

加强区域协作,发挥各自优势,
使民族史学研究更上一层楼

——中国民族史学会第四届代表大会暨
第六次学术讨论会开幕词

中国民族史学会第四次会员代表大会暨第六次学术讨论会,经过积极筹备,终于如期在秀丽的塞上名城、宁夏回族自治区首府银川市召开了。我代表中国民族研究团体联合会、中国民族史学会和中国社会科学院民族研究所致以衷心祝贺;对前来参加本届学术讨论会的各族代表表示热烈欢迎!我们这次会议从筹备到接待工作,得到银川市委、自治区社科院、宁夏大学和宁夏史学会等单位的大力支持和资助。银川市委书记陈育宁同志和自治区社科院的领导,很重视这次会议,亲自领导了会议的筹备工作,对此,我们表示衷心的感谢!

这次会议,是在我国国民经济第八个五年计划胜利完成,党中央和八届人大四次会议制定"九五"计划和提出 2010 年远景目标纲要的新形势下召开的。面对这跨世纪的宏伟蓝图和新长征的纲领,进一步坚定了我们建设社会主义的信心,增强了责任感。只有不断开拓民族史研究的新局面,为祖国精神文明和物质文明建设作出更大贡献,才不辜负历史所赋予我们的光荣使命。

"八五"期间,在党中央的领导和邓小平同志建设具有中国特色社会主义理论的指引下,我国经济、文化事业又有了很大发展,祖国面貌日新月异,为举世所瞩目。随着经济建设的发展和改革开放的深化,我国民族学科以前所未有的磅礴气势迅速发展。学科建设和研究工作取得很大成就，为建国后发展最好的时期之一。无论是少数民族通史、专史、古代民族史、民族关系史、民族志的撰写，或是资料译编、工具书及地图集的编纂等等方面，都硕果累累，出版了一批颇有影响的中国民族史著作，发表了很多高质量民族史专题论文，编纂了大型辞书和历史地图集等。并对一些既有学术性又有现实意义的重大问题，在全国展开了多次讨论和探索，取得了可喜的成果。与此同时，民族史学科研队伍，也得到不断发展，一批包括许多民族在内的中青年研究教学人才迅速成长，有些已崭露头角，成为业务骨干。以上种种，使我国民族史学研究呈现一派欣欣向荣的局面，为我国民族史学的进一步发展打下了良好基础。

本届学术讨论会的议题是：探讨中国民族史研究中的重点、热点、难点及所存在问题。这个议题很重要，值得深入探讨。围绕这个议题展开充分讨论，不仅可以为制订今后五年、十年内的研究规划提供参考意见，而且关系到今后学科的发展方向问题。只有方向问题解决了，学术研究才能有的放矢，向纵深发展，学科才能有所开拓，有所前进。

当前，促进中国民族史学科发展一个重要方面，就是要进一步解放思想，摆脱过去研究范围和研究方法的限制，要研究新情况，探索新问题，开拓新领域，改进研究方法，更新智力结构。需克服过去的封闭性、单线性思维和研究习惯，采取立体交叉的研究手法，也即进行多学科的综合研究以及与社会调查相结合的办法。这就要求我们不仅要有扎实的史学基本功，而且还要有其他社会科学乃至一些自然科学方面的知识。既要注意汲取传统史学有益的成分，又要注意吸收国外一些有价值的研究成果和方法，多渠道地吸收营养，以提高鉴别能力，并使研究方法多层次、立体化，适应民族史学发展的需要；更好地与现实结合，为社会进步服务。

我国正处于现代化建设和经济、文化发展时期，党和国家一切着眼点在于如何发展我国包括民族地区在内的经济、文化，消灭贫困和落后。因此，民族史学也应为此目的服务，要为不断提高各族人民的经济、文化生活水平及素质而努力奋斗。需要研究总结民族地区历史上经济、文化发展的规律、历代民族政策的作用及影响、教训等等，这对民族地区的现代化建设是大有裨益的。为此，今后民族史研究，除了继续进行一些综合性和专业性的通史、政治史、民族详史研究外，还应不断开辟新的研究领域。

民族史学要加强对近现代史的研究，特别是当代史研究。近现代史研究，向来是民族史研究中一个薄弱环节。要改变这种状况，一方面需要真正贯彻"百花齐放，百家争鸣"的方针，不要混淆学术与政治的界线，提倡宽松的学术气氛；另一方面，要由国家资助，尽快地多出版些质量高的有关少数民族近现代史论著和通俗读物，这对贯彻中央一贯倡导的向各族人民尤其是青年一代进行爱国主义教育、集体主义和社会主义教育，有着特别重要的意义。

当前我们正处于承前启后、继往开来的伟大转折时期，民族史学工作者任重而道远。为了对民族史学的发展前景真正做到心中有数，还得进一步完善民族史方面的第九个五年学科发展计划和 2010 年远景发展规划，加强国内外资料情报工作，互通信息，密切配合。在全国总的发展战略方针下，发挥各自优势，有所侧重，避免"各自为政"，课题重叠，经费不足，以致造成人力、物力、时间浪费的现象。同时，要适应新形势，引进竞争机制，注重研究学术的社会效益，使一批有真知灼见的传世之作，能在大浪淘沙的竞争中脱颖而出，也使民族史学工作者自身在历史的挑战面前，经受磨炼，增长才识，以促进民族史学的繁荣和发展。

这次会议还有一项重要任务，就是改选学会领导班子。我们衷心希望能产生新一届精干的领导班子，使今后学会各项学术活动，更加蓬勃地开展起来，取得更大的成就。最后，祝会议圆满成功！

（1996 年在宁夏回族自治区首府银川市召开的"中国民族史学会第四届代表大会暨第六次学术讨论会"的开幕词）

探溯中华文明渊源　促进两岸学术交流

——海峡两岸中国民族史学术研讨会开幕词

女士们、先生们：

今天海峡两岸学者欢聚一堂，举行首次海峡两岸中国民族史学术研讨会。我代表中国社会科学院民族研究所，向各位嘉宾表示热烈欢迎，并向积极支持这次大会召开的有关人士致以衷心感谢。

这次大会的主题是"中华各民族的传统文化与中华民族的形成和发展"。即通过对中华各民族传统文化的研讨，探寻中华民族形成和发展的历史轨迹及内在规律。以达到繁荣学术研究，弘扬优秀传统文化，增强民族凝聚力，密切海内外同胞联系，共同振兴中华之目的。

中华民族，是中华各民族的总称，包括我国古代民族、当代56个民族和其他未识别的人们共同体及居住海外的各族同胞。中华民族的形成和发展，有其深远的历史渊源、适宜的地理环境、雄厚的物质基础、先进的政治力量和调整各族关系的政策及优秀的文化传统等等因素。中华民族的振兴也有赖于上述因素的发挥和增强。这些正是我们此次会议的中心议题之一。

中华民族素以勤劳勇敢、富有创造精神著称。在数千年的历史长河中，以其繁荣的经济、灿烂的文化艺术和辉煌的科学技术成就闻名于世。对人类社会的进步产生过深远的影响，中华民族伟大的历史贡献，是中华各族人民智慧的结晶。中华传统文化源远流长、博大精深，其中包括由历史沿传下来的思想、道德、风俗、文学艺术、语言文学、各种制度及科学技术等等。中华传统文化是中国各民族共同缔造，并不断丰富和发展的。

各民族的传统文化，各具特色，多姿多彩，竞相争妍，盛开在中华文化的百花园中。中华各民族间长期杂居共处，密切的政治、经济联系，频繁的文化交流，彼此建立了相互依存、相互促进，交叉吸收、互为渗透，兼容并蓄、交融汇合的千丝万缕关系。汉族与少数民族及少数民族相互间各种文化的双向、多向传播贯穿于中华民族的发展史。中国各民族传统文化对中华民族的形成和发展，起了很大的促进作用。

我们弘扬优秀传统文化，就是要着重弘扬那些最能体现民族精神的精华。例如"天下兴亡，匹夫有责"的爱国情操；"刚健奋进，自强不息"的开拓精神；"民贵君轻，天下为公"的民族思想；"见义勇为，坚贞不渝"的英雄气概；"富贵不能淫，贫贱不能移，威武不能屈"的民族气节；"先天下之忧而忧，后天下之乐而乐"的政治抱负；"兼容宽宏，厚德载物"及"中国一统，世界大同"的豁达胸怀；"勤劳俭朴，实干力行"的民族风格；"砥砺品学，上下求索"的民族气质等等。正是这些精神财富，以及先进的政治力量、雄厚的经济基础和悠久的历史渊源，千万年来营造了我们民族强大的向心力和凝聚力，激励着无数中华儿女为着祖国统一、民族富强、社会进步而进行英勇顽强、前仆后继的斗争，使中华民族百折不挠、历韧不衰，巍然屹立在东方。

我们重视传统文化，并非"发思古之幽情"，因此对其不能抱残守缺、照搬照抄，而需要运用科学方法加以批判地继承，取其精华，剔其糟粕，做到"鉴往而知今"，更好地为现实服务。尤其要面向世界、面向未来，清除民族虚无主义、分裂主义、闭关自守、因循守旧或崇洋媚外等消极因素。立足于弘扬基础上的创新，不断地吸收、引进外来的先进文化而加以革新，与时俱进，构建我们中华民族更加辉煌的当代文化。

最后希望大家能各抒己见，畅所欲言，共同创造互相切磋，求同存异的热烈讨论气氛，为促进海峡两岸学术交流作出贡献。预祝大会圆满成功，朋友们在京生活愉快！

（1993年在北京召开的"海峡两岸中国民族史学术研讨会"上之开幕词）

继承与创新，进一步发扬光大中华文化

——在澳门召开的"全国中华文化
学术研讨会"上致辞

尊敬的女士们、先生们、朋友们，

大家好！

这次有机会来到我国南海之滨、历史名港、秀丽的莲岛澳门，参加"全国中华文化学术研讨会"，共同切磋有关"澳门文化、汉文化、中华文化与 21 世纪"的重大课题，感到十分荣幸。

澳门是我国历史上最早的港口之一，公元 16—17 世纪，澳门已成为中西国际贸易的重要中转站，曾一度辉煌。澳门又是我国中西文化交流的窗口，已有 400 多年之久，形成独具特色的中西合璧文化，成为中西文化同处共荣的典范。澳门在继承和发扬光辉的中华文化，传播西方科学知识和学术思想，促进中西文化交流，构建绚丽璀璨的多元文化方面，都起到积极推动作用，作出了重要贡献。

自 1999 年底澳门回归祖国后，时间虽只有将近两年，但在《澳门基本法》指引下，实现了"一国两制"、"澳人治澳"和"高度自治"的方针，并在何厚铧先生为首的特区政府领导下，政治、经济、文化和社会稳定等方面，已初见成效，取得很多成就。澳门的传统文化和当代文化也有所发展，闪耀着灿烂之光辉。面对 21 世纪，以高科技发展网络信息技术为标志的知识经济新时期，给中国，包括澳门特区在内，带来了新的机遇和挑战。特别是随着我国加入 WTO 及澳门特区经济腾飞所引起的变化，中西文化交流之进一步开展，中华文化、澳门文化在加速经济发展和社会生活诸领域中，必将发挥越来越大作用，影响也会越来越大。

　　作为澳门主体文化的中华文化要进一步发扬光大，就必须科学地继承和创新，使之不断地完善和发展，赋予其新的内容，以适应新时代、新形势之需要。

　　当前对于中华文化，尤其是汉文化和澳门文化研究来讲，着重要探索以下几个问题：首先，需进一步明确汉文化在中华文化中的地位和作用，以便更好地发挥汉文化在新时期的作用。其次，要研究在新的历史条件下，如何继承和发扬中华传统文化、汉文化、澳门文化，使其更好地成为提高人民思想道德和科学文化素质，充分发挥人们在物质生产中之积极性、创造性的精神武器，并成为当代文化重要组成部分。第三，需不断摸索如何对传统文化运用科学方法，取其精华，除其糟粕，推陈出新，特别要立足于弘扬基础上的创新，不断地吸收外来先进科学文化。同时，还要加强对传统文化的演变和发展全过程及客观规律的研究，研究其与现代化之关系，与当代文化之关系、与社会生活之关系等等，做到"鉴往而知今"，以便更好地为现代社会服务。

　　总之，澳门文化、汉文化、中华文化面对 21 世纪，要研究和解决的问题很多。因此，这次中华文化研讨会，以此为主题，不仅具有学术意义，而且具有重要现实意义。我们希望在这次学术研讨会上，各位专家学者能敞开思想，各抒己见，团结合作，开好这次会议，为澳门经济、文化等发展献计献策，以期对澳门历史、文化及汉文化、中华文化今后之研究，能起到积极推动作用，为开创汉民族研究工作新局面，作出新贡献。

　　这次研讨会的召开，得到了澳门特区政府的大力支持，受到了提供资助和促成此次研讨会之东道主——澳门社会科学学会的热情接待，我谨代表汉民族研究会，并受中国社会科院民族研究所之委托，表示衷心的感谢；对嘉宾们的到来，表示热烈欢迎；向鼎力支持和促成本次研讨会的澳门社会科学学会会长黄汉强先生及社科会全体同仁，表示诚挚的敬意。最后，预祝会议取得圆满成功！

　　　　　　　　　（2001 年在澳门召开的"全国中华文化学术研讨会"上的致辞）

增进国际合作，开拓影视人类学新领域

——在"兰州·2002影视人类学国际学术研讨会"之开幕词

主席先生，女士们、先生们：

第二届中国影视人类学国际学术会议，经过积极筹备，终于在我国西北历史名城、古代丝绸之路出入口的重要都会兰州召开了。我谨代表大会组委及中国民族学会影视人类学分会向大会表示衷心祝贺，对前来参加本届学术讨论会的专家学者和新老朋友们表示热烈欢迎。

这次会议得到兰州大学和兰大西北少数民族研究中心及兰州铁路电视台的大力支持。他们做了很多筹备工作，并在财力、人力和物力等进行了多方面的支援。值此会议开幕之际，我们表示诚挚谢意；对兰州大学西北少数民族研究中心主任、影视人类学研究所所长杨建新同志的积极促成和所作贡献，对所有为会议出力的同志，表示崇高的敬意。

自1995年，在我国北京召开第一次影视人类学国际会议，迄今已有七年之久。由于经费等种种原因，我们未能按时召开全国性的学术活动，对此，学会感到十分抱歉。不过，在此期间，影视人类学在我国则有很大发展。其中最突出的有两点：一是全国影视人类学专业研究机构在原有基础上又增加了，全国各地拍摄了更多的影视人类学片。第一次影视人类学国际会议后，云南社科院成立了影视人类学研究中心。1997年在云南大学成立了东亚影视人类学研究所。2001年在兰州大学西北少数民族研究中心，亦成立了影视人类学专业研究机构。在云南大学、云南民族学院、中央民族大学、广西民族学院等，都开设了影视人类学课程，云大东亚研究所与国外学者合作，开办两期影视人类学高级进修班，进行人员培训，为我国培训影视人类学高级人才。与此同时，我国对外学术交流活动和参展国际影视人类学的学术活动日益频繁，使我国专业人员进一步了解国外影视人类学界信息，扩大了视野，丰富了知识，对学科的发展，起了很大的推动作用。根据有的学者统计，这几年我国拍摄的影视人类学片有五百多部，加上改革开放前拍摄的影视人类学片，已有上千部。拍摄内容十分广泛，有综合片、专题片、习俗片、风情片、传统文化片，也有反映当代文化人类学影视片，反映民族地区新世纪、新生活、新面貌等当代文化影视片等等。其中不乏内容及表现皆佳的精品，并获得了影视人类学国际奖项。1996 年，中国社科院民族研究所与法国国家科学研究中心合作在青海拍摄的记录藏族传统宗教文化片——《神圣的鼓手》，获得了 1998 年第 17 届法国国际人类学电影节特别提名奖；2000 年 4 月，在德国哥廷根举办的国际民族志电影节，由云大高级进修班学员拍摄的 5 部影视片，就有 4 部入选。2001 年 10 月，在德国莱比锡第 44 届国际电影（视）节上被邀请参加的中国代表有 13 人；他们来自北京、云南等多个单位。电影节特别增加了"中国影视人类学电影回顾展专场"，选映了自 1956—2001 年期间中国拍摄的人类学影视片 20 部，入围的就有 10 部。此期间，我国影视人类学界与德、法、美、澳、意、挪、日等国同行进行了广泛学术交流活动，并签订了多项合作拍片协议。

我国影视人类学发展的第二个突出之点，是理论研究的长足进步。在总结实践经验的基础上，这几年影视人类学理论研究方面，在我国也取得了不少进展，各地都撰写了一批有一定质量的专业论文，就影视人类学片拍摄之目的、意义、内容、主题，拍摄的原则、方法，调查与拍摄的关系，表演艺术、现代化手段、高科技的应用等等方面，进行理论学术上的研究和探索；出版了影视人类学专著，如《影视人类学国际学术讨论会论文集》、《影视人类学概论》，翻译了国外影视人类学著作《影视人类学原理》。特别是去年出版的由影视人类学分会组织编写的《影视人类学概论》一书，是我国第一本影视人类学专著，填补了我国影视人类学界的空白。此书对影视人类学研究对象、方法和任务，影视人类学历史形成和发展，影视人类学的基本特征和拍摄原则，人类学电影的多元功能、人类学片的拍摄与制作，现代视听科技在影视人类学中的应用与影视人类学之关系以及当前影视人类学在我国发展中存在的问题等等，进行了全面系统而深入的论述，是一本有中国特色及重要学术价值和现实意义的著作，现已成为我国民族院校影视人类学教材。

我国的影视人类学以 1956 年为起点，至今虽然已发展了四十多年，但与国外影视人类学界相比较，无论在拍摄的数量、质量、广泛性、普遍性、实用性、现代化拍摄手段，还是表现手法和理论研究等等方面，都还有一定差距。我国影视人类学的现状和发展还不能令人满意，我国的影视人类学仍属一门新兴学科、薄弱学科，仍处于发展时期。有关影视人类学学科发展方面的许多问题，有待今后进一步研究探索，必须要加大力度，加快速度，迎头赶上国外影视人类学的拍摄水平、技术水平，在理论上、方法上、拍摄手段等等方面来一个突破，与时俱进，开拓创新，有所建树，向着繁荣兴盛的目标奋进。

我们这次会议的主题是"影视人类学与 21 世纪"。面对新世纪，今后我国影视人类学发展方向是什么？任务是什么？这是一个值得研讨的问题。在 1995 年首次国际学术讨论会上，我曾经谈了自己的意见，面临新世纪，我认为仍有适用之处，现再简单地谈一谈。

当前，我们面临的时代，已经和过去的 20 世纪 50 年代 60 年代不同了，也和我国改革开放初期的国内外形势不同了。当时，我们"抢救文化"和弘扬民族文化，主要是为民族政策和民族工作服务，为民族地区的民主改革和社会改革服务，为民族团结和祖国统一服务，这是完全必要的，同时，对学科发展也起到了积极的推动作用。但当今正处于全球化、知识化、信息化和高科技发展时期，我国面临现代化建设新时期，改革开放新时期，社会面貌、价值观念、商品观念、意识形态和生活方式上都在起着急剧变化，均不同于过去。各族人民已处于新生活、新面貌、新文化时期，影视人类学的任务、目的、要求和过去亦应有根本的区别。现代化建设及加入"WTO"以后，对少数民族地区从政治、文化、思想观念，以及生活方式到上层建筑各个领域都会带来一系列变化。新的历史时期要求中国影视人类学界在继续拍摄一些弘扬民族传统文化的影视片外，要特别及时了解新情况、反映新面貌、新文化以及新旧交替的过程和发展趋势，建立适合于新时代的更加完善的具有中国特色的影视人类学的思想体系和理论体系，为世界影视人类学的发展作出新贡献。这就要求我国的影视人类学从过去以研究社会形态和一般的传统文化为主要内容，发展到主要以研究民族地区现代化建设和改革开放及当代社会的物质文明和精神文明为重点，以发展为主旨。根据国外对国际人类学影视片的反应和我国电视台在国内收视率的数据，人们对不同文化较之传统文化有更多的重视和关注。

在我国影视人类学学科发展中，还要加强影视人类学知识普及工作，使我国影视人类学不仅走向世界，还要走向社会、走向家庭。因而，建议电视台、影剧院，今后不要光放映历史片、故事片、刑警片、侦探片等，也要放映一些社会科学方面的纪录片，特别是要放映一些影视人类学片，可以编辑影视人类学系列片、专题片、综合片等，在电视台、影剧院和家庭内播放；以便普及人们的学科知识，使我国的影视人类学片能更好地为民族地区社会主义现代化建设服务，为各族人民的共同富裕和繁荣服务，为学科的发展服务。

必须强调，在我国影视人类学发展中，还存在缺乏系统的先进理论做指导，理论落后于实践；缺乏统一的规划和组织计划，拍摄方法、个性处理及深度不够，现代化手段较差，操作技术和方法较落后以及资金严重不足等等诸多问题，皆有待于今后进一步研究和解决。而在国外，不少国家无论在理论上、实践上，还是拍摄的手段和技术上，都取得引人注目的成就，并已具有相当高的水平，有许多值得我们借鉴和学习之处。因此，本届影视人类学学术讨论会，国内外专家学者会聚一堂，不仅能促进我国国内影视人类学学者的学术交流，共同提高，而且无疑也是我国影视人类学界向国外同行学习的好机会。

本届会议有一项重要议程，即对选送的影视片开展评选工作，这在我国影视人类学学术活动中，尚属首创。我们衷心希望这次评选活动能顺利进行，达到预期目的。

本届会议还有一项重要任务，即要改选影视人类学分会领导班子，产生新一届的领导班子。我们衷心希望能将热心于学会工作、能力强、有才干、符合条件的人选入学会领导班子，把学会今后的工作做得更好，更加朝气蓬勃。最后，预祝本届学术讨论会取得圆满成功。

（2002 年在兰州市第二届中国影视人类学国际学术会议上之开幕词）

追根溯源,深化汉民族研究

——在 2002 年炎帝与汉民族国际学术研讨会上的致辞

主席先生,女士们、先生们:

2002 年炎帝与汉民族国际学术研讨会,经过积极筹备,终于在汉民族始祖之一炎帝故里和华夏文化发祥地之一宝鸡召开了。我谨代表汉民族研究会向大会表示衷心祝贺,对前来参加本届学术讨论会的专家学者和新老朋友们表示热烈欢迎。

本届会议,得到宝鸡市人民政府和宝鸡炎帝研究会、宝鸡文理学院的大力支持。他们做了很多筹备工作,并给予人力、物力和财力等各方面的资助。值此会议召开之际,我们表示诚挚的谢意。对汉民族研究会常务理事、宝鸡炎帝研究会常务副会长兼秘书长霍彦儒先生的大力促成和所作的贡献,对一切为会议出力的同志表示崇高的敬意。

多年以来,在各方面的赞助和推动下,汉民族文化学术活动和研究取得了不少成果,发表和出版了一批有影响的论著,汉民族文化的学术活动和学术交流日益频繁,从事汉民族研究的队伍不断扩大。这反映在要求参加汉民族学术讨论会的学科分类和人数越来越多。前几年在湖南长沙、广西南宁和福建泉州召开汉民族学术讨论会,参加人数最多时达到 130—140 人,汉民族研究学会的研究和活动出现了欣欣向荣的局面。特别是去年 10 月,在澳门社会科学学会黄汉强先生的倡议和澳门特区政府的大力支持下,召开了"澳门文化、汉文化、中华文化与 21 世纪"学术讨论会,取得了圆满成功。反映汉民族学术会议成果的由有关地区和部门组织出版的汉民族研究论文集,已出版了四本,还有两本,澳门和福建两地正在排印中,不日即将出版。在全国各地发表的有关汉民族研究的论著,更是不胜枚举,此不赘述。

汉民族研究近几年虽然取得了不少成就,但需要研究和解决的问题仍然不少。其中有些问题与现实生活和政治、社会活动有密切关系,但又未取得一致认识,需要进一步深入研究,取得共识。例如,炎黄二帝的族属问题、"炎黄子孙"的含义和代表性问题、春秋战国时期楚、秦、周、吴等国政权的族属问题、华夏文化与民族文化及中华文化有无区别等等问题,都存在不同的认识。特别是关于"炎黄子孙"的提法,经常在人们讲话和文字表述中出现和重复。中央一些领导同志也常常以"炎黄子孙"一词,作为团结海内外各族同胞和振兴中华的用语。究竟应该如何理解和界定"炎黄子孙"、"炎黄文化"的内涵及外延,这不仅牵涉到在学术上怎样认识我国国家和民族形成过程中的一元化和多元化的问题,而且在现实生活和政治上也会带来一定的影响。往昔,在一部分汉族学者中,有一种传统看法,即认为"炎黄子孙"只能指汉族,他们在口谈笔撰时,只谈汉族,而不涉及其他任何民族;另有一部分少数民族作者,也认为"炎黄子孙"只是指汉族,不包括少数民族在内。他们认为我国是多民族缔造的国家,汉族有汉族的祖先,少数民族有少数民族的祖先,我国是祖源多元化的国家,不能将各民族混而为一。因此,当有些学者提出"炎黄子孙"之内涵可以概括和代表少数民族时,他们持有异议。有内蒙古和新疆的学者就提出:我们蒙古民族和新疆的一些民族怎么成了"炎黄子孙"的汉民族了?当他们听到人们在报告或撰文中,光提了"炎黄子孙",就认为只提了汉族而未提少数民族,或认为此词并不能代表少数民族在内,对此提法就有意见,将会给民族团结和政治上带来一定的影响。至于"华夏文化",是否能等同于"民族文化"和"中华文化"、"中国传统文化"的含义和范围等等问题,也多有不同认识,争论未止。

总之,在汉文化研究中,还有一些涉及汉民族的历史、语言和文化等诸方面深层次的学术问题及与现实有关的问题,需要进一步探讨和认同,以便把汉民族研究之学术水平向纵深发展一步。但是,诸多问题要在几次会议之讨论中都得到解决,是不可能的。本届学术讨论会,因时间有限,只能重点解决一两个实际问题和理论问题,若能如此,就算有收获了。更多的问题要有待于今后深入地展开讨论和探索。

　　本届会议主题为"炎帝，姜炎文化，周秦文化与汉民族"。考虑到与会同志的不同专业和撰写论文之便，在主题下，分列了若干子课题，供大家研讨时做参考。希望与会同志敞开思想，各抒己见，发扬百家争鸣、百花齐放、与时俱进、推陈出新的精神，把会议开好，使会议开得卓有成效，出现一种学术上生动活泼、团结和谐的气氛，对今后汉民族研究能起到积极推动作用，把汉民族学术研究水平推进到一个新的发展阶段。最后预祝本届学术讨论会取得圆满成功！

（收入《炎帝与汉民族论集》，三秦出版社 2003 年版）

加强都市人类学研究　为繁荣民族经济服务

各位同志、各位专家：

　　1989 年 12 月 28 日至 1990 年元月 2 日，在北京召开了第一届都市人类学国际会议，几十位各国都市人类学的研究工作者和实际工作者荟萃一堂，共同切磋，就都市人类学的理论和任务以及最新的研究成果进行了学术交流，对不同国家、不同地区、不同民族的都市进行比较研究。这无疑对我国民族学的发展和都市人类学的开展，起到了积极的推动作用。那次会上，一些国内外学者，为在中国更好地开展都市人类学的研究工作，加强与国际都市人类学家的联系和交流，建议成立中国都市人类学会。此建议得到了我国学者和实际工作者的支持。经过一年多的筹备，在国家民委的关怀和领导下，经过民政部审批，终于在今天召开中国都市人类学学会成立大会，实现了大家的愿望。对此，我代表中国社会科学院民族研究所向大会表示衷心的祝贺，向组织筹备这次会议的国家民委和一些热心的专家、学者，致以诚挚的谢意。

　　中国都市人类学学会的成立，标志着我国都市人类学已经成为一门独立的学科，并即将进入一个新的发展阶段。都市人类学在我国还是一门新兴的学科，加强其研究，对于我国人文科学和应用科学的发展，具有重要意义。近几年来，由于我国改革开放政策所取得的成就和影响，我国城镇企业有了很大发展，包括一些少数民族地区在内，出现了一些新的大城市，中小城市亦如雨后春笋般地发展起来。我国城市人口迅速增长，经济结构和人口结构亦起了很大变化，民族成分越来越复杂。不论是汉族居住地区，还是少数民族居住地区，几乎所有都市都居住着不同民族。我国散杂居少数民族人口有 2300 万，已超过少数民族人口总数的 1/5，分散在全国各地。有的民族如回族和满族几乎分布在全国各个地区。他们在都市城镇建设和我国现代化建设中，都作出了重要贡献。特别是少数民族地区，都市的发展，对于整个民族振兴和国家的建设，起着越来越大的作用。当前加强对都市人类学的研究和应用，不仅对学科的发展有重要意义，而且还具有重要的现实意义。都市人类学是人类学中，以都市为对象，研究其物质文化和精神文化的学科。学会成立后，任务是多方面的，当前最迫切的研究内容，就是要积极贯彻今年年初民族工作会议所提出的根本任务——发展民族经济，特别是要贯彻今年邓小平同志南巡讲话的精神。要紧紧抓住发展经济这个中心，要加快改革开放和经济建设的步伐。都市人类学还应当本着邓小平同志所指出的两手抓的精神，在加强物质文明研究的同时，也要重视精神文明的研究。根据我国的国情和建设具有中国特色的社会主义的实际需要，亦应建立具有中国特色的都市人类学的研究内容和理论思想体系，即研究当代民族关系发展规律和现代化进程中与民族有关的城市发展战略。具体地说，应重点研究都市的作用、特点及其对民族经济的影响、都市的辐射作用。要通过国内外都市民族关系研究，探讨当代民族关系的发展规律，探索边疆城市对外交流和边境贸易的问题、都市民族教育的发展与科技振兴问题、不同文化的共同繁荣发展和涵化问题、城市民族人口发展趋势及 21 世纪城市民族人口展望研究、城市规划问题、生态环境问题、宗教信仰问题以及诸多社会问题，并在深入进行调查研究的基础上，为党和国家决策提供丰富的情况资料和理论依据，为学科的繁荣作出贡献。

学会成立后，可以学会的名义，通过向国内外集资和争取基金等方式以及争取国家帮助的办法，组织国内外都市人类学工作者到民族地区城镇及都市进行考察和咨询工作，同时，也可以组织民族地区的有关工作者，到沿海和苏南地区在商品经济、改革开放和发展外向型经济以及文化、教育与科技等等方面较发达的都市进行考察学习，交流经验，建立各种形式的经济联系和协作关系。为加快都市改革开放的步伐和民族经济的发展，应充分发挥学会的组织、协调和沟通作用。

我们希望都市人类学会成立后，在加强对外联系、促进学术交流方面，也能充分发挥其作用，并取得积极成果。我国对都市人类学的研究和应用较晚，应该承认，中国都市城镇的发展实践，已经走在理论的前面。

我们不仅对民族地区的都市缺乏深入研究，而且对汉族地区的都市，也研究得很不够。而在国外，有不少国家无论在理论上、资料上都取得了引人瞩目的成果，并且已有相当的基础。因此，加强对外学术交流，学习他们的先进理论、经验和方法，必然会大大丰富民族学的研究内容，推动我国都市人类学的发展。

最后，祝中国都市人类学会成立大会取得圆满成功，并预祝中国都市人类学会在今后的学术活动中取得丰硕的成果。

谢谢！

（1992 年在北京"中国都市人类学学会成立大会"上致辞）

再接再厉 开创都市人类学研究工作新局面

各位代表、各位专家：

首先，我衷心祝贺中国都市人类学会第二届会员代表大会的召开，并预祝此次会议和学会领导班子的换届取得圆满成功。

中国都市人类学会自 1992 年成立以来，在国家民委的领导和关怀下，在李德洙会长、杨侯第常务副会长等学会领导班子主持下，学会工作显得很有生气，充满活力，取得颇大成绩。在开展学术活动，加强国内外学术交流，参加国际会议，组织调查研究，促进学科发展，扩大专业队伍等等方面，采取不少措施，做了很多工作，获得可喜成果。在学会工作推动下，团结联系了国内外都市人类学工作者，组织发表一批具有现实意义和学术价值的论文，培养了一批人才。都市人类学研究方面，无论是数量抑或质量，都比过去有很大提高。都市人类学当前在我国方兴未艾，正处于一个新的发展阶段。

多年以来，我国在邓小平同志关于建设有中国特色社会主义理论的光辉照耀下和党的方针、政策的指引下，加快改革开放步伐，经济发展速度居于世界之首，国民经济各部门都出现了欣欣向荣的局面。由于现代化建设和地区经济发展的需要，我国城镇企业较前有很大发展，包括一些少数民族地区在内，一批大城市和新兴中小城市如雨后春笋般发展起来。我国都市人口迅速增长，经济结构和人口结构起了很大变化。少数民族数量、延伸面和各民族的关系不断扩大及增强。他们在都市和城镇现代化建设中所作贡献越来越大，各族间经济、文化交流日益密切。特别是民族边境地区城镇都市的发展，对于巩固国防、民族振兴和国家发展，都起着极其重要的作用。因此，当前加强都市人类学包括对都市历史、社会、经济和文化等诸方面的研究和应用，不仅有理论学术意义，而且具有重要实践意义。

对都市人类学所面临的任务，在本学会成立之初，我曾经谈了自己的意见。根据当前形势，我认为这些任务仍需继续进行下去，总的精神是要积极贯彻邓小平建设有中国特色社会主义理论与实践。为此，应围绕以下四个方面开展工作：①必须遵循小平同志的理论，继续紧紧抓住发展民族经济这个中心，这是新时期解决民族问题的根本途径。要加快改革开放步伐，总结脱贫致富的经验教训，努力缩小东西部差距，促进各族人民走共同富裕的道路。②必须遵循小平同志关于社会主义建设要"两手抓两手都要硬"的思想，在加强物质文明建设的同时，要重视精神文明建设，建立良好的思想道德风范。对民族文化的研究，在注意发扬传统文化的同时，要特别加强对当代文化的研究。③根据我国国情和建立具有中国特色的社会主义实际需要，应建立具有中国模式的课题研究和理论思想体系，为学科的繁荣作出贡献。④在提倡进行调查研究、个例分析、宏观和微观相结合的基础上，为党和国家决策提供丰富的信息资料和理论根据，为促进党的民族工作和民族繁荣及加强民族地区都市建设服务。

我本人衷心希望，都市人类学会此次换届后，在学会新班子的领导下，百尺竿头更进一步。在组织学术活动，加强对外交流，开展学术研究，促进学科发展，培养队伍等等方面，能充分发挥学会的作用，并取得积极成效。应当承认，我国都市人类学学科的建立和发展起步较晚，虽然已取得一些成果，但尚未解决的问题仍然不少。总的情况是，中国的现代化建设和都市城镇的发展已走在理论的前面。许多问题有待我们去了解、探索、总结和解决，并在充分吸收外国和前人已取得的科研成果基础上，建立中国都市人类学先进的理论和方法。而当前在这些方面还很薄弱，有待民族工作者和民族学、人类学科研工作者，特别是中青年一代去开拓创新。

最后，祝中国都市人类学学会第二届会员代表大会取得圆满成功，并预祝学会新领导班子在学会工作中取得丰硕成果。

（1997 年在"中国都市人类学学会第二届会员代表大会"上的讲话）

继往开来　再创辉煌

——衷心祝贺民族研究所成立 50 周年

主席、各位来宾、同志们、朋友们：

　　值此庆贺民族研究所成立 50 周年之际，作为参与建所工作的老同志，我的心情十分激动。在此仅向今天到会的领导和同志们表示衷心的祝贺，并对曾经为民族所的建立和发展建功立业及为民族研究工作作过贡献的数十位已故的同志表示深切的怀念和敬意。

　　50 年以前，就是在这个院内的 2 号楼，中科院民族研究所正式成立了。由于它是我国第一个全国性中央级少数民族综合性多学科的研究机构，是 1956 年毛泽东主席指示和倡导要在全国开展大规模少数民族社会历史调查工作的产物；特别是根据当时社会主义改造和建设以及民族工作与民族研究的需要应运而生的，因此它的成立受到了中共中央、国务院有关部门和社会各界的关注和重视，将其看作是民族工作中一件大事。我记得成立的那天，前来祝贺和参加成立大会的同志很多，其中包括中共中央和国务院有关部门的领导和代表、学术界和高校的代表、已成立的有关省区 8 个调查组的领导和代表、学术界名流如翦伯赞、吕振羽、刘大年等，还有苏联莫斯科大学著名民族学专家博克沙洛夫等，有二三百人之多，可谓宾朋满座、盛况空前。在成立大会上，汪锋同志代表中共中央统战部和中央民委对民族所的成立表示热烈祝贺，中科院哲学社会科学部副主任潘梓年同志也讲了话。与会全体人员还在民院文艺楼前摄影留念，科学出版社并为此出版了纪念文集，书名为《民族工作的跃进》。民族所成立后的第一任所长，即由中央民委副主任刘春同志兼任（其后 1962 年族语所和民族所合并后，所长则由全国政协副主席包尔汉同志兼任）。中科院民族所的成立，标志着我国民族研究工作进入了一个新的发展阶段，具有积极的现实意义和深远的历史意义。

建国以来，我国的民族工作和民族研究工作经历了毛泽东时代的黄金时期和邓小平、江泽民、胡锦涛改革开放新时代的黄金时期。而民族所的建立和发展之全过程，就是这两个黄金时期反映在民族研究领域的缩影。

50年来，特别是1978年改革开放以来，在中共中央国务院有关部门和中科院、中国社会科学院等党委的领导下，在全体科研人员和职工的努力下，民族所有了很大发展，面貌发生了根本性变化。在此，我想略举二、三例为证：

例一，50年来，党组织不断发展壮大。1958年，民族所刚成立时，只有6个党员，一个支部。1962年，两所合并后，党员增至20多人。经过50年发展，现有在职党员89人，离退休党员101人，党员总数为190人，有党支部11个。党员人数已增加数十倍，建立了所党委，领导力量大为增强。

例二，科研机构和学科设置不断完善发展，日益健全。民族所刚成立时，只有民族问题室、民族历史研究室、民族问题编译室、图书室和行政办公室等5个机构。而今民族所的设置，随着我国政治、经济、文化、社会和学科的发展与民族工作的需要，已扩大为民族理论、民族历史、社会文化人类学、宗教文化、世界民族、语言文化、文献等学科和诸多专业方向的研究，仅研究室就有11个，加上行政部门、党政科研管理部门，机构已增至20多个。研究所并管理着7个全国性学会和5个研究中心等等。研究人员，建所时，只有50多人，而今在职人员已有159人，离退休170人。全所在职人员最多时曾一度发展到二百数十人，为学部人数最多最大的一个所。现可能仍为社科院人数最多的研究所。职称结构上，具有高级职称者，民族所建立时只有十多人，而现今在职者已发展为78人，离退休人员中则数字更大。

例三，从科研工作数量和质量来讲，都有很大提高。民族所建立至1966年前，科研工作虽然有不少进展，但由于诸多原因，发表和出版之论著并不多，屈指可数。1978年改革开放以来，为我所论著发表之最，据科研处之资料，50年来，我所出版之专著有600余种，译著300多种，发表论文 4000 多篇，拍摄人类学影视片 70 余部（集）。质量上也有很大提高。我所论著和对外合作项目中，很多项目曾获国家和省部级特等奖、一、二、三等奖、荣誉奖等等，有多项论著和工具书为精品和传世之作。

我所其他方面的进步亦很明显，大家有目共睹，我就不多列举了。当然，我所在 50 年发展中也有不足之处，如我所在硬件建设上还较差，特别是在科研工作发展中，还存在着一些问题，有待于全所同志，通过纪念活动和在今后工作中很好地总结经验教训，除弊兴利，采取积极举措，加以改进。

自 2007 年中央经济工作会议以来，胡锦涛同志和中央曾多次提出，要贯彻"又好又快"发展经济和各项事业之方针。我想民族研究工作亦应循此方针，以科研质量和社会效益为根本，不断提高科研成果的质量和数量。科研工作本身是一项艰苦事业，它既是脑力劳动，又是体力劳动，要求科研人员必须具备无私奉献、刻苦钻研、奋发图强之精神和雄心壮志，才能多出人才、多出成果、多出精品，有所建树。只有不畏崎岖艰险者才能攀登科学高峰。

作为从事民族研究工作的老同志，我衷心希望广大中青年，青出于蓝而胜于蓝，在民族研究工作中，坚持科学发展观，披荆斩棘、锐意改革、开拓创新，使民族研究更上一层楼，再创辉煌。

（2008 年年底在"庆祝民族研究所成立 50 周年大会"上之发言）

加强客家方言研究，促进汉文化发展

——在汉民族研究会第五次专题学术讨论会（第九届客家方言研讨会）开幕式上致辞

主席、女士们、先生们：

值此第九届客家方言研讨会召开之际，我谨表示衷心祝贺，对在座的各位海内外专家学者的光临表示热烈欢迎。

汉民族研究，从 20 世纪 1986 年 6 月在广西南宁召开第一届全国讨论会，迄今已有 24 个年头。特别是 1996 年，由十四个高校和科研单位联合发起，在费孝通、林耀华、牙含章、陈永龄、吴泽、陈国强、张正明、章开源等资深专家积极倡导下，在台湾李亦园院士、唐屹教授等支持下，大陆成立汉民族研究会。学会成立后，汉民族研究之学术活动更加频繁，前后共召开了 11 届年会暨 6 届国际学术讨论会。汉学会和有关方面合作，除召开正常的年会暨国际学术讨论会外，还召开了 4 次专业性较强的小规模专题性学术讨论会：第一次是在澳门汉学会和澳门社科联联合召开的，主题是"汉文化、澳门文化、中华文化与 21 世纪"；第二次是和云南社科院合作，在昆明召开，主题是"汉文化、多元文化与西部大开发"；第三次是在河南洛阳与河南省政协、河南省社科院联合召开的，主题是"中原文化与汉民族研究"；第四次，是中国社科院与四川省民族所共同召开的，主题是"汉民族文化与构建和谐社会"。不论是年会暨国际学术讨论会，还是专题性学术讨论会，都出版了汉民族研究论文集，已出版了 10 本论文集。一些著名和资深学者与民族工作者，如费孝通先生、李亦园先生、统战部江平副部长等都曾亲自参加会议，莅临指导，并作了重要讲话。以上一系列的学术活动、论文集的出版和专家们所提供的论文与发言，对推动和促进国内汉民族研究之发展，都起了积极作用，与会学者专家都作出了贡献。其中有些专家学者和民族工作者今已仙逝，对他们的大力支持汉民族研究和汉学会工作，我们深表怀念和敬意。

本次会议是第五次专题学术讨论会，会议主题确定为"客家方言研究"，这是个很好的课题，具有重要的现实意义和学术价值。

客家为汉民族的一个族群，是汉民族庞大和优秀的支系。研究汉民族，不能不研究客家的历史、文化和语言。如上所述，汉学会召开过多次汉民族研究学术讨论会，对客家问题虽有所论及，但一直没有机会进行专题研讨，而本次专题学术讨论，以客家为研究对象来进行研讨，弥补了这方面的不足。

据闻，民间流传通俗说法："有太阳的地方，就有客家人的足迹"，"有华人的地方就有客家人"。客家人在历史上自秦汉以来，特别是两晋后，历经唐、宋、明、清等朝代，中原地区汉人由北向南多次大迁移（有说五次、有说六次），形成如今庞大之客家支系。客家到底有多少人？在国内尚无准确数字，但据有学者引用国外媒体材料称，全世界约有客家人1.2亿，他们分布在国内19个省市自治区180多个县市区，分布在国外东南亚和欧美80多个国家和地区。据了解，在我国广东省就有客家人2000多万，四川有200多万，台湾地区有300万—400万，香港人中（700余万）有三分之一为客家人。他们已经融入当地社会，和本地人与周边民族互相融合，互相吸收，共同进取，成为一支巨大力量，发挥着重要的作用。

客家又是一支优秀汉族群体。客家人自从迁入南方后，继承、发扬和传播了中原地区汉族的先进文化和先进的生产力。他们继承和发扬了汉族固有的勤劳勇敢、吃苦耐劳、坚忍不拔、战天斗地、发奋图强、爱国爱乡的爱国主义精神和革命精神，即所谓"客家之民族精神"。正如有些学者所说，他们重礼仪、重孝道、重义气，表现了中原汉人的遗风和气质。在我国历史发展长河中，客家人涌现出无数优秀的代表人物，如古代史上，张九龄、朱熹、文天祥、袁崇焕等，近现代史上的洪秀全、孙中山、宋庆龄、朱德、叶剑英、康克清、贺子珍、郭沫若、丘逢甲、曾宪梓等等。客家人在发扬汉民族爱国主义精神方面，还突出地表现在推翻封建王朝，抗击外来侵略和民族民主革命中，他们都作出了杰出贡献。

客家语为客家人一个重要标志，亦具有中原汉人遗风。它既不同于当今之汉语，也不同于当地和周边民族的语言，而具有独特性。上世纪50—60年代，民族识别工作中，有人误认为客家是一个独立之民族，即以此为据。对客家人的研究已有一百多年之历史。对客家人迁徙、源流和历史、习俗等等方面，皆有不少研究成果，许多问题已取得一致看法。但对客家语言研究尚有不足之处。故我认为本次以客家方言研究为主体，是非常必要的，这是汉文化和客家研究向纵深发展的表现。客家方言是我国汉语八大方言之一，客家人中有"宁卖祖宗田，不卖祖宗言"之说。在历史发展长河中，客家人虽历经迁徙，但仍保留着中原汉语古音，保留着古代汉语特点，并与很多地方和周围民族之语言语音互相交融、相互吸收，而形成发展为自己独特的语言。故这次以研究客家方言为中心，研究其形成、结构及与古汉语和当地周围民族语言之关系等等，都具有重要学术价值。

此外，语言是文化重要组成部分，它与诸多学科有着密切的联系，与地区和国家政治、经济、文化及社会发展有不可分割的关系。深入对客家方言的研究，不仅有学术价值，亦具有积极现实意义。因此，如何进一步发挥其在振兴中华文化中的积极作用，应是学者研究的重点之一。

我本人长期从事民族史和民族学研究，对语言学特别是对客家方言没有专门研究，在此就不再"班门弄斧"了。所谈谨供参考。最后，诚祝学术讨论会取得圆满成功。

（2010年在北京召开的"第九届客家方言研讨会"上之讲话）

融合共荣　内聚统一

——《云南通史》出版发布会发言稿

同志们、朋友们：

由何耀华先生总主编的巨作《云南通史》6 卷本，从 1996 年组建编写组至付印出版，已历经 16 年。由于全体编写组专家学者团结合作，艰苦奋斗；由于云南省委、省政府、省政协、省社科院等的高度重视和大力支持；由于社科出版社编审同志的认真负责精神和该社各部门的密切配合，《云南通史》终于和广大读者见面了。这不仅是云南各族人民的共同心愿，亦是全国学术界和民族史学界的一大盛事。值此出版发行之际，我谨表示衷心的祝贺，并对编写组全体同志和一切支持过此书的单位和个人所作的贡献，致以崇高的敬意。

《云南通史》是一部高质量、高水平之专著。阅后我感到写得很好，很生动。理论性、学术性、史实性、知识性、政策性和科学性都很强，有鲜明的地区特点和民族特点，图书之设计和装帧也很精美，可谓通史编写中的一个典范。我本人受到很大启发，得益匪浅。这部书之所以能达到高质量、高水准的要求，一方面是由于作者皆属于资深的专家学者，有很高的理论水平和学术水平，也得益于本书总主编和分卷主编的编写指导思想很明确，方法得当，并有开创精神。

本书作者，根据云南地区的历史实际情况，以"融合、统一"作为云南历史主轴，妥善地处理了王朝史、地区史和民族史三者之关系。以王朝史为背景，为坐标，突出了云南地区史和民族史两大特色，无论从总体上或是分卷之编写上，都突破了长期以来王朝体系和汉族中心论的束缚。

并密切关注到与中原地区及中央王朝在政治、经济、文化方面的联系和相互影响，与周边地区及境外诸族的彼此交流。

云南位于祖国西南边陲，民族众多，山川秀丽，是中华文明最早发祥地之一。众所周知，人类产生多源，而不仅限于非洲一个地区，在云南地区发现的动物群化石和古猿遗址，即可证明。在历史发展长河中，云南各民族共同缔造了云南地区的历史和文化。长期以来，在云南这块土地上，各民族互相交流，相互吸收，互相融合，团结合作，和谐相处，共同发展，并与内地和中央王朝有着千丝万缕的联系。各民族在发展地区政治、经济、文化及共建和谐社会中，作出了各自的贡献，共同开拓和保卫着祖国西南边疆，建立了历史上良好的民族关系和今天各民族分布之格局。

本书作者正是抓住这些地区和民族特点，以"融合、统一：云南历史发展的主轴"为核心，对云南地区发展之脉络，进行深入探索。其立意独特，行文气势磅礴，令人耳目一新。总主编以及本书作者用翔实的资料，生动的笔触，围绕着"融合、统一"这条主线，简拢地论述了从夏、商、周、春秋战国，经秦汉魏晋南北朝、隋唐五代、宋辽金，直抵元明清及近代的云南发展史。既从民族学、人类学的视野，探讨了诸族之间"夷变夷"、"汉变夷"、"夷变汉"的民族融合过程，又从历史学角度论述政治联系，经济、文化交流，对祖国内向力和凝聚力的加强，寓融合共荣于内聚统一之中。历代中央王朝在云南采取的设置郡县、行省制度，建立孔庙学校，开展军屯和民屯，实行改土归流等等措施，都在宏观上对促进民族融合，起了不同程度的积极作用。而南诏国、大理国的统一和民族融合，也为中国大一统创造了有利条件。自汉族进入云南境内后，特别是元、明、清时期，大量汉族移民之迁入，把相对先进的经济、文化带到了云南地区，形成了各族之间互相交流、相互吸收、彼此融合、"你中有我，我中有你"、共同发展、密不可分的新局面。从而为当代我国社会主义民族关系的发展，建立和谐与小康社会，共同振兴中华，奠定了良好的基础。

总之，本书内容丰富，立意新颖，资料翔实，主题思想明确，论述全面深入，既有理论分析，又有史实验证，脉络清晰，逻辑性强。本书取材上，除大量运用汉文资料外，还注意吸收少数民族文献资料及考古学、古人类学等多学科研究成果，提出自己独到见解和不少新观点。本书在广度和深度上都填补了云南地区历史研究上之空白，是融学术性、理论性、知识性、科学性和可读性于一体之精品。它将是一部传世之作，亦是一部当今进行爱国主义教育、社会主义教育和民族团结教育的好教材。同时，本书采珠撷英，开拓创新，从各方面揭示了云南历史发展的规律和亮点，对研究中国通史、专史、中国与东南亚、南亚交流史等皆有重要参考价值。因此，本书具有重要的理论学术价值和现实意义。

最后我想谈一点希望和建议，《云南通史》多卷本，已出版包括古代史和近代史两大部分，作为完整的中国通史和地方通史亦应包括当代史部分。因此，我建议此书将来可再出续编，增加当代史部分，以总结和反映新中国成立后，云南各族人民在中国共产党领导下、艰苦奋斗、发奋图强、开拓创新所取得的伟大成就和云南翻天覆地之变化。并希望能早日实现此愿望，期待《云南当代史》尽快问世。

（2012 年在"《云南通史》出版发布会"上之发言稿）

第 三 编

影视人类学脚本

《哈萨克族游牧社会》（纪录片拍摄脚本）

　　初稿完成于1963年，共分三集：第一集哈萨克族社会的生产力和生产关系；第二集生活习俗；第三集哈萨克人民的新生。参加合作编写的同志为杜荣坤、萧之兴、安瓦尔。最后由杜荣坤负责统稿和定稿。1980年打印前，又由杜荣坤进行修改补充。

　　（注：1985年至1995年，中国社会科学院民族研究所已拍摄完成《中国哈萨克族》系列人类学影视片。）

第 一 集

解放前哈萨克族社会的生产力与生产关系

画　面

（一）

祖国地图的轮廓。地图上画出我国哈萨克族的分布：新疆、青海海西蒙藏哈萨克族自治州、甘肃省阿克赛哈萨克族自治县。

（动画）镜头推向新疆维吾尔自治区，用线条勾出伊犁哈萨克自治州的范围，地图上标明木垒、巴里坤两哈萨克族自治县的名称，以及天山、塔尔巴哈台、阿尔泰山、准噶尔盆地，伊犁河、额敏河、乌伦古河、额尔齐斯河、布伦托海、帖勒海里湖、赛里木湖……

（特写镜头）

蓝天白云，晴空万里，雄伟壮丽的阿尔泰山和天山：高耸入云的

解说词

（一）

哈萨克族是我国少数民族之一，共有人口八十余万（注：2010 年增至 140 万）。主要分布在新疆维吾尔自治区北部、青海海西蒙藏哈萨克族自治州（现在为海西蒙古族藏族自治州）等地。

新疆维吾尔自治区北部的伊犁哈萨克自治州是我国哈萨克族比较聚集地区，此外木垒、巴里坤两哈萨克自治县也有一部分哈萨克人居住。伊犁哈萨克自治州南靠巍峨的天山山脉，西接塔尔巴哈台山，阿尔泰山环绕着自治州的北部和东北部。中间是广袤无垠的准噶尔盆地和伊犁谷地。

在这些气势雄伟、绵延不绝的群山中，蕴藏着无尽的宝藏。山顶上长年白雪皑皑，雪线下覆盖着茂

山峰覆盖着白雪，山坡上葱翠郁茏的原始森林，山谷里清澈的河水弯弯曲曲奔腾向前。

奔流不息的额尔齐斯河。
伊犁河两岸优美的风光。
渔产丰富的布伦托湖……

（特写）一群盛装的男女哈族青年策马而过，霜鬓银发的老人在河边饮马。
远处传来悠扬的木笛声……

夜晚，明月当空，繁星闪烁。篝火旁，一群牧民围坐着，静听草原老歌手弹奏"冬不拉"，讲述本民族的历史。

（二）

绿茵茵的草原上，牛羊成群；密林缘边骏马在奔驰，骆驼踱步在长满骆驼刺的戈壁滩上……

密的森林，山麓有水草丰美的天然牧场，地下埋藏着丰富的矿产。

冰山雪峰融汇成无数条大小河流，纵横奔泻，灌溉着两岸肥沃的土地。比较著名的河流有伊犁河、额敏河、额尔齐斯河和乌伦古河等。

在我国悠久的历史中，有多少扬鬃骏马饮过这里的河水，又有多少剽悍的骑士驰骋在其两岸肥美的草原上。

哈萨克是我国古代西北游牧民族的后裔。哈萨克之名虽正式出现于15世纪，但其族源和历史可以追溯到两汉时期的乌孙及后来的突厥、乃蛮、克烈等等。新中国成立前，我国哈萨克的部落名称中，仍保留着这些反映历史渊源关系的名称。

（二）

哈萨克族以经营游牧畜牧业经济为主，主要牲畜有绵羊、山羊、牛、马、骆驼、驴等，其中尤以伊犁马、新疆细毛羊驰名中外。

新中国成立前，哈萨克虽然已进入了封建社会阶段，但仍保留着以血缘关系为纽带的部落氏族制度的残余。牧民们大多以部落氏族为单位，过着逐水草而居的游牧生活。部落氏春天，冰河解冻，冰块随着河水缓缓漂流，春雀在薄云中上下穿梭。

早晨，位于低旷平原上的一个"阿吾尔"。"阿吾尔"内正进行紧张的搬家活动。身着哈族服装的男女老少从事各种活动：有的拆卸毡房，有的捆行李……驮运的牲畜在一边溜达……

中午，牧民们沿着山谷里的河水，正在迁移。一个老年妇女骑着马走在前面，妇孺老少步行在当中，其他牧民，有的骑马，有的牵着驮行李的骆驼、牛、马，有的赶着羊群……

午后，迁移的牧民走近路边一个"阿吾尔"，"阿吾尔"内的牧民出来迎接，并拿出各种食物热情地招待他们。吃完以后，牧民又向前行进。

傍晚，迁移的牧民在山间的一个有泉水的地方停下来，匆匆忙忙地搭帐篷，有的挖坑，有的提水，有的烧饭。

平旷的山麓，一片肥美的春牧场。

住在春牧场的一个"阿吾尔"。

族组织的基本单位称为"阿吾尔"。

一到春季，哈萨克族牧民以"阿吾尔"为单位，从冬牧场转移到春牧场。牧民搬家时带走自己的全部财产。搬家的交通工具主要是牛、马、骆驼等。

按牧民的习惯，驮队由"阿吾尔"长的妻子或阿吾尔内的年老妇女骑马领先。男子分别赶驮队羊群。

哈萨克族是一个热情好客的民族。凡是前来拜访、投宿甚至过路的客人。无论是否相识，一定热诚招待。这支迁移队伍也受到附近"阿吾尔"牧民的热情接待。

四季牧场的距离往往十分遥远。冬牧场到春牧场的距离，一般是5—6个牧站。春牧场到夏牧场10—15个牧站。一个牧站就是一天的路程。牧民在每个牧站要停留几天再往前迁移，他们用帐篷或毡子架设人字形的小毡房过夜。

这是春牧场。春牧场一般在山麓的平旷地带。

哈萨克牧民族在春牧场主要从

"阿吾尔"内正在进行紧张的接羔活动。很多小羊羔在"阿吾尔"的中心吃干草。毡房里一个妇女用勺给羊羔喂奶。放在火炕土上的铁锅盛满奶子。

一个牧民揹着毛织口袋进毡房，初生羊羔从袋口探出小脑袋。

羊圈（用木栅栏围成的）一边有一个小羊羔栅栏。

羊圈的另一边，几个牧民正在剪羊毛，小孩在捆羊毛，妇女晒羊毛。

夏季。

高高的夏牧场一望无际，草原上盛开着各种鲜艳的花朵，丰美的牧草随风飘荡，犹如波浪起伏。山谷里的河水奔腾咆哮，流向远方。

在狭长的山谷中，分布着一个个的"阿吾尔"。镜头推向一个"阿吾尔"。"阿吾尔"的中间是羊圈。羊圈的周围架设着 10—15 个毡房。

毡房群中，有一个高大华丽的白毡房。几个老年人走向这个毡房，并在它前面的草地上坐下来，有的喝着马奶子，有的吸着莫合烟，其中有一个年龄最大的在讲话，其他人都点头表示同意。

事接羔，这一工作不分男女。接羔的操作很复杂，但接羔工具甚为简单，主要是一只毛织口袋。

春牧场上另一项重要的工作是剪羊毛，男女老少都要参加。剪毛的工具主要羊毛剪刀。

这是一个夏牧场，牧民从六月中旬开始转移到这里。盆地周围的群山是良好的夏牧场。

这是一个哈萨克的"阿吾尔"。阿吾尔，哈萨克语是圈子的意思。一般由三五户至七八户组成也有一二十户的。参加"阿吾尔"的成员，大多由同一氏族血统的直系亲属组成。户数没有固定，一到夏季，参加"阿吾尔"的户数增加，秋季减少，冬季基本上都分散。

按习惯，每个"阿吾尔"，有一个"阿吾尔巴什"（阿吾尔长）。"阿吾尔"的名称通常用阿吾尔巴什的名字命名。他不是经过选举和任命，而是习惯上为大家所公认的，一般是由有威望的长老或富有牧户

"阿吾尔"的牧民从事着各种紧张的生产活动。有的妇女煮奶，有的妇女做奶疙瘩、奶油……有的男子在修理马鞍子，有的男子在修理生产工具。

秋季，树叶凋落，草原发黄。一个山谷里，许多小孩在密林丛中采摘黑樱，装在皮袋里。

住在山麓旁的一个"阿吾尔"的全景。在"阿吾尔"的空地上，男人们杀羊，妇女们在制作冬肉和马肠子。

山坡上，散落着星星点点的羊群。一个牧民将几十只公羊赶到羊群中去（进行交配）。

一部分牧民在用搊镰割草。

冬季，起伏不断的山丘覆盖着

之主来充任。他有权决定"阿吾尔"内的很多事务，如决定牧场转移的时间，使用"阿吾尔"的人力、畜力、摊派差役，决定成员的去留，处理"阿吾尔"内部纠纷和解决对外争执等。遇到重大事情，他就召开长老会。

牧民的生产活动，诸如搬家、放牧、割草、畜产品加工等，都以阿吾尔为单位进行。

新中国成立前，哈萨克地区部落氏族制度，随着社会历史发展，其内容已发生了很大变化。地域关系和阶级关系逐渐代替了血缘关系，因此，"阿吾尔"的组成大体可分为三种情况，即：成员是由同一祖父的近亲组成；由本氏族的成员所组成；由外氏族、外部落、外民族的成员所组成。以第二类情况为最多。

这是一个秋牧场。秋牧场是冬牧场和夏牧场之间的平旷地带。牧民九月初搬到这里。

秋牧场上主要的生产活动有交配、剪秋毛、打草等等，并为过冬做各种食物贮藏的准备工作。

这是一个冬牧场。冬牧场一般

皑皑白雪，狭长的山谷中分布着稀疏的土房。土房的周围有三四个毡房。牧民将山坡上的雪堆积到洼地里。瘦弱的羊群在草坡上啃草皮。几个妇女把雪装在毛口袋中，拿到家里融化成水。

冬天的一个夜晚，狂风怒吼，大雪纷飞，羊群跑到外面，暴风吹走了盖在毡房顶上的毡子，毡房内有几个小孩蜷缩在一起，又冷又怕，哇哇直哭。

第二天午前，雪上有很多倒毙的牲畜，牧民蹲在畜尸旁，愁容满脸。

毡房的前面，几个牧民在给牲畜治病。有的牧民在察看牲畜的肚脐，有的牧民将牲畜的耳朵刺破放血，有的牧民在马脖子的两旁放血。

一个牧民抱着一只有病的羊到毡房前，由阿訇面对这只羊念经祈祷。

（三）

在山麓、河流的两岸，一片片未开垦的肥沃处女地。

硕果累累的苹果园里，几个哈族姑娘正在摘苹果……

几个哈萨克人用坎土曼开垦荒

要选择向阳的山坡地和河流沿岸的低地或沙丘之间避风的凹地上。牧民们十一月底迁到这里。这时期，人和牲畜都食用雪水。

过去，牧区缺少棚圈，冬草也贮备不足，遇到"朱特"（雪灾），牲畜大量冻死、饿死。1953年，在阿尔泰发生了大雪灾。当地有80%的牲畜死亡。

牲畜得病，牧民采取土法治疗。通常是在病畜的不同部位刺破放血。

如果牲畜得了疯病，牧民就按宗教的习惯念经祈祷。

（三）

哈萨克族除经营畜牧业外，有一部分人还兼营农业。一般种植耐寒的作物，像青稞、小麦等。其他作物有玉米、水稻、高粱、糜子、马铃薯、胡麻、甜菜等，并盛产各种瓜果。伊犁的苹果，色艳味美，闻名全疆。

他们开垦荒地的工具是木犁、

地，几个人在用二牛抬扛，几个人使用马拉洋犁。

镜头推向二牛抬扛。一个妇女把种籽从裙子兜里拿出来撒种，一个牧民用木耙耙地。荧幕上，出现了一片已经种完的耕地。

麦浪滚滚，许多男子在紧张地收割，也有一些妇女参加，小孩跟在后面捡麦穗，捆扎小麦。

一个打场的场面。有的将几头牛串在一起踩场；有的用三四匹马踩场；有的用石磙碾场，几个人用木锨扬场；几个妇女用筛子筛麦粒。

几个人在麦堆的周围坐下，一个阿訇用锨沿麦堆的周围铲一下麦子，然后坐下来念经，麦子的主人要给阿訇一筛子麦粒。

几个人把麦子装入口袋，背往毡房那边去。几个人挖坑，把麦子倒入坑内，坑上铺麦草，用土覆盖着储藏起来。

镜头推向毡房前面晒在毡上的麦子，一个妇女正在旁边用石磨磨面。

（四）

一个"阿吾尔"的全景。

坎土曼和进口的洋犁。

农业生产的技术很落后。不选种、不施肥、不除草、很少浇水。春天种完以后，就上山过游牧生活，秋收时下山收割庄稼。

收割庄稼时，男女老幼都参加。收割工具主要是镰刀和搁镰。

哈萨克族农民打场的方法。有的将几头牛串在一起打场，有的用三四匹马打场，有的用石滚打场。此外，用木锨扬场，用筛子筛麦粒。哈萨克人的农业生产技术受到附近维吾尔族很大的影响。大部分的生产工具，如木犁、石滚、筛子等等都是从维吾尔族地区传来的。

打场完后，场上的麦粒要经过一定宗教仪式以后才能食用。

哈萨克人没有专门的粮仓，把麦子储藏在土坑中。

哈萨克人通常是用石磨磨面。

（四）

哈萨克的手工业是和畜牧业紧

毡房的前面，有一个妇女正在织布。镜头推向妇女在织布机上操作。旁边有几个老年妇女纺线和放着几档子已经织好的布和毛线。

毡房里几个妇女在绣花，荧幕上出现各种刺绣品，如枕套、被面、手巾、头巾等等。

缝纫工。毡房内有一个妇女用手摇的缝纫机做衣服。另有一个妇女用手缝衣服。旁边放着各种形式的男女服装。

一个老年的靴匠正在制作皮靴。

(五)

冬季。在一个严寒的早晨，几个牧民骑着马，带上猎枪、猎狗和老鹰去打猎，他们追赶几只狐狸穿过森林。在一个广阔的荒野中，追逐一群黄羊，猎狗冲进一群黄羊中去，咬住了一只黄羊，牧民用猎枪击伤了几只黄羊。

猎人把屠宰的黄羊放在火上烤。一个牧民把猎获的黄羊肉分给猎手。

夏季的一天，额尔齐斯河水碧波荡漾，有几个哈萨克族的渔民正在河面上捕鱼，把鱼网撒在河中，拉上来大量鲜鱼。倒在船舱里，鱼儿在舱里翻腾跳跃。

密相连的，基本上是家庭手工业。产品很少，主要满足自己的需要。

哈萨克族的妇女用羊毛、驼毛和皮革制成衣服、口袋等各种生活用具、生产工具和一部分家具。

刺绣在哈萨克族妇女中很流行，艺术水平甚高，产品的种类也比较多，上面有反映畜牧业生产的各种图案，色彩瑰丽。

哈萨克族的手工业还有缝纫和制靴。

(五)

在深山密林里，有许多珍贵的野生动物，如猞狐、银狐、蓝狐、野马、熊、豹、海狸、水獭、旱獭、水貂、紫貂、灰鼠、麝鼠、羚羊、天鹅等等。

打猎是哈萨克族牧民的副业生产，是生活来源之一。打猎的工具主要有土枪、猎狗，鹰、狼夹子等等。猎获物由参加打猎者平均分配。

伊犁河、额尔齐斯河及其他河流湖泊中盛产各种鱼类。伊犁河的鲤鱼、额尔齐斯河与乌伦古河的鲟鳇鱼、红鱼等等都是很有名。

（六）

一个"阿吾尔"的全景。毡房前面摆着搭毡房用的木栅、家具、马具。有几个牧民用羊和羊羔去交换这些东西。一个牧民用一个羊羔换了一个马鞍，把马鞍放在马背上，高高兴兴地骑着马儿奔驰。

一群维吾尔族商人，带着很多日常用品来到"阿吾尔"，几个哈萨克族牧民出来迎接他们。

毡房前面铺着地毯，毯子上面放着布匹、装饰品、香料、茶叶等各种生活用具和一部分生产工具。一群男女牧民拿着羊皮、羊毛、毡子、绳子等东西走过来围着商贩，交换自己需要的东西。

一群牧民骑着马，带着骆驼，赶着一群牛羊和马匹，来到很热闹的城市。

城市中，有着很多商铺，摆着各种百货，维吾尔、汉、乌孜别克、塔塔尔等民族都到商铺中买东西。一个哈萨克族牧民带着羊皮到商铺要换条绒布。几个哈萨克牧民出卖马匹，手中拿着很多银圆，高兴地点数。牧民的小女儿从父亲手中拿了几个小银圆佩戴在衣服上作为装饰品。

铁工房。一个汉族铁匠在打马掌，旁边有一个哈萨克的学徒压羊

（六）

新中国成立前，哈萨克族的生产工具和生活用品都来自畜牧业，本身种类也比较简单。集市一般是用物物交换的形式在内部交换，来满足自己的需要。

此外，附近的维吾尔、乌孜别克、塔塔尔等族的行商，到哈族地区交换牧民的畜产品和手工业品。他们以物易物，进行不等价的交换。

有些哈萨克族牧民，也到北疆的阿尔泰、塔城、伊宁、乌鲁木齐、奇台等城市，用畜产品和牲畜来换取牧业和农业的生产工具和各种生活用具。交换时，没有固定的价格，双方自行拟定，以物易物为主。一部分大牲畜要用货币购买。货币一般被牧民当作装饰品使用。

哈萨克族和汉族等其他民族之间的互相往来，促进了各民族之间

皮风箱。有个哈萨克牧民带着一支坏的猎枪，到铁工房和铁匠握手问好，汉族铁匠放下手中的活，修理牧民的猎枪。

在城市中。有一家规模很大的洋式商店，商店里摆着各种外国百货，如布匹、猎枪、日用品、装饰品等等。一个外国商人坐在柜台后算账。有一个哈萨克牧民带着几张狐狸皮到商店里想换猎枪。商店老板看了狐狸皮以后，将银圆扔在牧民的面前，不换给他猎枪，牧民生气地走出去。

（七）

镜头从巍峨的山峰推向一片绿郁郁的森林，山阳面有茂密的柏树、榆树、松树等等。密林中流着清清的泉水。泉水边上有一个高大华丽的宽敞的白色毡房。

镜头对着毡房的大门，门上雕刻着各种美丽的图案。门渐渐敞开了，镜头推向毡房内部。

毡房内，右边放着哈萨克式的木床。木床上铺着一层层的褥子，床头放着两个很厚的鸭绒枕头。门的对面，堆着十几条绸缎的被子。被子上面绣着各种颜色的图案。左边挂着狐狸、狼等皮张，马具和各种装饰品。

的经济和文化的交流，加强了民族团结。哈萨克族的牧民学习了汉族和维吾尔等民族的先进生产技术，丰富和提高了自己生产水平，促进了哈萨克族社会的发展。

但是，帝国主义和封建统治者勾结在一起压榨哈萨克牧民的血汗，控制土特产品，严重破坏了哈萨克族的经济。

（七）

我们下面介绍哈萨克族在生产过程中人和人之间的关系。

新中国成立前，哈萨克族牧区属于游牧宗法封建社会。一方面，保留着部落氏族制度残余，另一方面，由部落头人、宗教上层、大小牧主巴衣们组成封建统治阶级。他们占有大量牲畜、牧草场和生产工具，并享有各种封建政治特权，对广大牧民进行沉重的剥削，自身过着奢侈的生活。这是一个巴衣的毡房。"巴衣"是财主的意思。他们掌握着哈萨克族的大部分财富。这些东西都是剥削牧民的血汗得来的。

毡房的前面，有很多羊羔、牛、马和骆驼。镜头从羊圈推向山坡。山坡上一群群膘肥体壮的羊在吃草，马儿在蹓跶。几个衣着破旧的牧民在放牧。

山麓下是一片片的庄稼，麦浪起伏，渠水缓缓地流入田中。几个衣服褴褛的哈萨克人拿着坎土曼进行灌溉。

庄稼的一边。有高大的土墙，土墙上堆着很高的干草。有几间房间，一间房中放着各种农业生产工具，一间房中堆满着粮食。

在平原上散布着四五个破烂不堪的矮小的毡房。镜头推向一个毡房，毡房的门是芨芨草和破毡子做的。毡房内，右边放着芨芨草做的帘子。帘子内放者锅、碗、口袋、面等生活用品。帘子旁边放着木床。床上铺着破烂的毡子。门的对面，

新中国成立前，哈萨克牧区10%的巴衣们占有牲畜总数的50%。牧主一般都占有几千头或几百头牲畜，而牧民则仅有少量牲畜，甚至无畜。例如，伊犁哈萨克自治州特克斯五区，新中国成立前无畜户和少畜户占总牧户的70%。牧草场名义上是部落公有，实际完全掌握在巴衣手中。有些地区牧草场被牧主霸占后，牧民放牧牲畜要缴纳租金，如在冬牧场放牧，每100只羊要缴纳租羊一至二只。

哈萨克族以牧为主，但新中国成立前也有一部分牧民，由于遭受经济剥削和天灾人祸，丧失牲畜，兼营或从事农业。少数巴衣掌握着大量的耕地、水渠。伊犁尼勒县黑山坡区1025户，有838户没有耕地，占81.7%。伊犁专区占农村人口4.6%地主，占有31%的土地。而塔城县哈尔巴克乡占全乡人口7.6%的地主、富农，占有全县60%以上的泉水、河渠和95%的生产工具。

哈萨克族中被剥削阶级，分成夏尔瓦（一般牧民）、克待依（贫苦的牧民）、加力奇（牧工）三个阶层。他们拥有的牲畜数不同，是哈萨克社会生产的主要担当者，占人口的大多数。

这是一般牧民和贫苦牧民的

放着几条旧被褥，被褥上面放着破皮袄。左边挂着马鞍、马笼头等等。

每个毡房前拴着三四只至七八只数量不等的绵、山羊。有的门前还拴着一两匹马和几头牛。

牧工破烂的帐篷。帐篷的盖子是用口袋做的。门的右旁放着皮窝子等物，左边放着一个木碗和一个木勺。帐篷门的对面铺着一个破毡子。毡子上面铺着一条破烂的褥子。上面放着一件破旧的皮大衣。

（特写镜头）

几个面容憔悴，衣着破烂的女奴在从事各种家务劳动，挤奶、擀毡、磨面等。

一个巴衣正要狠狠地举鞭抽打蜷缩在毡房边的女奴。

熙熙攘攘的集市上，几个男女奴隶被捆绑着，旁边两个人正在讨价还价。

午前，巴衣毡房前面的草地上。坐着四五个巴衣，穿着华丽的衣服，喝着马奶子，听着"冬不拉"，谈笑风生。巴衣的妻子给他们倒马奶子。旁边煮着羊肉。

远处，一个牧民从山坡上赶下很多牡马；几个妇女正在挤马奶。四个妇女打羊皮，三四个妇女搓绳子，一个妇女织布；三四个老年妇女在旁边纺线；四五个男女打毡子，四五个妇女做毯子。

毡房。

他们之间的主要区别，表现在牲畜占有量的多寡上。

最下层的是"加力奇"（牧工）。除了劳动以外，一无所有。他们经常依靠出卖自己的劳动力来维持全家生计，终年过着缺衣少食的生活。

此外，哈萨克族地区也有少数奴隶。男的称为"苦尔"，女的叫做"昆"。一般是战争中被掳或被俘的，在社会生产中不占主要地位。他们主要替部落头人或富牧从事家务劳动或放牧牲畜。地位最为低贱，可以在集市上任意买卖。

巴衣们不参加任何劳动，靠压榨劳动人民的血汗，过着豪华奢侈的生活

随着阶级和剥削的产生，在"阿吾尔"内部发生贫富分化现象，出现富裕牧户和普通牧民的区别，改变了原始社会那种共同劳动、平均分配的经济关系。牧主利用氏族制度的形式和习惯，进行封建剥削

牧民们完工后都来巴衣的门口。巴衣的妻子给有的牧民一小圈羊毛，给有的牧民一小碗奶子，有的牧民什么东西都没有得到。

午后，衣衫褴褛的牧工，背着一捆木柴，赶黄羊从下坡走向上坡，累得满头大汗，脚上都磨破了，流着血，显得很吃力的样子。他将背着的木柴搁在一块大石头上，自己靠在石头上休息，用手擦着头上的汗，不断唉声叹气。

牧工将木柴放在巴衣的毡房面前，巴衣的妻子端一小碗奶子给他。牧工还没有喝完奶子，巴衣拿了一

和压迫，"阿吾尔"内，贫苦牧民相互之间经济上虽有互助互济的联系，但不占主要地位。少数富裕牧民占有着大量牲畜、牧场、草场、土地和牧具，而大多数牧民只有少量牲畜、牧场和生产工具。富裕牧民牲畜的牧养、接羔、剪毛、割草、擀毡、挤奶和农副产品的制作及做家务活等，都靠剥削其他牧民的劳动来进行。

贫困牧民因为深受富牧及宗教上层的剥削，缺乏牲畜和其他生产资料，也要仰求于富裕牧民，希望得到畜乳和其他生活资料，以维持其简单再生产和最低限度的生活水平，因此，出现了牧民对牧主的人身依附关系。牧民的劳动都是无偿劳动，没有报酬。牧主有时只给牧民少量的羊毛，有时给一小碗奶子，有的在"民族互助"的名义下什么都得不到。

雇工是哈萨克族牧主的主要剥削对象。牧主利用牧工为自己创造大量作为生活资料和生产资料的牲畜，还进行着各种超经济的剥削。牧工除放牧牲畜以外，要进行运输、打柴、喂马、做沉重家务劳动和晚上看守牲畜等各种无偿劳役。

张皮子叫他搓揉。

晚上，牧工走进自己的帐篷睡觉，刚躺下，正要拿破皮大衣盖在身上，巴衣走进来，要他马上看守羊群。

深夜，狂风怒吼，倾盆大雨，山羊冲出羊圈奔向榆树林，牧工赤脚在雨里追赶着羊群，羊群四分五散，东奔西跑。

巴衣毡房的前面，铺着一层层的毡子和被褥，巴衣在枕头上用手托着下巴仰着头。管家在他的旁边计算牧工的工资。牧工坐在管家的面前。管家牵着一大一小瘦弱的绵羊和破烂的一件皮衣服给他作为工资。牧民很不满意，用刀在大羊的耳朵上穿洞做记号。管家又打开了账簿，借故扣留了刚给他的小羊羔。

巴衣仍躺在毡房的前面。两三个贫苦牧民带着羊羔皮、黄羊皮走到巴衣旁，向他鞠躬问好，将带来的皮张送给巴衣。要求"沙温"（乳畜）。巴衣起初拒绝了他们的要求，牧民们一再鞠躬苦苦要求，巴衣才分给每个人10头左右的"沙温"。他们赶着"沙温"走了。

牧工一年四季白天黑夜辛勤劳动，但工资很低，一般每年的工资只有二三只羊。夏季六个月劳动的报酬只得到几只羊的羊毛和奶子。冬季六个月的劳动。只能得到一只绵羊羔或山羊羔。如塔城地区，牧工放牧牲畜500只，每月只给报酬一只绵羊羔，低的每月只给一头山羊羔。有的牧工放牧100至200只羊，六个月只给十多只羊的奶子喝。由于牧主有各种封建特权，牧工还经常遭到克扣工钱、打骂、凌辱等虐待，有的为牧主放牧了几年没有拿到一头牲畜。

巴衣剥削的方式是多种多样的。他常常通过分给贫苦牧民一些沙温（乳畜）的方法，迫使牧民为他进行农业劳动。如果牧民少了一头"沙温"，就要赔两头。

一个中年牧民走到巴衣面前，鞠躬问好；要求"克里克玛依"（租畜之意），巴衣租给他一匹马。另一个牧民带着一匹马走到巴衣面前，送给巴衣一些礼品。巴衣起身，用手将马从头到下抚摸，发现马背上破了，很愤怒，用二手指示意。要牧民替他劳动两天弥补损失。

旁边走过来七八个牧民，向巴衣鞠躬问好。巴衣给他们每个人分了一二只绵羊。另外一群人，每个人带了三四只绵羊走到巴衣旁边来。

巴衣的管家在一边分给贫苦牧民一些粮食。另一些人背了粮食走到管家面前交给他，管家用筛子将粮食装在口袋里，同时看看粮食是否符合要求，不好的不要。

毡房面前，有一个戴花帽的维吾尔族商人赊给牧民们一些布匹、茶叶、香料等等。几个牧民牵着一些牲畜走过来还给商人。

"克里克玛依"（租畜之意）在哈萨克族中是一种原始租畜的形式。没有牲畜的贫苦牧民、如果搬家、种地租用巴衣的牲畜一天，要为巴衣劳动一天。租畜如果有损伤，要增加两三天劳动，作为补偿。死了一头租畜，要赔偿一个半牲畜。

牧民和巴衣（或牧主）之间借贷关系很普遍。有如下几种情况：①借牲畜。一般的规矩是借来成年的小牲畜，每过一年加一岁，如借一小羊，次年须还一个大羊，借一个两岁牛或马，次年须还一个三岁牛或马。借贷关系中也出现有高利贷，如借了已成年的大牲畜，则每过一年便要带一个小牲畜，借一大羊，次年须还一大羊一羊羔。

②借粮食。牧主每年春季借给牧民一些粮食。借一升粮食，三个月以后要还一升半，六个月以后还三升，一年以后还六升。

哈萨克族牧民还受到附近维吾尔、乌孜别克、塔塔尔等族商人的高利贷剥削。借给一米洋布，三个月以后就要还二米洋布价值的东西，六个月以后，要还一只羊羔，一年以后要还一只大羊。头年借一两银或赊一块砖茶，第二年就要还二岁羊一头。到期不还，要罚一倍或改毡房前面，阿訇正在向牧民征收"乌守尔"和"扎卡提"宗教税。

字幕，内容如右。

偿大羊，如再不还，由大羊而牛，由牛而马，由马而驼，永远也还不清。

哈萨克族牧民还受到宗教上层的各种剥削：

①羊：40—100只者，交羊一只。100只以上者，交两只羊。不满四十只者，按四十分之一的比例交。

②牛：三十头者，出一岁牛，四十头出两岁牛，五十头出三岁牛，一百头出大牛一只。

③宰牲节。也叫库尔班节，羊皮全部交阿訇。宗教税缴纳多少不按人口计。

④农业，不分水、旱田，均按收获量交百分之十的宗教税。

（八）

天空上飘着薄云，山谷里分布着一个个"阿吾尔"。镜头推向一个"阿吾尔"。"阿吾尔"的中间是羊圈。羊圈里面有七八个山羊羔。羊圈的周围有十来顶毡房。在"阿吾尔"当中有一个最大的毡房，有四五个人坐在毡房前面，边喝马奶，边漫谈着。一个老年哈萨克人在中间讲话。

另有几个老年人，走过来，和他们坐在一起。

（八）

哈萨克族还保存着氏族部落残余。部落在哈萨克语中称为"埃利"或者"乌鲁"。"埃利"和"乌鲁"是大大小小的血缘集团。哈萨克族中主要的部落有：乌孙，克烈、乃蛮、阿尔班、克扎衣等。各个氏族的部落有专有的名称。部落头人管理部落内一切事务。各部落之间重大的问题由各部落的头人共同协商解决。这种协商，有时阿吾尔巴什和部落内有威信的老年人一个毡房的内景。有一个壮年妇女在火堆旁边纺毛线，另有一个穿民族服装的姑娘坐着补衣服。外面走进来几个壮年妇女，手里拿着包袱，主人给客人端茶。姑娘走出去。客人是来请婚的，主人表示同意，客人就将包袱交给主人。

另一个毡房的内景。有几个壮年妇女来请婚，主人表示拒绝，这些壮年妇女带着包袱不高兴地走出毡房。

毡房的前面，放着一具被外部落打死的尸体，死者的家属在旁边哭着，一些牧民随着部落头人前来慰问。其中一个牧民要求头人为死者报仇。部落头人愤怒地举起鞭子，高喊口号，号召部落成员为死者复仇。

部落成员骑着马，带着刀、枪等各种武器、奔向外部落。

路上，有一群骑士和他们相会，一起冲到敌对部落中，互相厮杀。荧幕上显出一片人和牲畜的尸体和损坏的许多财物和家具。

"阿吾尔"旁边有一大片森林，有10—15个哈萨克牧民在森林中，用斧头、锯子砍伐木材，有的人把木材的表皮去掉。穿着破烂衣服的不同年龄的妇女，有的烧开火，有的洗衣服。有的妇女和男子一起搓

被邀请参加。

哈萨克族分为内部可以通婚的"埃利"（部落）和内部不能通婚的"埃利"，最大的"埃利"克烈内部可以通婚。

克烈"埃利"发展来的一些乌鲁（氏族）内部不能通婚。

按部落的传统习惯，部落成员在一定的限度内，有互相援助的义务。如果本部落的一个成员被外部落打死时，本部落的成员在部落头人的率领下，要骑马到外部落去示威。或要求对方部落的人偿命，或赔偿损失。常常导致互相厮杀，部落之间发生严重的械斗。

在发生部落纠纷时，血缘关系比较接近的部落也要参加到一方，杀死对方部落的人，抢夺他们的牲畜，严重破坏了牧民的生产和生活。

哈萨克族部落在长期发展过程中，部落原有的传统习惯逐渐消失，分成了剥削部落和被剥削部落。"铁烈"（贵族）部落是哈萨克中的统治部落，他们自称成吉思汗的后代，他们自命为"白骨头"，生来

揉皮张，使之软化和洁白。

有几个穿着华丽衣服的人坐在旁边，弹着冬不拉，喝着马奶子，谈笑风生。

在砍伐木材中，有一个牧民坐在木头上，用手托着头，吸着莫合烟。一个粗脖子的"铁烈"部落的人，走过来用鞭子抽打他，强迫他去劳动。他不愿意并加以反抗，粗脖子的人就叫来几个"铁烈"部落的人把他打死了。其他砍木材的牧民都围在死者的周围，死者的妻子伏在尸体上号啕大哭。他的几个裸体的孩子都掩面而哭。

一个白骨头坐在自己的毡房里面。一个猎人背着枪，拿着狐狸皮走进来向他鞠躬问好，把狐狸皮送给他。

（九）

阿尔泰的艾林郡王的大毡房（由十二个翼组成。每个翼就是一块木栅，普通的毡房只有五六个翼）。毡房的门是木材做的。上面是用漆涂成各种颜色的图案，门上的把是金子做的。毡房的横幅和天窗旁边的毡子是色彩鲜艳的图案。毡房上捆扎的绳子五颜六色。毡房内铺着毯子和毡子，

一个"阿吾尔"内，五十户长正在征收各种税收和摊派。一个穿

就统治"黑骨头"（平民）的。黑骨头就是"玛泰钦"部落，这个部落专门为"铁烈"部落服役。

"铁烈"享有很大的特权，哈萨克族的最高的头人都是由"铁烈"部落的人充任的。白骨头打死黑骨头就像打死一条狗一样，而黑骨头打死白骨头一条命要赔七条命。

黑骨头每年狩获的第一批猎物必须献给他们。

（九）

19世纪后半期。清政府在哈萨克族地区建立了一整套的王公制度。其头目有郡王、贝子、毕、台吉、乌库尔台、扎兰、藏根、百户长、五十户长等官职。乌库尔台以上均世袭，以下虽非世袭在习惯上却也多变为世袭了。

哈萨克族的统治阶级残酷地剥削和压迫广大牧民，掠夺他们的财

着很破烂衣服的牧民抱着他的腿，苦苦哀求免交各种税收和摊派。五十户长拒绝他的要求，并恶狠狠地用鞭子抽打他。牧民再次恳求，五十户长叫来几个人把牧民捆绑起来带走。

王府前面放一个台子，台上站着官吏，几个奴仆用绳子套在牧民的脖子上将他吊死在绞架上。

几个牧民赶了几十只羊到王府，一个官吏点羊的数，发现羊数不足。

监牢。监牢里很阴暗，天窗中射进一线光亮，一个哈萨克族牧民手铐脚镣，坐在地。荧幕上出现各种刑罚的工具。

在一个毡房中，放着几件很原始落后的畜牧业生产工具。

一个牧民在山坡上牧放一群羊。他把两只羊推到崖下摔死。

一个牧民放牲畜回来，走到华丽的毡房前，向巴衣验交一只死羊的耳朵和尾巴，诉说着狼吃的情况。

一个牧民正带着破烂的衣物骑马逃亡。

产，对反抗他们的牧民加以严刑拷打和武力镇压。

牧民"犯罪"者，有"罚九"的，有"罚七"的。"罚一"是九头牲畜，"罚九"要八十一头牲畜。贫苦牧民交不起牲畜，就要长期坐监牢。

在宗法封建制度下，由于牧民们受到封建主残酷的剥削和压迫，对发展生产没有兴趣。生产力十分低下，这是整个哈萨克族社会处于长期停滞和落后状态的主要原因。牧民们为了反抗压迫，进行积极的斗争，主要是采取逃亡和破坏牲畜（包括伪造狼吃的假象来蒙蔽牧主）等斗争方式。如1904年，阿尔泰的哈萨克族大半流亡至昌吉、阜康、玛纳斯、呼图壁、乌鲁木齐、奇台、木垒、北塔山、巴里坤等地，有的还迁往甘肃、青海和西藏。统治者虽下令严禁逃亡，也未能阻止哈萨克族外徙。

第 二 集

哈萨克族的生活习俗

在荧幕上出现的阿吾尔，从远而近。镜头慢慢地移到站在毡房门前的一个妇女身上。

这妇女正在往连衫裙上穿短袖单外衣。

妇女往头上戴白布盖头，又在盖头外披上白布大头巾。

她往穿着软底皮靴的脚上穿硬底套鞋。

有一个姑娘提着两桶水从远而近到这妇女的面前，镜头转向她。

镜头先对准姑娘的耳环，然后对着她的双手和腕部。

毡房里出来一个中年男子：边走边穿着外套，走到姑娘面前站住。

这一集里，我们将介绍我国哈萨克人民的物质文化和生活习俗。

哈族妇女一般夏天穿花布连衫裙，裙子的腰身较细，下摆宽大，长及脚面。在裙子外面穿短袖单外衣。

已婚妇女头戴白布盖头，盖头外披白布大头巾。盖头垂在胸前的部分用丝线绣花。在头巾左上端佩戴一个金、银或珠宝镶嵌的较大的首饰。

妇女外出时穿带套鞋的皮靴。

姑娘穿腰身很细的连衫裙。裙幅上有三道宽滚边。外罩背心，背心边上遍镶珠子和小银币之类的饰品。戴插有枭毛的圆帽。

哈族妇女都戴耳环、戒指和手镯，作为装饰。

哈族男子上身穿白衬衣，下身穿裤，脚蹬皮靴。衬衣外罩单布上这时原先出现的那个妇女从毡房里拿来一顶皮帽和一条皮腰带，顺次递给男子穿戴。

衣，再在外面穿长外套——袷袢。腰束皮带，头戴皮帽。

× × ×

下午一点钟左右，镜头从山上照到山下。这里刚搬来一个阿吾尔，已经架好了几个毡房。镜头转向一个正在架设的毡房，从已围好的木栅开始拍摄架设过程。

从事游牧生活的哈萨克人。除了冬天以外，都住在毡房里，毡房便于架设、拆卸和搬运。毡房由好几个部分组成。这是"克列盖"（木栅）。

一个人站在木栅中央，用棍子挑起毡房的顶架。

这是"羌腊克"。

几个人在栅外把木椽插入顶架和木栅之间。

这叫"乌克"（木椽）。

骨架搭好后，在木栅外围上绘有各色图案的芨芨草席。

这叫"契"（芨芨草席）。

用毛毡蒙盖毡房的外表，并用宽带和毛绳捆扎住毛毡。

毡房的顶部开有天窗。一个妇女在毡房外边拉动连接着盖住天窗的毡片的绳子，掀开天窗。

这是"天窗"，是通风、出烟、透光的地方。

现在介绍毡房的内部。进门右首竖着一道芨芨草席，席后放着碗、盆、木槽和各种食物。

毡房内左前方是存放食品和餐具、炊具的地方。

芨芨草席的上首放挂着帐子的床（靠着室内的左壁）。

床是主人夫妇睡觉的地方。

正对着门的里壁，靠墙放着箱子，箱上叠放着棉被，毛毯和枕头。

这里存放衣服和卧具。晚上，人们在箱前睡觉。

室内右壁挂着鞍具和各种生产工具。

这是放鞍具和生产工具的地方。

屋中央生火的地方，放着一个圆三脚架，架下火焰正旺。

这是做饭的地方。
毡房内地上铺着毛毯。

毡房内，除从门口到生火的地方以外，遍地铺着毛毡。

冬景和一座长方形土屋。土屋内分里外两间。外间有一头小牛和几只羊羔。里间的一侧，靠墙筑着土灶。室内放着床、箱子、被褥、鞍具等物。

一个家庭。男女老幼围坐在铺着毡上的餐布四周，正在吃饭。镜头对向餐布上的食物。

×　　×　　×

毡房里，一个姑娘坐在床边绣花，一个五十多岁的老汉，左肘依着枕头，斜躺在箱前的毡子上。在床前靠外边的毡子上坐着一个中年妇女。火堆前一个青年妇女正在做饭。靠门的另一边，一个青年坐在毡上修理马鞍。青年妇女时而走到姑娘跟前指点她怎样刺绣。

外面传来马蹄声。那青年放下手中的东西，跑出门外。姑娘跟着也跑出去。

毡房外，青年正在把来客的乘马拴到毡房边上。然后，青年推开门，请客人们进屋。

客人们进屋向主人点头、问好，坐下。

哈族冬天的住处和夏天不同。由于阿勒泰一带冬季非常寒冷，人们冬天都住在土屋。土屋用土、石和生砖砌造，一般分里外两间，里间住人，外间放幼畜和生产工具。

这是日常食用的奶疙瘩、干酪、抓肉、牛羊奶、马奶酒、酸奶子。新中国成立前哈萨克的主要食品是肉类和奶制品。

×　　×　　×

家庭是哈萨克族社会最基层的单位。由夫妇和他们的子女组成，在宗法封建制的哈族社会中，男性长者是一家之主，妇女在家中没有什么地位。继承权只属于男子。

哈族家庭一般为大家庭，父母和儿子媳妇住在一起。婚姻一般为一夫一妻制，但是牧主等上层都是一夫多妻。

按照习惯法。同一祖先的后代，七代以内彼此不能通婚。

这些客人是给姑娘做媒来的。哈族青年的婚姻由父母包办。姑娘是家长交换牲畜的商品。哈族有句谚语，"好姑娘值八十匹好马"。

那个年青妇女在客人面前铺上餐布，放上几种食品和茶壶，给他们斟茶。来客与主人边吃边谈。

主人派儿子出去邀请亲戚和部落头人。少顷，被邀请的人们前来，他们与先来的客人们打招呼，一起坐下，谈话。人们一个接一个地热烈发言，争议聘礼的多少。最后，对方脸上表现出和解的态度，商定了聘礼的数目。大家各张开双手，摸自己的脸，做"巴塔"（宗教仪式），表示约定。

另一个毡房里，被包办婚姻的那个姑娘坐在床上哭。她的母亲走进屋来。她猛然站起来，扑到娘身上哭。边哭边诉说，娘抚摸她的头，劝慰她。又有几个妇女进屋来劝她。

白天，在广阔的草原上。六七个骑马的男女，赶着十几匹马。往远处的毡房驰去。渐渐驰近阿吾尔，在最大的一个毡房前下马。很多人在欢迎他们，扶他们下马，带走马匹，让他们进屋。

毡房内的地毡上铺着厚厚的褥子，客人们被让到褥子上安坐。端

客人中的一个说："你家有一个姑娘，我们有个好小伙子，我们来给他们撮合。"主人当时不表示可否，只是说："让我同自己的亲戚和部落商量以后再答复。"

主人招来亲戚和头人共同商量婚事，和对方争论聘礼的多少，讨价还价，一般姑娘的聘礼，即身价是 20 到 30 匹三岁的母马，最高的达一百匹。这个姑娘的聘礼是 45 匹母马，双方谈妥后，同做一个宗教仪式——"巴塔"，表示约定。

这姑娘被卖给一个老头儿做妻子，因此她非常伤心。她对娘说："为什么把我卖掉。我不是你的心肝吗？"可是她娘帮不了她，只能说："这是祖祖辈辈传下来的规矩，没有办法。"

这姑娘今后的命运就将和那老汉结合在一起，苦恼的日子在等待着她。

这些是送第一批聘礼来的人。

女方热情招待男亲家，盛宴款待。

来了奶茶和许多食品。喝完茶后，端来了手抓羊肉和一盘羊肝。切碎的羊肝拌和着酸奶。主人和客人互相用手抓起羊肝，一半喂入对方口中，一半抹在对方脸上。

第二天早上。客人们穿上外套准备走的时候。主人给他们每人面前放一包礼物。

黄昏，三四个青年骑马来阿吾尔最边缘的一个毡房前下马，拴好马后，进入屋来。

晚上，毡房里坐满男女青年。彼此说笑。弹冬不拉，唱歌。一对未婚夫妇并排坐在大家的旁边——坐成半月形的一群青年的末尾处。姑娘侧坐着，把背斜对着未婚夫，她的另一边还坐着两位姑娘。唱完歌后吃饭。饭后大家散去，只留下两个年青妇女在为未婚夫妻铺床。铺好床，这两个妇女出去。

在黑黑的天空中，月亮慢慢移动。穿过浮云，又露出面来。这时未婚夫和未婚妻慢慢走入毡房去。

姑娘进屋后坐到床边。小伙子也坐到她的身边，握着她的手和她说话。光线渐暗。

一批骑马的人从远处慢慢骑行而来。中间三四个小伙子围着一个衣着华丽、帽上插枭羽的新郎。新郎乘的马额鬃和尾鬃上也插有枭羽。

互相把拌酸奶的羊肝涂在对方脸上，表示双方的心情像酸奶一样洁白，心肝一样密切。

女方给送第一批聘礼来的男方代表，每人一件外套和一些其他礼品。这叫作"克伊特"。

送过第一批聘礼以后，一般年青的未婚婿就可来到姑娘家"探望"。但是不去见岳父母。只是几个青年陪送未婚夫来到女家。

这天晚上。很多男女青年来到这里，唱歌玩耍。吃过饭后大家回去，留下来未婚夫妻在一起过夜。

从此以后，未婚女婿就可以经常来到岳父母家过夜。

送完聘礼以后。举行婚礼。这些人在新郎的母亲带领下，前去迎娶。

新郎的母亲走在骑队的最前面。

到离阿吾尔不远的地方，男青年们下马，留在那儿，等候对方的年轻妇女们来迎接。老人们继续骑行，到毡房前下马。这时，从阿吾尔出来十几个年轻妇女到青年跟前问好，跟她们一起来的小孩们，骑上新郎和他的伙伴们的乘马，驰往阿吾尔。

很多老年人坐在毡房里吃肉。另一座毡房，很多中、老妇女坐在里面吃肉。又一座毡房，许多男女青年坐在里面吃肉。有人把一盘肉端到新郎和新娘的面前。新郎把盘里的肉割碎几片，人们把这盘肉送往老年人所在的毡房里。一两个老人从盘里拿一块肉吃，然后把肉盘送回新郎面前。新郎新娘从盘里拿肉吃。

三四个小伙子骑在马上，停在毡房门外唱歌。他们唱一段，屋内的年轻妇女唱一段。

在一个很大的毡房里，聚集着许多男女老少。一位年老的毛拉（宗教人士）坐在屋子最里，面对众人。在他面前放着一碗清水，向姑娘要来一个戒指，投入水中，并加进几块白糖。毛拉念一通经，然后端起碗，连吹三口气。接着，把水递给新郎喝一口，再递给新娘喝。

按照风俗。新郎不骑马进入阿吾尔，而是由女方的年轻妇女们带他步行到新娘的毡房，新郎的乘马将在婚礼过程中不停地被用于各种用途。

哈萨克族的婚礼分两个阶段。先在女方，后到男方。这是女家在办喜事，宰杀许多牛羊，大宴宾客。

新郎新娘吃肉前要先请老人尝一尝，以示尊敬。

在姑娘出嫁的时候。青年们唱"嘉尔嘉尔"歌。歌词的内容是劝姑娘嫁到另一个部落以后。要尊敬公婆和丈夫，勤恳劳动。

这是结婚仪式。从此双方才算是正式的夫妻。

以后全屋的人每人喝一口。最后；大家做"巴塔"，客人们散去。

许多人站在毡房门前。两个妇女从里面扶出用盖头蒙着脸的新娘。新娘先抱着父亲对哭。再抱住母亲对哭，然后抱着兄弟姐妹对哭，抱着亲戚对哭。那些没有和新娘抱着对哭的男女老老少，也都掩面哭泣。

哭毕，两个男子扶新娘上马。

> 在女家进行的婚礼。到此结束。新娘离家，哭别亲人

几个妇女带来一个十三四岁的女奴，也让她骑上一匹马，作为新娘的陪嫁。

> 富人常给女儿一个女奴作为陪嫁。

几个人牵来几匹马和两峰驮着毡房、箱笼什物的骆驼。

> 这也是富人给女儿的嫁妆。

新郎新娘和许多迎娶送嫁者的骑马队伍远远走来。

中途，路旁的某一个阿吾尔的牧民看见了这迎娶的队伍。招呼全阿吾尔的人都出来观看。他们站在大路两旁，拉起一根绳子，拦住去路。新郎的母亲拿出一小包礼物送给他们。他们收起绳子。迎娶的队伍继续前进。

> 新郎新娘路过其他的阿吾尔，这些阿吾尔的人们要按照古老的习惯拦住去路，索取一点礼品。

队伍来到了新郎的阿吾尔。许多妇女出来迎接新娘。新娘和年轻妇女都下马。来迎接的妇女们，在新娘前面挂一幅帐子，遮住新娘，引着她走向新郎的家。到了门前，由一个年老妇女往新娘头上抛许多"包尔扎克"（油炸的小点心）、方块白糖、奶疙瘩。男女老少纷纷拥

> 新娘在阿吾尔外面就下马，以表示尊敬新的阿吾尔。许多妇女来迎接她。妇女们用帐子遮住新娘，不让别人看。老年人为了祝贺她幸福，并欢迎她带来幸福，所以往她头上抛洒糖果点心。

到新娘周围，抢吃这些食品。

在一座大毡房里，坐满正在吃肉的老年人。一些人把空了的肉盘拿出去。少顷，外面有人推开门，两个妇女扶进新娘。新娘还蒙着盖头，在门口站定。

门边一个小伙子拿着一支马鞭站起来。鞭梢上系着一块手绢。他用鞭梢挑新娘的盖头，不断上下挑动，但是并不挑开，边挑边唱。

新娘按照小伙子唱词中的嘱咐，向前挪半步，两膝屈动一下，向公公行礼。接着，那小伙子又唱，新娘再按他的嘱咐，像刚才那样，向婆婆行礼。以后，又按唱词，逐一向部落头人、长辈和其他老年人行礼。行礼已毕，小伙子挑开新娘的盖头。

小伙子把鞭上的手绢解下，放入自己袋中。

大家做"巴塔"。人们散去。

×　　×　　×

在毡房里，靠箱子坐着三四个老人。门旁坐着一个妇女，在低头哭泣，拿出手绢来擦眼泪。一个老人指着她说话。

新娘抵达夫家后，男方也举行盛大的婚礼，宰很多牲畜招待宾客。

现在新娘进来行"别脱阿霞尔"礼——挑盖头礼。

他唱的主要内容是：祝新娘幸福，要她尊重公婆、丈夫和长辈等等。

（在唱哈语歌时，荧幕上打出汉文字幕——汉译歌词……）

这是他应得的礼物。

婚礼仪式至此全部结束。

×　　×　　×

在哈萨克族的婚姻制度中还保存着"安满盖尔"——收继婚制。哥哥死后，嫂嫂归弟弟做妻或妾，弟弟死后，弟媳归哥哥做妻或妾。如果死者没有兄弟，那么他的妻子就归本氏族中最亲近的一个男子所有。

这个妇女被指定给死者的长兄——一个老人为妾。

× × ×

在毡房里，光线比较暗，一个中年男子生病躺在地铺的被窝里。这人已病得很瘦，一个妇女和二三个孩子围着他。有一个老人在按病人的脉。

太阳将要落山，西天一抹晚霞。

刚才那个病人被扶到毡房后面的场上。脸朝西方蹲着。人们给他解开上衣，露出胸脯。一个老妇人端着一碗水，三次含水喷到病人胸上。接着把碗在他头上绕三匝，倒掉水，把碗扣在病人面前的地上。然后人们把病人扶回毡房。

病人又躺在地铺的被窝中，很吃力地喘着气。屋子中间火堆旁，地毡上坐着一个中年人，帽子上插着枭羽，挂着许多布条，身上挂满许多小布条和钱币，手里弹拨着"考姆孜"（一种弹拨乐器），嘴里喷着泡沫，又用手打自己的胸膛。

在毡房外面一个中年男子拉着一只羊走向门前。捆起羊腿，宰羊、开膛、取出羊肺，走进毡房去。

病人坐在火堆旁，那中年男子用羊肺打他的头和身体。

各种治疗方法都无效，病人终于死去。全家大哭。

这是买卖婚姻制度的一种表现。由于妇女是夫家用牲畜换来的，所以不能让她离开本家族。

× × ×

过去，哈萨克族地区疾病很多。那时没有医生，病人得不到合理的治疗。只有个别老人能给人按按脉，给一点草药，治一些小病。现在，这个人已经病得很久了，一个老人来给他按脉。

这是一种治病的方法，名为"乌东克陶"。

病情越来越严重。请来"巴克斯"——巫师驱除疾病。

"巴克斯"说：据我的鬼说，需要宰一只羊来驱除他的疾病。

按照"巴克斯"的嘱咐，宰羊，用羊肺赶走疾病。这种治病方法很普遍，使畜牧业生产的发展也受到一定的影响。

各种治疗方法都无效，病人终于死亡。

阿吾尔驻地的边缘，一个新架设的大毡房，镜头逐渐推向这毡房，从门口推到里面。在门内不远处挂着一幅大帐子，死人躺在帐后的地毡上，脸上遮着白布。屋内没有火堆和任何家具。

许多人骑着马，从四面八方驰向这一阿吾尔。

阿吾尔内，各毡房之间。人来人往。人们大声叫嚷，显得很紊乱。

镜头转向草原上，有十五六匹快马在向阿吾尔奔来。这些人来到死者的家门前下马。门前六七个男子挂着棍子在哭泣。来人和他们逐一抱头大哭。来的人们进毡房去，蹲下，逐一和坐在地上的妇女们抱头大哭。

在停死尸的毡房门前，许多男子站成若干排。一个头缠白布的老"毛拉"站在众人前面。裹着白色尸布的尸体，停放在毛拉前面的毡子上。毛拉带领大家念经。念完经，用毡子捆起死尸，几个人用手抬着，往墓地走去。

在死者的家门口，妇女们站着大哭。

草原上一个部落的公共墓地，紊乱地分布着式样不同的各种大小坟墓。镜头逐一摄取各有特色的大坟墓，最后转到新挖的一个墓穴——照到长方形的穴内。穴底的

按照传统的习惯，出殡和埋葬是极其隆重的大事。如果死者比较富有或者有些地位，就要向远近各处他生前所有认识的人报丧。

出殡以前，尸体放在一间专门架设的毡房里。

这些是闻讯前来吊孝的人们。按照习惯，他们得讯以后，不管路途远近，必须边哭边奔驰，前来吊孝。

吊孝者必须同每一个死者的亲属和近亲抱头大哭。死者的男性亲属和亲戚站在屋外哭。女性坐在屋内哭。

按照伊斯兰教的规定，埋葬前要把尸体洗干净，然后用白布裹起尸体。由宗教人士"毛拉"主持宗教仪式，然后出殡。妇女不能参加出殡埋葬仪式。

这是哈萨克族某一部落的公共墓地。坟墓有各种式样。即使是很大的坟墓，每墓也只葬一人。

墓穴分里外两间。里穴放尸体，外穴填土。

北壁有一长方形孔，里面又有一个长方形的穴洞。这穴比外穴稍低并且小得多，是放尸体的地方。

许多人送尸体来到新挖的墓穴边。解开裹尸的毡子。一个人进到里穴，一个人在外穴，人们把尸体放到外穴内，又从外穴递入内穴。穴上面的人每人抓一小撮土放到外穴那人的双手中。他再把土递给里穴的人。里穴的人把这一把土放在死者的头旁，然后退出。用土砖封闭里穴的洞口。穴内的两人爬上地面。人们纷纷用铁锹挖土投入外穴。逐渐在地面上堆起一个半球形的土堆。

每人抓一小撮土放到死者头旁，是表示大家用土埋葬了他。

埋葬完毕，大家席地坐下。毛拉念经。念完经后，全体做"巴塔"。然后都回到死者家中去。

在一座很大的毡房前面，站满了男女老幼很多人。他们的情绪沮丧。有两个人牵来两匹马，站在毡房前的一个人，把这两匹马的鬃毛和尾巴割掉，并卸下马笼头，缰绳等所有马具，放走它们。

有一个人把一面左半白右半红的长方形布旗，插到毡房门旁的捆住毡子的毛带子上。旗子在毡房上方飘动。

春天，草原上走着一个很长的正在转移牧场的骆驼队。在前方稍远处，走着转移的羊群。在十几峰

埋葬完毕后。毛拉念经。然后大家回到死者家中去。

如果死者是富人。他的家属在埋葬的那一天就宣布，一年以后举行周年纪念。

这两匹是死者生前的乘马，把它们的鬃和尾割掉后，放入马群，任何人都不得再使用它们。到举行周年纪念的时候，就把它们杀掉。

竖丧旗，表示这家新近有人死亡。过了周年纪念就拿掉。老人死后挂白旗，青年死后挂红旗，中年死后挂半红半白旗。

根据习俗，女人死后不举行周年纪念，不挂丧旗。

这是新近死了男子的人家转移

骆驼所驮的东西上。都盖着美丽的地毯或毡子。许多骑马的妇女走在这些骆驼的两边，她们打扮得比平日更加华丽。在这些骆驼的前面，走着六七个骑马的姑娘。其中二人，牵着上述那二匹割掉鬃和尾的马。其中一匹，马鞍倒装。上面缚着死者生前穿的衣服。帽子放在倒装的鞍头上，马鞭悬在那下面，牵这匹马的姑娘的帽子也倒戴着。

在头里牵这一列骆驼的妇女，披着黑布头巾。

后面还有许多骆驼。

骆驼队经过某一个阿吾尔驻地的近旁。死者的女儿牵着驮衣服的那匹马骑行到行列的最前面，其余几个姑娘跟着。这女儿开始唱哀歌，其他姑娘跟着一起唱。（录音）

夏天的一个早晨，天空晴朗，没有一丝云彩。

升起不久的太阳，悬挂在东方，光芒四射。

镜头从盖雪的高峰移到山腰的森林，再往下移到山下的草原上。草原边，小溪旁，分布着一排排宽敞华丽的白毡房。稍远处，也有一丛小的黑毡房和几个三角形的纵长的临时帐篷。在这些作为厨房之用的帐篷旁，圈着许多牛羊和马。有些人在一旁捆倒牛、羊、马，宰杀

牧场的情景。他家的骆驼队和一般的不同。

要用毯子或毡子遮住所驮的东西。

阿吾尔中的妇女要比平日打扮得更漂亮。

这一匹死者生前的乘马，驮着他的衣服。鞍子是倒装的。牵马的姑娘，也倒戴花帽，她是死者的女儿。

这是死者的妻子，她披着黑头巾。

这是阿吾尔内其他人家的骆驼队。

新有丧事的人家的骆驼队，路过其他阿吾尔的时候，或者在路上遇到一群人，姑娘们就唱起哀歌。

死者的周年——"阿斯"到了。举行"阿斯"时，本氏族的每一家人都给丧家送来牲畜和食物。这些华丽的毡房，也是氏族内的一些富户借给的。

这许多牛羊和马就是本氏族各家送来供宴会之用的。

举行"阿斯"时，从各部落邀请很多客人前来参加。他们带来了最好的马匹和小骑士，准备赛马，还带来了本部落最强的摔跤手。

各部落的人，被分别安排到毡

它们。在一些露天的火堆旁，许多妇女和青年在烤烧羊头上的毛。在一个露天的火塘上，架着一口大锅，熊熊烈火煮着满锅的肉。不用锅盖。

从四面八方来了许多骑马的男子，四五十人一批，或七八十人一批。每一批中各有一两匹高头细腿的骏马，马头和马尾上装饰着枭羽，马鞍上骑着十一二岁的生气勃勃的男孩。他们临近阿吾尔时，受到本阿吾尔男子们的热烈欢迎，一批批被分别引到各座大毡房中去休息。

房中去休息。

给客人们端来一盆盆（圆木盆）马奶酒，放到毡房中央，一个人用勺给客人们的碗里舀马奶。

先请客人们喝马奶酒。

然后，拿来煮茶的"自暖壶"（中间生火的），大家喝奶茶。

又请喝奶茶。

另一个毡房里坐着很多妇女，也在喝茶。

女客们受到同样的款待。

在几个煮肉的火堆旁，十五、二十个小伙子，包着白布头巾，卷起袖子，骑着上好的走马，嘴里衔着马缰。人们给他们两手各捧上一大盆熟肉。小伙子略为夹一夹两腿，走马飞快地跑向客人们所在的各毡房。这些毡房离煮肉的地方约三百米。跑到毡房门前，有人接下肉，送进屋里。骑士们圈转马头往回跑，再去端肉，川流不息往返送肉。

因为客人很多，从厨房往外送肉送饭时，得用这些精壮的小伙子，骑着上好的走马快跑传递。这是主人有意在"阿斯"中摆排场，显示阔气。

人们把肉盆端进毡房来，在坐成一圈的人们面前，每四五个人前放一盘肉。盛着羊头的那一盘，放到最中间的那个老汉面前。客人们各自掏出匕首，抓起一大块肉。割几块放在盘里，割几块放到自己嘴里。

宴会开始了。

羊头献给最尊贵的客人。

一个老人举着一面很长的大旗，带领四五十人，骑马驰出阿吾尔。老人摇旗呐喊。

人们从各座毡房里出来，纷纷上马。朝着老人去的方向奔驰。人马很多很多，马蹄扬起的飞土弥漫半空，遮没了毡房群，隔了好久也没有消散。

宴会结束后，主持"阿斯"的本氏族的头人。举旗率领大家奔向草原。客人们全都上马，跟随他前去。草原上将开始举行热烈的赛马、摔跤等活动。富户举行"阿斯"时进行的这些比赛，比任何节日都热闹，往往是草原上规模最大的比赛。

一些大人带着几十个赛马的少年骑手，不太快地骑马向远处跑去，他们将从三十多公里以外的起点开始赛马，往回跑。

赛马的少年骑手们往三十多公里以外的起点跑去。

人们在平地上围成一个大圆圈，前面的人坐在地上，稍后的人站着。最后面的人骑在马上。最前面坐着几个身体高大健壮的摔跤手，赤着胳膊。

这里先开始举行摔跤比赛。

有两三对开始摔跤，旁边分别站着一个裁判，某一个人被摔倒。人圈中拥出一伙人，把本部落的胜利者抬回去。

胜利者被本部落热烈地迎接回去。

下午。一个人站在较远处的小土丘上，向人圈呼喊着"赛马来了，赛马来了！"摔跤停止了。人们纷纷跑往土丘前赛马的终点。

瞭望者呼喊说："赛马来了，赛马来了！"大家跑到终点去欢迎。

荧幕上，远处出现一长条滚滚的烟尘，烟尘的前端有好些黑点。黑点逐渐临近、扩大，显出了高大的急驰着的骏马和伏在鞍上的小骑手们。

"你看，急驰着的赛马队伍来了。"

土丘前，人群分开，退向两边。中间空出道路。跑在最前面的一匹马驰到人们面前的终点，群众欢呼。马匹穿过人们中间的通道。

人们退向两边，让到达终点的赛马过去。

这是第一名。

接着，第二、第三匹，以至以后的若干匹赛马，来到终点。人们对前几名欢呼。

这是第二名、第三名……

赛马结束，人们又围成一圈。主持"阿斯"的头人给骑着马的前八名小骑手发奖品。牵来骆驼、马、牛、羊等九头牲畜奖给第一名。第二名得一个银元宝和八头马、牛、羊等。第三名得马、牛、羊等九头。第四名以下也得到一些牲畜。数量顺次递减。

现在给优胜者发奖，第一名得以骆驼为首的九头牲畜。

第二名得一个大元宝和八头牲畜。

第三名得以马为首的九头牲畜。其余前七八名，有时到十多名，也都按名次得到一些牲畜作为奖品。

毡房前站着很多人。主持"阿斯"的头人走到毡房的门旁，解下矗立着的丧旗，折断旗杆，踩破丧旗。有人牵来没有鬃毛和尾巴的死者生前的乘马，宰杀。

"阿斯"的文娱活动结束后，主持人毁掉这一家的丧旗。宰杀死者生前的乘马。

大家走进毡房去。两个人从箱子上，把用黑布包着的一个大行李（内装衣被等）抬到屋子中间，一个人把行李解开。死者的妻子和女儿们坐在屋内的一边哭泣。其他人也取出手帕擦眼泪。

解开这个"丧行李"，也是一个必要的仪式。他们为死者作最后的一次哭泣。以后就不再哭他了。

端来肉盘，大家吃肉，吃完，毛拉念可兰经。

×　×　×

毡房里，光线不很明亮，傍晚时分。

一个妇女躺在地铺上待产，两个中年妇女在为她忙着。产妇阵痛得很厉害，哭喊着。那两妇女把产妇扶到天窗下面，分开腿，跪蹲着，并举起她的两手抓着上面挂下来的绳子（成 U 形）。一个妇女站到产妇身后，伸过两手，抱着她的腰，不停地往下按摩，帮助胎儿往下。少顷，传出婴儿的啼哭声。

晚上，在一个大毡房里，四面挂着许多灯。屋内设有火堆。产妇躺在床上，婴儿躺在她身旁。地毡上坐着许多人。中间是青年人，每两个小伙子对两个年青妇女，坐着进行对唱。这样每四个人一簇，坐着四五簇。在他们周围坐着听众，男女老少都有。歌声此起彼落，非常热闹，人们显得兴高采烈。

镜头对准两个唱歌的姑娘，一个先开口，另一个紧跟着同她齐声唱。姑娘们唱完了，她们对面的那两个小伙子答不上来，张口结舌。女方又唱，表明男方输了。男方每人送给女方一块手帕，表示认输。

最后，吃刚才宰的那匹马的肉。现在为死者念最后一次经。进行了这些仪式，"阿斯"就算最后结束了。

×　×　×

新中国成立前，哈萨克族地区没有接生员，妇女都在家生小孩，往往发生产妇和婴儿死亡之现象。这两个妇女在帮助她，使她拉着绳子，然后进行按摩。这是一种助产的办法。

婴儿终于生下了。

按照习惯，生小孩的当天晚上，要举行宴会和对唱，庆祝诞生。哈萨克人认为："如果不举行宴会和通宵唱歌，鬼会把婴儿夺去。"这是男女青年在对唱。

对唱的内容非常广泛，开始是相互认识、问候，彼此赞扬等等，接着唱风景歌、谜语歌、情歌等等。一方先唱，一方答唱。这两个小伙子答不出姑娘们唱的谜语，姑娘们自己唱出答案来，小伙子们给姑娘白天毡房里坐着许多妇女，老少都有，在喝茶。喝完茶后。把婴儿放到摇篮里面。镜头对准婴儿，婴儿微笑。

×　×　×

清晨，太阳刚出山。在草原旁的一个山坡下，已经有很多人成排坐着。还有许多人向这儿走来，大都骑着马，也有步行的。

几个毛拉，面向东方，坐成一排。许多牧民，在他们面前，脸向西，坐成若干排。毛拉们面前放着一堆堆钱和一些羊。刚到来的人，也走到毛拉们跟前，给他们每人面前放一些钱。毛拉们为布施者一一做"巴塔"。

人们到齐了。毛拉们也转身向西方。一个大毛拉站到最前面。领导大家做"乃玛子"（礼拜）。礼拜毕，群众拥向前，争握毛拉们的手。握时双方伸直手臂和手掌，四掌交错合十，接着缩回来各自摸一下自己的脸。然后，群众彼此握手，祝贺节日。

人们做完礼拜后，分别回家，有几个人跟着一个毛拉到某一家去。

这一家布置得很好，毡房的四壁挂满着华丽的衣服、帽子、绣花的头巾和桌布、马具等等。全家男女老少都穿着自己最好的服装，姑

送礼物认输。

婴儿出生一两个星期后，开始把他放到摇篮里，这时要请本阿吾尔的妇女们都来喝茶，表示庆祝。

×　×　×

哈萨克人信仰伊斯兰教。宗教节日库尔班节和肉孜节是两个最大的节日。肉孜节前的一个月，全月封斋，白天不吃东西。这两个节日都要做礼拜——"乃玛子"。今天是库尔班节，大家集合在一起做礼拜。群众给宗教人士——"毛拉"布施。

"毛拉"领大家做礼拜。

礼拜完毕。群众争先恐后地同毛拉握手，祝贺节日。群众又彼此握手贺节。

库尔班节日时，凡是有牲畜的人家都必须按照宗教规定宰羊。这个毛拉到阿吾尔巴斯家去做宰羊的"巴塔"。节日时各家的人都盛装庆

娘们打扮得像新娘一样。

毛拉和同他一起进来的阿吾尔巴斯等人坐下以后，这家的一个男子牵进一只大绵羊来，站在门口。毛拉做"巴塔"。那男子把羊牵出去宰杀。

中午。阿吾尔内盛装的人们川流不息，挨家贺节，一批一批从这家出来进入另一家，又从另一家到下一家。

镜头拍摄一批人到一个毡房内来贺节。客人坐下后喝奶茶。喝完茶，吃手抓羊肉。

下午三四点钟左右，平地上许多人骑马站着。站在前面的是一些穿着漂亮衣服的男女青年骑手，他们将进行"姑娘追"。

一个姑娘策马到一个青年面前，请他和她一起"姑娘追"。他们两人并骑向起点走去，一路上互相说笑，闹着玩。

到了起点，小伙子圈转马头，加鞭急驰，往回跑。姑娘努力追赶，追上以后抓住小伙子衣服后身的下摆，小伙子逃不了。姑娘举鞭在小伙子头上挥舞，又落鞭轻轻在他背上打一两下。

又一对"姑娘追"在进行。姑娘追上了她的对象，使劲鞭打他的背，那青年伏鞍而逃。

祝。并且把家中最好的衣服等东西挂在墙上陈列出来。

这是这一家主人牵羊来请毛拉做"巴塔"，然后宰杀。

节日时，各家互相拜节。

主人用很好的饮食和肉招待客人们。

举行"姑娘追"庆祝节日。

这位姑娘邀请这青年和她一起玩"姑娘追"。在同去起点的路上，小伙子可以尽量开姑娘的玩笑。姑娘不能拒绝。

到了起点，小伙子必须赶快往回跑。如果被姑娘追上，将遭到鞭打，并且不得抗拒。小伙子被追上了，但是这位姑娘爱他，舍不得真打他。

这个牧主的儿子平时经常欺压牧民。这个勇敢矫健的女骑手，借"姑娘追"的机会，使劲揍他，替大家出口气。

"姑娘追"结束了。女骑手们退向后面。男骑手们分成两队。相隔三十来米,对站着。中间放着一只割去了头的山羊。右边队里出来一个小伙子,骑在马上俯身从地上取起山羊,用双手抓住羊的两条后腿,并用右腿夹住半个羊身。右边队里也出来一个小伙子,到对方跟前,和他交错站着,伸手抓住那羊的两只前腿,也用右腿夹住另半个羊身。双方使劲把羊往自己方面拉,两匹马也各昂首挣扎着要向前跑。

左队的青年力大,把羊全部拉到了自己马上。右队又出来一个青年和他比赛。

这样比赛了相当的时候以后,一个夺得羊的青年,放马往远处跑去,其他人赶上去追他。另一个青年追上了,和第一个人争夺那羊,两匹马仍在疾驰,羊转到了另一个人手中。又经过了几个人的争夺,最后,一个青年夺得了羊,大家追不上他。他跑到一座毡房前,把羊扔在这家门口。屋主人从里面拿出一米多布送给他,感谢他把刁的羊带到他家门前。这时其他骑手也都来到了跟前。胜利者把那块布撕成许多小块,分给大家。

刁羊的骑手们分别回家。

× × ×

姑娘追完了以后,开始刁羊。两个部落的牧民分成两队。这是一只去了头的山羊。两队各出一人,进行比赛。

现在刁羊进入了更激烈的阶段。人们不再分为两队,混合在一起。在疾驰中各自争夺那山羊。

这个骑手夺得了羊,大家追不上他,他胜利了。胜利者把羊放到附近的某一家门口。主人感谢他,认为是带来了"吉利"。送给他一幅布,胜利者把这块布撕成小块,分给所有的骑手,同大家一起高兴。

刁羊至此结束。

× × ×

第 三 集

哈萨克族人民的新生

1949 年 9 月，草原上黑云遮天，天昏地暗。少顷，东风劲吹，烟消云散。阳光普照大地。荧幕上亮出一面五星红旗。响起"东方红"乐曲声。

大草原上，一边分布着几个阿吾尔，有许多毡房。远远地来了一大队骑马的人，他们带着骆驼队。骑队逐渐接近，各阿吾尔都出来很多人。聚集到前面，准备欢迎。一个哈萨克族老牧民在骑队的最前面带着路，后面跟着一些中年和青年的汉族和哈族干部。还有两个汉族女同志，一个年龄大些，一个年轻些，背着有红十字标志的药包。骆驼上驮着粮食、衣服、布匹等货物。牧民们接他们下马，招待他们进毡房去。

阿吾尔内一个毡房门前，陈列着许多商品。一边，许多牧民牵着羊或者拿着狐皮、狼皮、灰鼠皮、羊皮等等来出售。他们拿到钱后，

1949 年 9 月，随着中国人民解放战争的胜利，新疆和平解放。苦难的哈萨克族人民获得了新生。

党和人民政府给牧民们派来了牧区民族工作组，慰问哈萨克族人民，帮助他们解决生产和生活上的困难。他们带来了牧民急需的粮食、衣服、布匹和各种日用品。医疗队也一起前来为牧民免费治疗疾病。他们受到了牧民的热烈欢迎。

随同民族工作组前来的商业工作人员，开展牧区贸易，以合理的价格收购牧民的产品，并供应各种货物。过去牲畜和畜产品卖不出去，

到另一边去买生产工具、粮食、衣服、布匹、皮靴、锅、碗和各种日用品。一些姑娘在挑选花布和首饰。

一个毡房内，一个汉族女医生和一个女护士在为牧民看病。许多老人、妇女和孩子在等候诊疗。医生正用听诊器在听一个妇女抱着的小孩的胸脯。护士在给一个老妇人发药，一个翻译在替她译服法给老妇人听。

远处来了一群迁徙的人。渐渐接近后，可以看到他们的马和骆驼都很瘦，行李很简单。马上骑的大都是妇女，骆驼上驮着小孩。男子大都步行着，个别走着的老头拄着拐杖。他们都很瘦，衣衫褴褛。最前面有一个干部带领着。他们来到阿吾尔前面，许多人出来欢迎他们，招待他们进阿吾尔喝茶，吃饭。

干部给回来的流散牧民，发放救济粮、衣服、牲畜等物。牧民领到救济品，同干部握手，表示感谢，有的人流出感激的眼泪。

×　×　×

在毡房外，许多牧民坐着开会。一个干部站着在讲话。牧民们听得很高兴。有人向干部提问题，干部

生产工具和生活资料得不到供应，奸商们贵卖贱买的中间剥削等现象，逐渐消失了，促进了生产的发展。增加了牧民的收入。

哈萨克族牧区过去从来没有过医生，疾病经常夺去许多人的生命。党派来的医务工作人员，大力开展免费治疗。为许多人解除了多年的疾苦，保护了人们的健康和生命，增进了牧民的幸福。

新中国成立前，由于长期动乱，大批哈萨克牧民从阿勒泰地区流亡他乡。当时一千多户人口的青河县，只剩下 347 户。流散的牧民有的到了甘肃、青海，甚至国外。他们历尽了艰险苦难，死亡了很多人，几乎丧失了全部牲畜和财产。现在，在人民政府的帮助下，他们才脱离困境，回到了故乡。1951 年，富蕴县还不到四千人，在流散的牧民逐渐回来后，1954 年增加到了一万七千多人。

人民政府给流散牧民发放救济品。1952 年，仅富蕴一县就给归来的哈萨克族牧民发放粮食三万多斤。

×　×　×

解放初期，党和人民政府在牧区实行"不斗不分，不划阶级，牧工牧主两利"和"保护与发展包括

作了解答，群众感到满意。

在毡房内，就是上述的那个干部坐在上首。周围坐着十来个牧主、部落头人和宗教人士，都是老汉和壮年人，在开座谈会。

一伙人骑马站在小山岗上，中间有一两个干部，有老人，有中年牧民。干部举鞭顺次指着山下的几块牧场，向大家说话。

几个人从山上赶过来一大群羊，赶到几个阿吾尔聚集着的草原上。人们在阿吾尔外面集合，一个干部站着讲了些话，然后按名单逐一叫若干牧民（都穿着比较破旧的衣服）到那群羊前面。有人把羊分给他们，每人七八只到十几只不等。领到羊后，他们很高兴。跟他们一起来的小孩上前去拉羊角，把羊往一所小的黑毡房拉。

×　×　×

清晨，东方露出了曙光，太阳还未升起。从阿吾尔内，一个壮年牧民赶着一群羊上山去放牧。接着，一个老汉赶着一群牛出去放牧。镜头转到草原上的马群那儿。也有一个青年在放牧。

牧主经济在内的畜牧业经济"的政策。这是干部在向群众宣传贯彻这些政策。

也召集牧主、部落头人和宗教人士开座谈会。向他们交代政策。

各地成立了牧场管理委员会，合理安排各氏族使用牧场，解决牧场纠纷，废除牧主霸占牧场的特权。

人民政府为了帮助贫苦牧民发展生产，解决他们缺乏牲畜的困难，给许多无畜、少畜的牧民发放了大批羊只贷款。

×　×　×

从1954年起，党领导牧民组织互助组，在原来阿吾尔的基础上，实行合群放牧。互助组促进了畜牧业生产的发展，就整个阿勒泰专区来说，1949年到1952年三年内牲畜增长46%，这以后，由于贯彻了党的牧区政策，组织了互助组，1952年到1955年三年间牲畜增长了90%。

草原上，一批毡房（几个阿吾尔的）前面，好些人站着，还有两个人坐在地上写字，——登记牲畜。一户户牧民顺次把自己的牲畜赶到大家面前，有两三个人上前把他的牲畜按大小分类、点数，他们同牲畜的主人讲话，又向坐着登记的人说话。登记的人记下这人的牲畜数量，又折算股数，发给入股的收据。然后，人们把牲畜按种类分别赶到近旁的马群、牛群、羊群中去。

草原上分群放牧着按毛色分群的白羊、黑羊、花羊。

秋天，在山谷中，草场上饲草长得又高又密。两架马拉割草机在一边割草。另一边十几个男子站成一行，在用搧镰割草。在另一块已经割过草的地方，一架马拉耙草机，正在把地上晒干了的饲草耙到一起，有十几个男子跟在它后面堆草垛。

×　　×　　×

草原上，几百个男女老少在开大会，宣布成立人民公社。有一个女代表在台上讲话。少顷，散会。

冬天，雪地里一些人在拾粪。镜头移到一处冬窝子的羊圈那儿，许多人在运肥，有几辆马拉爬犁，其余是每人拉一辆小爬犁。

1956 年，在党的领导下，阿勒泰地区的哈萨克牧民开始走上畜牧业合作化的道路。牧民们争先恐后地组织起半社会主义性质的畜牧业生产合作社。牧民的牲畜，除了少量日常需用的自留畜以外，折股入社，统一经营。

这些牧民正在把牲畜投入合作社，社里在计算畜股。

合作社把统一经营的牲畜，按种类、大小分群，改进了放牧技术和饲养管理制度。

阿勒泰地区冬季非常寒冷，往往风雪成灾，造成牲畜大批死亡。过去，个体经营的牧民们无法抗拒自然灾害，现在合作社发挥集体力量，大规模割贮饲草，保证牲畜安全过冬。

×　　×　　×

1958 年秋，哈萨克族牧民和全国各族人民一起，实现了人民公社化，这是一个人民公社在开成立大会，过去很少在群众场合露面的妇女们，也都出席了大会，并且推出了代表登台讲话。

公社化以后，在主要发展畜牧业生产的同时，牧民们开始大力发展农业。过去哈萨克族不积肥，不施肥，现在社员们利用冬闲，大量春天，一条很长的渠道，沿线插着一面面小红旗，很多男女牧民兴高采烈地在挖渠。

水渠建成了。一位年老的阿肯坐在坡上，面对着清清涟漪的流水，弹着冬不拉唱歌。许多老人和小孩坐在周围出神地听着。（录音）

（在阿肯歌唱的同时，出现如下的一些画面）镜头移向水渠的另一边。十几架马拉双铧犁排开着，在开垦大片土地。马拉犁后面跟着马拉铁耙在耱地。再后面是马拉播种机在播种。

镜头再移向较远的坡上，先后拍摄肥壮的羊群和马群。

镜头又从山坡移向山上密密的大森林。渐渐再转向森林上空翱翔着的两只雄鹰。

镜头再回到阿肯那儿，阿肯结束歌唱。

×　　×　　×

春天，草地上，木栅内圈着许许多多活泼的小羊羔。

草原上，一大群长着雪白长毛的良种细毛羊。另一处牧场上，放牧着高大的伊犁良种马（其间，对一只特别好的羊和一匹最好的马，来一些特写镜头）。

毡房旁，几个妇女分别在挤牛奶，有的妇女把牛奶桶提往小型奶

积肥。

春天，人们大兴水利，灌溉牧场和农田。

水渠建成了。老阿肯对大家诉说过去的苦难，歌唱今天的幸福：（译几句歌词。）

×　　×　　×

新中国成立后羊群的繁殖率和羊羔的成活率大大提高了。

牲畜的品种也不断改良。著名的新疆细毛羊得到了普遍推广。这是中外闻名的伊犁马。

牲畜的产奶量提高了，加工奶制品也使上了机器。

粉厂去。

奶粉厂里。妇女们在把牛奶加工成奶粉。

一处毡房里，两三个妇女在用奶油分离器提炼奶油。

镜头对向平原上的一个村落，逐渐对向它的内部。

许多人在帮一家牧民盖土屋。

旁边已经盖好了许多土屋。拍摄其中一家的情况：屋内陈设着床、小桌子、小椅子、箱子、洋式火炉；桌上放着热水瓶、碗、玻璃杯、书本等；床上放着色彩鲜艳的被褥和大的方枕头等；正面的墙上挂着毛主席像。

定居点的一条中心街道，这里有：

学校——外景，许多学生在操场上玩；

医务所——内景，医生在为病人治病。

商店——门市部的情况。

这是社里的小型奶粉厂。

生产队用奶油分离器代替使用了千百年的酥油桶。

新中国成立后，在政府帮助下，牧民大规模实行定居游牧。新盖了许多房屋。除了放牧人员以外，妇孺老弱和从事农、副业生产的人员长年住在村内，不再受草原风雪和漂泊之苦。生活条件得到很大改善，并且为开展牧区的经济文化建设，创造了有利的条件。

这是一个普通社员定居以后的新家庭。

党和政府在牧民的定居中心地点，设立学校、医务所、商店、银行、邮电所、俱乐部等企业和事业，形成了新兴的牧区村镇。

这是学校。
这是定居点的医务所。

银行、邮电所——外景，挂有照牌。

镜头先摄定居点附近的一个小型水力发电站。接着，拍摄晚上某一牧民家亮的电灯，人们在看报，和听收音机。再摄某一加工厂由电动机转动机器的场景。

这是牧区新建的水力发电站，它供应定居点居民照明用电，和一部分畜产和农产品加工的用电。

晚上，俱乐部舞台上在跳哈萨克族劳动舞，台前用"冬不拉"乐伴奏（由专业文工队演出）。

这是定居点的俱乐部。牧民们在欣赏本民族的劳动舞。

（完）

教学片《中国的柯尔克孜族》脚本

（一）

拍摄内容

头戴白毡帽，身穿民族服装的柯族男青年；身着民族服装的柯族妇女。

民族研究所编绘的彩色《民族分布图》；民族所编绘的《柯尔克孜族分布图》（彩色）。

"鬲昆"：《史记》卷一百一十《匈奴传》；"坚昆"：《汉书》卷四十九《匈奴传》；"契骨"：《周书》卷四十九；"纥骨"：《隋书》卷八十四；"黠戛斯"：《新唐书》卷一百四十二下；"吉利吉思"：《元史》卷六十二；"布鲁特"：《西域

解说词

柯尔克孜族是我国多民族祖国大家庭成员之一。据 1990 年人口普查，总人数为十一万四千人（笔者按：2010 年人口普查总人数为 186708 人），百分之八十分布在新疆南部克孜勒苏柯尔克孜自治州阿图什、乌恰、阿合奇、阿克陶四县，其余分散在天山南北的阿克苏、温宿、拜城、乌什、莎车、英吉沙、塔什库尔干、特克斯、昭苏、额敏等县。黑龙江富裕县五家子屯也有少部分。

柯尔克孜族是我国的古老民族，历史悠久。两汉时，称为"鬲昆"、"坚昆"；北魏至隋称"纥骨氏"、"契骨"；唐宋至辽称"黠戛斯"、"辖戛斯"；元明时，称"吉利吉思"、"乞儿吉思"；清称"布鲁特"。新中国建立后根据本民族正确的发音，定为今名"柯尔克孜"族。上述名称大多是柯尔克孜族在历史上不图志》、《嘉庆一统志》。

山脉：
阿克陶县慕士塔格山
乌恰县库鲁木提山
阿克陶县公格尔山

河流：
克孜勒河（乌恰县）
盖孜河（阿克陶县）
卡克玛克河（阿图什县）
托什干河（阿合奇县和乌
什县）

草原：
特克斯县库克特勒克草原

同之音译。

柯族聚居区克孜勒苏柯尔克孜自治州，于1954年成立。"克孜勒苏"，河名，意为"红水"，流经自治州境内，故名。其地西北部处于帕米尔高原及天山西部支脉崇山峻岭中，东南部为塔里木盆地边绿洲及河谷地带。自治州北部和西部，与前苏联吉尔吉斯、塔吉克两加盟共和国（现称吉尔吉斯斯坦、塔吉克斯坦）毗邻，东部与阿克苏专区，南部与喀什专区接壤。自治州总面积为七万平方公里左右。百分之五十是绵延不断的山脉和茂密的丛林。境内土地辽阔，物产丰富，景色壮丽。

在白雪皑皑的崇山峻岭中，有无数条雪水，大部分从西向东，奔腾咆哮，川流不息。较大的河流有：克孜勒河（喀什噶尔河上源，发源于帕米尔，向东流经乌恰县）；盖孜河（发源于帕米尔，流经阿克陶县）；卡克玛克河（发源于天山西部，经乌恰县东流入阿图什县）；托什干河（发源于天山支脉喀克沙拉岭，自西向东横贯阿合奇、乌什等县）。

柯族以畜牧业为主，逐水草而居，境内水甘草美，绿浪滚滚，到处是一望无垠的草原。辽阔的草原上，牛羊成群，马儿奔驰，牦牛、骆驼满山坡。在高耸云天的雪山衬托下，呈现出一片引人入胜的风光。

著名草原有：阿克陶县克孜尔草原，特克斯县库克特勒克草原、阿图什

昭苏县夏图草原

阿图什县哈拉峻草原

乌恰县乌鲁克卡提草原

阿合奇县哈拉奇草原

四季牧场的转移及在各牧场从事季节性的生产活动。

县哈拉峻草原，帕米尔布仑口草原，温宿县包孜墩草原、阿合奇县哈拉奇草原、昭苏县夏图草原、乌恰县乌鲁克卡提草原。

牲畜有绵羊、山羊、马、驴、驼、黄牛、犏牛、牦牛等。柯族地区是新疆畜牧业生产基地之一。

柯尔克孜牧业生产，进行四季游牧。牧场分夏、秋、冬、春四季牧场。随季节变化转移，并从事有关的生产活动。在丘陵起伏的浅山区分布着大小不等的山谷冲积小平原和坡地。主要有：阿图什哈拉峻平原、阿合奇虎狼山平原、乌恰黑孜苇平原等等。

阿克陶县卡克勒克乡农业区

高原稻乡皮拉力

阿图什县哈拉峻农业区

乌恰黑孜苇等牧业农业区

柯族除从事以畜牧业生产为主外，部分牧民还兼营农业。特别是生活在农业区的柯族，与维吾尔族毗连和杂居的地区，大多以农业为主。阿图什县与阿克陶县的柯族农业地区，在塔里木盆地边缘，气候温和，水渠交错，花红柳绿，好似江南景象。农作物有：小麦、玉米、高粱、水稻、棉花。牧区以青稞、大麦、胡麻较多。

阿图什县的无花果、葡萄、枇杷、杏、甜瓜。

柯族地区的农村和城镇，果园林立。阿图什的无花果驰名全疆，其他有葡萄、桃、杏、梨、苹果、石榴、枇杷、核桃、甜瓜等等，有二十余种。

阿克陶县奥衣塔克林区

阿图什县的哈拉峻林区

柯族地区分布着一片片茂密的森林。阿克陶的奥衣塔克林区、阿图什的哈拉峻等都是较大的林场。山区有云杉、落叶松、桦树等；草原及农业区主大头羊、黄羊、鹿、狼、旱獭、雪鸡等等。

阿魏、甘草、党参、羌活、贝母、野红花。

要是杨柳、柽柳、沙枣等树木。

在深山密林里有各种野生动物，如大头羊、黄羊、扫雪、野牦牛、鹿、狼、狐、野猪、旱獭、麝鼠、雪鸡等等。

山区和平原，盛产各种野生植物如阿魏、甘草、党参、贝母、羌活、紫草、野红花、野蔴、浦绒、麻菇等百余种。

柯族地区，地下矿藏资源丰富，以黑色金属和有色金属为主。铁矿储量居南疆首位，已开采的老乌恰、黑孜苇等，奥依塔克等处。乌恰康苏煤矿为目前南疆最大煤矿。其他矿石有石棉、水晶、云母、硫磺、石膏、芒硝、铝、铜、石油、食盐及稀有金属四十余种。1950 年，在帕米尔柯族地区乌恰县康苏建立中苏有色金属稀有金属股份有限公司，这是柯族地区第一座具有现代化设备的工厂，1955 年移交我国，现在康苏已发展为我国帕米尔高原第一个工业城镇。

帕米尔高原工业城镇——乌恰具康苏镇全景。

（二）

拍摄内容	解说词
《钦定新疆识略》卷十二 《大清会典》卷五十二 《皇朝藩部要略》卷十六	我国柯尔克孜族在历史上有着反压迫、反侵略和革命斗争的光荣传统。 1755 年至 1759 年，在清代统一西北，平定准噶尔部分上层贵族叛乱和大小和卓木割据势力的斗争中，柯族 19 个部落有一百多个头人，因功受清政府封

《清穆宗实录》卷四十、卷七十一、卷七十七、卷八十二。

西北大学编撰《沙俄侵略中国西北边疆史》。

清朝平阿古柏之乱的将领文书中称："喀什噶尔缠回暨布鲁特（即柯尔克孜族）各头人随同管军搜集窜贼……实属可嘉。"清朝旧档称："关于哈拉峻之海的克"，因剿贼"尤为出力"，于1878年（光绪四年），被刘锦堂明令晋级为五品官。

八路军驻新疆办事处纪念馆。

毛泽民、林基路等六烈士陵园。

新疆"三区革命"根据地伊犁地区；南疆蒲犁革命根据地——今塔什库尔干自治县。

爵和赏赐翎顶，从二品至七品不等。17世纪初至18世纪，沙皇俄国派遣侵略军侵入我国北方和西北，其魔爪首先伸进我国的哈萨克族和柯尔克孜族地区，曾遭到柯、哈族人民的顽强抗击。两族人民有力地打击了侵略者，英勇地保卫了祖国的西北边疆。

19世纪末，柯族在配合清政府驱逐英帝国主义走狗阿古柏入侵和残酷统治新疆各族人民的外来势力之斗争中，作出了贡献。

1933年至1942年，中国共产党人毛泽民、林基路等，在新疆和柯族地区从事革命活动。在他们的影响下，1944年至1949年，柯族人民参加了反对封建军阀盛世才和国民党反动政府黑暗统治的"三区革命"（伊犁、塔城、阿尔泰）和"蒲犁革命"（今塔什库尔干自治县和阿克陶县西部地区），建立了革命根据地，沉重打击了国民党反动派的统治势力，为1949年新疆的和平解放，作出了重要贡献。

（三）

拍摄内容	解说词
氏族部落组织简表： 部落 | 氏族	在旧中国，柯尔克孜族地区处于宗法封建社会。牧区保留着原始社会末期氏族部落组织形式，较大的部落有穷巴噶什、克普恰克、奈曼、交务西、库

|
阿寅勒
|
家庭
牧主与牧民占有牲口量及居住
毡房、服饰、饮食等对比

秋、布库、萨尔巴噶什。每个部落之下，有若干以家庭为单位而组成的阿寅勒，是部落的基层生产组织。有氏族长，称为"阿寅勒巴什"，一般由长老或牧主充任，负责安排生产，决定转移牧场和解决纠纷。随着宗法封建关系的形成和发展。特别是国民党政府统治期间，在柯族地区建立了县、区、乡行政区域后，部落已不再是社会的基本单位，只作为社会组织的残余保留下来，但由于传统习惯，仍有相当影响。在宗法封建制统治下，阶级分化明显。在牧区，占总户数 10% 的牧主，却占有 70% 的牲畜。牧主一般有几百头至上千头牲畜。1949 年前，今克孜勒苏地区没有牲畜或不满 30 头牲畜的贫苦牧民和牧工，占牧民总数的 60% 以上。牧主占有大片牧场。有些地方，占总户数不到 5% 的牧主，占有 50% 的牧场。牧主还占有较多的生产工具，牧民只占有少量简单工具。牧主对牧工主要的剥削形式，有雇工、代牧，无偿劳役。大牧主还勾结反动统治上层，享有各种封建特权。

　　当时，畜牧业生产粗放，饲养管理原始，社会生产力低下。在畜牧业生产和畜产品加工方面，剪毛用剪刀、打草用掮镰，搂草用耙，接羔工具很简单，只用一只毛织口袋。无棚圈，无人工培植草场，冬草缺乏。各种灾害多，有雪灾、狼害，各种疾病蔓延，常常造成大批牲畜死亡，牲畜产量很低。如乌恰县

落后的生产工具：
剪羊毛的剪刀，
打草用的掮镰，
搂草用耙，
接羔用口袋，
牲畜在露天过夜，无棚圈。
雪灾、狼害频繁。

平均每人仅有两只小畜和不足一只大畜，60％的牧民缺乏牲畜，牧民生活陷于极端贫困的境况，加上反动政府的压榨盘剥，苛捐杂税，层出不穷，很多牧民家破人亡，流落他乡。

农业方面，耕作方法粗放，牧区骑马撒种，不施肥、不灌溉、不锄草，坐等秋后收获。农业区，只用二牛抬扛耕地，用镰刀收割，用牲畜踩场或石磙碾场，用木锨扬场，无任何机械设备，故亩产很低，每秤子（指籽种，一秤子为20斤）地只收四五秤子粮食，农民交租后，所剩无几，难以维生。

镰刀
木犁
木锨
石磙
抬笆子

新中国成立以后，在柯族地区贯彻了民族平等团结政策，通过民主建政和社会改革，废除了宗法封建制度，在民族之间和民族内部，建立了互相合作和共同发展的关系。1954年，成立了克孜勒苏柯尔克孜族自治州，进一步实现了柯族人民当家作主的愿望。

中共中央和新疆维吾尔自治区政府对柯族牧区政策的文件，包括：

发展包括牧主经济在内的畜牧业经济政策，

在牧区贯彻"不斗不分不划阶级"政策，

"牧主牧工互利"政策，

"牧工牧主互利协议书"。

在经济上，由于牧区的特殊情况，中共和中央人民政府对牧区采取了和平改造的方针，实行保护牧主经济在内的发展畜牧业生产政策，贯彻执行了对牧主"不斗不分不划阶级"和"牧主牧工互利"政策，逐步改善了牧主和牧民的关系。一方面，保障了牧主经济的利益，另一方面，对过去牧区不合理的工资制度，通过牧主和牧工协商办法，加以改革，并严禁牧主随意压迫和打骂牧工和牧民。这样，既保障了牧主的经济在柯族地区的公私合营牧场；

柯族地区"巴扎"（集市贸易），途经柯放地区的国际公路；

对苏贸易，对巴基斯坦、阿富汗等国贸易。

先进设备：剪毛器、挤奶器、割草机等等；科学管理方法：建立大小畜配种站（推广新疆细毛羊）、兽医站、授精站；人工培植草场，改良草场，搭盖各种棚圈、药浴池、蓄水池；大中小型拖拉机、家用汽车、机动喷雾器、联合收割机、饲料粉碎机。

利益，又提高了牧工牧民的政治地位，改善了生活，使双方都较满意，提高了共同发展畜牧业生产的积极性。

在社会主义改造方面，1956 年，中央对牧主采取了和平赎买政策，完成了对畜牧业和农业的社会主义改造。特别是党的十一届三中全会以来，在柯族地区实行"包群到户，五定一奖"生产责任制（定畜群，定幼畜成活，定畜产品任务，定草场棚圈，定费用，超产奖励），牲畜折价归社，草场分片承包和改革开放政策，发展了商品经济，坚持了社会主义的正确方向，政治、经济和文化发生深刻变化。1949 年前，柯族的畜牧业生产几濒于破产，农田荒芜，畜产品无销路，没有工业和商业，人民生活极为穷困。而现在，柯族地区已建立起钢铁、煤炭、采矿、发电、石油、伐木、化肥、农机、食品加工、工矿企业，形成了一支本民族的工人阶级队伍。

畜牧业生产，在改进饲养管理，改良品种，消灭疫病和兽害，使用先进器械以及培养技术队伍等等方面，都取得很大成就，畜牧业有了很大发展，牧民的生活得到了很大改善。

农业生产，在"以牧为主，农牧结合"的方针指导下，贯彻了联产承包生产责任制，使用了新式机械，实行科学种田，也有了很大发展，改变了粮食、饲料过去都要靠外地供应的情况，农民的生活亦有了很大变化。

柯族地区面貌的变化：

克孜勒苏柯尔克孜自治州首府阿图什县全貌；

克孜勒苏自治州人民医院；

克孜勒苏中学和师范学校；

柯尔克孜族一群大学生；

柯族工人阶级队伍成长和发展——柯族冶金工人、煤矿工人和石油工人；

柯族成长起来的干部在工作和学习；

柯族的工程技术人员、作家、艺术家和社会工作者；

自治州和各县文工团深入牧区和农业区演出音乐舞蹈；

柯族家庭的幸福生活。

柯族牧区出现一片动人景象：

北疆特克斯河畔和南疆克孜尔山下的克孜尔大草原，羊肥马壮，人们在放牧、接羔、剪毛，做奶制品、肉制品，忙碌不停。汽车满载着畜产品，在草原公路上来回奔驰。骆驼队、牦牛队爬山跋水，负重缓缓行进。整个牧区呈现出一派人畜兴旺景象。

牧区的交通、邮电、商业、金融、文教、卫生等等事业，都有了很大的发展，出现了许多城镇。农牧民子女大多进了中小学，不少人进入大学深造，已培养出一批批柯尔克孜族干部和科技人员，广大农牧区出现了一派兴旺的景象。

（四）

拍摄内容	解说词
柯族家庭的活动和生活状况（包括男女的分工活动）。 柯族男子在放牧牲畜、割草、打柴、剪毛、接羔，或从事农业劳动。 柯族妇女在挤奶、加工畜产品及料理家务、招待客人。 《婚姻法》条例中对少数民族婚姻的规定。	柯族家庭为一夫一妻制。过去，按伊斯兰教习惯，富者也有娶三四个妻子的。新中国成立前，在宗法封建制度下，男子居绝对统治地位，老人威信最高，妇女受到歧视，但柯族妇女较之其他民族，在家庭中有一定支配权。新中国建立后，根据人民政府婚姻法的规定，实现了男女平等，妇女地位有很大提高，也能参加社会活动和工作。很多过去约束妇女的规定已消除，但仍有一些旧的宗法封建的习惯势力在影响着人们，一些尊老爱幼和好的礼节保留下来，成为新社会的美德。
柯族子女自立后，男女毡房分过； 父母和幼子住在一起。	柯族地区实行"幼子继承权"，儿子成年后，婚后在父母周围另立毡房分过。父母只和幼子住在一起，在柯族也有"兄终弟及"的习惯。为了不使财产外流，夫死后寡妇要和夫兄或弟结婚，称为"叔嫂婚"。
柯族与外族结婚。	柯族通婚范围，过去不受氏族部落限制，直系亲属和近亲不能通婚，但有姑表婚和姨表婚。柯族有和外族通婚的现象，如柯族与维吾尔族、柯族与哈萨克族、柯族与蒙古族等等。 在旧社会，柯族的婚姻关系带有封建性质，由父母包办，一般有三种形

说媒送礼。

聘礼至少一打，包括九头牲畜：骆驼一峰，牛马各四头。

新中国成立后，柯族青年自由恋爱，自由结婚。

柯族青年订婚结婚仪式。

结婚时，白天和夜晚，欢庆娱乐活动的全过程（重点拍摄赛马、刁羊和夜晚男女对唱）。

丧葬全过程。

式：别拉库塔（指腹婚）、别司库塔（幼年订婚）、成年订婚。

婚姻带有买卖性质，娶妻至少需要牲畜一打，每打以九头牲畜为准，包括骆驼一峰，牛马各四头，最多达数打。姑娘十三四岁就嫁人，男子十五六岁娶妻，也有年过花甲有钱有势者娶年轻姑娘。

新中国成立后，颁布了《婚姻法》，废除了封建包办婚姻，男女实行自由恋爱自由结婚，在柯族地区也是如此。但旧社会遗留下来的买卖婚姻，尚有其一定的影响，在一些地区仍不时出现。

柯族订婚要举行一定仪式。结婚要选在月底作为吉日良辰，并举行各种娱乐活动。

举行婚礼时，男方骑队，送新郎至女方家举行，女方骑队迎接。女方要招待男女方来客和举行婚礼的仪式。婚礼后，年轻人要进行刁羊、摔跤、拔河、赛马等欢庆活动。当晚，男女青年要举行对唱、起舞和演奏"考姆兹"等娱乐活动。

柯族信仰伊斯兰教。丧葬按伊斯兰教传统习惯进行。人死后，女人哭泣，亲人把尸体洗净，用白布将头和全身缠住。由男子送葬，实行土葬（无棺材），面向"天房"（西方）。送葬后，过七天，要举行悼念活动，称"小乃孜尔"，过四十天的悼念活动，称"大乃孜尔"。

肉孜节和库尔班节互相祝贺和欢庆的全过程。

过"诺鲁兹节"，人和牲畜从火上跳过，并用七种农产品制作食品，招待贺客。

按伊斯兰教习惯，柯族每年有两大节日：一为肉孜节（开斋节），一为库尔班节。过节时，男女均着新衣，互相祝贺，并以茶水、油果等招待客人

柯族还过诺鲁兹节（新年节），相当于汉族之春节。过节时，烧一大堆火，人畜都从火上跳过，表示以火消灾克难，祝福来年人畜健康兴旺。每家并用小麦和大麦等七种东西做新食品，轮流招待，互相拜年。

柯族全家在热情地招待客人。

柯族是个慷慨好客的民族。客人来时，要热情招待，要拿出最好食物招待，天晚时要留宿。如招待不好，要受到舆论的指责。

路上相遇时互相道好。

柯族平时在路上相遇，要互相问好，信教者要躬腰手抚胸前，互致"萨拉姆"问好（宗教用语）。

柯族平时爱清洁，饭前饭后要洗手；手上的水不能甩，要用布擦干。

主人宴请时，向尊贵的客人献上羊头。

主人请客吃东西时要吃，但不能吃尽，要剩下一点退还主人。吃羊肉时，要先请客人吃羊头，以表示尊敬。

新房和厨房的布帘客人不要撩开看。

客人告别时的礼节

客人告别，要背朝门退出，主人或年轻人，要给客人掀门帘，并给客人备马。

（五）

拍摄内容	解说词
在古碑铭上的古柯尔克孜文——突厥鲁尼文。	语言文字，柯族绝大部分操柯尔克孜语，此语属阿尔泰语系突厥语族。
今天新疆柯族通用的文字为维吾尔文哈萨克文。	公元7—10世纪，柯尔克孜族先人曾使用过古柯尔克孜文"突厥鲁尼文"。长期以来，南疆的柯族多使用维吾尔文；北疆的柯族多使用哈萨克文；黑龙江富裕县的柯族多使用汉文。
在东北的柯族通用汉文。	
在演唱民歌。柯族中流传着著名长篇史诗《玛纳斯》。民间诗人"玛纳斯奇"在演唱《玛纳斯》史诗。	柯族的民间文学艺术绚丽多彩。在人民中，流传着各种形式的诗歌、音乐、传说、故事、童话、寓言、谚语、谜语和实用造型美术。特别是诗歌在口头文学中占有主要地位，从大型叙事诗到短小的抒情诗和民歌，通过朗诵和歌唱伴奏相结合，丰富了诗中的形象和意境，反映了对大自然、家乡的热爱和反压迫、反侵略的民族精神。著名史诗有《玛纳斯》、《谢米特》、《猎人柯佐拉伸》、《加思来莫而扎》和《耳尔吐什图克》等等。
柯族的民歌手和舞者正在表演： 弹拨乐器考姆兹， 个人表演和集体表演考姆兹， 妇女吹奏奥孜考姆兹（口琴）。	柯族能歌善舞，"阿肯"、"伊尔奇"、"玛纳斯奇"是民间音乐的创作者、加工者和传播者。 柯族的民间器乐很丰富，有：考姆兹（弹拨乐器）、奥孜考姆兹（吹奏乐器），克雅可（二弦拉琴）、帕米尔考姆兹（铁三弦）、却奥尔（牧笛）等。

单人舞，

双人舞，

集体舞。

绘有各种图案的刺绣样品，

著名的柯族花毡、地毯、

挂毯。

柯族的舞蹈艺术，通过优美的舞姿，生动地表现着柯族牧民生产活动的各种特点，出现了反映生产和生活的舞蹈，如"劳动舞"、"挤奶舞"，以及反映青年男女生活的"双人舞"等等。

柯族的工艺美术丰富多彩。有刺绣、扦毡、雕刻、织花、金银饰物等等。刺绣：在头巾、枕头、被面、衣服边、袖口、衬衫领子、马衣、口袋、帽子以及毡房和各种布面装饰品，都绣有各种精致图案。图案有花卉、走兽飞鸟和各种几何图案。

扦毡：柯族花毡很著名。妇女用羊毛杆制而成。图案式样以牲畜的角最多，也有走兽飞鸟和花卉，色彩鲜艳，既可作装饰品，又可作睡垫之用。另有挂毯、地毯、带子、绳子、帘子、圈子、盖子等等。

雕有动植物花纹的马具和毡房用具，花毯、毛毡等。

金银饰物样品和柯族妇女的装饰。

柯族喜用红、蓝、白三色作为装饰。

雕刻：在毡房用具和马具上雕刻动植物花纹图案。

织花：在花毯、毡子、马具、毡房用具、围花毡和其他毡上，都织有图案。

金银饰物：由工匠用金、银和玉石制作的发链、发夹、戒指、耳环、手镯、项链、纽扣和各种服饰等等。

色彩喜爱红色、蓝色和白色，尤喜用红色作为装饰。

娱乐活动

到南疆或北疆柯族大草原拍摄详细活动全镜头。

柯族群众性娱乐活动丰富多彩，多在节日举行。常见的游戏有：赛马、叼羊、摔跤、马上角力、拔河、秋千、夜游（包括捉迷藏、唱歌）、欧运（青年游戏）、姑娘追等。

柯族最喜欢赛马、叼羊，男女孩童都喜欢参加赛马竞赛。

每到节日或喜庆日子，柯族牧区常举行叼羊活动，其全过程为：选一些年轻力壮，娴于骑术的骑手参加。叼羊时，先宰一头羊，由一个强有力的人，把这只羊横放在马上，互相争夺，奋不顾身，竞争激烈。有些惊险场面，常使旁观者为之赞叹不已，到最后胜利者把羊抢到手中，送到观众面前，并得到奖励，表现了柯尔克孜族的勇敢与机智。

1990 年初春于京城

（注：20 世纪 80 年代末，东北某电影制片厂原计划拍摄一套少数民族教学片，其中关于柯尔克孜族的脚本由笔者负责编写。后因故此系列教育片未拍成。）